Wissen jetzt!

Allgemeinbildung
leicht gemacht

compact via

compact via ist ein Imprint der Compact Verlag GmbH

Text: Dr. Florian Breitsameter, Jürgen Brück, Andreas Burgwitz, Dr. Christa Kordt, Matthias Edbauer, Georg Feulner, Anja Garms, Uwe Goppold, Iris Hammelmann, Mike Hillenbrand, Alice Hassel, Barbara Holle, Bernhard Huber, Stefanie Huber, Alfred Kissner, Stephanie Köber, Irina Lorenz-Meyer, Dr. Rahild Neuburger, Kay Potzger, Peter Röbke-Doerr, Annerose Sieck, Linda Tidwell, Jörg Werremeyer, Norbert Wolf
Redaktion: Gesa Füßle, Christian Götz, Alice Hassel, Christine Hoffmann, Judith Ludwig, Christina Neiske
Gesamtredaktion: Tanja Greiner
Produktion: Johannes Buchmann
Abbildungen: siehe Bildnachweis Seite 719
Titelabbildungen: Compact Verlag (6), fotolia.de/Alois (1), Gruppo Editoriale Fabbri, Mailand (3)
Gestaltung: h3a GmbH, München
Umschlaggestaltung: h3a GmbH, München

ISBN 978-3-8174-8359-4
2011 2012 2013 2014 2015 10 9 8 7 6 5 4 3 2 1

www.compact-via.de

Vorwort

In unserer modernen Kommunikationsgesellschaft sind Wissen und Bildung immer noch ein wertvolles Gut. Wir werden täglich mit Hunderten von Informationen überschüttet. Dabei ist es schwer, den Überblick darüber zu behalten, was wirklich wichtig ist und tatsächlich zur Allgemeinbildung gehören sollte.

Eine Hilfestellung gibt dieses umfassende Nachschlagewerk, dass die wichtigsten Fragen aus den bedeutsamsten Themengebieten – Naturwissenschaften, Mathematik, Wirtschaft und Technik, Weltliteratur, Philosophie, Religion, Kunst und Architektur, Sport, Musik, Neue Medien – auf spielerische und leicht verständliche Art und Weise beantwortet.

4500 spannende Fragen und Antworten vermitteln, was man heute wissen muss. Das umfangreiche Register erleichtert Ihnen die Suche nach Ihren Interessengebieten. So werden Sie nie mehr um eine Antwort verlegen sein.

Inhalt

Wie heißt dieser Saurier?

Tyrannosaurus Rex. Mit bis zu 13 Metern Länge und vier Metern Höhe ist er einer der größten landlebenden Fleischfresser, den es je gegeben hat. Er war allerdings nicht der größte Saurier, sondern wurde noch durch den Spinosaurus und den Gigantosaurus übertroffen. Es ist auch umstritten, ob er primär ein Raubtier oder ein Aasfresser war.

Wodurch wird eine Influenza ausgelöst?

a) Bakterien c) Pilze
b) Viren d) Prionen

b) Viren
Unter Influenza versteht man die „echte" Grippe, die im Gegensatz zu einem grippalen Infekt immer von einem Grippevirus ausgelöst wird. Sie verläuft meist dramatischer als eine durch Bakterien hervorgerufene Erkältung und geht oft mit hohem Fieber einher.

Was ist Bionik?

Ein interdisziplinärer Wissenschaftszweig, bei dem es darum geht, „technische" Lösungen der Natur zu verstehen und für menschliche Technik nutzbar zu machen. Beispiele sind das Studium der Vogelflügel für den Bau von Flugzeugtragflächen oder die Orientierung an der Blattstruktur von Lotospflanzen für die Entwicklung selbstreinigender Oberflächen.

Was ist ein Neuron?

a) ein neutral geladenes Teilchen im Atomkern
b) eine Nervenzelle

b) eine Nervenzelle
Das Atomteilchen heißt Neutron.

Was sind Kloakentiere?

Säugetiere, die Eier legen. Zu den Kloakentieren gehören das Schnabeltier und verschiedene Arten der Ameisenigel. Sie leben alle entweder in Australien oder Neuguinea.

Ameisenigel

Wie heißt das Eiweiß im Bindegewebe?

a) Kolloid b) Kollagen

b) Kollagen
Kollagen macht im menschlichen Körper etwa 30 % aller Proteine aus.

Ist der Mensch ein Affe?

Ja. Biologisch gehört der Mensch mit den Orang-Utans, Gorillas und Schimpansen zu den Menschenaffen.

Was haben Geckos mit den Van-der-Waals-Kräften zu tun?

Van-der-Waals-Kräfte, benannt nach dem niederländischen Physiker Johannes Diderik van der Waals (1837–1923), sind Anziehungskräfte zwischen ungeladenen Kleinstteilchen wie Atomen und Molekülen. Geckos haben an ihren Fußsohlen Millionen winzigster Haarborsten, von denen jede mit einer schwachen Van-der-Waals-Kraft an den Untergrund „geklebt" wird. Zusammen reichen diese Kräfte aus, um den Gecko auch kopfüber an einer Glasscheibe entlanglaufen zu lassen. Um die Füße wieder zu lösen, ändert der Gecko den Haftungswinkel der Haare am Untergrund, was die Bindungskräfte schwächer werden lässt.

Gecko

Was ist das Besondere an einer ungesättigten chemischen Verbindung?

Ungesättigt nennt man eine Doppel- oder Dreifachbindung zwischen zwei Kohlenstoffatomen. Unter bestimmten Umständen werden diese Verbindungen leicht gelöst und eine Verbindung zu einem anderen Molekül hergestellt (Additionsreaktion). Moleküle, die nur über einfache, gesättigte Verbindungen verfügen, haben diese Möglichkeit nicht. Für den menschlichen Körper sind Fette mit mehrfach ungesättigten Fettsäuren günstiger als solche mit gesättigten.

Welche Strahlung nennt man im Englischen x-ray?

a) atomare Strahlung
b) Infrarotstrahlung
c) UV-Strahlung
d) Röntgenstrahlung

d) Röntgenstrahlen
Der Physiker Wilhelm Conrad Röntgen (1845–1923) bezeichnete die seltsamen Strahlen, die er 1895 bei Experimenten zufällig entdeckte, selber als X-Strahlen. Nach seinem Tod benannte man sie in Deutschland jedoch nach ihrem Entdecker.

Was passiert bei einer Kernfusion?

Bei einer Kernfusion werden zwei Wasserstoffatomkerne verschmolzen, wobei Helium entsteht, aber auch viel Energie frei wird. Dazu muss jedoch die Abstoßung zwischen den positiv geladenen Kernen überwunden werden, weshalb erst einmal eine große Menge Energie und ein hoher Druck nötig sind. Auf der Sonne, die durch ihre Gravitationskraft enormen Druck ausübt, kommt es ständig zu Wasserstofffusionen und damit zur Bildung der gigantisch großen Sonnenenergie. In Versuchsreaktoren auf der Erde wurde bislang immer noch mehr Energie verbraucht, um eine Fusion herbeizuführen, als durch die Fusion gewonnen werden konnte.

■ Wenn reiner Kohlenstoff in einem besonders symmetrischem Kristallsystem gebunden ist, entsteht dabei das härteste Mineral der Welt. **Wovon ist die Rede?**

Von Diamanten. Sie sind unter großem Druck und bei Temperaturen über 1000 Grad Celsius in der Tiefe der Erdkruste entstanden und dann durch Eruptionen in höher gelegene Schichten gelangt.

Diamanten

■ **Was ist der Unterschied zwischen Chemie und Physik?**

Chemie ist die Lehre vom Aufbau, Verhalten und von der Umwandlung von Stoffen. Physik befasst sich im Wesentlichen mit Energie und Kräften, die in der Natur wirken. Der Übergang, vor allem im Bereich der Atomforschung, ist jedoch fließend.

■ Bei diesem Verfahren werden Leichen in einem Acetonbad Gewebewasser und Fett entzogen und durch Aceton ersetzt. Dann wird im Vakuum das Aceton wieder aus dem Körper gezogen und mittels Unterdruck Kunststoff hineingesaugt. Anschließend muss der Kunststoff noch aushärten. **Wie nennt man diese Art der Präparation?**

a) Einbalsamierung
b) Mumifizierung
c) Mazeration
d) Plastination

d) Plastination

Bei der Plastination entstehen Präparate, bei denen alle Proportionen und Strukturen bewahrt werden. Sie vertragen Raumtemperatur, während Mumien meist besondere klimatische Bedingungen benötigen. Außerdem wurden die Organe entfernt und die Körper sind meist vertrocknet. Einbalsamierung ist ein Teil der Mumifizierung. Bei der Mazeration werden Skelette freigelegt und präpariert. Die Plastination ist für anatomische Präparate ein anerkanntes Verfahren, nur die Zurschaustellung besonders theatralisch aufbereiteter Leichen, z. B. von Gunther von Hagens (*1945) in der Ausstellung *Körperwelten*, erregte heftige Kritik.

■ **Was ist ein Lurch?**

Lurche sind Amphibien: Landwirbeltiere, die zu Beginn ihres Lebens als Larven im Wasser leben. Der Name Amphibia bedeutet dementsprechend „doppellebig". Zu den Amphibien gehören Frösche, Kröten, Unken, Molche und Salamander.

■ **Funktioniert ein Reflex immer gleich?**

Ja. Als Reflex werden immer gleiche automatische Reaktionen auf einen bestimmten Reiz bezeichnet.

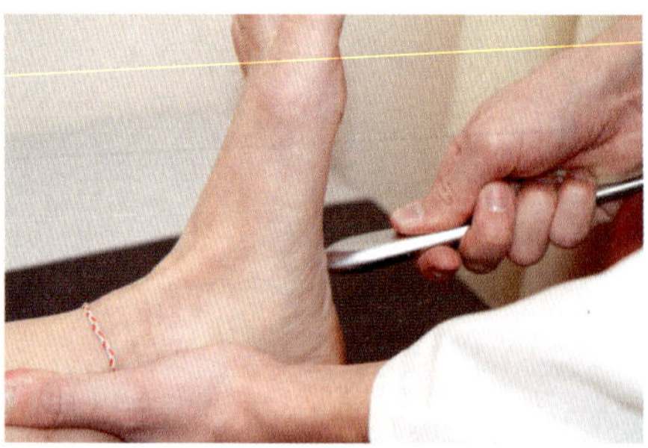

Fußreflex

Pflanzen ernähren sich, indem sie Kohlendioxid in Zucker umwandeln. Wie nennt man diesen Prozess?

Fotosynthese. Diese ist ein sehr komplizierter Prozess, für den die Pflanzen den in ihren Blättern enthaltenen grünen Farbstoff Chlorophyll benötigen. Dieser absorbiert Licht, das die für die Umwandlung nötige Energie liefert. Als „Abfallprodukt" entsteht Sauerstoff.

Pflanzen betreiben Fotosynthese.

Was war der Stein der Weisen?

Die Alchemisten des Mittelalters und der frühen Neuzeit glaubten an eine Urmaterie und daran, dass man aus dieser eine Substanz herstellen könne, mit deren Hilfe sich unedle Metalle in Gold und Silber verwandeln ließen. Diese Substanz wurde „Stein der Weißen" genannt. Teilweise erwartete man auch Heilkräfte von ihr. Auf der Suche nach dem Stein der Weisen entdeckte aber u. a. der Alchemist Johann Friedrich Böttger (1682–1719) das Geheimnis der Porzellanherstellung und sein Kollege Hennig Brand (um 1630–1710) den Phosphor.

Was sind Leukozyten?

Weiße Blutkörperchen. Sie besitzen im Gegensatz zu den roten Blutkörperchen (Erythrozyten) nicht den Farbstoff Hämoglobin und dienen hauptsächlich der Abwehr von Krankheitserregern.

Was versteht man unter einer Inselbegabung?

Menschen, die auf einem speziellen Feld Herausragendes leisten, aber in anderen Bereichen Defizite haben. Dieses Phänomen, auch als Savant-Syndrom bezeichnet, kommt vor allem bei Autisten und Menschen mit dem verwandten Asperger-Syndrom vor. Manche kennen Hunderte von Büchern auswendig, sprechen Dutzende von Sprachen, können jedes Musikstück nachspielen, das sie je gehört haben, oder detailgetreue Zeichnungen ganzer Städte erstellen.

Welcher Zucker heißt wissenschaftlich Saccharose: Rohr- oder Rübenzucker?

Beide. Sowohl aus Zuckerrohr als auch aus Zuckerrüben wird das chemisch gleiche Produkt gewonnen: der Zweifachzucker Saccharose. Andere Zuckerarten sind etwa Laktose (Milchzucker), Glucose/Dextrose (Traubenzucker), Fructose (Fruchtzucker) oder Maltose (Malzzucker).

■ Als statischen Druck bezeichnet man den Druck, der in einer Flüssigkeit senkrecht zur Strömung herrscht. **Wird dieser größer oder kleiner, wenn die Flüssigkeit schneller strömt?**

Kleiner. Dieser Sachverhalt wird nach dem Schweizer Forscher Daniel Bernoulli (1700–82) als Bernoulli-Gesetz bezeichnet. Dieses Gesetz gilt nicht nur für Flüssigkeiten, sondern auch für Gase und hat überragende Bedeutung für die Aerodynamik.

Daniel Bernoulli

■ **Die Dichte der meisten Stoffe nimmt bei abnehmender Temperatur zu. Bei welchem Stoff steigt die Dichte unterhalb eines bestimmten Temperaturwertes wieder an?**

a) Gold c) Neon
b) Salz d) Wasser

d) Wasser
Es hat sein kleinstes Volumen bei 3,98 Grad Celsius. Wird es kälter, steigt die Dichte wieder. Diese „Dichteanomalie des Wassers" ist in den Wasserstoffbrückenbindungen begründet. Auch einige andere Stoffe wie Silizium oder Plutonium weisen Dichteanomalien auf.

■ **Was ist die Physiologie?**

Die Lehre von physikalischen und biochemischen Vorgängen bei Lebewesen. Es gibt eine Pflanzen-, eine Tier- und eine Menschenphysiologie, die Teil der Medizin ist.

■ **Wie nennt man die gerichtete Bewegung von Elektronen oder Ionen?**

Elektrischer Strom.

■ **Viele lateinische Pflanzennamen enthalten den Bestandteil L. Wofür steht er?**

Für den Biologen Carl von Linné (1707–78). Linné schuf die Grundlagen für die Klassifikationsschemen, in die Pflanzen und Tiere gemäß ihrer Verwandtschaft eingeordnet und mit einem zweiteiligen lateinischen Namen bezeichnet werden. Er beschrieb aber auch viele Pflanzenarten zum ersten Mal. Diese führen dann das L. im Namen.

■ **Besteht Strahlung – etwa Lichtstrahlen – aus Wellen oder einzelnen Teilchen?**

Manche physikalische Experimente deuten auf einen Wellen-, andere auf einen Teilchencharakter hin. Der Welle-Teilchen-Dualismus postuliert, dass jede Strahlung sowohl Wellen- wie auch Teilchencharakter aufweist.

■ **Ein Atom besteht aus Atomkern und Atomhülle. Wo befinden sich die Protonen?**

Im Kern. Der Atomkern ist aus elektrisch positiv geladenen Protonen und neutralen Neutronen zusammengesetzt. Sie machen zusammen mehr als 99,9 % des Atomgewichts aus. Die Anzahl der Protonen entspricht der Ordnungszahl des Elements im Periodensystem. Darum kreisen die elektrisch negativ geladenen Elektronen und bilden eine Hülle. Der Gesamtdurchmesser des Atoms ist über 10.0000-mal größer als der des Kerns.

Wie unterscheidet sich die organische Chemie von der anorganischen?

a) Die organische befasst sich nur mit Lebewesen.
b) Die organische befasst sich nur mit Stoffen, die Kohlenstoff enthalten.
c) Die organische befasst sich nur mit Stoffen, die Sauerstoff enthalten.
d) Die organische befasst sich nur mit Pflanzen.

b) Die organische befasst sich nur mit Stoffen, die Kohlenstoff enthalten.
Alle derzeit bekannten Bausteine des Lebens enthalten Kohlenstoff, aber nicht alle organischen Materialien sind Lebewesen, z. B. Erdöl. Nur ganz wenige Kohlenstoffverbindungen werden der anorganischen Chemie zugerechnet, darunter aber so bekannte wie Kohlenstoffmonoxid, Kohlenstoffdioxid, Schwefelwasserstoff oder Kohlensäure.

Was ist der Unterschied zwischen dem vegetativen und dem somatischen Nervensystem?

Das somatische Nervensystem ist für willkürliche und bewusste Reaktionen zuständig. Das vegetative ist für unwillkürliche, unbewusst ablaufende verantwortlich, in erster Linie für die Aufrechterhaltung der lebenswichtigen Funktionen wie Herzschlag, Atmung, Verdauung und Stoffwechsel.

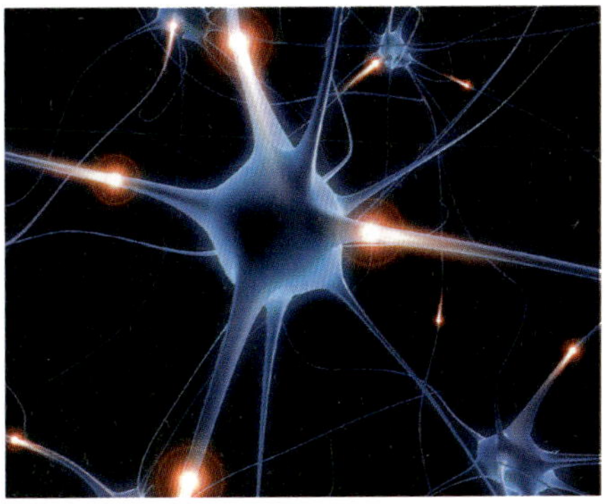

Aktive Nervenzelle

Natriumhydrogenkarbonat ist ein schwach basisches Salz der Kohlensäure. Im Haushalt wird es vielfach genutzt, beispielsweise als Backtriebmittel, zur Neutralisierung von Gerüchen, als Hausmittel gegen Sodbrennen, Insektenstiche oder Fußpilz, als Beigabe in schwer verdaulichen Speisen wie Hülsenfrüchten oder Käsefondue und zum Enthärten von Wasser. **Wie wird es im Alltag genannt?**

Natron, auch Kaisernatron, Speisenatron oder Backsoda.

Was ist der Unterschied zwischen Viren und Bakterien?

Bakterien sind einzellige Lebewesen. Viren werden nicht als Lebewesen angesehen. Sie sind Partikel, die keinen eigenen

Stoffwechsel haben und sich nur innerhalb von Wirtszellen vermehren können. Außerhalb sterben sie binnen Kurzem ab. Innerhalb eines Wirtsorganismus sind Viren sehr viel schwerer zu bekämpfen als Bakterien. Sogenannte Virostatika behindern beispielsweise die Vermehrung von Viren oder unterstützen die körpereigenen Abwehrkräfte.

Was gehört nicht zu den elektromagnetischen Wellen?

a) Licht
b) Radiowellen
c) Röntgenstrahlung
d) Schallwellen

d) Schallwellen

Sie entstehen durch Druck- und Dichteschwankungen in einem Medium. Elektromagnetische Wellen sind Wellen aus gekoppelten elektrischen und magnetischen Feldern, die für ihre Ausbreitung kein Medium brauchen. Dazu gehören (in abnehmender Wellenlänge) Höhenstrahlung, Gammastrahlung, Röntgenstrahlung, UV-Strahlung, Licht, Infrarotstrahlung, Mikro- und Radiowellen.

Wofür steht die Abkürzung DNS?

a) Duonukleidsäure
b) Desoxyribonukleinsäure
c) Desnukleares System
d) Denaturinsäure

b) **D**esoxyribo**n**uklein**s**äure

Diese ist das Trägermaterial der Erbinformationen bei Lebewesen. Im Englischen heißt sie **d**esoxyribo**n**uclein **a**cid, abgekürzt DNA.

Was bedeutet eine Luftfeuchtigkeit von 100 %?

Die Luft kann keine weitere Feuchtigkeit mehr aufnehmen, weshalb es zu einer Kondensation von Wasser an den kältesten Stellen kommt

Welche Rolle spielen Adenin, Guanin, Thymin und Cytosin?

Die DNS, die das Erbgut von Lebewesen bildet, besteht aus vier verschiedenen Sorten von Nukleotiden, die sich durch die vier Basen Adenin, Guanin, Thymin und Cytosin unterscheiden. Die Erbinformationen werden durch unterschiedliche Reihenfolgen dieser vier Nukleotide in der DNS „festgeschrieben".

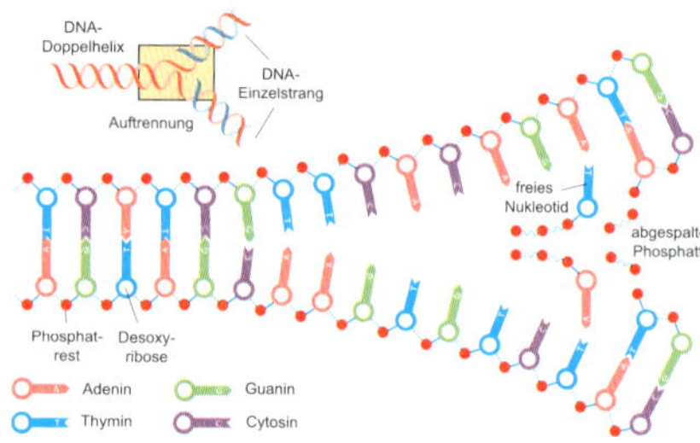

DNS

Wie heißen die kleinsten Bausteine der Natur?

Derzeit geht man davon aus, dass die gesamte Materie aus Quarks, Leptonen und Eichbosonen aufgebaut ist. Man nimmt an, dass die Protonen und Neutronen im Inneren eines Atomkerns aus mehreren Quarks bestehen, während Elektronen ebenso wie Neutrinos zu den Leptonen gehören. Eichbosonen übermitteln Kräfte zwischen den anderen Teilchen. Zu ihnen gehören etwas das Photon, das eine elektromagnetische Wechselwirkung überträgt, und das Graviton, das für Gravitationskräfte verantwortlich ist. Zusammen heißen sie Elementarteilchen.

Wie wird Lautstärke gemessen?

Eigentlich in Bel, in der Praxis ist jedoch ein Zehntel eines Bels, das Dezibel (dB), üblich.

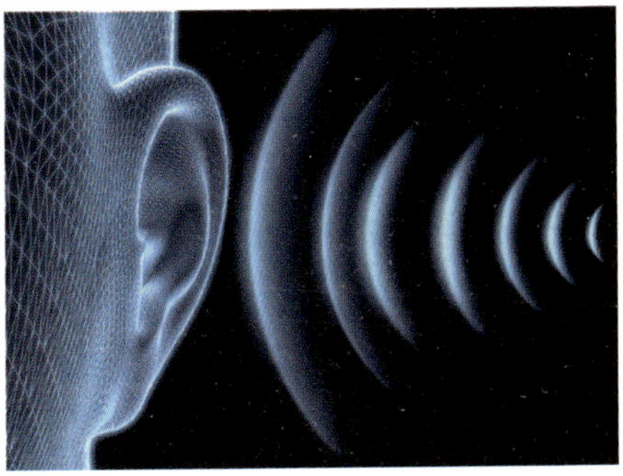

Geräusche

Was gehört nicht zu den Kohlenhydraten?

a) Zucker
b) Stärke
c) Zellulose
d) Kasein

d) Kasein
Das ist eine Mischung verschiedener Proteine in der Milch, die bei Gerinnung fest werden, was die Grundlage für die Käseherstellung ist.

Was ist Hygiene?

Im Alltag wird damit meist Sauberkeit assoziiert, tatsächlich aber steht Hygiene für alle Maßnahmen, Infektionskrankheiten vorzubeugen. Diese reichen vom Waschen der Hände, über Desinfektion und Sterilisation bis hin zur Quarantäne. In der zweiten Hälfte des 19. Jahrhunderts begann man durch die Einführung von Hygienemaßnahmen die Sterblichkeit, vor allem auch in Krankenhäusern, gewaltig zu senken.

Warum haben Hurrikans im Herbst Saison?

Damit sich Hurrikans bilden, muss das Wasser der Meere in der sogenannten Passatwindzone 26,5 Grad Celsius betragen. Das ist meist im Spätsommer und im Frühherbst der Fall. Bei einem bestimmten Temperaturgefälle in der Luft kann es dazu kommen, dass die feucht-warmen Luftmassen über dem Meer sogartig nach oben gerissen werden und immer mehr Luft mit sich ziehen. Durch die Rotationskraft der Erde entstehen dadurch Wirbelstürme.

Was ist ein Aggregatzustand?

Die Beschaffenheit eines Stoffes in Abhängigkeit von der Temperatur. Grundsätzlich kann jeder Stoff alle drei Aggregatzustände – fest, flüssig und gasförmig – einnehmen. Bei vielen bedarf es jedoch extrem hoher Temperaturen, um sie zu verflüssigen oder gar zu Gas werden zu lassen, während andere nur bei sehr niedrigen Temperaturen fest werden. Am anschaulichsten stellen sich die Aggregatzustände bei Wasser dar, das normalerweise flüssig ist, aber bei niedrigen Temperaturen zu Eis und bei hohen zu Wasserdampf wird.

Woraus besteht Kohlenwasserstoff?

a) aus Kohle und Wasser
b) aus Kohle und Wasserstoff
c) aus Kohlenstoff und Wasserstoff
d) aus Kohlenstoff, Wasserstoff und anderen Elementen

c) aus Kohlenstoff und Wasserstoff
Kohlenwasserstoffe setzen sich nur aus Kohlenstoff und Wasserstoff zusammen. Sie werden vor allem als Brennstoffe benutzt. In der Natur kommen sie allerdings nicht in reiner Form vor, sondern in Gemischen mit anderen Stoffen. So enthält Erdgas z. B. bis zu 99 % Kohlenwasserstoffe, dabei vorwiegend Methan, aber auch geringe Anteile an Schwefelwasserstoff, Stickstoff, Kohlendioxid und Wasser, die vor der Nutzung des Gases entfernt werden müssen.

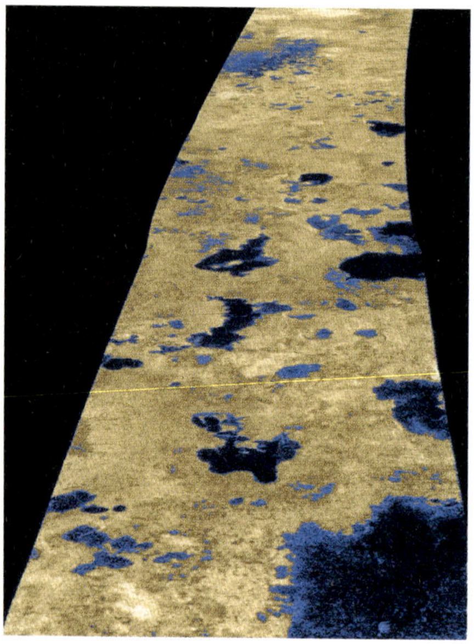

Radarbild mit Methanseen

In der biologischen Systematik gehört der Mensch zum Reich der vielzelligen Tiere, zum Stamm der Chorda- (Rückenstrang-)tiere, zur Klasse der Säugetiere, zur Familie der Menschenaffen und schließlich zur Gattung der Menschen. **Was fehlt?**

Zwischen der Klasse und der Familie gibt es noch die biologische Ordnung. In dieser gehört der Mensch zu den Primaten.

Welche Wellen erwärmen Stoffe, indem sie die darin enthaltenen Wassermoleküle zum Schwingen anregen?

Mikrowellen. In einem Mikrowellenherd werden deshalb nur die stark wasserhaltigen Speisen, nicht aber das Geschirr oder das Gerät selbst erhitzt. Vor allem bei kleineren Portionen ist das energiesparender als gewöhnliche Kochmethoden.

Was ist ein Molekül?

Ein Teilchen, in dem mehrere Atome fest verbunden sind. Wasser z. B. besteht aus lauter Wasserstoffmolekülen, die sich jeweils aus einem Wasserstoff und zwei Sauerstoffatomen zusammensetzen.

Was misst man mit dem Manometer?

Druck. Mit einem Manometer oder Druckluftmesser wird der physikalische Druck einer Flüssigkeit oder eines Gases gemessen. Bei einfachen Manometern bewegt der Druck einen Zeiger in einer Röhre, der den jeweiligen Messwert auf einer Skala anzeigt.

Wie viel Kraft muss jemand aufbringen, der eine Last zehn Meter hoch ziehen will und dazu einen Flaschenzug mit einem 40 Meter langen Seil verwendet?

Ein Viertel der Kraft, die er gebraucht hätte, wenn er die Last direkt hochgezogen hätte. Denn Arbeit setzt sich aus Weg mal Kraft zusammen. Diese Formel wird auch als „Goldene Regel der Mechanik" bezeichnet. Will man die Kraft reduzieren, muss man den Weg dementsprechend verlängern.

Umgangssprachlich spricht man von Eiweißen. **Wie lautet der Fachbegriff?**

a) Proteine b) Aminosäuren

a) Proteine

Sie sind allerdings Ketten aus über 100 einzelnen Aminosäuren. Kürzere Ketten nennt man Peptide. Es gibt über 250 verschiedene Aminosäuren, von denen nur 22 in Proteinen und Peptiden vorkommen.

Warum machte das Buch *The Origin of Species* 1859 Furore?

Darin legte Charles Darwin (1809–82) seine Vorstellung von der Evolution dar und verstieß damit massiv gegen die vorherrschende Vorstellung, dass die verschiedenen Arten von Gott geschaffen seien.

Charles Darwin

Was ist eine Entzündung?

Eine Entzündung ist eine Abwehrreaktion des Körpers auf eine Schädigung. Alle typischen Entzündungsanzeichen wie Schwellung, Rötung, Wärme oder Schmerz sind Begleiterscheinungen beim Versuch des Immunsystems, die Schädigung von außen – etwa durch Bakterien, Gifte, Verbrennungen etc. – zu bekämpfen.

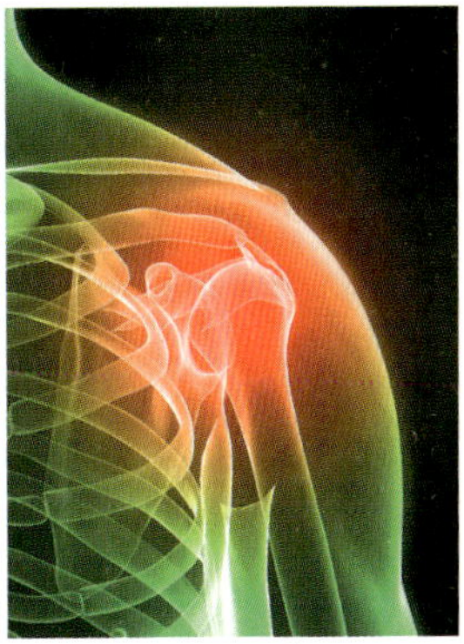

Entzündung in der Schulter

Welche Bedeutung haben die mendelschen Gesetze?

Der Augustinermönch Gregor Mendel (1822–84) entdeckte beim Kreuzen von Erbsenpflanzen, dass sich bestimmte Merkmale nach festen Regeln vererben. Aufgrund dieser Entdeckung der Gesetzmäßigkeiten gilt er als „Vater der Genetik".

Er erkannte, dass die Fäulnis von Lebensmitteln, aber auch Krankheiten von Mikroorganismen verursacht werden und entwickelte zahlreiche Impfstoffe gegen menschliche und tierische Krankheiten, darunter die Tollwut. Außerdem schuf er ein Verfahren, bei dem durch das kurzzeitige Erhitzen ein Großteil der Keime in Lebensmitteln abgetötet wird. **Wer ist gesucht?**

Louis Pasteur (1822–95). Zusammen mit dem etwas jüngeren Robert Koch (1843–1910) gilt er als Begründer der Mikrobiologie.

Was ist ein Ion?

Ein Atom oder Molekül, das entweder mehr oder weniger negativ geladene Elektronen auf der Schale hat als positiv geladene Protonen im Kern. Es ist nicht mehr elektrisch neutral, sondern bei Elektronenüberschuss negativ, bei Mangel positiv geladen.

Wie viele chemische Elemente sind radioaktiv?

a) 3 c) 12
b) 7 d) 38

d) 38
Derzeit sind 38 bekannt. Viele von ihnen, besonders die sogenannten Transurane, die im Periodensystem eine höhere Ordnungszahl als Uran (92) haben, kommen aber in der Natur nicht vor. Sie entstehen jedoch teilweise in Kernreaktoren und sind für die besondere Gefährlichkeit radioaktiver Abfälle verantwortlich.

Werden Atome schneller oder langsamer, wenn sie erwärmt werden?

Schneller.

Warum können wir nachts keine Farben sehen?

Weil die Sehzäpfchen, die für die Farbwahrnehmung zuständig sind, nicht besonders lichtempfindlich sind. Doch der Mensch besitzt noch eine zweite Art von Sehzellen. Diese sind stäbchenförmig und viel lichtempfindlicher, setzen die eingefangenen Signale aber nur in Grauwerte um. Je mehr das Licht schwindet, desto mehr Farbrezeptoren (Zäpfchen) fallen aus und nur die Graurezeptoren (Stäbchen) funktionieren noch, bis es schließlich auch diesen zu dunkel wird und wir gar nichts mehr sehen.

Was bewegt sich mit 299.792,485 Kilometern pro Sekunde fort?

Licht.

Bei einem Gewitter heizt sich die Luft zwischen den Wolken sehr schnell extrem auf und dehnt sich aus. **Das führt zu ...?**

a) ... Blitzen c) ... starkem Regen
b) ... Donner d) ... Hagel

b) ... Donner
Bei Gewittern entstehen in den Wolken elektrische Ströme. Diese entladen sich in den Blitzen. Durch diese Entladung kommt es zur Aufheizung der Luft auf bis zu 30.000 Grad Celsius und damit zu einem extremen Druckanstieg. Diese heiße Luft breitet sich explosionsartig aus. Als Explosionsgeräusch entsteht der Donner.

Gewitter

Was sind adulte Stammzellen?

Als Stammzellen werden Zellen bezeichnet, die das Potenzial haben, sich in verschiedene andere Zellen umzubilden. Befruchtete Eizellen bestehen zunächst nur aus Stammzellen. Diese embryonalen Stammzellen lassen sich in jedes beliebige Gewebe verwandeln, doch um sie zu gewinnen, muss man den Embryo töten. Inzwischen hat man jedoch entdeckt, dass auch der erwachsene (adulte) Organismus noch über Stammzellen verfügt, die sich ohne Schaden gewinnen lassen. Allerdings reicht ihr Wandlungsspektrum nicht an das embryonaler Stammzellen heran.

Wie hängen elektrische Spannung, Stromstärke und elektrischer Widerstand miteinander zusammen?

Der elektrische Widerstand (gemessen in Ohm) bestimmt, wie viel elektrische Spannung (gemessen in Volt) nötig ist, um in einem bestimmten Netz einen Strom bestimmter Stärke (gemessen in Ampere) zu erzeugen. Der Widerstand hängt von der Leitfähigkeit der für den Stromkreis verwendeten Materialien ab.

Was ist ein Element?

Ein chemischer Stoff, der nur aus Atomen mit derselben Kernladungszahl (Anzahl der Protonen im Atomkern) aufgebaut ist. Einfachstes Beispiel: Wasserstoff und Sauerstoff sind Elemente, Wasser, das aus Wasserstoff und Sauerstoff, also verschiedenen Elementen, zusammengesetzt ist, nicht.

Was ist ein Furunkel?

a) eine Entzündung eines Haarbalgs
b) eine Eiteransammlung im Gewebe rund um einen Fremdkörper
c) eine nicht natürliche Verbindung von einem Hohlorgan zu einem anderen Organ oder an die Körperoberfläche
d) eine Eiteransammlung in einer Körperhöhle oder einem Hohlorgan

a) eine Entzündung eines Haarbalgs
Die Eiteransammlung rund um einen Fremdkörper ist ein Abszess, die Verbindungsröhre von einem Hohlorgan ausgehend eine Fistel und die Eiteransammlung in einer Körperhöhle ein Empyem.

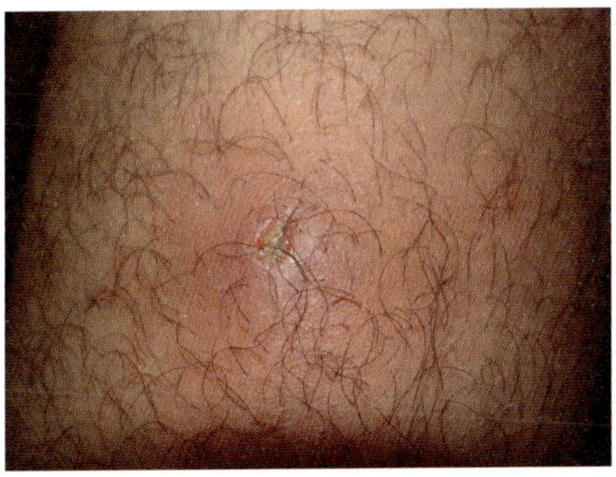

Furunkel

Wie viele Zwischenlager für radioaktive Abfälle gibt es in Deutschland?

Weit über 20. Neben zentralen Zwischenlagern wie Gorleben, Unterweser, Mitterteich, Rubenow und Ahaus haben auch Kernkraftwerke, Forschungsinstitute und einige Firmen eigene Lager. Kein Zwischenlager war der Salzstock Asse. Dort sollte eine Endlagerung radioaktiver Abfälle geprobt werden. Ein Endlager für schwach radioaktive Abfälle gibt es in Morsleben, zu einem weiteren wird derzeit Schacht Konrad bei Salzgitter ausgebaut. Als Endlager für hochradioaktive Abfälle ist Gorleben in der Diskussion.

■ 1909 beschoss Ernest Rutherford (1871–1937) Goldfolie mit Alphastrahlen. Die meisten gingen ungehindert hindurch, nur wenige wurden sehr stark abgelenkt oder gar zurückgeworfen. **Was schloss Rutherford daraus?**

Dass Atome nur einen winzigen, massiven Kern haben und sonst aus viel leerem Raum bestehen. Rutherford gehörte zu den Pionieren bei der Erforschung der Radioaktivität und erhielt dafür 1908 den Chemienobelpreis.

■ Was hat der genetische Fingerabdruck mit Fingern zu tun?

Nichts. Damit wird lediglich ausgesagt, dass die DNS eines Menschen genauso individuell ist wie ein Fingerabdruck und ein Mensch genauso gut über genetische Spuren identifiziert werden kann wie über Fingerabdrücke, die er hinterlässt.

■ Was ist der Unterschied zwischen einer Monsterwelle und einem Tsunami?

Als Monsterwelle bezeichnet man eine extrem hohe Welle. Solche Wellen, die über 25 Meter hoch werden können, entstehen, wenn lange, schnelle Wellen auf kurze, langsame treffen, die sich in derselben Richtung bewegen. In solchen Fällen kann durch Überlagerung eine Extremwelle entstehen. Ein Tsunami dagegen entsteht durch eine Bewegung des Meeresbodens. Auf See ist die Tsunamiwelle nicht höher als einen Meter, kann aber mehrere hundert Kilometer lang sein. Trifft diese Welle dann auf flaches Wasser, wird sie gestaucht und es kann blitzartig eine Welle von mehr als 50 Metern Höhe entstehen.

Brechende Monsterwelle

■ Was sagt die Oktanzahl über Benzin aus?

Je höher die Oktanzahl ist, desto besser ist die Klopffestigkeit des Kraftstoffes. Das bedeutet, dass sich das Benzin-Luft-Gemisch nicht vorzeitig selbst entzündet, was im Motor zu Klopfen führt. Je stärker das Benzin-Luft-Gemisch im Motor verdichtet wird, desto besser muss auch die Klopffestigkeit sein. Andererseits führt die höhere Verdichtung zu einem besseren Wirkungsgrad des Motors. Normalbenzin hat eine Oktanzahl von mindestens 91, Super von mindestens 95 und Superplus von mindestens 98. Einige Mineralölfirmen bieten auch Kraftstoffe mit Oktanzahlen von 100 oder mehr an.

Konnten Dinosaurier fliegen?

Nein. Die Dinosaurier waren nur eine Familie der urzeitlichen Saurier. Daneben gab es noch Ichthyosaurier, Sauropterygia und eben Flugsaurier. Trotzdem stammen alle heutigen Vögel wohl von den Dinosauriern und nicht von den Flugsauriern ab.

Wie jagen Zitteraale?

Sie lähmen die Beutetiere mit elektrischem Strom. Diesen erzeugen sie mit einem speziellen, „Elektroplax" genannten Organ. Insgesamt gibt es rund 250 Fischarten, die über ein Elektroplax verfügen. Zitterrochen können sogar Stromstärken bis zu 50 Ampere erzeugen.

Zitteraal

Welches ist das wichtigste Steuerelement des vegetativen Nervensystems?

a) Hypophyse
b) Hypothalamus
c) Zirbeldrüse
d) Rückenmark

b) Hypothalamus
Im Hyphothalamus, der im Zwischenhirn hinter den Augen sitzt, werden die wichtigen Funktionen wie Aufrechterhaltung von Blutdruck und Körpertemperatur, Hunger, Durst, Schlafrhythmus, Sexualverhalten usw. gesteuert. Die dicht daran sitzende Hypophyse und die Zirbeldrüse sind Hormonproduzenten, wobei die Zirbeldrüse speziell für das Schlafhormon Melatonin zuständig ist. Das Rückenmark ist eine Art Schaltsystem, aber kein wirkliches Steuerelement.

Wer entschlüsselte das menschliche Genom?

a) Craig Venter
b) Human Genome Project
c) beide

c) beide
Das private Unternehmen von Craig Venter (*1946) und das öffentliche, internationale Human Genome Project arbeiteten parallel und veröffentlichten 2001 ihre Ergebnisse. Die „Entschlüsselung" ist aber nur eine Sequenzierung, d. h. die Aufzeichnung der Abfolge der verschiedenen Basenpaare innerhalb der einzelnen Chromosomen. Welche Funktion die einzelnen Gene haben, weiß man deswegen trotzdem erst in Ansätzen.

Was ist Lysergsäurediethylamid?

Eine Droge, bekannt unter der Abkürzung LSD. Die Substanz wurde zunächst als Medikament bei psychischen Krankheiten eingesetzt, wegen ihrer extrem starken halluzinogenen Wirkung aber 1966 in den USA verboten. Ähnliche Derivate der Lysergsäure sind im Mutterkorn enthalten, einem Getreidepilz, der im Mittelalter Massenvergiftungen mit extremen Wahnvorstellungen auslöste.

Wie funktioniert das Klonen?

Man entfernt aus einer befruchteten Eizelle den Zellkern und setzt stattdessen den Kern einer Körperzelle von dem Organismus, den man Klonen möchte, ein. Der eingesetzte Zellkern liefert das Genmaterial, die befruchtete Eizelle sorgt für die Entwicklung des geklonten Organismus.

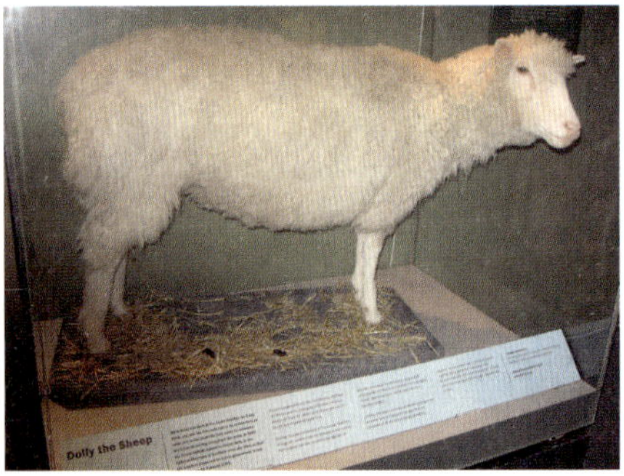

Klonschaf Dolly

Wie viel Heizenergie darf ein Passivhaus im Jahr pro Quadratmeter höchstens benötigen?

a) 150 Kilowattstunden
b) 40 Kilowattstunden
c) 15 Kilowattstunden
d) gar keine

c) 15 Kilowattstunden
Auch wenn der Name Passivhaus suggeriert, dass nicht aktiv geheizt werden muss, sondern allein Sonnenenergie und Abwärme das Haus wärmen, ist ein Verbrauch bis zu 15 Kilowattstunden pro Quadratmeter und Jahr zulässig. Nullenergiehäuser kommen dagegen ganz ohne Heizung aus, jedoch muss oft erheblicher technischer Aufwand betrieben werden, damit es auch an den kältesten Tagen im Jahr warm genug ist. Von einem Niedrigenergiehaus spricht man im Allgemeinen bei einem Bedarf von unter 70 Kilowattstunden.

Über welches Merkmal verfügt eine Körperzelle nicht?

a) Sie hat einen eigenen Stoffwechsel.
b) Sie kann sterben.
c) Sie kann auf Reize reagieren.
d) Sie kann separat existieren.

d) Sie kann separat existieren.
Einzeller sind Lebewesen, die nur aus einer Zelle bestehen, doch die Körperzellen von Menschen und Tieren sind nicht mehr fähig, für sich allein zu existieren, auch wenn sie über einen eigenen Stoffwechsel verfügen, auf Reize reagieren können und fähig sind, zu wachsen und sich zu vermehren.

Was erfand Dmitri Mendelejew?

Das Periodensystem der chemischen Elemente. Es wurde unabhängig von Mendelejew (1834–1907) und Lothar Meyer (1830–95) entwickelt.

1981 wurde das Humane Immundefizienz-Virus entdeckt, das seitdem etwa 25 Millionen Menschen das Leben gekostet hat. **Unter welchem Namen ist es bekannt?**

HIV. Die Krankheit, die es hervorrufen kann, heißt korrekt Acquired Immune Deficiency Syndrome (Erworbenes Immundefektsyndrom), abgekürzt AIDS.

Was entsteht, wenn man Siliziumoxid schmilzt?

Glas. Siliziumoxid, das in der Natur in Form von Quarz vorkommt, ist der Hauptstoff bei der Glasherstellung. Quarzglas besteht aus reinem Silizumoxid, andere Gläser enthalten noch Zusatzstoffe. Reines Quarzglas hält Temperaturen bis zu 1400 Grad Celsius stand, weshalb es vor allem für Spezialzwecke verwendet wird. Für Flaschen und Fenster wird meist Glas verwendet, das außer Siliziumoxid noch Kalk und Natron enthält.

Flasche aus farbigem Glas

Kann man im Auto Sonnenbrand bekommen?

Ja, aber keine langfristige Bräunung der Haut, da Glas normalerweise nur ultraviolette Strahlen vom Typ A durchlässt. Diese können Sonnenbrand erzeugen, jedoch nicht so stark wie die UV-B-Strahlen. Außerdem sind auch Strahlen vom Typ A krebserregend. Das wichtige Vitamin D wird im Körper aber nur durch UV-B-Strahlen gebildet, sodass das Sonnen hinter Glas nicht wirksam ist.

Was ist der Unterschied zwischen dem Rückenmark und dem zentralen Nervensystem?

Das zentrale Nervensystem (ZNS) des Menschen besteht aus Rückenmark und Gehirn.

Bei diesem Verfahren werden Gegenstände mit einer metallischen Schicht überzogen. Dazu werden die Gegenstände und ein Metallstab in ein Bad getaucht und elektrisch miteinander verbunden. Dabei lösen sich von dem Metall Ionen, die sich dann an dem Gegenstand anlagern. **Wie nennt man dieses Verfahren?**

a) Emaillieren b) Galvanisieren

b) Galvanisieren

Das Galvanisieren kann dem Korrosionsschutz dienen, aber auch rein dekorative Gründe haben. Emaillieren dient ähnlichen Zwecken, aber hier wird die Emaillemasse bei hohen Temperaturen auf Glas oder Metall aufgeschmolzen.

Wie viel Strom verbraucht eine 60-Watt-Glühbirne in der Stunde?

60 Wattstunden bzw. 0,06 Kilowattstunden.

Glühbirne

Was sind Karotinoide?

a) Vitamine
b) Geschmacksstoffe von Karotten
c) Enzyme
d) Pflanzenfarbstoffe

d) Pflanzenfarbstoffe

Karotinoide sind eine Gruppe von natürlichen Farbstoffen, die eine gelbe bis rötliche Färbung verleihen. Sie kommen unter anderen in Karotten, aber auch in vielen anderen Obst- und Gemüsesorten sowie in den Federn oder im Panzer von Tieren vor. Der bekannteste Vertreter ist das Beta-Karotin, das auch als Provitamin A bezeichnet wird. Insgesamt wurden bislang aber mehr als 800 Karotinoide entdeckt. Ihnen wird eine Vielzahl von positiven Wirkungen für die Gesundheit zugeschrieben, etwa der Schutz vor Krebs, Arteriosklerose, Augenkrankheiten oder Hautalterung.

Welche Gemeinsamkeit haben Helium, Neon, Argon, Krypton und Xenon?

Sie sind Edelgase. So werden sie genannt, weil sie kaum chemische Verbindungen eingehen. Sie sind deshalb so reaktionsträge, weil die „Schalen" um ihre Atomkerne mit Elektronen gefüllt sind.

Was ist eine Sepsis?

Eine Blutvergiftung. Bei einer Sepsis gelingt es dem Immunsystem nicht, eine lokale Schädigung zu bekämpfen und zu isolieren. Über den Blutkreislauf breitet sich die Infektion im ganzen Körper aus, was zu einer Entzündung des ganzen Körpers führt, die schnell Organe schädigen und lebensbedrohlich werden kann.

Welcher Stoff hat die chemische Formel O_3?

Ozon. Normaler Sauerstoff besteht aus zwei Sauerstoffatomen. Unter bestimmten Bedingungen bildet sich jedoch das dreiwertige Ozon, das schädlich für Organismen auf der Erde wirkt. Es zerfällt jedoch meist sehr schnell wieder. In großer Höhe jedoch bremst eine stabile Ozonschicht den Einfall ultravioletter Strahlung.

Welches Gerät ortet Gegenstände, indem es Radiowellen aussendet, die beim Auftreffen reflektiert werden?

Das Radargerät.

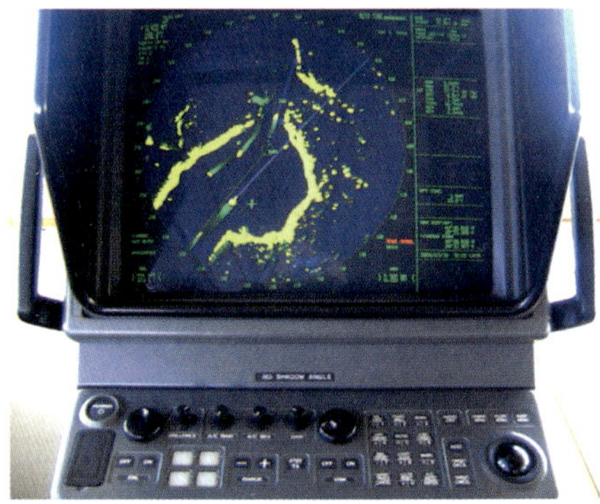

Radargerät auf einem Schiff

Nach welchem Universalgenie ist der höchste deutsche Wissenschaftspreis benannt?

a) Leonardo da Vinci
b) Galileo Galilei
c) Gottfried Wilhelm Leibniz
d) Hermann Helmholtz

c) Gottfried Wilhelm Leibniz
Der Leibniz-Preis ist mit 2,5 Millionen Euro dotiert und wird jedes Jahr an zehn in Deutschland arbeitende Wissenschaftler aus den verschiedensten Fachrichtungen vergeben. Das Preisgeld ist für projektgebundene Forschung zu investieren. Er

wird von der Deutschen Forschungsgemeinschaft verliehen und ist der am höchsten dotierte wissenschaftliche Förderpreis weltweit.

Wie schnell bewegt sich der Schall in einem Vakuum?

Gar nicht. Denn Schallwellen breiten sich aus, indem sie Materieteilchen in Schwingung versetzen. In einem Vakuum gibt es jedoch keine Materie, die den Schall weitertragen kann.

Was versteht man unter Kreationismus?

Allgemein die Vorstellung, dass die Erde von einem Gott geschaffen wurde. Im Speziellen sind damit christliche Gruppierungen, vor allem in den USA, gemeint, die die Evolution leugnen und an eine Erschaffung der Welt glauben, wie sie in der Bibel steht. Dabei werden teilweise Vorstellungen formuliert, die einzelne wissenschaftliche Erkenntnisse wie etwa die Existenz von Dinosauriern in der Vorzeit integrieren, aber wissenschaftliche Beweise als irrelevant abtun, sobald diese in Widerspruch zu biblischen Aussagen geraten.

Was wird in Karat gemessen?

Der Goldgehalt. Einkarätiges Gold enthält nur 1/24 wirkliches Gold, 24-karätiges (theoretisch) 100 %. Praktisch sind aber nur etwa 99 % möglich. Das Gewicht von Edelsteinen wird genau genommen in metrischen Karat angegeben, wobei ein Karat 0,2 Gramm sind.

In welchem Zusammenhang stehen Alchemie und Chemie?

Als Alchemisten bezeichnet man Forscher, die von der Antike bis in die frühe Neuzeit mit relativ geringem wissenschaftlichem Hintergrund mit Stoffen experimentierten und chemische Umwandlungen erreichen wollten. Die Alchemie wurde teilweise als okkulte Geheimwissenschaft betrieben und viele ihrer Vertreter versuchten sich in unmöglichen Dingen wie der Herstellung von Gold oder von künstlichen Menschen. Tatsächlich aber ist der Übergang zwischen den Experimenten der Alchemisten und der wissenschaftlichen Chemie, der sich im 17. und 19. Jahrhundert vollzog, ein fließender.

Alchemistenküche

Müssen wir alle Vitamine über die Nahrung zu uns nehmen?

Eigentlich ist ein Vitamin ein Stoff, den der Körper nicht selbst herstellen kann, weshalb er in der Nahrung enthalten sein muss. Inzwischen zählt man jedoch auch einige Stoffe zu den Vitaminen, die der Körper (teilweise) selbst produzieren kann, etwa Vitamin D unter dem Einfluss von UV-Licht.

Was sorgt dafür, dass eine Feder langsamer fällt als ein Stein?

Der Luftwiderstand, dem die Feder weniger entgegenzusetzen hat. Im luftleeren Raum fallen alle Körper, unabhängig von Form und Gewicht, gleich schnell.

Was bezeichnet man als Killerzellen?

a) Krebszellen
b) Abwehrzellen im menschlichen Körper

b) Abwehrzellen im menschlichen Körper

Als Killerzellen werden Zellen der Immunabwehr bezeichnet, die Krebszellen und andere von Erregern befallene Zellen abtöten können. Es gibt verschiedene Arten, die aber alle zu den weißen Blutkörperchen gehören.

Was versteht man unter dem Lotoseffekt?

Auf den Blättern einer Lotospflanze, aber auch bei anderen Pflanzen perlen Wassertropfen ab und nehmen dabei kleine Schmutzpartikel mit. Dies führt zu einem Selbstreinigungseffekt. Das geschieht nicht etwa, weil die Blätter besonders glatt sind, sondern eine Rauigkeit im Mikro- und Nanobereich besitzen. In diese winzigen Vertiefungen können weder Wasser noch Schmutz eindringen, die Partikel sitzen deshalb fast ohne Haftung locker an der Oberfläche und können durch Wasser, das aufgrund seiner Oberflächenspannung noch weniger Haftung hat, leicht fortgespült werden. Inzwischen werden nach diesem Prinzip selbstreinigende Gläser, Fassadenfarben, Schiffsanstriche und Textilien hergestellt.

Wie nennt man die Umwandlung eines organischen Stoffes mithilfe von Bakterien, Pilzen, Zellkulturen oder Enzymen?

Fermentation. Auf diese Weise werden z. B. Lebensmittel wie Sauerkraut, Käse oder Sojasauce hergestellt, aber auch organische Säuren, Medikamente oder Biogas.

Bei der Käseproduktion

Steigende Werte auf dem Barometer signalisieren das Nähern eines ...?

a) ... Hochdruckgebietes
b) ... Tiefdruckgebietes

a) ... Hochdruckgebietes

Ein Barometer misst den Luftdruck. Steigende Werte stehen für einen steigenden Luftdruck, also für ein Hochdruckgebiet, das meist stabiles, schönes Wetter mit sich bringt. Fallende Werte zeigen, dass der Luftdruck weniger wird, sich also ein Tiefdruckgebiet nähert, das oft schlechtes und wechselhaftes Wetter mit sich bringt.

■ ■ ■

Warum hat man so oft ungute Gedanken, wenn man nachts aufwacht?

Der Körper setzt nachts Melatonin frei. Dieses dämpft die Körperfunktionen und unterstützt somit den Schlaf. Dass es auch die Stimmung trübt, spielt keine Rolle – solange man schläft. Wacht man aber auf, kann der erhöhte Melatoninspiegel zu depressiven Gedanken führen. Auch die Winterdepressionen entstehen dadurch, dass der Körper zu wenig Licht bekommt und der Melatoninspiegel auch tagsüber erhöht bleibt.

■ ■ ■

Was ist eine Hypovitaminose?

a) Überversorgung mit Vitaminen
b) Unterversorgung mit Vitaminen

b) Unterversorgung mit Vitaminen
Bei wissenschaftlichen Fachbegriffen bedeutet die Vorsilbe „hypo-“ „unter“, während „hyper-“ für „über“ steht.

Auf die passende Vitaminzufuhr achten!

Wie verhalten sich Chromosomen und Gene zueinander?

a) Sie sind identisch.
b) Ein Gen ist ein bestimmter Abschnitt eines Chromosoms.
c) Ein Gen wird aus mehreren Chromosomen gebildet.
d) Chromosomen sind das Trägermaterial für Gene.

b) Ein Gen ist ein bestimmter Abschnitt eines Chromosoms.
Chromosomen bestehen aus einem gewundenen DNS-Faden. Einzelne Abschnitte dieses Fadens bilden Gene, über die bestimmte Erbinformationen weitergegeben werden. Andere Abschnitte dagegen tragen keine Informationen.

■ ■ ■

Was ist Penizillin?

Ein Antibiotikum. In der Natur ist es in dem Schimmepilz Penicillium chrysogenum enthalten, von dem es seinen Namen bekam. 1929 stellte der Bakteriologe Alexander Fleming (1881–1955) per Zufall fest, dass dieser Schimmel viele gefährliche Krankheitskeime abtötete, aber für den Menschen ungiftig war.

■ ■ ■

Was ist ein Isotop?

Isotope sind verschieden schwere Varianten eines chemischen Elements. Während normalerweise die Zahl der Neutronen im Atomkern der der Protonen entspricht, gibt es bei manchen Elementen Varianten mit mehr oder weniger Neutronen, was die Atome schwerer oder leichter macht. Nicht alle, aber viele Isotopen sind radioaktiv.

Wie orientieren sich Zugvögel?

Vor allem am Erdmagnetfeld. Sie haben Rezeptoren, mit deren Hilfe sie dieses Magnetfeld wahrnehmen können. Daneben scheinen sich einige Arten auch noch am Sternenhimmel bzw. dem Sonnenstand zu orientieren. Das „Wissen", wann sie losfliegen müssen, welche Richtung einzuschlagen ist und wie lange sie fliegen müssen, wird genetisch vererbt. Allerdings scheint die Klimaerwärmung das Zugverhalten zu beeinflussen, sodass manche Arten aufgrund günstiger Klimabedingungen nicht mehr die Notwendigkeit verspüren, im Winter weit nach Süden zu fliegen.

Ziehende Kraniche

Wozu braucht man Dioxine?

Gar nicht. Die sogenannten Dioxine werden nicht erzeugt, entstehen aber bei der Verbrennung chlorhaltiger Produkte und als Nebenprodukt bei verschiedenen chemischen Prozessen, bei denen Chlor im Spiel ist. Sie werden über Rauch und Staub weit verteilt und bauen sich kaum ab. Sie reichern sich bei Mensch und Tier vor allem im Fettgewebe an. In geringen Mengen können sie für allerlei neurologische Störungen sorgen, in größeren auch tödlich wirken.

Manche Tiere unterlaufen in ihrer Entwicklung vom Ei zum ausgewachsenen Tier ein Zwischenstadium. Wie heißt es?

a) Larvenstadium
b) Raupenstadium
c) Madenstadium
d) Puppenstadium

a) Larvenstadium
Larve ist der Überbegriff. Raupe oder Made nennt man die Larven bestimmter Insektenarten, Puppen die des Schmetterlings, Kaulquappen die der Frösche, Engerlinge die des Maikäfers und Finnen die der Bandwürmer.

Was ist der Unterschied zwischen einer Epidemie und einer Pandemie?

a) Eine Pandemie ist schlimmer als eine Epidemie.
b) Eine Pandemie ist räumlich nicht begrenzt.

b) Eine Pandemie ist räumlich nicht begrenzt.
Eine Epidemie kann schlimmer wüten als eine Pandemie, ist aber zeitlich und räumlich begrenzt, während sich eine Pandemie von Gebiet zu Gebiet fortpflanzt und schließlich (nahezu) weltweit vorkommt.

Können Fische wirklich fliegen?
Ja. Der sogenannte Beilbauchsalmler kann tatsächlich durch Schlagen seiner Flossen Höhe gewinnen. Die meisten „fliegenden Fische" katapultieren sich jedoch nur aus dem Wasser und können dann eine Weile durch die Luft gleiten, aber nicht weiter aufsteigen.

Fliegender Fisch

Aminosäuren sind lebenswichtig für den menschlichen Organismus. **Können sie im Körper selbst gebildet werden oder müssen sie über die Nahrung aufgenommen werden?**
Teils, teils. Es gibt acht essenzielle Aminosäuren, die der Körper nicht herstellen kann, jedoch unbedingt braucht. Diese sind vor allem in Fleisch, Fisch, Eiern, Milchprodukten, Nüssen, Hülsenfrüchten, Sojaprodukten und Vollkornmehl enthalten. Veganer sollten möglichst verschiedene pflanzliche Proteinquellen zu sich nehmen, um ausreichend versorgt zu sein.

Was passiert, wenn ein Auto die Geschwindigkeit verdoppelt? Verdoppelt sich auch die Energie, die in dem Fahrzeug steckt?
Sie vervierfacht sich sogar, weshalb Aufprallunfälle bei hohen Geschwindigkeiten mit ungeheurer Wucht vor sich gehen.

Was ist das Besondere an Quastenflossern?
Lange Zeit glaubte man, es handele sich dabei um prähistorische Knochenfische, die vor 70 Millionen Jahren ausgestorben seien. 1938 entdeckte man jedoch die ersten lebenden Quastenflosser, die sich kaum von den urzeitlichen, teils über 400 Millionen Jahren alten Funden unterscheiden. Deshalb werden sie manchmal als „lebende Fossilien" bezeichnet.

Was ist eine Allergie?
Eine übermäßige Abwehrreaktion des Körpers gegen eigentlich harmlose Umweltstoffe.

Mit welchem Fachausdruck bezeichnet man einen „Rückfall" in der Evolution

a) Atavismus
b) Altruismus
c) Anarchismus
d) Agressionismus

a) Atavismus
Von Atavismus spricht man, wenn anatomische Merkmale oder Verhaltensweisen auftreten, die eigentlich typisch für eine frühere Evolutionsstufe sind, etwa Halsfisteln, zusätzliche Brustwarzen oder ausgeprägte Körperbehaarung beim Men-

schen. Altruismus ist uneigennütziges Benehmen, Anarchismus Herrschaftslosigkeit und Agressionismus gibt es nicht.

Sind Kolibakterien nützlich oder schädlich?

Kolibakterien (Escherichia coli) sind Teil der Darmflora und verhindern dort, dass sich schädliche Mikroorganismen ansiedeln können. Wenn aber z. B. Badewasser stark mit Kolibakterien verunreinigt ist und diese dann etwa in die Harnwege kommen, dann können sie dort für Infektionen sorgen. Außerdem gibt es schädliche Stämme von Escheria coli, die auch schwere Darmkrankheiten verursachen können. Besonders berüchtigt ist der sogenannte Reisedurchfall, gern auch „Montezumas Rache" genannt, der in warmen Gegenden mit unsauberem Trinkwasser auftreten kann.

Warum sind nur Küstenregionen von Wirbelstürmen betroffen?

Weil Wirbelstürme von feucht-warmer Luft gespeist werden, die aus dem Meer aufsteigt. Über Land fehlt es jedoch an „Nachschub", weswegen die Stürme relativ schnell an Energie verlieren.

Wie funktioniert Chromatografie?

Bei diesem Verfahren wird ein Stoffgemisch in seine Einzelteile zerlegt. Dabei wird das Gemisch in Fluss gebracht und dadurch getrennt. Jeder dieser Stoffe reagiert etwas anders und kommt unter anderen Umständen wieder in seine stationäre Phase, sodass ein Verlaufsbild entsteht. Die Chromatografie dient u. a. zur Analytik, um alle Inhaltsstoffe eines Gemisches zu identifizieren.

Sind Tiere, die in kälteren Regionen leben, größer oder kleiner?

Größer, weil dann auch das Verhältnis zwischen Körpervolumen und Oberfläche größer wird und der Körper nicht so schnell auskühlt. Das lässt sich bei Tieren einer Gattung oder Familie beobachten, die sowohl in kälteren wie wärmeren Gebieten vorkommen. Besonders signifikant ist es bei Pinguinen, aber auch Braunbären sind in Südeuropa wesentlich kleiner als in Alaska. Diese Gesetzmäßigkeit ist als bergmannsche Regel bekannt und wurde von dem Göttinger Anatomen Carl Bergmann (1814–65) aufgestellt.

Königspinguine

Welches Material eignet sich besser für Kochlöffel?

a) Metall a) Holz

b) Holz

Holz und auch Plastik haben ein eher schlechtes Wärmeleitvermögen. Das bedeutet, dass man auch längere Zeit in einem Topf mit heißen Speisen rühren kann, ohne dass sich das Griffende des Löffels aufheizt. Der Stiel eines Metalllöffels würde dagegen schnell zu heiß werden. Deswegen haben Kochlöffel aus Metall zumindest einen mit Kunststoff isolierten Griff.

Nach wem sind die Fraunhofer-Institute benannt?

Nach Joseph von Fraunhofer (1787–1826), der vor allem im Bereich der Optik und beim Bau von besseren Fernrohren Bahnbrechendes geleistet hat. Die 1949 gegründete Fraunhofer-Gesellschaft mit mehr als 80 einzelnen Einrichtungen ist europaweit die größte Organisation zur Förderung der angewandten Forschung.

Joseph von Fraunhofer

Welche Blutgruppe ist die seltenste?

a) 0
b) A
c) B
d) AB

d) AB
In Deutschland haben nur etwa 5% aller Menschen die Blutgruppe AB, etwa 11% B, 41% 0 und 43% A. Weltweit jedoch ist 0 häufiger. In Asien, wo die Blutgruppe B teilweise sogar häufiger als A ist, ist auch AB verbreiteter. Wenn nicht Vollblut, sondern nur Blutzellen übertragen werden, verträgt ein Mensch mit Blutgruppe AB aber das Blut aller anderen Gruppen. Wer dagegen Blutgruppe 0 hat, kann zwar allen anderen Menschen (mit passendem Rhesusfaktor) Blutzellen spenden, verträgt selbst aber nur die eigene Gruppe.

Was ist der durchschnittliche IQ?

100 IQ-Punkte. Die IQ-Skalen für Intelligenztests werden so festgelegt, dass der Durchschnitt immer bei 100 liegt.

Wodurch wird Wasser hart?

Durch einen hohen Gehalt an gelösten Erdalkalielementen wie Kalzium oder Magnesium. Beim Erhitzen fällen die Mineralien aus und lagern sich als Kalkschicht an Leitungen, Kesseloberflächen und Geräten ab.

Womit befasst sich Thermodynamik vor allem?

a) mit Flugeigenschaften
b) mit Wärmeenergie
c) mit dem Heizungsbau
d) mit der Windentstehung

b) mit Wärmeenergie
Die Thermodynamik oder Wärmelehre befasst sich mit dem Verhalten von Körpern und Stoffen unter dem Einfluss von Wärmeenergie. Dazu gehört wesentlich auch die Umwandlung von Energie und die Erzeugung von Arbeit im physikalischen Sinn. Alle Prozesse, die auf der Änderung von Wärmeenergie beruhen wie etwa in Dampfmaschinen oder Verbrennungsmotoren, sind Bestandteil der Thermodynamik.

Wie bewegen sich Quallen?
Mit dem Rückstoßprinzip wie Raketen.

Qualle

Was passiert, wenn man ein gasförmiges Gemisch aus Wasserstoff und Sauerstoff erhitzt?
Eine Knallgasreaktion, die explosionsartige Bildung von Wasserdampf. Dazu muss der Wasserstoffanteil des Gemisches mindestens 4 % und höchstens 77 % betragen.

Was sind Omnivoren?
a) Eierfresser
b) Allesfresser
c) Fleischfresser
d) eine Würmerart

c) Fleischfresser
Omnivoren sind Lebewesen, die sowohl pflanzliche wie tierische Nahrung, also „alles" (lat. „omnes") zu sich nehmen. Menschen zählen aufgrund ihrer biologischen Anlage zu den Omnivoren, da sie alle Nahrungstypen gut verwerten können. Andere typische Omnivoren sind etwa Schweine oder Bären. Katzen und Hunde dagegen sind Fleischfresser, auch wenn sie teilweise pflanzliches Futter zu sich nehmen.

Was passiert, wenn an einer scharfen Grenze zwischen warmer und kalter Luft Bilder reflektiert werden?
Man sieht eine Fata Morgana. Vor allem in der Wüste können dabei Gegenstände, die sich in großer Entfernung befinden, gespiegelt werden. Besonders fatal ist es, wenn der Himmel so gespiegelt wird, weil der Beobachter leicht den Eindruck bekommt, es befinde sich eine große Wasserfläche in der Nähe.

Er war eigentlich Drucker und Verleger, wurde aber auch persönlich als Schriftsteller tätig, war als Politiker einer der Gründerväter der Vereinigten Staaten von Amerika und widmete sich leidenschaftlich der Erforschung der Elektrizität. Dabei erfand er den Blitzableiter. **Wie hieß dieses Multitalent?**
Benjamin Franklin (1706–90).

Warum platzen Würste im Kochwasser?
Weil sie in der Regel mehr Salz enthalten als das Kochwasser. Die Natur strebt nach einem Ausgleich. Da aber durch die

Wursthaut die relativ großen Salzteilchen nicht entweichen können, wandert Wasser in die Wurst, um deren Inhalt zu „verdünnen". Dieses Wandern von gelösten Teilchen durch eine nur teilweise durchlässige Membran wie die Wursthaut nennt man Osmose.

Woher haben Jetstreams ihren Namen?

Als Jetstreams werden Starkwindbänder bezeichnet, die den Globus in großer Höhe von West nach Ost umwehen. Sie sind relativ stabil und stellen die stärksten natürlich auftretenden Winde dar. Ihren Namen haben sie bekommen, weil sie von Jumbojets und anderen hoch fliegenden Flugzeugen genutzt werden.

Wie viele Kalorien ergeben 1 Joule?

a) 0,239 c) 41,86
b) 4,18 d) 239

a) 0,239
Ein Joule sind 0,239 Kalorien bzw. 4,1868 Joule sind eine Kalorie. Wenn umgangssprachlich von Kalorien die Rede ist, dreht es sich aber meist um Kilokalorien. So hat Schokolade etwa einen durchschnittlichen Brennwert von 560 Kilokalorien bzw. 2345 Kilojoule.

Was ist ein pawlowscher Reflex?

Ein erlernter, nicht angeborener Reflex. Dass so etwas möglich ist, bewies erstmals der russische Wissenschaftler Iwan Pawlow (1849–1936), der Hunde darauf konditionierte, dass sie beim Bimmeln einer Glocke gefüttert werden. Nach einer Weile erzeugte allein der Ton der Glocke, ohne Anblick oder Geruch des Futters, eine vermehrte Speichelproduktion.

Welchen Sinn hat es, dass der Mückenstich juckt?

Beim Stechen sondern Mücken ein Sekret ab, das die Blutgerinnung verhindert, damit sie ungehindert trinken können. Der menschliche Körper aber schüttet daraufhin den Stoff Histamin aus. Histamin ist ein Abwehrstoff, der das körperfremde Mückensekret bekämpfen soll. Leider verursacht es auch starken Juckreiz.

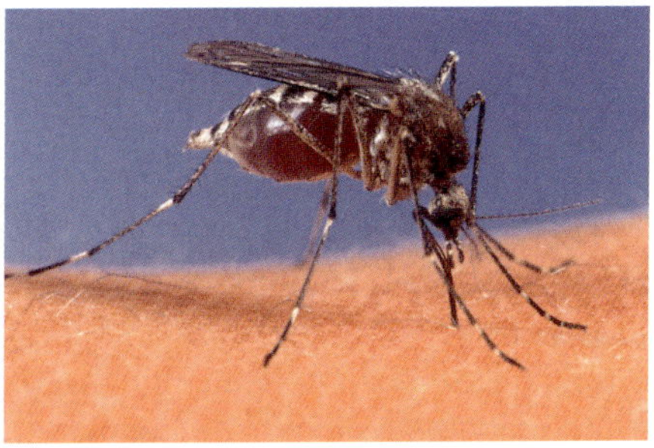

Stechmücke

Was sind die Grundfarben?

Diese Frage kann unterschiedlich beantwortet werden. In der Malerei lernt man, dass Rot, Gelb und Blau die drei Grundfarben sind, weil man aus diesen Farbpigmenten alle anderen mischen kann. Bei der Fertigung von Monitoren ist es jedoch anders. Hier werden alle Farbeindrücke aus Lichtpunkten in den Farben Rot, Blau und Grün erzeugt.

Was haben eine Autoimmunerkrankung und ein Automobil gemeinsam?

Die Vorsilbe „auto-", die „selbst" bedeutet. Ein Automobil ist ein Gefährt, das von selbst (also ohne menschliche Muskelkraft) mobil ist, während sich bei einer Autoimmunerkrankung das Immunsystem gegen sich selbst, also gegen körpereigene, nicht körperfremde Stoffe wendet.

Was ist A/H1N1?

Ein Subtyp des Grippevirus, zu dem u. a. die Erreger der Spanischen Grippe von 1918 und der Schweinegrippe von 2009 gehörten. Das „Vogelgrippevirus" dagegen gehörte dem Typ A/H5N1 an.

Welche griechische Vorsilbe steht bei zahlreichen Fachwörtern für „schlecht"?

a) a-
b) anti-
c) dys-
d) ex-

c) dys-

Dystrophie nennt man etwa eine Fehlernährung. „A-" oder „An-" stehen für einen Mangel. Ein Asozialer etwa lässt soziale Verantwortung vermissen. „Anti-" bedeutet „gegen". Ein Antibiotikum bekämpft lebendige (biotische) Mikroorganismen. „Ek-" oder „Ex-" steht für „heraus".

Was befindet sich zwischen den Wänden einer Thermoskanne?

In der Regel ein Vakuum, da dieses besonders gut isolierende Eigenschaften hat. Erfinder der Thermoskanne sind – unabhängig voneinander – der schottische Wissenschaftler James Dewar (1842–1923) und sein Chemnitzer Kollege Adolf Ferdinand Weinhold (1841–1917).

Welches Gerät verwandelt elektrische in chemische Energie?

Ein Akkumulator. Schließt man einen Akku an einen Verbraucher an, werden wie in einer Batterie von dem unedleren Metall Elektronen an das edlere abgegeben, was zu einem Stromfluss führt. Beim Laden des Akkus läuft der ganze Prozess umgekehrt ab und die elektrische Energie bewirkt, dass das Metall wieder die Fähigkeit zur Elektronenabgabe erhält.

Mit welchem einfachen Test misst man den ph-Wert einer Lösung?

Mit dem Lackmus-Test. Lackmus ist ein Farbstoff, der ursprünglich aus bestimmten Flechten gewonnen wurde. Er wechselt je nach Säuregehalt einer Lösung die Farbe. Je saurer eine Lösung ist, desto röter wird er, während basische Werte für eine Blaufärbung sorgen.

Lackmuspulver

Wie viele Chromosomen hat der Mensch?

a) 23 c) 46
b) 43 d) 68

c) 46
Der Mensch hat 46 Chromosomen, die in 23 Paaren vorliegen. Bei Männern unterscheiden sich jedoch die beiden Geschlechtschromosomen im Aufbau. Eines hat ein X-, das andere eine Y-Form.

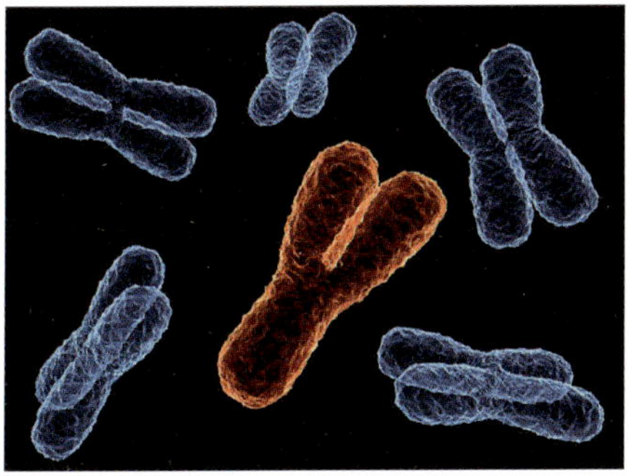

Chromosomen

Was ist die Fauna?

Die Gesamtheit der Tierarten in einem Gebiet. Entsprechend bezeichnet man die Gesamtheit der Pflanzen als Flora. Beide Namen rühren von römischen Göttinnen her.

Wenn etwas fliegt, dann ist es meist ein Vogel. Gibt es auch Säugetiere, die fliegen können?

Ja, Fledermäuse gehören zu den Säugetieren. Außerdem gibt es noch die Riesengleiter, die jedoch nicht wirklich fliegen können, aber zu weiten Gleitflügen fähig sind.

In der Botanik sind Hybriden Lebewesen, die durch planmäßige Kreuzung zweier verschiedener Zuchtlinien, Rassen oder Arten entstanden sind. **Was versteht man in der Technik darunter?**

Die Kombination zweier technischer Systeme, etwa ein Auto, das sowohl über einen Elektro- als auch über einen Verbrennungsmotor verfügt.

Welchen Bestandteil des menschlichen Hormonsystems gibt es nicht?

a) Langerhans-Inseln
b) Gelbkörper
c) neuroforensische Epithelien
d) Leydig-Zellen

c) neuroforensische Epithelien
Das Epithel ist ein Teil des Gewebes, aber unter Forensik versteht man die Kriminalwissenschaft. Die Langerhans-Inseln produzieren in der Bauchspeicheldrüse Insulin, der Gelbkörper wird bei Frauen während des Eisprungs produziert und regelt den Zyklus und die Leydig-Zellen stimulieren im Hoden die durch Testosteron die Entstehung von Spermien.

Wie nennt man einen Stoff, der an einer chemischen Reaktion beteiligt ist, dabei für eine Beschleunigung sorgt, aber selbst nicht verbraucht wird?

Katalysator. Katalysatoren erhöhen die Reaktionsgeschwindigkeiten und verringern die Aktivierungsenergie, die nötig ist, die Reaktion in Gang zu setzen.

Haben Kaltblüter wirklich kaltes Blut?

Nein. Kaltblütige Pferderassen haben die gleiche Körpertemperatur wie warmblütige oder vollblütige. Früher bezeichnete man jedoch wechselwarme Tiere wie Fische, Reptilien, Amphibien, Insekten usw., die ihre Körpertemperatur der Umgebung anpassen, als kaltblütig. Heute spricht man von wechselwarm. Diese Tiere sind meist aktiver, wenn sie sich in warmer Umgebung befinden, aber sehr träge bis fast leblos, wenn die Bluttemperatur stark absinkt. Deshalb wurde „Kaltblüter" im übertragenen Sinne sprichwörtlich für Tiere, aber auch Menschen verwendet, die sich langsam und träge bewegen.

Percheron, eine französische Kaltblutrasse

Welches sind die newtonschen Gesetze?

Drei für Bewegung geltende Grundsätze, die von Isaac Newton (1642–1726) entdeckt wurden. Es sind das Trägheitsgesetz (Ein Körper verharrt in Ruhe oder gleichförmiger Bewegung, wenn er nicht durch Kräfte von außen zu einer Änderung gezwungen wird.), das Aktionsprinzip (Die Änderung einer Bewegung entspricht in Stärke und Richtung der einwirkenden Kraft.) und das Reaktionsprinzip (Übt A eine Kraft auf B aus, entsteht eine gleich große, aber entgegengerichtete Kraft von B auf A.).

Wer sind nach den Affen unsere nächsten Verwandten?

a) Raubtiere (Carnivora) wie Hunde, Katzen und Bären
b) Paarhufer (Artiodactyla) wie Schweine, Rinder und Kamele
c) Insektenfresser (Eulipotyphla) wie Igel, Maulwürfe und Spitzmäuse
d) Riesengleiter (Dermonoptera)

d) Riesengleiter (Dermonoptera)
Die nächsten Verwandten der Primaten sind die Riesengleiter, auch als Flattermakis bekannt. Deren wiederum nächste gemeinsame Verwandte sind die Spitzhörnchen. Ihnen folgen Nagetiere und Hasenartige. All diese Tiere gemeinsam bilden die Überordnung der Euarchontoglires, die gemeinsam mit den Laurasiatheria die Klasse der höheren Säugetiere bilden. Die unter a, b und c genannten Tierordnungen gehören alle zu den Laurasiatheria.

Was sind Sukkulenten?

Besonders saftreiche Pflanzen (lat. succus = Saft). Sie können auf diese Weise Trockenzeiten gut überstehen und sind besonders in Wüsten, Halbwüsten und Steppengebieten zu finden. Eine typische Sukkulente ist die Aloe vera mit ihren fleischigen Blättern.

Welche Tierklasse ist die artenreichste?

a) Amphibien
c) Säugetiere
b) Insekten
d) Schnecken

b) Insekten
Es gibt weit über eine Million Insektenarten. Sie machen über 80 % der bekannten Tierarten aus. Schneckenarten gibt es etwa 80.000, Amphibienarten rund 6500 und Säugetierarten etwa 5500.

Bienen gehören zu den Insekten.

Wo leben Pinguine?

a) nur in der Antarktis
b) in der Arktis und Antarktis
c) in der Antarktis, auf Feuerland und in Australien
d) auf den Galapagosinseln und südlich davon

d) auf den Galapagosinseln und südlich davon
Wild lebende Pinguine gibt es im Prinzip nur auf der Südhalbkugel – mit einer winzigen Ausnahme. Die am nördlichsten lebende Art findet sich auf den Galapagos-Inseln und deren Spitzen reichen ganz knapp über den Äquator. Allerdings sind tropische Pinguine eher selten. Die meisten Arten tummeln sich rund um die Antarktis.

Überstehen Schimmelpilze hohe Temperaturen?

Nein, aber das bedeutet nicht, dass man verschimmelte Lebensmittel bedenkenlos essen kann, wenn man sie vorher erhitzt hat. Denn die gefährlichen Gifte überstehen alle Koch- und Backtemperaturen. Diese können allerlei Krankheiten, darunter Krebs und Allergien, hervorrufen und in großer Dosis sogar tödlich sein.

Wie kann man Fischschwärme in der Tiefsee orten?

Mit einem Echolot. Dieses sendet Schallwellen in die Tiefe und misst die Reflexion. Auf diese Weise werden vor allem die Wassertiefe und der Meeresboden vermessen. Moderne Fangflotten können so aber auch Fischschwärme aufspüren, was zu einem immer bedrohlicheren „Leerfischen" der Meere führt.

Was ist der Vorteil von Wechselstrom?

Er lässt sich einfacher als Gleichstrom auf sehr hohe Spannungen, wie man sie für Überlandleitungen braucht, transformieren. Deshalb besitzt Deutschland ein Wechselstromnetz. Die meisten elektronischen Schaltungen, etwa in Computern, brauchen aber Gleichstrom, weshalb der Strom durch einen Gleichrichter im Netzteil umgewandelt werden muss.

Wie unterscheidet sich Alkohol in der Chemie von der Umgangssprache?

Chemisch gesehen sind Alkohole organische Verbindungen mit einer Sauerstoff-Wasserstoff-(Hydroxy-)Gruppe. Im Alltag werden alle Getränke, die einen bestimmten dieser Alkohole, nämlich Ethanol, enthalten, als Alkohol bezeichnet. Die anderen Alkohole sind nicht trinkbar.

Wann siedet Wasser erst bei Temperaturen über 100 Grad Celsius?

Unter hohem Druck. Solch eine Druckerhöhung wird beispielsweise in einem Schnellkochtopf erreicht. Dieser wird so verschlossen, dass sich ein hoher Druck aufbaut. Die höhere Siedetemperatur sorgt dafür, dass die Speisen schneller gar werden. Bei niedrigem Druck siedet Wasser bereits bei unter 100 Grad Celsius. Dies ist z. B. auf hohen Bergen der Fall, wo der Luftdruck geringer ist.

Steht ein Quantensprung für großen Fortschritt?

Nur umgangssprachlich. In der Physik bedeutet der Quantensprung eine Veränderung auf atomarer und subatomarer Ebene, was im Grunde die kleinstmögliche Änderung darstellt. Das Besondere dabei ist, dass natürliche Prozesse sonst kontinuierlich ablaufen, auf atomarer Ebene aber sprunghaft. Dabei werden kleinste Energieteilchen (Quanten) erzeugt. Der Begriff Quantensprung wird jedoch heute kaum noch benutzt, da im Grunde nicht beweisbar ist, ob es sich wirklich um eine abrupte, sprunghafte Änderung handelt oder ob der Verlauf der Änderung einfach nicht mess- und beobachtbar ist.

Er war gelernter Maurer, begann dann aber ein Architekturstudium. Dieses brach er jedoch ab, um einen bekannten Vogelkundler auf eine Expedition nach Afrika zu begleiten. Danach studierte er Naturwissenschaften, unternahm selbst zahlreiche Forschungsreisen und schrieb populärwissenschaftliche Artikel darüber. Am bekanntesten wurde sein dreizehnbändiges Nachschlagewerk über das Tierreich. **Von wem ist die Rede?**

Von Alfred Edmund Brehm (1829–84), dem Autor von *Brehms Tierleben*.

Alfred Edmund Brehm

Welche griechische Vorsilbe steht bei zahlreichen Fachwörtern für „gesamt"?

a) meta-
b) pan-
c) all-
d) mega-

b) pan-
So ist eine panchromatische Fotoemulsion eine, die sich für Licht jeder Wellenlänge eignet. „Meta-" bedeutet eigentlich „dahinterstehend", wird aber meist für übergeordnete Strukturen verwendet. Eine Metasuchmaschine im Internet etwa aktiviert gleichzeitig verschiedene Suchmaschinen, „all-" bedeutet „abweichend".

So ist eine Allergie eine abweichende Reaktion des Körpers. „Mega-" schließlich steht für „groß".

■ ■ ■

Welche Adern bezeichnet man auch als Schlagadern?

a) Arterien c) beide
b) Venen d) nur die Aorta

a) Arterien
Als Schlagadern werden nur die Arterien bezeichnet. Sie transportieren das Blut vom Herzen weg. Die Aorta ist die größte davon. In den Venen strömt das Blut zurück. Um es aus den unteren Körperregionen zum Herzen zu befördern, wirkt die Muskulatur als Pumpe.

■ ■ ■

Was untersucht ein Nephrologe?

a) Krebs c) Darm
b) Nieren d) Hormonstörungen

b) Nieren
Ein Nephrologe ist ein Nierenspezialist, mit Krebs beschäftigen sich die Onkologen, mit dem Darm die Gastroenterologen und mit Hormonstörungen die Endokrinologen.

■ ■ ■

Was verbarg sich hinter dem Schreckensszenario „Saurer Regen"?

Regenwasser mit einem ph-Wert, der niedriger als 5,5 ist, kann starke Schäden verursachen, etwa Gewässer und Böden versauern und somit das Pflanzenwachstum behindern oder Baumaterialien wie Beton, Sand- und Kalkstein angreifen und schneller erodieren lassen. In den 1980er-Jahren machte der saure Regen vor allem in Zusammenhang mit dem Waldsterben von sich reden. Inzwischen aber werden Abgase konsequent entschwefelt, was das Problem wesentlich entschärft hat.

■ ■ ■

Wie nennt man den Prozess, bei dem Bakterien oder Hefen einen organischen Stoff, z. B. einen Zucker, ohne Zuhilfenahme von Sauerstoff (unter anaeroben Bedingungen) abbauen und dadurch ein anderes Produkt erzeugen?

Gärung. Bei der alkoholischen Gärung etwa wird aus Zucker Alkohol, bei der Milchsäuregärung aus Milchzucker Milchsäure.

Hefe

■ ■ ■

Was macht Freie Radikale so gefährlich?

Radikale sind in der Chemie Atome oder Moleküle mit einem ungepaarten Elektron. Das macht sie in der Regel besonders reaktionsfreudig. Im Körper kann das zu Oxidationsprozessen führen, die den Organismus belasten und sogar schädigen. Diesem „oxidativen Stress" kann der Körper jedoch – zumindest in gewissem Umfang durch die Immunabwehr und Antioxidantien in der Nahrung begegnen. Als wirksame Antioxidantien gelten die Vitamine A, C und E. Am besten wirken sie, wenn sie als natürlicher

Bestandteil von Lebensmitteln eingenommen werden.

■ ■ ■

Breitet sich Schall schneller im Wasser oder in der Luft aus?

Im Wasser. Bei einer Temperatur von 20 Grad Celsius beträgt die Schallgeschwindigkeit in der Luft 343, im Wasser 1484 Meter pro Sekunde. Noch schneller ist der Schall in festen Materialien wie Eisen. Dort bewegt er sich mit über 5000 Metern pro Sekunde. Deshalb halten in alten Westernfilmen die Helden auch ihr Ohr an die Schiene, um zu hören, ob sich ein Zug nähert.

■ ■ ■

Warum ist es so schwierig, Medikamente gegen Hirnschädigungen zu entwickeln?

Weil es eine natürliche Blut-Hirn-Schranke gibt, die dafür sorgt, dass nur die nötigen Nährstoffe aus dem Blut ins Gehirn gelangen, nicht aber Krankheitserreger und andere Substanzen, die schädlich wirken könnten. Allerdings wirkt diese Blut-Hirn-Schranke nicht gegen alle schädlichen Stoffe. Alkohol, Koffein, Nikotin, Heroin und Morphin etwa können passieren und bei Dauerkonsum die Blut-Hirn-Schranke schädigen.

■ ■ ■

Aus Kaolin, Feldspat und Quarz kann ein Stoff hergestellt werden, der sehr hart ist, Säuren und Laugen widersteht und gute Isoliereigenschaften hat. **Wie heißt er?**

Porzellan. Das genaue Rezept für die Herstellung dieser besonders edlen Töpferwaren wurde von China lange Zeit als Geheimnis gehütet. Erst 1709 schuf Johann Friedrich Böttger (1682–1719) im Auftrag von August dem Starken (1670–1733), dem Kurfürsten von Sachsen, das erste europäische Porzellan.

■ ■ ■

Wer war nicht an der Entdeckung der Kernspaltung beteiligt?

a) Lise Meitner
b) Marie Curie
c) Fritz Strassmann
d) Otto Hahn

b) Marie Curie (1867–1934)
Sie war wesentlich für die Entdeckung der Radioaktivität verantwortlich. Die erste Kernspaltung gelangen Otto Hahn (1879–1968) und Fritz Strassmann (1902–80) 1938. Bei der wissenschaftlichen Erklärung des Geschehens half ihnen ihre bereits aus Deutschland emigrierte jüdische Kollegin Lise Meitner (1878–1968).

Otto Hahn und Fritz Strassmann

Welche Theorie befasst sich mit der Auswirkung der Gravitation auf Raum und Zeit?

Die allgemeine Relativitätstheorie von Albert Einstein (1879–1955). Einstein sieht neben den drei räumlichen Dimensionen die Zeit als vierte. Diese Raumzeit, so seine Theorie, wird durch Energieeinwirkung gekrümmt. Was wir als Gravitationskraft ansehen, ist nur der Ausdruck dieser Krümmung der Raumzeit, die sich jedoch der menschlichen Vorstellungskraft entzieht.

Albert Einstein

Wie nennt man eine Lebensgemeinschaft von zwei Organismen, von der nur einer profitiert?

Parasitismus. Meist schädigt der Parasit den Wirtsorganismus, indem er ihm Nährstoffe entzieht. Bei einer Symbiose dagegen profitieren beide Seiten.

Was ist der Unterschied zwischen Mineralstoffen und Vitaminen?

Mineralstoffe sind anorganische Stoffe, die der Körper braucht, aber nicht selbst herstellen kann, Vitamine sind organische Stoffe. Wichtige Mineralstoffe sind Kalzium, Chlor, Kalium, Magnesium, Phosphor, Schwefel und Natrium, hinzu kommen noch Spurenelemente wie Eisen, Fluor, Iod, Mangan, Selen und Zink, die nur in winzigen Mengen benötigt werden.

1903 wurde der erste Nobelpreis an eine Frau verliehen. Welcher an wen?

a) Friedensnobelpreis an Bertha von Suttner
b) Physiknobelpreis an Marie Curie
c) Literaturnobelpreis an Selma Lagerlöf
d) Chemienobelpreis an Marie Curie

b) Physiknobelpreis an Marie Curie
Marie Curie (1867–1934) wurde zusammen mit ihrem Mann Pierre Curie (1859–1906) und Henri Becquerel (1852–1908) ausgezeichnet. 1911 bekam sie auch noch den Chemienobelpreis. Berta von Suttner (1843–1914) erhielt ihren Nobelpreis 1905, Selma Lagerlöf (1858–1940) wurde 1909 geehrt.

Marie Curie

Was bedeutet die berühmte Einsteinformel $E = mc^2$?

Energie ist Masse mal Lichtgeschwindigkeit zum Quadrat. Sie besagt, dass Materie und Energie zwei Erscheinungsformen derselben Sache sind, die sich mit dem Faktor Lichtgeschwindigkeit zum Quadrat umrechnen lassen. Das Ganze ist aber nur auf der atomaren Ebene relevant, wo es um Elementarteilchen geht. Mit dem Heizwert eines Stoffes haben sie gar nichts zu tun, da bei einem Verbrennungsprozess die atomare Struktur unangetastet bleibt. Auf atomarer Ebene aber kann Materie – unter geeigneten Bedingungen, etwa im Teilchenbeschleuniger – tatsächlich aus purer Energie entstehen. Das Ganze ist Bestandteil der Relativitätstheorie von Albert Einstein (1879–1955).

Wodurch schonen Colorwaschmittel die Farben der Textilien?

Im Wesentlichen dadurch, dass sie optische Aufheller und Bleichmittel, die in normalen Vollwaschmitteln enthalten sind, weglassen. Daneben werden Mittel zugesetzt, die eine Farbübertragung von einem Textil auf das andere verhindern. Man kann also auch für weiße Wäsche Colorwaschmittel benutzen und ein Bleichmittel hinzugeben.

Wie viel Feuchtigkeit kann Luft aufnehmen?

Das hängt von der Temperatur ab. Je wärmer die Luft ist, desto mehr Feuchtigkeit kann sie speichern. Die Kurve steigt exponentiell an.

Was sind Pilze?

a) eine eigene Gruppe von Lebewesen
b) Tiere
c) Pflanzen
d) Prokaryoten

a) eine eigene Gruppe von Lebewesen
Die Klassifizierung der Lebewesen hat sich in den letzten Jahrzehnten grundlegend geändert. Heute spielen weniger äußere Merkmale, sondern der Aufbau ihrer Zellen eine Rolle. Demnach werden Lebewesen in solche mit Zellkernen (Eukaryoten) und solche ohne (Prokaryoten,

Verschiedene Pilze

d. h. Bakterien und Urbakterien) unterschieden. Für die Systematik der Eukaryoten gibt es derzeit verschiedene Ansätze, aber auf jeden Fall werden Pilze nicht mehr als Pflanzen betrachtet wie früher. Teilweise wird ihnen im Zellaufbau sogar eine größere Nähe zu den Tieren bescheinigt.

Welche Frau wurde mit einem Buch über Raupen berühmt?

Anna Maria Sibylla Merian (1647–1717), die Tochter des Kupferstechers Matthäus Merian (1593–1650). Während ihr Vater vor allem mit Stadtansichten bekannt wurde, gab Anna Maria anfangs ein Blumenbuch heraus, entdeckte dann eine Leidenschaft für Insekten, gab ein Raupenbuch heraus und unternahm schließlich eine Reise nach Surinam, um die dortige Insektenwelt zu studieren. Sie stellte die Insekten nicht nur fantastisch detailgenau dar, sondern beschäftigte sich überhaupt so intensiv mit ihnen wie kein Forscher zuvor.

Anna Maria Sibylla Merian

■ ■ ■

Warum schädigt eine Überdüngung die Gewässer?

Die sogenannte Eutrophierung führt durch ein vermehrtes Angebot an Nährstoffen zu einer Massenvermehrung kleiner, kurzlebiger Organismen, die schnell absterben und dann zu Boden sinken. Beim biologischen Abbau wird viel Sauerstoff verbraucht, was ab einem bestimmten Punkt zur Bildung von Fäulnisgasen und anderen giftigen Stoffen führt.

Warum wird Oxyitocin auch als „Kuschelhormon" bezeichnet?

Das Hormon Oxytocin wird vor allem bei der Geburt und beim Stillen freigesetzt. Es lindert die Schmerzen und fördert die Bindung zwischen Mutter und Kind. Aber auch zärtliches Streicheln oder ein Orgasmus führen zur Oxytocin-Ausschüttung. Tests haben ergeben, dass Menschen mit einem hohen Oxytocin-Spiegel entspannter sind und mehr Vertrauen in ihr Gegenüber haben.

■ ■ ■

Was ist das CERN?

a) die europäische Atombehörde
a) die europäische Organisation für Kernforschung
a) das europäische Komitee zur Sicherheit von Kernkraftwerken
a) die europäische Forschungsgesellschaft für Kernfusionen

b) die europäische Organisation für Kernforschung

Das CERN ist eine von 20 europäischen Staaten gegründete Organisation für Kernforschung. Der Name leitet sich vom Conseil Européen pour la Recherche Nucléaire ab, dem Rat, der 1954 mit der Gründung des CERN beauftragt war. Es hat seinen Sitz bei Genf und ist das weltgrößte Forschungszentrum für Teilchenphysik. Besondere Aufmerksamkeit erregte in letzter Zeit der über 26 Kilometer lange, ringförmige Teilchenbeschleuniger, der 2008 erstmals in Betrieb genommen wurde. Die Forscher hoffen so, bislang erst hypothetisch vermutete Elementarteilchen, die sogenannten Higgs-Bosonen, experimentell nachweisen zu können.

Gibt es in Asien Hurrikans?

Nein. Als Hurrikan werden nur tropische Wirbelstürme rund um Amerika bezeichnet, während man Wirbelstürme in Ost- und Südostasien Taifune nennt. Solche, die im Indischen Ozean entstehen, heißen Zyklone.

Welche Drüsen produzieren keine Hormone?

a) Hirnanhangdrüse (Hypophyse)
b) Geschlechtsdrüsen
c) Lymphdrüsen
d) Zirbeldrüse

c) Lymphdrüsen
Die Lymphdrüsen produzieren Gewebewasser (Lymphe), das Nähr- und Abfallstoffe transportiert und durch die Entsorgung von Krankheitserregern zur Immunabwehr beiträgt. Generell wird Gewebe, das entweder Hormone oder Sekrete erzeugt, als Drüse bezeichnet.

Was ist PET?

Polyethylenterephthalat. Der Kunststoff, der vor allem für Getränkeflaschen, aber auch für Folien und Kunstfasern benutzt wird, gehört zur Familie der Polyester.

Recycling-Zeichen

Was versteht man unter therapeutischem Klonen?

Das Ziel ist nicht, einen erwachsenen Doppelgänger von einem Menschen herzustellen. Stattdessen befruchtet man eine Eizelle mit seiner DNS, tötet sie dann aber ab und züchtet aus einzelnen verbliebenen Stammzellen ein benötigtes Organ mit der Erbinformation des Empfängers.

Wo muss man besonders auf Glatteis achten?

Auf Brücken. Da sie auch nach unten Wärme abgeben und zudem häufig dem Wind ausgesetzt sind, ist die Straßenoberfläche oft kälter als auf gewöhnlichen Straßen, sodass es schneller zur Glatteisbildung kommen kann.

Vorsicht vor Glatteis!

In Deutschland gibt es neben den Universitäten fünf große Forschungsgesellschaften. **Welche gehört neben der Fraunhofer- und der Max-Planck-Gesellschaft nicht dazu?**

a) Helmholtz-Gesellschaft
b) Alfred-Wegener-Gesellschaft
c) Deutsche Forschungsgemeinschaft
d) Leibniz-Gemeinschaft

b) Alfred-Wegener-Gesellschaft
Eine Alfred-Wegener-Gesellschaft gibt es nicht, nur das renommierte Alfred-Wegener-Institut für Polar- und Meeresforschung, das zur Helmholtz-Gesellschaft gehört, und die GeoUnion Alfred-Wegener-Stiftung, den Dachverband aller geowissenschaftlichen Vereinigungen in Deutschland.

Regelmäßig werden Castor-Behälter mit hochradioaktiven Abfällen nach Gorleben gebracht. Wo werden sie dort gelagert?

a) im Salzstock
b) in einer oberirdischen Lagerhalle
c) im unterirdischen Endlager
d) in einem unterirdischen Zwischenlager

b) in einer oberirdischen Lagerhalle
Der Salzstock bei Gorleben wird als mögliches Endlager für hochradioaktiven Müll gehandelt. Seine Eignung ist jedoch umstritten. Derzeit werden die Castoren deshalb in einer oberirdischen Halle eingelagert. In einer weiteren Halle werden schwach radioaktive Abfälle aufbewahrt.

Warum wurden die Glühwendel in Glühlampen aus Wolfram hergestellt?

Weil es das Metall mit dem höchsten Schmelzpunkt ist. Reines Wolfram schmilzt erst bei 3410 Grad Celsius und kann deshalb die Temperaturen aushalten, die nötig sind, den Glühdraht und damit die Lampe zum Leuchten zu bringen.

Was hat es mit Kekulés Traum auf sich?

Der Chemiker August Kekulé von Stradonitz (1829–96) beschäftigte sich mit der Molekülstruktur von Benzol. Nachdem er sich tagelang mit dem Problem herumgequält hatte und zu keiner Lösung kam, erschienen ihm im Traum lange Atomketten, die die Gestalt von Schlangen annahmen und sich vor seinen Augen wanden. Eine habe den eigenen Schwanz erfasst und ihn dabei höhnisch angegrinst, erzählte Kekulé später. Das brachte ihn auf die revolutionäre Idee, dass Benzol nicht aus einer Kette, sondern einem Ring von Kohlenstoffatomen bestehen könnte – eine Annahme, die sich später als richtig erwies.

Lungenfische haben ...?

a) ... Lungen
b) ... Kiemen
c) ... beides

c) ... beides
Lungenfische besitzen sowohl eine Lunge als auch Kiemen. Primär atmen sie über die Lunge, müssen aber ein- bis zweimal pro Stunde an der Wasseroberfläche Luft holen. Bei den meisten Arten dienen die Kiemen nur zum Ausstoß von Kohlendioxid und anderen Gasen, nicht zum Atmen. Diese Fische würden ohne Kontakt zur Wasseroberfläche ertrinken. Einige Arten besitzen zudem die Fähigkeit, sich bei Trockenheit, umgeben von einer Schleimkapsel, im Schlamm zu vergraben und längere Zeiträume zu überstehen.

Afrikanischer Lungenfisch

Was passiert, wenn eine rhesuspositive Mutter ein rhesusnegatives Kind erwartet?

Nichts. Gefährlich ist der umgekehrte Fall, wenn eine Mutter, deren Blut einen negativen Rhesusfaktor hat, ein rhesuspositives Kind erwartet, meist aber erst bei der zweiten Schwangerschaft, wenn der Organismus der Mutter Antikörper gebildet hat. Bei Menschen mit negativem Rhesusfaktor fehlt ein Antigen im Blut. Sie vertragen kein rhesuspositives Blut, während es umgekehrt das Problem nicht gibt. In Mitteleuropa ist etwa ein Sechstel aller Menschen rhesusnegativ, während dies in anderen Teilen der Welt selten oder gar nicht vorkommt.

Wie entsteht Schweißgeruch?

Durch den Abbau der im Schweiß enthaltenen Fette zu Fettsäuren wie Buttersäure. Dies geschieht durch Bakterien. Deodorants bekämpfen diese Bakterien.

Welche Farben hat der Regenbogen (von außen)?

a) Grün, Gelb, Orange, Rot, Violett, Blau
b) Rot, Orange, Gelb, Grün, Blau, Violett
c) Rot, Violett, Orange, Gelb, Grün, Blau
d) immer verschieden

b) Rot, Orange, Gelb, Grün, Blau, Violett
Der Regenbogen spaltet das Licht in seine Spektralfarben auf und diese reichen stets von Rot ganz außen über Orange, Gelb, Grün und Blau bis zu Violett als innerster Farbe im Bogen. Die einzige Ausnahme: Manchmal wird ein Regenbogen gespiegelt, wobei darüber ein zweiter, lichtschwächerer Bogen erscheint. Dieser hat dann wegen des Spiegeleffekts die umgekehrte Farbreihenfolge.

Doppelter Regenbogen in Alaska

Was gehört nicht zu den Treibhausgasen?

a) Flurkohlenwasserstoffe
b) Methan
c) Wasserdampf
d) Stickstoff

d) Stickstoff
Das ist kein Treibhausgas; Stickoxide wie Lachgas aber schon. Treibhausgase spielen eine ähnliche Rolle wie das Glasdach eines Gewächshauses. Sonnenlicht fällt ein, wird aber nur teilweise reflektiert, sodass sich auf der Erde Wärme fängt. Dies ist an sich ein positiver Effekt, der überhaupt erst Leben ermöglicht. Das stärkste Treibhausgas ist Wasserdampf, der im Laufe des natürlichen Wasserkreislaufs entsteht. Dieser Treibhauseffekt wird jedoch durch viele vom Menschen erzeugte Gase verstärkt, vor allem durch Kohlendioxid, aber auch durch Methan, Stickoxide, Ozon, Flurkohlenwasserstoffe und Schwefelhexafluorid, das am stärksten wirkende Treibhausgas überhaupt.

Wo ist es abends länger hell: in Westspanien oder an der polnischen Ostgrenze?

In Westspanien. Beide Orte liegen in derselben Zeitzone, haben also die gleiche Uhrzeit, doch aufgrund der Erdrotation geht die Sonne im Westen später unter. Den „richtigen" zur Uhrzeit dieser Zone passenden Sonnenstand haben alle Orte, die auf dem 15. Längengrad liegen. In Deutschland befindet sich dort Görlitz.

Wie unterscheiden sich die Wärmemessungen Fahrenheit und Celsius?

Bei der Temperaturmessung in Grad Celsius markiert der Gefrierpunkt von Wasser den Nullpunkt, während der Siedepunkt von Wasser bei 100 Grad Celsius liegt. Daniel Gabriel Fahrenheit (1686–1736) wollte das Messen mit negativen Werten vermeiden. Deshalb legte er die tiefste Temperatur, die im Winter 1708/09 in Danzig herrschte, als Nullpunkt fest: -17,8 Grad Celsius. Der Gefrierpunkt von Wasser liegt bei ihm bei 32, der Siedepunkt bei 212 Grad Fahrenheit. Heute ist diese Bezeichnung nur noch im englischsprachigen Raum verbreitet.

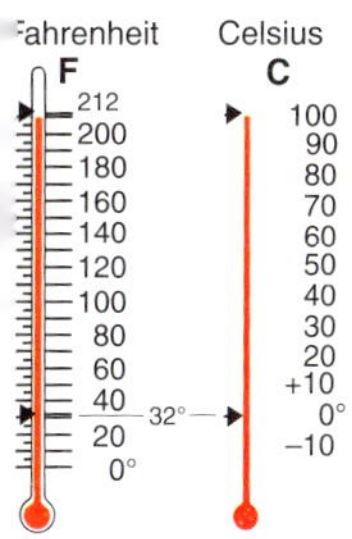

Temperaturmessungen

Was ist der Unterschied zwischen Reflex und Instinkt?

Ein Reflex ist die automatische Reaktion auf einen bestimmten Reiz. Instinkt ist ein nicht aus Überlegungen heraus resultierender Antrieb für ein bestimmtes Verhalten. Bei Instinkthandlungen ist die Psyche beteiligt, bei Reflexen nicht.

Er war einer der wichtigsten Vertreter einer streng naturwissenschaftlich orientierten Medizin und gilt als Begründer der Pathologie. Außerdem war er sozialpolitisch tätig und sorgte dafür, dass Berlin kommunale Krankenhäuser, Parks, Kinderspielplätze, eine Kanalisation, eine zentrale Trinkwasserversorgung und ein hygienisches Schlachtwesen erhielt. **Wer ist gesucht?**

a) Robert Koch
b) Emil von Behring
c) Rudolf Virchow
d) Paul Ehrlich

c) Rudolf Virchow (1821–1902)
Koch (1843–1910) wurde als Mikrobiologe und Entdecker verschiedener Krankheitserreger berühmt, Behring (1854–1917) und Ehrlich (1854–1915) entwickelten Therapien gegen Seuchen wie Diphtherie und Syphilis.

Rudolf Virchow

Was sind Prionen?

Proteine, die durch eine Veränderung ihrer Struktur Krankheiten auslösen können. Die bekannteste Krankheit, die vermutlich auf veränderten Proteinen beruht, ist der Rinderwahn BSE. Prionen finden sich vor allem im Gehirn, weshalb die meisten Prionenkrankheiten mit schweren Hirnschäden einhergehen.

Was ist eine Taxonomie?

Die Einteilung eines Wissensgebietes nach einem einheitlichen Verfahren in ein Schema. Bekannt ist vor allem die Taxonomie der Lebewesen in der Biologie, die durch die evolutionäre Nähe bestimmt wird.

Gehört der Neandertaler zur Art *Homo sapiens*?

Früher ging man davon aus. Wissenschaftlich sprach man vom Homo sapiens neanderthalensis und bezeichnete den modernen Menschen als Homo sapiens sapiens. Dazu müsste es aber einen gemeinsamen Homo-sapiens-Vorfahren gegeben haben, und daran zweifelt man heute. Man nimmt an, dass dieser gemeinsame Vorfahre erst der Homo erectus ist, weshalb man heute nur den modernen Menschen der Art Homo sapiens („weiser Mensch") hinzuzählt.

Was sind Makrophagen?

a) eine Unterart der Leukozyten (weißen Blutkörperchen)
a) ein Bakterienstamm
a) eine Unterart der Protozoen (Urtierchen)
a) eine Pilzfamilie

a) eine Unterart der Leukozyten (weißen Blutkörperchen)

Makrophagen gehören zu den weißen Blutkörperchen und dienen der Immunabwehr des Körpers. Sie werden auch „Fresszellen" genannt, weil sie sich feste Stoffe wie Bakterien einverleiben können und so unschädlich machen.

Wie nennt man die Lebensgemeinschaft zwischen einem Pilz und einer Alge?

Flechte. Sie werden wegen ihres Aussehens oft als Pflanze angesehen, tatsächlich aber setzen sie sich aus einem Pilz und einem Organismus zusammen, der Photosynthese betreiben kann. Letzteres ist entweder eine Alge oder ein Cyanobakterium, umgangssprachlich auch als Blaualge bezeichnet. Dank dieser Partnerschaft sind Flechten besonders widerstandsfähig. Sie können unter unwirtlichen Bedingungen gedeihen und bereiten oft den Boden für die Ansiedlung anderer Pflanzenarten. Die ersten Flechten gab es vor etwa 400 Millionen Jahren.

Landkartenflechte

Wie verständigt sich der Weißstorch?

Durch Klappern, weshalb er auch als Klapperstorch bezeichnet wird. Er besitzt zwar auch eine Stimme, die jedoch nur schwach ausgeprägt ist. Das Klappern mit dem Schnabel wird sowohl zur freundlichen Verständigung, als auch zur Abwehr von Konkurrenten und beim Balzen eingesetzt.

■ Die Linse des menschlichen Auges sorgt dafür, dass ein Bild der gesehenen Gegenstände auf die Netzhaut des Auges projiziert wird. Diese Projektion steht aber auf dem Kopf. **Wie kommt es, dass wir trotzdem alles „richtig herum" sehen?**

Dies ist eine Leistung des Gehirns, das die optischen Reize in Bezug zu sogenannten Wahrnehmungserfahrungen setzt. Babys sehen vermutlich noch alles auf dem Kopf, bis sie erfahren, wo in Wirklichkeit oben und unten ist. Das Gehirn lässt uns auch die zweidimensionale Projektion auf der Netzhaut dreidimensional sehen.

■ ■ ■

■ Was gehört nicht zu den sekundären Pflanzenstoffen?

a) Glykoside
b) Phenole
c) Flavonoide
d) Chlorophyll

d) Chlorophyll
Als sekundäre Pflanzenstoffe bezeichnet man Inhaltsstoffe der Pflanzen, die für diese nicht lebensnotwendig sind, was Chlorophyll jedoch ist. Sekundäre Pflanzenstoffe dienen beispielsweise der Färbung oder der Abwehr von Fressfeinden. Viele davon sind äußerst gesund für den Menschen. So tötet z. B. das Alliin in Lauchgewächsen schädliche Mikroorganismen ab und wirkt auch im menschlichen Körper leicht antibiotisch.

■ ■ ■

■ Was ist Thermografie?

Ein Verfahren, die normalerweise unsichtbare Wärmestrahlung sichtbar zu machen und Wärmebilder zu erstellen.

■ Was ist Kochsalz chemisch gesehen?

a) Kalziumchlorid
b) Natriumnitrat
c) Kalziumsulfid
d) Natriumchlorid

d) Natriumchlorid
Chemisch gesehen werden alle Verbindungen als Salze bezeichnet, in denen ein Ionengitter positiv und negativ geladene Ionen verbindet. Die meisten Salze sind bei Raumtemperatur spröde Feststoffe, die sich in Wasser lösen.

Salz im abflusslosen Binnensee Salar de Uyuni

■ ■ ■

■ Wann wurde der geschlossene Blutkreislauf entdeckt?

a) im 4. Jahrhundert v. Chr.
b) im 2. Jahrhundert n. Chr.
c) im 17. Jahrhundert
d) im 19. Jahrhundert

c) im 17. Jahrhundert
Der geschlossene Blutkreislauf wurde erstmals 1628 von dem englischen Arzt William Harvey (1578–1657) beschrieben. Zuvor glaubte man, gemäß der Lehre des antiken Arztes Galen (129–199), dass Blut in der Galle gebildet, durch die Adern in den ganzen Körper geschickt und dort verbraucht wird.

■ Die Kaiser-Wilhelm-Institute waren von 1911 bis nach dem Zweiten Weltkrieg führende Forschungsinstitute der Grundlagenforschung. **Was ist mit ihnen geschehen?**

Als Nachfolgeorganisation wurde 1948 die Max-Planck-Gesellschaft gegründet, der die einzelnen Institute nach und nach beitraten. Heute gibt es über 70 Forschungseinrichtungen der Max-Planck-Gesellschaft.

■ **Welcher ph-Wert ist neutral?**

a) 0
b) 3,0
c) 7,0
d) 12,0

c) 7,0

Eine neutrale Lösung hat einen ph-Wert von 7,0. Ist der Wert kleiner, ist die Flüssigkeit sauer, ist er größer ist sie alkalisch oder basisch. Sowohl starke Säuren wie stark alkalische Stoffe (Laugen) können andere Stoffe angreifen. Vor allem für die Hautverträglichkeit von Kosmetika ist ein möglichst neutraler ph-Wert wichtig.

■ **Was macht ein Pathologe?**

Er untersucht abnormale und krankhafte Vorgänge im Körper. Im Mittelpunkt steht dabei nicht die Heilung, sondern das Verstehen des Vorgangs. Deshalb obduzieren Pathologen auch Leichen und werden häufig mit Gerichtsmedizinern verwechselt, die aber in der Regel keiner Krankheit, sondern einer unnatürlichen Todesursache auf die Spur kommen wollen. Pathologen untersuchen aber auch Gewebeproben, die lebenden Personen entnommen werden.

■ **Sind Spinnen Insekten?**

Nein. Spinnen und Insekten gehören zwar gemeinsam zum Stamm der Gliederfüßer, Spinnen werden jedoch zusammen mit Skorpionen, Milben usw. zum Unterstamm der Kieferklauenträger gezählt. Insekten ordnet man zusammen mit Tausendfüßern, Springschwänzen usw. zum Unterstamm der Tracheentiere.

Wespenspinne

■ **Ist der Golfstrom besonders ...?**

a) ... warm
b) ... kalt

a) ... warm

Der Golfstrom ist eine rasch fließende, warme Meeresströmung. Seine Fortsetzung in Europa, der Nordatlantikstrom, sorgt dafür, dass Skandinavien und die britischen Inseln ein milderes Klima haben, als man aufgrund ihrer nördlichen Lage vermuten würde.

■ **Was macht ein Edelmetall aus?**

Es ist besonders korrosionsbeständig. Es korrodiert unter normalen Bedingungen so gut wie überhaupt nicht und hält selbst starken Säuren stand. Um Gold oder Platin zu zerstören, braucht es eine spezielle Mischung aus Salpeter und Salzsäure, einer oxidierenden und einer nicht oxidierenden Säure. Jede Säure für sich ist noch keine Gefahr. Silber allerdings wird von Salpetersäure zerstört.

■ ■ ■

Wann starben die Dinosaurier aus?

a) vor 13 Millionen Jahren
b) vor 65 Millionen Jahren
c) vor 240 Millionen Jahren
d) vor 4 Milliarden Jahren

b) vor 65 Millionen Jahren
Das große Massensterben, dem auch die Dinosaurier zum Opfer fielen, fand vor etwa 65 Millionen Jahren an der Grenze der Kreidezeit zum Tertiär statt. Man vermutet, dass eine Klimaveränderung aufgrund von mehreren Meteoriteneinschlägen und Vulkanausbrüchen die Ursache war. Zu viel Staub in der Atmosphäre könnte zu einer verminderten Sonneneinstrahlung, einem schwachen Pflanzenwachstum und schließlich zu einem Zusammenbrechen der Nahrungskette geführt haben.

Dinosaurier

Was ist Verfahrenstechnik?

Ein Teilbereich der Ingenieurwissenschaft, in dem ein technisches Verfahren als Ganzes betrachtet wird. Das kann das Reinigen von Wasser in einer Kläranlage, das Raffinieren von Öl, das Herstellen eines chemischen Produktes, aber auch das Brauen von Bier sein.

■ ■ ■

Was passiert, wenn man ein sehr feines Röhrchen in ein Glas Wasser taucht?

a) Es füllt sich nicht mit Wasser.
b) Es füllt sich mit Wasser, aber weniger hoch als der Spiegel im Glas.
c) Es füllt sich mit Wasser, aber höher als der Spiegel im Glas.
d) Es füllt sich genauso hoch mit Wasser wie der Spiegel im Glas.

c) Es füllt sich mit Wasser, aber höher als der Spiegel im Glas.
Wenn das Röhrchen fein genug ist, steigt das Wasser darin höher als im Glas, und zwar je höher, desto feiner das Röhrchen ist. Es handelt sich hier um die sogenannte Kapillarkraft.

■ ■ ■

Warum sind Amalgamzahnfüllungen umstritten?

Amalgam ist eine Mischung aus verschiedenen Metallen, darunter auch dem giftigen Quecksilber. Dieses ist an sich fest gebunden, wird aber in winzigen Mengen frei, etwa durch Abrieb oder eine elektrochemische Korrosion, wenn es mit anderen Metallfüllungen reagiert. Wie gefährlich das ist, ist Gegenstand andauernder Diskussionen.

Was passiert, wenn man Alkohol mit 40 % anzündet?

Normalerweise nichts. Flüssigkeiten brennen erst ab einem Gehalt von 50 % Ethanol (Alkohol), es sei denn, sie enthalten weitere brennbare Flüssigkeiten. Dies ist bei einigen Schnäpsen der Fall, die brennbare Aromaöle beinhalten.

Was passiert bei der Urananreicherung?

Natürliches Uran besteht zu etwa 99,3 % aus dem Isotop ^{238}U und nur zu 0,7 % aus dem Isotop ^{235}U. Eine Kettenreaktion ist aber nur mit ^{235}U möglich. Bei der Anreicherung wird der Gehalt an ^{235}U künstlich erhöht. Kernkraftwerke brauchen entweder gar keine oder nur eine Anreicherung auf Werte bis 5 %, für Atombomben sind dagegen mindestens 85 % erforderlich. Deshalb ist die Erzeugung von bombenfähigem Material ein großer technischer Aufwand.

Was ist ein Provitamin?

Eine chemische Vorstufe eines Vitamins. Das bekannteste Vitamin ist das Provitamin A (Beta-Karotin). Es ist als Farbstoff in vielen Pflanzen enthalten, muss im Körper jedoch noch umgewandelt werden, um als Vitamin A genutzt werden zu können.

Wie nennt man die natürliche Vegetation entlang von Bächen und Flüssen?

Aue. Das Auengebiet zeichnet sich dadurch aus, dass es zeitweise überschwemmt wird. Aufgrund dieser Bedingungen haben Auwälder eine ganz besondere Vegetation. Sie bieten auch einen natürlichen Hochwasserschutz für umliegende Gebiete.

Was wurde durch die Forschungen von Enrico Fermi (1901–54) ermöglicht?

a) der Bau von Formel-1-Motoren
b) die Atombombe
c) Bauen mit Spannbeton
d) der Bau von Atomreaktoren

d) der Bau von Atomreaktoren
Fermi war zwar auch Berater beim Bau der amerikanischen Atombombe, vor allem aber fand er heraus, wie sich die Kettenreaktion bei der Kernspaltung steuern und damit beherrschen lässt. Dadurch schuf er die Grundlage für den Bau von Atomreaktoren. 1938 erhielt er dafür den Physiknobelpreis.

Enrico Fermi

Was verbirgt sich hinter der Abkürzung MEZ?

Die Mitteleuropäische Zeit, die Zeitzone, in der sich fast ganz Europa befindet. Sie ist der koordinierten Weltzeit (UTC) oder Greenwich-Zeit um eine Stunde voraus. Zur UTC-Zone gehören Island, Großbritannien, Irland und Portugal, während Finnland, das Baltikum, die Ukraine, Moldawien, Rumänien, Bulgarien und Griechenland zur OEZ (Osteuropäischen Zeitzone) gehören.

Was ist Kortison?

Ein Hormon, das in der Nebennierenrinde erzeugt wird. Kortison wird in der Leber zu Cortisol umgewandelt. Dieses aktiviert den Stoffwechsel, dämpft aber die Wirkung des Immunsystems und hemmt damit Entzündungen. Deshalb werden kortisonhaltige Medikamente bei Krankheiten eingesetzt, die auf einer Überreaktion des Immunsystems beruhen. Dies führt jedoch schnell zu einer Überversorgung des Organismus mit Cortisol und zahlreichen Nebenwirkungen.

Wie verhält sich das Gewicht von Gold zu dem von Wasser?

a) Es ist doppelt so schwer.
b) Es ist mehr als achtmal so schwer.
c) Es ist fast 20-mal so schwer.
d) Es ist 33-mal so schwer.

c) Es ist fast 20-mal so schwer.
Ein Kubikzentimeter Gold wiegt 19,3 Gramm, ein Kubikzentimeter Wasser ein Gramm. Schwerer als Gold sind nur wenige Stoffe wie Plutonium, Platin oder Osmium.

Gold

Macht Adrenalin aggressiv?

Adrenalin ist das sogenannte Stresshormon. Wenn es vom Körper ausgeschüttet wird, dann steigen die Herzfrequenz und der Blutdruck. Es werden schnell verfügbare Energiereserven bereitgestellt und dafür Körperfunktionen wie Verdauung oder Verstand gebremst. Der Organismus drängt zu körperlichen Reaktionen wie Aggression oder Flucht. Die Ausschüttung von Adrenalin ist im Prinzip ein Relikt aus der Steinzeit, als in Stresssituationen meist eine dieser beiden Alternativen die richtige war. Diese Reaktionen zeigen, dass der Mensch evolutionstechnisch noch nicht gänzlich an die modernen Lebensverhältnisse angepasst ist.

Wie entsteht Teer?

Indem organische Materialien wie Holz, Kohle oder auch Torf nicht verbrannt, sondern unter bestimmten Bedingungen verschwelt werden.

1944 erhielt Otto Hahn den Nobelpreis für ...?

a) ... Physik
b) ... Chemie
c) ... Frieden
d) ... Medizin

b) ... Chemie
Hahn (1879–1968) war Chemiker und erhielt für seine Entdeckung der Kernspaltung den Nobelpreis für Chemie. Zwar ist die Kernspaltung ein physikalischer Prozess, den Hahn aber mit chemischen Methoden nachwies. Im Alter engagierte sich Otto Hahn dann leidenschaftlich gegen Kernwaffen.

Sind östlich liegende Länder Deutschland zeitlich voraus?

Ja, alles, was auf einer Landkarte östlich liegt, ist Deutschland zeitlich voraus, alles was westlich liegt, zeitlich zurück.

Wie funktionieren Röntgenstrahlen?

Die Strahlen werden durch einen Körper geschickt, hinter dem sich eine fotografische Platte befindet. Je schlechter die Strahlen ein bestimmtes Gewebe durchdringen können, desto heller bleibt die Aufnahme an dieser Stelle. Vor allem Knochen zeichnen sich so scharf ab. Aber auch Tumoren, die eine andere Dichte als das gesunde Gewebe haben, können so entdeckt werden.

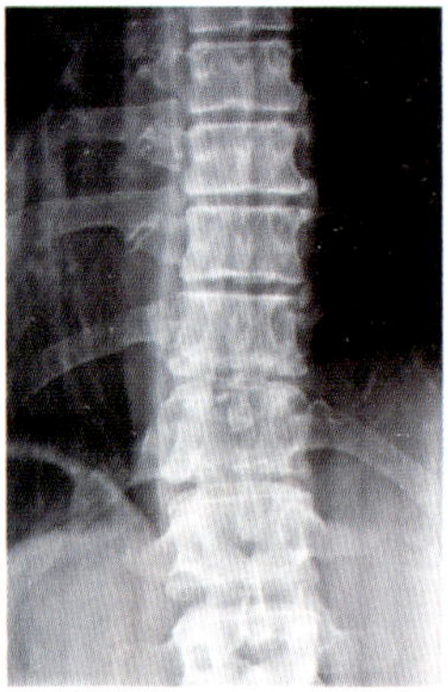

Röntgenbild

Womit befasst sich ein Paläontologe?

Mit Fossilien, den versteinerten Resten frühzeitlicher Lebensformen.

Welche chemische Reaktion ist keine Oxidation?

a) Rosten
b) Verbrennung
c) Knallgasreaktion
d) Fetthärtung

d) Fetthärtung
Bei der Fetthärtung werden ungesättigte Fettsäuren durch Anlagerung von Wasserstoff „gesättigt" und damit gefestigt. Diese Reaktion gehört zu den chemischen Additionsreaktionen. Eine Oxidation im ursprünglichen Sinn ist die chemische Reaktion eines Stoffes mit Sauerstoff, wie es beim Rosten, einer Verbrennung oder auch einer Knallgasreaktion geschieht. Im weiteren Sinne sind alle chemischen Reaktionen, bei dem ein Stoff Elektronen an einen anderen abgibt, Oxidationen.

Wann lebte Leonardo da Vinci?

a) 1213–89
b) 1452–1519
c) 1526–1601
d) 1685–1748

b) 1452–1519
Leonardo da Vinci war ein Vertreter der italienischen Renaissance, die sich in Italien schon mit Naturwissenschaften auseinandersetzte, während das übrige Europa noch ganz vom Mittelalter geprägt war.

Wofür verwendet man einen Erlenmeyer-Kolben und wie sieht er aus?

Ein Erlenmeyer-Kolben sieht in etwa wie ein umgekehrter Trichter aus, dessen breite Öffnung unten geschlossen ist. Er wird für Laborversuche verwendet. Durch die breite Basis und die enge Öffnung können die Flüssigkeiten im Kolben gut durch heftiges Schwenken vermischt werden, ohne dass etwas verschüttet wird. Er wurde von dem hessischen Chemiker Emil Erlenmeyer (1825–1909) erfunden.

Wie zirpen Grillen?

Indem sie eine gezähnte Ader auf der Unterseite ihres einen Flügels über die Kante des anderen reiben. Auch andere Insekten oder Spinnenarten kommunizieren durch das Reiben beweglicher Körperteile. Dies wird als Stridulation bezeichnet. Grashüpfer etwa reiben ihre Beine an den Vorderflügeln.

Schlafen alle Tiere?

Nein. Die meisten Wirbeltiere – auch Vögel und Fische – machen wahrscheinlich aber ähnliche Schlafphasen wie der Mensch durch. Charakteristisch für den Schlaf ist vor allem die REM-Phase, in der es zu einer gesteigerten Hirnaktivität und zu Träumen kommt. Sie ist benannt nach dem Rapid Eye Movement, schnellen Augenbewegungen, die in diesem Zustand vorkommen. Ein Charakteristikum aus dem Tierreich ist der Halbhirnschlaf, bei dem sich nur eine Gehirnhälfte im Schlafzustand befindet und auch nur ein Auge geschlossen wird. Dies kommt z. B. bei Vögeln und Meeressäugetieren vor.

Was ist keine Hülsenfrucht?

a) Sternanis
b) Erdnuss
c) Klee
d) Lupine

a) Sternanis
Der Sternanis gehört zu den Balgfrüchten. Weitere Hülsenfrüchte sind Erbsen, Bohnen, Linsen, Kichererbsen, Sojabohnen, Wicken und Tamarinden.

Was misst man in Becquerel?

a) den Cholesteringehalt von Lebensmitteln
b) den radioaktiven Zerfall
c) die frei werdende Energie bei einer Kernfusion
d) den fotoelektrischen Effekt

b) den radioaktiven Zerfall
Der Becquerel-Wert gibt die mittlere Anzahl der Atome an, die pro Sekunde radioaktiv zerfallen. Dabei wird Energie in Form radioaktiver Strahlung freigesetzt. Sie ist nach dem Physiker Antoine Henri Becquerel (1852–1908) benannt, der zusammen mit dem Ehepaar Curie die radioaktive Strahlung entdeckte.

Er stammte aus einfachsten Verhältnissen, bildete sich selbst in den Naturwissenschaften, indem er als Buchbinderlehrling alles las, was ihm unter die Finger kam, wurde schließlich durch Vermittlung Lehrling von Humphry Davy und schließlich der vielleicht wichtigste Elektropionier. Trotzdem ist er vor allem durch einen „Käfig" bekannt. **Wie hieß er?**

Michael Faraday (1791–1867). Faradays Experimente und Entdeckungen schufen die Grundlage für die moderne Elektroindustrie, beispielsweise entdeckte er die Technologien für den Elektromotor und elektrischen Generator. Daneben machte er wichtige Entdeckungen im Bereich der Chemie. Sein Name ist vor allem mit dem faradayschen Käfig verbunden: In einer geschlossenen Hülle aus elektrisch leitfähigem Material ist man vor Blitzen geschützt.

Michael Faraday

Was ist ein Polymer?

Ein Stoff, der aus langen Ketten gleicher oder gleichartiger Moleküle (Monomere) besteht. Diese Stoffe tragen oft auch Namen, die mit der Vorsilbe „Poly-" beginnen.

Welche Bedeutung hatte das „Froschschenkelexperiment" von Luigi Galvani (1737–89)?

Der Arzt stellte beim Präparieren von Froschschenkeln fest, dass diese zu zucken begannen, wenn er sie an den Enden mit zwei verschiedenen Metallen berührte, die wiederum miteinander verbunden waren. Damit hatte er einen elektrischen Stromkreis hergestellt. Er nahm allerdings an, dass der Effekt auf einer „tierischen Elektrizität" beruhe. Der Physiker Alessandro Volta (1745–1827) erkannte jedoch, das der Froschschenkel ein elektrischer Leiter zwischen den beiden Metallen war, und konstruierte auf Galvanis Experiment aufbauend die erste Batterie.

Was passiert, wenn man einen Regenwurm teilt?

Das vordere Ende mit dem Kopf überlebt, sofern sich daran noch mindestens 40 Körpersegmente befinden. Der Rest des Körpers wird mit der Zeit neu gebildet. Bei einfacheren Würmern wie Strudelwürmern können sich sogar aus allen Teilstücken neue Würmer bilden.

Was ist eine Maräne?

a) eine Landschaftsformation, die durch Schuttablagerungen eines Gletschers entstanden ist
b) ein Fisch
c) eine Libellenart
d) eine Mangan führende Erdader

b) ein Fisch
Maränen werden auch als Renken oder Felchen bezeichnet und sind ein Vertreter der Lachsfische, während die Muräne zur Familie der aalartigen Knochenfische gehört und vor allem in tropischen Korallenriffen lebt. Die glazialen Schuttablagerungen heißen Moränen.

Mit welcher Einheit misst man den Brechwert von Linsen?

Mit Dioptrien. Am bekanntesten sind sie aus der Augenheilkunde. In Dioptrien wird angegeben, wie stark die Wölbung der Augenlinse von der idealen Sehschärfe abweicht. Negative Dioptrien deuten auf eine zu stark gewölbte Linse und damit Kurzsichtigkeit hin, positive Dioptrien auf eine zu wenig gewölbte Linse und Weitsichtigkeit.

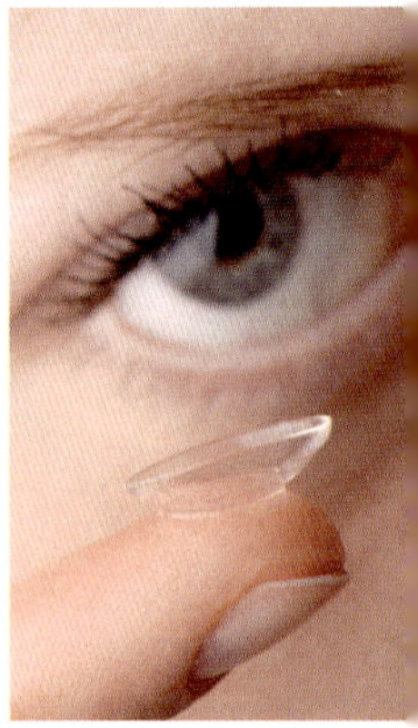

Sehschwäche

Was ist der Unterschied zwischen Rinde und Borke?

Die Rinde eines Baums ist eine mitwachsende äußere Hülle, Borke ist die abgestorbene Rinde, die nicht mehr wächst und deshalb aufreißt.

Was unterscheidet einen Embryo von einem Fötus?

Als Embryo bezeichnet man das heranwachsende Kind im Mutterleib während der Ausbildung aller wichtigen Organe in den ersten acht Wochen. Danach ist die Bezeichnung Fötus üblich.

■ Steinfrüchte bestehen aus einem verholzten Kern, der von einer weicheren Hülle umgeben ist. **Welche Pflanzen gehören nicht zu den Steinfrüchten?**

a) Mandeln c) Haselnüsse
b) Pfirsiche d) Oliven

c) Haselnüsse
Haselnüsse sind von keiner weichen Hülle umgeben und gehören zu den echten Nüssen, während Mandeln, Kokosnüsse und Pistazien Steinfrüchte sind. Allerdings genießt man bei ihnen den Kern, während man bei anderen Steinfrüchten wie Pflaumen, Kirschen, Aprikosen oder Mangos nur das Fruchtfleisch essen kann.

Haselnuss

■ **Wie viele verschiedene Farbstoffe sind für die menschlichen Haarfarben verantwortlich?**

a) 2 c) 22
b) 5 d) 173

a) 2
Alle Haarfarben sind eine Mischung aus zwei verschiedenen Varianten des Farbstoffes Melanin. Dunkle Haare enthalten mehr Eumelanin, helle mehr Phänomelanin. Im Alter produziert der Körper immer weniger Melanin, weswegen statt der Farbe Luftbläschen in den Haaren eingelagert werden. Diese erscheinen dann weiß. Der Eindruck grauer Haare entsteht durch die Mischung schon weißer und noch farbiger Haare.

■ **Warum fliegt ein Flugzeug?**
Dank der Aerodynamik. Die Form der Flügel bewirkt, dass die Luft an der Oberseite schneller als an der Unterseite strömt, dadurch entsteht an der Unterseite der Flügel ein Überdruck, an der Oberseite ein Unterdruck, was für Auftrieb sorgt. Dazu schafft der Motor des Flugzeugs den nötigen Vortrieb. Nur extrem leichte Flugapparate wie Segelflugzeuge oder Gleitschirme kommen ohne Motor für den Vortrieb aus.

■ **Was versteht man unter Quantenphysik?**
Ein Teilgebiet der Physik, bei dem es um das Verhalten von Elementarteilchen geht, die nicht Teil von Atomen sind, etwa Photonen (Lichtteilchen) oder Magnonen (Teilchen magnetischer Anregung).

Was passiert, wenn man Perlen in Essig wirft?

Sie lösen sich auf, denn sie bestehen vor allem aus Kalziumkarbonat (kohlensaurem Kalk), das säureempfindlich ist. Die antike Legende, Königin Kleopatra habe in Essig gelöste Perlen getrunken, dürfte aber erfunden sein, da man zum Auflösen der Perlen Essig braucht, der nicht mehr trinkbar ist.

Welche Tiere kommunizieren mittels Schwänzeltanz miteinander?

a) Schlangen c) Pfaue
b) Bienen d) Barsche

b) Bienen
Bienen kommunizieren miteinander über eine Tanzsprache. Mittels einer genauen Choreografie zeigen sie den übrigen Mitgliedern des Stockes Nahrungsquellen an. Wenn eine Biene eine bestimmte Zeit in eine Richtung „schwänzelt", signalisiert sie, dass in einer bestimmten Entfernung in dieser Richtung die Nahrungsquelle zu finden ist. Die anderen Bienen signalisieren, dass sie verstanden haben, indem sie mittanzen.

Woraus bestehen die Fasern Viskose, Modal und Acetat?

Aus Zellulose. Diese muss jedoch sehr stark verarbeitet werden, um die entsprechenden Fasern gewinnen zu können. Sie nehmen deshalb eine Mittelstellung zwischen Natur- und Kunstfasern ein. Kunstfasern auf Erdölbasis haben meist Namen, die mit „Poly-" beginnen.

Wann ging die letzte Eiszeit zu Ende?

Wir leben mitten darin. Denn als Eiszeit werden Epochen bezeichnet, in denen die Pole mit Eis bedeckt sind. Doch alle Eiszeitalter haben ihre Warm- und Kaltphasen. Die Kaltzeiten sind meist gemeint, wenn man von Eiszeit spricht. Die letzte wird als Weichsel-Kaltzeit bezeichnet und ging vor knapp 12.000 Jahren zu Ende.

Was passiert, wenn man mit einem Magneten über einen Eisengegenstand, z. B. über eine Schere, streicht?

Sie wird für kurze Zeit selbst magnetisch und zieht andere Gegenstände aus Eisen, wie Stecknadeln an. Dieser Effekt geht jedoch schnell wieder verloren. Durch die Einwirkung des Magneten wird die Ladung (Spin) der normalerweise ungeordneten Elektronen ebenfalls magnetisch ausgerichtet, d. h., die einen Enden ziehen sich an, die anderen stoßen sich ab. Dadurch entsteht aus lauter Minimagneten ein magnetischer Gegenstand.

Hufeisenmagnet

Warum setzt sich ein Fernsehbild aus roten, blauen und grünen Leuchtpunkten zusammen?

Weil es im menschlichen Auge drei Arten von Sehzäpfchen gibt. Die einen sind für rotes Licht, die anderen für grünes und die dritten für blaues am empfindlichsten.

Im Gehirn werden die verschiedenen Impulse dann wieder zu einem Farbeindruck zusammengesetzt. Wird gar keine Sorte der Sehzäpfchen erregt, sehen wir Schwarz, bei voller Erregung aller drei Sorten Weiß. Dieselbe Aufspaltung wie im menschlichen Auge geschieht auch im Fernsehgerät durch die verschiedenen Leuchtpunkte.

Wie funktioniert eine Wasserstoffbombe?

Eine Atomexplosion setzt Energie frei, die wiederum für die Kernfusion von Wasserstoffatomen genutzt wird. Dadurch wird die Sprengkraft enorm erhöht. Die größten bisher getesteten Wasserstoffbomben hatten etwa die 3000- bis 4000-fache Sprengkraft der Hiroshima-Bombe.

Wie kommen Beuteltiere in den Beutel?

a) Sie werden dort geboren.
b) Sie krabbeln nach der Geburt hinein.

b) Sie krabbeln nach der Geburt hinein.
Beuteltiere werden sehr klein und unterentwickelt geboren und gleiten dann über eine Schleimspur in den Beutel, wo die weitere Entwicklung stattfindet.

Durch welche Ströme wurden die Urstromtäler gebildet?

Durch die abfließenden Schmelzwasser der eiszeitlichen Gletscher. Diese Täler bildeten sich in der nordeuropäischen Tiefebene am Rand der Gletscher und führen in nordwestlicher Richtung zur Nordsee hin, z. B. von Breslau über Magdeburg und Bremen oder von Warschau über Berlin.

Warum ist PVC so umstritten?

Der Kunststoff **Poly****v**inyl**c**hlorid ist für viele Zwecke gut einsetzbar und an sich ungefährlich, was ihn so beliebt machte. Er besteht jedoch aus hochgiftigen Zutaten. Vor allem wenn PVC, das etwa in Gebäuden für Fußbodenbeläge, Fensterprofile, Rohre, Isolationen etc. benutzt wird, verbrennt, entstehen giftige Dioxine. Weich-PVC enthält zudem Weichmacher, die bei schlechter Verarbeitung austreten und sich zudem durch Speichel, Fett oder bloßen Hautkontakt lösen können, weshalb PVC nicht mehr für Spielwaren oder Lebensmittelverpackungen eingesetzt werden sollte.

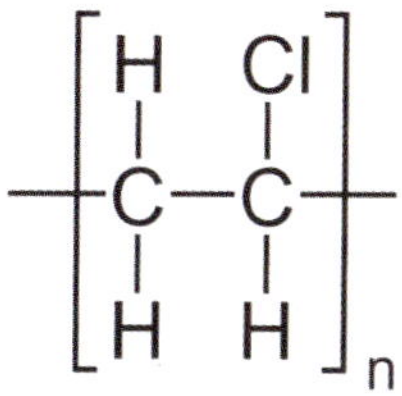

Strukturformel von PVC

Welche biochemischen Botenstoffe sorgen für Schmerzlinderung und Euphorie?

a) Morphine
b) Endorphine
c) Vitamine
d) Hormone

b) Endorphine
Endorphine werden im Körper produziert, haben aber eine ähnliche Struktur wie die Morphine des Opiums. Vitamine zählen nicht zu den Botenstoffen, Hormon ist ein allgemeiner Begriff für Botenstoffe, wobei man Botenstoffe, die lokal

eng begrenzt wirken wie die Endorphine, meist nicht als Hormone, sondern als Neurotransmitter bezeichnet.

Was passiert bei der Kondensation?

a) Flüssige Materie wird gasförmig und gibt Energie ab.
b) Flüssige Materie wird gasförmig und nimmt Energie auf.
c) Gasförmige Materie wird flüssig und gibt Energie ab.
d) Gasförmige Materie wird flüssig und nimmt Energie auf.

b) Flüssige Materie wird gasförmig und nimmt Energie auf.
Kondensation ist der Übergang vom gasförmigen in den flüssigen Zustand und damit das Gegenteil von Verdampfen. Dabei wird Energie abgegeben.

Kondensation an einer kalten Flasche

Wodurch wurde Humphry Davy (1778–1829) berühmt?

Der britische Chemiker entdeckte durch Elektrolyse die Elemente Natrium, Kalium, Barium, Strontium, Kalzium und Magnesium. Außerdem gelang es ihm, zwischen zwei Elektroden einen Lichtbogen herzustellen und so mit der Bogenlampe den ersten elektrischen Beleuchtungskörper zu schaffen, der auch nach Einführung der praktischeren Glühlampe noch für die Straßenbeleuchtung, Filmprojektoren oder Schweißgeräte verwendet wurde.

Wer entdeckte das Prinzip des Auftriebs und die Hebelgesetze und erregte mit Flaschenzügen und neuartigen Katapulten Aufsehen?

a) Euklid
b) Archimedes
c) Leonardo da Vinci
d) John Newton

b) Archimedes
Archimedes (um 287–212 v. Chr.). Das aus Syrakus stammende und an der Universität von Alexandria ausgebildete Genie machte sowohl auf dem Gebiet der Mathematik als auch in der Physik und Ingenieurskunst bahnbrechende Entdeckungen.

Zeigt ein Kompass genau nach Norden?

Nein, er zeigt zum nördlichen Pol des Erdmagnetfeldes. Dieser ist aber nicht deckungsgleich mit dem geografischen Nordpol. Ebenso verhält es sich mit den Südpolen. Die magnetischen Pole wandern zudem. Im Augenblick befindet sich der Nordpol etwas nördlich von Kanada. Je weiter man nach Norden kommt, desto stärker macht sich die Abweichung der Anzeige von der geografischen Nordrichtung bemerkbar.

Worauf beruht die Waschwirkung von Seife?

Reines Wasser stößt Schmutzpartikel, vor allem fettige, erst einmal aufgrund seiner Oberflächenspannung ab. Seife und Seifenprodukte (etwa Shampoo, Duschgel, Waschmittel) enthalten aber Tenside oder Detergentien, welche die Oberflächenspannung des Wassers herabsetzen und so eine Lösung der Schmutzpartikel im Wasser ermöglichen.

Was ist ein Biotop?

a) ein naturnah angelegter Gartenteich
b) eine Brutstätte für Ungeziefer
c) die kleinste Einheit eines Naturschutzgebietes
d) ein bestimmter Lebensraum mit charakteristischer Lebensgemeinschaft von Pflanzen und Tieren

d) ein bestimmter Lebensraum mit charakteristischer Lebensgemeinschaft von Pflanzen und Tieren
Auch Hochhäuser, die nur von ein paar Flechten, Insekten und Mauerseglern „besiedelt" sind, können ein Biotop darstellen.

Wasserbiotop

Stimmt es, dass Testosteron ein männliches Sexualhormon ist?

Nein. Alle Sexualhormone kommen sowohl bei Männern als auch bei Frauen vor. Allerdings gibt es große Unterschiede in Bezug auf die Menge und Wirkungsweise. Testosteron spielt jedoch für Männer, Östrogene für Frauen eine größere Rolle.

Was gehört nicht zu den Rosengewächsen?

a) Hagebutten
b) Maulbeeren
c) Äpfel
d) Erdbeeren

b) Maulbeeren
Maulbeeren gehören zu den Maulbeergewächsen, die zwar der Ordnung der Rosenartigen (Rosales), jedoch nicht der Familie der Rosengewächse (Rosaceae) zugeordnet werden. Weitere Rosengewächse sind Aprikosen, Birnen, Brombeeren, Feuerdorn, Himbeeren, Kirschen, Mandeln, Mirabellen, Mispeln, Pfirsiche, Pflaumen, Quitten, Weißdorn und Zwetschgen. Die Hagebutten sind die Früchte der wirklichen Rosen (Rosae).

Was ist Fuzzylogik?

„Fuzzy" bedeutet im Englischen „verschwommen." Fuzzylogik kommt überall dort zum Tragen, wo es keine exakten Messwerte gibt, man aber trotzdem exakte Entscheidungen treffen muss. So wird man im Internet oft auch bei Schreibfehlern auf die richtige Seite verlinkt. Die Macher der Programme müssen entscheiden, bei welchen Schreibweisen es Sinn macht, auf einen bestimmten Begriff oder eine bestimme Seite zu verlinken.

Mit welchen Namen bringt man folgende Themen in Zusammenhang?

1. Einführung der Keimabtötung durch Sterilisation
2. Einführung der Tuberkuloseimpfung
3. Relativitätstheorie
4. Evolutionstheorie
5. Biogenetische Grundregel
6. erste Diphtheriebehandlung mit Heilserum
7. Daltonsches Gesetz
8. Theorie der Kontinentalverschiebung
9. Quantentheorie
10. Verwendung von Quecksilber im Thermometer

1. Louis Pasteur, 2. Albert Léon Calmette, 3. Albert Einstein, 4. Charles R. Darwin, 5. Ernst Haeckel, 6. Emil von Behring, 7. John Dalton, 8. Alfred Wegener, 9. Max Planck, 10. Gabriel Daniel Fahrenheit

Was hat es mit den Prinzipien leichter und schwerer als Luft auf sich?

Sie stehen für zwei Zweige der Luftfahrt: Ballons und Luftschiffe schweben, weil sie insgesamt leichter sind als Luft. Das geschieht vor allem durch große Auftriebskörper. Flugzeuge und Hubschrauber sind schwerer als Luft, können eigentlich nicht fliegen und benötigen deshalb Antrieb sowie eine aerodynamische Bauart, um sich in der Luft zu halten. Auch Segelflieger ohne Motor fliegen nach dem „Schwerer als Luft"-Prinzip. Hier stellt die Winde oder das Schleppflugzeug den Antrieb dar.

Was steckt hinter dem Schalenmodell der Atomphysik?

Der Kern eines Atoms wird von Elektronen umkreist. Ihre Zahl entspricht normalerweise der Nummer des jeweiligen Elements im Periodensystem. Dabei kreisen die Atome in verschiedener Entfernung vom Kern. Auf der innersten „Schale" können sich bis zu zwei Elektronen bewegen, auf allen anderen bis zu acht. Dabei wird von innen her aufgefüllt. Dieses Schalenmodell ist jedoch nur ein Hilfskonstrukt, um sich den Aufbau der Atome vorstellen zu können.

Die Erdkruste besteht aus zahlreichen einzelnen Platten, die sich im Lauf der Jahrmillionen gegeneinander verschoben haben. **Was ist das augenfälligste Zeichen der Kontinentaldrift in Europa?**

Die Alpen. Sie haben sich durch den Zusammenstoß zweier Erdplatten aufgefaltet.

Alpen

Wodurch wurde Hermann von Helmholtz (1821–94) berühmt?

Er erwarb sich auf vielen naturwissenschaftlichen Feldern Kenntnisse, vor allem aber in der Physik und Medizin. Er fand viele wichtige Gesetzmäßigkeiten auf den Gebieten der Thermodynamik, Hydrodynamik und Elektrodynamik und beschäftigte sich intensiv mit der Physiologie des Hörens und Sehens. Dabei erfand er auch praktische Dinge wie z. B. den Augenspiegel zur Betrachtung des Augenhintergrunds. Außerdem war er der Lehrer von Heinrich Hertz. Wegen dieser Vielseitigkeit wurde die Helmholtz-Gemeinschaft Deutscher Forschungszentren nach ihm benannt.

Hermann von Helmholtz

Welche griechische Vorsilbe steht bei zahlreichen Fachwörtern für „richtig"?

a) „eu-" c) „ortho-"
b) „hetero-" d) „dia-"

c) „ortho-"
Orthografie z. B. bedeutet Rechtschreibung, „eu" „gut", „hetero" „verschieden" und „dia" „durch".

Was ist der Unterschied zwischen Primaten und Menschenaffen?

Die Menschenaffen sind nur eine Untergruppe der Primaten. Daneben gehören auch alle anderen Affenarten zu den Primaten, und zwar nicht nur die „eigentlichen" Affen (Anthropoidea), sondern auch Lemuren, Loris, Buschbabys und Makis.

Wann sieht man einen Regenbogen?

a) Wenn man die Regenwand vor sich und die Sonne hinter sich hat.
b) Wenn man die Sonne vor sich und die Regenwand hinter sich hat.
c) Wenn man vor sich die Regenwand hat und sich dahinter die Sonne befindet.
d) Wenn man auf einer Seite (rechts oder links) die Regenwand und auf der anderen die Sonne hat.

a) Wenn man die Regenwand vor sich und die Sonne hinter sich hat.
Der Regenbogen entsteht, wenn Sonnenlicht auf den Wassertropfen einer Regenwand gebrochen wird. Das sieht man nur, wenn man die Regenwand wie eine Kinoleinwand vor sich und die Sonne wie den Filmprojektor hinter sich hat.

Was muss man tun, um Öl und Wasser zu mischen?

Kräftig schütteln, damit die beiden Flüssigkeiten in feinste Tröpfchen zerfallen, die sich miteinander zu einer Emulsion vermischen. Aber dieser Zustand hält nicht lange an, es sei denn man gibt einen Emulgator dazu. Dessen Atome haben ein lipophiles (fettliebend) und ein hydrophiles (Wasser anziehendes) Ende und wirken so als „Klebstoff" zwischen den Fett- und Wassertröpfchen.

Was ist keine Beere?

a) Banane
b) Tomate
c) Kürbis
d) Wacholderbeere

d) Wacholderbeere
Sie gehört zu den Zapfenfrüchten. Ebenfalls keine Beeren sind Erdbeeren, Himbeeren, Brombeeren, Holunderbeeren und Vogelbeeren. Dafür gehören Zitrusfrüchte, Melonengewächse, Datteln, Paprika, Auberginen und Avocados botanisch zu den Beeren.

Die Paprika gehört zu den Beeren.

Welche Leistung stammt nicht von Alexander von Humboldt (1769–1859)?

a) Besteigung des 6310 Meter hohen Chimborazos in Ecuador
b) Erforschung des Orinoco
c) Begründung der Geografie als empirischer Wissenschaft
d) Gründung der Berliner Universität

d) Gründung der Berliner Universität
Alexander von Humboldt war vor allem Forscher, der viele für die damalige Zeit hochspektakuläre Reisen unternahm und dabei eine Unmenge von Studien betrieb, während sich sein Bruder Wilhelm (1767–1835) um die preußische Kulturpolitik verdient machte und Mitbegründer der Berliner Humboldt-Universität war.

Wie entstehen Farben?

Alle Spektralfarben zusammen werden als weiß wahrgenommen. Farbpigmente haben aber die Eigenschaft, nur einen Teil des sichtbaren Lichts zu reflektieren, wodurch dann im Auge ein bestimmter Farbeindruck entsteht.

Was ist die Mykologie?

Die Wissenschaft von den Pilzen.

Warum bringt Salz Eis zum Schmelzen?

Weil der Schmelzpunkt von Wasser bei 0 Grad Celsius, der von Salzwasser aber niedriger liegt. Das Streusalz löst sich zunächst im leichten Wasserfilm auf der Oberfläche des Eises, was nach und nach zu einer völligen Auflösung des Eises führt.

Was ist ein Watt?

Der Teil des Meeres, der bei Niedrigwasser trocknet, bei Hochwasser jedoch überspült ist. Im Wattenmeer an der friesischen Küste liegt eine 9000 Quadratkilometer umfassende Fläche bei Ebbe zu großen Teilen trocken, was es zu einem ganz besonderen Lebensraum macht, der unter speziellem Schutz steht und UNESCO-Weltnaturerbe ist.

■ Früher benannte man die Glaziale (Kaltzeiten) der Erdgeschichte meist mit Doppelnamen wie die Weichsel-Würm-Kaltzeit. **Reichten die Gletscher damals nun bis zur Weichsel oder bis zur Würm?**

Die skandinavischen Gletscher reichten bis zur Weichsel, die Alpengletscher bis zur Würm. Die Mitte Deutschlands war eisfrei. Heute tendiert man deshalb dazu sowohl von einer Würm- wie von einer Weichsel-Eiszeit zu sprechen, auch wenn sie weitgehend parallel stattfanden.

■ ■ ■

■ **Wer machte folgende Erfindungen?**

1. Dynamit
2. Schießpulver
3. Porzellan
4. Töpferscheibe
5. Draisine (Vorläufer des Fahrrads)
6. drahtlose Telegrafie
7. Telefon
8. Blitzableiter
9. mechanischer Webstuhl
10. elektrische Glühlampe

1. Alfred Nobel, 2. die Chinesen; in Europa angeblich ein Mönch namens Berthold Schwarz, 3. die Chinesen, 4. die Ägypter/Mesopotamier, 5. Karl Drais von Sauerbronn, 6. Guglielmo Marconi, 7. Alexander Graham Bell, 8. Benjamin Franklin, 9. Edmund Cartwright, 10. Thomas Alva Edison

■ ■ ■

■ **Was ist mitochondriale DNS?**

Die Mitochondrien, winzige Organe innerhalb der Körperzellen, die die Zelle mit Adenosintriphosphat (ATP) versorgen, haben eine eigene Erbsubstanz. Mitochondrien vermehren sich nur durch Teilung und werden über das Plasma der Eizelle vererbt, sodass Kinder die mitochondriale DNS der Mutter bekommen. Diese mitochondriale DNS ändert sich nur durch Mutationen. Dadurch ist es möglich, Verwandtschaftsbeziehungen zwischen Menschengruppen oder Tierarten festzustellen.

■ ■ ■

■ Sammelsteinfrüchte sind aus vielen kleinen Steinfrüchten zusammengesetzt, bei denen jeweils der härtere Kern von einem weicheren Gewebe umgeben ist. **Welche Früchte gehören dazu?**

Brombeeren, Himbeeren und Moltebeeren. Erdbeeren sind Sammelnussfrüchte.

Himbeeren sind Sammelsteinfrüchte.

■ ■ ■

■ **Warum ist es eigentlich falsch, von Energieverschwendung zu sprechen?**

Weil Energie streng genommen weder erzeugt noch vernichtet, sondern immer nur verändert werden kann. Wenn wir von Energieerzeugung oder Energieverbrauch reden, dann geht es immer nur um die für den Menschen unmittelbar nutzbare Energie.

■ ■ ■

Wer gehört nicht zu den Beuteltieren?

a) Koala
b) Wombat
c) Dingo
d) Opposum

c) Dingo
Die meisten, aber nicht alle Beuteltiere sind „Australier". Der typisch australische Dingo gehört aber nicht dazu, dafür aber das Opposum, ein Vertreter der Beutelratten und einziges Beuteltier Nordamerikas.

■ ■ ■

Warum kann man mit einer Zentrifuge gemischte Stoffe trennen?

Weil verschieden schwere Bestandteile auch eine unterschiedliche Fliehkraft haben.

■ ■ ■

Antoni van Leeuwenhoek (1632–1723) war ein Pionier auf dem Gebiet der ...?

a) ... Anatomie
b) ... naturwissenschaftlichen Zeichnung
c) ... Mikroskopie
d) ... Thermodynamik

c) ... Mikroskopie
Während die Vergrößerungskraft geschliffener Linsen damals vor allem benutzt wurde, um per Fernrohr weit Entferntes oder gar die Sterne zu betrachten, experimentierte der Tuchhändler und Privatgelehrte van Leeuwenhoek mit der Herstellung besonders reiner und stark gewölbter Linsen, sodass er schließlich eine 270-fache Vergrößerung erreichte und bei seinen Studien die roten Blutkörperchen, verschiedene Gruppen von Bakterien, Samenzellen und vieles mehr entdeckte.

■ ■ ■

Gibt es Fische, die Knochen haben?

Biologisch gesehen zählen die meisten Fische zu den Knochenfischen, auch wenn man umgangssprachlich ihre zarten Skelettknochen als Gräten bezeichnet. Dem stehen die Knorpelfische wie Haie, Rochen oder Seekatzen gegenüber, deren Skelett von einem sehr festen, knorpeligen Stützgewebe gebildet wird. Im Gegensatz zu Knochenfischen fehlt ihnen auch die Schwimmblase, weshalb sie nicht im Wasser schweben können, sondern ständig in Bewegung bleiben müssen.

Der Riesenzackenbarsch ist ein Knochenfisch.

Wie heißt die Teildisziplin der Geometrie, die sich mit komplexen, auch in der Natur vorkommenden Gebilden beschäftigt?
Fraktale Geometrie.

Wie wird diejenige Linie genannt, die den Kreis an genau einem Punkt berührt?
Tangente (lat. tangere = berühren).

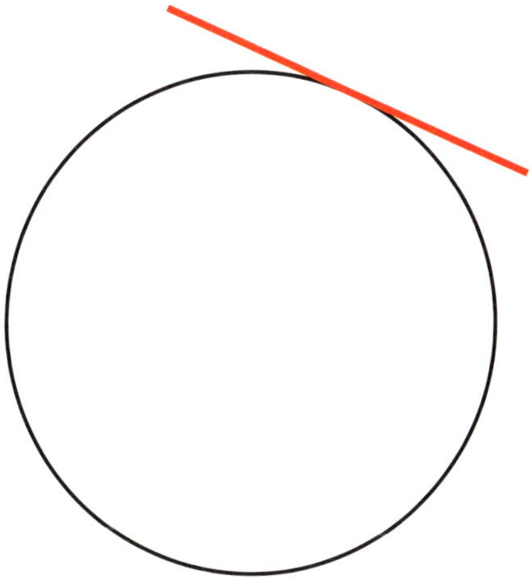

Tangente

Welche Zahl bildet die Basis des natürlichen Logarithmus und der Exponentialfunktion?
Die eulersche Zahl (e = 2,718281828459...). Diese Bezeichnung geht auf ihren Entdecker Leonhard Euler (1707–83) zurück, einen der bedeutendsten Mathematiker und Physiker des 18. Jahrhunderts. Sein Nachlass umfasst 28 große Werke und über 700 Abhandlungen. Er gilt u.a. als Begründer der Hydrodynamik und der Theorie des Kreisels.

Was ist ein Würfel?
Ein Würfel stellt insofern eine Spezialform des Quaders dar, als bei ihm Höhe, Breite und Länge identisch sind. Bezeichnet man diese drei gleichen Werte mit „a", erhält man das Volumen des Würfels mit der Formel $V = a^3$.

Wie nennt man eine mittels dreier nicht auf einer Gerade liegender Punkte festgelegte Fläche?
Ebene.

Welche Diagramme eignen sich besonders zur Veranschaulichung von Vorgängen?
a) Baumdiagramme
b) Säulendiagramme
c) Streifendiagramme
d) Kreisdiagramme

a) Baumdiagramme
Mittels der Äste kann ein Vorgang in verschiedene Teilvorgänge aufgegliedert werden, deren Ergebnisse die Zweige dann anzeigen.

Wie nennt man das abstrakte Symbol, das z.B. in Gleichungen anstelle konkreter Zahlen oder auch sonstiger mathematischer Elemente eingesetzt wird?
Variable. Als Variablen benutzt man meist Buchstaben – die eingesetzte Zahl ist entsprechend der Zweckbestimmung des Platzhalters nicht festgelegt, sprich variabel.

Welches geometrische Instrument wurde von dem berühmten Baumeister und Architekten Johann Balthasar Neumann (1687–1753) entwickelt?

Er konstruierte zum Ablesen der Proportionen verschiedener Säulen einen speziellen Proportionalwinkel, der auch als „Instrumentum architecturae" bekannt ist.

Balthasar Neumann

$f(x) = x^2$. Was verbirgt sich hinter diesem Beispiel für eine mathematische Formel?

Diese mathematische Formel stellt ein einfaches Beispiel für eine Funktion dar. Eine Funktion verkörpert damit die eindeutige Abbildung beliebiger Gegenstände auf andere Gegenstände. Dies lässt sich grundsätzlich auch in Form von Graphen (hier z.B. als Kurve) in einem Koordinatensystem darstellen.

Was ist eine Formelsammlung?

a) ein Kompendium von Sinnsprüchen
b) eine bestimmte Anordnung mathematischer Terme
c) ein Nachschlagewerk für mathematische Formeln

c) ein Nachschlagewerk für mathematische Formeln

Welches von Edmund Gunter (1581–1626) in den 20er-Jahren des 17. Jahrhunderts vorgestellte Prinzip entwickelte der englische Mathematiker William Oughtred (1574–1660) zu einem wichtigen mathematischen Gerät?

Das Prinzip des Rechenschiebers.

Mittels welcher mathematischen Teildisziplin lässt sich die theoretische Chance auf den Gewinn des Lottojackpots berechnen?

a) Analysis
b) Wahrscheinlichkeitsrechnung
c) Algebra

b) Wahrscheinlichkeitsrechnung

Worauf wurden die ersten Zahlendarstellungen vermerkt?

Zur Zählung von Vieh, Sklaven oder Naturalabgaben wurden in den Frühphasen der Menschheitsgeschichte Marken in Hölzer eingekerbt. Diese „Kerbhölzer" sind in Form des negativ konnotierten Ausdrucks „etwas auf dem Kerbholz haben" in den heutigen Sprachgebrauch eingegangen.

Wofür steht das Zeichen ∞ in der Mathematik?

Für unendlich.

Unendlich ist nicht gleich unendlich

Vom Mathematiker David Hilbert (1862–1943) stammt ein interessantes Gedankenexperiment, in dem sich eindrücklich zeigen lässt, dass selbst im Unendlichen noch Abstufungen existieren. Hilbert ging von einem Hotel mit unendlich vielen, durchnummerierten Zimmern aus. Das Hotel ist gerade voll belegt. Nun kommt ein neuer Gast und fragt den Wirt, ob er noch ein Zimmer bekommen könne. Der Wirt sagt: „Ja, das ist kein Problem." Wie stellt er das nun an? Er verlegt einfach den Gast von Zimmer 1 in Zimmer 2, den Gast von Zimmer 2 in Zimmer 3 und so weiter. Da das Hotel über unendlich viele Zimmer verfügt, stellt diese Aktion kein Problem dar. Am Ende ist immer ein Zimmer frei und kann den neuen Gast aufnehmen. Auf diese Weise ist es dem Wirt also möglich, noch unendlich viele weitere Gäste zu beherbergen. In der Sprache der Mathematik verfügt das Hotel über abzählbar unendlich viele Zimmer.

David Hilbert

Wie misst man Flächen?

Man multipliziert die Länge mit der Breite der Fläche. Je nachdem, wie groß die Fläche ist, kann man mit Millimetern, Zentimetern, Metern oder Kilometern rechnen – die Flächeneinheit wird dann entsprechend in mm^2, cm^2, m^2 oder km^2 angegeben. Zudem gilt auch die Einheit Hektar (ha) noch als gebräuchliche Größe.

Unter welchem Begriff fasst man Sinus, Cosinus, Tangens und Cotangens zusammen?

Sie bilden die Winkelfunktionen. Mit ihrer Hilfe lassen sich die Relationen zwischen Winkeln und Längen ausdrücken.

Welche Gemeinsamkeit weisen alle Dreiecke auf?

a) Die Summe ihrer Seitenlängen entspricht dem Umfang ihres Umkreises.

b) Sie lassen sich durch Einzeichnen der Höhe in zwei kongruente Dreiecke aufteilen.

c) Die Summe ihrer Innenwinkel beträgt 180°.

c) Die Summe ihrer Innenwinkel beträgt 180°.

Welche Größen finden sich häufig in Kreis-, Streifen-, Säulen- oder Liniendiagrammen veranschaulicht?

Prozentangaben. So werden z. B. bei Bundestagswahlen die Angaben zu den erreichten Stimmen der Parteien häufig in Säulendiagrammen dargestellt. Für die Verteilung der Bundestagssitze werden dagegen oft Kreisdiagramme gewählt.

Was versteht man unter dem sogenannten Abakus (auch Rechentafel genannt)?

Am Abakus – einem Rahmen mit mehreren parallelen Stäben – lassen sich durch Verschieben von Kugeln, die sich auf den Stäben befinden und je nach Lage bestimmte Zahlen darstellen, Rechenoperationen durchführen. Der Abakus gilt als der Vorläufer des Taschenrechners und wurde bereits vor über 3000 Jahren erfunden.

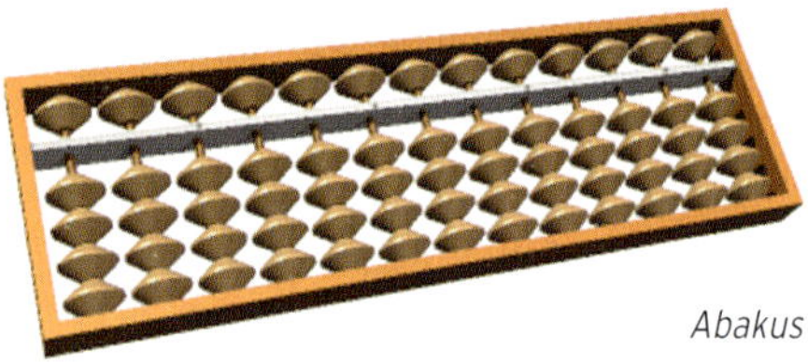

Abakus

Wo befindet sich der „Mathematisch-Physikalische Salon"?

In Dresden. 1728 gegründet, handelt es sich dabei um das älteste mathematische Museum Deutschlands.

Wie heißen diejenigen Zahlen, die man erhält, indem man eine Zahl mit sich selbst multipliziert?

Quadratzahlen.

Was versteht man unter dem Supplementwinkel von spitzen und stumpfen Winkel?

Der Supplementwinkel ist die Summe aus einem spitzen Winkel u ($0^\circ \leq u \leq 90^\circ$) und einem stumpfen Winkel v ($90^\circ \leq v \leq 180^\circ$) und beträgt 180°.

Was hat es mit dem Werk *Practica Arithmeticae et mensurandi generalis* auf sich?

In diesem Buch setzt sich der Verfasser, Geronimo Cardano (1501–76), erstmals mit der Berechnung von Wahrscheinlichkeiten auseinander.

Welches mathematische Teilgebiet ist gemeint, wenn man von „Buchstabenrechnen" spricht?

Die Algebra. Anstelle von Zahlen verwendet man in der Algebra bei mathematischen Operationen Symbole statt Zahlen.

In welchem Dreieck sind alle Winkel gleich?

a) im gleichschenkligen Dreieck
b) im gleichseitigen Dreieck
c) im rechtwinkligen Dreieck

b) im gleichseitigen Dreieck

Mit welcher Rechenoperation lässt sich z. B. folgende Aufgabe lösen: Was wiegen acht identische Weinflaschen, wenn zwei Flaschen 2,4 kg wiegen?

Man benutzt zur Lösung dieser Aufgabe den Dreisatz. Der Dreisatz lässt sich immer dann anwenden, wenn aus dem Verhältnis zweier gegebener Größen eine unbekannte Größe errechnet werden soll. Die unbekannte Größe muss dabei jedoch zu einer dritten gegebenen Größe im gleichen Verhältnis wie die beiden anderen Größen stehen.

Folgende Zahlen sind Primzahlen – richtig oder falsch?

1. 11	6. 131
2. 41	7. 199
3. 52	8. 205
4. 81	9. 223
5. 100	10. 269

1. richtig, 2. richtig, 3. falsch, 4. falsch, 5. falsch, 6. richtig, 7. richtig, 8. falsch, 9. richtig, 10. richtig

Wie nennt man in der Geometrie eine Gerade, die einen Kreis an zwei unterschiedlichen Punkten schneidet?

Sekante.

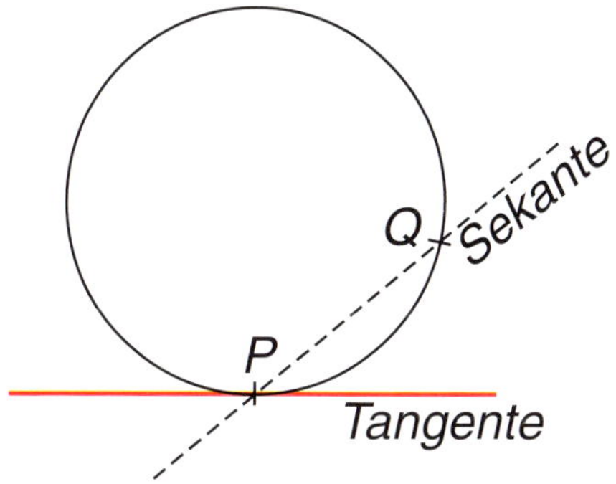

Sekante

Was bedeutet die kleine hochgestellte Zahl neben einer beliebigen anderen Zahl in der Mathematik?

Sie meint die sogenannte Potenz der anderen Zahl, d. h. die Anzahl der Multiplikationen dieser Zahl mit sich selbst. Hat also z. B. die Potenz der Zahl 2 den Wert 4, so gilt: $2^4 = 2 \cdot 2 \cdot 2 \cdot 2 = 16$.

Was ist ein Bruch?

Rechnungsergebnisse von Divisionen bezeichnet man als Bruch. Grafisch werden Brüche realisiert, indem man die zu teilende Zahl (Zähler) über den sogenannten Bruchstrich und die Zahlenwerte der gewünschten Teiler (Nenner) darunter schreibt.

So gilt z. B.: $7 : 4 = \frac{7}{4}$

(Auch die Schreibweise 7/4 ist zulässig.)

Wer führte in der Mathematik die Klammern ein?

a) Albert Girard
b) Simon Marius
c) Franciscus Maurolicus

a) Albert Girard

Wie heißt in der Geometrie die Einheit für die Größe eines Winkels?

Grad. Ein Grad bildet dabei den 360. Teil eines Vollkreises.

Worum handelt es sich bei der Kreiszahl Pi (π)?

Mit der Kreiszahl lässt sich das Verhältnis eines Kreises zu seinem Durchmesser in Form einer Konstante bestimmen. Dem griechischen Mathematiker Archimedes (285–212 v. Chr.) gelang erstmalig die Berechnung dieser Zahl, die unendlich viele Stellen nach dem Komma in ihrer Dezimaldarstellung besitzt. Mittlerweile hat man π auf mehr als eine Billion Nachkommastellen genau berechnet.

Was ist eine Ellipse?

Bei der Ellipse handelt es sich um eine geometrische Form mit der Besonderheit, dass die Summe der Abstände von zwei festen Punkten (Brennpunkte) zu jedem beliebigen ihrer Punkte den gleichen Wert besitzt. Alle übrigen länglich-runden Formen, welche diese Besonderheit nicht aufweisen, nennt man dagegen Oval.

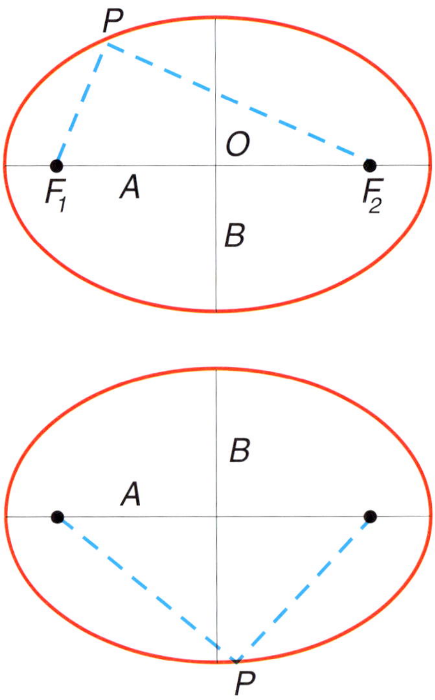

Ellipse

Wie nennt man im rechtwinkligen Dreieck die Seite gegenüber dem rechten Winkel?

Hypotenuse. Die Hypotenuse ist die längste Seite im rechtwinkligen Dreieck, die anderen beiden Seiten bezeichnet man als Ankathete und Gegenkathete.

Wann ließen sich erstmals mit einer Rechenmaschine Rechenoperationen auf 20 Stellen hinter dem Komma genau durchführen und zudem Wurzeln, Potenzen und trigonometrische Reihen berechnen?

a) 1818
b) 1877
c) 1918

a) 1818

Die von Xavier Charles Thomas (1785–1870) entwickelte Rechenmaschine gelangte bereits 1821 zur Serienreife.

Wie muss man vorgehen, wenn man Brüche miteinander addieren oder voneinander subtrahieren will?

Man muss die Brüche durch Erweiterung auf den gleichen Nenner bringen. So kann man z. B.

$\frac{2}{3}$ und $\frac{3}{4}$

auf den gemeinsamen Nenner 12 bringen, indem man sie auf

$\frac{8}{12}$ und $\frac{9}{12}$

erweitert. Erst dann lassen sich die Zähler addieren bzw. voneinander subtrahieren.

Was versteht man in der Mathematik unter dem Quotienten?

Man versteht darunter das Resultat einer Division. Der Quotient lässt sich als Bruch oder als Dezimalzahl darstellen.

Was ist ein Axiom?

Ein logischer bzw. mathematischer Grundsatz, der keines Beweises bedarf.

Welche Grundrechenart ist mit Substraktion gemeint?

a) Abziehen
b) Malnehmen
c) Teilen

a) Abziehen

Wie geht man vor, wenn eine mathematische Aussage bewiesen werden soll?

Beweise für mathematische Aussagen lassen sich entweder direkt oder indirekt bewerkstelligen. In beiden Verfahren muss jedoch mit demselben Dreischritt vorgegangen werden: Voraussetzung – Behauptung – Beweis (Durchführung).

Wie nennt man in der Mathematik eine Aussage, deren Wahrheit mit anderen Aussagen bewiesen werden kann?

a) Satz
b) Postulat
c) Theorem

a) Satz

Ab wann gilt ein Dreieck als stumpfwinklig?

Wenn es einen stumpfen Winkel besitzt, da ein Dreieck nicht mehr als einen stumpfen Winkel (also einen Winkel der größer als 90° ist) haben kann. Ein Dreieck, dessen Winkel alle spitz (also kleiner als 90°) sind, bezeichnet man als spitzwinkliges Dreieck.

Wer war Jakob Bernoulli (1665–1705)?

Jakob Bernoulli war ein Schweizer Mathematiker und Physiker. Er leistete wesentliche Beiträge zur Entwicklung der Wahrscheinlichkeitstheorie, zur Variationsrechnung sowie zur Untersuchung von Potenzreihen.

Jakob Bernoulli

Womit beschäftigt sich die Algebra?

a) mit Vektoren
b) mit der Lösung mathematischer Gleichungen
c) mit Funktionen

b) mit der Lösung mathematischer Gleichungen

Um den Logarithmus und die Nachkommastellen bestimmter Zahlen bestimmen zu können, genügt heute ein gewöhnlicher Taschenrechner oder Computer. **Wie ließen sich vor deren Einführung diese Werte bestimmen?**

Man benutzte dazu Logarithmentafeln. Mithilfe dieser speziellen Tabellen zuverlässig rechnen zu können, erforderte jedoch ein gewisses Maß an Übung.

Wie nennt man eine geometrische Figur, die aus fünf Flächen besteht?

a) Tetraeder
b) Pentaeder
c) Oktaeder

b) Pentaeder
Das Wort entstammt dem Altgriechischen und bedeutet Fünfflächner.

Was erfand der deutsche Rechenmeister Johann Widmann (um 1460–98) im Jahr 1484?

a) das Symbol für die Division (:)
b) das Symbol für die Multiplikation (·)
c) die Symbole für Addition und Subtraktion (+ bzw. –)
d) das Summenzeichen (∑)

c) die Symbole für Addition und Subtraktion (+ bzw. –)
Das war eine große Erleichterung, mussten jene Rechenoperationen doch zuvor immer in Worten dargestellt werden.

Was ist eine Hypothese?

a) eine verifizierbare wissenschaftliche Aussage
b) eine logische Schlussfolgerung
c) die Grundlinie eines rechtwinkligen Dreiecks

a) eine verifizierbare wissenschaftliche Aussage
Verifizierbar heißt, dass die Aussage empirisch (durch Erfahrung) oder durch Experimente überprüfbar ist.

Wie nennt man das Teilgebiet der Mathematik, das sich mit der Gesetzmäßigkeit von zufälligen Ereignissen beschäftigt?

Man nennt es Stochastik. Die Stochastik lässt sich wiederum in die Teilbereiche Wahrscheinlichkeitsrechnung und Statistik unterteilen.

Was ist der Radius eines Kreises?

Der Radius geht vom Kreismittelpunkt bis zu einem beliebigen Punkt auf der Kreislinie und ist halb so lang wie der Durchmesser des Kreises.

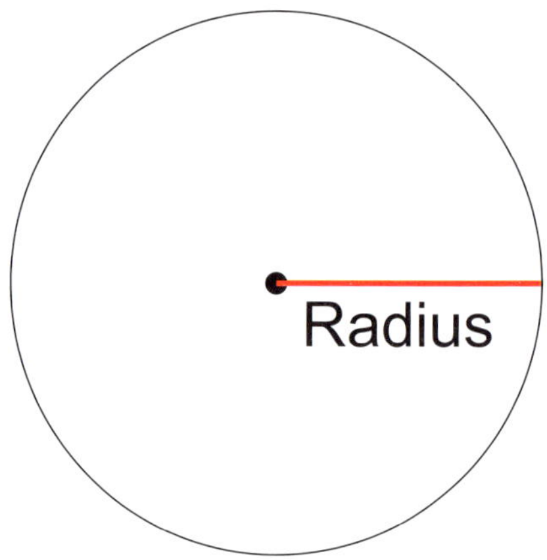

Radius

Die Aussage „Es regnet oder nicht" gilt unabhängig davon, ob die in ihr enthaltenen Teilaussagen wahr oder falsch sind, grundsätzlich als wahr, da beide Teilaussagen mit einem „oder" verknüpft sind. **Wie nennt man diese Form der Aussage?**

Man spricht hier von einer Tautologie.

Die Mathematik besteht aus zahlreichen Teilgebieten. Wie heißen die wichtigsten davon?
Analysis, Arithmetik, Geometrie, Topologie, Funktionentheorie, Mengenlehre.

Wie nennt man im rechtwinkligen Dreieck die Seite gegenüber dem rechten Winkel?
Hypotenuse. Die Hypotenuse ist die längste Seite im rechtwinkligen Dreieck – die anderen beiden Seiten bezeichnet man als Ankathete und Gegenkathete.

Wovon spricht man, wenn aus einer Aussage ein Widerspruch erwächst, der nicht gelöst werden kann?
Von einer Antinomie. Antinomien sind streng beweisbar und machen auf Fehler im Systemkonzept aufmerksam.

Wie heißt die Menge aller negativen und positiven Zahlen ohne Nachkommastellen inklusive der Null?
Die Menge der ganzen Zahlen.

Warum wird die Forderung „Eine Aussage ist entweder wahr oder falsch" als Prinzip der Zweiwertigkeit bezeichnet?
Weil die Forderung zwei Teilforderungen enthält: Zum einen, dass jede Aussage wahr oder falsch ist, andererseits, dass keine Aussage wahr und falsch zugleich sein kann.

Wie bezeichnet man in der ebenen Geometrie eine spezielle Kurve, die aus zwei zueinander symmetrischen, sich ins Unendliche erstreckenden Ästen besteht?
Als Hyperbel. Die Hyperbeläste nähern sich immer mehr einer Geraden an, werden jedoch nie ganz gerade. Bei der Standortbestimmung von Schiffen und Flugzeugen lässt sich die Hyperbel in Form des Hyperbelnavigationsverfahrens auch in der Praxis anwenden.

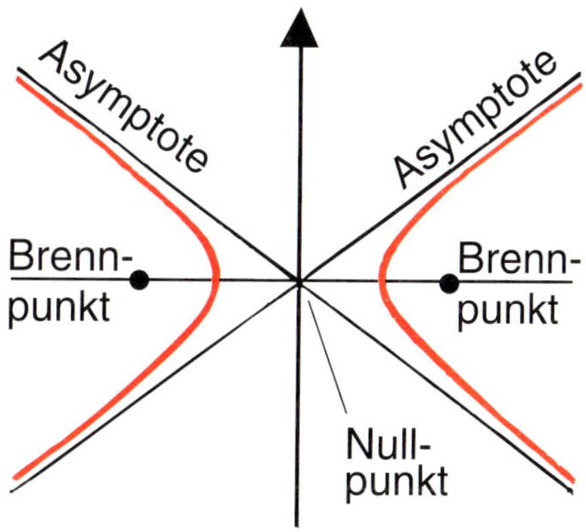

Hyperbel

Was versteht man in der Mathematik unter der Differenz?
Das Ergebnis einer Subtraktion.

Wie bezeichnete Theodorus von Kyrene (ca. 460–399 v. Chr.) um 410 v. Chr. erstmalig jene Zahlen, die sich nicht als Quotient zweier ganzer Zahlen ausdrücken lassen?
Als irrationale Zahlen.

Wie nennt man eine nicht beweisbare mathematische Aussage?

Axiom. So lautet beispielsweise ein berühmtes geometrisches Axiom: „Die kürzeste Verbindung zwischen zwei Punkten ist eine Gerade." Als Begründer der Axiomatik gilt der griechische Gelehrte Aristoteles (384–322 v. Chr.).

Wie heißen die beiden kürzeren Seiten eines rechtwinkligen Dreiecks?

a) Katheten
b) Hypotenusen
c) Sekanten

a) Katheten

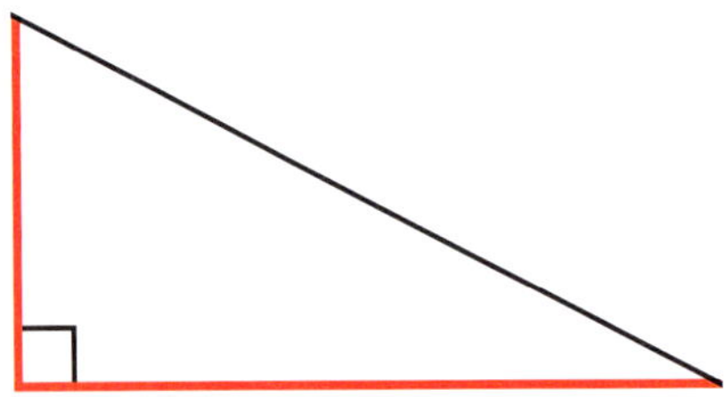

Katheten

Wie nennt man die Gesamtheit aller Punkte, Geraden und Ebenen, die innerhalb eines komplett abgeschlossenen Teils des dreidimensionalen Raumes liegen?

Geometrischer Körper. Der komplett abgeschlossene Raum bildet das Volumen, und die Summe der Flächeninhalte der Begrenzungsfläche macht den Oberflächeninhalt jenes Körpers aus.

Welche mathematische Figur stellt unsere Erde dar?

a) Kugel
b) Oval
c) Ellipsoid

c) Ellipsoid

Beim Ellipsoid, einem Rotationskörper, der z. B. durch Rotation einer Ellipse um eine ihrer Hauptachsen entsteht, sind im Gegensatz zur Kugel nicht alle drei räumlichen Ausdehnungen gleich.

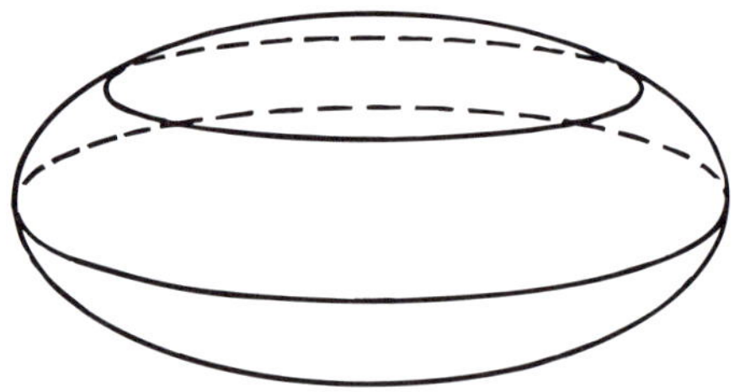

Ellipsoid

Die Einführung welchen mathematischen Teilgebiets an den Schulen sorgte in den 60er-Jahren bei zahlreichen Eltern für Proteste?

Die Mengenlehre. Zweck ihrer Einführung war die Förderung des logischen Denkens der Kinder – 30 Jahre später wurde sie jedoch zum Teil wieder aus den Lehrplänen entfernt.

Wie erhält man die Fläche (A) eines Kreises mit einem gegebenen Radius r?

Mit der Formel $A = r^2 \cdot \pi$. In der Regel genügt es, für π den Näherungswert 3,14 einzusetzen.

Welche Größen ergeben in ihrer Summe einen Wert von 360°?

a) die Innenwinkel eines gleichseitigen Dreiecks
b) die Innenwinkel eines rechtwinkligen Dreiecks
c) die Außenwinkel eines Dreiecks

c) die Außenwinkel eines Dreiecks

Welches für mathematische Operationen hilfreiche Gerät wurde vom französischen Mathematiker Blaise Pascal (1623–62) erfunden und von Gottfried Wilhelm Leibniz (1646–1716) weiterentwickelt?

Pascal konstruierte das erste nutzbare Addiergerät, das später von Leibniz auch für andere Rechenarten weiterentwickelt wurde.

Gottfried Wilhelm Leibniz (links) und Blaise Pascal

Was sind Vektoren?

Will man z.B. in einem Koordinatensystem einen Punkt um einen bestimmten Zahlenwert verschieben, muss man neben dem Zahlenwert des Punktes auch dessen Bewegungsrichtung mathematisch bestimmen können. Diese Kombination aus Wert und Richtung lässt sich zeichnerisch durch einen Pfeil darstellen, den man Vektor nennt.

9 ist ... ?

a) ... die Quadratwurzel von 3.
b) ... die Wurzel von 27.
c) ... die zweite Potenz von 3.

c) ... die zweite Potenz von 3.
Die Wurzel hingegen ist die Umkehrung der Potenz, d.h. $3 = \sqrt{9 \cdot 9}$ ist die Wurzel von 81, also $\sqrt{81} = 9$.

Jede gerade Zahl lässt sich als Summe zweier Primzahlen darstellen – so die Vermutung! **Auf wen geht diese Vermutung zurück?**

Auf den Mathematiker Christian Goldbach (1690–1764). Er äußerte diese Vermutung gegenüber Leonhard Euler (1707–83) in einem Brief; seitdem bezeichnet man diese als binäre goldbachsche Vermutung, für die bis heute kein Beweis erbracht werden konnte.

Wie nennt man ein ebenes Viereck, das zwei Paare benachbarter gleich langer Seiten besitzt?

Deltoid (Drachenviereck). Für jedes Deltoid gilt, dass sich dessen Diagonalen gegenseitig halbieren, aufeinander senkrecht stehen und eine der Diagonalen die Symmetrieachse bildet.

Was entwickelten die Gelehrten Sir Isaac Newton (1643–1727) und Gottfried Wilhelm Leibniz (1646–1716) im Abstand von vier Jahren (1761 bzw. 1765) unabhängig voneinander?

Die Differenzialrechnung. Mittels dieser lässt sich die Schnelligkeit der Veränderung eines Vorgangs in Zeit und/oder Raum ermitteln.

Isaac Newton

Welche Lösung ist für den Term 7 + 4 · 5 zutreffend?

a) 27
b) 55
c) 39

a) 27
Es gilt die Regel Punkt vor Strich!

Welches Verdienst kommt dem Mathematiker Leonardo von Pisa (1180–1250) zu?

Er war der erste europäische Fachmathematiker des Mittelalters und beschäftigte sich vorwiegend mit zahlentheoretischen Problemen.

Wofür stehen die Kürzel „G", „W" und „p" innerhalb der Prozentrechnung?

Sie bezeichnen jeweils die drei grundlegenden Werte, mit denen man in der Prozentrechnung operiert. Die Größe, die dem Ganzen – also 100 % – entspricht, nennt man Grundwert (G). Der jeweilige Anteil des Grundwertes ist der Prozentwert (W), während der Prozentsatz (p) ausdrückt, wie viel Prozent vom Grundwert der Prozentwert ausmacht.

Was ist das?

1. eine geometrische Figur mit vier gleich langen Seiten
2. eine Linie von Punkten in einer Ebene mit gleichem Abstand zu einem Mittelpunkt
3. ebenes Viereck, dessen Innenwinkel alle rechte Winkel sind
4. drei Punkte, die nicht auf einer Geraden liegen
5. Viereck mit mindestens zwei parallelen Seiten
6. die Summe der Innenwinkel ergibt 360°
7. ebenes Viereck, bei dem die gegenüberliegenden Seiten parallel sind
8. Vieleck für fünf Punkte definiert
9. speziell geschlossene ovale Kurve
10. gerade Linie

1. Quadrat, 2. Kreis, 3. Rechteck, 4. Dreieck, 5. Trapez, 6. Viereck, 7. Parallelogramm, 8. Fünfeck, 9. Ellipse, 10. Gerade

Welche Diagrammart eignet sich besonders zur Darstellung von Abläufen und Beziehungen?

Ein Flussdiagramm (Ablaufplan). Mittels der dort verwendeten Pfeile, Kästchen und Verbindungslinien wird ein höheres Maß an Übersichtlichkeit erzeugt.

Auf welchen Mathematiker und Philosophen geht u. a. die Formel $a^2 + b^2 = c^2$ zurück?

Sie wurde von Pythagoras (570–510 v. Chr.) entdeckt.

Ein LKW hat stolze 961.842 Kilometer auf dem Tacho. Wie oft hat er (theoretisch) die Erde am Äquator umrundet?

a) 3,5-mal
b) 24-mal
c) 44-mal

b) 24-mal
Der Erdumfang am Äquator beträgt 40.076,59 km.

Um welches Teilgebiet der Mathematik machte sich der Mathematiker, Philosoph und Naturwissenschaftler René Descartes (1596–1650) besonders verdient?

a) sphärische Trigonometrie
b) Arithmetik
c) analytische Geometrie

c) analytische Geometrie
Descartes ebnete der analytischen Geometrie den Weg, indem er Algebra und Geometrie miteinander verknüpfte.

Was ist der Meridianumfang?

Wenn man den Erdumfang an einer Linie misst, auf der auch die beiden Pole liegen, erhält man den Meridianumfang. Er beträgt 40.009,14 km.

Auf welchen deutschen Naturwissenschaftler geht die Landesvermessung des Königreichs Hannover (zwischen 1818 und 1826) zurück?

Carl Friedrich Gauß (1777–1855). Der „Fürst der Mathematik" gehört neben Archimedes (um 287–212 v. Chr.) und Isaac Newton (1643–1727) zu den größten Mathematikern aller Zeiten und leistete auch in den Bereichen Astronomie, Zahlentheorie und Physik wertvolle Beiträge.

Carl Friedrich Gauß

Wie nennt man Zahlen, deren Besonderheit darin besteht, dass sie nur durch 1 und sich selbst geteilt werden können?

Primzahlen. Die Reihe der Primzahlen beginnt jedoch erst bei 2. Die 1 wird per definitionem nicht den Primzahlen zugerechnet.

Welches mathematische Geheimnis verbirgt sich (neben anderen Faktoren) hinter einem schönen Gesicht?

Der sogenannte Goldene Schnitt. Dieser liegt immer dann vor, wenn man eine Strecke so aufteilt, dass die Länge der ganzen Strecke zur größeren Teilstrecke dasselbe Verhältnis aufweist wie die größere zur kleineren Strecke. Dieses auf die menschliche Wahrnehmung ästhetisch wirkende Streckenverhältnis ist bereits seit der Antike bekannt.

Mithilfe welches in altgriechischer Zeit entwickelten Verfahrens lassen sich alle Primzahlen aus der Reihe der natürlichen Zahlen ermitteln?

Mit dem sogenannten Sieb des Eratosthenes. Der griechische Mathematiker Eratosthenes (275–194 v. Chr.) strich aus einer Liste natürlicher Zahlen (beginnend mit 2) sämtliche Vielfache und „siebte" auf diese Weise die Primzahlen heraus.

Eratosthenes

Die größte Primzahl
Tüftler sind ständig bemüht, immer größere Primzahlen zu finden. Dabei bedienen sie sich verschiedener ausgeklügelter Verfahren sowie natürlich der enormen Rechenleistung von Großrechenanlagen. Die (vorläufig) größte gefundene Primzahl lautet übrigens $2^{43112609}-1$. Sie wurde 2008 im Rahmen des Projekts „GIMPS – The **G**reat **I**nternet **M**ersenne **P**rime **S**earch" entdeckt.

In der Aussage „Nach Adam Riese sind das 36 (z.B. $4 \cdot 9$)" sind zwei Sachverhalte nicht korrekt. Welche?

Zum einen wurde der Name des fränkischen Mathematikers Ries nicht korrekt angegeben. Zum anderen hat er nicht etwa das Rechnen erfunden, sondern im 19. Jahrhundert zur Einführung der arabischen Zahlen beigetragen.

Wie bezeichnet man die spiegelbildliche Lage zu einem Punkt, zu einer Geraden oder zu einer Ebene?

Als Symmetrie. Der Punkt bildet bei Symmetrieabbildungen das sogenannte Symmetriezentrum, die Gerade die Symmetrieachse bzw. die Ebene die Symmetrieebene.

Mittels welcher Formel lässt sich die Fläche eines Dreiecks berechnen?

a) $A = \frac{a \cdot b}{2}$

b) $A = \frac{a \cdot h}{2}$

c) $A = \frac{a \cdot b \cdot c}{2a}$

b) $A = \frac{a \cdot h}{2}$

Von welcher mathematischen Figur ist die Rede, wenn die Summe ihrer Innenwinkel 360° ergibt?

Vom Viereck.

Wovon spricht man, wenn zwei Figuren durch Drehungen, Spiegelungen und Parallelverschiebungen zur Deckung gebracht werden können?

Man spricht von Kongruenz bzw. kongruenten Figuren.

Woraus bestehen die Seitenflächen von Pyramiden?

Aus Dreiecken. Dabei treffen sich die Dreiecke in einem Punkt – der Pyramidenspitze (S). Das Lot von der Grundfläche zum Punkt S bildet die Höhe der Pyramide. Als Grundfläche kommen alle Arten von Vielecken in Betracht.

Was ist die Quersumme der Zahl q = 3142?

a) q = 10
b) q = 24
c) q = 73

a) q = 10
Die Quersumme einer Zahl errechnet sich aus der Summe ihrer einzelnen Ziffern.

Welches Zahlensystem wurde vom deutschen Mathematiker Gottfried Wilhelm Leibniz (1646–1716) entdeckt?

Das Binärsystem. Dieses kennt nur die zwei Werte 0 und 1 und ist – so zeigte sich bereits Leibniz überzeugt – für die mechanische Umsetzung in einer Maschine ideal geeignet.

Verlogene Kreter

Der Philosoph und Seher Epimenides lebte im 6./7. Jahrhundert v. Chr. auf der griechischen Insel Kreta. Er gilt als Schöpfer eines der berühmtesten Paradoxa: „Alle Kreter sind Lügner und alle von Kretern aufgestellte Behauptungen sind Lügen." Wer versucht, dieses Paradoxon sinnvoll aufzulösen, wird sich unweigerlich im Logikdschungel verlaufen und nicht wieder herausfinden.

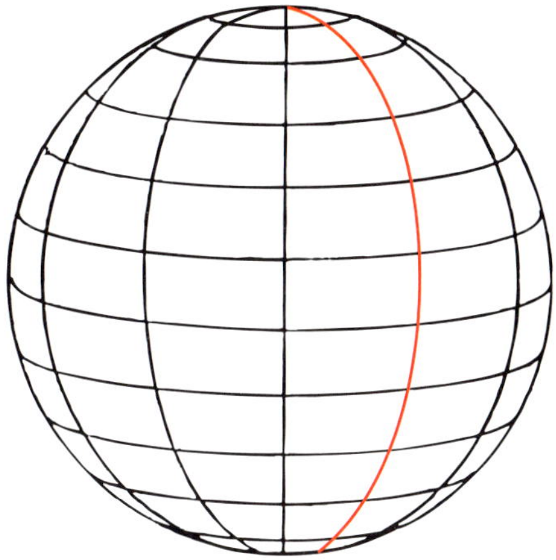

Meridian

Was ist ein Parallelogramm?

a) zwei kongruente geometrische Figuren
b) ein Viereck ohne rechten Winkel, dessen Seiten parallel sind
c) eine alternative Bezeichnung für das
d) Quadrat

b) ein Viereck ohne rechten Winkel, dessen Seiten parallel sind

Der deutsche Mathematiker Ferdinand von Lindemann (1852–1939) bewies im Jahr 1882 die Unlösbarkeit eines mathematischen Problems, an dem bereits seit den Anfängen der Geometrie führende Mathematiker verzweifelt waren. **Welches Problem ist gemeint?**

Die Quadratur des Kreises.

Welcher zentrale Begriff der Mathematik geht auf den deutschen Mathematiker Georg Cantor (1845–1918) zurück?

Er prägte den Begriff der „Menge". Mit Menge meint man in der Mathematik Zusammenfassungen beliebiger real existierender oder gedachter Objekte (Elemente).

Auf wen geht die Bezeichnung der Kreiszahl mit dem Symbol π im Jahr 1706 zurück?

Auf den englischen Mathematiker William Jones (1675–1749). Eingang in die Wissenschaft fand diese Bezeichnung erst ab 1737 durch die Schriften Leonhard Eulers (1707–83).

Wie nennt man sinnvoll verknüpfte mathematische Zeichenfolgen?

Term. Unter Termen versteht man letztlich die grammatisch korrekten Wortgruppen oder Sätze in der Mathematik

Welchen Beinamen trägt der griechische Mathematiker und Astronom Apollonius von Perge (262–190 v. Chr.)?

Man nennt ihn auch den „großen Geometer". Dies gründet u.a. in seinen Verdiensten um die Weiterentwicklung der Arithmetik, der Statistik und Astronomie wie auch in seinem Hauptwerk *Conica* – einer Zusammenfassung der wichtigsten Erkenntnisse der antiken Kegelschnittlehre.

Welche der folgenden Formen ist ein Rechteck?

a) Raute
b) Quadrat
c) Trapez

b) Quadrat
Beim Quadrat handelt es sich um eine Sonderform des Rechtecks, da es über vier gleich lange Seiten verfügt.

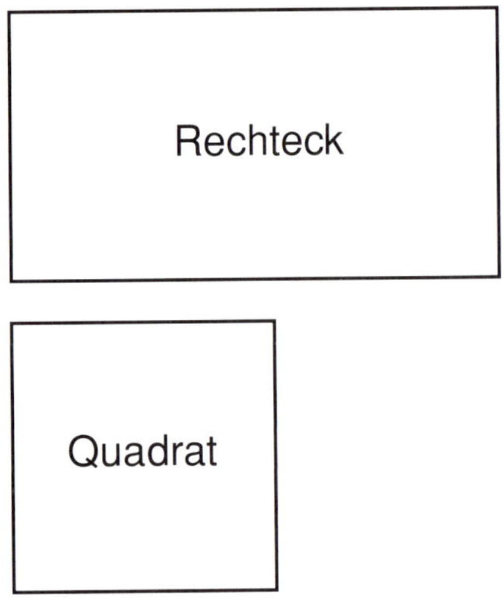

Rechteck und Quadrat

Wie nennt man das Verhältnis zweier Größen, das sich aus Vergrößerung oder Verkleinerung ergibt?

Maßstab. Bei der Angabe des Maßstabs gilt grundsätzlich: Die erste Zahl bezieht sich auf das Abbild, die zweite auf das Original. Folglich liegt eine Vergrößerung immer dann vor, wenn die erste Maßstabszahl größer als die zweite ist – und umgekehrt.

Was versteht man unter dem Begriff Homo oeconomicus?

Dieses Menschenmodell eines stets rational und nach wirtschaftlichen Maßstäben handelnden Menschen wurde von Ökonomen entwickelt, um die Wirkungen bestimmter Faktoren im Wirtschaftsleben genauer untersuchen zu können.

Was ist die Europäische Zentralbank (EZB)?

Die EZB ist maßgeblich für die Gewährung einer einheitlichen Währungspolitik der Euro-Zonen verantwortlich. Allein ihr steht die Ausgabe von Euro-Banknoten zu. Diese europäische Institution wurde 1998 gegründet und hat ihren Sitz in Frankfurt am Main.

Europäische Zentralbank in Frankfurt am Main

Wie nennt man den Quotienten aus der Zahl der registrierten Arbeitslosen und der Zahl der Erwerbstätigen?

Arbeitslosenquote.

Wovon spricht man, wenn Unternehmen Vermögen und Kapital in Form von Sach-, Finanz- oder immateriellen Werten binden?

Man spricht hier von Investitionen. Entsprechend den oben aufgeführten Bereichen investieren Unternehmen z. B. in den Kauf von Maschinen, Wertpapieren oder in Forschung und Entwicklung.

Im internationalen Warenhandel existieren freiwillige Regeln zur Auslegung handelsüblicher Vertragsformeln. **Wie nennt man diese Regelwerke, die insbesondere den Modus der Güterlieferung regulieren sollen?**

Incoterms (**In**ternational **Co**mmercial **Terms** = Internationale Handelsklauseln).

Welche Wirtschaftstheorie geht auf Jean-Baptiste Colbert (1619–83) zurück?

Der Merkantilismus. In der Zeit des Absolutismus (17. und 18. Jahrhundert) versuchte der damalige Finanzminister Frankreichs, Colbert, durch eine Gründungswelle von Manufakturen einerseits die Außenhandelsbilanz zu verbessern und andererseits die Importe zu minimieren. Ansporn hierfür war Colberts Glaube an den engen Zusammenhang von nationalem Reichtum und aktiver Außenhandelsbilanz.

■ Werden in Privatwohnungen, auf sogenannten Kaffeefahrten, am Arbeitsplatz oder auf der Straße Verträge abgeschlossen, können diese vom Kunden innerhalb einer Woche gekündigt werden. **Wie nennt man solche Vertragsabschlüsse?**

Haustürgeschäfte.

■ **Was versteht man unter dem Wechselkurs?**

a) den Kurswert einer Aktie
b) den Kurswert eines Unternehmens nach einer Fusion
c) das Umrechnungsverhältnis zwischen zwei Währungseinheiten

c) das Umrechnungsverhältnis zwischen zwei Währungseinheiten

■ Im Idealfall fließt bei einer Unternehmung das für ein bestimmtes Wirtschaftsgut eingesetzte Kapital durch die betrieblichen Erträge entweder direkt oder (bei einer Geldschuld) in Form einer planmäßigen Tilgung bis zur Deckung des Einsatzes zurück. **Wie nennt man diesen Rückfluss?**

Amortisation.

■ **Welche Unterschiede weisen die beiden Aktienindizes Dow-Jones und DAX in ihrer jeweiligen Zusammensetzung auf?**

Der DAX, die deutsche Messzahl für die Entwicklung der durchschnittlichen Aktienkurse, bestimmt sich aus 30 deutschen Standardwerten; dagegen fußt der amerikanische Dow-Jones auf drei Subindizes und orientiert sich an 65 Aktienwerten der Wertpapierbörse.

Aktienindizes

■ **Welcher Index wird an der Tokioter Börse notiert?**

a) RTS-Index
b) CSI 300
c) Nikkei-Index

c) Nikkei-Index
Er setzt sich aus den Kursen von 225 Aktien zusammen.

■ **Was ist eine Dividende?**

Unter Dividende versteht man den prozentualen Gewinnanteil auf Aktien, der den jeweiligen Aktionären entsprechend ihrer Aktienanteile zusteht. Über die Höhe der Dividende entscheidet die Hauptversammlung.

Welch revolutionäre Idee im Bereich der Fertigung geht auf Henry Ford (1863–1947) zurück?

Ford führte als Erster die Fließbandfertigung ein. Indem er so die Automobilproduktion erheblich verbilligte, gelang ihm die Herstellung eines einfachen und zuverlässigen Autos, das für eine breite Käuferschicht erschwinglich war – der Grundstein für die Massenproduktion war damit gelegt.

Erste Fließbandförderung

Zu welcher Branche gehören Betriebe, die zur Produktion von Chemikalien, Arzneimitteln, Nahrungsmitteln etc. biologische Prozesse auf den technischen Bereich übertragen?

Zur Biotechbranche.

Wann spricht man von einer Rezession?

Mit dem Begriff der Rezession bezeichnet man eine Phase wirtschaftlicher Rückläufigkeit. In solchen Phasen konjunkturellen Abschwungs stagnieren in der Regel Nachfrage, Güterproduktion, Investitionen und Gewinne.

Wenn rechtlich selbstständige Unternehmen, die auf einer gleichen Produktionsstufe stehen, das Ziel verfolgen, den Wettbewerb zu beschränken oder allgemein ein gemeinsames Handeln vereinbaren, kommt es unter ihnen häufig zu freiwilligen Zusammenschlüssen. **Wie bezeichnet man diese (verbotene) Form des Zusammenschlusses?**

Kartell.

Wie bezeichnet man (polemisch) einen Staat, der nie aktiv in das Marktgeschehen involviert ist?

Man spricht hier von einem Nachtwächterstaat. Ferdinand Lasalle (1825–64) prägte diesen Begriff für einen Staat, der sich innerhalb einer „Laissez-faire-Wirtschaft" nur auf rechtliche Schutzaufgaben beschränkt und damit der Ausbeutung und Verelendung der Arbeiter in Wirtschaftskrisen so gut wie nichts entgegenzusetzen hat.

In welchem Wirtschaftssystem befinden sich Kapital und Produktionsfaktoren in einer Hand?

Im Kapitalismus. Des Weiteren entscheiden die Unternehmen in diesem System selbstständig über die eigene Planung, streben nach Gewinn und stehen untereinander im Wettbewerb.

Wie nennt man einen Problemlösungsansatz, der grundsätzlich auf der untersten Ebene beginnt?

Man spricht hier von Bottom-up. Das Gegenteil dieses Verfahrens ist das sogenannte Top-down-Prinzip.

Von wem stammt die berühmte Formel: „Geld stinkt nicht" (lat. „Pecunia non olet")?

Vom römischen Kaiser Vespasian (9–79 n. Chr.). Der Sage nach soll er seinen Beratern ein Goldstück unter die Nase gehalten und jenen Ausspruch von sich gegeben haben, nachdem diese ihre Zweifel an einer Steuer für die öffentlichen Bedürfnisanstalten im alten Rom geäußert hatten.

Wie nennt man inländische Guthaben in ausländischer Währung?

a) Wechsel
b) Devisen
c) Sorten

b) Devisen

Die Bundesrepublik durchlief seit dem Zweiten Weltkrieg zunehmend die Entwicklung zu einer?

a) Industriegesellschaft
b) Dienstleistungsgesellschaft
c) Agrargesellschaft

b) Dienstleistungsgesellschaft

Was versteht man unter der Umsatzsteuer?

Mit Umsatzsteuer ist die Mehrwertsteuer gemeint, die bei jedem Schritt in Fertigungs- und Verteilungsprozessen sowie beim Im- und Export von Waren und Dienstleistungen proportional zum jeweiligen Preis erhoben wird.

Wer war John Davison Rockefeller (1839–1937)?

John Davison Rockefeller war ein amerikanischer Unternehmer, dem es gelang, mit seinem „Standard Oil Trust" ab 1882 ca. 95 % der amerikanischen Raffineriewirtschaft zu kontrollieren und zum reichsten Mann der Welt zu werden. Auf ihn gehen zahlreiche Stiftungen sowie 1890 die Gründung der Universität Chicago zurück.

John Davison Rockefeller

Wie nennt man die Einfuhr ausländischer Güter und Dienstleistungen?
Import. Das Gegenstück hierzu ist der Export, also die Ausfuhr inländischer Güter und Dienstleistungen.

Mit welchen Attributen versehen Marktteilnehmer zu Börsenbeginn ihre Kauf- bzw. Verkaufsangebote für Aktien, die sie zu jedem Kurs kaufen oder verkaufen wollen?
Mit den Attributen „billigst" (Kauf) oder „bestens" (Verkauf).

Wie heißt der Vorsitzende der US-Notenbank?
a) Alan Greenspan
b) Ben S. Bernanke
c) Milton Friedman

b) Ben S. Bernanke

Um die Wirtschaftlichkeit eines Unternehmens zu fördern, müssen regelmäßig effizienzsteigernde Maßnahmen ergriffen werden (z.B. der Einsatz von Industrierobotern). **Wie nennt man diese Maßnahmen?**
Rationalisierungsmaßnahmen.

Wovon spricht man, wenn Unternehmen Wertschöpfungsaktivitäten auf andere Unternehmen auslagern?
Von Outsourcing.

Was macht die Wall Street so berühmt?
In dieser Straße Manhattans sind neben der New Yorker Börse auch zahlreiche bedeutende Banken angesiedelt. Das macht sie zum Dreh- und Angelpunkt des amerikanischen Aktienmarkts bzw. gar des gesamten US- Finanzwesens.

Wall Street

Welche Steuer wird unmittelbar am Entstehungsort von den Einnahmen abgezogen?
Die Quellensteuer.

Vor allem im Rahmen der Imagepflege treten viele Firmen als Förderer im sportlichen, kulturellen, ökologischen und sozialen Bereich auf. **Wie nennt man diese Förderung?**
Sponsoring.

Wie nennt man eine Urkunde, die eine Zahlungsvereinbarung enthält?
Wechsel oder Schuldbrief.

■ **Wie bezeichnet man nicht rückholbare Außenstände?**
Man nennt sie uneinbringliche Forderungen.

■ **Was wird in einer Urabstimmung beschlossen?**
a) eine Aussperrung
b) eine Tarifverhandlung
c) ein Streik

c) ein Streik
Sprechen sich mindestens 75 % der Gewerkschaftsmitglieder in der geheim stattfindenden Urabstimmung für einen Streik aus, kann dieser ausgerufen werden, ohne als rechtswidriger „wilder Streik" zu gelten.

■ Seinen Ursprung hat der Begriff in der spöttischen Bezeichnung für zweifelhaft organisierte lateinamerikanische Staaten, deren wirtschaftlicher (Export-)Schwerpunkt auf Bananen basierte. Mittlerweile bezeichnet man damit allgemein Länder mit hohem Korruptionsgrad, politischen Verbrechen und manipulierten Wahlen. **Wovon ist hier die Rede?**
Von den Bananenrepubliken.

■ **Wofür steht der Begriff e-Work?**
Telearbeit oder e-Work bezeichnet eine moderne Arbeitsform, in welcher der Arbeitnehmer seiner Tätigkeit computergestützt entweder zu Hause (Teleheimarbeit), abwechselnd im Unternehmen und zu Hause (alternierende Telearbeit) oder an einem dezentralen Arbeitsplatz bzw. mobil nachgehen kann.

■ **Mit welchem Begriff bezeichnet man die Schwankungsstärke von Wertpapieren oder Märkten?**
Mit dem Begriff der Volatilität. So weisen z. B. Aktien mit großer Volatilität einen hohen Grad an Kursschwankungen auf, umgekehrt verhält es sich bei Aktien mit geringer Volatilität.

■ **Wie heißt die Dachorganisation der deutschen Industriegewerkschaften?**
DGB (**D**eutscher **G**ewerkschafts**b**und).

■ **Was ist ein Handelsregister?**
In einem Handelsregister sind Kaufleute und Handelsgesellschaften unter ihrem jeweiligen Firmennamen verzeichnet. Das Handelsregister liegt öffentlich bei den Amtsgerichten aus. Es ist in Personen- (Abt. A) und Kapitalgesellschaften (Abt. B) untergliedert.

■ **Was bedeutet es, wenn ein Land die Maastrichtkriterien verletzt?**
Die Verletzung der Maastrichtkriterien erfolgt dann, wenn die Verschuldung eines Landes mehr als 3 % des Bruttoinlandsproduktes beträgt.

Wovon spricht man, wenn nur ein Anbieter bzw. nur ein Nachfrager für eine nachgefragte bzw. angebotene Ware existiert?
Von einem Angebotsmonopol bzw. Nachfragemonopol.

Um die betrieblichen Zusatzleistungen auf die jeweiligen Bedürfnisse der Arbeitnehmer anzupassen, existiert z.B. in den USA eine Lohnform, welche die Zusammenstellung eines individuellen Sozialleistungspakets gestattet. **Wie nennt man diese Art der Lohnform?**
Cafeteria-System.

Ab welcher Mitarbeiterzahl darf in einem Unternehmen ein Betriebsrat gegründet werden?
a) 2
b) 5
c) 15
d) 100

b) 5

Welche zwei Leitbegriffe der Marktwirtschaft beeinflussen maßgeblich das sogenannte freie Spiel der Kräfte?
Angebot und Nachfrage. Die Menge an Gütern und Dienstleistungen, die Unternehmen am Markt veräußern wollen, bildet dabei das Angebot, der Bedarf der Öffentlichkeit an einem bestimmten Produkt die Nachfrage.

In den Medien tauchen immer wieder Berichte über die Wohnsitze einiger Deutscher in Ländern mit geringerer Vermögensbesteuerung wie Liechtenstein oder Monaco auf. **Wie nennt man dieses Verhalten?**
Steuerflucht.

Wie nennt man die statistische Kennzahl, mittels derer man den Anteil des Steueraufkommens in einer Volkswirtschaft ausdrückt?
Steuerquote.

Was regelt ein Tarifvertrag?
Der Tarifvertrag – normalerweise ausgehandelt zwischen Gewerkschaften und Arbeitgeberverbänden – regelt neben den Löhnen auch die Arbeitsbedingungen (Arbeitszeiten, Urlaub, Arbeitsplatzschutz u. v. m.).

Was versteht man unter der sogenannten Gewerbefreiheit?
Dieses in Artikel 12 des Grundgesetzes festgeschriebene Recht garantiert jedem deutschen Staatsangehörigen, ein Gewerbe zu betreiben und Beruf, Arbeitsplatz und Ausbildung frei zu wählen. Nur für wenige bestimmte Gewerbe ist eine staatliche Erlaubnis erforderlich.

Welcher Index misst die Wertentwicklung der umsatzstärksten amerikanischen Technologiewerte?

Der NASDAQ-Index (**N**ational **A**ssociation of **S**ecurities **D**ealers **A**utomated **Q**uotations System). Es handelt sich hier um eine reine Computerbörse ohne Parketthandel.

NASDAQ-Sitz am Times Square

Welchen Begriff gebraucht man für Wertpapierkäufe und -verkäufe, die auf vertraulichen Informationen basieren?

Insidergeschäfte. Die Insider sind den regulären Anlegern gegenüber im Vorteil; durch diese Verzerrung kann der Volkswirtschaft ein großer Schaden entstehen. Nicht zuletzt deshalb sind Insidergeschäfte in der Bundesrepublik verboten und werden seit 1994 auch strafrechtlich verfolgt.

Wie nennt man Steuern, die von Unternehmen in deren Produktpreise einbezogen und dann an den Fiskus weitergeleitet werden?

Indirekte Steuern (z. B. Umsatzsteuer, Tabaksteuer, Mineralölsteuer). Direkte Steuern fallen dagegen unmittelbar beim Steuerpflichtigen an (z. B. Einkommenssteuer, Erbschaftssteuer, Gewerbesteuer).

Was versteht man unter dem magischen Viereck?

Innerhalb des wirtschaftlichen Systems der BRD gelten Vollbeschäftigung, Preisstabilität, außenwirtschaftliches Gleichgewicht und Wirtschaftswachstum als die vier zentralen gesamtwirtschaftlichen Ziele (magisches Viereck). Zur Gewährleistung dieser Vorgaben wurde 1967 das sogenannte Stabilitätsgesetz erlassen.

Unter welchem Begriff fasst man alle Arten der Rückzahlung zusammen?

Unter dem Begriff der Tilgungsformen. Tilgung kann in Form einer einmaligen Zahlung, ratenweise (z. B. durch jährlich festgelegte Zins- und Tilgungssätze) oder unregelmäßig (z. B. bei festverzinslichen Wertpapieren durch Auslosung von Einzelstücken o. Ä. aus Tilgungsfonds von Unternehmen) erfolgen.

Auf wen gehen in der Wirtschaftswissenschaft die Lehre des „Laissez-faire" (frz. „lasst machen") sowie der Gedanke der „unsichtbaren Hand" zurück?

Auf den schottischen Ökonomen Adam Smith (1723–90). In seinem Werk *Der Wohlstand der Nationen* legt er das theoretische Fundament für sein Postulat eines nicht aktiv in die Wirtschaft eingreifenden Staates – die Reinform des wirtschaftlichen Liberalismus. So sorgt nach Smiths Theorie eine „unsichtbare Hand" dafür, dass jeder aus noch so egoistischen Motiven handelnde Marktteilnehmer indirekt die gesamtwirtschaftliche Wohlfahrt verbessert.

Adam Smith

Wie nennt man den Geldbetrag, den ein Berechtigter erhält, indem er ein Grundstück in Form eines Pfandrechts belastet?

Grundschuld.

Welcher Oberbegriff steht für das Umlaufvermögen eines Unternehmens?

Aktiva. Die Aktiva stehen auf der linken Seite der Vermögensaufstellung und umfassen Bargeldbestände, Bankkonten wie auch kurzfristig verfügbare Finanzanlagen (Umlaufvermögen). Grund und Boden, Maschinen und Gebäude dagegen stellen typische Formen des Anlagevermögens – die Passiva – dar. Addiert man Aktiva und Passiva, erhält man die Bilanzsumme.

Wie nennt man einen Vertrag, der die wirtschaftliche Freiheit eines Vertragspartners so sehr einschränkt, dass dieser nicht mehr zu eigenständigen Entscheidungen fähig ist?

Knebelvertrag.

Die Aktionäre von **A**ktien**g**esellschaften (AG) oder **K**ommandit**g**esellschaften **a**uf **A**ktien (KGaA) finden sich einmal jährlich mit den jeweiligen Aufsichtsräten und Vorständen zusammen. **Wie nennt man dieses Ereignis?**

Hauptversammlung.

Wer gründete 1976 das Unternehmen Apple Inc.?

a) Bill Gates
b) Rupert Murdoch
c) Steve Jobs

c) Steve Jobs

Wie nennt man eine unverbindliche Absichtserklärung zwischen Käufer und Verkäufer?

Letter **o**f **I**ntent (LOI). In einem LOI bestätigen zwei potenzielle Vertragspartner, dass sie in Verhandlungen über einen Vertragsabschluss stehen. Aus dieser Bestätigung lassen sich jedoch für beide Seiten keinerlei Rechtsansprüche ableiten.

■ Was ist ein spekulatives Geschäft?

Man spricht (häufig im Zusammenhang mit Wertpapiergeschäften) von spekulativen Geschäften, wenn sich nicht kalkulieren lässt, ob das Geschäft mit Gewinn oder Verlust endet.

■ Wie nennt man das Kerngeschäft von Unternehmen, z. B. den Verkauf von Autos durch einen Automobilhersteller?

Operatives Geschäft.

■ Wovon spricht man, wenn auf illegalen Wegen erworbenes Geld z. B. durch Wareneinkauf in den legalen Wirtschaftskreislauf rückgeführt wird?

Von Geldwäsche.

„Geldwäsche"

■ Was verbirgt sich hinter dem Kürzel BA?

Die **B**undesagentur für **A**rbeit. Deren Aufgabenfeld umfasst vor allem die Zahlung von Entgeltersatzleistungen im Bereich der Arbeitslosenversicherung sowie eine möglichst effiziente Berufsberatung und Arbeitsvermittlung.

■ Wovon ist die Rede, wenn sich ein Schuldner in einem Vertrag dazu verpflichtet, die vereinbarte Leistung am Wohnort des Gläubigers zu erbringen?

Von einer Bringschuld.

■ Was versteht man unter einem Embargo?

Ein Embargo bezeichnet z. B. ein staatliches Ausfuhrverbot bestimmter Waren in ein Land, das damit gezwungen werden soll, bestimmte Handlungen auszuführen oder zu unterlassen.

■ Um einem breiten Publikum neue Markenprodukte präsentieren zu können, platzieren viele Unternehmen diese gezielt in Kino- oder Fernsehproduktionen. **Wie nennt man diese Werbeform?**

Product-Placement. Deutschland erlaubt jedoch nur die Produktbereitstellung, d. h., die Produkte müssen unentgeltlich zur Verfügung gestellt werden.

■ Welcher Begriff steht für die Zeitspanne, während der ein anhaltender Anstieg der Börsenkurse stattfindet?

Der Begriff „Hausse". Im Gegensatz dazu wird ein Tiefstand an der Börse mit „Baisse" bezeichnet.

Wie bezeichnet man den Gesamtwert der in einer Unternehmung veräußerten Güter und Dienstleistungen?
Als Umsatz.

Der Weg einer erfolgreichen Produkteinführung geht von der Ideenrecherche, der Aufstellung von Geschäftsplänen, der Planung geeigneter Marktstrategien über die Akquise technischer und finanzieller Mittel bis hin zur Steuerung des Gründungsprozesses. **Wie nennt man Unternehmer oder Agenten, die derartige Aufgaben bearbeiten?**
Entrepreneurs.

Wie bezeichnet man die Ausgabe von Wertpapieren oder Banknoten?
Als Emission (lat. emittere = aussenden). Der Ausgabepreis (Bookbuilding-Spanne) sowie die Zeichnungsfrist werden vorher durch die Emittenten sowie durch Konsortialbanken bekannt gegeben. Der tatsächliche Ausgabepreis bildet dann den Emissionskurs.

Welche Betriebsform empfiehlt sich für eine Unternehmensgründung besonders, wenn Unternehmer nicht mit dem eigenen Vermögen für ihren Betrieb haften wollen?
Die Gründung einer GmbH. Die Gesellschaft mit beschränkter Haftung ist in der Geschäftswelt weit verbreitet, da neben dem Haftungsausschluss auch Gründung und Verwaltung unkompliziert sind. Zudem ist für die Gründung einer GmbH nur ein relativ geringes Eigenkapital erforderlich (mindestens 25.000 Euro).

Wie bezeichnet man eine Vergütungsart, die sich meist in Prozent vom Umsatz ausdrückt und vor allem im Handel und bei Kreditinstitutionen Usus ist?
Als Provision.

Wie nennt man das persönliche Anschreiben potenzieller Kunden im Bereich des Direktmarketings?
Direct Mailing.

Was ist eine Währung?
Unter Währung versteht man die gesetzliche Geldordnung eines Staates. Kaufen nationale Banken ausländische Währungen an, zahlen sie den jeweils aktuellen Geldkurs. Beim Verkauf von ausländischen Währungen fordern die Banken dagegen den sogenannten Briefkurs.

Der Euro, €

■ **Wozu werden die Einnahmen aus der Ökosteuer verwendet?**
a) für den Naturschutz
b) für den Ausbau erneuerbarer Energieformen
c) für die Senkung der Lohnnebenkosten

c) für die Senkung der Lohnnebenkosten
Die ökologische Wirkung der Ökosteuer generiert sich nur indirekt aus der damit einhergehenden Verteuerung der Energie.

Ökologisch

■ **Wovon spricht man, wenn ein stagnierendes Wirtschaftswachstum mit Inflation einhergeht?**
Man spricht dann von Stagflation. Sie kann z.B. dann entstehen, wenn trotz stagnierendem Wachstums Lohnverhandlungen geführt werden, die in der Folge zu Kosten- und damit auch Preissteigerungen führen.

■ **Wie nennt man Entwicklungsländer, die sich hinsichtlich ihres wirtschaftlichen Wohlstands den Industrieländern annähern?**
Schwellenländer.

■ **Welcher (umstrittene) Ausdruck steht für die im Vergleich zu den Industriestaaten wirtschaftlich rückständigen Länder?**
Dritte Welt. Zu den Dritte-Welt-Ländern zählen verschiedene Staaten Asiens, Afrikas und Lateinamerikas mit geringem Pro-Kopf-Einkommen, niedrigem industriellem Entwicklungsstand und hoher Bevölkerungswachstums- und Analphabetenquote.

■ Um im Wettbewerb zu bestehen, empfiehlt es sich, das eigene Unternehmen strategisch mit den besten Konkurrenten derselben Branche zu vergleichen (z.B. hinsichtlich der Produkte, Prozesse, Dienstleistungen etc.) und daraus Leitbilder zu generieren; diese gilt es dann auf die Belange der Unternehmung anzupassen und umzusetzen. **Wie nennt man diese Strategie?**
Benchmarking.

■ Mit einer bestimmten Anlageform lassen sich verschiedene schuld- und eigentumsrechtliche Ansprüche, wie z.B. der Anspruch auf Rückzahlung des Nominalwerts, sichern. Im Gegenzug dazu besitzt der Anleger jedoch kein Stimmrecht. **Wie nennt man diese Anlagemischform aus Aktie und Anleihe?**
Man spricht hier von Genussscheinen.

■ **Was macht ein Insolvenzverwalter?**
Bei einem Insolvenzverfahren erhält der Insolvenzverwalter die Verfügungs- und Verwaltungsvollmacht und trifft die Entscheidungen über die Verwendung der Insolvenzmasse (z.B. Auszahlung des Erlöses an die Gläubiger).

Was macht ein Prokurist?
Prokuristen sind vom Vorstand bzw. der Geschäftsführung eines Unternehmens mittels umfassender Vollmacht dazu ermächtigt, für das Unternehmen mit dem Kürzel „ppa." (per procura, d.h. in Vollmacht) Unterschriften zu tätigen.

Was versteht man unter sozialer Marktwirtschaft?
Die soziale Marktwirtschaft gestattet – im Gegensatz zur freien Marktwirtschaft – staatliche Eingriffe, um die Funktionsfähigkeit der Märkte zu erhalten, Machtmissbrauch zu verhindern sowie den sozialen Belangen der Marktteilnehmer nachkommen zu können.

Um (möglichst kompetente) Kauf- oder Verkaufsempfehlungen von Wertpapieren oder anderen Kapitalanlagen an ihre Kunden weiterzugeben, beschäftigen z.B. Banken eigens dafür geschulte Mitarbeiter. **Wie werden diese genannt?**
Anlageberater.

Anlageberater

Welcher Zweig innerhalb der Volkswirtschaftslehre beschäftigt sich mit den Zusammenhängen gesamtwirtschaftlicher Größen?
Die Makroökonomie. Sie nimmt gesamtwirtschaftliche Analysen vor, indem sie Investitionen, Konsum, Staatsausgaben, Volkseinkommen und Steuern zueinander in Beziehung setzt.

Wie bezeichnet man die Fähigkeit, mit einer bestimmten Geldmenge eine bestimmte Warenmenge zu erwerben?
Als Kaufkraft.

Die meisten Bankkunden besitzen ein Konto, über das sie auch noch verfügen können, wenn dort kein ausreichendes Guthaben mehr vorhanden ist. Für diesen Fall gewährt die Bank einen hoch verzinsten Kredit bis zu einer vereinbarten Höhe. **Wie heißt ein solcher Kredit?**
Kontokorrentkredit.

Manche Unternehmen verfolgen als Hauptziel weniger langfristige Unternehmensstabilität, sondern vielmehr die Erhöhung des Marktwertes an der Börse im Sinne zügiger Anteilswert- und Renditesteigerung. **Wie nennt man eine solche Unternehmenspolitik?**
Shareholder-Value-orientiert.

Wo werden in einer AG die Entscheidungen über die Verwendung des Bilanzgewinns getroffen?
In der Hauptversammlung. Zudem erfolgen dort die Wahl der Aufsichtsratsmitglieder sowie die Entlastung des Vorstands.

■ Vor Aufnahme (vor allem) von Großkrediten muss der Schuldner in einer Prüfung den Nachweis erbringen, dass er zur Rückzahlung aufgenommener Kredite in der Lage ist. **Wie nennt man diese Prüfung?**

Bonitätsprüfung (lat. bonitas = Güte).

■ **Wie bezeichnet man den Handelsverkehr innerhalb der Grenzen eines Landes?**

Als Binnenhandel.

■ **Welche moderne Bezeichnung steht für den Verkauf von Gütern ab Fabrik?**

Factory-Outlet. Diese Option für den günstigen Einkauf ab Fabrik war ursprünglich nur für das Personal gedacht.

■ Ein Teilbereich des finanzwirtschaftlichen Aufgabenfeldes in einem Unternehmen beinhaltet die Verwaltung von Eigen- und Fremdkapital. Dies umfasst neben der Kapitalbeschaffung durch Aufnahme auch die Anlage offener Mittel auf den Geld- und Kapitalmärkten. **Welcher Begriff bezeichnet dieses Aufgabenfeld?**

Treasureship (engl.), veraltet „Schatzmeisteramt".

■ **Welche internationale Organisation koordiniert einen Großteil der Erdölpolitik?**

Die OPEC (Organisation Erdöl exportierender Länder, engl. **O**rganization of **P**etroleum **E**xporting **C**ountries"). Die OPEC besteht aus zwölf Mitgliedsstaaten, die insgesamt ca. 40 % der weltweiten Erdölförderung bestreiten und über zwei Drittel der weltweiten Erdölreserven verfügen.

■ **Wie bezeichnet man die Gesamtheit aus Angebot und Nachfrage innerhalb der Grenzen eines Landes?**

Als Binnenmarkt.

■ Besitzer von Grundstücken oder Mieteigentumsanteilen können diese durch Eintragung ins Grundbuch mit einer bestimmten Geldsumme belasten, um langfristige Kredite abzusichern. **Wie wird diese Belastung bezeichnet?**

Als Hypothek.

Was ereignete sich am 1. Januar 2009 in der Slowakei?
a) Einführung des Euro als Zahlungsmittel
b) Abspaltung von Tschechien
c) Übernahme des EU-Ratsvorsitzes

a) Einführung des Euro als Zahlungsmittel

In welchem Bündnis sind die Schweiz, Liechtenstein, Norwegen und Island zusammengeschlossen?
a) EGKS
b) EFTA
c) OSZE

b) EFTA
Die Europäische Freihandelsassoziation von Nicht-EU-Staaten (**E**uropean **F**air **T**rade **A**ssociation).

Wie bezeichnet man Länder, deren Beitrag zum Haushalt der EU größer ist als die Summe, die wieder in das Land zurückfließt?
Nettozahler. Nettozahler in der EU sind vor allem Deutschland, Österreich, die Niederlande und Schweden, Nettoempfänger dagegen derzeit vor allem Griechenland, Spanien und Irland.

Wer berät innerhalb seines gesetzlich bestimmten Bereichs die Arbeitgeber in größeren Unternehmen auf wirtschaftlichem und personellem Gebiet?
Der Betriebsrat. Zudem kommt dem Betriebsrat die wichtige Aufgabe zu, die Belange aller Belegschaftsmitglieder beim Arbeitgeber sachgerecht, unabhängig, vertrauensvoll und neutral zu vertreten.

Wie heißt der (ökonomische) Ort, an dem Angebot (Verkäufer) und Nachfrage (Käufer) zusammentreffen?
Markt (lat. mercatus = Handel) oder Absatzgebiet.

Am Ende eines Jahres sind sämtliche Banken, aber auch Gesellschaftsformen wie die AG, GmbH und Genossenschaften zur Auflistung der Erträge und Aufwendungen des vergangenen Jahres verpflichtet. **Wie wird diese Auflistung genannt?**
Gewinn-und-Verlust-Rechnung.

Welche Position in einem Unternehmen nimmt der Key-Account-Manager ein?
a) Chef des Wach- und Schließdienstes
b) Betreuer besonders wichtiger Kunden
c) Oberster Qualitätsprüfer

b) Betreuer besonders wichtiger Kunden

Was versteht man unter Obligationen?

Unter Obligationen (oder Schuldverschreibungen) versteht man öffentliche oder private Anleihen, in denen sich der Ausstellende verpflichtet, dem Gläubiger eine bestimmte Geldsumme auszuzahlen (z.B. in Form von Kommunal- oder Industrieobligationen).

Wie bezeichnet man die Phase wirtschaftlichen Stillstands?

a) Crash
b) Deflation
c) Stagnation

c) Stagnation. Eine Stagnation ist durch hohe Arbeitslosigkeit, geringe Investitionsbereitschaft und schlechte Gewinnaussichten gekennzeichnet.

Nach der Währungskonferenz in Bretton Woods 1944 wurde im Jahr darauf eine Sonderorganisation der UNO geschaffen, deren Aufgabe vor allem darin besteht, die Mitgliedsstaaten bei der Zusammenarbeit in der Währungspolitik zu unterstützen. **Wie heißt diese Organisation?**

Internationaler **W**ährungs**f**onds (IWF).

Wie nennt man diejenigen Länder innerhalb der EU, die aufgrund ihres im Vergleich zu anderen EU-Staaten geringeren Entwicklungsgrades mehr Geld aus Brüssel erhalten, als sie zahlen?

Nettoempfänger.

Viele der in den Industriestaaten verkauften Produkte werden in Ländern der Dritten Welt sowie in Staaten des ehemaligen Ostblocks produziert. **Wie werden diese Länder bezeichnet?**

Als Billiglohnländer.

Eine innerhalb der Ökonomie als anormal klassifizierte Erscheinungsform des Nachfrageverhaltens besteht darin, dass bestimmte Güter von Konsumenten erst ab einem gewissen Preisniveau als attraktiv wahrgenommen werden. Es setzt hier der ökonomisch paradoxe Effekt ein, dass mit Erhöhung des Preises der Absatz steigt. **Von welchem Effekt ist hier die Rede?**

Vom Snobeffekt.

Welcher Zweig der Wirtschaftswissenschaft beschäftigt sich mit dem Verhalten einzelner Konsumenten und Unternehmer?

Die Mikroökonomie.

Der zunehmende Trend zur Wissens- und Informationsgesellschaft bewirkt u.a. die Durchdringung sämtlicher Lebens-

und Arbeitsbereiche durch das Internet, den Schwund „klassischer" Industriearbeitsplätze als auch die wachsende Zahl von Start-up-Unternehmen. **Welcher Begriff steht kennzeichnend für diesen Wandel?**
New Economy.

■ **Wie nennt man jene 3,3 Millionen Unternehmen, die jeweils weniger als 500 Mitarbeiter beschäftigen und einen Jahresumsatz von unter 50 Millionen Euro erwirtschaften?**
Man spricht hier von mittelständischen, also dem Mittelstand angehörenden Unternehmen.

■ **Welches Amt hat der Franzose Jean-Claude Trichet seit 2003 inne?**
a) Präsident der EU-Kommission
b) Präsident der Europäischen Zentralbank
c) NATO-Generalsekretär

b) Präsident der Europäischen Zentralbank

■ **Was drückt der Nennwert (Nominalwert) aus?**
Der Nennwert ist auf jeder Aktie aufgedruckt und zeigt den Betrag an, mit dem der Aktieninhaber am Kapital einer Aktiengesellschaft beteiligt ist. Entsprechend seiner Höhe wirkt er sich auf den Gewinn aus, den der Aktieneigner damit erzielen kann.

■ **Wie nennt man den Prozess der Geldentwertung?**
Inflation. Inflation entsteht immer dann, wenn die Balance zwischen der nachfragewirksamen Geldmenge und der angebotenen Gütermenge eine Störung verursacht, sodass die Wirtschaft mit Geld überversorgt ist (Geldaufblähung).

■ **Wie heißt das globalisierungskritische Netzwerk, das sich u. a. die Besteuerung internationaler Devisengeschäfte sowie fairen Handel als Ziele gesetzt hat?**
a) Amnesty International
b) WHO
c) Attac

c) Attac

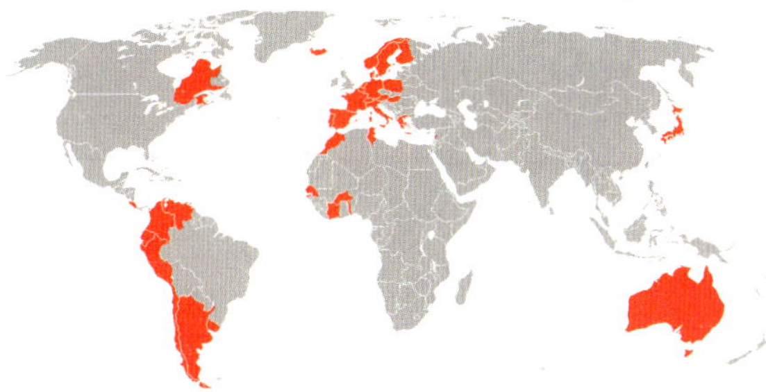

Attac weltweit

■ Eine Mischform aus staatlicher und privater Rentenversicherung sieht vor, dass die während des Arbeitslebens gezahlten Beiträge mittels staatlicher Zulagen und Steuerfreibeträge unterstützt werden. **Wie heißt diese Rentenart?**
Riesterrente.

Wie lässt sich ein umfassendes Abbild der Preisentwicklung für den Privatverbrauch erstellen?

Man ermittelt hierfür den sogenannten **V**erbraucher**p**reis**i**ndex (VPI). Dabei erfolgt zunächst die Erfassung der Verbrauchsgewohnheiten privater Haushalte. Als Ergebnis dieser Untersuchung steht eine Auflistung ausgewählter Güter, der sogenannte Warenkorb (welcher in Deutschland ca. 750 Waren und Dienstleitungen umfasst).

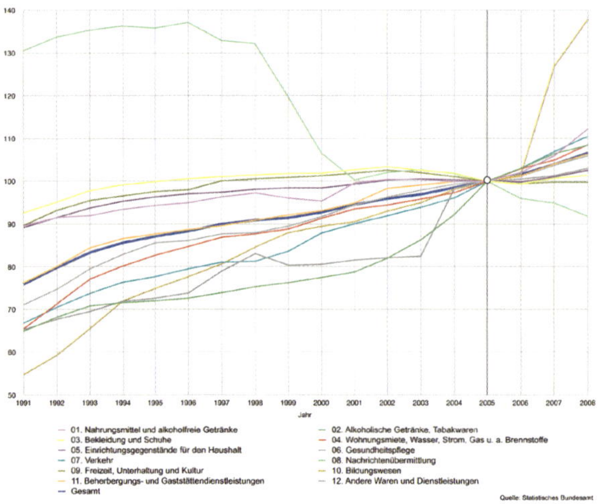

Verbraucherpreisindex in Deutschland, 1991–2008

Eine höchst unseriöse Form der Anlage besteht darin, dass die Mittel für Ausschüttungen und Rückzahlungen nicht aus Investitionserträgen, sondern nur durch Einlagen neu geworbener Kunden generiert werden. **Wie nennt man diese auf Dauer zwangsläufig zum Scheitern verurteilte Anlageform?**

Schneeballsystem.

Hypothekenbanken und bestimmte öffentlich-rechtliche Kreditinstitute geben zur Wohnungsbaufinanzierung häufig unverzinsliche Wertpapiere aus. Diese werden an der Börse gehandelt und bieten eine vergleichsweise hohe Sicherheit. **Wie heißen diese Wertpapiere?**

Pfandbriefe.

Wie heißt die oberste Rechnungsprüfungsbehörde der Bundesrepublik?

Bundesrechnungshof. Der Bundesrechnungshof kontrolliert den Verwaltungshaushalt des Bundes. Er agiert dabei selbstständig und unabhängig – sein jährlicher Bericht stellt jedoch sein einziges Kontrollinstrument dar.

Wie bezeichnet man Unternehmen mit einem Jahresumsatz unter einer Million Euro und weniger als neun Beschäftigten?

Man nennt sie Kleinunternehmen.

Was verstand man unter dem sogenannten Neuen Markt?

Der Neue Markt stellte in Zeiten des IT-Booms an der Frankfurter Börse ein am amerikanischen NASDAQ orientiertes neues Handelssegment dar. Das Ziel war dabei vor allem, jungen Unternehmen aus Wachstumsbranchen Risikokapital bereitzustellen. Im Zuge eines starken Kursverfalls wurde der NEMAX (**N**eue-**M**arkt-**I**ndex) jedoch nach einer Umsegmentierung 2004 eingestellt.

Unter welchem Begriff fasst man Gaststätten, künstlerische Events, Schaustellungen sowie das Verkehrsgewerbe zusammen?

Sie fallen unter den Begriff Sonntagsgewerbe. Das Sonntagsgewerbe ist vom Verbot der verpflichtenden Sonntagsarbeit ausgenommen.

Bar

Wer übernimmt die Prüfung und Zertifizierung des Jahresabschlusses von Unternehmen?

a) Prokurist
b) Hausbank
c) Wirtschaftsprüfer

c) Wirtschaftsprüfer

1997 wurde das sogenannte IBIS-System durch ein neues elektronisches Börsenhandelssystem abgelöst, mit dem Aktien auch außerhalb der offiziellen Börsenöffnungszeiten quasi rund um die Uhr gehandelt werden können. **Wie heißt dieses System?**

XETRA-Handel.

Was versteht man unter Joint Venture?

a) feindliche Übernahme
b) Zusammenschluss selbstständiger Unternehmen zur Durchführung eines Projektes
c) Planung des Börsengangs

b) Zusammenschluss selbstständiger Unternehmen zur Durchführung eines Projektes

Verantwortung und Risiko werden dabei geteilt.

Zahlreiche Arbeitsvorgänge, die früher vom Menschen ausgeführt werden mussten, werden heute von Maschinen bewältigt. **Wie bezeichnet man diese Entwicklung?**

Als Automatisierung.

Neben den klassischen „Filialbanken" gibt es auch Banken, die ihre Leistungen ausschließlich über Telefon, Callcenter oder das Internet anbieten. **Welche Form von Bank ist hier gemeint?**

Die Direktbank.

Wovon ist die Rede, wenn von der Produktivität des Bodens, der Arbeit, des Kapitals sowie von produktionssteigernden oder produktionsmindernden außerwirtschaftlichen Faktoren die Rede ist?

Man spricht dann von der volkswirtschaftlichen Ergiebigkeit.

Mit welchem Attribut versieht man ein Unternehmen, das seinen Zahlungsverpflichtungen nachkommen kann?
Man bezeichnet es als liquide.

Mit welchem Fachbegriff bezeichnet man einen gewährten Preisnachlass?
a) Cashflow
b) Discount
c) Skonto

c) Skonto

Welcher Grundgedanke liegt dem sogenannten Allfinanzkonzept zugrunde?
Ziel dieses „Cross-Selling"-Konzepts ist es, den Kunden beim Kauf eines Produktes zum Kauf anderer Produkte aus dem Leistungskatalog zu bewegen (z.B. von Banken angebotene Versicherungen oder Bausparverträge).

Die Entstehung des Geldes
„Also kam man überein, beim Tausch gegenseitig eine Sache zu geben und zu nehmen, die selbst nützlich und im täglichen Verkehr handlich war, wie Eisen, Silber usw. Zuerst bestimmte man sie einfach nach Größe und Gewicht, schließlich drückte man ein Zeichen auf, um sich das Ablesen zu ersparen."
Aristoteles

Aristoteles

Welcher angelsächsische Begriff inkludiert sämtliche absatzfördernde Maßnahmen?
Merchandising. Typische Merchandisingartikel, die den Bekanntheitsgrad einer Marke stärken sollen, sind z.B. Kugelschreiber, Schlüsselanhänger o.Ä. mit dem Markennamen bzw. Logo eines Unternehmens.

Wie bezeichnet man die Vorgehensweise zahlreicher Spekulanten, Aktien lediglich zum Zweck der kurzfristigen Erzielung von Spekulationsgewinnen zu erwerben?
Man bezeichnet dies als Trading. Erfolgen Kauf und Verkauf am gleichen Tag, spricht man von Day-Trading.

Welcher Wirtschaftsbereich fällt unter den tertiären Sektor?
a) Industrie
b) Landwirtschaft
c) Dienstleistungen

c) Dienstleistungen

Wie nennt man ein Kartell, das die gemeinsam erzielten Gewinne nach einem zuvor vereinbarten Schlüssel verteilt?
Pool (Gewinntopf).

Wie lautet die Kurzform für die New Yorker Börse, die heute vorwiegend unter dem Namen Wallstreet bekannt ist?

a) LSE
b) NYME
c) NYSE

c) NYSE
Die im Jahr 1792 gegründete **N**ew **Y**ork **S**tock **E**xchange ist die weltweit größte Börse.

Das NYSE-Logo

Wovon ist die Rede, wenn Waren und Dienstleistungen in ihrem Herkunftsland und nicht in ihrem Verkaufsland besteuert werden?

Man spricht hier vom Ursprungslandprinzip.

Wie nennt man (die asiatischen) Schwellenländer, die aufgrund ihres rasanten Wirtschaftswachstums nicht mehr den Entwicklungsländern zugerechnet werden?

a) Next Eleven
b) BRIC-Staaten
c) Tigerstaaten

c) Tigerstaaten

Was hat es mit den sogenannten Pre-Ins auf sich?

Nicht alle Mitgliedsstaaten der EU gehören dem Euro-Währungsgebiet an, sind jedoch auch Teil des EU-Binnenmarktes. Man nennt diese vorläufigen Nichtteilnehmer Pre-Ins.

Wie lautet der Sammelbegriff für alle Bankgeschäfte, die per Computer, Karte oder Telefon abgewickelt werden?

Electronic Banking.

Wie nennt man den Wert aller innerhalb eines Jahres erwirtschafteten Güter und Dienstleistungen eines Landes?

Brutto**i**nlands**p**rodukt (BiP).

Eine bereits häufig angewandte konjunkturpolitische Maßnahme zur Belebung einer schwächelnden Wirtschaft besteht in der Erhöhung der Staatsausgaben. **Wie nennt man dieses Mittel zur Konsumbelebung?**

Pump Priming.

Wie bezeichnet man jene Kompetenzen und Qualifikationen, die über den fachlichen Bereich hinausgehen?

Man bezeichnet sie als Schlüsselqualifikationen. Zu diesen gehören u.a. die Fähigkeit zur Konfliktbewältigung, zum Projektmanagement wie auch Kreativitäts- und Präsentationstechniken.

Wie heißt jene Lohnform, die ein Einkommen über dem Existenzminimum sichern soll?
Mindestlohn. Mindestlöhne sind als kleinstmögliche Löhne entweder gesetzlich oder per Tarifvertrag festzulegen.

Was ist ein/e ...?
1. ... Generalversammlung
2. ... Stagflation
3. ... Inkasso
4. ... Joint-Venture
5. ... Interpol
6. ... Markenpiraterie
7. ... Altlast

1. Hauptversammlung aller Mitglieder einer Genossenschaft
2. Stillstand der Wirtschaft bei gleichzeitigem Preisanstieg
3. Einzug fälliger Forderungen
4. wirtschaftliche Zusammenarbeit auf internationaler Ebene
5. internationale Polizei
6. Billigimitation von Markenartikeln bei Verletzung der Urheberrechte
7. verseuchte Industriestandorte oder nicht ordnungsgemäß entsorgter Sondermüll

Was bedeutet eigentlich Staatsverschuldung?
Da in den meisten Staaten die Einnahmen aus Steuermitteln nicht zur Deckung des Staatshaushalts ausreichen, beschaffen sich diese während der laufenden Rechnungsperiode vorübergehend Mittel in Form von Anleihen und Darlehen am Kapitalmarkt.

Wie lautet die angelsächsische Bezeichnung für Fusionen?
Mergers. Mergers sind Zusammenschlüsse mindestens zweier Unternehmen zu einem rechtlich und wirtschaftlich einheitlichen Gebilde.

Welcher Begriff steht für sämtliche wirtschaftliche Aktivitäten, die außerhalb der formellen, statistisch erfassten Wirtschaft ablaufen?
Man bezeichnet sie mit dem Sammelbegriff Schwarzarbeit.

Schwarzarbeit ist verboten.

Im Management größerer Unternehmen kommt bestimmten Mitarbeitern die Aufgabe zu, externe und interne Informationen einzuholen, diese in konkrete Pläne umzusetzen und deren Realisierung zu steuern. **Wie nennt man diese Mitarbeiter?**
Controller.

Wie bezeichnet man den Gesamtbestand an Wertpapieren?
Als Portfolio oder Portefeuille.

■ **Was versteht man unter dem sogenannten Diskontsatz?**

Kaufen Bundesbank oder Landeszentralbanken Wechsel von Banken an, legt die Bundesbank dafür einen Zinssatz – den Diskontsatz – fest. Mit diesem kann die Bundesbank den Zinssatz steuern, den die Banken ihren Kreditnehmern berechnen.

■ **Für den Sprecher des Vorstands oder den Vorstandsvorsitzenden gibt es ein in der Wirtschaft gebräuchliches Kürzel. Wie lautet es?**

a) LEO b) EXE c) CEO

c) CEO

Das ist die Abküzung für **C**hief **E**xecutive **O**fficer.

■ **Wie nennt man die Einziehung fälliger Forderungen durch spezialisierte Dienstleistungsunternehmen?**

Inkasso.

■ **Was versteht man unter dem sogenannten Rating?**

Vor der Ausgabe eines Kredits empfiehlt es sich, den potenziellen Kreditnehmer einer Bonitätsprüfung zu unterziehen. Das jeweilige Ergebnis schlägt sich dann in Skalen mit mehreren Bewertungsstufen nieder (von AAA = erstklassige Bonität bis CCC = hohe Gefahr des Zahlungsverzugs). Diese Bewertung wird als Rating bezeichnet.

■ Die Kursentwicklung von 30 deutschen Standardwerten (führende Aktien) spiegelt sich in einem 1988 eingeführten Index wider, der an der Frankfurter Börse während der Geschäftszeiten laufend neu errechnet wird. **Wie heißt dieser Index?**

Deutscher **A**ktieninde**x** (DAX). Er wird auch als Leitindex bezeichnet.

■ **Wie nennt man den Sachverständigenrat zur Begutachtung der gesamtwirtschaftlichen Lage der Bundesrepublik?**

Die Fünf Weisen. Fünf unabhängige wirtschaftswissenschaftliche Sachverständige bilden jenes Gremium, das einmal im Jahr ein Gutachten über die wirtschaftliche Entwicklung in der BRD erstellt und vorlegt.

Derzeitige Mitglieder im Sachverständigenrat

Lars Feld (Mitglied seit März 2011)

Wolfgang Franz (Mai 1994–Februar 1999; Vorsitzender seit März 2009)

Peter Bofinger (seit März 2004)

Beatrice Weder di Mauro (seit Juni 2004)

Christoph M. Schmidt (seit März 2009)

■ **Was versteht man unter Rationalisierung?**

Unter Rationalisierung werden alle technischen, organisatorischen und sozialen Maßnahmen zusammengefasst, die zur

Steigerung der Rentabilität eines Unternehmens getroffen werden. Häufig geht mit der Rationalisierung die Freisetzung von Arbeitskräften einher.

■ **Wie nennt man die Auflösung eines Unternehmens, während der noch laufende Geschäfte zu Ende geführt und das Vermögen zur Bedienung der Gläubigerforderungen verkauft werden?**

a) Liquidation
b) Konkurs
c) Insolvenz

a) Liquidation

■ Zahlreiche Beschäftigungsverhältnisse finden als sogenanntes geringfügiges Beschäftigungsverhältnis statt, d. h., der Arbeitnehmer darf maximal 15 Stunden pro Woche bei einem Maximalverdienst von 400 Euro monatlich arbeiten und ist dafür nicht steuerpflichtig, während der Arbeitgeber einen Pauschalbetrag an die Renten- und Krankenversicherung entrichtet. **Wie nennt man solche Beschäftigungsverhältnisse?**

Minijobs.

■ Im Zusammenhang mit Zahlungsunfähigkeit spricht man nicht mehr von Konkurs. **Wie lautet die heute gebräuchliche Bezeichnung?**

Insolvenz. Am 1. Januar 1999 wurde die alte Konkursordnung durch die sogenannte Insolvenzordnung ersetzt.

■ **Was war der ECU?**

Der ECU (**E**uropean **C**urrency **U**nit) stellte eine „Korbwährung" dar, in der Währungsanteile der Mitglieder im europäischen Währungssystem enthalten waren und mit der sich die Abweichungen zwischen den Gemeinschaftswährungen rechnerisch bestimmen ließen. Am 1. Januar 1999 wurde sie durch den Euro abgelöst.

■ **Wie bezeichnet man einen Geschäftsmann, der im Auftrag anderer auf Provisionsbasis Wertpapiergeschäfte abschließt?**

Broker (Börsenmakler).

■ **Über welches Haupt-Gegenmittel zu einem Streik verfügt die Arbeitgeberseite?**

Über die Aussperrung. Bei einer Aussperrung hindern die Arbeitgeber die Arbeitnehmer an der Aufnahme ihrer Arbeit und zahlen keine Löhne aus. Es dürfen jedoch laut Gesetz wegen eines Streiks bzw. im Zuge einer dadurch bedingten Aussperrung keine Kündigungen ausgesprochen werden.

■ Zur Realisierung von baulichen Großprojekten erweist es sich häufig als zielführend, wenn sich mehrere Anleger zusammenschließen und so die Finanzierung auf mehrere Schultern verteilen. **Wie nennt man dieses Modell der Kapitalanlage?**

Bauherrenmodell.

■ ■ ■

■ **Wie nennt man jenen Teil des Kapitals, den ein Unternehmen entweder selbst erwirtschaftet hat (z. B. in Form von einbehaltenen Gewinnen) oder der dem Unternehmen (z. B. in Form von Aktien) von außen zur Verfügung gestellt wird?**

Eigenkapital. Das Gegenstück dazu bildet der Teil des Kapitals, den das Unternehmen z. B. bei Banken aufnimmt (Fremdkapital).

■ ■ ■

■ **Wie nennt man Gesellschaften mit variabler Mitgliederzahl, deren Ziel darin besteht, Wirtschaft oder Erwerb ihrer Mitglieder zu fördern?**

Genossenschaften.

■ ■ ■

■ **Wovon spricht man, wenn sich die Preise innerhalb eines kurzen Zeitraums mehr als verdoppeln?**

Von einer Hyperinflation. Eine häufige Konsequenz der Hyperinflation ist z. B. das Ausweichen auf knappe Güter als Ersatzwährung (z. B. die „Zigarettenwährung" auf den Schwarzmärkten im Nachkriegsdeutschland).

■ **Welche Vertreter der Tierwelt stehen symbolisch für Abwärts- bzw. Aufwärtstrend?**

a) Hase und Igel
b) Schwarze Katze und Schwein
c) Rabe und Papagei
d) Bär und Bulle

d) Bär und Bulle
Der Bär schlägt mit seinen Tatzen nach unten – die Hörner des Bullen stoßen dagegen nach oben.

Bulle und Bär

■ ■ ■

■ **Welchen dritten Produktionsfaktor gibt es in der Sprache der Volkswirtschaft neben den Faktoren Boden und Arbeit?**

Kapital.

■ ■ ■

■ Bei internationalen Geschäften mit devisenschwachen Ländern wird häufig Ware gegen Ware getauscht, um diesen Ländern zumindest ein gewisses Maß an Kaufkraft zu erhalten. **Wie nennt man diese Tauschgeschäfte?**

Bartergeschäfte.

■ Der gesuchte Begriff kann sowohl die Ernennung von Personen für bestimmte Positionen wie auch für die Aufforderung an einen Lieferanten stehen, eine Lieferung vorzunehmen. **Wovon ist hier die Rede?**

Von einer Bestellung.

■ **Was beinhaltete der Marshallplan?**

1947 wurde ein vom damaligen US-Außenminister George C. Marshall (1880–1959) entwickelter Plan ins Leben gerufen (auch European Recovery Program genannt). Er sah den wirtschaftlichen Wiederaufbau des kriegsversehrten Europa vor und wurde u.a. durch die Gewährung von Krediten, Sach- oder Lebensmittelspenden in die Tat umgesetzt.

George C. Marshall

■ **Wie bezeichnet man einen Zusammenschluss mehrerer Unternehmen unter einheitlicher Führung?**

Als Konzern.

■ **Welche Bundesbehörde ist für die Förderung von Beschäftigung sowie für die Bekämpfung der Arbeitslosigkeit zuständig?**

Die **B**undesagentur für **A**rbeit (BA).

■ **Welche in Luxemburg ansässige europäische Finanzinstitution ist für die Prüfung der Einnahmen und Ausgaben der Europäischen Union verantwortlich?**

Der **Eu**ropäische **R**echnungs**h**of (EuRH).

■ Aktiengesellschaften, Genossenschaften und GmbHs verfügen über dieses Gremium, das aus mindestens drei Mitgliedern besteht und seine Beschlüsse mit einfacher Stimmenmehrheit fasst. **Von welchem Gremium ist hier die Rede?**

a) Betriebsrat
b) Aufsichtsrat
c) Vorstand

b) Aufsichtsrat

■ **Wozu bilden Unternehmen sogenannte Rückstellungen?**

Um zwangsläufig zu erwartenden Zahlungsverpflichtungen (z.B. Prozesskosten, Betriebsrenten o.Ä.) nachkommen zu können, müssen Unternehmen finanzielle Rücklagen anlegen, d.h. Rückstellungen bilden.

■ In der Umgangssprache wird das Wort Boom häufig für einen starken Anstieg der Verkaufszahlen eines Konsumguts verwendet. **Wofür aber steht das Wort in der wirtschaftlichen Fachsprache?**

Boom steht für einen unvermittelt eintretenden Aufschwung an den Waren- und Wertpapierbörsen.

Wie errechnet sich der Gewinn?

Den erzielten Gewinn erhält man, indem man die Menge bestimmter Produkte und Leistungen mit dem jeweiligen Stückpreis multipliziert (= Umsatz) und davon die bei der Erstellung dieser Produkte angefallenen Kosten abzieht.

Wer war Friedrich Wilhelm Raiffeisen (1818–88)?

Friedrich Wilhelm Raiffeisen gründete auf einer christlich-sozialen Wertebasis die ersten landwirtschaftlichen Genossenschaften. Zunächst fungierten diese vor allem als wohltätige Selbsthilfeorganisationen – eine verstärkte wirtschaftliche Ausrichtung folgte erst im weiteren Verlauf.

Friedrich Wilhelm Raiffeisen

Der Staat kann Unternehmen oder privaten Haushalten in Form von Finanzhilfen oder Steuervergünstigungen Geldleistungen gewähren. **Wie werden diese genannt?**

Subventionen.

Was versteht man unter der Leitwährung?

Die Leitwährung fungiert als Reservewährung im internationalen Finanz- und Währungssystem. Dies bedeutet, dass die Notenbanken der Länder ihre Währungsreserven ganz oder teilweise in dieser Währung anlegen.

Welche europäische Institution hat ihren Sitz in Luxemburg?

a) der **Eu**ropäische **R**echnungs**h**of (EuRH)
b) der **Eu**ropäische **G**erichts**h**of für Menschenrechte (EuGh)
c) der **E**uropäische **W**irtschafts- und **S**ozial**a**usschuss (EWSA)

a) der **Eu**ropäische **R**echnungs**h**of (EuRH)

Wie werden die Dienstleistungsbetriebe des Telemarketings bezeichnet?

a) E-Commerce
b) Callcenter
c) E-Communities

b) Callcenter

Wie nennt man die Geldbeträge, die ein Unternehmen aus seinem Gewinn an die Aktionäre ausschüttet?

Dividenden (lat. dividere = teilen). Die Hauptversammlung legt den Dividendensatz fest, der meist pro Aktie und in Prozenten vom Nennwert oder in Euro pro Aktie ausgedrückt wird. Die Höhe des Dividendensatzes ist vom jeweiligen Geschäftsergebnis abhängig; schlechte Geschäftslagen können auch einen Ausfall der Dividende zur Folge haben.

Wie heißt die 1961 gegründete Organisation für weltweite wirtschaftliche Zusammenarbeit und Entwicklung mit Sitz in Paris?

a) NATO
b) WTO
c) OECD

c) OECD
Im Zentrum der vom Sekretariat in Paris koordinierten Arbeit der OECD stehen Forschungsprojekte zu wirtschaftlichen Entwicklungsprognosen (vor allem in Entwicklungsländern) sowie zu den Themen sozialer Wandel und neue Technologien.

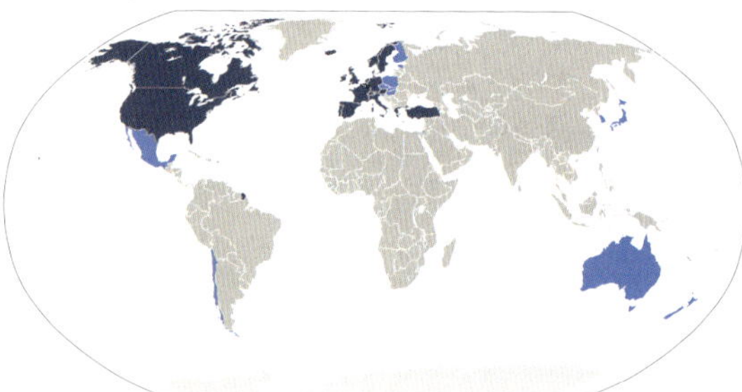

Gründerstaaten *Mitgliedsstaaten*

Nach der Beobachtung eines englischen Nationalökonomen ermuntern Lohnsteigerungen die Unternehmer dazu, Arbeitskräfte durch verstärkten Einsatz von Maschinen einzusparen – bei Senkung der Löhne tritt der umgekehrte Fall ein. **Wie bezeichnet man diesen Zusammenhang?**

Man spricht hier vom sogenannten Ricardoeffekt, benannt nach seinem Entdecker, dem englischen Nationalökonomen David Ricardo (1772–1823).

In einer bestimmten Anlageform werden mit dem Geld einer Vielzahl von Anlegern Aktien, verzinsliche Wertpapiere oder Immobilien erworben. Dadurch wird das Risiko (z.B. bei starkem Wertverlust einer Aktie) gestreut. **Wie nennt man solche Kapitalanlagen?**

Investmentfonds.

Was verbirgt sich hinter dem Begriff der Arbeitslosenversicherung?

Arbeitgeber und Arbeitnehmer entrichten Beiträge zur Arbeitslosenversicherung und finanzieren damit die Leistungen der Bundesagentur für Arbeit (BA). Im Falle eines Defizits ist der Bund zum Ausgleich verpflichtet.

Wie nennt man eine Gruppe von Unternehmen mit ähnlichen Produkten oder Dienstleistungen?

a) Branche
b) Kartell
c) Joint Venture

a) Branche

Wovon spricht man, wenn ein Staat zum Schutz der eigenen Wirtschaft vor ausländischer Konkurrenz z.B. Importbeschränkungen für bestimmte Güter erlässt?

Alle dem oben genannten Zweck dienenden Maßnahmen fasst man unter dem Begriff Protektionismus zusammen.

■ Wenn zwei Kapitalgesellschaften zu einem Unternehmen verschmelzen, kann dies entweder durch Auflösung beider mit anschließender Transformation zu einer neuen Kapitalgesellschaft oder durch die Integration einer Gesellschaft in die andere erfolgen. **Wie bezeichnet man diesen Verschmelzungsprozess?**

Als Fusion.

■ Im Jahr 1996 wurde das GATT (engl. **G**eneral **A**greement on **T**ariffs and **T**rade = Allgemeines Zoll- und Handelsabkommen) von einer Sonderorganisation abgelöst, deren Aufgabe in der Gewährleistung des freien Welthandels besteht. **Wie wird diese Organisation genannt?**

WTO (engl. **W**orld **T**rade **O**rganization = Welthandelsorganisation).

■ **Was gilt als das Gegenteil der Planwirtschaft?**

Die Marktwirtschaft. In der „reinen" Marktwirtschaft setzt der Staat nur die Rahmenbedingungen für den freien Wettbewerb. Die Steuerung von Produktion und Absatz überlässt er dabei den Preisen.

■ **Wie nennt man die (in Geldwerten ausgedrückte) Menge von Gütern und Dienstleistungen, die von Inländern binnen eines Jahres produziert wurden und nicht mehr in den Produktionsprozess eingeflossen sind?**

Brutto**s**ozial**p**rodukt (BSP).

■ **Wie nennt man ein Schaltergeschäft im Bankbetrieb, bei dem Effekten ohne die Erfassung der Käuferpersonalien erworben werden können?**

Tafelgeschäft.

■ **Wie lautet der Fachausdruck sowohl für einvernehmliche wie auch feindliche Übernahmevorgänge?**

Take-over.

■ In bestimmten, rechtlich genau festgelegten Fällen können die Finanzämter Auskünfte über die Vermögensanlage ihrer Steuerpflichtigen einholen. **Welche gesetzlich geschützte Verpflichtung der Banken wird in solchen Fällen außer Kraft gesetzt?**

Das Bankgeheimnis.

Welche Handlungsoption hat ein Land, dessen Geldwesen volkswirtschaftlich zerrüttet ist?
Die Durchführung einer Währungsreform. Dies ist vor allem dann nötig, wenn das Warenangebot trotz ausreichend vorhandener Geldmenge zu gering ist, um den theoretisch garantierten Gegenwert des Geldes aufrechtzuerhalten.

Wie bezeichnet man die von der Bundesagentur für Arbeit bezuschussten Arbeitsgelegenheiten für Langzeitarbeitslose?
Als Ein-Euro-Jobs („Arbeitsgelegenheiten mit Mehraufwandsentschädigung"). Diese Jobs werden vor allem von Kommunen oder Wohlfahrtsverbänden geschaffen. Sie erhalten dafür einen Pauschalzuschlag der BA. Die „Mehraufwandsentschädigung" wird nicht auf das Arbeitslosengeld angerechnet.

Ein Euro

Welches gesellschaftspolitische Systemmodell schließt das Eingreifen des Staates in den Markt aufgrund dessen Selbstregulierungsfunktion aus?
Der Liberalismus.

Was sind Fonds?
Als Fonds bezeichnet man das Sondervermögen von Kapitalgesellschaften, das z.B. in Immobilien oder Aktien angelegt wird. In den angelsächsischen Ländern findet man häufig die in Deutschland verbotenen geschlossenen Fonds, die keinen Rechtsanspruch auf Rücknahme der Anteile beinhalten.

Wie heißt die in Bonn ansässige bundesdeutsche Wettbewerbsbehörde?
Bundeskartellamt. Das Bundeskartellamt wacht über das Kartellverbot vor allem in Form der Aufsicht über marktbeherrschende Unternehmen. Sie kann Unternehmenszusammenschlüsse und missbräuchliche Verhaltensweisen verbieten, Auflagen erteilen und Geldbußen verhängen.

Insbesondere in neuen Wachstumsbranchen wie z.B. der Biotech-Branche erweist es sich für Neuunternehmer oft als unumgänglich, neue und zukunftsweisende unternehmerische Ideen trotz aller Risiken zeitnah und konkret umzusetzen. **Wie nennt man solche Unternehmer?**
Start-up-Unternehmer.

Bei welcher Form des Termingeschäfts werden Wertpapiere verkauft, die der Verkäufer noch nicht besitzt?
Dies geschieht beim „Leerverkauf". Der Verkäufer spekuliert dabei auf den Kursverlust der Wertpapiere bis zum Auslieferungstermin. Tritt dies ein, verbleibt ihm die Differenz zwischen Verkaufs- und Einkaufspreis als Gewinn.

Wer gibt in Deutschland Auskunft über die Bonität von Kunden?

Die SCHUFA. Bei der SCHUFA, der **Schu**tzgemeinschaft **f**ür **a**llgemeine Kreditsicherung, kann jeder Auskunft darüber verlangen, welche Daten über ihn dort gespeichert sind. Gegründet wurde die SCHUFA bereits 1927 von Kreditinstituten und dem Einzelhandel.

Was verbirgt sich hinter dem Kürzel AfA in einer Gewinn-und-Verlustrechnung?

Mit AfA ist die „**A**bsetzung **f**ür **A**bnutzung" (handelsrechtlich Abschreibung) gemeint. Abschreibungen stellen letztlich fiktive Verschleißkosten dar, die im Laufe der Zeit durch Wertminderung von Investitionen (z. B. durch Abnutzung von Geräten) zu erwarten sind.

Häufig werden aktuelle Werbekampagnen von Unternehmen durch vorhergegangene – also mit Wirkungsverzögerung – beeinflusst. **Wie nennt man diesen Effekt?**

Carry-over-Effekt.

Was ereignete sich am „Schwarzen Freitag", dem 25. Oktober 1929, an der Wall Street in New York?

Ein Börsencrash. Allgemein bezeichnet man mit Börsencrash einen raschen und starken Kursverfall an den Wertpapierbörsen, der sich häufig im Zuge von Wirtschaftskrisen ereignet.

Die Kenntnisse, Einsatzmöglichkeiten und Fähigkeiten von Personen lassen sich bei der Produktion von Gütern und Dienstleistungen als Leistungspotenzial verwerten. **Wie wird dieses Potenzial bezeichnet?**

Als Humankapital.

In der Einkommensteuer können bestimmte Beträge vor der Besteuerung vom Einkommen abgezogen werden. **Wie werden diese Beträge genannt?**

Freibeträge.

Wofür steht in den USA die Bezeichnung Blue Chip?

Der Begriff Blue Chip bezeichnet ursprünglich die blauen Spielchips in Spielbanken, die für besonders hohe Einsätze verwendet werden. Er wurde in der Börsensprache auf die Aktien erstklassiger US-amerikanischer Firmen übertragen. Die deutsche Entsprechung dazu sind die „Standardwerte".

Blue Chip

Was versteht man unter dem sogenannten amtlichen Handel?

Um unter amtlicher Notierung an der Börse eingeführt werden zu können, muss ein Wertpapier strenge Zulassungskriterien erfüllen; erhält es die Börsenzulassung, kann es in den transparenten amtlichen Handel gelangen.

Was ist gemeint, wenn von einem Bruttopreis oder Bruttobetrag die Rede ist?

Mit Bruttobetrag ist grundsätzlich „das Gesamte ohne Abzüge" gemeint, also z. B. der Lohn vor Abzug der Steuern oder der Produktpreis inklusive der Mehrwertsteuer. Umgekehrt bezeichnet man Beträge nach Abzug von Steuern, Abschreibungen o. Ä. als Nettobeträge.

Um Entwicklung und Erhalt des gemeinsamen Markts innerhalb der Europäischen Gemeinschaft zu sichern, gilt dort als oberstes Prinzip die Gewährleistung eines freien Personen-, Waren-, Dienstleistungs- und Kapitalverkehrs. **Wie nennt man diese Freiheiten innerhalb der europäischen Staatengemeinschaft?**

Die vier Grundfreiheiten der Europäischen Union.

Welcher Oberbegriff steht für die Vermietung von Gebrauchsgütern an Privatpersonen bzw. von Investitionsgütern an Unternehmen?

Leasing.

Autos werden oft geleast.

Mehrere Länder legen sich auf einen gemeinsamen Zolltarif für den Warenverkehr mit anderen Staaten fest und gestalten ihren Handel untereinander gleich einer Freihandelszone. **Wie nennt man diesen wirtschaftlichen Zusammenschluss?**

Zollunion.

Was geschieht im Zusammenhang mit der Zahlungsunfähigkeit eines Unternehmens bei einem Vergleich?

Bei drohender Insolvenz eines Unternehmens erklären sich die Gläubiger zugunsten von dessen Fortbestand bereit, auf einen Teil ihrer offenen Forderungen zu verzichten.

1973 wurde auf dem European Management Forum in Davos eine führungsethische Basis geschaffen, die z.B. den Dienst am Kunden, die soziale Verantwortung für die Gesellschaft und den Interessenausgleich zwischen Arbeitgeber und Arbeitnehmer umfasst. **Wie nennt man diesen „Basiskatalog"?**

Davoser Manifest.

Was versteht man unter Schlichtung?

Die Schlichtung soll einen Arbeitskampf zwischen zwei Tarifpartnern vermeiden und zu einer gütlichen Einigung führen, wenn sich die beiden Parteien in den vorausgegangenen Verhandlungen nicht einigen konnten.

■ **Wie lautet ein dem römischen Recht entnommener und bis heute gültiger Grundsatz der Vertragstreue?**
„Pacta sunt servanda" (lat. „Verträge müssen eingehalten werden.").

■ Ein Leitsatz im Bereich der Finanzierung besagt, dass Anlagevermögen durch Eigenkapital, eigenkapitalähnliches Kapital und langfristiges Fremdkapital zu finanzieren ist; Umlaufvermögen hingegen ist durch kurzfristiges Fremdkapital zu finanzieren. **Wie heißt er?**
Goldene Finanzierungsregel.

■ Um eine effiziente Arbeitsweise zu gewährleisten, empfiehlt sich die Analyse der zu erledigenden Aufgaben hinsichtlich Dringlichkeit und Wichtigkeit. Eine „klassische Einteilung" unterscheidet zwischen: dringlich und sehr wichtig (1), dringlich und nicht so wichtig (2), wichtig, aber nicht so dringlich (3) sowie weder dringlich noch wichtig (4). **Wie nennt man dieses Analyseprinzip?**
Eisenhower-Prinzip (benannt nach seinem Entdecker Dwight D. Eisenhower).

■ **Was verstand man im Mittelalter unter dem Begriff der Zünfte?**
Wer im Mittelalter ein bestimmtes Handwerk (z.B. der Schmied) oder spezielle Künste (z.B. die Bildhauerei) beherrschte, musste sich einer entsprechenden Zunft anschließen. Innerhalb der einzelnen Zünfte wurden u.a. die Preise festgelegt und die Ausbildung der Lehrlinge und Gesellen geregelt.

■ Soll ein Unternehmen beispielsweise in Produktsparten aufgegliedert werden, empfiehlt sich häufig die Einrichtung einer managergeführten, autonomen und organisatorischen Einheit, der die Erfüllung dieser Aufgaben obliegt. **Wie nennt man eine solche Einheit?**
Profit Center.

■ **Wie lautet der Fachbegriff für ausländisches Währungsgeld?**
Valuta.

Dollars

■ **Wie bezeichnet man einen nicht reglementierten Kapitalmarkt, der keinerlei staatlicher Aufsicht unterliegt?**
Als „grauen Markt". Dort häufig anzutreffen sind z.B. Kreditbeziehungen zwischen Unternehmen und Privathaushalten ohne Beteiligung von Banken oder Spekulationsgeschäfte mit hohen Renditeversprechen.

Wie heißt die Einkommenssteuer der juristischen Personen?
Körperschaftssteuer. Als juristische und damit körperschaftssteuerpflichtige Personen gelten u. a. Kapitalgesellschaften, Genossenschaften, rechtsfähige Vereine und Stiftungen.

Wie nennt man das Bemühen eines Unternehmens um ein einheitliches und einprägsames öffentliches Erscheinungsbild (z. B. im Firmenlogo, im Produktdesign, in bestimmten Denkmustern o. Ä.)?
Corporate Identity.

Für das Vorhaben, sich für den Gang an die Börse fit zu machen, als auch für den erstmaligen Börsengang selbst steht ein- und derselbe Begriff. **Wie lautet er?**
Going public.

Wann spricht man von „unter pari" bzw. „über pari"?
Wenn Kurswert und Nennwert eines Wertpapiers gleich sind, bezeichnet man dies als „pari". Je nachdem, ob der Kurswert unter oder über dem Nennwert liegt, spricht man dann von unter bzw. über pari.

Was versteht man unter einem Tarifvertrag?
Durch Tarifverträge werden in bestimmten Berufszweigen (Branchen) einheitliche Löhne und Arbeitsbedingungen festgelegt. Sie gelten dann für alle teilnehmenden Arbeitgeber und Arbeitnehmer uneingeschränkt bis zum Vertragsablauf.

Bis 2002 existierte ein von der Zentralbank festgelegter Zinssatz, zu dem die Banken zur Überbrückung kurzfristiger Liquiditätsengpässe bei der Zentralbank Wertpapiere verpfänden konnten. **Wie hieß er?**
Lombardsatz.

Wie nennt man Aktien, die in unregelmäßigen Marktsegmenten gehandelt werden und deren Wert meist unter einem Dollar liegt?
Man nennt diese Erben des New-Economy-Booms „Penny Stocks".

Wonach strebt ein Land, das sich mit dem Ziel, von anderen Ländern unabhängig zu sein, wirtschaftlich selbst versorgt?
Nach Autarkie.

Was ist die EFTA?
Mit EFTA (**E**uropean **F**ree **T**rade **A**ssociation) ist die Europäische Freihandelszone gemeint, deren Gründung eine Reaktion auf die **E**uropäische **W**irtschafts**g**emeinschaft (EWG) darstellte. Mithilfe der EFTA sollte der Gefahr einer wirtschaftlichen Diskriminierung begegnet werden.

Welches Instruments bedient man sich, um Schwankungen der wirtschaftlichen Aktivität über einen Zeitraum von sieben bis zehn Jahren zu erfassen?

Der sogenannten Konjunkturzyklen. Diese Zyklen lassen sich in verschiedene Phasen untergliedern: Aufschwung, Hochkonjunktur oder Boom, Abschwung oder Rezession, Tiefstand oder Depression.

Was ist ein Trust?

Schließen sich mehrere Unternehmen des gleichen Wirtschaftszweiges unter einheitlicher wirtschaftlicher Leitung mit dem Ziel zusammen, den Markt monopolistisch zu beeinflussen, bilden diese Unternehmen einen Trust.

Zusammenschluss

Wie nennt man jene Personalberater, die im Auftrag von Unternehmen Führungskräfte suchen?

Headhunter. Die Arbeit eines Headhunters besteht vor allem in der Prüfung von Kandidaten auf Firmenkompatibilität. Dazu lässt er sie Testverfahren durchlaufen, um dann dem Auftraggeber eine Vorauswahl von Anwärtern präsentieren zu können.

Ein Teilbereich der Wirtschaftspolitik widmet sich u.a. dem Abbau regionaler Entwicklungsunterschiede und der Schaffung neuer Arbeitsplätze. **Wie nennt man diesen wirtschaftspolitischen Teilbereich?**

Strukturpolitik.

In welchem Jahr wurden in Deutschland die letzten D-Mark-Münzen und Geldscheine hergestellt?

a) 2001 b) 2002 c) 2003

a) 2001

Um Lagerkosten zu sparen, bedienen sich vorwiegend große Unternehmen einer modernen Beschaffungsmethode, bei der letztlich nur die Güter vorhanden sind, welche von der Fertigung gerade benötigt werden. **Wie heißt diese Beschaffungsmethode?**

Just in time.

Welcher Begriff steht innerhalb von Arbeitsverhältnissen für die Aufforderung zur Unterlassung einer Handlung?

Die Abmahnung. Sie kann gegen Mitarbeiter ausgesprochen werden, sich aber auch gegen die Konkurrenz (z.B. bei einem Wettbewerbsverstoß) richten.

Weisheiten über Geld

Geld stinkt nicht.
Vespasian

Denn wo dein Schatz ist, da ist auch dein Herz.
Matthäusevangelium

Zeit ist Geld.
Benjamin Franklin

Die Nahrung des Geizhalses besteht aus Geld und Verachtung.
Honoré de Balzac

Verfüge nie über Geld, ehe du es hast.
Thomas Jefferson

■ Wenn hoch qualifizierte Arbeitskräfte ins Ausland abwandern, entziehen sie dem Auswanderungsland Humankapital. **Wie wird dieser Abwanderungsprozess genannt?**

Braindrain (engl. brain = Gehirn).

■ Ein Unternehmen kann das – in Bezug auf die Konkurrenz – unterscheidende Merkmal seines Produkts schützen lassen. **Wie nennt man dieses geschützte Gut?**

Marke. Es gibt Hersteller-, Firmen- und Produkt- sowie Handelsmarken.

■ **Welche Nachteile bzw. Vorteile haben Aktien gegenüber festverzinslichen Wertpapieren?**

Im Gegensatz zu den stets mit einem Ausfall- oder Verlustrisiko behafteten Aktien garantieren festverzinsliche Wertpapiere eine bestimmte Verzinsung. Umgekehrt können Aktien dem Anleger in wirtschaftlichen Boomphasen Dividenden in theoretisch unbegrenzter Höhe bescheren.

■ **Welche berühmte volkswirtschaftliche Theorie geht auf den britischen Wirtschaftswissenschaftler und Nationalökonomen John Maynard Keynes (1883–1946) zurück?**

Der Keynesianismus. Der Grundgedanke dieser Lehre beruht darauf, dass eine erfolgreiche Volkswirtschaft staatlicher Eingriffe bedarf. Damit stellte sich Keynes gegen die damals herrschende Auffassung, dass die Wirtschaft über Selbstheilungskräfte verfüge, mittels der sich Krisen eigenständig überwinden ließen.

John Maynard Keynes

■ Die 34 führenden Industrieländer sind in einer Organisation zusammengeschlossen, zu deren Mitglieder nicht nur westliche Industrienationen gehören, sondern auch Staaten aus Asien und Osteuropa. **Wie heißt diese Organisation?**

a) Ecofin b) WTO c) OECD

c) OECD

Das ist die Abkürzung für **O**rganization for **E**conomic **C**ooperation and **D**evelopement.

Wer vergibt die Druckaufträge für Euro-Banknoten an die wenigen spezialisierten Druckereien?

a) die Europäische Zentralbank und die nationalen Zentralbanken des Euro-Systems
b) die EU-Finanzminister
c) das EU-Parlament

a) die Europäische Zentralbank und die nationalen Zentralbanken des Euro-Systems

Bei gewissen Geschäften mit Waren, Wertpapieren oder Devisen, die an der Börse getätigt werden, wird beim Kauf unabhängig vom Abnahmetermin eine feste Kursvereinbarung geschlossen. **Wie nennt man solche Geschäfte?**

Termingeschäfte.

Viele Unternehmen sind in Dachgesellschaften eingegliedert. Diese produzieren nicht selbst, sondern verwalten und kontrollieren die von ihnen beherrschten Unternehmen. **Wie heißen solche Dachgesellschaften?**

Holding.

Was haben Nachbarschaftshilfe und Eigenarbeit mit Erlösen aus Drogenhandel, Waffenschmuggel und Schwarzarbeit gemeinsam?

Sie alle werden unter dem Begriff Schattenwirtschaft zusammengefasst, da sie im Inlandsprodukt nicht erfasst werden können.

Wie nennt man Unternehmen, die auf allen Kontinenten vertreten sind und dort zu anderen weltweit agierenden sowie lokalen Unternehmen in Konkurrenz treten?

Global Player.

Wie heißt die internationale globalisierungskritische Vereinigung, die sich weltweit für soziale und ökologische Gerechtigkeit einsetzt?

Attac (frz. **A**ssociation pour une **T**axation des **T**ransactions financières pour l'**A**ide aux **C**itoyens = Vereinigung zur Besteuerung von Finanztransaktionen im Interesse der BürgerInnen). Attac verfügt über mehr als 90.000 Mitglieder in 50 Ländern.

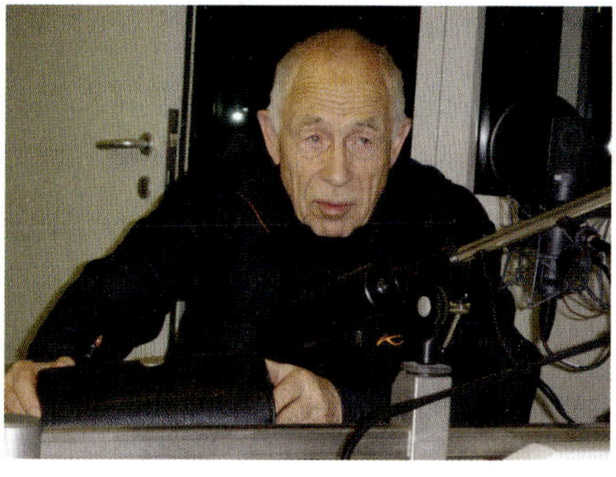

Das Attac-Mitglied Heiner Geißler

Für bestimmte Tätigkeiten oder Gewerbe muss beim zuständigen Gewerbeamt die Erlaubnis beantragt werden (die jedoch jederzeit wieder entzogen werden kann). **Wie nennt man diese Form der Bewilligung?**

Konzession.

■ Gewisse Geschäfte beruhen z. B. auf der Ausnützung von Unerfahrenheit oder mangelndem Urteilsvermögen einer Person und weisen ein dementsprechend gravierendes Missverhältnis zwischen Preis und Leistung auf. **Wie nennt man solch sittenwidrige Geschäfte?**

Wuchergeschäfte.

■ **Mit welcher Art von Konto lassen sich die täglichen Bankgeschäfte (wie z. B. Überweisungen und Gehaltszahlungen) erledigen?**

Mit dem Girokonto. Mit einem Sparkonto lassen sich diese Aktionen nicht ausführen.

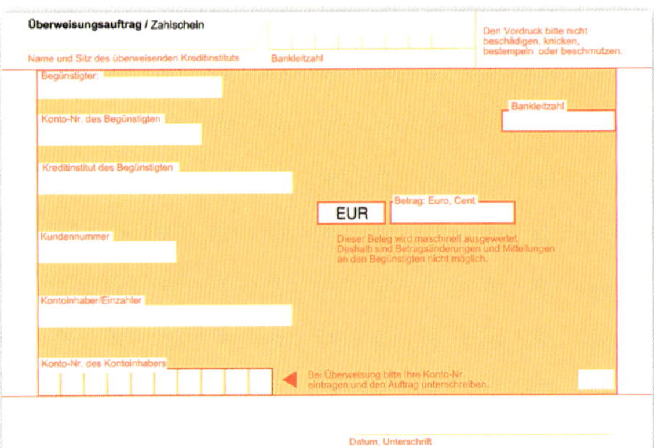
Überweisungsauftrag / Zahlschein
Name und Sitz des überweisenden Kreditinstituts
Bankleitzahl
Den Vordruck bitte nicht beschädigen, knicken, bestempeln oder beschmutzen.
Begünstigter:
Konto-Nr. des Begünstigten
Bankleitzahl
Kreditinstitut des Begünstigten
EUR
Betrag: Euro, Cent
Kundennummer
Dieser Beleg wird maschinell ausgewertet. Deshalb sind Betragsänderungen und Mitteilungen an den Begünstigten nicht möglich.
Kontoinhaber/Einzahler
Konto-Nr. des Kontoinhabers
Bei Überweisung bitte Ihre Konto-Nr. eintragen und den Auftrag unterschreiben.
Datum, Unterschrift

Überweisungsformular

■ **Wie wird in großen börsennotierten Unternehmen jenes Kontrollorgan bezeichnet, das die Geschäftsführung überwacht?**

Als Aufsichtsrat. Dem Aufsichtsrat steht das Recht zu, von der Geschäftsführung (deren Mitglieder er ernennt) geplante Vorhaben von seiner Zustimmung abhängig zu machen.

■ Zur Erzeugung von Gütern und Dienstleistungen sowie zur Rationalisierung von Produktionsprozessen sind Anschaffungen unumgänglich (z. B. in Form von Sachgütern oder immateriellen Vermögensgegenständen). **Unter welchem Oberbegriff fasst man diese Anschaffungen zusammen?**

Investitionen.

■ **Das größte Internetauktionshaus heißt:**

a) Ricardo b) eBay b) Hood

b) eBay

■ Ein im Grundgesetz fixiertes Recht sichert den Tarifpartnern neben dem Einsatz von Arbeitskampfmitteln wie Streik bzw. Aussperrung das eigenständige Aushandeln von Tarifverträgen ohne staatliche Einmischung zu. **Wie nennt man dieses Recht?**

Tarifautonomie.

■ **Wie nennt man die „Versicherung einer Versicherung"?**

Rückversicherung. Diese sorgt dafür, dass Versicherungsnehmer die vertraglich vereinbarten Leistungen auch im Falle der Zahlungsunfähigkeit der ursprünglichen Versicherung erhalten.

Wie heißt die staatliche Versicherungsleistung, die ehemals versicherungspflichtige Beschäftigte nach einem Jobverlust für 12 Monate (über 55-Jährige 18 Monate) erhalten?

Arbeitslosengeld I (ALG I). Nach Ablauf dieser Frist erhält der Arbeitssuchende das aus Steuermitteln finanzierte ALG II („Hartz IV"). Es löste 2005 die bisherige Arbeitslosenhilfe ab und entstand aus der Zusammenlegung von Arbeitslosen- und Sozialhilfe.

Was haben der 24. September 1869, der 9. Mai 1873, der 25. Oktober 1929 und der 10. Juli 1931 gemeinsam?

Es handelt sich dabei um „Schwarze Freitage". Als Schwarzen Freitag bezeichnet man jeweils schwere Krisen der Wirtschaft, der Börse oder des Bankensystems.

Wer war der „Vater der klassischen Nationalökonomie"?

Adam Smith (1723–90) war ein englischer Ökonom und begründete mit seinem Werk *Vom Wohlstand der Nationen* (1776) das klassische ökonomische Denken. Im Zentrum seiner Überlegungen standen Arbeitsteilung, wirtschaftliches Eigeninteresse sowie das ungestörte Wirken des Marktes. Damit sich diese zentralen Komponenten ökonomischen Denkens entfalten können, müssen mindestens drei Bedingungen erfüllt sein: 1. Freier Wettbewerb. 2. Das Handeln der Konkurrenten muss von Sittlichkeit geleitet sein. 3. Der Staat hat Aufgaben zu übernehmen, die Privatpersonen wegen mangelnder Profitabilität nicht in Angriff nehmen wollen.

Die abenteuerliche Kindheit eines Ökonomen

Um das Leben von Adam Smith ranken sich viele Mythen. Unter anderem erzählt man, dass Zigeuner ihn im Alter von vier Jahren entführt, aber während einer Verfolgungsjagd wieder verloren hätten. So wäre er daraufhin wohlbehalten zu seiner Familie heimgekehrt. Ob es sich bei der Geschichte jedoch um ein Märchen handelt, wird wohl immer ein Geheimnis bleiben.

Welche Gewerkschaft vertritt wen?

1. HBV
2. DAG
3. ÖTV
4. GdP
5. GdED
6. GöD
7. DHV

1. **H**andel, **B**anken und **V**ersicherungen
2. **D**eutsche **A**ngestellten-**G**ewerkschaft
3. **Ö**ffentliche Dienste, **T**ransport und **V**erkehr
4. **G**ewerkschaft **d**er **P**olizei
5. **G**ewerkschaft **d**er **E**isenbahner **D**eutschlands
6. **G**ewerkschaft **ö**ffentlicher **D**ienst
7. **D**eutscher **H**andels- und Industrieangestellten-**V**erband

■ Wie funktioniert ein Plasmabildschirm?

Im Inneren befinden sich pro Pixel auf dem Bildschirm drei winzige Kammern, die mit einem Edelgasgemisch und einem Phosphorleuchtstoff in der Farbe Blau, Grün oder Rot gefüllt sind. Wird das Edelgas ionisiert, leuchten die Farben auf. Das Fernsehbild setzt sich also – wie bei der herkömmlichen Röhrentechnik – aus einer Unzahl verschieden stark leuchtender, winziger Punkte in den Farben Blau, Grün und Rot zusammen.

■ ■ ■

■ Welches Verfahren arbeitet mit Röntgenstrahlung?

a) Computertomografie
b) Magnetresonanztomografie

a) Computertomografie
Mit einem Computertomografen werden aus verschiedenen Richtungen Röntgenaufnahmen erzeugt, um ein dreidimensionales Bild zu erhalten. Deshalb ist die Strahlenbelastung auch um ein Vielfaches höher als bei normalen Röntgenaufnahmen. Bei der Magnetresonanztomografie wird ein starkes Magnetfeld erzeugt und der in jedem Gewebe unterschiedliche Kernspin in den Atomkernen gemessen. Sie ist weniger belastend, kann aber z.B. nicht bei Patienten mit Herzschrittmachern eingesetzt werden und ist zudem teurer.

■ ■ ■

■ Was ist eine grafische Benutzeroberfläche?

Die Komponente in der Software eines Computers, die uns erlaubt, den Computer über grafische Symbole, die mithilfe einer Maus angeklickt werden, zu bedienen. Sie wurde vom Xerox Palo Alto Research Center in den 1970er-Jahren entwickelt, ab 1983 von Apple und ab 1985 von Microsoft (Windows) eingesetzt. Zuvor hatte man sich Codes für alle möglichen Befehle merken müssen, die man dann manuell eintippte.

■ ■ ■

■ Welche Bedeutung hatte die ARPA?

Die 1958 von der US-Regierung gegründete Avanced Research Projects Agency erfand das Internet. 1969 verband sie erstmals die Rechner von vier großen Forschungszentren zum ARPANET. Die Idee war, die bestehenden Kommunikationsleitungen zu nutzen und die Computerinformationen über ein eigenes standardisiertes Verfahren zu verschicken.

■ ■ ■

■ Im Jahr 1826 wickelte der Physiker William Sturgeon (1783–1850) einen Draht um ein Eisenstück und ließ Strom durch den Draht fließen. **Was hatte er damit erfunden?**

Den Elektromagneten. Der Strom in der Spule erzeugt ein magnetisches Feld, das im Zentrum der Spule besonders stark ist. Das umwickelte Eisen wird so zu einem leistungsfähigen Magneten, der über das An- und Abschalten von Strom steuerbar ist.

Erster künstlicher Elektromagnet

Was ist eine Laterna magica?

Eine Art früher Diaprojektor. Sie besteht aus einem Kasten mit einer Öffnung. Im Kasten befindet sich eine Lichtquelle, anfangs eine Kerze. Vor die Öffnung wird kopfüber ein bemaltes Glasbild gehalten. Wer das Gerät erfunden hat, weiß man nicht. Bekannt gemacht hat es der Jesuitenpater Athanasius Kircher (1602–80), der eifrig davor warnte, nicht auf Scharlatane hereinzufallen, die mit solchen Apparaten übernatürliche Phänomene vorgaukeln wollten.

Laterna magica

Warum sparen Energiesparlampen Energie?

Energiesparlampen sind kompakte Leuchtstofflampen und funktionieren im Prinzip ähnlich wie die bekannten Neonröhren. Sie sind mit einem Gas gefüllt, das durch das Anlegen einer Spannung ionisiert wird. Dieses ionisierte Plasma bringt ein Leuchtmittel, mit dem die Röhre beschichtet ist, zum Leuchten. Dagegen muss bei einer Glühlampe der Glühdraht so stark aufgeheizt werden, dass er leuchtet. Leuchtstofflampen liefern pro eingesetztem Watt Energie etwa 50 bis 100 Lumen Licht, Glühlampen nur etwa 10 bis 15 Lumen. Es bedarf also bei einer Glühlampe weit mehr Watt, um auf die gleiche Lichtausbeute zu kommen wie bei Leuchtstofflampen.

Wer erkannte als Erster die Wellennatur des Schalls?

a) Vitruv
b) Leonardo da Vinci
c) Galileo Galilei
d) Leonhard Euler

a) Vitruv
Marcus Vitruvius Pollio (um 70–10 v. Chr.) war Architekt und kam bei der Untersuchung des Schalls in Amphitheatern zu der Erkenntnis, dass dieser sich wellenförmig ausbreitet.

Wie nennt man die mechanischen und elektronischen Teile eines Computers?

Hardware. Sie steht im Gegensatz zur Software, die aus den Computerprogrammen und den dazugehörenden Daten besteht.

Welchen grundlegenden Unterschied gibt es zwischen einer Weltraum- und einer Interkontinentalrakete?

Technisch im Prinzip keinen. Die ersten Weltraumraketen waren weiterentwickelte Interkontinentalraketen, die über einen größeren Rückstoß verfügen mussten, um die Erdanziehung zu überwinden. Der US-

Raketenpionier Robert Goddard (1882–1945) etwa entwickelte die deutsche V2 der Nazis zur Saturnrakete weiter und meinte, die V2 sei eine erstklassige Rakete gewesen, die nur auf dem falschen Planeten – nämlich der Erde – gelandet sei.

Was steckte hinter dem „Sputnik-Schock"?

a) das größte Unglück der Sowjetraumfahrt
b) Die Sowjets schossen die erste Rakete ins All.
c) Die Sowjets schossen einen amerikanischen Satelliten ab.
d) Die Sowjets schossen den ersten Satelliten ins All.

d) Die Sowjets schossen den ersten Satelliten ins All.
Die Sowjetunion schoss am 4. Oktober 1957 den ersten, Sputnik genannten, Satelliten ins All. Zwar konnte er nicht mehr als ein Funksignal zur Erde senden und das auch nur 57 Tage lang. Trotzdem war der Schock in der westlichen Welt, vor allem in den USA, ungeheuer, da man sich dem Osten technologisch weit überlegen geglaubt hatte. Am 31. Januar 1958 gelang es den USA dann nachzuziehen. Ihr Explorer 1 überlebte 112 Tage und sandte Daten, u. a. über kosmische Strahlen, zur Erde.

Briefmarke anlässlich Sputniks

Was ist ein Halbleiter?

a) Material, das nur die Hälfte des Strom durchlässt, wie elektrische Leiter
b) Material, das nur unter bestimmten Bedingungen Strom leitet

b) Material, das nur unter bestimmten Bedingungen Strom leitet
Halbleiter können je nach äußeren Bedingungen als Leiter oder Isolatoren wirken. Das hängt davon ab, ob sich die Elektronen frei bewegen können oder nicht. Die Leitfähigkeit wird z. B. durch die Temperatur beeinflusst, aber auch durch eine gezielte Verunreinigung mit Fremdatomen. Auf diese Weise können Halbleiter als Steuerelemente eingesetzt werden. Elemente mit solchen Eigenschaften sind etwa Germanium, Silizium, Bor oder Selen.

Warum wurden in den Städten Umweltschutzzonen eingerichtet?

Um den Ausstoß an Feinstaub in den Stadtzentren zu verringern. Dieser Staub ist so fein, dass er in die Lunge gelangen und gesundheitsgefährdend wirken kann. Ein Teil ist natürlichen Ursprungs, ein Teil menschengemacht, etwa durch Verbrennungsanlagen. Im Verkehr wird Feinstaub sowohl durch Motoren, vor allem Dieselmotoren, als auch durch Reifen- und Bremsenabrieb verursacht.

Was ist ein Binärcode?

Ein Code, bei dem alle Informationen in Folgen aus nur zwei verschiedenen Zeichen übersetzt werden. Diese Codes können sehr leicht elektronisch übermittelt werden, da sie durch die Zustände wie „Strom an" und „Strom aus" abgebildet werden können. Deshalb beruht die Computertechnik auf einem Binärcode.

Was ist der Unterschied zwischen löten und schweißen?

Beide Techniken dienen dazu, Metallteile miteinander zu verbinden. Beim Schweißen wird das Metall dazu so weit erhitzt, dass es sich verflüssigt. Beim Löten wird die Verbindung durch einen geschmolzenen Zusatzwerkstoff hergestellt, der Grundwerkstoff aber nicht geschmolzen. Das Löten wurde schon vor über 7000 Jahren erfunden.

Schweißen

Wie funktioniert eine Atombombe?

Wenn ein freies Neutron einen Atomkern spaltet, werden dabei wieder zwei oder drei Neutronen freigesetzt, die ihrerseits weitere Atomkerne spalten. Bei der Atombombe führt dies zu einer explosionsartig verlaufenden Kettenreaktion, während man in einem Atomreaktor überzählige Neutronen einfängt, um die Reaktion unter Kontrolle zu halten. Für eine Explosion bedarf es einer „kritischen Masse" an Ausgangsmaterial, das eine bestimmte Menge und Dichte überschreitet.

Wie entsteht ein Supraleiter?

Durch extreme Kühlung. Einige Materialien wie Aluminium, Quecksilber, vor allem aber auch extra zu diesem Zweck erzeugte keramische Kunststoffe weisen bei extremen Niedrigtemperaturen keinen elektrischen Widerstand mehr auf und vermeiden so Energieverluste. Andererseits sind enorme Energiemengen für die Kühlung nötig. Deshalb wird nach Supraleitern geforscht, die bei relativ hohen Temperaturen funktionieren. Der bisherige Rekord liegt bei -135 Grad Celsius. Metalle aber, aus denen sich biegsame Drähte herstellen lassen, benötigen sogar mehr als -250 Grad Celsius.

Was ist der Stroboskopeffekt?

Darunter versteht man die Tatsache, dass im Kopf schnell nacheinander aufblitzende einzelne Bilder zu einem kontinuierlichen „Film" zusammengesetzt werden. Dieser Stroboskopeffekt ist die Grundlage von Film und Fernsehen. Der Effekt tritt etwa ab 16 Bildern pro Sekunde ein und wird etwa ab 45 Bildern flimmerfrei. Im Fernsehen werden in Europa 50 Bilder pro Sekunde gezeigt, da dies zur Sendefrequenz von 50 Hertz passt.

Welches Schreibmaterial ist das älteste?

a) Papier c) Pergament
b) Papyrus d) Wachstafeln

b) Papyrus
Blätter aus dem gepressten Mark der Papyrusstaude, wurden in Ägypten wohl schon im 3. Jahrtausend v. Chr. hergestellt, die Wachstafel kam dagegen erst Mitte des 1. Jahrtausends v. Chr. auf, Pergament, speziell präparierte Tierhäute, im 2. Jahrhundert v. Chr. und Papier wurde im 2. Jahrhundert n. Chr. in China erfunden. Das älteste Material ist jedoch Stein. Aber auch Leder und Ton wurden bereits in der Frühgeschichte beschrieben.

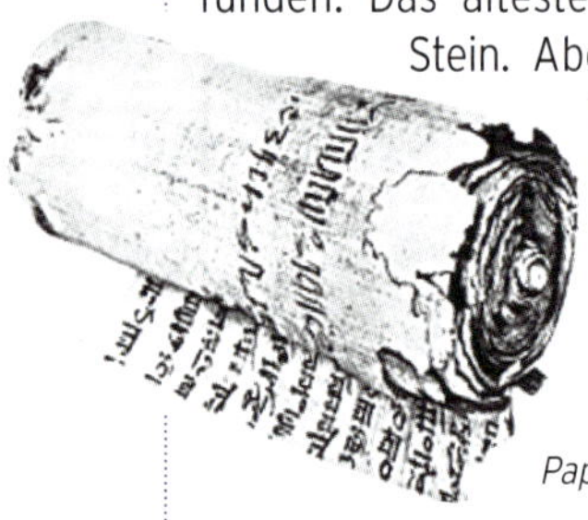

Papyrusrolle

Eine nach außen gewölbte Linse ist ...?

a) ... konkav b) ... konvex

b) ... konvex
Eine konv**e**xe Linse bildet quasi einen B**e**rg, eine konk**a**ve ein T**a**l.

Wofür steht die Vorsilbe Giga-?

a) Tausend c) Milliarden
b) Millionen d) Billionen

c) Milliarden
Giga- zeigt Milliarden an, Mega- Millionen, Tera- Billionen und Kilo- Tausend.

Wer war Gustav Weißkopf?

Ein deutsch-amerikanischer Flugpionier, in den USA auch als Gustave Whitehead (1874–1927) bekannt, der vermutlich 1899 den ersten Motorflug unternahm. Er steht jedoch im Schatten der Brüder Wilbur (1867–1912) und Orville Wright (1871–1948), die 1903 das erste Mal in die Luft gingen, ihre Flugzeuge danach immer weiter entwickelten, Flugshows veranstalteten und eine Firma gründeten, die Piloten ausbildete, Flugzeuge baute und Luftfracht transportierte.

Was passiert in einem Hochofen?

Eisen ist ein Element, das in der Natur nur ganz selten gediegen (in Reinform) vorkommt, sondern meist in Form von Eisenerzen. Im Hochofen wird das Eisenerz mit Koks vermischt, auf über 1000 Grad Celsius erhitzt und so das Eisen ausgeschmolzen. Das gewonnene Roheisen enthält aber immer noch etwa fünf Prozent Fremdstoffe wie Kohlenstoff, Schwefel, Phosphor und Silizium, weswegen es weiter behandelt werden muss, z. B. in einem Stahlwerk.

Wofür steht die Abkürzung HTML?

Hyper**t**ext **M**arkup **L**anguage. HTML ist der Markierungscode, mit dem Dokumente für den Versand im World Wide Web (WWW) aufbereitet werden. Er wurde 1990 von dem Informatiker Tim Berners-Lee (*1955) entwickelt. Das WWW ist nur eines der Kommunikationsnetze im Internet, aber zusammen mit E-Mail das bei Weitem am meisten genutzte.

■ Wie funktioniert eine Dampfmaschine?

Ein Zylinder wird mit heißem Dampf gefüllt, dessen Druck einen Kolben in Bewegung setzt. Im zweiten Takt wird der Dampf mit kaltem Wasser abgekühlt, was einen Unterdruck verursacht, der den Kolben zurückbewegt. Auf diese Weise wird eine ständige Bewegung des Kolbens erreicht, der wiederum diverse Maschinen antreiben kann. Meist muss dabei das Hin und Her des Kolbens aber in eine Drehbewegung übersetzt werden.

Dampfmaschine von James Watt

■■■

■ 1719 entdeckte der Universalgelehrte Johann Heinrich Schulze zufällig, dass Silbersalze unter Lichteinwirkung dunkel werden. **Dies legte den Grundstein für welche Erfindung?**

Für die Fotografie. Es war jedoch erst der französische Maler Louis Daguerre (1787–1851), der diese Entdeckung für ein vermarktbares fotografisches Verfahren, die Daguerreotypie, verwendete. Er setzte dafür mit Silberiodid oder Silberbromid bedampfte Kupferplatten in eine Kamera ein. Durch die Belichtung wurden Bilder auf die Platten projiziert, die bereits eine außerordentlich gute Qualität hatten.

■ Was ist ein Senkblei?

Ein relativ schweres Gewicht, z. B. ein Bleistück, an einer Schnur. Es wird auch als Lot bezeichnet. Mithilfe dieses sehr einfachen Instruments kontrollierte man schon im alten Ägypten, ob Mauern ganz gerade (lotrecht oder schnurgerade) gebaut worden waren.

■■■

■ 1935 erfand der US-amerikanische Chemiker Wallace Hume Carothers (1896–1937) Polyhexamethylenadipinsäureamid, den ersten Faserstoff, der rein synthetisch hergestellt wurde. **Unter welchem Namen wurde er fünf Jahre später berühmt?**

Als Nylon. Er wurde zunächst für Zahnbürsten verwendet und trat ab 1940 durch die Nylonstrümpfe seinen Siegeszug an. Woher der Name Nylon kommt, ist nicht ganz geklärt. Eine Variante lautet, die produzierende Firma DuPont habe die Strümpfe zunächst No-Run (in der Bedeutung „keine Laufmaschen") nennen wollen, das Ganze dann aber verballhornt, um sich nicht Haftungsansprüchen ausgesetzt zu sehen, falls doch Laufmaschen auftraten.

■■■

■ Welche Bedeutung hatte der Menlo Park für die Wissenschaftsgeschichte?

1876 gründete Thomas Alva Edison (1847–1931) in Raritan/New Jersey ein Forschungslabor, das er Menlo Park nannte. Dort schuf er mit einem Team von Mitarbeitern eine Vielzahl revolutionärer Erfindungen wie die elektrische Beleuchtung. In der Öffentlichkeit war er als

„Zauberer von Menlo Park" bekannt, wobei oft unklar ist, welcher Verdienst ihm selbst und welcher seinem Team zukam. Heute heißt Raritan nach ihm Edison.

■ ■ ■

■ Wie funktioniert ein Röhrenfernseher?

Im „Hals" der Röhre sitzen drei Kathoden, die jeweils einen Elektronenstrahl erzeugen, dessen Helligkeit kontinuierlich durch das Fernsehsignal gesteuert wird. Die Strahlen werden magnetisch so gelenkt, dass sie in Bruchteilen von Sekunden den ganzen Bildschirm am anderen Ende der Röhre zeilenweise überstreichen. Auf dem Bildschirm befindet sich eine Leuchtschicht mit feinen Streifen in Rot, Grün und Blau. Eine Maske, die die Strahlen passieren müssen, sorgt dafür, dass jeder Strahl nur jeweils auf eine Farbe trifft. Für den Betrachter sind weder die Leuchtpunkte noch das zeilenweise Schreiben erkennbar, weil der Vorgang zu kleinteilig und zu schnell ist. Für ihn setzen sich die einzelnen Informationen zum farbigen Fernsehbild zusammen.

■ ■ ■

■ Wann wurde das erste U-Boot gebaut?

a) 1503
b) 1620
c) 1888
d) 1912

b) 1620

Es handelte sich dabei um ein geschlossenes Holzboot, das mit einer Lederhaut überzogen war. Zwölf Ruderer, die über einen Schnorchel atmen mussten, sorgten für den Antrieb. Konstruiert wurde das Boot von dem Niederländer Cornelis Jacobszoon Drebbel (1572–1633) und es erlebte seine Jungfernfahrt auf der Themse. Dabei soll es in drei Stunden von Westminster nach Greenwich gefahren sein. Mitte des 19. Jahrhunderts wurden dann die ersten handgetriebenen U-Boote im Amerikanischen Bürgerkrieg eingesetzt. Militärische Bedeutung bekamen sie allerdings erst im Ersten Weltkrieg.

Die spanische Isaac Peral, 1886

■ ■ ■

■ Was haben Fritz Haber und Carl Bosch erfunden?

a) ein Kühlsystem
b) ein Verfahren zur industriellen Herstellung von Ammoniak
c) ein verbessertes Funkverfahren
d) den Katalysator

b) ein Verfahren zur industriellen Herstellung von Ammoniak

Das Haber-Bosch-Verfahren dient der Herstellung von Ammoniak aus Stickstoff und Wasserstoff und damit letztendlich der Massenproduktion von Kunstdünger. Fritz Haber (1868–1934) erhielt 1918 den Nobelpreis für die technischen Grundlagen, Carl Bosch (1874–1940) den Nobelpreis von 1931 für die technische Umsetzung.

Was geschieht bei der In-vitro-Fertilisation?

Es werden sogenannte „Retortenbabys" gezeugt. In-vitro-Fertilisation bedeutet wörtlich „Befruchtung im Glas". Bei dieser seit 1978 gebräuchlichen Methode werden Spermium und Ei im Reagenzglas miteinander verschmolzen und anschließend der Mutter eingepflanzt. Dabei werden die Spermien oft aufbereitet, weil sie z. B. für eine natürliche Befruchtung nicht mobil genug sind.

Wie unterscheiden sich Photovoltaik und Solarthermie?

Mithilfe von Photovoltaik wird Sonnenlicht in Strom, mithilfe der Solarthermie in nutzbare Wärmeenergie umgewandelt, etwa in Form von Heißwasser oder zum Heizen.

Wodurch wurden die Brüder Lumière bekannt?

Auguste (1862–1954) und Louis Lumière (1864–1948) waren Pioniere des Kinos. 1895 führten sie erstmals selbst gedrehte Kurzfilme vor. Gelegentlich werden sie als Erfinder des Kinofilms bezeichnet, doch vor ihnen haben sich schon viele andere mit dem schnellen Abspielen von Phasenbildern versucht, darunter Thomas Alva Edison. Ab wann man diese Produkte als „Filme" bezeichnen kann, ist kaum zu definieren.

Wie funktioniert ein Laser?

Im Inneren des Lasers werden Atome durch eine extrem starke Energiequelle angeregt, Photonen abzusondern, die wiederum andere Atome zur Abgabe von neuen Photonen stimulieren. Diese Photonen werden am Ausgang des Lasers durch Spiegel reflektiert und so völlig gleich ausgerichtet. Auf diese Weise lässt sich ein extrem gebündelter Lichtstrahl mit hoher Energiedichte erzeugen.

Was passierte bei der Hindenburg-Katastrophe?

Der Zeppelin Hindenburg geriet bei der Landung auf dem Flughafen von Lakehorst/New Jersey in Flammen. Dabei starben 35 der 97 Insassen. Wie es genau zu dem Feuer kam, darüber wird bis heute gerätselt. Vermutlich durch ein Leck in der Außenhülle entstand ein brennbares Luft-Wasserstoff-Gemisch, das sich entzündete und das ganze Schiff in Flammen setzte. Die Katastrophe erregte ungeheures Aufsehen und bedeutete binnen kurzer Zeit das Ende der kommerziellen Luftschifffahrt per Zeppelin. Heutige Luftschiffe werden nicht mehr mit Wasserstoff, sondern mit dem teureren, aber ungefährlicheren Helium gefüllt.

Das brennende Luftschiff

Wer erfand das Dynamit?

Der Schwede Alfred Nobel (1833–96), der Stifter der Nobelpreise. Sein Vater war Bau- und Sprengmeister. Dessen Erfahrungen führten dazu, dass Nobel einen Sprengstoff suchte, der besser handhabbar und kontrollierbar war. Er verdiente aber vor allem durch den militärischen Einsatz des Dynamits ein großes Vermögen, obwohl er persönlich den Krieg verabscheute. Am Ende seines Lebens legte er fest, dass dieses Vermögen einer Stiftung zufallen sollte, die nicht nur herausragende wissenschaftliche Arbeit, sondern auch besonderes Bemühen um den Weltfrieden honoriert.

Was war *Z3*?

a) der dritte Zuse-Computer
b) der dritte Zeppelin

a) der dritte Zuse-Computer
Zuse Z3 war die 1941 gebaute, dritte Rechenmaschine von Konrad Zuse, die als erster richtiger Computer der Welt angesehen wird. *LZ3* ist der Name des dritten je gebauten Zeppelins.

Die nachgebaute Rechenmaschine

Warum fuhr man früher auf Hochrädern?

Die ersten Fahrräder hatten noch keinen Kettenantrieb. Stattdessen waren die Tretkurbeln am Vorderrad angebracht. Da eine Umdrehung des Pedallagers auch eine Umdrehung des Rades bedeutete, konnte man auf den Hochrädern mit ihren großen Vorderrädern viel schneller fahren.

Wie wird ein Flugschreiber (Black Box) nach einem Absturz geortet?

a) per GPS
b) per Funkpeilung
c) per Ultraschall
d) per Radar

c) per Ultraschall
Die Black Box sendet ein akustisches Signal aus, das mit einem Ultraschall-Empfänger geortet werden kann. Dieses Signal wird mindestens 30 Tage lang nach dem Absturz gesendet und ist unter Wasser bis in eine Tiefe von etwa 4000 Metern lokalisierbar.

Wie funktionieren Elektronenmikroskope?

In einem Vakuum wird das zu betrachtende Objekt nicht mit dem relativ langwelligen sichtbaren Licht bestrahlt, sondern mit viel kurzwelligeren Elektronenstrahlen. Diese werden je nach Dichte des Objekts verschieden stark abgeschwächt, sodass ein differenziertes Bild des zu betrachtenden Objekts entsteht. Dieses wird in starker Vergrößerung auf einen Monitor projiziert. Auf diese Weise ist es inzwischen möglich, Strukturen im Nanobereich sichtbar zu machen.

Was ist eine archimedische Schraube?

Ein Gerät zum Wasserschöpfen, das Archimedes (um 287–212 v. Chr.) erfand. Dabei handelt es sich um ein schräg gestelltes Rohr, in dem sich – dicht anliegend – eine Schraube mit schneckenförmigem Gewinde befindet. Stellt man das untere Ende des Rohres ins Wasser und dreht oben an der Schraube, dann wird das Wasser über die Schnecke nach oben „geschraubt".

Wie viele Satelliten braucht es, damit GPS funktioniert?

a) 1 c) 4
b) 2 d) 8

c) 4

Für die Satellitennavigation braucht man zunächst die Positionssignale von drei Satelliten. Das Empfangsgerät errechnet den Kreuzungspunkt der Signale und kann so die Position bestimmen. Einen vierten Satelliten braucht es, um Abweichungen in den Zeitsignalen von Satelliten und Empfänger zu ermitteln. GPS (**G**lobal **P**osition **S**ystem) ist nicht das einzige, aber das gängigste Satellitennavigationssystem.

Was ist ein Dynamo?

Ein Dynamo oder Elektrogenerator wandelt mechanische Energie in elektrische um. Mithilfe der Bewegungsenergie wird im Inneren leitfähiges Material senkrecht zu einem Magnetfeld bewegt. Dies erzeugt eine elektrische Spannung. Das zugrunde liegende Prinzip der elektromagnetischen Induktion wurde 1831 von Michael Faraday (1791–1867) entdeckt.

Was befindet sich in der französischen Küstenstadt La Hague?

Eine Wiederaufbereitungsanlage für abgebrannte Brennstäbe aus Kernkraftreaktoren. Dabei werden wiederverwendbares Uran und Plutonium von den nicht mehr verwendbaren Resten getrennt. Auf diese Weise sollen die atomaren Abfälle so gering wie möglich gehalten werden.

Was ist ein Transistor?

Ein elektronisches Bauelement, das elektrische Signale schaltet, ohne dass dabei Schalter bewegt werden. Transistoren bestehen aus halbleitenden Materialien, die so präpariert sind, dass sie unter bestimmten Bedingungen Strom fließen lassen, unter anderen nicht.

Nachbau des ersten Transistors

Wann wurde das Klonschaf Dolly geboren?

a) 1978 c) 1991
b) 1985 d) 1996

d) 1996
Dolly, das erste Säugetier, das mithilfe einer adulten Körperzelle geklont wurde, kam 1996 zur Welt und wurde 2003 eingeschläfert. Das Schaf zeigte zu diesem Zeitpunkt für sein relativ junges Alter untypische schwere Alterserscheinungen.

Wer konstruierte das erste Auto?

a) Carl Benz
b) Gottlieb Daimler
c) Nikolaus August Otto
d) Siegfried Marcus

a) Carl Benz
Wenn man ein Auto als einen steuerbaren Wagen mit Verbrennungsmotor definiert, war es Carl Benz (1844–1929) im Jahr 1886. Zuvor hatte es schon Segel- oder Dampfautos gegeben und Siegfried Marcus hatte 1870 einen nicht steuerbaren Handwagen mit Motor ausgerüstet. Während Benz ein dreirädriges Auto baute, folgte Daimler unmittelbar danach mit einem vierrädrigen. Und bereits 1885 hatte er das erste Motorrad gebaut.

Warum revolutionierte der Ottomotor den Fahrzeugbau?

Bis zu seiner Erfindung wurden Fahrzeuge entweder mit großen, schweren Dampfmaschinen angetrieben oder mit dem sehr unzuverlässigen Gasmotor, den Etienne Lenoir (1822–1900) 1859 erfunden hatte. Der von Nikolaus August Otto (1832–91) entwickelte Motor war erheblich leistungsfähiger, zuverlässiger und sparsamer. Er wurde nicht nur für Fahrzeuge benutzt, sondern auch für Maschinen, für deren Antrieb eine Dampfmaschine zu groß und zu teuer war.

Ottomotor

Der berühmte Naturwissenschaftler Archimedes von Syrakus tauchte einmal die Krone seines Königs und einen gleich schweren Goldbarren ins Wasser und stellte dabei fest, dass die Krone mehr Wasser verdrängte. **Welchen Schluss zog er daraus?**

Dass die Krone nicht aus purem Gold sein konnte, sondern auch ein leichteres und damit unedleres Material enthalten musste. Zuvor war Archimedes beim Baden die Erkenntnis gekommen, dass jeder Körper gemäß seines Volumens Wasser verdrängt. Damit hatte er das Auftriebsgesetz entdeckt, aber auch die Möglichkeit, durch Messung des verdrängten Wassers das Volumen jedes beliebigen Körpers zu bestimmen.

■ Der berühmte Mathematiker Carl Friedrich Gauß (1777–1855) und sein Kollege, der Physiker Wilhelm Weber (1804–91), hatten keine Lust, jedes Mal den einige Kilometer entfernt liegenden Dienstsitz des anderen aufzusuchen, wenn sie sich austauschen wollten. Deshalb installierten sie über den Dächern von Göttingen eine Kupferleitung und sandten einander elektromagnetische Signale. **Was hatten sie damit erfunden?**

Die elektrische Telegrafie. Die beiden sahen ihren Telegrafen aber nur als privates Hilfsmittel an. Deswegen gilt allgemein Samuel Morse (1791–1872) als Erfinder der Telegrafie. Zusammen mit seinem Mitarbeiter Alfred Vail (1807–59) entwickelte er einen Morseapparat und das berühmte Morsealphabet und sorgte mit großem Engagement dafür, dass der US-Kongress eine erste Telegrafenlinie von Baltimore nach Washington D. C. bauen ließ.

Carl Friedrich Gauß

■ Woher hat der MP3-Player seinen Namen?

Nach dem MP3-Verfahren, das 1982 am Fraunhofer-Institut für Integrierte Schaltungen in Erlangen entwickelt wurde. Bei diesem Verfahren werden nur die Frequenzen gespeichert, die für das menschliche Gehör bewusst wahrnehmbar sind. Auf diese Weise lässt sich die Datenmenge bei der Aufzeichnung und Übertragung von Musik deutlich reduzieren, ohne dass es dabei zu nennenswerten Qualitätseinbußen kommt. Der Name MP3 ist eine Abkürzung für ISO MPEG Audio Layer 3.

■ Wie funktionieren Glasfaserkabel?

Glasfaserkabel, auch Lichtwellenleiter genannt, bestehen aus Glas oder durchsichtigem Kunststoff. Das Material hat im Kern eine niedrigere optische Brechungszahl als im Mantel, weshalb es zu einer Totalreflexion und Weiterleitung von Lichtwellen kommt. Im Gegensatz zu konventionellen Kabeln, etwa aus Kupfer, haben sie hohe Übertragungsraten, große Reichweiten und sind sehr wenig störempfindlich. Sie werden aber nicht nur für Kommunikationsnetze genutzt, sondern auch in der Medizintechnik, wo die biegsamen Lichtwellenleiter für Endoskope verwendet werden, die einen Blick in den Körper erlauben.

■ Was ist eine Legierung?

Ein Metall, das aus verschiedenen Elementen gemischt wurde. Revolutionär war z. B. vor etwa 5500 Jahren die Entdeckung, dass sich die weichen Metalle Kupfer und Zinn zu der sehr viel härteren Bronze legieren ließen.

■ Wie funktioniert ein Verbrennungsmotor?

Im Verbrennungsraum wird ein Gemisch aus Kraftstoff und Luft gezündet, das sich dann ausdehnt und durch seine heißen Gase einen Kolben bewegt. Danach werden die Abgase aus der Verbrennungskammer gedrückt und der Prozess beginnt von Neuem.

James Watt führte die Pferdestärke (PS) ein, um die Leistung von Motoren zu berechnen. 1978 wurde sie offiziell durch eine neue Einheit ersetzt. Wie heißt diese?

Watt. Ein PS entspricht dabei 0,735 Kilowatt. Vor allem Autos werden zwar nach wie vor gerne nach ihrer PS-Zahl verglichen, doch die Hersteller sind verpflichtet, immer auch – und zwar hervorgehoben – die Kilowatt anzugeben.

James Watt

Was passiert, wenn man eine Glühlampe in die Mikrowelle legt?

a) nichts
b) Sie leuchtet.
c) Sie leuchtet und platzt.
d) Der Glühdraht leuchtet kurz auf und zerschmilzt.

c) Sie leuchtet und platzt. oder d) Der Glühdraht leuchtet kurz auf und zerschmilzt.

Es kommt darauf an, mit welchem Gas die Glühlampe gefüllt ist. Wenn dieses Gas die Mikrowellen absorbiert, bildet sich im Inneren der Glühlampe ein Plasma, das zu leuchten beginnt, die Glühlampe jedoch binnen Kurzem zum Zerplatzen bringt. Absorbiert das Gas die Wellen nicht, dann wird nur der Glühdraht erhitzt. Er leuchtet dann kurz auf und zerschmilzt. Selbstausprobieren sollte man die Sache aber nicht, da die Mikrowelle beschädigt wird und zudem Verletzungsgefahr besteht.

Wer baute die erste Lokomotive?

a) George Stephenson
b) John Blenkinsop
c) Richard Trevithick
d) Nicholas Cugnot

c) Richard Trevithick

Er baute zunächst 1797 einen Dampfwagen für die Straße, der als Puffing Devil bekannt wurde, 1802 konstruierte er dann die erste auf Schienen fahrende Lokomotive für den Einsatz in Bergwerken. Sie war jedoch kein großer Erfolg, da sie zu schwer für die Schienen war. John Blenkinsop (1783–1831) konstruierte 1813 mit dem *Puffing Billy* die erste wirklich erfolgreich eingesetzte Lok, ebenfalls für eine Grubenbahn. George Stephenson (1781–1848) baute ab 1814 Lokomotiven und war verantwortlich für die Einrichtung der ersten öffentlichen Eisenbahnstrecke der Welt im Jahr 1825. Nicholas Cugnot (1725–1804) hatte bereits 1769 einen Dampfwagen konstruiert.

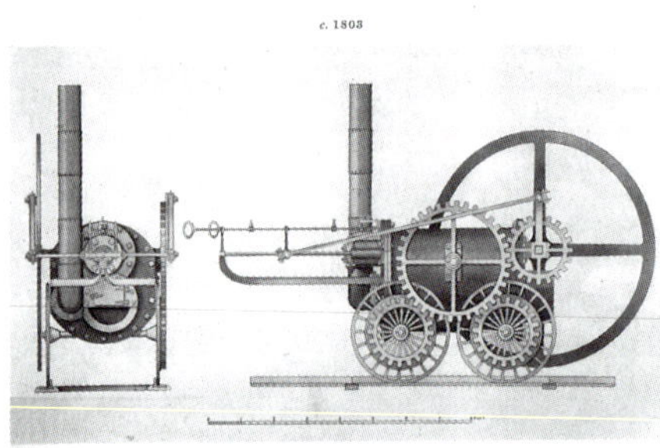

Zeichnung der Lokomotive Trevithicks, 1802

Wie funktionieren LEDs?

LEDs sind Dioden aus einem Halbleitermaterial, das zu leuchten beginnt, wenn eine elektrische Spannung angelegt wird.

Leuchtdioden nutzen nur einen sehr begrenzten Spektralbereich, weshalb sie farbiges Licht aussenden. Deswegen wurden sie anfangs nur für Signallampen benutzt. Inzwischen kann man auch weißes Licht erzeugen, indem man vor die Diode farbtonändernde Leuchtstoffe montiert. Der große Vorteil von LEDs gegenüber herkömmlichen Beleuchtungskörpern ist, dass sie keine Wärmestrahlung absondern und damit energiesparender sind.

■ ■ ■

■ Was passiert, wenn man Essig- und Chlorreiniger gleichzeitig verwendet?

Es können sich hochgiftige Chlorgase bilden. Nicht nur deshalb ist der Einsatz der aggressiven Chlorreiniger in Privathaushalten umstritten.

■ ■ ■

■ Woher hat das Silicon Valley in den USA seinen Namen?

Vom Element Silizium. Dieses ist ein Halbleiter und wird vor allem für die Produktion von Mikrochips und Solarzellen benutzt. Auf Englisch heißt es Silicon und gab dem Tal bei Kalifornien, in dem sich in den 1970er-Jahren die Halbleiter- und Computerindustrie ansammelte, seinen Namen. Mit dem Kunststoff Silikon hat es nichts zu tun.

Blick über Silicon Valley

■ 1848 tagte in Frankfurt a.M. die Deutsche Nationalversammlung, die eine Verfassung für ein geeintes, demokratisches Deutschland schaffen sollte. Extra dafür wurde die bis dato längste Telegrafenleitung von Frankfurt nach Berlin gebaut. **Welches Unternehmen nahm damit seinen Aufschwung?**

Siemens, damals noch Siemens und Halske. In der Folge konnte Mitbegründer Werner von Siemens (1816–92) aus der kleinen Telegrafenbaufirma ein Weltunternehmen in allen Bereichen der Elektrizität machen.

■ ■ ■

■ Wie funktioniert eine Batterie?

Eine Batterie enthält zwei verschiedene Metalle, von denen eines edler als das andere ist. Werden sie miteinander verbunden, dann gibt das unedlere Metall Elektronen an das edlere ab und es entsteht ein Stromfluss.

■ ■ ■

■ Welches ist das größte technische Museum der Welt?

a) Museum of Science and Industry in Chicago
b) Technisches Museum in Wien
c) Cité des sciences et de l'industrie in Paris
d) Deutsches Museum in München

d) Deutsches Museum in München
Es wurde auf Betreiben von Oskar von Miller (1855–1934) gegründet und ist mit etwa 28.000 ausgestellten Objekten aus 50 Bereichen das größte technische Museum weltweit.

■ 1654 setzte der Magdeburger Naturforscher und Bürgermeister Otto Guericke (1602–86) zwei Halbkugeln aus Eisen mit einer Dichtung zusammen und pumpte dann die Luft aus dem Hohlraum. Anschließend ließ er vor jede Halbkugel acht Pferde spannen und ziehen. **Was passierte?**

Den Pferden gelang es nicht, die *Magdeburger Halbkugeln* auseinanderzuziehen, so stark wurden sie von dem Unterdruck, den Guericke im Inneren erzeugt hatte, zusammengepresst. Mit diesem Versuch und der Entwicklung der dazu nötigen Pumpe gilt Guericke als Begründer der Vakuumtechnik.

Versuch mit den Magdeburger Halbkugeln

■ Was versteht man unter dem Druck mit beweglichen Lettern?

Das Verfahren, eine Druckplatte aus einzelnen Elementen zusammenzusetzen. Damit revolutionierte Johannes Gutenberg (um 1400–68) den Buchdruck. Denn zuvor hatte man für jede Seite eines Buches eine eigene Druckplatte herstellen müssen, was aufwendig und unwirtschaftlich war. Gutenberg dagegen setzte seine Seiten aus einzelnen Metalllettern zusammen, die mit einem Rahmen gehalten und nach dem Druck wieder auseinandergenommen wurden. Außerdem entwickelte er auch eine passende Presse sowie geeignete Tinte und Gießinstrumente, um massenhaft erschwingliche Druckwerke zu produzieren.

■ Welche Bedeutung hatte Otto Lilienthal?

Lilienthal (1848–96) und der weniger bekannte George Cayley (1773–1857) erkannten, dass der Versuch, Flugapparate zu bauen, die mit menschlicher Muskelkraft bewegt wurden, eine Sackgasse war. Sie studierten den Flug der Vögel und erkannten so die Gesetze der Aerodynamik. Beide bauten nach diesen Prinzipien mehrere Flugapparate. Während Cayley aber selbst nicht flog (vermutlich aber einmal seinen Kutscher dazu zwang), unternahm Lilienthal wiederholte Flüge und starb schließlich bei einem Absturz.

Otto Lilienthal

■ Aus welchem Grund wurde der Eiffelturm gebaut?

Um zu beweisen, dass es möglich ist, ein frei stehendes Gebäude von über 1000 Fuß (rund 300 Meter) Höhe zu bauen. Er war ein Prestigebau für die Weltausstellung in Paris 1889 und bis 1930 das höchste Gebäude der Welt.

Was unterscheidet einen Diesel- von einem Ottomotor?

In einem Ottomotor wird ein Gemisch aus Luft und Kraftstoff (Benzin oder Gas) verdichtet und dann entzündet. In einem Dieselmotor wird zunächst nur Luft so stark verdichtet, dass sie mehrere Hundert Grad Celsius heiß wird. In diese heiße Luft wird dann Kraftstoff eingespritzt, der sich von selbst entzündet. Damit wird ein höherer Wirkungsgrad erreicht, man braucht allerdings auch einen anderen Kraftstoff, der nach dem Motorenentwickler Rudolf Diesel (1858–1913) benannt wurde.

Wofür steht die Vorsilbe Mikro?

a) Zehntel
c) Millionstel
b) Tausendstel
d) Milliardstel

c) Millionstel
Mikro steht für Millionstel, Dezi für Zehntel, Zenti für Hunderstel, Milli für Tausendstel und Nano für Milliardstel.

Welcher Mensch hörte als Erster eine Aufzeichnung seiner eigenen Stimme?

a) Thomas Alva Edison
b) Emil Berliner
c) Johann Philipp Reis
d) Francis Barraud

a) Thomas Alva Edison
Der 1877 erfundene Phonograph, der Schallaufzeichnungen auf eine mit Stanniol überzogene Walze stanzte, war Edisons Lieblingserfindung. Berliner (1851–1929) erfand mit Schallplatte und Grammofon ein verbessertes Wiedergabeverfahren. Reis (1834–74) war Telefonpionier. Francis Barraud (1856–1924) schuf das berühmte Bild *His Master's Voice*, das seinen Hund mit einem Edison-Phonographen zeigt.

Edison am Phonograph

Was ist Moniereisen?

Ein altmodischer Ausdruck für den Bewehrungsstahl, den Stahl, der für Stahlbeton genutzt wird. Dieser wurde vom Gärtner Joseph Monier (1823–1906) erfunden, der als Erster auf die Idee kam, Beton durch ein Stahlskelett zu verstärken, um ihm dadurch mehr Zugkraft zu verleihen. Monier ließ sich dabei von Pflanzen inspirieren, bei denen verholzte Skelette ebenfalls wenig belastbares Gewebe stärken.

Was ist Geothermie?

Die Wärme im Inneren der Erde bzw. alle Verfahren, diese Erdwärme technisch zu nutzen, beispielsweise, indem man heißes Wasser aus dem Inneren der Erde fördert oder eine Flüssigkeit in Rohrleitungen durch die Erde führt, wobei sie sich erwärmt.

Was hat es mit *Enigma, Fish, Colossus* und der *Turing-Bombe* auf sich?

Enigma war die legendäre deutsche Chiffriermaschine im Zweiten Weltkrieg, *Fish* ein weiteres deutsches Verschlüsselungssystem. Ab 1939 versuchte eine Gruppe Wissenschaftlern unter der Leitung von Alan Turing (1912–54) im britischen Bletchley Park, diese zu knacken. Dafür entwarf Turing gigantische Rechenmaschinen, die *Turing-Bombe* und *Colossus* hießen. Vor allem *Colossus* erwies sich als wegweisend für die Entwicklung frei programmierbarer, vollelektronischer Computer.

Enigma

Was war das Manhattan-Projekt?

Das US-Forschungsprojekt zur Entwicklung der Atombombe. Es wurde vom amerikanischen Präsidenten Franklin Delano Roosevelt (1882–1945) 1942 gestartet, beschäftigte rund 150.000 Menschen, von denen aber nur wenige Spitzenwissenschaftler wussten, worum es eigentlich ging, stand unter der technischen Leitung von Robert Oppenheimer (1904–67) und führte zum Bau der ersten Atombomben.

Was ist Brennwerttechnik?

Eine Technik für Heizkessel, bei der nicht nur das Heizmittel verbrannt wird, sondern auch die Kondensationswärme des Wasserdampfes im Abgas genutzt wird. Auf diese Weise wird eine bessere Energieausbeute erreicht. Brenntechnik ist unabhängig vom Heizmittel. Die Kessel können mit Öl, Gas oder auch Holz befeuert werden.

Welche Erfindung machte Robert Bosch (1861–1942)?

a) Kühlschrank
b) elektrisches Bügeleisen
c) verbesserter Magnetzünder für Motoren
d) Tuberkuloseimpfstoff

c) verbesserter Magnetzünder für Motoren

Robert Bosch besaß eine Werkstätte für Feinmechanik und Elektrotechnik und verbesserte den Magnetzünder für Verbrennungsmotoren, was vor allem der Automobilindustrie zugutekam. Später weitete die Robert Bosch GmbH ihre Aktivitäten auch auf andere technische Produkte aus, darunter in den 1930er-Jahren auch auf Haushaltsgeräte. Aber auch heute noch ist Bosch in erster Linie einer der weltweit größten Automobilzulieferer.

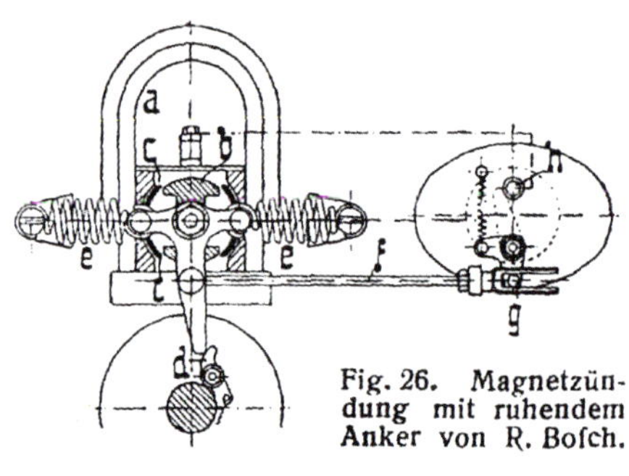

Verbrennungsmotor von Robert Bosch

■ Welche US-Raumfähre explodierte 73 Sekunden nach dem Start?

a) Atlantis
c) Challenger
b) Discovery
d) Columbia

c) Challenger
Die Challenger explodierte am 28. Januar 1986 nur 73 Sekunden nach dem Start, weil Dichtungsringe versagten. Dabei starben alle sieben Astronauten. Die Apollo 1 fing 1967 schon vor dem Start Feuer, wobei drei Astronauten ums Leben kamen. Die Besatzung der Apollo 13 konnte 1970 nach der Explosion eines Sauerstofftanks gerettet werden. Die Columbia verunglückte 2003 bei der Rückkehr zur Erde aufgrund einer Beschädigung des Hitzeschildes.

Kurz nach der Challenger-Explosion

■ Welche Erfindung stammt nicht von Justus von Liebig (1803–73)?

a) künstliche Farbstoffe
b) Kunstdünger
c) Fünf-Kugel-Apparat zur Analyse organischer Stoffe
d) Fleischextrakt

a) künstliche Farbstoffe
Auf diesem Gebiet war Adolf von Baeyer (1835–1917) ein Pionier. Justus von Liebig gilt als Begründer der organischen Chemie und erfand u. a. auch das Chloroform, das Backpulver, Babynahrung und den Silberspiegel.

■ Was ist ein Defibrillator?

Ein Gerät zur Reanimation bei lebensbedrohlichen Herzrhythmusstörungen. Es arbeitet mit gezielten Stromstößen. An vielen öffentlichen Orten sind mittlerweile solche Geräte vorhanden. Sie sind durch ein grünes Zeichen mit weißem Herz und Kreuz markiert.

■ Welche Erfindung ist die älteste?

a) Telefon
c) Funktechnik
b) Fax
d) Morsetelegraf

b) Fax
1843 konstruierte Alexander Bain (1811–77) einen Kopiertelegrafen, mit dem man Schriftbilder und Zeichnungen elektrisch verschicken konnte. Der erste Morsetelegraf ging 1848 in Betrieb (der Gauß-Webersche Privattelegraf allerdings schon 1833). Das erste Telefon führte Johann Philipp Reis (1834–74) 1861 vor, die erste drahtlose Funkverbindung richtete Guglielmo Marconi (1874–1937) 1896 ein.

■ Wie unterscheidet sich ein technisches von einem tatsächlichen Vakuum?

Ein totales Vakuum enthält kein einziges Materieteilchen. Dies ist jedoch praktisch nicht herstellbar. Ein technisches Vakuum ist deshalb ein Raum, in dem es sehr wenige Moleküle gibt und ein deutlicher Unterdruck im Vergleich zum atmosphärischen Normaldruck herrscht. Dabei unterscheidet man verschiedene Stufen vom Grobvakuum bis zum extrem hohen Vakuum.

Was entdeckte Charles Goodyear?

Natürlicher Gummi oder Kautschuk wird bei Wärme schnell klebrig, bei Kälte hart und spröde, was seine Verwendung stark einschränkt. Etwa ab 1750 wurden deshalb zahlreiche Versuche unternommen, Gummi so zu behandeln, dass aus ihm ein allzeit elastischer, aber nicht klebender Werkstoff wurde. Vor allem Charles Goodyear (1800–60) war vom Gummi vollkommen besessen, experimentierte Jahrzehntelang unter abenteuerlichen Umständen, ruinierte seine Familie, häufte mehrere Hunderttausend Dollar Schulden an, schaffte es aber 1844 schließlich, aus Kautschuk, Schwefel und Bleiweiß gebrauchstauglichen Hartgummi herzustellen.

Charles Goodyear

Wann wurde der Herzschrittmacher erfunden?

a) 1899 c) 1952
b) 1934 d) 1977

c) 1952
Der Herzschrittmacher wurde 1952 von dem US-Kardiologen Paul Zoll (1911–99) erfunden und 1958 das erste Mal eingepflanzt.

Wie unterscheiden sich Eisen und Stahl?

Fachlich gesprochen ist Eisen ein chemisches Element, Stahl eine metallische Legierung, die hauptsächlich aus Eisen besteht und nur zwischen 0,01 und 2,06 % Kohlenstoff enthält. Umgangssprachlich bezeichnet man Eisenlegierungen wie Roheisen oder Gusseisen, die einen höheren Kohlenstoffanteil als Stahl besitzen, als Eisen.

Von welchem frühen Universalgenie sind über 10.000 technische Skizzen erhalten, darunter diverse Flugmaschinen, U-Boote, Fahrräder, Personenaufzüge, aber auch Kleinteile wie Rollen, Winden, Gelenke und Kupplungen?

Von Leonardo da Vinci (1542–1519). Leonardo war eigentlich Maler, begann für seine Bilder aber Naturphänomene und die menschliche Anatomie zu studieren und arbeitete später auch als Militärbaumeister und Ingenieur für diverse italienische Fürsten. Er soll für ein Fest sogar einen Roboter konstruiert haben, aber viele seiner revolutionären Ideen blieben zu seinen Lebzeiten noch Utopie.

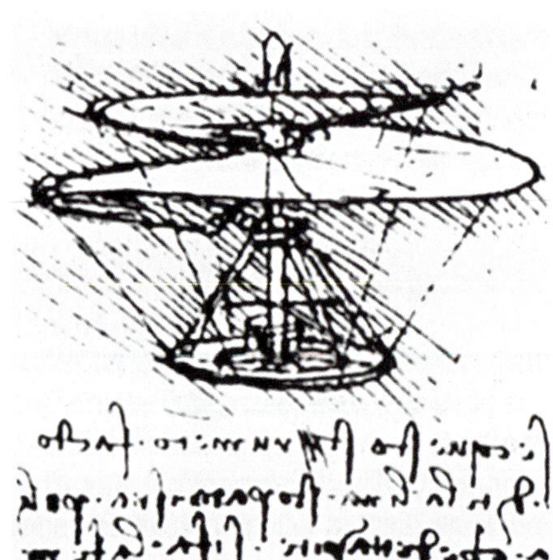

Luftspirale

Wie unterscheiden sich digitale und analoge Signale?

Analoge Signale schwanken stufenlos zwischen einem Minimum und einem Maximum. Aufgezeichnet bilden sie eine Kurve. Bei der Digitaltechnik werden einzelne Impulse gesendet. Sie basieren auf einem binären Code. Heute beruht beinahe die ganze Informationstechnologie auf digitalen Signalen, da diese ohne Umwandlung von Computern erzeugt und bearbeitet werden können.

Was ist ein Mikroprozessor?

Ein extrem kleines Steuerungselement. Dabei ist die ganze elektronische Steuerung eines Gerätes, bestehend aus Schaltkreisen mit Transistoren, Widerständen und Kondensatoren auf einem Halbleiterplättchen (Mikrochip) untergebracht.

Wer entwickelte die erste marktfähige Glühbirne?

Thomas Alva Edison (1847–1931). Wer wirklich der „Erfinder" der Glühlampe ist, ist umstritten, da mehrere Forscher daran arbeiteten und fraglich ist, welches Modell man noch als Vorstufe und welches als Glühlampe bezeichnen will. Der Deutschamerikaner Heinrich Göbel (1818–93) allerdings, der oft als eigentlicher Erfinder der Glühlampe gehandelt wird, gehörte nach neuesten Erkenntnissen wohl eher nicht zu den Pionieren. Edison ragt aber auch deshalb heraus, weil er nicht nur Erfinder, sondern auch genialer Unternehmer war und nach Entwicklung aller Komponenten für die elektrische Beleuchtung sein ganzes Vermögen einsetzte, um die neue Technik erfolgreich einzuführen und in großen Stückzahlen zu produzieren.

Was zeichnet einen Raketenantrieb aus?

Er beruht auf dem Rückstoßprinzip. Das bedeutet, dass der Treibstoff mit der Geschwindigkeit nach hinten ausgestoßen werden muss, die die Rakete in der Vorwärtsbeschleunigung erreichen soll. Dabei sind etwa 40.000 Stundenkilometer nötig, damit die Rakete die Anziehungskräfte der Erde überwinden kann.

Raketenantrieb im Test

Welches Gerät bringt Wassermoleküle zum Rotieren?

Die Mikrowelle. Mikrowellen heizen nicht die gesamte Umgebung auf, sondern versetzen nur Moleküle mit einem sogenannten Dipolmoment in Schwingung. Zu diesen Molekülen gehört Wasser. In einem Mikrowellenherd werden deshalb nur gezielt die Nahrungsmittel erhitzt, nicht das Gerät selbst oder das Geschirr. Die Mikrowelle wirkt bei kleinen Portionen besonders effektiv.

■ ■ ■

Wer erfand die Dampfmaschine?

a) Denis Papin
b) Thomas Newcomen
c) James Watt
d) Gustav de Laval

b) Thomas Newcomens
Newcomens (1663–1729) erste Maschine ging 1712 in einem Bergwerk in Betrieb, hatte aber nur einen Wirkungsgrad von 0,5 %. Watt sollte eine Maschine von Newcomen reparieren und verhalf der Technik mit entscheidenden Verbesserungen zum Durchbruch. Papin erfand den Dampfdrucktopf, Laval die Dampfturbine.

■ ■ ■

Führte Edward Jenner die erste Pockenschutzimpfung ein?

Nein. In Asien war es schon lange üblich, kleine Wunden mit Pockenschorf zu infizieren, um sich so zu immunisieren. Allerdings war die Sache riskant. Viele Geimpfte erkrankten tatsächlich an den Pocken. Anfang des 18. Jahrhundert. machte die Gattin des britischen Botschafters in Istanbul die Methode in Großbritannien publik. Sie war jedoch äußerst umstritten. Der Arzt Edward Jenner (1749–1823) erkannte jedoch, dass auch eine Impfung mit dem Erreger der harmlosen Kuhpocken zu einer Immunisierung gegen die echten Pocken führte.

Wer erfand die Draisine?

Karl Drais (1785–1851). Genau gesagt, erfand der exzentrische Forstmeister, der als Freiherr von Drais geboren wurde, sogar zwei Draisinen: ein vierrädriges Schienenfahrzeug, das auch heute noch Draisine heißt, und ein Laufrad ohne Pedale, einen Vorläufer des Fahrrads.

■ ■ ■

Kann ein Perpetuum mobile funktionieren?

Eigentlich nicht. Als Perpetuum mobile bezeichnet man einen Mechanismus, der ewig in Bewegung bleibt. Dazu müsste man alle Energieverluste, etwa durch Reibung oder Luftwiderstand, beseitigen. Das ist theoretisch denkbar. Was jedoch auf keinen Fall funktionieren kann, ist, dass man durch ein Perpetuum mobile nutzbare Energie gewinnt.

Perpetuum mobile mit Wasserrad

Was ist ein Auslegungsstörfall?

Der größte Störfall, den ein Kernkraftwerk überstehen kann, ohne dass radioaktive Strahlung frei wird, die die Grenzwerte überschreitet. Früher sprach man auch vom GAU, dem **g**rößten **a**nzunehmenden **U**nfall. Doch seit der Katastrophe von Tschernobyl 1986 gilt im allgemeinen Sprachgebrauch GAU als Synonym für eine Katastrophe, die eben nicht mehr beherrscht werden kann.

■ ■ ■

1935 entwickelten Charles Francis Richter (1900–85) und Beno Gutenberg (1889–1960) eine Messskala. **Was wird damit gemessen?**

Die Stärke von Erdbeben. Die sogenannte Richterskala misst den maximalen Ausschlag bei der Aufzeichnung eines Erdbebens auf einem 100 Kilometer vom Erdbebenherd entfernten Seismogramm. Diese Skala ist nach oben offen. Das stärkste bisher gemessene Erdbeben im Jahr 1960 in Chile hatte einen Wert von 8,6. Die Skala beruht auf einem Logarithmus, der ein exponentielles Wachstum mit sich bringt. So zeigt jeder Punkt mehr auf der Skala eine Verzehnfachung des Ausschlags im Seismogramm und einen fast 32-mal größeren Energieausstoß. Inzwischen werden Erdbeben aber meist nicht mehr mit der Richterskala, sondern mit der 1977 entwickelten Momenten-Magnituden-Skala gemessen.

■ ■ ■

Was unterscheidet einen Gas- von einem Heißluftballon?

Ein Gasballon ist ein geschlossenes Gebilde, das mit einem Gas gefüllt wurde, das leichter ist als Luft, weshalb der Ballon schwebt. Zum Sinken muss über ein Ventil Gas abgelassen werden. Ein Heißluftballon ist unten offen und mit einem Brenner ausgestattet. Mit diesem wird heiße Luft in den Ballon geblasen. Da auch heiße Luft leichter als kalte Luft ist, schwebt der Ballon.

Heißluftballon von den Brüdern Montgolfiere

■ ■ ■

Was ist eine Nipkow-Scheibe?

Ein Instrument zur Zerlegung von Bildern in einzelne Hell-Dunkel-Signale. Sie wurde 1883 von Paul Nipkow (1860–1940) erfunden und vor allem für die frühe Fernsehtechnik benutzt. Die rotierende Scheibe mit spiralförmig angelegten Löchern wanderte über das Bild, das zerlegt werden sollte und tastete zeilenweise die Helligkeitswerte ab. Diese wurden dann in elektrische Signale umgewandelt, zum Empfänger gesandt und dort mithilfe einer zweiten Nipkowscheibe wieder zu Bildern zusammengesetzt. Das Verfahren kam aber in den 1930er-Jahren an seine technischen Grenzen.

Was passiert in einer Raffinerie?

Ein Rohstoff, etwa Erdöl, aber auch Pflanzenöl oder Rohzucker wird „gereinigt". Dabei werden Inhaltsstoffe entfernt, die bei der späteren Nutzung stören würden. In einer Erdölraffinerie werden aus Rohöl verschiedenste Produkte wie Benzin, Diesel, Heizöl oder Schmierstoffe gewonnen.

Erdölraffinerie MiRO in Karlsruhe

Was gilt als die älteste Erfindung der Menschheit?

a) Rad
b) Beherrschung des Feuers
c) Töpferei
d) Faustkeil

d) Faustkeil
Die ältesten Faustkeile sind über zwei Millionen Jahre alt. Sie dienten weniger als Waffe denn als Werkzeug zur Bearbeitung weicherer Materialien. Die Beherrschung des Feuers ist wahrscheinlich etwa 400.000 Jahre alt, auch wenn vorher schon zufällig entstandenes Feuer genutzt wurde. Die Töpferei entstand vor ungefähr 25.000 Jahren. Das Rad wurde im 4. Jahrtausend v. Chr. erfunden.

Wer war Peter Henlein?

Ein Nürnberger Schlossermeister (um 1480–1542), der die erste Taschenuhr konstruierte. Oft heißt es, Henleins Uhr sei das berühmte Nürnberger Ei gewesen. Diese wurde aber wohl erst ab 1550 gefertigt.

Was versteht man unter Kraft-Wärme-Kopplung?

Eine Stromerzeugung, bei der die entstehende Abwärme zum Heizen benutzt wird, etwa in Form von Fernwärme. Kraft-Wärme-Kopplung ist durch den Einsatz von kleinen Blockheizkraftwerken auch in Privathaushalten möglich. Hier richten sich die Laufzeiten aber in erster Linie nach dem Wärmebedarf. Der dabei entstehende Strom wird ins Stromnetz eingespeist.

Wie funktioniert eine Wärmebildkamera?

Mit Thermografie. Im Gegensatz zur Fotografie wird dabei nicht das sichtbare Licht, sondern die infrarote Wärmestrahlung gemessen, die für das menschliche Auge unsichtbar ist. Diese wird dann in elektrische Signale und schließlich in ein Wärmebild umgewandelt. Je wärmer ein Körper ist, desto mehr infrarote Strahlung sendet er aus.

Welche Bedeutung hatte die *Spinning Jenny*?

Es handelte sich um ein mechanisches Spinnrad, das der Weber Hargreaves (um 1720–78) 1764 erfand. Mit ihm konnten gleichzeitig acht Fäden gesponnen werden. Dies führte schnell zur Entwicklung weiterer Spinnmaschinen. Bis zur Jahrhundertwende waren dann Maschinen mit bis zu 1000 Spindeln im Einsatz, die erst von Wasser-, dann von Dampfkraft betrieben wurden. Ebenso passierte es mit dem von Edmund Cartwright (1743–1823) erfundenen mechanischen Webstuhl. Solche Maschinen konnten sich aber nur reiche Investoren leisten. Deshalb geriet die ganze Textilbranche in die Hände weniger Fabrikbesitzer, die ungelernte Arbeiter, oft unter katastrophalen Bedingungen, beschäftigten. Diese Umwälzung in der britischen Textilindustrie markierte den Beginn einer allgemeinen industriellen Revolution.

Was ist die Bessemer-Birne?

Henry Bessemer (1813–98) war ein Pionier der Stahlindustrie. Damals hatte man noch kein befriedigendes Verfahren, den Kohlenstoffanteil im Roheisen zu reduzieren und so reinen, harten Stahl zu bekommen. Bessemer experimentierte mit einem birnenförmigen Schmelzgefäß, in das er große Mengen kalter Luft einblies. Damit gelangte viel Sauerstoff in die Schmelzmasse, der mit dem Kohlenstoff im Eisen zu Kohlenmonoxid reagierte. Dieses Gas verbrannte in der fast geschlossenen Birne und heizte damit den Schmelzprozess um ein Vielfaches an. Dieses Verfahren machte die Herstellung von Stahl viel billiger und weniger zeitaufwendig. Nun erst konnte er in großem Stil als Baumaterial verwendet werden. Inzwischen erzeugt man Stahl aber mit noch effektiveren Verfahren.

Henry Bessemer

Warum gab es in den 1980er-Jahren so heftige Proteste in Wackersdorf?

a) Dort sollte der erste deutsche Atomreaktor gebaut werden.
b) Dort war ein Endlager für atomaren Müll geplant.
c) Dort sollte ein atomares Forschungszentrum entstehen.
d) Dort sollte eine Wiederaufbereitungssanlage für atomare Brennstäbe entstehen.

d) Dort sollte eine Wiederaufbereitungsanlage für atomare Brennstäbe entstehen.
Der Bau wurde 1989 jedoch eingestellt.

Welche Bedeutung hatte die Badische Anilin- und Sodafabrik?

Die 1865 gegründete BASF gewann ihre Bedeutung durch die Entwicklung der künstlichen Anilinfarbstoffe und ist heute der größte Chemiekonzern der Welt. Auch andere bedeutende Chemieunternehmen wie die Bayer AG und die Agfa (Aktiengesellschaft für Anilin-Fabrikation) begannen mit Anilinfarben.

■ **Wann wurde die Brille erfunden?**

a) im 6. Jahrhundert v. Chr.
b) im 13. Jahrhundert
c) im 16. Jahrhundert
d) im 19. Jahrhundert

c) im 13. Jahrhundert
Die Brille wurde in der Toskana erfunden, möglicherweise von dem Dominikanermönch Alexander von Spina. Geschliffene Gläser wurden allerdings schon im alten Ägypten des 6. Jahrhunderts v. Chr. als Sehhilfe benutzt, aber wohl eher wie eine Art Lupe.

Brillen

■ **Welche Einheit wird in Joule pro Sekunde gemessen?**

Watt, benannt nach dem Erfinder James Watt (1736–1819). In Joule, benannt nach dem Physiker James Prescott Joule (1818–89), wird wiederum Energie gemessen. Leistung ist also Energie mal Zeit.

■ **Wie funktioniert der Katalysator in einem Auto?**

Ein Fahrzeugkatalysator ist innen mit einem Edelmetall wie Platin beschichtet und hat eine raue Oberfläche, auf der sich Schadstoffe aus dem Abgas anlagern und miteinander neue Verbindungen eingehen. Die beiden Atome von Sauerstoff beispielsweise werden ohne großen Energieaufwand gespalten. Danach können sie mit dem giftigen Kohlenmonoxid zu viel weniger schädlichem Kohlendioxid reagieren.

■ Er stammte aus einer adeligen Offiziersfamilie, bekam mit 16 sein erstes Patent zugesprochen, brachte mit seinen Erfindungen die Entwicklung von Fernsehen, Radar und Rasterelektronenmikroskop voran, war nach dem Zweiten Weltkrieg an der Entwicklung der sowjetischen Atombombe beteiligt und gründete anschließend das größte private Forschungsinstitut des Ostblocks mit rund 500 Mitarbeitern, das sich unter anderem mit der Medizintechnik befasste. **Wer war es?**

Manfred Baron von Ardenne (1907–97). Er war vor dem Krieg vor allem in Berlin, danach in Dresden tätig.

■ **Was ist eine Brennstoffzelle?**

Ein wichtiges Element der Wasserstofftechnologie. In der Brennstoffzelle reagieren Wasserstoff und Sauerstoff zu Wasser und geben dabei nutzbare Energie ab. Das Problem ist, dass zuvor noch mehr Energie nötig ist, Wasserstoff und Sauerstoff zu trennen. Brennstofftechnologie lohnt sich also nur, um Energie, die nicht direkt genutzt werden kann, etwa überschüssige Wind- oder Solarenergie, zu speichern und später anderweitig per Brennstoffzelle wieder nutzbar zu machen.

■ Was ist kein Satellit?

a) Raumstation ISS
b) Raumsonde Giotto
c) Mond
d) Weltraumteleskop Hubble

b) Raumsonde Giotto
Sie war eine Raumsonde, die auf einem von der Erde aus gelenkten Kurs den Weltraum erforschte. Satelliten dagegen umkreisen einen Himmelskörper auf einer Umlaufbahn. Man unterscheidet zwischen natürlichen wie dem Mond und künstlichen wie der ISS, Hubble und den zahlreichen gewöhnlichen Informationssatelliten.

■ ■ ■

■ Womit wurde Robert Fulton berühmt?

Fulton (1765–1815) konstruierte 1807 das erste hochseetaugliche Dampfschiff.

Robert Fulton

■ ■ ■

■ Um was für ein Patent stritten sich Elisha Gray (1835–1901) und Alexander Graham Bell (1847–1922)?

Um das Patent auf die Erfindung des Telefons. Beide hatten am 14. Februar 1876 einen Patentantrag gestellt, Bell aber zwei Stunden früher, weshalb er das Patent erhielt, obwohl sich seine Beschreibung im Gegensatz zu der Grays als nicht praxistauglich erwies. Bell gewann jedoch alle Patentprozesse, verbesserte seine Erfindung und gründete ein Unternehmen zur Einführung des Telefons. Deshalb galt er lange als Erfinder. Die ersten Telefone stammen aber weder von Bell noch von Gray, sondern von Johann Philipp Reis und Antonio Meucci (1808–89).

■ ■ ■

■ Die Speicherung und Übertragung von Computerdaten wird in Bit gemessen. Was ist ein Bit?

a) die Datenmenge, die in einer Sekunde übertragen werden kann
b) die Datenmenge, die einem Buchstaben entspricht
c) die Datenmenge, die den Zustand einer Stelle in einem Binärcode ausmacht
d) die Datenmenge, die mit einem Joule Energie übertragen werden kann

c) die Datenmenge, die den Zustand einer Stelle in einem Binärcode ausmacht
Ein Bit entspricht einer einzigen Binärinformation, also „0 oder 1“, „Ja oder Nein“, „Schalter an oder Schalter aus“, „Geringer Transistor-Widerstand oder hoher Widerstand“. Acht Bit machen ein Byte aus.

■ ■ ■

■ Welche Disziplin befasst sich mit dem Verhalten von Gasen?

a) Hydraulik
b) Pneumatik
c) Statik
d) Thermodynamik

b) Pneumatik
Im Wesentlichen geht es bei der Pneumatik um den technischen Umgang mit

Druckluft, während die Hydraulik sich mit dem Verhalten von Flüssigkeiten und technischen Anwendungen, die sich daraus ergeben, beschäftigt. Bei der Thermodynamik geht es ganz allgemein darum, die Umverteilung von Energie zu nutzen.

■ **Wer erfand den Binärcode?**

a) Archimedes
b) Gottfried Wilhelm Leibniz
c) Hermann Hollerith
d) Konrad Zuse

b) Gottfried Wilhelm Leibniz
Leibniz (1646–1716) benutzte den Binärcode bereits 1673 für eine von ihm erfundene Rechenmaschine. Von Hollerith stammt die erste Datenverarbeitungsmaschine mit Lochkarten, von Zuse der erste moderne Computer mit Binärcode.

■ Er entdeckte die elektromagnetischen Wellen. Diese Wellen schwingen in verschieden langen Frequenzen. Sein Name wurde deshalb für die Einheit benutzt, mit der man Frequenzen misst. **Vom wem ist die Rede?**

Heinrich Hertz (1857–94). Seine Entdeckung der elektromagnetischen Wellen war bahnbrechend für viele Erfindungen, die auf der Nutzung dieser Wellen beruhen, etwa Radio und Funktechnologie.

■ **Welche Bedeutung hatte die braunsche Röhre?**

Sie war das Herzstück von Röhrenmonitoren oder -fernsehgeräten. Es handelt sich dabei um eine Vakuumröhre, In der Elektronen zu einem feinen Strahl gebündelt und magnetisch gelenkt werden. Solche Röhren gab es seit 1858, aber Karl Ferdinand Braun (1850–1918) kam auf die Idee, den Strahl auf eine mit fluoreszierender Farbe bestrichene Fläche zu lenken, wo er Lichtpunkte produziert. Andere Forscher wie Wladimir Zworykin (1889–1982), Kenjiro Takayanagi (1899–1990) und Manfred Baron von Ardenne (1907–97) entwickelten die braunsche Röhre zur funktionierenden Fernsehröhre weiter.

■ **Welche Einheit ist nach Ernst Mach benannt?**

a) die Geschwindigkeit von Überschallflugzeugen
b) der Antriebsdruck von Raketen
c) die Startgeschwindigkeit von Hubschraubern
d) die Geschwindigkeit im Verhältnis zur Schallgeschwindigkeit

d) die Geschwindigkeit im Verhältnis zur Schallgeschwindigkeit
Die Machzahl, benannt nach dem österreichischen Physiker Ernst Mach (1838–1916) dient vor allem dazu, die Geschwindigkeit von Flugzeugen zu ermitteln. Dazu wird die Fluggeschwindigkeit in das Verhältnis zur Schallgeschwindigkeit gesetzt, die temperaturabhängig und deshalb je nach Flughöhe verschieden ist.

Ernst Mach

Was sind Apps?

a) Speicherkarten für das Handy
b) Notfall-Akkus für das Handy
c) Zusatzprogramme für das Handy
d) Schutzhüllen für das Handy

c) Zusatzprogramme für das Handy
Apps, eigentlich Applications, sind kleine Zusatzprogramme für das Mobiltelefon. Es gibt z. B. Anwendungen für die Navigation, den Wetterbericht, Spiele oder aktuelle News.

Was ist der Memory-Effekt?

a) automatische Datensicherung
b) Merkfunktion von Webbrowsern
c) Speicherchip in der Digitalkamera
d) Verringerung der Akkukapazität

d) Verringerung der Akku-Kapazität
Bei veralteten Nickel-Kadmium-Akkus zeigt sich nach einiger Zeit eine verringerte Speicherkapazität, wenn der Akku vor dem Laden nicht komplett entladen wurde. Die Batterie scheint sich den letzten Ladestand zu merken, daher der Begriff Memory-Effekt.

Haben Handys auch ein Betriebssystem?

Wie jeder Computer benötigen auch Handys eine Software, die die Verwendung ermöglicht. Grundsätzlich sind die Geräte mit einem Betriebssystem des Herstellers ausgestattet. Wer sein Handy aber nicht nur zum Telefonieren, sondern auch zum Surfen benutzen will, wird eventuell Android, Mac OS X oder Web OS einsetzen.

Was bedeutet es, wenn jemand beim Telefonieren „anklopft"?

Durch ein akustisches Signal, meistens ein leises Piepen, wird einem während eines Telefonats mitgeteilt, dass ein weiterer Gesprächspartner gerade anruft. Man kann den zweiten Anruf annehmen und auch zwischen den Gesprächspartnern wechseln.

Was tut ein Application Manager?

a) Moderation von Internetforen
b) Verwaltung von Onlinenetzwerken
c) Verwaltung von Apps
d) Kundenbetreuung im Onlineshop

c) Verwaltung von Apps
Der Application Manager ist ein Programm, das die Applications, kurz Apps, auf einem Smartphone verwaltet. Er ermöglicht dem Handynutzer u.a. den Zugriff auf seine Apps.

Wie funktioniert ein Akku?

Ein Akku, eigentlich Akkumulator, versorgt das Handy mit Strom. Beim Aufladen wird elektrische Energie in chemische umgewandelt.

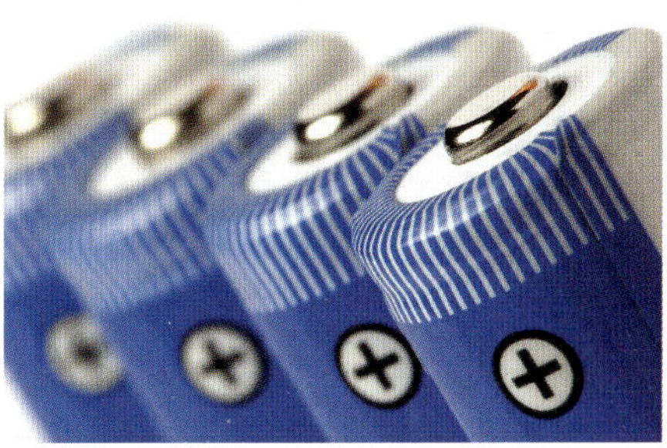

Akkus

Benutzeroberfläche eines Handys
Das ist die grafische Darstellung, die den einfachen Gebrauch des Handys erlaubt. Symbole verdeutlichen die einzelnen Programmkomponenten, wie z. B. den SMS-Eingang oder Apps.

Was ist Android?

a) der erste 3-D-Kinofilm
b) ein Betriebssystem für Smartphones
c) ein Navigationssystem
d) eine Internetplattform für professionelle Hacker

b) ein Betriebssystem für Smartphones
Android heißt ein Betriebssystem für Smartphones mit einer Software-Plattform. Android wird von Google zur Verfügung gestellt.

Wer ist Mark Zuckerberg?

a) Mitbegründer von Apple
b) Gründer von Facebook
c) Erfinder von Unix
d) CEO von Microsoft

b) Gründer von Facebook
Mark Zuckerberg (*1984) ist der Gründer und der Vorstandsvorsitzende des Onlinenetzwerkes Facebook.

Wozu kann man Skype verwenden?

Mit dieser Software kann man sowohl chatten, also Instant Messages versenden, als auch über das Internet kostenlos in die ganze Welt telefonieren.

Was ist ein BlackBerry?

Ein BlackBerry ist ein Smartphone des Unternehmens RIM. Es wurde sehr bekannt, da es eines der ersten Geräte war, mit dem neben dem Telefonieren auch das Schreiben von E-Mails und ein mobiler Datenservice möglich waren.

Wozu benötigt man Bluetooth?

Bluetooth ist eine Technik zur Funkübertragung von Daten über eine kurze Distanz. Mit einer Bluetooth-Schnittstelle können z. B. Daten zwischen Handys bzw. Smartphones untereinander oder auch zu PCs und zurück transportiert werden.

Wofür ist das Display beim Handy zuständig?

Display heißt der Bildschirm vom Mobiltelefon (engl. display = Anzeige). Qualität und Auflösung spielen besonders bei der Nutzung der Fotofunktion des Handys und beim Surfen im Internet eine Rolle.

Was ist das D-Netz?

Das D-Netz ist das digitale Mobilfunknetz in Deutschland im Frequenzbereich von 900 MHz. Ab Beginn der 1990er-Jahre konnte man es als D1-Netz von der Deutschen Telekom und als zweites privates Mobilfunknetz D2 nutzen.

Was bedeutet Dual-SIM?

Das bedeutet, dass es mit diesem Handy möglich ist, auf zwei SIM-Karten erreichbar zu sein, also z. B. auf der geschäftlichen wie auch der privaten Telefonnummer.

■ Was ist Symbian OS?

Symbian ist ein Betriebssystem für Smartphones.

Symbian-Logo

■ ■ ■

■ Was ist EDGE?

Eigentlich **E**nhanced **D**ata Rates for **G**SM **E**volution (dt. gesteigerte Datenrate für die Weiterentwicklung von GSM), kurz EDGE. Mit dieser Technik können mehr Daten in kürzerer Zeit übertragen werden.

■ ■ ■

■ Worum handelt es sich bei dieser Zeichenfolge, z. B. in einer SMS: ;-)?

Der Schreiber stellt ein Augenzwinkern dar und weist den Leser darauf hin, dass er das zuvor Geschriebene nicht ganz ernst nehmen muss. Das ist ein sogenanntes Emoticon. So werden Satzzeichen genannt, die Smileys nachbilden.

Emoticons

:-)	Lachen
:-(	Trauer, Ärger
;-)	Augenzwinkern, „nicht ganz ernst gemeint“
:-/	Skepsis, Ungläubigkeit
:-O	Erstaunen
:-|	grimmig
:-X	Schweigen
(:-]	Homer Simpson
:-D	lautes Lachen
:-P	Zunge zeigen

■ ■ ■

■ Was verbirgt sich hinter einer EMS?

a) eine Weiterentwicklung der SMS
b) eine weibliche Bloggerin
c) eine schnelle Internetverbindung
d) ein Grafikprogramm

a) eine Weiterentwicklung der SMS
Eigentlich **E**nhanced **M**essaging **S**ervice, kurz EMS. Bei dieser Weiterentwicklung der SMS können zusätzlich grafische Emoticons oder Sounds integriert werden.

■ ■ ■

■ Wozu dient ein Feed?

Ein Feed, genauer Newsfeed, ermöglicht, aktuelle News aus dem Internet zu abonnieren, die dann automatisch in einem Feedreader erscheinen. RSS-Feeds versorgen den Abonnenten mit aktuellen kurzen Schlagzeilen und einem Link zur kompletten Nachricht.

■ ■ ■

■ Was ist ein Dualband-Handy?

Mit Dualband-Handys kann man auf beiden in Europa genutzten Frequenzbereichen telefonieren: im D-Netz (900 MHz) und im E-Netz (1800 MHz).

■ ■ ■

■ Was ist der Flugmodus beim Handy?

Im Flugmodus sind alle Telefonfunktionen des Handys deaktiviert, um die Elektronik an Bord nicht zu stören. Die restlichen

Funktionen (Kamera, Musikplayer etc.) können jedoch weiter genutzt werden.

Was tut jemand, der bei Facebook ist?

Facebook ist ein soziales Netzwerk im Internet, in dem Nutzer Profilseiten erstellen und Kontakte knüpfen können. Neben Gruppen und Events gibt es auch einen Marktplatz mit Kleinanzeigen. Der bekannteste Erfinder der Seite ist Mark Zuckerberg (*1984), auch größter Anteilseigner der Firma Facebook Inc. mit 24 %.

Facebook-Logo

Was bedeutet die Abkürzung GHz?

Giga**h**ert**z**; das ist die Einheit für die Frequenz (1 Milliarde Schwingungen pro Sekunde), z. B. bei der Angabe des Prozessortaktes (also der Datenverarbeitungsgeschwindigkeit) im Handy.

Wofür benötigt man Google Maps?

Dies ist ein Navigationsdienst von Google, mit dem Adressen oder „Locations" weltweit gesucht werden können und dann auf einer Karte bzw. wahlweise auf einem Satellitenbild angezeigt werden. Auch Routen von einem Ort zum anderen können berechnet werden.

Google Streetview
In Google Streetview, einer Zusatzfunktion von Google Maps, kann man viele Städte sogar in 3-D-Bildern ansehen und quasi darin spazieren gehen. Dafür hat Google ganze Straßenzüge fotografieren lassen, was unter Datenschützern für einige Unruhe gesorgt hat.

Wofür steht die Abkürzung HVGA?

HVGA steht für **H**alf-size **V**ideo **G**raphics **A**rray, also in halber VGA-Auflösung. VGA ist ein Grafikstandard, der für den Bildschirm eine bestimmte Bildauflösung und Farbanzahl sowie die Wiederholfrequenz festlegt. Viele Smartphones arbeiten mit dieser Bildschirmauflösung.

Wie heißen die größten Handyhersteller?

Zu den größten Herstellern gehören Nokia, Samsung, LG, Sony Ericsson, Motorola und Apple.

Wo findet man Follower?

a) im Netzwerk Twitter
b) bei Flashmobs
c) auf Youtube
d) bei Popkonzerten

a) im Netzwerk Twitter
Im sozialen Netzwerk Twitter kann man die Beiträge anderer Nutzer abonnieren und ihnen so „folgen", indem man ihr Follower (engl. to follow = folgen) wird. Diese Beiträge sind meistens sehr kurz ge-

halten und werden als Tweets (engl. tweet = zwitschern) bezeichnet.

■ ■ ■

Wofür steht GPS?

a) General Packaging Service
b) Global Positioning System
c) Gigabyte Processing System
d) Grand Parking Service

b) Global Positioning System
Das **G**lobal **P**ositioning **S**ystem, kurz GPS, ermöglicht die genaue Positionsbestimmung via Satellit. Ursprünglich im militärischen Bereich eingesetzt, ist es mittlerweile in Navigationssystemen für das Auto oder beim Outdoorsport in Verwendung.

GPS-Empfänger im Armbanduhrformat

■ ■ ■

Was bedeutet es, wenn eine Software „Open Source" ist?

Open-Source-Software ist eine öffentlich zugängliche Software, für die keine Lizenzgebühren anfallen und die von der Nutzergemeinde zusammen weiterentwickelt wird.

Was ist ein HSDPA?

Mit dem **H**igh **S**peed **D**ownlink **P**acket **A**ccess, kurz HSDPA, können via UMTS schneller und effektiver Daten übertragen werden.

■ ■ ■

Wozu benötigt man einen IM-Account?

a) Nachrichtensofortversand
b) Zeitschriftenrecherche
c) Handyanschluss an den PC
d) Musikdownload

a) Nachrichtensofortversand
Einen **I**nstant **M**essaging Account, kurz IM-Account, benötigt man, um in Echtzeit Nachrichten auszutauschen (auch „chatten" genannt). In den Account loggt man sich ein und kann dann mit anderen festgelegten Nutzern kommunizieren.

■ ■ ■

Wozu benötigt man iTunes?

Zum Musikhören, denn hier handelt es sich um ein Musikverwaltungsprogramm von Apple, das notwendig ist für die Apple-Geräte.

■ ■ ■

Wann kam das iPhone auf den Markt?

a) 2006
b) 2007
c) 2008
d) 2009

b) 2007
Das Smartphone von Apple wurde sogar vom *Time Magazine* zur „Erfindung des Jahres 2007" gewählt. Neben der Markenbindung vieler Apple-Kunden haben neue Standards, wie z. B. die Apps und

die damals noch neuen Möglichkeiten der Internetnutzung, das iPhone zum Verkaufsschlager gemacht.

Wozu benötigt man am PC oder Handy Infrarot?

Mit Infrarotschnittstellen am Handy oder PC kann der Wellenbereich des Lichts von 880 bis 950 nm Wellenlänge zur Datenübertragung genutzt werden. Die beiden Geräte müssen dazu allerdings in Sichtkontakt sein.

Was ist ein Flashmob?

a) ein subversiv arbeitender Hacker
b) ein kurzer Menschenauflauf an einem öffentlichen Ort
c) ein Freeware Grafikprogramm
d) eine Videogames-Convention

b) ein kurzer Menschenauflauf an einem öffentlichen Ort
Ein Flashmob (engl. flash = Blitz; mob = Mob, Pöbel) ist ein kurzer Menschenauflauf an einem zuvor verabredeten öffentlichen Ort, an dem die Teilnehmer eine ebenso zuvor festgelegte Handlung ausführen (z.B. eine bestimmte Körperbewegung) und dann wieder verschwinden. Verschiedenartige Flashmobs werden in Onlinenetzwerken, über Blogs, E-Mails oder Newsgroups organisiert.

Was ist HTML?

Die **H**yper**t**ext **M**arkup **L**anguage, kurz HTML, ist eine sogenannte Auszeichnungssprache (also vergleichbar mit einer Programmiersprache), mit der man die Grundlagendokumente für das World Wide Web schreiben kann. Mit HTML kann man Text, Bilder und Links strukturieren und so Homepages erstellen.

```
<!DOCTYPE html>
<html>
<!-- created 2010-01-01 -->
 <head>
  <title>sample</title>
 </head>
 <body>
  <p>Voluptatem accusantium
   totam rem aperiam.</p>
 </body>
</html>
```

HTML

Beispiel für HTML

Wofür benötigt man sogenannte Klinkenstecker?

Klinkenstecker werden für die Stromversorgung von Kleingeräten, also z.B. Kopfhörern, Mikrofonen, aber auch Handys, verwendet.

Was bedeutet SMS genau?

a) Safe My Story
b) Safe Message Sale
c) Short Media Sending
d) Short Message Service

d) Short Message Service
SMS, eigentlich **S**hort **M**essage **S**ervice, heißen die Kurznachrichten, die man mit dem Mobiltelefon verschicken kann. Da eine Nachricht auf 160 Zeichen beschränkt ist (die meisten Mobiltelefon-

anbieter ermöglichen zwar mittlerweile das Versenden größerer Zeichenmengen, berechnen aber für jede 160-Zeichen-Einheit eine Kurznachricht), hat sich eine eigene Ausdrucksform von Abkürzungen und Emoticons entwickelt.

Wer benutzt Mac OS X?

Das ist das aktuelle Betriebssystem der Firma Apple, wird also von allen Apple-Computern verwendet. Eine Variante dieses Betriebssystems, das iOS, kommt bei den Apple-Geräten iPhone, iPad und iPod zum Einsatz.

Was verbirgt sich hinter der Einheit Hertz (Hz)?

Das ist die Einheit für die Frequenz, also für Schwingungen pro Sekunde. Bestimmte Frequenzbereiche können zur technischen Informationsübermittlung verwendet werden.

Wozu benötigt man einen Lithium-Akku?

Ein Lithium-Ionen-Akku ist eine Variante des Akkumulators, der mit Lithiumatomen funktioniert und besonders für tragbare Kleingeräte, also Notebooks oder Handys, geeignet ist. Er verfügt über keinen Memory-Effekt, d.h. er verzeiht dem Nutzer das Aufladen ohne vollständige vorherige Entladung.

Flash Message
Eine Flash Message, auch Flash SMS, ist eine SMS, die direkt auf dem Handydisplay erscheint, ohne dass sie dazu extra geöffnet werden muss.

Was tut jemand, der simst?

a) programmieren
b) Status auf Facebook updaten
c) Kurznachricht verschicken
d) onlineshoppen

c) Kurznachricht verschicken
Jemand, der simst, verschickt eine SMS.

Was besagt die Angabe mAh bei Akkus?

Milliamperestunden, kurz mAh, werden bei Akkus angegeben, um die mögliche zur Verfügung stehende Ladung zu beziffern. Es geht hier also um die „Power" des Akkus, nämlich die maximal speicherbare Energie.

Sollte man seine Mobilfunk-Mailbox ausschalten, wenn man ins Ausland reist?

Die Handymailbox ist ein mobiler Anrufbeantworter, der über eine Rufnummernumleitung auf eine besondere Mailboxnummer funktioniert. Hält man sich außerhalb des Heimatlandes auf, wird der Anruf zuerst zum Handy geleitet, wofür Roaminggebühren für die Nutzung des ausländischen Netzes entstehen. Für die Rückumleitung zur Mobilfunknummer im Heimatnetz fallen dann nochmals die gleichen Gebühren an.

Wann spricht man von einem Frequenzband?

Frequenzbänder sind die Frequenzbereiche, in denen z.B. Radiosender oder Mobilfunkanbieter senden. Je nach Länge der Wellen nennt man die Bänder Lang-, Mittel-, Kurz- oder Ultrakurzwellen (Hörfunk und Fernsehen). Mobilfunk, WLAN und Bluetooth nutzen die noch kürzeren Mikrowellen.

Wer ist Tux?

Tux, ein Pinguin, ist das Logo und das belieb- te Maskottchen des Betriebssystems Linux. Linus Torvalds (1969), der Begründer von Linux, wollte einen glücklich aussehenden Pinguin als Symbol für seine Software. Linux ist das erste freie Betriebssystem, das von Entwicklern auf der ganzen Welt genutzt und weiterentwickelt wird.

Tux

Was tut jemand, der makelt?

a) Er vermietet seinen PC stundenweise.
b) Er schaltet zwischen zwei Anrufern hin und her.
c) Er veröffentlicht eine Bewerbung im Internet.
d) Er versteigert etwas bei eBay.

b) Er schaltet zwischen zwei Anrufern hin und her.

Makeln ist ein Service, den verschiedene Telefonanbieter zur Verfügung stellen. Voraussetzung dafür ist eine Funktion, mit der man einen Anruf „halten" kann. Anschließend kann ein zusätzliches Gespräch mit einem Teilnehmer, der zuvor „angeklopft" hat, angenommen und zwischen dem ersten und zweiten Gesprächspartner hin- und hergeschaltet, also gemakelt werden.

Was besagen Megapixel bei einer Digitalkamera?

Ein Pixel ist ein Bildpunkt, Megapixel sind somit eine Million Bildpunkte. Bei einer Digitalkamera geben sie die Bildauflösung an, sind also ein wichtiges Qualitätsmerkmal: je höher die Anzahl der Megapixel, desto größere Abzüge mit guter Bildqualität können von den Fotos gemacht werden.

Was verbirgt sich hinter GSM?

Das **G**lobal **S**ystem for **M**obile Communications, kurz GSM, ist ein technischer Standard für Mobilfunknetze, z.B. auch für die deutschlandweit üblichen Netze D und E.

Wann kam das erste Mobiltelefon auf den Markt?

a) 1926
b) 1950
c) 1983
d) 1991

c) 1983

1983 stellte die Firma Motorola das erste Mobiltelefon vor, das auf dem freien Markt erhältlich war. Es kostete knapp

4000 US-Dollar und man konnte nur etwa eine Stunde damit telefonieren. Schon 1926 hatte allerdings die Deutsche Reichsbahn einen mobilen Telefondienst für Reisenden der 1. Klasse entwickelt. Die ersten Autotelefone gab es in den 1950er-Jahren.

Was ist MMS?

Multimedia **M**essaging **S**ervice, kurz MMS, ist eine Weiterentwicklung der SMS: Es können längere sowie formatierte Texte verschickt werden; man kann Bilder, Töne und sogar Videos an die Nachricht anhängen.

Was kann eine SD Card?

Eine SD Memory Card ist eine digitale Speicherkarte. Ständige Weiterentwicklungen vervielfachen die Kapazitäten permanent. Ursprünglich mit acht Megabyte ausgestattet wurde der Speicherplatz bei den folgenden Karten stets verdoppelt, sodass bei den heute erhältlichen 64 Gigabyte sicher nicht Schluss ist.

Verschiedene Modelle von SD Cards

Warum spielt die Taktung für die Telefonrechnung eine Rolle?

Die Taktung bezeichnet bestimmte Zeitintervalle, in denen der Telefonanbieter die Gespräche abrechnet. Die Taktung

Wie kam die Firma Apple zu ihrem Namen?

Von Steve Jobs (*1955), einem der Gründer, gibt es folgende Erklärung: Zum Zeitpunkt der Firmengründung war er Frutarier. Da keinem aus dem Team ein Name für ihre Firma einfallen wollte, drohte er, die Firma „Apple Computer" zu nennen, falls bis zum Abend kein besserer Vorschlag gemacht würde. Und so blieb es bei dem Obstnamen für eine der erfolgreichsten Computerfirmen.

60/10 bedeutet z. B., dass die erste Minute stets voll berechnet wird, auch wenn das Gespräch nur 30 Sekunden dauert. Nach dieser Minute werden alle folgenden zehn Sekunden als Einheit abgerechnet.

Was ist ein Posting?

a) ein elektronisch zugestellter Brief
b) eine Mitteilung in einem Onlineforum
c) eine sich automatisch öffnende Werbewebseite
d) eine Massen-E-Mail

b) eine Mitteilung in einem Onlineforum
Ein Posting ist eine Mitteilung in einem Online-Forum oder auch einer Newsgroup, ähnlich einer E-Mail, die alle Mitglieder lesen und auch kommentieren können.

Was ist ein Permalink?

Links sind sozusagen Abkürzungen, über die man von einer Webseite zu einer anderen gelangt. Wenn diese Seiten ihre

Adresse, die URL, ändern, kann so ein Link ins Leere führen. Durch einen Permalink wird das verhindert: Er verweist dauerhaft auf die Inhalte.

Was genau macht ein Mobiltelefon zum Smartphone?

Diese Mobiltelefone sind nicht mehr nur dafür ausgerüstet zu telefonieren, sondern besitzen eigentlich die Funktionalität kleiner Computer: Man kann mit ihnen online gehen, E-Mails abrufen und versenden, Termine verwalten, mittels GPS navigieren und vieles mehr.

Smartphone

Seit wann gibt es das World Wide Web?

a) 1978
b) 1983
c) 1989
d) 1995

c) 1989
Das WWW wurde 1989 in Genf am CERN (Europäische Organisation für Kernforschung) unter Timothy Berners-Lee (*1955) entwickelt. Ab 1991 konnte es dann weltweit („worlwide") genutzt werden.

Was ist das Besondere an einem polyfonen Klingelton?

Polyfon (griech. poly = mehr; phone = Ton) nennt man einen mehrstimmigen Klingelton. Im Gegensatz zu den monotonen Anrufsignalen älterer Handys ist es bei polyfonen Signalen möglich, verschiedene Klangfarben und mehrere Töne gleichzeitig erklingen zu lassen.

Was ist ein Wiki?

a) System zur gemeinsamen Erstellung von Onlinetexten
b) Moderator in Onlineforen
c) automatische Grammatik- und Rechtschreibkorrektur
d) Leiter einer Onlineredaktion

a) System zur gemeinsamen Erstellung von Onlinetexten
Ein Wiki ist ein System, in dem eine Software es den Besuchern der Webseiten erlaubt, Texte nicht nur zu lesen, sondern auch zu bearbeiten. Die bekannteste Anwendung ist das Onlinelexikon Wikipedia.

Wer gründete das Mikroblogging-Netzwerk Twitter?

a) Jack Dorsey, Biz Stone und Evan Williams
b) Bill Gates, Paul Allen und Monte Davidoff
c) Steve Jobs, Steve Wozniak und Ronald Wayne
d) Larry Ellison, Bob Miner und Ed Oates

a) Jack Dorsey, Biz Stone und Evan Williams
2006 entwickelten Dorsey, Stone und Williams Twitter als Projekt zur internen Kommunikation für ein Unternehmen und gründeten 2007 schließlich die gleichnamige Firma. Gates, Allen und Davidoff

sind die Gründer von Microsoft, Jobs, Wozniak und Davidoff gründeten Apple, Ellison, Miner und Oates die Oracle Corporation.

Twitter-Logo

■ ■ ■

■ Was kann man mit Streaming Audio tun?

Streaming Audio ist ein Verfahren, mit dem man z.B. Radiosender über das Internet empfangen und hören kann.

■ ■ ■

■ Wozu benötigt man ein Outdoorhandy?

Obwohl natürlich jedes Mobiltelefon im Freien benutzt werden kann, sind sogenannte Outdoorhandys besonders unempfindlich gegen Temperaturschwankungen, Staub und Wasser. Sie sind geeignet für Natur- und Extremsportler sowie Menschen, die berufsbedingt in staubigen, nassen oder kalten bzw. heißen Umgebungen zu tun haben.

IP-Code

Der IP-Code (**I**nternational **P**rotection bzw. **I**ngress **P**rotection) besteht aus zwei Ziffern und gibt an, wie widerstandsfähig Geräte gegenüber bestimmten Umweltbedingungen sind. Die erste Ziffer bezieht sich auf den Fremdkörper- und Staubschutz, die zweite auf den Schutz gegen Wasser. Ein robustes Outdoorhandy mit dem Code IP67 z.B. ist absolut staubdicht und kann sogar zeitweise in Wasser getaucht werden.

■ ■ ■

■ Was ist eine Luftschnittstelle?

a) ein veralteter Link
b) Datenübertragung über die Luft
c) WLAN-Hot-Spot im Flugzeug
d) Umschlagplatz für international agierende Onlineshops

b) Datenübertragung über die Luft
Eine Luftschnittstelle ist der Name für die Datenübertragung über bestimmte Frequenzen elektromagnetischer Wellen, wie z.B. beim WLAN, Bluetooth oder auch beim Mobilfunk.

■ ■ ■

■ Wer benutzt webOS?

Das Betriebssystem des Unternehmens Palm heißt webOS. Die Firma war lange Zeit der einzige Anbieter für Taschencomputer, die mit einem kleinen Stift bedient werden, und so wurde – vor dem Siegeszug der Smartphones – der Begriff „Palm" quasi synonym für PDAs verwendet.

■ ■ ■

■ Wofür steht PDA?

a) Private Data Accessory
b) Personal Direction Apparat
c) Private Device of Assistance
d) Personal Digital Assistant

d) **P**ersonal **D**igital **A**ssistant
Die Personal Digital Assistants sind kleine tragbare Computer, die Kalender-, Nachrichten- und Aufgabenverwaltung durchführen können. Dazu werden sie

mit dem PC synchronisiert. Mittlerweile sind die PDAs jedoch von der neuesten Generation der Smartphones verdrängt worden.

Personal Digital Assistant

Was tut ein Podcaster?

Ein Podcaster erstellt Audiodateien, z. B. von Radiosendungen, die von den Benutzern abonniert werden – und damit automatisch zur Verfügung gestellt werden.

Podcast
Das Wort setzt sich zusammen aus dem Begriff „iPod", der oft synonym für alle MP3-Player verwendet wird, und dem englischen „broadcast" (Rundfunk).

Was kann eine Power-SMS?

Power-SMS ist eine Windows-App für Smartphones, mit der zusätzlich zu den üblichen Funktionen für Kurznachrichten noch Selbstbenachrichtigungen, automatische Antwortmöglichkeit und SMS-Analysen möglich sind.

Was bedeutet Prepaid?

Wer einen Prepaidvertrag für sein Handy abschließt, kauft das Telefonguthaben im Voraus, statt im Nachhinein per Monatsrechnung zu bezahlen. Dadurch hat man eine bessere Kostenkontrolle, muss aber das Guthaben auch immer wieder selbst aufladen.

Was ist eine Silent SMS?

a) eine SMS, die ein lautlos gestelltes Telefon erreicht
b) eine SMS, die nicht zugestellt werden kann
c) eine SMS, die an einen falschen Teilnehmer geschickt wird
d) eine SMS, die weder akustisch noch auf dem Display angezeigt wird

d) eine SMS, die weder akustisch noch auf dem Display angezeigt wird
Silent SMS werden z. B. von der Polizei zur Ortung von Personen verschickt. Man nennt sie daher auch Stealthy Ping.

Was passiert beim Roaming?

Roaming (engl. to roam = (herum-)wandern) nennt man die Nutzung eines fremden Netzes beim Telefonieren mit dem Handy, also z. B. im Ausland. Dafür fallen sogenannte Roaming-Gebühren an, die das Telefonieren entsprechend teuer machen. Die EU hat 2007 aber eine Preisobergrenze für diese Gebühren festgelegt.

Was ist ein Single Sign-on?

Mit einem Single Sign-on kann sich ein Nutzer an seinem Rechner anmelden und anschließend alle Dienste nutzen, für die er eine Zugangsberechtigung hat, ohne sich für jeden einzelnen neu identifizieren zu müssen.

■ Wie hieß der erste PDA, den Palm anbot?

1996 wurde der Palm Pilot vorgestellt, der das PDA-Zeitalter einläutete. Die Bedienung erfolgte über einen kleinen Stift.

■ Was ist ein SIM-Lock?

a) Sperrung der SIM-Karte
b) Einschränkung der Nutzung von Handys für bestimmte SIM-Karten
c) Sicherung der SIM-Karte mit einer PIN
d) Haltevorrichtung im Handy für die SIM-Karte

b) Einschränkung der Nutzung von Handys für bestimmte SIM-Karten
Mobiltelefone können so programmiert werden, dass sie für bestimmte Arten von SIM-Karten gesperrt sind. Damit können z.B. Handyhersteller und Mobilfunkanbieter ihre Produkte exklusiv nur in Kombination miteinander anbieten.

SIM-Karte

■ Was ist ein Plug-in?

Ein Plug-in ist ein Programm, das in eine andere Software integriert wird und diese dadurch um bestimmte Funktionen erweitert.

■ Welchen Vorteil bringt die Nutzung von T9?

T9, eigentlich „text on 9 keys", ist ein System, das das Schreiben von SMS erleichtert. Die Buchstaben zum Schreiben der Nachrichten sind auf die neun Zifferntasten verteilt. Mit T9 entfällt das mehrmalige Drücken der Tasten für bestimmte Buchstaben, da eine Software das beabsichtigte Wort erkennt.

■ Wie funktioniert ein Touchscreen?

Es gibt drei technische Möglichkeiten: 1. über den Widerstand (zwei leitfähige Beschichtungen mit einem Abstandhalter werden durch kräftige Berührung zusammengedrückt), 2. über Energieabsorption (Wandler und Reflektoren erzeugen stehende Ultraschall- oder Infrarotwellen über dem Bildschirm, die bei der Berührung verändert werden), 3. über die Kapazität (ein gleichförmiges elektrisches Feld über dem Bildschirm wird durch Berührung verändert).

Touchscreen

■ Was ist der Unterschied zwischen GSM und UMTS?

UMTS ist der Mobilfunkstandard der dritten Generation (seit 2004 verfügbar), mit dem deutlich größere Datenübertragungsraten möglich sind als mit GSM, dem Standard der zweiten Generation (Nachfolger der analogen Netze).

Was ist ein User Interface?

a) System zur Interaktion von Mensch und Maschine
b) Profil in einem Onlinenetzwerk
c) Bedarfsanalyse für einen IT-Kunden
d) Mobiltelefon mit Großschrift

a) System zur Interaktion von Mensch und Maschine
Ein User Interface, oder auch Benutzerschnittstelle, ist die Möglichkeit eines Gerätenutzers, Daten mit diesem auszutauschen. Bei einem PC kann das z.B. das Menü in Word sein oder ein Web-Formular, aber auch die Tastatur oder die Maus.

Was ist ein Hot Spot?

a) IT-Messe
b) öffentlicher WLAN-Zugriffspunkt
c) Produkteinführung eines Kommunikationsgeräts
d) Orte mit besonders starkem Netzempfang

b) öffentlicher WLAN-Zugriffspunkt
An Hot Spots kann man mit einem WLAN-fähigen PC oder Smartphone meist gegen Bezahlung im Internet surfen.

Warum heißt die Computertastatur QWERTZ-Tastatur?

QWERTZ sind die ersten sechs Tasten in der obersten Buchstabenreihe. Die Entscheidung für diese Belegung der Tasten

QWERTZ

hängt mit der alten Schreibmaschinentechnik zusammen: Damit sich die Hebel der Maschinen beim schnellen Tippen nicht verhakten, legte man die häufiger verwendeten Buchstaben nach außen.

Andere Länder ...
... andere Sitten: In den USA ist eine andere Buchstabenbelegung auf den Tastaturen üblich, die sogenannte QWERTY-Tastatur, auf der es u.a. keine Umlaute gibt. In Frankreich wird die AZERTY-Tastatur verwendet, bei der z.B. Sonderzeichen wie Apostrophe direkt erreichbar sind.

Was ist ein E-Book?

Ein E-Book ist ein digitalisiertes Buch, das entweder am PC oder an bestimmten Lesegeräten gelesen werden kann.

Wie funktioniert ein Vibrationsalarm?

Meistens wird die Vibration von einem Motor mit einer Unwucht erzeugt. Einige Telefone nutzen auch die Membran des Lautsprechers, die mit einer niedrigen Frequenz das typische Vibrationsgeräusch erzeugt.

Wofür steht VGA-Auflösung bei Handys?

VGA, eigentlich **V**ideo **G**raphics **A**rray, ist ein Grafikstandard für Bildschirme. Bei Mobiltelefonen und Smartphones bedeutet dies eine Displayauflösung von 640 mal 480 Pixeln.

Was steckt hinter dem Begriff Web 2.0?

Mit diesem Namen soll die neue interaktive Funktionalität des WWW betont werden. Im Gegensatz zum Web der ersten Generation, in dem wenige „Autoren" vielen Nutzern Informationen zur Verfügung stellten, kann heute jeder im Web tätig werden, z. B. über Profile in sozialen Netzwerken, als Blogger, über Wikis oder Postings.

Wer benötigt Windows Mobile?

Windows Mobile ist ein Betriebssystem für Smartphones und ähnliche Geräte, wie Taschen-PCs.

Was ist ein Widget?

Ein Widget (engl. widget = Dingsbums, Albernheit) ist ein kleines Fenster, das man platzsparend auf der Desktopansicht einbauen kann, um den direkten Zugriff auf ein größeres Programm zu haben, z. B. die Wikipedia-Suche, einen Kalender oder einen Wetterdienst.

Was ist eine Newsgroup?

Newsgroups sind Internetforen zu bestimmten Themenbereichen, in denen die Nutzer Artikel oder Postings veröffentlichen können.

Was ist Wi-Fi?

Wi-Fi ist eigentlich der Name eines Unternehmens, das kabellose Elektronik (wireless) verkauft. Der Begriff wird aber auch synonym für WLAN verwendet.

Stimmt es, dass man von jedem Handy – egal, wie benutzbar es sonst ist – einen Notruf abgeben kann?

Nein. Diese ursprünglich so etablierte Regel wurde vom Gesetzgeber aufgrund der vielen missbräuchlichen Anrufe um eine Voraussetzung ergänzt: Das Telefon muss eine aktive SIM-Karte enthalten, damit der Anrufer identifiziert werden kann. Richtig ist allerdings, dass kein Guthaben auf dem Telefon sein muss, um eine Notrufnummer erreichen zu können.

Notruf

Welches Gerät benutzt jemand, der einen Kindle hat?

Der Kindle von Amazon ist ein tragbares Lesegerät für E-Books, also elektronische Bücher. Die Buchdateien können direkt heruntergeladen und auf einem besonders reflexionsarmen Display gelesen werden.

Wozu benötigt man den Personal Unblocking Key?

Einen PUK benötigt man zum Entsperren (engl. to unblock = entsperren, freigeben) von elektronischen Geräten, die mit einer PIN gesichert sind und, z. B. wegen fehlerhafter PIN-Eingabe, blockiert wurden.

Was passiert, wenn jemand chattet?

Chat ist eine Möglichkeit zur Echtzeitkommunikation über das Internet. Das kann entweder in einem sogenannten Chatroom stattfinden, in dem sich mehrere (anonyme) Teilnehmer zum Chat virtuell treffen, oder auch zwischen bestimmten Nutzern eines Chatprogramms, wie z. B. Skype.

Was ist WLAN?

WLAN, eigentlich **W**ireless **L**ocal **A**rea Network, ist ein drahtloses Netzwerk, das den Internetzugang ermöglicht.

Wozu dient Xing?

Xing ist ein Onlinenetzwerk, in dem man eigene Profile verwalten und Kontakte knüpfen kann. Im Gegensatz zu anderen Netzwerken wie Facebook oder Myspace stehen hier die geschäftlichen Kontakte im Vordergrund.

Was ist Cloud Computing?

Cloud Computing ist die Bereitstellung von Rechenleistung oder einzelnen Services bzw. Speicherplatz aus dem WWW (der „cloud" = „Wolke"). Schlussendlich soll die individuelle Nutzung von Computerleistung dadurch perfekt an den Bedarf angepasst werden.

Seit wann gibt es Wikipedia?

a) 1999 c) 2003
b) 2001 d) 2005

b) 2001
Seit 2001 kann jeder, der einen PC hat, mit dem er online gehen kann, an dieser Internet-Enzyklopädie mitschreiben. Die Artikel werden diskutiert und können ständig überarbeitet werden.

Für welches Produkt steht die Firma Oracle?

Oracle ist der drittgrößte Softwarehersteller der Welt. Das bekannteste Produkt ist Oracle Database, ein System zum Management von Datenbanken.

Wozu benötigt man einen Webbrowser?

Webbrowser sind die Programme, die es dem PC-Nutzer ermöglichen, mit dem WWW verbunden zu werden. Sie ermöglichen z. B. die Darstellung von Seiten oder das Hoch- bzw. Herunterladen von Dateien. Bekannte Browser sind Internet Explorer, Firefox, Opera oder Safari.

Was findet man auf flickr.com?

Auf das Portal Flickr können Fotos und Videos von jedem Internetnutzer hoch-

Cellphone und mobile
Das Mobiltelefon, das im deutschen Sprachraum auch als Handy bezeichnet wird, heißt – entgegen dem, was der englische Klang dieses Namens vermuten ließe – in den USA und in Großbritannien ganz anders: „Cellphone" ist der amerikanische Begriff für ein Mobiltelefon, „mobile" der britische.

geladen und anschließend kommentiert, in Kategorien sortiert bzw. mit Schlagwörtern versehen werden.

Wozu wird eine Premium-SMS verschickt?

Premiumdienste dienen der Abrechnung von z. B. Klingeltönen, Handylogos oder Gewinnspielen im Fernsehen. Dabei wird über den SMS-Preis bezahlt.

Was sind Social Bookmarks?

Social Bookmarks sind Lesezeichen, die von mehreren Internetnutzern gemeinsam erstellt und verwendet werden können.

Was ist ein Newsletter?

Ein Newsletter ist ein elektronisches Rundschreiben, das als automatisch versendete E-Mail alle Subscriber, also alle für den Newsletter angemeldeten Teilnehmer, erreicht.

Wer ist ein Digital Native?

Als Digital Native bezeichnet man eine Person, die mit dem Internet und der digitalen Welt aufgewachsen ist. Als Erster hat diesen Begriff Marc Prensky im Zusammenhang mit E-Learning geprägt. Zeitlich abgrenzen kann man die Digital Natives ab dem Geburtsjahr 1980.

Wozu benötigt man einen elektronischen Personalausweis?

Der seit 2010 in Deutschland erhältliche neue Personalausweis verfügt über einen Chip, der eine elektronische Identifizierung möglich macht. Damit sollen z. B. bestimmte Behördengänge in Zukunft online möglich sein.

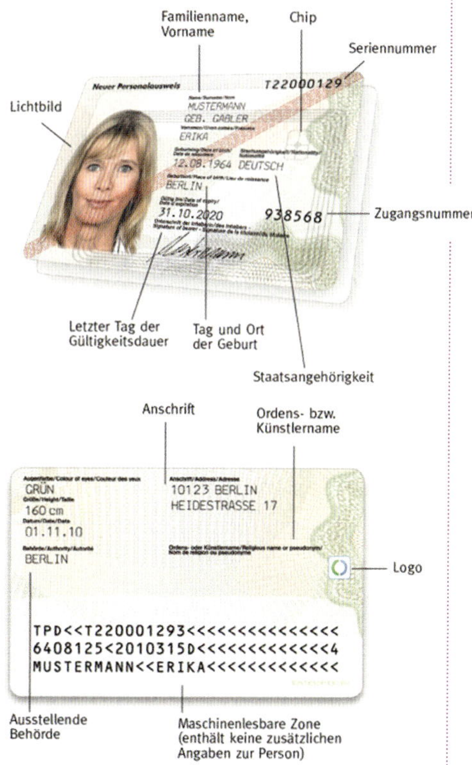

Elektronischer Personalausweis

Was ist MP3?

a) Containerformat zur digitalen Speicherung von Audiodaten
b) Gerät, das digital gespeicherte Audiodateien abspielt
c) Verfahren zur Kompression digital gespeicherter Audiodaten
d) Musikspieler ohne Display

c) Verfahren zur Kompression digital gespeicherter Audiodaten
MP3 wurde am Fraunhofer-Institut in Erlangen entwickelt, um Audiodateien zu komprimieren, ohne dabei die Qualität der Aufnahme wahrnehmbar zu reduzieren.

Was bedeutet Pinch-to-zoom?

Das ist die Geste, mit der man auf Touchscreens mit zwei Fingern Objekte vergrößern oder zoomen kann.

Was ist ein Tablet-Computer?

Ein Tablet-Computer ist – ähnlich wie ein Notebook – ein tragbarer Computer, der aber über einen Touchscreen bedient wird, und somit keine Tastatur braucht.

Wer kann beim Chaos Computer Club Mitglied werden?

a) keiner
b) jeder
c) lizenzierte Hacker
d) Diplom-Informatiker

b) jeder
Der Chaos Computer Club ist ein eingetragener Verein, bei dem jeder Mitglied werden kann, der sich für „weltweite, ungehinderte Kommunikation" und „grenzüberschreitend für Informationsfreiheit" einsetzen will.

Was ist der Unterschied zwischen einer DVD und einer Blu-ray Disc?

Die Blu-ray Disc ist die Weiterentwicklung der DVD, die eine erheblich verbesserte Bildqualität ermöglicht. Neuere Player sind auf diese Technologie ausgerichtet, können aber ältere Formate, also DVDs, meistens auch noch abspielen.

Wann braucht man Doodle?

Doodle ist ein online verfügbares Tool, um Terminvereinbarungen zu treffen. Jeder Internetnutzer kann online eine Terminumfrage erstellen und die betreffenden Personen via E-Mail dazu einladen.

Doodle-Logo

Was tut man beim Scrollen?

Scrollen nennt man das Verschieben des Bildes auf dem Display mittels einer Bildlaufleiste.

Wozu benötigt man einen Trackball?

Zur Bedienung eines PCs. Ein Trackball ist ein Gerät, in dem eine frei bewegliche Kugel integriert ist, mit der man verschiedene Elemente im Computer steuern kann.

Was versteht man unter Filesharing?

Filesharing ist der Austausch von Dateien über das Internet. Das größte Filesharing-Netz ist BitTorrent. Problematisch beim Filesharing sind oft Urheberrechtsverletzungen, die mit dem illegalen Weitergeben von z. B. Musik oder Filmen einhergehen.

Pirate Bay
Pirate Bay ist ein BitTorrent-Tracker, also sozusagen ein Vermittlerportal für Filesharer. Hier wird die Schuldfrage bei der Urheberrechtsverletzung knifflig, da die „Piratenbucht" ja nicht selbst die illegalen Musik- und Filmkopien verteilt. Mittlerweile wurde die Filesharer-Firma verkauft.

Was ist ein Thread?

Im Internet bezeichnet dieser Begriff eine Folge von Diskussionsbeiträgen zu einem bestimmten Thema, z. B. in einem Forum.

Wie heißt der erste 3-D-Kinofilm?

a) *The Power of Love*
b) *Tiger Child*
c) *Into the Deep*
d) *Avatar*

a) *The Power of Love*
Bereits 1922 kam dieser Film in die Kinos – zwar noch ohne Ton, aber bereits mit der Rot-Grün-Technik (auch anaglyphe Projektion genannt: Eine Brille mit einem roten und einem grünen Glas trennt die Bilder für das Auge, sodass im Gehirn ein dreidimensionales Bild entsteht). *Tiger Child* war 1970 der erste IMAX-Film, *Into the Deep* ist ebenfalls ein IMAX-Film aus dem Jahr 1995. *Avatar – Aufbruch nach Pandora* ist ein 3-D-Film aus dem Jahr 2009, der mit neu entwickelten 3-D-Kameras gedreht wurde.

Wofür steht die Abkürzung USB?

a) Universal Stick Bluetooth
b) User Stick Brand
c) User Special Bit
d) Universal Serial Bus

d) **U**niversal **S**erial **B**us
USB ist ein Bus, also ein System zur Datenübertragung, mit dem PCs und andere Geräte miteinander verbunden werden können.

USB-Stick

Seit wann gibt es Touchdisplays?

Schon seit den frühen 1980er-Jahren. Denn nicht etwa Apple hat diese Technik erfunden, allerdings hat das Unternehmen sich den Namen patentieren lassen. Vielmehr hat eine Forschergruppe der University of Toronto 1982 die ersten

Multitouchdisplays entwickelt und auch 1983 schon die sogenannte Pinch-Geste, das Aufziehen von Objekten mit zwei Fingern, verwendet.

Was ist eine PIN?

Die **P**ersönliche **I**dentifikations**n**ummer ist eine Zahlenkombination, mit der man bestimmte Zugangsrechte zu elektronischen Geräten erhält. Das kann die Nutzung eines Handys sein, aber auch die eines Geldautomaten.

Was sieht man auf Youtube?

Youtube ist ein Internetportal, auf dem jeder User Videos oder Filmausschnitte veröffentlichen oder ansehen und kommentieren kann.

Was ist Picasa?

Picasa ist eine Software zur Bildverwaltung, mit der man kostenlos digitale Bildergalerien zusammenstellen und anderen mittels E-Mail-Einladung zur Verfügung stellen kann.

Picasa-Logo

Was besagt die Auflösung eines Handys?

Die Auflösung gibt an, wie viele Bildpunkte das Handydisplay besitzt. Je höher die Auflösung ist, desto besser kann das Han-dy für Fotos, zum Surfen oder sogar als kleines Taschenkino verwendet werden.

Wer kann einen Blog schreiben?

a) nur ein Hacker
b) nur ein Systemadministrator
c) nur ein Onlinejournalist
d) jeder

d) jeder
Einen Blog, auch Weblog (aus World Wide Web und Log), kann jeder schreiben: Das ist ein im Internet geführtes Tagebuch, in

dem der Blogger (= Autor des Blogs) regelmäßig seine Gedanken festhält, aktuelles Geschehen kommentiert und vieles mehr.

Ist eine sogenannte Free SMS kostenlos?

Free SMS kann man über das Internet verschicken, ohne dafür bezahlen zu müssen. Die Anbieter finanzieren sich meist über Werbung, die in der Nachricht enthalten ist.

Was bedeutet GPRS?

Mit dem **G**eneral **P**acket **R**adio **S**ervice, kurz GPRS, können in GSM- und UMTS-Netzen Datenpakete übertragen werden.

Was ist das E-Netz?

Digitales Mobilfunknetz in Deutschland im Frequenzbereich von 1800 MHz. Das erste E-Netz in Deutschland war das Eplus-Netz. Mittlerweile nutzen die meisten Handybetreiber aber sowohl D-Netz- als auch E-Netz-Frequenzbereiche.

Wozu benötigt ein Handy einen Autofokus?

Der Autofokus ist in die Kamerafunktion des Handys integriert. Er ermöglicht das automatische Scharfstellen der Handykamera.

Was ist eine Massen-SMS?

Das ist eine SMS, die an mehrere Tausend Empfänger gleichzeitig verschickt werden kann. Besonders als Werbemittel bietet sich dieser Nachrichtenversand an.

Wozu benötigt man einen Server?

Ein Server ist ein Programm, das einen Dienst bereitstellt (engl. to serve = jmd. bedienen, beliefern). Im Client-Server-Modell kann der sogenannte Client vom Server einen bestimmten Dienst anfordern. Das kann z.B. der E-Mail-Empfang, die Webnutzung oder ein Datenaustausch sein.

Webnutzung

Gut zu wissen: Abkürzungen für SMS oder E-Mails

4u	for you – für Dich
8ung	Achtung
afaik	as far as I know – soweit ich weiß
BB	Bis bald
BIDUNOWA?	Bist du noch wach?
brb	be right back – bin gleich wieder da
btw	by the way – übrigens
cu	see you – Tschüss/bis bald
FG	fieses/freches Grinsen
fubar	fucked up beyond all recognition – total im A... (zerstört)
gg	steht für „grins"
gn8	gute Nacht
GNGN!	Geht nicht gibt's nicht!
GVLG	Ganz viele liebe Grüße
HDL	Hab dich lieb

Was ist ein Ping?

a) Tonstörung in einem MP3
b) akustische Erinnerung durch das Handy
c) Diagnosetool zur Erreichbarkeit im Rechnernetzwerk
d) Thermosicherung in einem Schaltnetzteil

c) Diagnosetool zur Erreichbarkeit im Rechnernetzwerk

Ping ist ein Programm, mit dem man überprüfen kann, welche Teilnehmer in einem Rechnernetzwerk erreichbar sind. Das können z.B. mehrere PCs, Server, Drucker oder auch das Internet sein.

Wo befindet sich die längste Seilbahn der Welt?

In Armenien. Sie führt über die Worotan-Schluchten vom Dorf Halidsor zu dem historischen Tatew-Kloster aus dem 9. Jahrhundert. Die Strecke von 5,7 Kilometern bewältigt sie in elf Minuten.

Wofür steht die Abkürzung ROM?

Read **O**nly **M**emory. Übersetzt heißt das „Nur-Lese-Speicher" und bedeutet, dass die Daten dort ausschließlich gespeichert werden, nicht aber überbeschrieben werden können.

Wann nimmt die Leitfähigkeit eines Halbleiters zu?

a) bei sinkender Temperatur
b) bei Minusgraden
c) bei steigender Temperatur
d) bei Raumtemperatur

c) bei steigender Temperatur
Halbleiter werden in der modernen Computertechnik eingesetzt. Es handelt sich dabei um ein Material, das aufgrund seiner Leitfähigkeit zwischen einem Leiter und einem Isolator liegt. Ist der Halbleiter bei Raumtemperatur kaum leitend, so nimmt seine Leitfähigkeit bei steigender Temperatur zu.

Was versteht man beim Computer unter einem Betriebssystem?

Ein zentrales Computerprogramm, das alle Aktivitäten des Computers koordiniert. Genau genommen besteht das Betriebssystem selbst aus einem Bündel verschiedener Programme, über die das Drucken, die Ausführung anderer Programme usw. aufeinander abgestimmt werden.

In welcher Stadt gab es in Deutschland ab 1766 Briefkästen?

a) Nürnberg
b) München
c) Köln
d) Berlin

d) Berlin
Bereits 113 Jahre zuvor waren in Paris die ersten Wandbriefkästen angebracht worden.

Wie groß ist das Kreuzfahrtschiff Queen Mary 2?

Es ist 345,03 Meter lang und somit momentan das drittlängste Passagierschiff der Welt. Auf der Queen Mary 2 können bis zu 2620 Passagiere in 1310 Kabinen untergebracht werden. Die Besatzung besteht aus 1253 Personen. Ihre Jungfernfahrt begann am 12. Januar 2004 in ihrem Heimathafen Southampton.

Queen Mary 2 beim Auslaufen in Hamburg

Wofür ist die US-amerikanische Firma Intel bekannt?

Sie ist der größte Chip-Hersteller der Welt. Etwa 80 % aller Personalcomputer weltweit enthalten ihre Chips.

Was versteht man unter einer Malware?

a) eine Software, die absichtlich Schäden verursacht
b) eine Software, mit deren Hilfe man Bilder erstellen kann
c) eine Software, die beschädigt ist
d) eine Anwendung zwischen Hardware und Software

a) eine Software, die absichtlich Schäden verursacht
„Mal" kommt aus dem Englischen und steht für „malicious", „böse".

Was ist eine Late-Night-Show?

Ein Talkshow-Format für das Fernsehen. Die Late-Night-Show kommt aus den USA und wird erst zu sehr später Stunde (late night) ausgestrahlt.

Wann wurde mit dem Bau der Transsibirischen Eisenbahn begonnen?

a) 1891 c) 1911
b) 1901 d) 1921

a) 1891
Die Transsibirische Eisenbahn verbindet Moskau mit der Hafenstadt Wladiwostok am Japanischen Meer. Die Länge der Strecke beträgt 9289 Kilometer.

In welchem Jahr gründete Bill Gates (*1955) gemeinsam mit Paul Allan (*1953) seine Firma Microsoft?

a) 2001 c) 1981
b) 1993 d) 1975

d) 1975
Bill Gates gilt mittlerweile als der drittreichste Mensch der Welt.

Welche sechs Fragen sollte eine Pressemeldung im Idealfall beantworten?

Die sechs W-Fragen: Wer? Was? Wann? Wo? Wie? Warum?

In welchem Jahr entstand die erste Version von Microsoft Excel?

Im Jahr 1985. Es handelt sich um ein Kalkulationsprogramm, das vor allem für die Analyse und Darstellung verschiedener Daten verwendet wird. Die Daten können mithilfe von Arbeitsblättern, Tabellen, Diagrammen und Datenbanken aufbereitet werden.

Von wie vielen Menschen wird Deutsch als Muttersprache gesprochen?

Von etwa 105 Millionen Menschen. Neben Deutschland, Österreich und der Schweiz gibt es u.a. in Frankreich, Belgien, den USA, Kanada und Südafrika deutsche Muttersprachler.

Wie viele VW-Käfer wurden insgesamt hergestellt?

a) knapp 3,5 Millionen
b) über 15 Millionen
c) über 21,5 Millionen
d) fast eine Milliarde

c) über 21,5 Millionen

VW-Käfer

Über 69 Jahre wurde der VW-Käfer produziert. Er war die Grundlage des Erfolges der Volkswagen AG.

Was bedeutet Pay-TV?

Pay-TV heißt wörtlich „Bezahl-Fernsehen" und bedeutet, dass der Abnehmer nur gegen Abgabe einer monatlichen Gebühr das Programm des Anbieters empfangen kann. Zusätzlich wird ein Decoder benötigt, der an das Fernsehgerät angeschlossen wird.

Wie bewegt sich der Transrapid fort?

Der Transrapid hat keine Räder, Getriebe und Oberleitungen, stattdessen verfügt er über ein berührungsfreies elektromagnetisches Trag-, Führ- und Antriebssystem, d. h., er schwebt. Die dafür benötigte Energie liefern Batterien, sodass der Transrapid auch bei einem Stromausfall noch über Energiereserven von etwa einer Stunde verfügt. Zum Schweben braucht er nicht mehr Energie als für den Betrieb seiner Klimaanlage.

Was ist eine rhetorische Frage?

Eine Frage, die für sich steht und keine Antwort erwartet. Durch den Einsatz rhetorischer Fragen soll unausgesprochene Zustimmung erreicht oder zum Nachdenken angeregt werden.

Darf man an einem Linienbus, der mit eingeschalteter Warnblinkanlage in der Bushaltestelle steht, vorbeifahren?

Ja, aber nur im Schritttempo von maximal 7 km/h. Das gilt auch für den entgegenkommenden Verkehr.

Wofür ist Duisburg bekannt?

a) für den bedeutendsten Binnenhafen Mitteleuropas
b) für die Schokoladentradition
c) für die mittelalterlichen Holzfiguren
d) für die breiteste Kathedrale Deutschlands

a) für den bedeutendsten Binnenhafen Mitteleuropas

Der Hafen hat eine Uferlänge von 40 Kilometern und einen Warenumschlag von 14 Millionen Tonnen.

Was ist Bänkelsang?

Es handelt sich um die Vortragsweise fahrender Schausteller im 17. bis 19. Jahrhundert, die mit Drehorgelbegleitung Meldungen unter das Volk brachten. Die monoton-melancholischen Gesänge handelten von Verbrechen wie Mordtaten, von Lastern, Kriegen und Naturkatastrophen.

Wie heißt die Schrift, die vor 5000 Jahren in Ägypten entstand?

Hieroglyphen. Um ein schnelleres Schreiben möglich zu machen, wurden den Zeichen bald Laute zugeordnet. Dadurch entstanden abstraktere, stilisierte Zeichen. Die Schrift wurde komplexer, gleichzeitig aber auch genauer. Die so entstandene Schrift blieb 3000 Jahre in Benutzung.

Was ist ein Hub?

a) ein Luftverkehrsdrehkreuz
b) ein Hubschrauberflughafen
c) ein Umschlaghafen
d) ein verzweigtes Streckennetzwerk der Bahn

a) ein Luftverkehrsdrehkreuz
Es handelt sich um einen internationalen Flughafen, der durch ein besonders großes Umsteigervolumen als Luftverkehrsdrehkreuz fungiert.

Der Münchner Flughafen

Bei seiner Eröffnung im Jahr 1992 stiegen dort 1,3 Millionen Flugpassagiere um. Bereits im Jahr 1999 hatte sich die Zahl der Umsteiger auf 5,7 Millionen vervierfacht.

Aus welchen Begriffen ist die Bezeichnung „Sitcom" zusammengesetzt?

Aus „situation" und „comedy". Eine Sitcom ist eine humorvolle Fernsehserie, die auf stets wiederkehrenden Charakteren, Situationen und Orten aufbaut.

Wo wird die erste Magnetschwebebahn eingesetzt?

a) München
b) Shanghai
c) Tokio
d) Hongkong

b) Shanghai
Der Hochgeschwindigkeitszug verbindet seit 2003 auf einer 30 Kilometer langen Strecke das Finanzzentrum Shanghais mit dem Flughafen. Dabei erreicht der Transrapid eine Geschwindigkeit von 430 km/h.

Wofür steht der Begriff künstliche Intelligenz?

Für die Imitation der menschlichen Intelligenz am Computer. Dabei gilt der Grundsatz, dass der Computer nicht nur große Wissensmengen speichern kann, sondern auch lernfähig und zu logischen Schlussfolgerungen fähig sein sollte. Hierbei werden die Prinzipien des menschlichen Gehirns kopiert.

Münchner Flughafen

Wie lautet die englische Bezeichnung für Moderator?

a) moderator c) salesman
b) talkman d) anchorman

d) anchorman
Er ist gemeinsam mit der Redaktion für den Verlauf der Sendung zuständig. Er stellt den seriösen und kompetenten Fixpunkt des Magazins dar und führt zudem die Live-Interviews.

Wer führte den ersten motorisierten Flug der Welt durch?

Die amerikanischen Brüder Wilbur (1867–1912) und Orville Wright (1871–1948) im Jahr 1903. Allerdings war es angeblich Gustav Weißkopf (1874–1927) bereits zwei Jahre zuvor gelungen, mit einem Motorflugzeug zu fliegen. Weißkopf war 1895 aus Deutschland in die USA ausgewandert und beschäftigte sich mit Segelflugzeugen und Flugzeugmotoren. In den USA nannte er sich Whitehead.

Orville Wright

Wer übersetzte die vollständige Bibel in die deutsche Sprache?

Martin Luther (1483–1546). Somit stellte er die deutsche Sprache auf eine Ebene mit den als heilig erachteten Sprachen Hebräisch, Griechisch und Latein.

Wie heißen vom Computer simulierte dreidimensionale Räume?

Cyberspace. Mit der entsprechenden Ausrüstung kann ein Mensch sich dort wie in einer realen Umgebung bewegen. Der Cyberspace wird häufig von Designern und Architekten in der Planungsphase genutzt.

Welche zwei Länder verbindet die Öresundbrücke?

a) Deutschland und Dänemark
b) Dänemark und Schweden
c) Dänemark und Norwegen
d) Schweden und Finnland

b) Dänemark und Schweden
Die acht Kilometer lange Brücke führt über den Öresund. Am 14. August 1999 wurde das letzte Teilstück in die Brücke eingesetzt.

Was ist die Reiz-Reaktions-Theorie?

Bis in die 1940er-Jahre wurden Werbeslogans nach dieser Theorie konzipiert. Sie geht davon aus, dass der Konsument ein Produkt sofort kaufen wird, wenn ihm gesagt wird, dass es für ihn gut ist. Heutzutage versucht die Werbung eher, durch indirekte Botschaften zum Kauf anzuregen.

Wofür steht die Abkürzung ADSL?

Für **A**symmetric (oder Asynchronus) **D**igital **S**ubscriber **L**ine. Mit diesem Verfahren soll die Datenübertragung in den Kupferleitungen erhöht werden.

Welches Licht sollte man einschalten, wenn die Sichtweite unter 50 Meter beträgt?

a) die Nebelschlussleuchte
b) die Warnblinkanlage
c) das Fernlicht
d) das Standlicht

a) die Nebelschlussleuchte
Es ist jedoch verboten, die Nebelschlussleuchte bei einer Sichtweite über 50 Meter anzuschalten.

Was bewirkte die Erfindung der Schnell- und Rotationspresse?

Die Entwicklung einer großen Vielfalt an Tageszeitungen. Die Möglichkeit des schnellen Drucks im 19. Jahrhundert machte erstmalig die schnelle Verbreitung von Nachrichten möglich.

Was versteht man unter einer Presseerklärung?

Eine Stellungnahme zu einem bestimmten Thema. Sie wird der Presse zur Veröffentlichung zur Verfügung gestellt. Verfasst wird sie von einzelnen Personen, Gesellschaften, Organisationen oder Parteien.

Was passierte am 1. Juli 2002 am Himmel über dem nördlichen Bodensee?

Ein Frachtflugzeug kollidierte mit einer russischen Tupolew. Die herabstürzenden Trümmer verfehlten nur knapp das bebaute Gebiet bei Überlingen. 71 Menschen kamen bei dem Unfall ums Leben.

Wer gründete 1907 in Rom das erste Kinderhaus für Arbeiterkinder?

Maria Montessori (1870–1952). Das Konzept der Pädagogin beruht auf der Förderung der Intelligenz und Kreativität von Kindern. Sie werden zur eigenständigen und individuellen Entwicklung angeregt.

Maria Montessori

Wodurch zeichnet sich Open-Source-Software (OSS) aus?

Der Quellcode, auf dem das Programm beruht, ist öffentlich und kostenfrei zugänglich. Ohne Lizenzgebühr kann der Code in ein Programm übersetzt und verwendet werden. Auch für OS-Programme gibt es Serviceleistungen wie Handbücher und Benutzersupport. Zu den bekanntesten OS-Programmen gehören das Betriebssystem Linux und der Internetbrowser Mozilla.

Wie bezeichnet man einen Hafen, der im Landesinneren liegt?

Binnenhafen. Zu ihm führen Flüsse, die als Binnengewässer bezeichnet werden. Die Schifffahrt auf Gewässern im Landesinneren heißt demzufolge Binnenschifffahrt.

Binnenhafen in Husum

Was ist die GEZ?

Die **G**ebühren**e**inzugs**z**entrale. An diese Stelle werden die Gebühren für den öffentlich-rechtlichen Rundfunk überwiesen. Für die meisten Privatsender fallen keine Gebühren an. Diese Sender generieren ihre Einnahmen aus der Werbung.

Wie groß ist die Bauwerklänge des Hamburger Elbtunnels?

a) 970 Meter
b) 1758 Meter
c) 2653 Meter
d) 3325 Meter

d) 3325 Meter
Der Elbtunnel verbindet die beiden Hamburger Ortsteile Othmarschen und Waltershof. Über 100.000 Fahrzeuge fahren täglich durch den 30 Meter unter der Elbe liegenden Tunnel.

Was versteht man unter einem Kolporteur?

Einen reisenden Buchführer. Nach der Erfindung des Buchdrucks waren die Kolporteure für den Buchvertrieb zuständig. Es gab jedoch schon um 1500 die ersten ortsansässigen Sortimentsbuchhändler.

Wie wird die Geschwindigkeit des in den Computer eingebauten Mikroprozessors bezeichnet?

Taktfrequenz. Sie wird als GHz (**G**iga**h**ert**z**) bezeichnet und gibt die Geschwindigkeit an, in welcher der Prozessorquarz pro Sekunde schwingt. Je höher die Taktfrequenz, desto schneller der Prozessor.

Bei welcher Dateiendung handelt es sich um eine Sounddatei?

a) .doc
b) .pdf
c) .dll
d) .wav

d) .wav
Hierbei handelt es sich um ein Format für Audiodateien, das die Daten nicht komprimiert, sodass die Dateien oft größer sind als Dateien im mp3-Format.

Was ist Javascript?

Javascript ist eine Programmiersprache, die für die Erstellung von Internetseiten verwendet wird. Mit ihr kann man insbesondere Animationen darstellen, z. B. wenn bestimmte Elemente auf einer Internetseite ihre Gestalt verändern sollen, sobald sie vom Mauszeiger berührt werden.

Was soll mit Werbemitteln wie Plakaten oder Werbespots erreicht werden?

Sie sollen die Meinung der Käufer beeinflussen und Kaufwünsche wecken. Werbung versucht, Produkte eines Unternehmens in der Öffentlichkeit bekannt zu machen und positiv zu besetzen. Sie wird in den sogenannten Werbeträgern (z.B. Zeitung oder Fernsehen) geschaltet.

Wo hat Airbus seinen Hauptsitz?

In Toulouse. In der dortigen Société Nationale Industrielle Aérospatiale wird beispielsweise die Endmontage des Passagierflugzeugs A380 durchgeführt. Der Innenausbau erfolgt in der Hamburger Flugwerft der Deutschen Aerospace AG (DASA).

AIRBUS®
AN EADS COMPANY

Logo von Airbus

Welche Form des Hochdeutschen wurde etwa von 750 bis 1050 gesprochen?

a) Frühneuhochdeutsch
b) Althochdeutsch
c) Mittelhochdeutsch
d) Germanisch

b) Althochdeutsch
Durch die sogenannte zweite Lautverschiebung sonderte sich das Althochdeutsche von den anderen germanischen Sprachen ab.

Woher kommt der Ausdruck palavern?

Aus dem Portugiesischen (palavra = Wort). Im 19. Jahrhundert bezeichneten die ehemaligen portugiesischen Kolonialherren damit Gespräche der Eingeborenen in Versammlungen. Diese konnten stunden- und tagelang andauern, wenn beispielsweise wichtige Gerichtsentscheidungen zu treffen waren.

Was ist ein Browser?

Ein Programm, mit dessen Hilfe man auf Daten im Internet zugreifen kann. Die bekanntesten Browser sind der Internet Explorer, Mozilla Firefox, Google Chrome und Opera. Sie können Festplatten und andere Datenträger sowie Dateien und Verzeichnisse durchsuchen und ermöglichen das Herunterladen von Musik und Filmen.

Wie heißt die Lehre der Sprachen und Literaturen?

Philologie. Sie befasst sich mit der wissenschaftlichen Erforschung der Sprachen und Literaturen. Bei der Deutschen Philologie oder Germanistik stehen die mündlichen und schriftlichen Überlieferungen der deutschen Sprache und Literatur im Vordergrund.

Was gelang Mike Melvill (*1941)?

Er steuerte das Space Ship One im Juni 2004 bis zu einer Höhe von 100 Kilometern. Dies war das erste Mal, dass ein privat finanziertes bemanntes Raumschiff das Weltall erreichte.

Was ist eine Datenautobahn?

Auf einer Datenautobahn werden elektronische Daten sowie Bild, Ton und Schrift transportiert. Das Datennetz fasst Telekommunikation, Fernsehen und Computertechnologie zusammen.

„Datenautobahn"

Was war das Besondere an dem Kaffeehaus des 17. Jahrhunderts?

Außer mit Kaffee wurde der Gast auch mit Bildung und Unterhaltung versorgt. So standen ihm Zeitungen und Zeitschriften sowie verschiedene Spiele zur Verfügung. Zusätzliche Unterhaltung boten Musiker, Sänger und später Kabarettisten.

In welches Land gehören folgende Fahrzeughersteller?

1. Astra	2. Chevrolet
3. McLaren	4. Ferrari
5. Dodge	6. Bugatti
7. Volvo	8. Argus
9. Hummer	10. Lexus

1. Frankreich, 2. USA, 3. UK, 4. Italien, 5. USA/Australien, 6. Frankreich, 7. Schweden, 8. Deutschland, 9. USA, 10. Japan

Was passierte am 3. Juni 1998 in Eschede bei Celle?

Ein ICE entgleiste aufgrund eines gebrochenen Radreifens. Die Waggons prallten gegen eine Brücke, 101 Menschen kamen ums Leben. Dies war bis heute das schwerste Bahnunglück in der Geschichte Deutschlands.

Welches ist die kleinste Einheit der gesprochenen Sprache?

Der Laut. Die kleinste Einheit der Schriftsprache ist der Buchstabe.

Wie heißt ein Verweis auf eine Internetseite?

a) Hyperlink	c) Server
b) Browser	d) Account

a) Hyperlink
Der Name kommt aus dem Englischen und bedeutet etwa „Verweis", „Verknüpfung".

Was versteht man unter Dialektik?

Ein methodisches Verfahren zur Erkenntnisgewinnung. Es ist von der antiken Kunst der Rede und Gegenrede abgeleitet, die u.a. von Platon (um 427–347 v. Chr.) eingesetzt wurde. Seit Georg Friedrich Wilhelm Hegel (1770–1831) hat das Verfahren auch in der Neuzeit Gültigkeit. Jeder These wird eine Antithese gegenübergestellt, deren Widerspruch durch die Synthese zur Aufhebung führt. So gewinnt man eine neue These, mit der das Verfahren fortgesetzt werden kann.

Was waren die sogenannten „Par-ballon-monté"-Briefe?
Die erste Luftpost überhaupt. 1870/71 wurde Paris von den Preußen belagert. Am 23. September 1870 begann man daher, zur Postbeförderung Briefe mit Ballons aufsteigen zu lassen.

Welche verschiedenen Werbegegenstände gibt es?
Die Produktwerbung, die Firmenwerbung und schließlich die Branchenwerbung.

Was war das Wort des Jahres 2010?
a) Finanzkrise
b) Abwrackprämie
c) Tätervolk
d) Wutbürger

d) Wutbürger
Seit 1971 wird jährlich das Wort des Jahres gekürt.

Wutbürger

Wodurch unterscheiden sich verschiedene Textformen?
Durch ihre Struktur und ihren Stil. Je nachdem, welches Ziel von dem Autor des Textes verfolgt wird, ist der Text z. B. unterhaltsam oder sachlich geschrieben. Nachrichten in den Tageszeitungen enthalten eine hohe Dichte an Fakten, während ein Roman u. a. Spannung erzeugen soll.

Was ist der PEN-Club?
Der **P**oets, **E**ssayists, **N**ovelists Club. Diese Schriftstellervereinigung wurde 1921 in London gegründet. Ihre Aufgabe ist es, für die allgemeine Presse- und Meinungsfreiheit und gegen Rassismus einzutreten.

Wo gilt im Allgemeinen die Höchstgeschwindigkeit von 50 km/h?
In geschlossenen Ortschaften.

Über welche Distanz wurde die erste Telefonverbindung Deutschlands hergestellt?
a) über 3 Meter
b) über 80 Meter
c) über 2 Kilometer
d) über 25 Kilometer

c) über 2 Kilometer
Am 26. Oktober 1877 wurden das Berliner Generalpostamt und das Generaltelegrafenamt telefonisch miteinander verbunden.

Wie lautet die Formel, mit deren Hilfe man den Bremsweg berechnen kann?
(Geschwindigkeit · 3) : 10.

■ Gilt die Verkehrsregel „rechts vor links" auch bei Einmündungen mit abgesenktem Bordstein?
Nein. Eine solche Einmündung, egal ob es sich um eine Straße oder die Ausfahrt eines Parkplatzes handelt, hat niemals Vorfahrt.

■ ■ ■

■ Was erfand Johannes Gutenberg (um 1400–68)?
Den Buchdruck mit beweglichen Lettern. Diese auswechselbaren Metalltypen wurden mithilfe geschnittener Stahlstempel, Kupfermatrizen und Handgießinstrumenten angefertigt. Aus ihnen wurden Druckformen zusammengefügt, mit denen in der ebenfalls von Gutenberg erfundenen Druckerpresse gedruckt werden konnte. Diese Methode revolutionierte den Buchdruck und ebnete den Weg der Massenkommunikation.

Johannes Gutenberg

■ Wie lautet der geläufige Name für cask for storage and transport of radioactive material?
CASTOR. Auf Deutsch übersetzt bedeutet es: Behälter zur Lagerung und zum Transport radioaktiven Materials. Ein Castortransport befördert radioaktive Abfälle aus Atomkraftwerken zu Zwischen- oder Endlagern und Wiederaufbereitungsanlagen.

Symbol für radioaktive Strahlung

■ ■ ■

■ Wie lange brauchte das erste größere Dampfschiff im Jahr 1819 für die Überquerung des Atlantiks?
a) 29,5 Tage
b) 37 Tage
c) 45,5 Tage
d) 51 Tage

a) 29,5 Tage
Zusätzlich führte das Dampfschiff auch Segel. In den 1940er-Jahren erlebte die Dampfschifffahrt einen rasanten Aufschwung.

■ ■ ■

■ Was sind die wesentlichen Merkmale eines Interviews?
Es handelt sich um eine kommunikative Situation, die durch die Abfolge von Fragen und Antworten zwischen zwei oder mehreren Personen aufrechterhalten wird. Auf diese Weise können Wissen und Erfahrung ermittelt werden sowie Wünsche, Einstellung und Haltung des Befragten. Auch seine Verhaltensweisen und Motive können so eruiert werden.

Was bewirkt ESP?

ESP steht für **E**lektronisches **S**tabilitäts**p**rogramm. In Kombination mit dem **A**nti**b**lockier**s**ystem (ABS) verhindert es, dass das Auto ins Schleudern gerät. Spezielle Sensoren registrieren die Bewegungen des Fahrzeugs. Im Falle von unvorhergesehenen Bewegungen werden einzelne Räder abgebremst, sodass sich die Fahrt wieder stabilisiert.

Wie nennt man die deutsche Standardsprache auch?

Hochsprache. Sie wird nach einer allgemein verbindlichen Norm als korrekt erachtet. Hochsprache kommt bei formellen Anlässen zum Einsatz und wird nach Möglichkeit nicht in Kombination mit der Umgangssprache gebraucht. Oft sind die Grenzen jedoch fließend.

Wie lauten die Länderkennungen von Internetadressen aus Deutschland, Österreich und der Schweiz?

Das sind .de, .at und .ch. Die Länderkennungen gehören zu den Hauptdomains und bezeichnen eine Gruppe von geografisch zusammengehörenden Computern.

In welchem Jahr wurde der letzte VW-Käfer hergestellt?

a) im Januar 1976
b) im Oktober 1984
c) im April 1995
d) im Juli 2003

d) im Juli 2003
Der letzte Käfer lief in Puebla in Mexiko vom Band.

Wie nennt man einen schriftlichen Auszug aus einem Dokument, der mit dem Text der Vorlage übereinstimmt?

a) Abstract
b) Exegese
c) Klappentext
d) Exzerpt

d) Exzerpt
Die Erstellung eines Exzerpts ermöglicht es, wesentliche Aussagen und Gedanken eines Werks festzuhalten und für die weitere Arbeit verfügbar zu halten, ohne dass der Originaltext wiederholt gelesen werden muss.

Welcher Schiffstyp wurde von den Mitgliedern der Hanse entwickelt?

Die Kogge. Es handelt sich dabei um ein besonders geräumiges Lastschiff, in dem große Mengen an Waren Platz fanden. Mit diesem hochseetauglichen Schiff konnten weite Strecken zurückgelegt werden.

Historische Kogge

Was ist Phonologie?
Die Phonologie beschäftigt sich mit der Funktion einzelner Lauteinheiten innerhalb des Sprachsystems. Sie orientiert sich vornehmlich an der geschriebenen Sprache.

Was versteht man unter „Voice over IP"?
Eine Telefonverbindung über das Internet. Möglich sind Telefonate von PC zu PC, aber auch vom PC zum Telefonanschluss. Diese Art zu telefonieren ist insofern interessant, als für Flatratekunden keine weiteren Telefonkosten anfallen.

Aus welcher Zeit stammen die ältesten erhaltenen Briefe?
a) aus dem alten Orient
b) aus dem Römischen Reich
c) aus dem Mittelalter
d) aus der Zeit Shakespeares

a) aus dem alten Orient
Aus allen altägyptischen Geschichtsperioden sind Briefe erhalten. Sie wurden in der Regel auf Papyrus verfasst. In Beamtengräbern fand man immer wieder Abschriften von Briefen von Königen an ihnen vertraute Beamte.

Wer flog erstmals schneller als der Schall?
Der Luftwaffenpilot Charles Elwood Yaeger (*1923). Am 14. Oktober 1947 durchbrach er mit einem Bell-X-1-Raketenflugzeug die Schallmauer.

Wodurch wird der Mensch im Alter von sechs Monaten kommunikativ?
Durch die Aktivierung des Stirnlappens im Gehirn. Das Kind tritt in eine erste wechselseitige Beziehung zu seiner engsten Kontaktperson. Erstmals teilt es seine Welt in nah und fern ein sowie in dazugehörig und fremd. Viele Kinder fangen jetzt mit dem sogenannten Fremdeln an, d.h., sie stehen unbekannten Personen sehr ablehnend gegenüber.

Mutter und Kind

Wie heißt der zusammenfassende Begriff für sprachbegleitende Mittel?
Parasprache. In diesen Bereich fallen z.B. die Lautstärke, der Tonfall, Gesprächspausen aber auch Begleiterscheinungen wie Seufzen.

Welche Medien können für die Werbung eingesetzt werden?
Im Prinzip alle. Neben Zeitung, Fernsehen, Radio und Internet gibt es für die Werbungsplatzierung auch die Möglichkeit von Plakaten, Trikots oder Verkehrsmitteln. Ferner gibt es die Direktwerbung. Erlaubt ist jedoch nicht, Werbung auf Kosten des Konsumenten zu betreiben. Daher ist u.a. die Werbung per Fax verboten, da in diesem Fall der Empfänger das Papier bezahlen muss.

Wie nennt man kleine Werbezettel, die an Passanten verteilt werden?

a) Flugblatt
b) Flieger
c) Flachmann
d) Flyer

d) Flyer
Es handelt sich dabei um ein sehr simples Werbemittel. Oft liegen Flyer auch in Bars, Restaurants und an anderen viel besuchten Orten aus.

Wie nennt man ein Ereignis, das ohne die Medien eigentlich gar keins wäre, weil es keinerlei Beachtung gefunden hätte?

Pseudoereignis. Erst durch das Eingreifen der Medien werden aus diesen Nicht-Ereignissen berichtenswerte Storys.

Wer überprüft Medien aller Art auf unsittliche oder gewaltverherrlichende Inhalte?

Die Bundesprüfstelle für jugendgefährdende Schriften. Die als gefährlich eingestuften Medien werden in einer Liste geführt, dem sogenannten Index. Sie unterliegen Werbe- und Vertriebsbeschränkungen.

Was ist die Primetime beim Fernsehen?

Die Hauptsendezeit nach den abendlichen Nachrichten. Zu dieser Zeit sitzen die meisten Zuschauer vor den Fernsehgeräten. Somit ist die Einschaltquote am höchsten und die Sendezeit für die Werbung am teuersten.

Wodurch konnte Jean-François Champollion (1790–1832) die Hieroglyphen auf dem Stein von Rosette entziffern?

Durch die griechische Übersetzung, die ebenfalls auf dem Stein festgehalten war. Es handelt sich um ein Dekret der Priester von Memphis aus dem Jahr 196 v. Chr. Dem französischen Ägyptologen gelang es im Jahr 1822, die ägyptischen Schriftzeichen zu entziffern.

Jean-François Champollion

Wie nennt man auf ein Interessengebiet spezialisierte Fernsehsender?

a) Programmkanal
b) Spartenkanal
c) Pay-TV
d) Privatsender

b) Spartenkanal
Bei diesen Sendern handelt es sich z. B. um reine Sportsender, Nachrichtensender oder Kinderkanäle.

Auf welcher Strecke erreichte im Jahr 1988 das Vorläufermodell des ICE eine Geschwindigkeit von 406,9 km/h?

a) Hamburg – Berlin
b) Würzburg – Fulda
c) Nürnberg – Augsburg
d) Stuttgart – Plochingen

b) Würzburg – Fulda
Auch der ICE wäre heutzutage zu einer solchen Geschwindigkeit fähig, aufgrund der Streckenverhältnisse liegt seine Höchstgeschwindigkeit jedoch bei lediglich 280 km/h.

Warum befürchteten viele Menschen zum Jahreswechsel 1999/2000 einen gigantischen Computerausfall?

Viele Betriebssysteme setzten das Datum nur aus den letzten zwei Ziffern zusammen, daher drohte die Gefahr, dass sie das neue Jahr als 1900 ausweisen würden. Dieser Computerfehler wurde allgemein „Millennium-Bug" genannt.

Wie hieß der erste Heißluftballon?

a) Zeppelin
b) Voliere
c) Ballonflieger
d) Montgolfiere

d) Montgolfiere
Im Jahr 1783 wagten die Brüder Joseph Michel (1740–1810) und Etienne Jacques de Montgolfier (1745–99) den ersten bemannten Flug. Zuvor hatte das Brüderpaar mit Papiertüten und Stoffballons experimentiert. Die Montgolfiere wurde nach ihren Erbauern benannt.

Wie ist eine Trommelbremse aufgebaut?

In einem speziellen Bremsbehälter befindet sich ein Ring, der auseinandergedrückt wird, wenn die Bremse betätigt wird. Auf diesem Ring befinden sich die Bremsklötze, die beim Auseinanderdrücken an den Rand des Bremsbehälters gepresst werden. Das Rad wird abgebremst, weil der Bremsbehälter fest mit ihm verbunden ist.

Trommelbremse

Wie nennt man das Einkaufen über eine Fernseh-Bestellhotline?

Teleshopping. Während der laufenden TV-Werbesendung wird eine Telefonnummer eingeblendet, über welche die angebotenen Waren bestellt werden können.

Was versteht man unter nonverbaler Kommunikation?

Die Verständigung über Mimik, Körperhaltung, Körperbewegungen und Berührungen.

Wie kann man Sprache definieren?

Sprache ist ein Kommunikationssystem, das aus Lauten Wörter bildet, die sich wiederum zu Sätzen formen lassen. Aus der Aneinanderreihung von Sätzen entstehen schließlich Texte. Sprache gilt als Besonderheit der Menschen.

Wie nennt man den Prozess der Diffusion und Verbreitung vorhandener Technologien oder vorhandenem technischen Wissens?

Technologietransfer. Dieser privatwirtschaftlich oder staatlich unterstützte Transfer kann durch Lizenz- oder Know-how-Verträge erfolgen. Sie werden innerhalb eines international tätigen Unternehmens, zwischen verschiedenen Unternehmen oder zwischen Industrie- und Entwicklungsländern geschlossen.

Wann wurde das erste Düsenflugzeug der Welt gebaut?

a) 1897 c) 1939
b) 1909 d) 1964

c) 1939
Der deutsche Konstrukteur Ernst Heinrich Heinkel (1888–1958) erbaute das Flugzeug in den von ihm gegründeten Ernst-Heinkel-Flugzeugwerften. Die „He 178" wurde jedoch nie in großer Stückzahl hergestellt.

Was ist eine A380?

Sie ist das größte Passagierflugzeug der Welt und wird vom europäischen Flugzeugbauer Airbus in Toulouse und Hamburg gebaut. Im Jahr 2007 startete die A380 zu ihrem ersten Passagierflug. Auf zwei Etagen können bis zu 800 Fluggäste Platz finden.

Wie heißt die kleinste bedeutungsunterscheidende Einheit eines Wortes?

a) Phonem c) Syntax
b) Phonetik d) Elativ

a) Phonem
Durch den Austausch eines Phonems bekommt ein Wort eine andere Bedeutung, so z. B.: **m**achen – **l**achen oder B**u**ch – B**a**ch.

Was erfand Tim Berners-Lee (*1955)?

a) die E-Mail
b) den Computervirus
c) den Server
d) das Internet

d) das Internet
Der Engländer schlug 1989/90 am Schweizer Kernforschungsinstitut CERN ein World Wide Web vor, mit dem wissenschaftliche Dokumente online sichtbar gemacht werden sollten. Mithilfe dieses Informationssystems sollten auch einfache Textformatierungen und das Einbringen von Grafiken möglich sein.

Sir Timothy John Berners-Lee

Was ist der Big Brother Award?

Es handelt sich dabei um eine negative Preisverleihung. Der Big Brother Award zeichnet Firmen, Organisationen und Personen aus, die persönliche Daten Dritten zugänglich machen oder in besonderer Weise die Privatsphäre von Menschen beeinträchtigen. Er wird seit dem Jahr 2000 verliehen und will die öffentliche Diskussion um das Thema Datenschutz fördern.

Von wann bis wann wurde die deutsche Fernsehsendung *Das Literarische Quartett* ausgestrahlt?

a) 1977–97
b) 1984–89
c) 1988–2001
d) 1993–2009

c) 1988–2001

Insgesamt wurden 77 Sendungen der beliebten Literatursendung ausgestrahlt. Bekannt wurde sie v. a. durch den Literaturkritiker Marcel Reich-Ranicki (*1920), der den besprochenen Büchern extrem kritisch gegenüberstand.

Marcel Reich-Ranicki

Welches Studium beschäftigt sich mit der Geschichte und Entwicklung der Medien?

Medienwissenschaften. Im Zuge dieses Studienganges lernt der Student die verschiedenen Medientypen, Kultur- und Kommunikationskonzepte, Modelle und Theorien der Massenkommunikation kennen. „Medien" schließt dabei Hörfunk, Fernsehen, Film, Printmedien und digitale Medien ein.

Welches war das Unwort des Jahres 2010?

a) betriebsratsverseucht
b) Konsumopfer
c) Outsourcing
d) alternativlos

a) alternativlos

Das Unwort des Jahres wird seit 1994 von einer Jury gekürt. Es handelt sich dabei um ein besonders „unschönes" und „unerwünschtes" Wort.

Womit beschäftigten sich die Mathematiker Claude Elwood Shannon (1916–2001) und Warren Weaver (1894–1978)?

Mit der mathematischen Theorie der Kommunikation. Diesem sogenannten Sender-Empfänger-Modell zufolge ist die Kommunikation ein linearer Prozess, in dessen Mittelpunkt das Signal steht. Jede menschliche Kommunikation habe eine Quelle, die „information source". Diese Quelle fungiert als Sender, der seine Nachricht (message) als Code über einen Kanal (transmitter) weitergibt.

Darf im Straßenverkehr für die Dauer des Überholvorgangs die Geschwindigkeitsbeschränkung überschritten werden?

Nein. Das überholende Fahrzeug muss jedoch deutlich schneller sein als der zu überholende Verkehrsteilnehmer.

Geschwindigkeitsbegrenzung

GPS

GPS bedeutet **G**lobal **P**ositioning **S**ystem, was übersetzt etwa "weltweites Positionierungssystem" bedeutet. Mithilfe eines GPS-Empfängers kann der eigene Standort überall auf der Welt bestimmt werden. Der Empfänger bekommt die Daten von Satelliten übermittelt, die in einer Höhe von 20.200 Kilometern um die Erde kreisen. Zurzeit sind 24 Satelliten im Einsatz.

Wie nennt man jemanden, der keinen zusammenhängenden Text lesen kann, aber fähig ist, seinen eigenen Namen zu schreiben?

Es handelt sich um einen funktionalen Analphabeten. Diese Person hat Lese- und Schreibkenntnisse, kann diese jedoch nur in sehr geringem Rahmen einsetzen.

Welche Art der Post wurde bereits um 1000 v. Chr. im Mittleren Osten eingeführt?

Die Brieftaubenpost. Etwa 500 Jahre später kam sie auch bei den Griechen und Römern zum Einsatz. Im 12. Jahrhundert nutzten die Araber Brieftauben für Staatszwecke. Erst ab dem 16. Jahrhundert wurden Brieftauben in Europa eingesetzt u. a. im niederländisch-spanischen Krieg. Für Börsennachrichten und Zeitungsmeldungen kamen Brieftauben im 19. Jahrhundert beispielsweise zwischen Brüssel, Antwerpen und Paris zum Einsatz.

Auf welcher Strecke fuhr in Deutschland die erste Eisenbahn?

a) Nürnberg – Fürth
b) München – Würzburg
c) Hamburg – Lübeck
d) Berlin – Brandenburg

a) Nürnberg – Fürth
Im Jahr 1835 fuhr auf dieser Strecke der erste deutsche Zug.

Was ist das Asperger-Syndrom?

Eine abgeschwächte Form des Autismus, einer schweren Entwicklungsstörung. Diese Kontakt- und Kommunikationsstörung kann bereits im frühen Kindesalter auftreten und zeigt sich in typischen Beeinträchtigungen des sozialen Verhaltens. Dazu zählen beispielsweise mangelndes Einfühlungsvermögen, das starre Festhalten an Gewohnheiten und motorische Auffälligkeiten.

Wie nennt man die kritische Auseinandersetzung mit Texten oder Vorführungen?

a) Rubrik
b) Glosse
c) Rezension
d) Feuilleton

c) Rezension

Eine Rezension setzt sich kritisch mit literarischen oder wissenschaftlichen Texten auseinander sowie mit Theatervorstellungen und Filmen. In den Tageszeitungen findet man Rezensionen meist im Feuilleton.

Was ist der Inhalt von Hugo von Hofmannsthals (1874–1929) *Ein Brief*?

Dieser fiktive Brief heißt auch *Brief des Lord Chandos an Francis Bacon* oder *Chandos-Brief*. Lord Chandos berichtet darin im Jahre 1603 seinem Freund Francis Bacon vom Verlust seiner Fähigkeit, zusammenhängend zu schreiben. Dieser Text thematisiert sehr deutlich die Sprachkrise der Moderne.

Hugo von Hofmannsthal

Was ist der Unterschied zwischen Mobbing und Bossing?

Bossing ist Mobbing, das vom Vorgesetzten (Boss) ausgeht. Internationalen Untersuchungen zufolge werden rund 3 % der Beschäftigten gemobbt und 10 bis 15 % aller Arbeitnehmer fühlen sich schlecht behandelt.

Wofür ist der biblische König Salomo bekannt?

Für seinen weisen Richterspruch. Als sich zwei Mütter um ein Kind stritten, gab er den Befehl, es zu zerteilen. Die Frau, die zu der Tat bereit gewesen wäre, entlarvte er so als Betrügerin. Noch heute wird ein besonders weiser Richterspruch als „salomonisches Urteil" bezeichnet.

König Salomo

Wie breit ist die Pariser Flaniermeile Avenue des Champs-Elysées?

a) 45 Meter
b) 80 Meter
c) 100 Meter
d) 150 Meter

c) 100 Meter

Noch bis zur Mitte des 17. Jahrhunderts befanden sich an ihrer Stelle nur Sumpf und Wald, heute ist sie der Tummelplatz für die Reichen und Schönen sowie eine der Hauptattraktionen für die zahlreichen Touristen.

Was bewirkt ABS?

ABS steht für **A**nti**b**lockier**s**ystem. Es handelt sich um ein Steuergerät, das in regelmäßigen Abständen das Verhalten der Räder beim Bremsen misst. Blockieren die Räder beim Bremsen, sorgt es für eine Verringerung des Bremsdrucks, sodass sich die Räder wieder frei drehen können. Auf diese Weise kann das Fahrzeug nicht so leicht ins Schleudern geraten.

Dürfen Mofas, Krankenfahrstühle und langsame landwirtschaftliche Nutzfahrzeuge auf Landstraßen fahren?

Ja, allerdings müssen sie möglichst den befestigten Seitenstreifen benutzen. So können die schnelleren Verkehrsteilnehmer ohne Gefahr überholen.

Wie nennt man die systematische Ausgrenzung einer Person?

a) Mopping c) Meaning
b) Fiesing d) Mobbing

d) Mobbing
Mobbing wird von einer oder mehreren Personen betrieben. Das Opfer wird systematisch aus der Gemeinschaft ausgegrenzt und erniedrigt.

Mobbing

Wie nennt man die Wirkungsgeschichte, Überlieferung und Verbreitung eines Werkes?

a) Restauration c) Rezept
b) Rezeption d) Rezipierung

b) Rezeption
Wichtig ist, dass die Rezeption stets gewissen Änderungen unterworfen ist. Sie ändert sich mit dem Erwartungshorizont, den Ansichten und den Wertmaßstäben der Rezipienten.

Was ist ein Blog?

Eine Art Online-Tagebuch. Viele Menschen machen ihre Gedanken so der Allgemeinheit zugänglich. Es gibt jedoch auch Blogs zu verschiedenen Themenbereichen, die laufend ergänzt werden. Der Begriff Blog leitet sich aus „weblog" ab, das mit „Internet-Logbuch" übersetzt werden kann. Der Verfasser eines Blogs wird Blogger genannt.

Wie hoch war die Höchstgeschwindigkeit der ersten elektrischen Straßenbahn?

a) 10 km/h c) 30 km/h
b) 20 km/h d) 40 km/h

b) 20 km/h
Am 16. Mai 1881 nahm die Straßenbahn in Lichterfelde bei Berlin ihren Dienst auf. Die Strecke hatte eine Gesamtlänge von 2,5 Kilometern. Die Wagen waren von Werner von Siemens (1816–92) gebaut worden und 4,3 Meter lang.

Mit welchen vier Kommunikationsmustern reagieren Menschen laut Virginia Satir (1916–88) auf Spannungen?

1. Beschwichtigung: Die andere Person soll nicht ärgerlich werden.
2. Anklagen: Die andere Person soll die Fehler bei sich selbst suchen.
3. Rationalisieren: Die angegriffene Person versucht, keine Gefühle zu zeigen, um sich nicht auszuliefern.
4. Ablenken: Die angegriffene Person versucht, keine Beziehung einzugehen und so den Konflikt zu ignorieren.

Was ist Phonetik?

Die Phonetik ist ein Teil der Lautlehre und beschäftigt sich mit der Erforschung sprachlicher Laute. Hierbei geht es nur um die Eigenschaften von mündlich dargestellten Lauten.

Aus welchem Jahr stammt der erste Beleg für das Kürzel o. k.?

a) 1754 c) 1839
b) 1823 d) 1897

c) 1839
Die Herkunft des Kürzels ist jedoch ungeklärt. Verschiedene Thesen sehen es als Abkürzung von „oll korrekt“ (all correct = alles richtig) oder von „oll klear“ (all clear = alles klar). Heutzutage schreibt man häufig auch „okay“.

Was versteht man unter einem inneren Konflikt?

Meist werden innere Konflikte durch zu fällende Entscheidungen ausgelöst. Wenn eine Person sich nicht entscheiden kann, gerät sie in einen inneren Konflikt.

Welche Programmiersprache entwickelten John George Kemeny (1926–92) und Thomas Eugene Kurtz (*1928) im Jahr 1964?

a) JAVA c) BASIC
b) HTML d) XML

c) BASIC
Sie ist bis heute eine der meistverbreiteten Programmiersprachen.

Welche Art von Ordnungswidrigkeiten werden ins Verkehrszentralregister eingetragen?

Verkehrswidrigkeiten mit Bußgeld und Straftaten, die im Zusammenhang mit der Teilnahme am Straßenverkehr verübt wurden. Frühestens nach zwei Jahren werden die Einträge getilgt.

Strafzettel

Wie lautet der Fachausdruck für Gedankenübertragung?

a) Television
b) Telekommunikation
c) Telepathie
d) Telekinese

c) Telepathie
Sie bezeichnet die angebliche Fähigkeit, ohne Hilfe von Sinnesorganen Informationen von einer Person auf eine andere zu übertragen. Hierbei kann es sich um Wörter, Gefühle, Gedanken o. Ä. handeln.

Wie werden zwischenmenschliche Konflikte genannt?

Soziale Konflikte. Sie betreffen zwei oder mehrere Personen, z. B. eine Familie oder einen Freundeskreis.

Wo wurde die erste europäische Lichtsignalanlage zur Verkehrsregelung eingeführt?

a) am Place de la Concorde in Paris
b) am Times Square in London
c) am Plaza de Cibeles in Madrid
d) am Potsdamer Platz in Berlin

d) am Potsdamer Platz in Berlin
Der Platz wurde für die neue Verkehrsregelung, die ab 1924 zum Einsatz kam, eigens umgebaut. Um die Lichtsignale den Handzeichen der Verkehrspolizisten gleichzustellen, wurde ein neues Gesetz eingeführt.

Welche Schrift war bei den germanischen Stämmen in Gebrauch?

Ab etwa der Mitte des 1. Jahrhunderts kamen die Runen in Gebrauch. Aus der Wikingerzeit gibt es viele Runensteine, die als eine Art Nachruf an einzelne Wikinger und ihre Fahrten erinnern. Heutzutage bringt man Runen vornehmlich mit kultischen Zwecken in Verbindung.

In welchem Jahr stellte die Concorde ihren Flugdienst ein?

a) 1999
b) 2003
c) 2007
d) 2009

b) 2003
Nach dem Absturz einer Concorde am 25. Juli 2000 und den Terroranschlägen von 2001 waren die Fluggastzahlen stark rückläufig. In Kombination mit dem hohen Kerosinverbrauch war der Betrieb unrentabel geworden.

Was gelang Guglielmo Marconi (1874–1937) am 12. Dezember 1901?

Die erste funktelegrafische Verbindung über eine große Distanz. Von Cornwall im Südwesten Englands wurde das Morsezeichen für S (drei Punkte) über den Atlantik nach Neufundland gesendet. Diese Distanz beträgt um die 3600 Kilometer.

Wofür ist der Panamerican Highway bekannt?

Er ist die längste Straße der Welt. Auf seinen rund 30.000 Kilometern Gesamtlänge durchquert er 17 Staaten, vier Klimazonen und sechs Zeitzonen. Er führt von Prudhoe Bay in Alaska bis nach Ushuaia am südlichen Zipfel Argentiniens. Sein spanischer Name lautet Carretera Panamericana.

30.000 Kilometer Straße

Muss ein Fahrzeug beim Verlassen eines Kreisverkehrs blinken?

Ja. Beim Verlassen des Kreisverkehrs muss die Richtungsänderung durch Blinken oder Handzeichen angezeigt werden. Beim Einfahren in den Kreisverkehr wird hingegen nicht geblinkt.

Was bedeutet der Begriff Oxymoron?

Es handelt sich um eine rhetorische Figur, deren Bestandteile sich gegenseitig widersprechen. Sein Name leitet sich vom griechischen „scharfsinnig" und „dumm" ab. Bewusst gebildete Oxymora sind z. B. „Hassliebe", „alter Knabe" oder „offenes Geheimnis".

In welchem Jahr gab ein Franzose die ersten gedruckten Anzeigenblätter heraus?

a) 1633 c) 1855
b) 1744 d) 1966

a) 1633
Théophraste Renaudot (1586–1653) war ein französischer Arzt, Publizist und der Historiograf von Ludwig XIII. (1610–43). Im Jahr 1630 richtete er in Paris ein Büro ein, in dem Kaufangebote und -gesuche an den Wänden angeschlagen werden konnten. Zusätzlich gab es Listen für Stellengesuche und -angebote. Wegen des großen Erfolgs wurden die Listen schon kurze Zeit später als Anzeigenblätter herausgegeben.

Théophraste Renaudot

Wobei kam Otto Lilienthal (1848–96) ums Leben?

Bei einem seiner Flugversuche. Der deutsche Ingenieur hatte den Vogelflug studiert und immer wieder neue Fluggeräte konstruiert. Als besonders wichtig hatte sich dabei die gewölbte Form der Flügel erwiesen. Mit den so entworfenen Hängegleitern flog er bis zu 300 Meter weit.

Welche Rolle spielt der Reaktionsweg beim Bremsen eines Fahrzeugs?

Der Anhalteweg eines Fahrzeugs besteht nicht nur aus dem Bremsweg. Der Reaktionsweg muss dazugerechnet werden. Dies ist die Strecke, die das Fahrzeug zurücklegt, bis der Fahrer reagiert und auf die Bremse tritt.

Seit wann liegt die Promillegrenze für die Blutalkoholkonzentration zum Führen von Kraftfahrzeugen bei 0,5 Promille?

a) seit dem 1. Februar 1956
b) seit dem 1. Juli 1976
c) seit dem 1. Oktober 1997
d) seit dem 1. April 2001

d) seit dem 1. April 2001
Davor lag die Grenze bei 0,8 Promille.

Seit wann hat die Postkarte offiziell ihren Namen?

Seit dem 1. März 1872. Am 1. Juli 1870 wurde sie von der Postverwaltung des Norddeutschen Bundes sowie von den Postverwaltungen Bayerns, Württembergs und Badens eingeführt. Zu dem Zeitpunkt hieß sie noch „Correspondenzkarte".

Welches Kommunikationsmodell stammt von Friedemann Schulz von Thun (*1944)?

a) das Quadratmodell
b) das Oktogon
c) das Vier-Seiten-Modell
d) das Fünf-Ecken-Modell

c) das Vier-Seiten-Modell
Es wird auch Nachrichtenquadrat genannt und bezieht sich auf die vier Seiten einer Botschaft:
1. Die Sachebene: Sie beinhaltet die reinen Sachaussagen mit den Daten und Fakten der Botschaft.
2. Die Appellseite: Sie beinhaltet eine Handlungsaufforderung oder einen Wunsch.
3. Die Beziehungsseite: Sie drückt aus, wie das Verhältnis der beiden Sprecher empfunden wird.
4. Die Selbstkundgabe: Der Sprecher übermittelt bewusst oder unbewusst Informationen über seine Motive, Werte, Emotionen usw.

Wie schnell dürfen motorisierte Verkehrsteilnehmer in einer Spielstraße fahren?

Schritttempo, d. h. 4 bis 7 km/h.

„Schrittgeschwindigkeit"

Wann wurden in Deutschland die ersten Bücherhallen eröffnet?

Um 1900. Nach dem Vorbild der britischen „Public libraries" wurden in einer Reihe von deutschen Großstädten öffentliche Bibliotheken gegründet, die man Bücher- oder Lesehallen nannte. Sie schufen eine Verbindung zwischen Lesesaal und Ausleihbibliothek und reformierten die bereits existierende Volksbücherei. Die moderne öffentliche Bibliothek baut auf diesem Prinzip auf.

Wann wurde in Deutschland die erste Luftpost befördert?

a) 1870
b) 1919
c) 1941
d) 1956

b) 1919
Am 6. Februar 1919 wurde von der Deutschen Luftreederei nur für die Dauer der Nationalversammlung in Weimar ein Luftpostdienst zwischen Weimar und Berlin eingerichtet. Daraus entwickelte sich die planmäßige Luftpostbeförderung in Deutschland.

Wie hieß die erste Familienzeitschrift Deutschlands?

Unterhaltungen am häuslichen Herd. Sie wurde 1852 vom Verlag F. A. Brockhaus in Leipzig herausgegeben. Im Jahr darauf wurde sie in der Auflagenstärke von der Wochenzeitschrift *Die Gartenlaube* überflügelt. Diese sogenannten illustrierten Unterhaltungszeitschriften sprachen hauptsächlich den bürgerlichen Mittelstand an und waren im 19. Jahrhundert in Deutschland sehr beliebt.

Wie heißt der teilweise oder völlige Verlust des Sprachsystems?

a) Aphasie
b) Amnesie
c) Amnestie
d) Apologie

a) Aphasie
Durch die Schädigung bestimmter Hirnregionen kann es zu einem teilweisen oder völligen Verlust des Sprachsystems kommen.

„Sprachlos"

Was bezeichnet man als Kleinmofa?

Ein Fahrrad mit einem kleinen Benzinmotor an der hinteren Achse, das nicht schneller als 20 km/h fahren kann. Im Gegensatz zu den anderen motorisierten Zweirädern gibt es für Kleinmofas keine Helmpflicht.

Was ist der wesentliche Unterschied zwischen dem phönizischen und dem griechischen Alphabet?

Die Griechen ergänzten die fehlenden Vokalzeichen. Das phönizische Alphabet hatte 22 Zeichen, jedoch keine für Vokale. Um 800 v. Chr. übernahmen die Griechen von ihnen das Alphabet und modifizierten es für ihre Zwecke. Dieses Alphabet wurde zum Vorbild des lateinischen Alphabets, das wir bis heute benutzen.

Wo verläuft die legendäre Route 66?

Sie führt von Chicago bis nach Los Angeles. Im Jahr 1926 wurde der Bau aufgenommen, im Jahr 1938 war sie vollständig geteert. Für Hunderttausende wurde sie zum Weg in den goldenen Westen von Amerika. Entlang der Straße wurden nicht nur Tankstellen, Motels und Geschäfte eröffnet – ganze Städte entstanden an diesem Highway, der zur schärfsten Konkurrenz der Eisenbahn wurde.

Was bedeutet der Begriff Tautologie?

Es handelt sich um eine stilistische Figur. Oft werden Tautologien als sogenannte Zwillingsformeln mit inhaltlicher Wiederholung bewusst geprägt. Beispiele hierfür sind „voll und ganz", „nie und nimmer" und „Geschäft ist Geschäft".

Wie heißen Zeitschriften, die auf besondere Interessengebiete spezialisiert sind?

Special-Interest-Zeitschriften. Sie sind in unterhaltsamer Form und einfacher Sprache geschrieben und behandeln Themen wie beispielsweise Surfen, Computer, Hunde, Basteln oder Stricken.

Wie groß darf der Abstand zwischen einem abschleppenden und dem abgeschleppten Fahrzeug höchstens sein?

Fünf Meter. Außerdem muss das Abschleppseil oder die Abschleppstange deutlich gekennzeichnet sein.

Welche Fahrradausstattung fehlt bei einem Rennrad, um es möglichst leicht zu halten?

Zubehör wie Gepäckträger, Schutzbleche, Klingeln und Beleuchtungsanlagen. Aus diesem Grund sind Rennräder nicht straßenverkehrstauglich. Laut Straßenverkehrsordnung muss ein Fahrrad u. a. zwingend mit einer funktionierenden Lichtanlage und einer Klingel ausgestattet sein.

Rennrad

Wie viele vollständige Handschriften sind vom Nibelungenlied erhalten?

a) 11 c) 23
b) 15 d) keine

a) 11
Neben den vollständigen Handschriften gibt es 23 Fragmente. Alle stammen aus der Zeit vom 13. bis zum 16. Jahrhundert. Das Nibelungenlied soll auf der Grundlage älterer germanischer Überlieferung um 1200 im Donauraum entstanden sein. Es ist der bedeutendste mittelhochdeutsche Heldengesang.

Was ist das Ziel von Werbung?

Primär soll die Werbung Kaufwünsche wecken. Dies geschieht, indem die Produkte und Leistungen des Unternehmens zunächst in der Öffentlichkeit bekannt gemacht werden. Durch die Werbebotschaft soll der Kaufwunsch geweckt und das Kaufverhalten beeinflusst werden.

Was bedeutet das Wort handy im Englischen?

a) Mobiltelefon c) Handtasche
b) faustgroß d) praktisch

d) praktisch
Mobiltelefone heißen auf Englisch „mobile phone" oder „cellphone". Die Bezeichnung Handy für Mobiltelefone wurde in Deutschland erfunden und sorgt als sogenannter False Friend häufig für Verwirrung.

Wann wurde das Flugzeug JU 52 hergestellt?

1930/31 in den deutschen Junkerswerken. Insgesamt wurden fast 5000 Stück dieses äußerst zuverlässigen Flugzeugtyps gebaut. In vielen Ländern wurde es beim Militär, vereinzelt jedoch auch im zivilen Luftverkehr eingesetzt. Man erkennt es sofort an seiner Wellblechverkleidung. In Deutschland wurde es häufig auch liebevoll Tante Ju genannt.

Was ist das Feuilleton?

Der literarisch-kulturelle Teil einer Zeitung. Hier findet man Buchbesprechungen, Rezensionen, Kritiken sowie Kommentare politischer oder allgemeinkultureller Natur. Auch der einzelne Beitrag im Feuilletonteil der Zeitung wird Feuilleton genannt.

Was wird gemeinhin als Bonmot bezeichnet?

Eine geistreiche Bemerkung, die ebenso witzig wie treffend ist.

Was versteht man unter Rhetorik?

Die Redekunst. Die Griechen gingen davon aus, dass die Redefähigkeit eine Naturanlage des Menschen ist, die auf verschiedene Arten vervollkommnet werden kann, z.B. durch Kunst, Wissen, Erfahrung und Übung.

Wann wurde die Computerfirma Apple gegründet?

a) 1964
b) 1976
c) 1983
d) 1989

b) 1976

Die Gründer waren Steve Jobs (*1955) und Steve Wozniak (*1950). Mit dem Apple 1, dem ersten Personal Computer, wurden sie auf einen Schlag berühmt.

Steve Jobs (l.) und Bill Gates (r.)

Wer stand 1998 im Guinessbuch der Rekorde, weil er ein Fahrrad mit 1500 Gängen konstruiert hatte?

Der Amerikaner Leon Chassman. Den Geschwindigkeitsrekord konnte er mit seinem Gefährt allerdings nicht brechen.

Wo kamen die ersten Ampeln zum Einsatz?

Mitte des 19. Jahrhunderts in London. Die Metropole hatte zu dem Zeitpunkt bereits mehr als eine Million Einwohner, sodass es sinnvoll erschien, das Verkehrschaos einzudämmen. Die roten und grünen Signallaternen wurden mit Gas betrieben. Bereits nach kurzer Zeit kam es zu einer Explosion, bei der ein Polizist getötet wurde. Daraufhin wurde die Anlage wieder außer Betrieb genommen.

Was bezeichnet der englische Ausdruck Image?

Die Vorstellung bzw. das Bild, das jemand von sich vermittelt oder vermitteln möchte. Für Personen des öffentlichen Lebens ist die Imagepflege wichtig, d.h., dass sie ein möglichst positives Bild von sich vermitteln möchten.

Sie haben sich mit Ihrem Fahrzeug an der Ampel in die falsche Abbiegespur eingeordnet. Sie bemerken Ihren Fehler noch vor dem Abbiegen. **Dürfen Sie nun in die Richtung abbiegen, in die Sie eigentlich wollten, wenn die Straße frei ist?**

Nein. In diesem Fall müssen Sie einen Umweg in Kauf nehmen.

Sind WWW und Internet identisch?

Nein. Das WWW (**W**ord **W**ide **W**eb) ist streng genommen nur ein spezielles Textsystem, das über das Internet abgerufen werden kann.

Wer baute das erste nutzbare Dampfschiff?

Robert Fulton (1765–1815) im Jahr 1807. Dies war durch die Erfindung der Dampfmaschine möglich geworden. Das Dampfschiff Clermont verkehrte zwischen New York und Albany. Diese Strecke von 240 Kilometern legte es in 32 Stunden zurück.

Dampfschiff Clermont

Ist es im Bereich des eingeschränkten Halteverbots erlaubt, das Auto kurz zu entladen?

Ja. Man darf hier kurz anhalten, um z.B. jemanden aussteigen zu lassen oder das Auto zu entladen. Nicht erlaubt ist dies jedoch im absoluten Halteverbot.

Was ist in der Technik ein Donator?

Ein Atom, mit dem ein Halbleiter verunreinigt wird. Donator bedeutet „Schenker". Damit ist gemeint, dass durch das Atom dem Halbleiter ein zusätzliches Elektron hinzugefügt wird. Dies kann zur Entstehung eines unerwünschten Stroms beitragen. Diese Art von Verunreinigung heißt Dotieren.

Was bedeutet der Begriff chatten?

Der Begriff stammt aus dem Englischen (to chat) und heißt plaudern. Über ein Netzwerk können sich mehrere Nutzer zeitgleich schriftlich miteinander „unterhalten", d.h., jeder Teilnehmer schreibt seine Kommentare auf, die daraufhin auf dem Bildschirm erscheinen.

Was zeichnet einen Hybridmotor aus?

Er kombiniert die Kraftstoffe Benzin und Gas. Nur im Bedarfsfall, z.B. beim Anfahren, wird Benzin verwendet, im Normalfall wird das Fahrzeug mit Gas betrieben.

Wann wurde die Verkehrsunfallstatistik in Deutschland eingeführt?

a) 1923 c) 1963
b) 1953 d) 1973

b) 1953
Im Jahr 2009 verunglückten 4949 Personen tödlich auf Deutschlands Straßen, 431.419 wurden verletzt. Dies war der niedrigste Wert seit der Einführung der Statistik.

Was bedeutet der sogenannte grüne Pfeil an einer Ampel?

Der Pfeil, der immer nach rechts zeigt, gibt dem Fahrzeugführer das Recht, unabhängig vom Ampelsignal nach rechts abzubiegen. Voraussetzung ist jedoch, dass dadurch kein anderer Verkehrsteilnehmer behindert wird.

Was baute Konrad Zuse (1910–95) im Jahr 1941 in Kreuzberg?

Den ersten funktionsfähigen programmierbaren Computer. Er hieß Z3 und arbeitete mit elektromagnetischen Schaltern, den sogenannten Relais. Der in der kleinen Wohnung des Wissenschaftlers hergestellte Rechner basierte vollständig auf dem Binärsystem.

Computer-Herz

Die **C**entral **P**rocessing **U**nit, kurz CPU, ist ein Teil des Computers und für das Interpretieren von Befehlen sowie für das Ausführen von Programmen verantwortlich. Man kann sie also als Herzstück des Computers bezeichnen.

Wie lange dauerte die Bohrzeit der vierten Röhre des Hamburger Elbtunnels?

Zweieinhalb Jahre. Die gesamte Bauzeit lag bei fünf Jahren. Der längste Teil der Röhre wurde mit dem 60 Meter langen Riesenbohrer TRUDE erstellt. Die Gesamtlänge des Tunnels beträgt drei Kilometer, die Kosten betrugen etwa 500 Millionen Euro.

Was ist eine Firewall?

Eine Firewall ist eine Software, die den PC vor ungewollten Zugriffen aus dem Internet schützt. Allerdings schützt sie nicht vor Viren, die von dem Benutzer versehentlich aus dem Internet heruntergeladen werden.

Welchen kuriosen Zweiradrekord hält der Lübecker Christian Adam?

Den Rekord im Rückwärtsfahren auf dem Fahrrad. Er schaffte 113,3 Kilometer in sechs Stunden.

Woher stammt der Ausdruck in Zugzwang geraten?

a) aus dem Bereich der Bahnindustrie
b) aus dem Bereich der Gastronomie
c) aus dem Bereich der Tabakindustrie
d) aus dem Bereich des Schachspiels

d) aus dem Bereich des Schachspiels
Der Ausdruck beschreibt die Situation, dass ein Spieler ziehen muss, ihm daraus aber Nachteile erwachsen.

Schach

In welchem Land kam es im November 2000 zu einem Brand einer Zahnradbahn?

In Österreich. Auf dem Weg zum Kapruner Gletscher am Kitzsteinhorn entzündete sich ein Heizgerät in der Zahnradbahn. Da diese sich im Tunnel befand, brannte die Bahn blitzschnell aus. 155 Menschen kamen ums Leben.

Ab welchem Alter darf man einen Führerschein erwerben, der zum Führen von Motorrollern mit bis zu 45 km/h Höchstgeschwindigkeit berechtigt?

Ab 16 Jahren. Es handelt sich dabei um den Führerschein Klasse S.

Wie heißt eine kurze Geschichte, die auf eine Moral abzielt und in der meist Tiere mit menschlichen Eigenschaften die Hauptrolle spielen?

a) Märchen c) Novelle
b) Fabel d) Parabel

b) Fabel
Es handelt sich um eine Beispielerzählung in Prosa- oder Versform, die eine konkrete Geschichte sehr knapp darstellt.

Wie heißt der älteste Handelsweg?

Seidenstraße. Dieser Weg ist weit über 5000 Jahre alt und liegt auf dem eurasischen Kontinent.

In welchem Jahr wurden die ersten Briefkästen angebracht?

a) 1653 c) 1786
b) 1701 d) 1835

a) 1653
Im Stadtbereich von Paris wurden 1653 Wandbriefkästen angebracht. Als „Briefmarke" fungierte ein Papierstreifen, der an dem Brief befestigt war und das vorausbezahlte Porto quittierte.

Wer baute im Jahr 1673 eine vollständig funktionierende mechanische Rechenmaschine?

a) Leibniz c) Lorenz
b) Bahlsen d) Lambertz

a) Leibniz
Gottfried Wilhelm Leibniz (1646–1716) erfand die erste wirklich funktionstüchtige Rechenmaschine, die neben den vier Grundrechenarten auch das Ziehen von Quadratwurzeln beherrschte. Bereits vor ihm hatte Blaise Pascal (1623–62) eine Rechenmaschine erfunden. Sie funktionierte jedoch nicht vollständig.

Wie nennt man ein Motorrad mit vier Rädern?

Quad. Meist sind Quads mit einer Motorradlenkung ausgestattet und haben breite, geländegängige Reifen. Bis zu einem Hubraum von 50 cm^3 dürfen sie auch von Jugendlichen mit Führerschein Klasse S gefahren werden.

Quad

Wo liegt der größte Flughafen Europas?

a) London
b) Paris
c) Frankfurt
d) Moskau

a) London
Mit über 66 Millionen Passagieren im Jahr steht der Flughafen London Heathrow an der Spitze Europas. Er ist der Sitz der beiden britischen Fluggesellschaften British Airways und Virgin Atlantic. Nach Atlanta und Chicago ist er der drittgrößte Flughafen der Welt.

London Heathrow Airport

Was ist ein Treiber?

Ein spezielles Computerprogramm, das für die reibungslose Kommunikation zwischen dem Computer und den angeschlossenen Geräten sorgt. Fällt ein Bestandteil des Computers aus, wird in der Fehlermeldung häufig darauf hingewiesen, einen aktuellen Treiber zu installieren.

Was ist das Besondere am Internet?

Die Möglichkeit, weltweit in Sekundenschnelle auf Informationen zugreifen und kommunizieren zu können. Fast alle Waren und Dienstleistungen werden mittlerweile auch über das Internet angeboten und verkauft.

Wie heißt ein beliebtes Programm zum Erstellen von Präsentationen?

PowerPoint. Mithilfe dieses Programms können starre Grafiken durch Einblendungen usw. animiert werden.

Was bedeutet „Plug & Play"?

Oftmals ist die Installation einer Treibersoftware notwendig, um neue Computerkomponenten anschließen und mit ihnen arbeiten zu können. Bei „Plug & Play" (übersetzt etwa: „einstecken und loslegen") hingegen muss das neue Gerät nur angeschlossen werden und ist sofort betriebsbereit.

Welches Land verbirgt sich hinter den folgenden Autokennzeichen?

1. KSA	2. TM	3. FIN
4. HR	5. BG	6. A
7. RO	8. LV	9. IRL
10. GR	11. E	

1. Saudi-Arabien, 2. Turkmenistan, 3. Finnland, 4. Kroatien, 5. Bulgarien, 6. Österreich, 7. Rumänien, 8. Lettland, 9. Irland, 10. Griechenland, 11. Spanien

In welchem deutschen Gesetzbuch ist das Recht auf Pressefreiheit verankert?

Im Grundgesetz. Es regelt das Recht auf freie Meinungsverbreitung in Presse, Rundfunk und Fernsehen und garantiert die ungehinderte Informationsbeschaffung.

Welche neue Art von Büchern kam 1950 auf den Markt?

Taschenbücher. Sie wurden vom Rowohlt Verlag herausgegeben. Das erste Buch der Taschenbuchreihe rororo (**ro**wohlts **ro**tations **ro**mane) war der Roman *Kleiner Mann – was nun?* von Hans Fallada (1893–1947).

Wie heißt das Zahlensystem, mit dem alle Computer arbeiten und das nur aus zwei Ziffern besteht?

Binäres Zahlensystem. Es kennt nur die Zahlen 0 und 1. Alle Zeichen des Alphabets sowie die Sonderzeichen werden aus jeweils acht Binärziffern zusammengesetzt. Eine solche Einheit aus acht Ziffern heißt Byte. Mit Byte wird u. a. die Speicherkapazität von Festplatten angegeben. Ein Gigabyte entspricht einer Milliarde Byte.

Was ist Brainstorming?

Das Sammeln von spontanen Ideen in einer Gruppe. Diese Ideen zu einem vorgegebenen Thema werden von den Teilnehmern aufgegriffen und weitergesponnen. So entstehen Assoziationsketten, die letztendlich zu einer für alle geeigneten Lösung führen.

Wie heißt eine kurze Erzählung, die meist an eine historische Person geknüpft ist und eine pointenhafte Wendung hat?

a) Epos
b) Anekdote
c) Roman
d) Poesie

b) Anekdote
Die Anekdote stellt schlaglichtartig den Charakter einer Person oder einer Begebenheit dar.

Wann startete der erste Zeppelin?

Am 2. Juli 1900 in Friedrichshafen. Genau 100 Jahre später wurde das Luftschiff Zeppelin NT auf den Namen „Friedrichshafen" getauft. In der Stadt am Bodensee hat die Zeppelin Luftschifftechnik GmbH ihren Sitz.

Was gründete Axel Caesar Springer (1912–85) im Jahr 1952?

Die Bild-Zeitung. Zu seinem Unternehmen gehören auch weitere Zeitungen wie *Die Welt* und Zeitschriften wie *Hörzu*. Sein Pressekonzern ist einer der größten in Europa.

Wann wurde der Nord-Ostsee-Kanal eingeweiht?

a) 1915
b) 1784
c) 1946
d) 1895

d) 1895

Der Nord-Ostsee-Kanal zwischen Brunsbüttel und Kiel ist eine der meistbefahrenen künstlichen Schifffahrtsstraßen der Welt. Jährlich fahren auf dem 100 Kilometer langen Kanal etwa 40.000 Schiffe.

Was erwirkte Friedrich Perthes (1867–1927) im Jahr 1825?

Die Gründung des Börsenvereins des Deutschen Buchhandels. Hierbei handelt es sich um die nationale Standesorganisation der Buchhändler und Verleger, die bis heute fortbesteht.

Friedrich Perthes

Was ist die Hypertext Markup Language und wo wird sie verwendet?

Hyper**t**ext **M**arkup **L**anguage, besser bekannt als HTML, ist die grundlegende Programmiersprache für die Erstellung von Internetseiten. Mit ihrer Hilfe kann man Texte, Bilder und Links darstellen. Für Animationen werden jedoch gesonderte Programme wie Javascript benötigt.

Wer war Johann Heinrich Pestalozzi (1746–1827)?

a) Erfinder
b) Politiker
c) Erzieher
d) Entdecker

c) Erzieher

Der Schweizer Erzieher und Bildungsreformer gilt mit seinen Ideen als Wegbereiter der modernen Volksschule. Er gründete mehrere Erziehungsheime und war lange Zeit selbst als Lehrer tätig.

Wie heißt ein kurzer Artikel, der widersprüchliche oder überlebte Verhaltensweisen oder Sachverhalte aufs Korn nimmt?

a) Glosse
b) Ente
c) Schusterjunge
d) Kolumne

a) Glosse

Hierbei spielen Stilmittel wie Humor, Ironie und Satire eine große Rolle.

■ Wann wurde der Eurotunnel eingeweiht?

a) 1957
b) 1989
c) 1994
d) 2009

c) 1994
Der Eurotunnel verbindet Frankreich und England zwischen Calais und Dover. Er verläuft unter der schmalsten Stelle zwischen den Ländern, dem Ärmelkanal.

Datentransport
Auch in einem Computer findet Transport statt. So müssen Daten von einem Bauteil zum nächsten transportiert werden, z. B. vom Speicher zum Prozessor. Dies geschieht mit einem sogenannten Bus. Die Breite des Busses steht für die Anzahl seiner Leitungen, über die zeitgleich Daten übertragen werden können. Ein Bus mit 16 Leitungen heißt dementsprechend 16-Bit-Bus.

■ Welcher Begriff in der Informatik wurde aus der Medizin entlehnt?

a) Bakterien
b) Grippe
c) Viren
d) Pest

c) Viren
Computerviren weisen Ähnlichkeit mit den biologischen Viren auf. So verbreiten sie sich über infizierte Dateien und stecken bis dahin „gesunde" Dateien an.

■ Nach welchem Erfinder benannte Niklaus Wirth (*1934) seine Programmiersprache?

Nach dem Erfinder Blaise Pascal (1623–62). Die Programmiersprache Pascal wurde im Jahr 1972 an der Eidgenössischen Technischen Hochschule Zürich als Lehrsprache eingeführt.

■ Was ist ein Funkloch?

Ein geografisch ungünstig gelegener Bereich, der nicht von den Funkwellen erreicht wird. In einem Funkloch hat man keinen Empfang und kann somit nicht mehr mobil telefonieren.

■ Was ist eine E-Mail-Adresse?

Die Postanschrift im Internet. Die Bezeichnung nach dem @-Zeichen steht für den Onlinedienst; vor dem @-Zeichen steht der personalisierte Teil der Adresse, z. B. der Name des Besitzers der Adresse.

Sie haben Post!

Wie heißt ein Café, in dem zusätzlich zum üblichen Angebot Computer zur Verfügung gestellt werden?

Internetcafé. Gegen Bezahlung kann man dort an einem Computer auf das Internet zugreifen. Wegen der immer größeren Verbreitung von WLAN sind Internetcafés in Deutschland inzwischen weniger beliebt. Mithilfe von WLAN kann man häufig auch in normalen Cafés am eigenen Laptop auf das Internet zugreifen.

Welches ist das größte Flugzeug der Welt?

a) Boeing 747 „Jumbo Jet"
b) Antonov An-225 „Mriya"
c) Airbus A380
d) Fokker 100

b) Antonov An-225 „Mriya"
Das Flugzeug ist 88,40 Meter lang und wird von sechs Triebwerken angetrieben. Der russische Flugzeugbauer Antonov hat seit 1988 nur ein einziges Exemplar fertiggestellt. Seitdem ist es im Einsatz, um besonders schwere und große Fracht wie Kraftwerksgeneratoren und Lokomotiven, aber auch Hilfslieferungen in Krisengebiete zu transportieren.

Wie nennt man eine Störung, die den Handlungsablauf unterbricht und belastend wirkt?

Konflikt. Der Begriff kommt aus dem Lateinischen und bedeutet wörtlich „zusammenstoßen", weiter gefasst auch „Streit".

Wie nennt man das Verfolgen und Belästigen einer Person gegen deren erklärten Willen?

Stalking. Der Ausdruck stammt aus der englischen Jagdsprache und bedeutet „heranpirschen". Die betroffenen Personen werden überwacht und ausspioniert. Oftmals findet auch Telefonterror statt. Das Schreiben von Droh-E-Mails fällt unter die Kategorie des sogenannten Cyberstalking.

Stalker

Was ist Ubuntu?

Eine Version des Open-Source-Betriebssystems Linux.

Was ist Stenografie?

Bei der Stenografie, oft Steno genannt, handelt es sich um eine Buchstabenkurzschrift. Sie besteht aus Teilen der gewöhnlichen Buchstaben, mit denen auch ganze Wörter abgekürzt werden können.

■ **Unter welchem Namen ist die mesoamerikanische Kultur bekannt, die im heutigen Mexiko neben den Maja vom 14. bis ins frühe 16. Jahrhundert existierte?**
Azteken.

■ Sein Gesicht ist nicht nur aus den Asterix-Filmen bekannt: Er war der wohl berühmteste Feldherr und römische Staatsmann. Nach seiner Zeit als Konsul und Prokonsul wurde er 45 v. Chr. zum Diktator auf Lebenszeit ernannt. An den Iden des März fand er schließlich als Opfer einer Verschwörung den Tod. **Von wem ist die Rede?**
Gaius Julius Caesar (63 v. Chr.–14 n. Chr.)

Statue Caesars

■ **Welcher lateinische Begriff bezeichnet die geschichtliche Epoche, die neben der Altsteinzeit auch Mittel- und Jungsteinzeit, Bronzezeit und Eisenzeit umfasst?**
Prähistorie. Dieser Abschnitt der Vor- oder Urgeschichte liegt vor der Nutzung schriftlicher Quellen.

■ **Wie nennt man die politisch-gesellschaftliche Reaktion auf die Entsendung eines künstlichen Satelliten im Jahr 1957, mit der die Sowjetunion den USA und den Westmächten ihre technischen Fortschritte demonstrierte?**
Sputnik-Schock. Erst der Erfolg mit der Mondlandung 1969 konnte die kriselnde Selbstwahrnehmung der Amerikaner wieder wettmachen.

■ **Der Schatz welches sagenumwobenen Goldlandes im nördlichen Südamerika wurde niemals gefunden?**
Eldorado. Auch spanische Konquistadoren fanden das Land nach ihren Raubzügen im Inka- und Aztekenreich nie.

■ **Welches berühmte Bauwerk ist rund 6300 Kilometer lang und wurde früher auch als Verkehrsweg genutzt?**
Die Chinesische Mauer. Die Befestigungsanlage sollte das Kaiserreich vor nomadischen Eindringlingen schützen, liegt jedoch hinter den eigentlichen Grenzen Chinas.

■ **Welche Gesellschaftsform erhebt eine klassenlose Gesellschaft und die Auflösung von Privateigentum an Produktionsmitteln zu ihren Idealen?**
Der Kommunismus. Die Herstellung des gesellschaftlichen Zusammenlebens soll in rationaler Weise gemeinschaftlich überdacht und durchgeführt werden, um soziale Gerechtigkeit und eine freie Zukunft zu sichern.

Welcher Präsident der USA litt ebenso wie George Washington (1732–99) unter dem Verlust seiner gesamten Zähne?

John Adams (1735–1826). Von 1797 bis 1801 war er der zweite Präsident der USA. Schon seit seiner Kindheit war Adams ein starker Raucher.

John Adams

Wie hieß der populäre Konsul und Rhetoriker im alten Rom, der mit seinen vier großen Reden die sogenannte Catilinarische Verschwörung, einen misslungenen Umsturzversuch des gleichnamigen Senators im Jahr 63 v. Chr., publik machte?

Marcus Tullius Cicero (106–43 v. Chr.). Sein Mitkonsul Marcus Antonius (82–30 v. Chr.), der die Alleinherrschaft anstrebte, ließ ihn nach seiner hämischen Kritik am Vorgehen bei dem tödlichen Anschlag auf Caesar ermorden.

Wie hieß die Kampagne, mit welcher sich der Deutsche Gewerkschaftsbund (DGB) 1956 für einen arbeitsfreien Sonnabend starkmachte?

a) Samstag ab eins macht jeder seins!
b) Samstags gehört Vati mir!
c) Endlich wieder Zeit für Mutti!
d) Samstags mach ich, was ich will!

b) Samstags gehört Vati mir!

Nach dem Wirtschaftsaufschwung in den 50er-Jahren stieg die Arbeitszeit aufgrund des Mangels an Arbeitskräften enorm an. Angesichts eines Wochenpensums von 49 Stunden in einer Sechs-Tage-Woche wurden Rufe nach mehr Freizeit unter den Arbeitern laut, denen sich der DGB anschloss, bis mit einer 40-Stunden-Woche verteilt auf fünf Arbeitstage eine Lösung erzielt war.

Die IFOR (Peace **I**mplementation **For**ce) war eine NATO-geführte deutsche Friedenstruppe. **In welchem Bürgerkriegsgebiet löste diese im Zug des Abkommens von Dayton 1995/96 die Schutztruppe der Vereinten Nationen ab und begann dort mit Maßnahmen zur Friedensbildung?**

In Bosnien-Herzegowina.

Welche Konfrontation zwischen den USA und der Sowjetunion mit Kuba zwischen 1962 und 1963 dauerte nur 13 Tage?

Die Kubakrise. Die Sowjetunion hatte vor, auf Kuba atomare Waffensysteme zu stationieren. Der amerikanische Präsident Kennedy (1917–63) verbot daraufhin den Export von Erdöl nach Kuba sowie dessen Import aus Kuba. Die UdSSR hatte gerade mehrere Schiffe mit Kriegsmaterial auf den Weg nach Kuba ge-

Sowjetischer Außenminister Andrej Gromyko (3. v.l.) und John F. Kennedy

bracht. Doch nicht zuletzt dank des Einlenkens des sowjetischen Politbüros unter Chruschtschow (1894–1971) konnte die militärische Auseinandersetzung vermieden werden.

■ **Unter welchem Namen ist der gefürchtete Kriegszustand zwischen den von den USA geführten Westmächten und dem Ostblock unter Führung der UdSSR in den Jahren 1946 bis 1962 bekannt?**

a) Expansionskrieg
b) Kalter Krieg
c) Propagandaschlacht
d) Contra-Krieg

b) Kalter Krieg
Es wurden politische, ökonomische und militärische Versuche unternommen, die Autorität des Gegners zu untergraben.

■ **Wie nennt man einen Zusammenschluss von Abgeordneten in einem Parlament oder einem anderen politischen Stab auf freiwilliger Basis?**

a) Fraktion
b) Ausschuss
c) Partei
d) Mandat

a) Fraktion
Fraktionen gibt es in fast jedem parlamentarischen Gremium oder sonstigen Vertretungen wie Kreistagen, Stadträten usw. Die Mitglieder müssen dabei nicht zwingend ein und derselben Partei angehören. Sie können sich zu einer Fraktionsgemeinschaft zusammenschließen, wenn sie die gleichen Ziele verfolgen (wie es z.B. bei der Fraktionsgründung aus PDS und WASG nach der Wahl 2005 der Fall war).

Reichstagsgebäude in Berlin

■ **In welchem Land, in dem sich von 1979 bis 1989 islamistische sowjetische Rebellentruppen unter amerikanischer Unterstützung befanden, herrschte in der Folgezeit ein Bürgerkrieg, in dem radikal islamische Kräfte aufblühten?**

a) Kasachstan
b) China
c) Afghanistan
d) Vietnam

c) Afghanistan

■ **Unter welchem Begriff ging die gewaltsame Machtübernahme der kommunistischen Bolschewiki in Russland in die Geschichte ein?**

Oktoberrevolution. Im alten russischen Kalender wird diese auf den 25./26. Oktober datiert, was nach unserem – dem gregorianischen – Kalender aber dem 7./8. November entspricht.

An der Seite welchen Landes standen die USA im Vietnamkrieg nach 1945 gegen Nordvietnam?

Südvietnam. Im Jahr 1973 erfolgte der amerikanische Rückzug.

Welches Land zog sich von den im sogenannten Sechstagekrieg eroberten Gebieten Ägyptens zurück, nachdem 1978 mit dem Camp-David-Abkommen eine Friedensvereinbarung geschlossen worden war, und ebnete auf diese Weise den Weg für verbesserte diplomatische Beziehungen?

Israel.

Welches ist nach Montesquieus (1689–1755) „Prinzip der Gewaltenteilung" in einem Rechtsstaat das dritte unabhängige Staatsorgan neben der Legislative und der Exekutive?

Die Judikative, die Rechtsprechung.

Welches Ereignis führte 1918 als direkte Folge des verlorenen Krieges zur Umwandlung der konstitutionellen Monarchie in eine parlamentarisch-demokratische Republik?

Die Novemberrevolution. Sie begann mit einer Meuterei von Matrosen und breitete sich dann bis in die Großstädte aus. Die Revolutionäre hatten später jedoch immer wieder mit internen gewaltsamen Disputen zu kämpfen und scheiterten schließlich am Widerstand der SPD-Führung. Mit der Neuen Weimarer Verfassung 1919 endete die Revolution.

Diskutierende Arbeiter

Wer waren die „Mittelmächte", die im Ersten Weltkrieg Bündnispartner waren?

Das Deutsche Reich, Österreich, die Türkei, Bulgarien und Ungarn.

Welches Land unterstützte 1950 im Koreakrieg das kommunistische Nordkorea, das dem westlich orientierten Südkorea gegenüberstand?

China. Der Krieg, bei dem die Zivilbevölkerung große Verluste erlitt, endete 1953 mit einem Waffenstillstandsabkommen, nachdem die UNO, deren Truppen aufseiten Südkoreas standen, interveniert hatte. Wegen der immer wieder aufflammenden Konflikte besteht bisher kein Friedensabkommen.

Wie lautet der japanische Adels- und Herrschertitel, dessen Name so viel wie „Himmlischer Souverän“ bedeutet und der im Deutschen oft mit „Kaiser“ übersetzt wird?

a) Tennō c) Samurai
b) Shōgune d) Genrō

a) Tennō

Wer erhielt am 2. Mai 2001 den Schlüssel für das Büro im Bundeskanzleramt, womit gleichzeitig der Regierungsumzug von Bonn nach Berlin unter Dach und Fach gebracht war?

Gerhard Schröder (*1944).

Welcher afrikanische Diktator musste 2011 nach mehr als vierzig Jahren Herrschaft um sein Amt bangen ?

Muammar al-Gaddafi (*1942). Er regiert das Land seit einem gewaltlosen Staatsstreich von 1969 und übt auch nach seinem Rücktritt von 1979 großen Einfluss auf die Staatsgeschäfte aus. Im Februar 2011 stellte sich das libysche Volk gegen seine Herrschaft und forderte den Rücktritt Gaddafis.

Muammar al-Gaddafi, 2009

Welche beiden Staaten sind im Jahr 1947 aus der Auflösung Britisch-Indiens hervorgegangen?

Pakistan und Indien.

Welchen Namen tragen Mitglieder einer Gruppierung oder Partei, die besonders um „Nähe zum Volk“ bemüht sind, um dann aktuelle Zwiste oder Ängste aufzugreifen und für ihre Zwecke zu instrumentalisieren?

Populisten. Populistische Thesen, häufig von einer charismatischen Persönlichkeit verkündet, sollen eine breite Masse erreichen. Sie sind eher banal oder als Selbstverständlichkeit formuliert, damit ihr häufig unrealistischer Charakter nicht hervorgehoben wird.

Was für eine berühmte islamische Stadtburg mit einem sehr hohen Mauerwall und 23 Wehrtürmen liegt auf dem Sabikah-Hügel von Granada?

Alhambra. 1377 wahrscheinlich von den letzten maurischen Herrschern in Spanien erbaut, ist sie heute eine der beliebtesten Touristenattraktionen Europas.

Welche Engstelle war um 480 v. Chr. die einzige Passverbindung zwischen Nord- und Mittelgriechenland?

Die Thermopylen (griech. warme Tore). Der spartanische König Leonidas sollte hier mit seinen Männern die Stellung vor den nahenden Persern halten, doch durch einen Verrat wurden die Spartaner in dieser ersten Schlacht der Perserkriege vernichtend geschlagen.

■ ■ ■

Zu welcher losen Verbindung schlossen sich über 50 unabhängige Staaten, unter ihnen das Vereinigte Königreich (United Kingdom) und einstige britische Kolonien bzw. „Dominions", zusammen?

Zum Commonwealth, seit dem Zweiten Weltkrieg auch „Commonwealth of Nations".

■ ■ ■

In der Nähe welcher Stadt befindet sich das Tal, nach dem der Steinzeitmensch, der Neandertaler, benannt wurde?

Düsseldorf. Überreste des frühen Verwandten des Menschen wurden 1856 von Jochen Fuhlrott (1803–77) entdeckt. Heute weiß man, dass der Neandertaler zwischen 150.000 und 40.000 v. Chr. vorrangig im heutigen Süd- und Mitteleuropa und im Nahen Osten lebte.

■ ■ ■

In welchem Jahr wurden in Frankreich erstmals ausführlich in 17 Artikeln von der Nationalversammlung die Menschen- und Bürgerrechte verkündet?

a) 1789　　c) 1797
b) 1792　　d) 1799

a) 1789

Welchem ersten Staatspräsidenten, der die Türkische Republik begründete, gilt die kultartige Verehrung seiner Landsmänner?

Mustafa Kemal (1881–1938), besser bekannt unter dem Namen Atatürk, regierte von 1923 bis 1938. Er erwarb hohe Verdienste durch Reformen und seine ablehnende Haltung gegenüber dem Panislamismus.

Mustafa Kemal Atatürk

■ ■ ■

Mit welchem Begriff wird der gewaltsame, politisch-ideologische Wandel in der Gesellschaft der Volksrepublik China zwischen 1966 und 1969 bezeichnet?

Kulturrevolution. Mao Tse-tung (1893–1976) hatte sich zum Ziel gesetzt, westliche Ideologien und traditionelle chinesische Strukturen zu beseitigen. Sein Vorgehen war oft sinnlos und brutal und das Volk, was zur „Selbstbefreiung" aufgerufen worden war, letztendlich nur noch Objekte eines oktroyierten Schauspiels. Auch wertvolle Kunst- und Kulturschätze fielen den Säuberungsaktionen Maos zum Opfer.

■ ■ ■

Von welchen Organen wird die Judikative, die Rechtsprechung, in Deutschland durch unabhängige Richter ausgeübt?

Vom Bundesverfassungsgericht, den Bundesgerichten und den Gerichten der Bundesländer.

In welcher Stadt befand sich die um 300 v. Chr. von König Ptolemaios I. (um 367–283 v. Chr.) gegründete, riesige antike Bibliothek, in der ca. 700.000 Buchrollen aufbewahrt wurden und zu Forschungszwecken zur Verfügung standen?

a) in Rom c) in Kairo
b) in Alexandria d) in Vatikanstadt

b) in Alexandria
Die bedeutendste Bibliothek des Altertums wurde wahrscheinlich im 3. oder 4. Jahrhundert zerstört.

Bibliothek nach den Vorstellungen der Neuzeit

Welcher Architekt verweigerte am Ende des Zweiten Weltkrieges Hitlers Befehl, möglichst viele Zerstörungen im deutschen Reichsgebiet umzusetzen?

Albert Speer (1905–1981). Mit dieser „Taktik der verbrannten Erde“ wollte Hitler Industrie- und Versorgungsanlagen für den Gegner unbrauchbar machen, nachdem er erkannt hatte, dass der Krieg für ihn verloren war.

Worum geht es in dem Report des amerikanischen Forschers Alfred Charles Kinsey (1894–1956), der zwischen 1948 und 1953 publiziert wurde?

Um das Sexualverhalten amerikanischer Männer und Frauen. Die Studien trugen maßgeblich zur Enttabuisierung der Sexualität in der westlichen Welt seit 1960 bei.

Welcher deutsche Kaiser wollte mit dem Reichskirchensystem die Kontrolle im Reich behalten, ohne jedoch dauerhafte Autorität, etwa an Herzöge, abgeben zu müssen?

a) Friedrich II. c) Wilhelm II.
b) Otto I. d) Wilhelm I.

b) Otto I.
Wichtige Herrschaftsämter besetzte der Kaiser (912–973) selbst mit Kirchenmännern, die in seinem Sinne handelten, da Mönche und Bischöfe ja keine legitimen Nachkommen hatten.

Welche auf den Hoheitszeichen verwendete Abkürzung steht für die beiden Mächte im antiken Rom, die den Staat trugen?

S. P. Q. R., lateinisch **S**enatus **P**opulus**q**ue **R**omanums, was so viel heißt wie „Senat und römisches Volk“.

■ Ein König, der seine Position im Staat mit der von ihm angenommenen zentralen Stellung der alles überstrahlenden Sonne im Sonnensystem verglich, trug einst den Beinamen „Sonnenkönig". **Wie hieß er?**

Ludwig XIV. (1638–1715)

Ludwig XIV.

■ **Wie nennt man den erzwungenen Ausschluss leitender Personen oder -gruppen von staatlichen Ämtern oder der Gesellschaft aus bestimmten Geisteshaltungen heraus?**

a) Vereidigung
b) Evaluation
c) politische Immunität
d) politische Säuberung

d) politische Säuberung
Auch der sowjetische Diktator Stalin (1878–1953) „säuberte" die alte Kommunistische Partei zwischen 1936 und 1938, indem alte Mitglieder in Schauprozessen zum Tod verurteilt oder des Landes verwiesen wurden.

■ **Welchen Namen trägt der portugiesische Seefahrer, der 1519 mit fünf Schiffen im Auftrag Spaniens in See stach und ein Jahr später die nach ihm benannte Meerenge zwischen dem südamerikanischem Festland und der Insel Feuerland entdeckte?**

Fernão de Magalhães (um 1480–1521), besser bekannt als Ferdinand Magellan.

■ Die Sympathisanten der beiden großen Parteien Großbritanniens sind seit jeher unter bestimmten Namen bekannt. **Unter welchen?**

Tories und Whigs. Gegenpartei der 1679 entstandenen königstreuen Tories, die sich zur konservativen Partei entwickelten, waren die Whigs – liberale Anhänger der republikanischen Bewegung, die freiheitliche parlamentarische Ziele hatten. An ihre Stelle als zweite große Macht im Staat trat allerdings in den letzten Jahren die Labour Party.

■ **Welcher Begriff bezeichnet nicht nur eine durch ein breites Spektrum an ethnischen, kulturellen, religiösen und sprachlichen Gegebenheiten gekennzeichnete Gesellschaft, sondern auch die Anerkennung anderer Lebensarten und Meinungen als der eigenen?**

a) multifunktional
b) multilateral
c) multikulturell
d) multilinear

c) multikulturell

Welcher zentralistische, föderative Einparteienstaat Osteuropas wurde von Lenin, Wladimir Iljitsch Uljanow (1870–1924), im Jahr 1922 gegründet?

Die UdSSR. In Lenins Nachfolgekampf setzte sich Josef Stalin (1878–1953) gegen Leo Trotzki (1879–1940) durch und konnte nun auf dem von Lenin geschaffenen Staats- und Parteiapparat mit gezieltem Terror seine diktatorische Führung ausbauen.

Welche Gesellschafts- und Wirtschaftsform des Mittelalters und der frühen Neuzeit wurde unter anderem dadurch gefestigt, dass sich die machthungrigen Adligen als von Gott und seiner Weltordnung abberufen sahen?

Der Feudalismus. Die reiche Oberschicht, die sich mit der Kirche verbündete, hatte politische und wirtschaftliche Autorität inne, während der große Teil der Gesellschaft sich ihnen zu unterwerfen hatte.

Nach wem ist der berühmte Friedenspreis benannt, dessen Preisträger ein norwegischer Parlamentsausschuss wählt und der vom norwegischen König verliehen wird?

Nach Alfred Nobel (1833–96). Der Preis wird für die Gebiete – Chemie, Literatur, Physik, Medizin und Physiologie – sowie für besondere Friedensbemühungen verliehen.

Wie nennt man die Regierungsform, die im Unterschied zu einer autoritären Diktatur alle Gebiete der Öffentlichkeit durchdringen und auf diese Weise die Menschen gemäß einer bestimmten Ideologie „neu" formen will?

Totalitarismus. Die Diktaturen Stalins (1879–1953) oder Hitlers (1889–1945) waren totalitäre Herrschaftsformen.

Wie hießen die Berufskämpfer, die im alten Rom in aller Öffentlichkeit bei großen Spektakeln im Kampf gegeneinander antraten?

Gladiatoren. Diese waren zumeist Kriegsgefangene, Sklaven oder verurteilte Rechtsbrecher, später auch freie Bürger, die sich ebenfalls auf einer Gladiatorenschule ausbilden lassen wollten.

Gladiatorendarstellung auf einem Mosaik, 80–100 n. Chr.

Mit welchem anderen Begriff wird Kleinasien, der vorderasiatische Teil der heutigen Türkei, noch bezeichnet?

Anatolien.

Welche Kriege mit religiösen, strategischen und wirtschaftlichen Hintergründen führten die Christen des Abendlandes zwischen 1095/96 und dem 13. Jahrhundert?

Die Kreuzzüge. Mit dem Zeichen des Kreuzes zogen die Herrscher des Abendlandes über See- und Landwege in das Heilige Land, das sie erobern wollten. Kreuzfahrerstaaten wurden in Palästina gegründet und grausame Schlachten fanden auch in anderen nicht christianisierten Ländern statt. Doch selbst nach einer erfolgreichen Eroberung 1099 ging Jerusalem letzten Endes verloren.

Eroberung Jerusalems

Welcher von absolutistischen Staatsmännern entworfene Begriff bezeichnet die Eigenschaft von Institutionen, als einzige die höchste Staatsgewalt innezuhaben?

Souveränität. Der absolutistische Herrscher Ludwig XVI. begründete hierauf seine Autorität. Völkerrechtlich gesehen besitzt jeder moderne Rechtsstaat nach außen hin Souveränität, da er innere Angelegenheiten selbst regelt.

Abwendung von der Kirche, Häresie, Schadenzauber und Pakte oder sexueller Kontakt mit dem Teufel waren Vorwürfe welcher massenhaften Verfolgung zwischen dem 14. und 16. Jahrhundert?

Der Hexenverfolgung. Die Mehrzahl der Opfer in Mitteleuropa, aber auch der Denunzianten waren Frauen, in Nordeuropa eher Männer. Geständnisse wurden häufig mit harten Foltermethoden erzwungen.

Wie hieß das Konzept von 1930, welches nach dem Ersten Weltkrieg auf der Basis des Versailler Vertrages die Reparationszahlungen für das Deutsche Reich festsetzte?

a) Dawes-Plan
b) Young-Plan
c) Schlieffen-Plan
d) Marshall-Plan

b) Young-Plan

Er setzte Zahlungen von insgesamt ca. 36 Milliarden Reichsmark fest, die mit Zinsen und zumeist in Form von Devisen in 59 Jahresraten zurückzuzahlen waren. Doch schon ein Jahr später wurde der Plan durch das Hoover-Moratorium aufgrund der Zahlungsunfähigkeit des Landes ausgesetzt. Große Teile der Schulden beglich Deutschland nach der Festsetzung im Londoner Schuldenabkommen von 1956 bis 1980.

Mit welchem Fremdwort wird ursprünglich die Loslösung aus einem Zustand der Abhängigkeit oder Entrechtung bezeichnet?

Emanzipation. In der Epoche der Aufklärung ab dem späten 18. Jahrhundert wurden in ersten Emanzipationsbewegungen von Sklaven, Juden oder Frauen Rufe nach mehr Gleichberechtigung laut.

Wie hieß der Krieg zwischen Israel und Ägypten, Jordanien sowie Syrien, bei dem es Israel 1967 gelang, den Gazastreifen zu besetzen und die syrischen Golanhöhlen, die Sinai-Halbinsel sowie Ostjerusalem und das Westjordanland zu kontrollieren?

Sechstagekrieg. Er dauerte nur vom 5. bis 10. Juni.

Welcher natürliche Prozess begünstigte den Übergang vom jagdgeprägten Nomadentum zur Sesshaftigkeit?

Die Gletscher der Eiszeit schmolzen, die Übergangszeit ist bekannt als „jungsteinzeitliche Revolution".

Wofür steht die Abkürzung OHL?

a) ozonhaltige Luft
b) offizielles Handelslogo
c) oberste Heeresleitung
d) ostpreußische Handelslinie

b) **o**berste **H**eeres**l**eitung
Die OHL war die ranghöchste Kommandoebene des Heeres im Ersten Weltkrieg.

Wie heißen die zum Großteil Afrikaans sprechenden Nachkommen der zumeist holländischen Siedler, die sich seit 1962 am südafrikanischen Kap der Guten Hoffnung niedergelassen hatten?

Buren. In den Burenkriegen zwischen Großbritannien und den Burenstaaten Transvaal und Oranje-Freistaat (gegründet 1835–38) verloren Letztere ihre Unabhängigkeit und wurden britische Kolonien. Durch ihre Vereinigung mit der Kapkolonie und Natal entstand die Südafrikanische Union, aus der 1961 die Südafrikanische Republik hervorging.

Burische Guerillas während des Zweiten Burenkrieges

Welche Gesetze, die Teil des indianischen Rechts sind, sollten die Gleichstellung von Indianern und Spaniern sichern?

Leyes Nuevas. Der spanische Dominikaner namens Bartolomé de las Casas (1474–1566) setzte sich als einer der Ersten verstärkt gegen die Versklavung der Indianer in die spanischen Kolonien ein und erreichte bei Kaiser Karl V. (1500–58) 1542, dass die Indios dem Schutz der spanischen Krone unterstellt wurden. In der Folge fand jedoch ein stärkerer Menschenhandel mit Afrika statt.

In wessen Auftrag hatte der Seefahrer Vasco da Gama (um 1469–1524) im Jahr 1497 mit vier Schiffen die Südspitze Afrikas umsegelt und gelangte dann nach Indien?

Im Auftrag des portugiesischen Königs. Dieser ernannte ihn später zum Vizekönig Indiens.

Vasco da Gama von Gregorio Lopes

Welches Indianervolk Mittelamerikas mit Stadtstaaten im heutigen Mexiko, Guatemala, Belize, Honduras und El Salvador ist besonders durch seine Hochkultur im 4. bis 6. Jahrhundert berühmt?

Die Maya.

Wann betrat der Astronaut Neil Armstrong (*1930) als erster Mensch um 3.56 Uhr MEZ den Mond und erlangte mit dem Satz „Das war ein kleiner Schritt für mich, aber ein großer für die Menschheit!" Weltruhm?

a) 1950 c) 1969
b) 1956 d) 1976

c) 1969

Wie nennt man die staatliche Regelleistung, durch die Familien einen Mehraufwand durch Kinder ausgleichen können?

Familienleistungsausgleich. Hierzu zählen u. a. Kindergeld, der steuerliche Kinderfreibetrag, Entlastungsbeiträge für Alleinerziehende oder auch das Elterngeld.

Welche Führungstruppe der US-Armee umfasst etwa 200.000 extrem trainierte Soldaten, die zu besonders gefährlichen Einsätzen wie dem Golfkrieg herangezogen werden?

Die US-Marines. Die Streitkräfte sind zusammen in einem Corp organisiert, zu dem auch ca. 40.000 Reservisten gehören.

Welcher Interessenverband ist heute mit über 100.000 Mitgliedern einer der größten Ärzteverbände Europas und setzt sich seit seiner Gründung 1947 für ein verbessertes Ausbildungsniveau und leistungsorientierte Löhne ein?

Der Marburger Bund. Er wurde damals von jungen Ärzten und Medizinstudenten ins Leben gerufen.

Welche private Hilfsorganisation sandte nach dem Zweiten Weltkrieg bis zum Beginn der 1960er-Jahre Hilfsgüter in die BRD und dehnte ihre Hilfstätigkeit nach dem Koreakrieg auch auf nicht europäische Staaten aus?

CARE (**C**ooperative for **A**merican **R**elief to **E**verywhere). Bis 1954 hieß die Organisation Cooperative for American Remittances to Europe.

Wie hieß der Söldner, der im Jahr 476 als erster Nicht-Römer die Gesamtherrschaft über Italien innehatte?

a) Odysseus c) Octavian
b) Orestes d) Odoaker

d) Odoaker
Er wurde von Theoderich dem Großen, der seine Macht als ostgotischer König sichern wollte, ermordet.

Welcher in einem Eisenbahnwaggon geschlossene Waffenstillstand setzte am 11. November 1918 den Kämpfen im Ersten Weltkrieg offiziell ein Ende und bedeutete die rückhaltlose Kapitulation für Deutschland?

Der Waffenstillstand von Compiègne.

Woher stammte die russische Zarin Katharina II. (1729–96), die durch ihre Reformen und als Vertreterin des aufgeklärten Absolutismus bekannt wurde?

Aus Deutschland. Nicht nur durch die Erlangung des Zugangs zum Schwarzen Meer und Gebietsgewinne bei den polnischen Teilungen baute sie den Machtbereich Russlands aus wie kein Herrscher nach ihr.

Welches Meer versuchten die sogenannten Boat people, vietnamesische Flüchtlinge, welche nach der Besetzung ihres Landes Südvietnam durch das kommunistische Nordvietnam auf Booten in Länder wie Thailand oder Malaysia flohen, zu überqueren?

a) Javasee
b) Beringmeer
c) Ostchinesisches Meer
d) Südchinesisches Meer

d) Südchinesisches Meer
Der Begriff Boat people wird auch heute noch in anderen Weltregionen für Flüchtlinge in meist viel zu überladenen Booten verwendet.

Wie heißt das Gebäude, das der Sitz des amerikanischen Kongresses ist?

a) Kapitol
b) Pentagon
c) Das Weiße Haus
d) Blair House

a) Kapitol
Der Kongress besitzt die Legislative in den USA. Er ist zusammengesetzt aus 535 direkt gewählten Abgeordneten und 100 Senatoren. Der Senat und das Repräsentantenhaus sind verpflichtet, Gesetzesvorlagen des Kongresses anzunehmen.

Kapitol in Washington D. C.

Wo hat der Internationale Gerichtshof, der anhand des Völkerrechtes über ihm von mindestens zwei Staaten vorgelegte Streitsachen ein Urteil fällt, seinen Hauptsitz?
In Den Haag. Als Hauptrechtsprechungsorgan der UN hat er vorrangig die Funktion, kriegerische Auseinandersetzungen wegen Grenzen zu umgehen.

Unter welchem Namen kennt man die weltlichen Herrscher, die nach dem Vorbild des Propheten Mohammed auch das geistliche und politische Oberhaupt des Islam waren?
Kalifen. Das Kalifat von Bagdad und somit das gesamte Kalifenreich ging 1258 mit der Besetzung der Hauptstadt durch die Mongolen zugrunde.

Wie hieß die vom König Mesannepada begründete Hochkultur, in der die Sumerer um 2500 v. Chr. Königsgräber errichteten?

a) Elam c) Ägypten
b) Indus d) Ur

d) Ur
Erfindungen und kostbare Grabbeigaben lassen Rückschlüsse auf die Fortschrittlichkeit dieser Gesellschaft zu.

In einer nicht konstitutionellen Monarchie sind Kaiser, Könige und Fürsten die Staatshoheiten. **In welchem Gegenmodell einer Staatsform wird die Regierung über ein frei gewähltes Parlament gebildet?**
In der Republik.

Wie hieß der Hurrikan, der 2005 im Südosten der USA enorme Schäden anrichtete?
Katrina. Der Staat New Orleans stand unter Wasser, überall herrschte ein Bild der Verwüstung. 1300 Menschen fanden bei dem schrecklichen Naturereignis den Tod.

Das überflutete New Orleans

Welches bedeutende kirchliche Ereignis zugunsten der Religionsfreiheit wurde von Papst Johannes Paul XXIII. (1881–1963) am 11. Oktober 1962 einberufen?
Das Zweite Vatikanische Konzil. Das 21. Ökumenische Konzil, das nach dem

Tod Papst Johannes Pauls XXIII. von Papst Paul VI. (1897–1978) fortgeführt wurde, fand in drei Sitzungsphasen bis zum 8. Dezember 1963 statt.

Welches Ereignis vom 28. Juni 1914 löste den Ersten Weltkrieg aus?

a) der Prager Fenstersturz
b) das Attentat von Sarajewo
c) der Angriff auf Pearl Harbour
d) der Septemberfeldzug gegen Polen

b) das Attentat von Sarajewo
Ein serbischer Nationalsozialist ließ den österreichischen Erzherzog Franz Ferdinand (1863–1914) und seine Frau Sophie (1868–1914) ermorden. Der sich anschließenden Kriegserklärung Österreichs an das mit Frankreich verbündete Serbien folgten dann Kampfansagen weiterer Länder.

Welche politische Ideenlehre lehnt jegliche Hierarchie als Unterdrückung des Menschen, der Freiheit und der Individualität kategorisch ab?

Die Anarchie. Die Utopie der Abschaffung hierarchischer Ordnung geht sogar bis zur Auflösung der staatlichen Struktur. In der Geschichte wurden anarchistische Ziele schon häufig gewaltsam durchzusetzen versucht, weshalb irrigerweise auch der Terrorismus-Begriff mit diesen in Bezug gesetzt wird. Zar Alexander II. (1818–81) und Elisabeth von Österreich (1837–98) fanden durch die Hand erklärter Anarchisten den Tod.

Das Renommee welcher nach Alexander dem Großen (356–323 v. Chr.) benannten Kultur wurde durch seine Feldzüge in die Welt getragen, von den Römern adaptiert und beeinflusste auch nach der Renaissance die Neuzeit?

Der griechische Hellenismus.

Büste von Alexander dem Großen

In welchem Manifest von 1957 wandten sich 18 Atomforscher aus Deutschland, darunter vier Nobelpreisträger, gegen die atomare Aufrüstung der Bundeswehr und warnten vor der Gefahr, die dadurch für den Weltfrieden bestehen könne?

In der Göttinger Erklärung. Zuvor hatte sich Konrad Adenauer (1876–1967) für eine Mobilmachung mit atomaren Waffen eingesetzt.

Welcher militärische Konflikt wurde unter dem Namen Sezessionskrieg bekannt, weil elf amerikanische Südstaaten aus der Union der USA ausgetreten waren?

Der Amerikanische Bürgerkrieg (lat. secessio = Abspaltung).

Welcher Schüler-Merkspruch deutet auf den Sieg Alexanders des Großen (356–323 v. Chr.) bei einer kilikischen Seestadt hin, die in der heutigen Türkei liegt?

„333 – bei Issos Keilerei." Er besiegte dort das ihm eigentlich weit überlegene Heer des persischen Großkönigs Dareios III. (380–330 v. Chr.).

Die Aufgaben welches Staatsoberhauptes der BRD sind eher repräsentativ, weshalb er auch als „neutrale Gewalt" bezeichnet wird?

Die des Bundespräsidenten.

Standarte des Bundespräsidenten mit dem Bundesadler

Welches Angebot wurde von den Westmächten und Konrad Adenauer (1876–1967) als Störmanöver abgelehnt, da es mit ihren Vorstellungen einer Lösung der deutschen Frage durch die Westintegration der BRD nicht konform ging?

Die Stalinnoten. Sie umfassten vier 1952 gestartete diplomatische Impulse von Stalin, in denen er Verhandlungen zur Wiedervereinigung, einer gesamtdeutschen Lösung und Neutralisierung Deutschlands anbot. Heute bestehen immer noch geschichtswissenschaftliche Zweifel an der Ernsthaftigkeit seines Vorschlags.

Wer leitete 1787 die für die USA gesetzgebende Versammlung, die Philadelphia Convention, und wurde zwei Jahre darauf mit nicht einer Gegenstimme zum ersten amerikanischen Präsidenten gewählt?

George Washington (1732–99). Schon als General der Kontinentalarmee führte er die Truppen der 13 Kolonien erfolgreich im Amerikanischen Unabhängigkeitskrieg (1775–83) gegen die britische Kolonialmacht.

Dank welches Mitbegründers der SPD, der sich für soziale Neugestaltung im Wilhelminismus einsetzte, entwickelte sich die Partei 1913 zur stärksten Fraktion des Reichstages?

August Bebel (1840–1913).

Was für ein Bundesland ist flächenmäßig das zweitgrößte der BRD nach dem Freistaat Bayern (70.551 km²)?

a) Brandenburg
b) Rheinland-Pfalz
c) Mecklenburg-Vorpommern
d) Niedersachsen

d) Niedersachsen

Mit einer Fläche von 47.609 km² liegt es noch vor Baden-Württemberg (35.751 km²).

Welcher englische Archäologe, Diplomat und Schriftsteller setzte sich z. B. auf der Versailler Friedenskonferenz 1919 für die von den Arabern angestrebte Autonomie ein?

Thomas Lawrence (1888–1935), auch bekannt als Lawrence von Arabien. Sein Einsatz im Wüstenkrieg wurde nicht nur im oscargekrönten Spielfilm von 1962 heroisiert.

Welche seit den 1940er-Jahren bestehende Bewegung gilt als prägende politische Kraft Argentiniens?

Der Peronismus. Benannt nach ihrem Führer Juan Domingo Péron (1895–1974), der 1946 die argentinische Regierung übernahm, vereinigten sich ihre Anhänger in der Arbeiterpartei (Partido Labistorista). Zwar berief sie sich stets auf das Volk, versuchte wechselnde Ziele aber oft diktatorisch durchzusetzen und das Land fiel in wirtschaftlicher, sozialer und politischer Hinsicht in eine Krise.

Wann wurde der Völkerbund, der Vorgänger der UN, gegründet?

a) 1900
b) 1920
c) 1924
d) 1930

b) 1920
Die internationale Organisation entstand auf Anregung des amerikanischen Präsidenten Wilson (1856–1924). Er sollte die internationale Zusammenarbeit fördern und in Konflikten vermitteln, scheiterte jedoch letztlich wohl an der Nichtteilnahme der USA.

In welcher Metropole, aus der das älteste erhaltene Gesetz stammt, entwickelte sich unter der Herrschaft des Königs Hammurapi (1729–1686 v. Chr.) eine Hochkultur?

Babylon.

Nachbildung Babylons

Welche 1948 gegründete, internationale zwischenstaatliche Organisation mit Hauptsitz in Washington hat sich zum Ziel gesetzt, Menschenrechte und Demokratisierung zu fördern, Frieden zu sichern und eine panamerikanische Freihandelszone zu schaffen?

Die OAS (**O**rganisation **A**merikanischer **S**taaten). Derzeit sind 35 unabhängige nord- und südamerikanische Staaten Mitglied der OAS.

■ Aus welchem Material bestand das Boot, in dem der norwegische Abenteurer Thor Heyerdahl (1914–2002) von Afrika in die Karibik aufbrach, um seine These zu beweisen, dass es für die Ägypter möglich gewesen wäre, schon vor dem Wiederentdecker Kolumbus in Amerika zu sein?

Aus Papyrus. Heyerdahl galt als sehr experimenteller Archäologe.

Echter Papyrus zur Herstellung von Papier

■ Wer bestimmt die Regierung in der parlamentarischen Monarchie Spaniens, dessen König Juan Carlos I. (*1938) seit dem Ende der faschistischen Herrschaft Staatsoberhaupt ist?

Das frei gewählte Parlament.

■ In der Flagge welches Landes ist ein Spinnrad zu sehen?

In der Flagge Indiens. Das Spinnrad soll an Gandhis (1869–1948) friedlichen Kampf gegen die britische Kolonialmacht erinnern, bei dem das Volk seinen Protest durch weiße, eigens gesponnene Baumwollhemden ausdrücken sollte. Ein Jahr vor Gandhis Tod erlangte Indien seine Unabhängigkeit.

■ Wie nennt man die Bemühung einer Großmacht oder dessen Anführers, mehr Einfluss auf andere Völker auszuüben und sie bis zur Unterwerfung wirtschaftlich auszunutzen?

Imperialismus. Insbesondere die Zeit zwischen 1870 und 1950 wurde durch die Schaffung und den Zerfall der Kolonialherrschaften Englands und Frankreichs charakterisiert.

■ Welches Land, das man einst als legendäres Königreich Siam kannte, war als einziger ostasiatischer Staat zu keiner Zeit europäische Kolonie?

a) Indonesien
b) Brunei
c) Malaysia
d) Thailand

d) Thailand
1932 wurde die Verfassung des schon seit Jahrhunderten als solches bestehenden Königreiches überarbeitet und Siam zu einer konstitutionellen Monarchie umgewandelt. Seit 1939 heißt das Land offiziell Thailand.

■ In welchem 1970 unterzeichneten Abkommen verpflichteten sich die Sowjetunion und die BRD zur Förderung des internationalen Friedens, zum Abbau und zur Abrüstung von Kernwaffen sowie zum Verzicht auf gegenseitige Gebietsansprüche?

Im Moskauer Abkommen.

Wie nannten sich die Mitglieder eines chinesischen Geheimbundes mit rassistischen Neigungen, die 1900 in Peking das Diplomatenviertel besetzten?

Boxer-Rebellen, 1900

a) Boxer
b) Ringer
c) Springer
d) Judoka

a) Boxer
Bei dem antikolonialen Aufstand („Boxeraufstand") wurde der deutsche Abgeordnete getötet, woraufhin ein Krieg zwischen China und den Vereinigten Acht Staaten ausbrach.

Mit welchem Abkommen wurden am 7. Februar 1992 die Europäische Union (EU) als zentraler Verbund für die Europäische Gemeinschaften (EG) gegründet, die Zusammenarbeit in der Außen- und Sicherheitspolitik beschlossen und der Euro als Leitwährung eingeführt?

Mit dem Vertrag von Maastricht.

Wie nennt man die Tendenz im Zweiten Weltkrieg, bei der für eine industrielle Kriegsführung auf gesellschaftliche Ressourcen zurückgegriffen wurde?

Totalisierung. Etwa 6,5 der 60 Millionen Kriegsopfer waren Deutsche, fast jeder Zweite war Zivilist.

Wer war ab 1974 Nachfolger des republikanischen US-Präsidenten Gerald Ford (1913–2006) und sorgte in der Watergate-Affäre für Schlagzeilen?

Richard Nixon (1913–94).

Wie hieß der russische Mönch, der am Hofe des Zaren Nikolaus II. (1864–1916) lebte und wohl aufgrund seiner Machenschaften mit russischen Politikern am 17. Dezember 1916 ermordet wurde?

Rasputin. Vor allem im Hinblick auf die nicht öffentlich gemachte Heilung der Bluterkrankheit des Thronfolgers schenkte die Zarin ihm ihr uneingeschränktes Vertrauen. Rasputin wurde später, bei den Niederlagen Russlands im Ersten Weltkrieg, in eine Schuldrolle gedrängt, die ihn in die Alkoholsucht trieb.

Das Reich welcher indigenen Kultur befand sich einst im heutigen Peru?

a) Maja
b) Inka
c) Bora
d) Maori

b) Inka

Deutschland, Italien und Japan waren 1940 als Mitglieder des Dreimächtepaktes sogenannte …

… Achsenmächte. Die Achse Berlin – Rom geht auf eine zuvor getroffene Einigung zwischen Hitler und Mussolini zurück.

Wie hieß der russische Satellit, mit dem am 3. November 1957 die erste Hündin, Laika, in den Weltraum transportiert wurde?

a) AZUR
b) SOWJET
c) BALALAIKA I
d) SPUTNIK II

d) SPUTNIK II

In der direkten Demokratie, z. B. in den Schweizer Kantonen, ist das Volk berechtigt, an Volksversammlungen teilzunehmen. In der repräsentativen, wie in der BRD, wird das Parlament vom Volk gewählt. **Mit welchem griechischen Begriff wird „Demokratie" übersetzt?**

Volksherrschaft.

Welcher venezianische Seefahrer wurde durch die Berichte seiner langen Chinareise bekannt?

Marco Polo (1254–1324). Seine langjährigen Reisen führten ihn u. a. an den Hof des Mongolenherrschers Kubilai Khan (1215–94) in Peking und über Südchina, Burma (das heutige Myanmar) bis nach Indien.

Dem 1906 aus Polen eingewanderten David Ben-Gurion (1886–1973) gelang die Modernisierung seines Landes. Er war erster Ministerpräsident im Staat und rief am 14. Mai 1948 dessen Unabhängigkeit aus. Welches Land ist gemeint?

Israel.

Die Herstellung welcher Massenvernichtungswaffen lehnt Deutschland seit 1954 ab?

a) Panzerabwehrwaffen
b) Rohrwaffen
c) ABC-Waffen
d) Elektroimpulswaffen

c) ABC-Waffen
(**A**tomarer, **b**iologischer und **c**hemischer Art.)

Durch die Verehrung welchen Gottes kam der altägyptische König Amenophis IV. zu seinem Beinamen „Echnaton"?

Er verehrte den Gott Aton in Form einer Sonnenscheibe als einzigen Gott. „Echnaton" bedeutet so viel wie „der dem Aton (der Sonne) wohlgefällig ist".

Echnaton und seine Familie in Anbelung von Aton

Welches Land regierte der für Mauerbau und Kubakrise 1962 mitverantwortliche Politiker Nikita Chruschtschow (1894–1971) von 1954 bis 1964?

Die Sowjetunion (ehemalige UdSSR). Als Parteichef der KPdSU kritisierte er auf dem 20. Parteitag in einer „Geheimrede“ den Personenkult um Stalin und ebnete damit den Weg für die Entstalinisierung. Erklärte Ziele einer „friedlichen Koexistenz“ mit dem Westen und der Beseitigung des Kapitalismus erregten viel Aufsehen.

In welchem Friedensabkommen von 1919 wurde der Beschluss für die Reparationszahlungen Deutschlands an die Siegermächte festgesetzt?

a) Vertrag von Lausanne
b) Friedensvertrag von Brest-Litowsk
c) Vertrag von Versailles
d) Potsdamer Abkommen

c) Vertrag von Versailles
Für die erlittenen Schäden der Sieger im Ersten Weltkrieg musste Deutschland mit Geld-, Sach- und Dienstleistungen aufkommen.

Welches Land der BRD hat mit über 17.800 Männern und Frauen vor Bayern die meisten Einwohner?

a) Niedersachsen
b) Baden-Württemberg
c) Hessen
d) Nordrhein-Westfalen

d) Nordrhein-Westfalen

Karte von Deutschland mit Nordrhein-Westfalen

Unter welchem Namen ist der östliche Teil Libyens seit der Antike noch bekannt?

Cyrenaika. Die ehemals italienische Kolonie war nach dem Zweiten Weltkrieg von Franzosen und Briten geführt, wurde 1951 autarkes Königreich und nach einem Putsch 1969 zur Republik.

Wie hieß der britische Polarforscher, der den Wettlauf zum Südpol mit dem Norweger Roald Amundsen (1872–1928) verlor und auf der Rückreise erfror?

Robert Falcon Scott (1868–1912). Der Norweger hingegen blieb auf einer späteren Nordpolarexpedition verschollen.

Wie hieß der berühmte Sklave aus Thrakien, der aus der Gladiatorenschule in Capua die Flucht ergriff, und dem ein 60.000 Mann starkes Heer von Gleichgesinnten und Leibeigenen in den Kampf folgte?

Spartakus. Die Schlacht gegen Crassus (115–53 v. Chr.) ging verloren und er starb 71 v. Chr. im Kampf.

Mit welchem Ereignis wurden fünf neue, aus den 14 Bezirken der DDR gebildete deutsche Länder zu den bisher elf bestehenden der BRD aufgenommen?

Mit der Wiedervereinigung am 3. Oktober 1990. Die fünf Länder waren Brandenburg, Thüringen, Mecklenburg-Vorpommern, Sachsen und Sachsen-Anhalt.

Welcher 1582 von dem Papst, nach dem er benannt ist, eingeführte Kalender ist noch heute gültig?

Der Gregorianische Kalender. Papst Gregor XIII. (1502–85) reformierte den alten, nach Caesar (100–44 v. Chr.) benannten Julianischen Kalender von 45 v. Chr. Dieser war bis dahin durch die Differenz zum Sonnenjahr um ganze zwölf Tage verschoben.

Mit dem Ziel der Öffnung japanischer Handelswege gegenüber westlichen Staaten verfolgten die USA 1853/54 eine Zwangspolitik der …

… offenen Türen. Dank der Open-Door-Policy, die sie bei der Vereinbarung von Kanagawa einsetzten, konnten die USA die Häfen von Shimoda und Hakodate ungehindert erreichen.

Welche wichtige Stadt des Altertums erlebte mit König Nebukadnezar II. (um 605–562 v. Chr.) ihre Hochzeit und ist bekannt für seine Stadtmauern, das Ischtartor und den Tempelturm Etemenanki?

Babylon.

Was besagt das passive Wahlrecht?

Man kann selbst, wenn keine Ausschließungsgründe vorliegen, für Wahlen kandidieren und gewählt werden. Das aktive Wahlrecht – das Recht, wählen zu dürfen – hat jeder Deutsche ab seinem 18. Lebensjahr, bei Kommunalwahlen in manchen Bundesländern auch schon mit 16.

Welches englische, von Kulturen der Jung- und Bronzesteinzeit (der Megalithkultur) errichtete Bauwerk ist eines der beeindruckendsten prähistorischen Baudenkmäler Europas?

Stonehenge. Seit 1986 zählt diese Anlage zum UNESCO-Weltkulturerbe.

Stonehenge

Zwischen welchen beiden chinesischen Staaten herrschen seit dem Bürgerkrieg mit der kommunistischen Armee unter Mao Tse-tung (1893–1976) Differenzen?

Zwischen der Volksrepublik China und Taiwan. Die unterlegene Partei Kuomintang zog sich nach dem Bürgerkrieg auf Taiwan zurück und regierte dort als Republik China bis 1990 diktatorisch.

Wer oder was ist die Duma?

Das russische Parlament, zusammengesetzt aus dem Föderationsrat und der Staatsduma.

■ **Welche militärische Auseinandersetzung zwischen Chile, Bolivien und Peru ist auch als Pazifischer Krieg bekannt?**

Der Salpeterkrieg. Chile ging in dem Streit um hohe Salpetervorkommen an der chilenischen Grenze als Sieger hervor.

■ **Wie nennt man die politische Form, mit der über Interessengruppen auf die Exekutive, Legislative, aber auch auf die öffentliche Meinung oder Massenmedien Einfluss genommen werden soll?**

a) Lobbyismus
b) Competition
c) Majority Rule
d) Task Force

a) Lobbyismus

■ **Wer war Augustus (63 v. Chr.–14 n. Chr.)?**

a) Anführer der Verschwörung gegen Caesar
b) der legendäre Bote, der von Marathon nach Athen lief
c) der erste römische Kaiser
d) neben Horaz einer der bedeutendsten römischen Dichter

c) der erste römische Kaiser

Kaiser Augustus

■ **In welcher Staatsform schränkt eine Verfassung die durch Erbfolge mögliche Macht des Königs oder Kaisers ein, behält ihm jedoch das Recht der Entlassung der Regierung vor?**

a) Demokratie
b) konstitutionelle Monarchie
c) parlamentarische Monarchie
d) präsidentielle Republik

b) konstitutionelle Monarchie

■ **Welcher demokratische Bundesstaat existierte von 1919 bis 1933 und vereinte Präsidialsystem und Parlamentarismus?**

Die Weimarer Republik. Wegen nachrevolutionärer Unruhen war die Nationalversammlung in das Weimarer Hoftheater gezogen.

■ **Wie heißt der 1965 gegründete Staat, den das britische Mandatsgebiet Deutsch-Ostafrikas nach seiner Unabhängigkeit 1961 mit der Insel Sansibar bildet?**

Tansania. Es grenzt im Norden an Kenia und Uganda, im Westen an Ruanda, Burundi und die DR Kongo und im Süden an Sambia, Malawi sowie Mosambik und liegt am Indischen Ozean.

■ **Welche Stadt ist nach dem Brand Krakaus – mit Pausen durch die polnischen Teilungen – seit 1596 Hauptstadt Polens?**

Warschau.

Wer war die Alliierte Hohe Kommission?

Sie bestand aus den Westmächten Frankreich, Großbritannien und USA und hatte ihren Sitz auf dem Petersberg bei Bonn. 1949 schlossen sie mit Konrad Adenauer (1876–1967) das Petersberger Abkommen, das die Integration der BRD in die Europäische Gemeinschaft und internationale Organisationen unter den Grundsätzen von Freiheit, Humanität und Toleranz erlaubte.

Petersberg

Wie hieß die Gegenbewegung zur Schwarzen-Partei ANC, zu der sich Angehörige des Zulu-Stammes in Südafrika zusammenschlossen, die sich für eine friedliche Koexistenz der Rassen unter einer gemeinsamen Verfassung einsetzte?

Inkatha. Brutale Kämpfe forderten besonders im Heimatland der Zulus, Natal, viele Opfer.

Welche altertümliche Stadt entdeckte der deutsche Forscher Heinrich Schliemann (1822–90) im Jahr 1870?

Troja. Es dauerte zwölf Jahre, die Stadt freizulegen.

Welche Fürstin, die als Schauspielerin mit Filmen wie *Zwölf Uhr mittags* oder *Die oberen Zehntausend* unsterblich wurde, starb 1982 bei einem Autounfall?

Grace Kelly (1929–82), die Fürstin Gracia Patricia.

Wohin wurde schon seit dem 2. Jahrhundert v. Chr. aus China auf der Seidenstraße der gleichnamige Stoff, aber auch Jade oder Porzellan transportiert?

Nach Syrien.

In welcher westafrikanischen Republik fand im Sommer 1999 ein Bürgerkrieg nach acht Jahren sein Ende?

a) Gambia
b) Sudan
c) Sierra Leone
d) Madagaskar

d) Sierra Leone

Das Land war einst reich an Bodenschätzen, doch um Gold-, Erz- und Diamantvorkommen brach der heftige Krieg aus. Es wurde in Diktaturen heruntergewirtschaftet und zählt heute zu einem der ärmsten Länder der Erde.

Welcher oströmische Kaiser errang 394 einen Sieg über Eugenius († 394) und erzielte so zum letzten Mal eine Einigung des Römischen Reiches?

Theodosius I. (347–395). Danach zerfiel das Römische Reich in ein west- und ein oströmisches Reich.

Welcher spanische Begriff bezeichnet eine Ratsversammlung oder die Machthaber einer militärischen Diktatur?

Junta. Sie gelangen durch Umstürze an die Macht oder werden von vornherein nur für einen bestimmten Zeitraum eingesetzt.

Welcher selbst ernannte Kaiser der Franzosen unterwarf in legendären Feldzügen bis 1812 große Teile Europas und prägte mit seinen Reformen, die Vorbildfunktion für weltweite Verwaltungs- und Rechtsneuerungen hatten, die staatlichen Strukturen seines Landes?

Napoleon Bonaparte (1769–1821).

Welcher marxistische Guerillaführer wurde als Anführer der Kubanischen Revolution zum Mythos?

Che Guevara, eigentlich Ernesto Guevara de la Serna (1928–67). Die bedeutende Symbolfigur neben Fidel Castro versuchte, die kubanische Revolution in Ländern wie dem Kongo oder Bolivien, wo er in einem Hinterhalt getötet wurde, voranzubringen.

Was sind die sogenannten Blauhelme?

Von den USA ausgesandte Militärtruppen, die bereitgestellt werden, um in gefährdeten Gebieten Frieden zu sichern und/oder zu erhalten.

Wie hieß der „erste Hüter des Euro", der als Erster die 1998 gegründete Europäische Zentralbank leitete?

a) Jürgen Stark (*1948)
b) Wim Duisenburg (1935–2005)
c) Jean-Claude Trichet (*1942)
d) Lorenzo Bini-Smaghi (*1956)

b) Wim Duisenburg
In Zusammenarbeit mit den anderen Zentralbanken soll die europäische als Organ der EU für Preisniveaustabilität sorgen.

Welche heutigen Staaten umfasst das Gebiet Palästinas?

Israel und Jordanien.

Nach wem ist das Camp David in Maryland/USA, ein privater Rückzugs- und Erholungsort für den amtierenden Präsidenten, benannt?

Nach David, dem Enkelsohn des US-Präsidenten Dwight D. Eisenhower (1890–1969). In Camp David fanden zahlreiche Gespräche mit ausländischen Würdenträgern statt, u.a. die israelisch-palästinensischen Friedensgespräche, Verhandlungen über die Landung in der Normandie oder den Vietnam-Krieg.

Dwight D. Eisenhower

Über welche Meerenge wanderten vor 20.000 Jahren die Vorfahren der Indianer in das unbewohnte Amerika?

Über die Beringstraße.

Welcher vorderasiatische Binnenstaat liegt zwischen Russland, Georgien, Armenien und dem Iran?

Aserbaidschan. Der Staat sorgt noch heute wegen seiner Auseinandersetzungen um die Ölfelder um Baku und Streitigkeiten zwischen muslimischen und christlichen Armeniern für Aufsehen.

Was ist ein Chauvinist?

a) ein extrem patriotisch bzw. sogar nationalistisch Eingestellter oder moderner: ein selbstgefälliger und überheblich Handelnder
b) ein besonders mutiger Held, der viele Schlachten gewann
c) ein Mensch, der für seinen Glauben den Tod erduldet
d) jemand, der Ereignisse in geschichtlicher Reihenfolge anordnet

a) ein extrem patriotisch bzw. sogar nationalistisch Eingestellter oder moderner: ein selbstgefälliger und überheblich Handelnder

Welche als romantischer Nationalismus entstandene Bewegung, die besonders vom russischen Zaren genutzt wurde, hat sich die politische, kulturelle und religiöse Geschlossenheit der slawischen Völker zum Ziel gesetzt?

Der Panslawismus. Er gilt jedoch seit dem Zerfall der aus ihm entstandenen Länder Jugoslawien und Tschechoslowakei als fehlgeschlagen.

In welchem Reisegefährt schafften der Schweizer Bertrand Piccard (*1958) und der Brite Brian Jones (*1948) die Umrundung der Erde in 19 Tagen, 21 Stunden und 25 Minuten?

In einem Ballon. Das Abenteuer, das im Breitling Orbiter am 1. März 1999 gestartet wurde, führte sie über Nordafrika, die Arabische Halbinsel, den Pazifik und Mexiko zurück über den Atlantik nach Nordafrika.

Montgolfière

Welches Volk stellt in Ruanda und Burundi rund 85 % der Bevölkerung und liefert sich gewaltsame Auseinandersetzungen mit der Minderheit Tutsi?

Die Hutu. Die Konflikte, die schon zu mehreren Massenmorden führten, beruhen auf einer fragwürdigen Unterscheidung von Deutschland, Großbritannien und Belgien, welche die Hutu nach einer Volkszählung 1934/35 als ärmere Kaste klassifizierten.

Welches Organ der UN hat die vorrangige Funktion, den Frieden zu erhalten und im Zweifelsfall die Entscheidungsgewalt über seine Mitgliedsstaaten?

Der Weltsicherheitsrat. Neben den fünf dauerhaften Mitgliedern Frankreich, China, Russland, Großbritannien und USA wechseln zehn andere beteiligte Länder alle zwei Jahre.

Wer war neben Karl Marx (1818–83) Begründer des Marxismus und der zweite Autor des Kommunistischen Manifestes von 1848?

a) Wilhelm Liebknecht (1826–1900)
b) Heinrich Heine (1797–1856)
c) Friedrich Engels (1820–95)
d) Wilhelm Weitling (1808–71)

c) Friedrich Engels (1820–95)

Welchen Staat benannte der Rebellenführer und neue Präsident Laurent-Désiré Kabila (1939–2001) in Demokratische Republik Kongo um, nachdem er Mobuto Sese-Seko (1930–97) gewaltsam gestürzt hatte?

Zaire.

Wie nennt man Einsätze von NATO-Streitkräften zur Krisenbewältigung, die nicht in Gebieten der konföderierten Nationen (z. B. im Kosovo) stattfinden?

Out-of-Area-Einsätze.

Welcher SPD-Politiker leitete von 1974 bis 1982 als fünfter Bundeskanzler die sozialliberale Bundesregierung?

a) Helmut Schmidt (*1918)
b) Kurt Georg Kiesinger (1904–88)
c) Willy Brandt (1913–92)
d) Hemut Kohl (*1930)

a) Helmut Schmidt (*1918)

Welcher Reichspräsident der Weimarer Republik ernannte Hitler im Jahr 1933 zum Reichskanzler?

Paul von Hindenburg (1847–1934). Im Verlauf des Ersten Weltkrieges wurde er nicht zuletzt wegen der Erfolge in der Schlacht bei Tannenberg gegen die Russen zum Nationalhelden auserkoren.

Paul von Hindenburg

Welcher Habsburger, der mit den Siegen über Mexiko und Peru die Basis für das spanische Kolonialreich schuf, war römisch-deutscher König und regierte über Italien und Burgund?

Karl V. (1500–58). Der rastlose Weltenbürger verzichtete zugunsten seines Bruders Ferdinand I. (1503–64) auf die Kaiserkrone.

■ Wie heißt die Form der parlamentarischen Abstimmung im Bundestag, bei der die Abgeordneten den Saal verlassen und durch den jeweiligen Abstimmmöglichkeiten zugeordnete Türen wieder hereinkommen?

a) Ordnungsruf
b) Wechselwähler
c) Hammelsprung
d) Embargo

c) Hammelsprung

Hammelsprungtüren des Deutschen Bundestages

■ Welche mittelalterliche Redewendung geht auf die Überprüfung von Arbeitsleistungen mittels eines Holzinstrumentes zurück?

„Etwas auf dem Kerbholz haben." Das Holz war längs zweigeteilt worden, Schuldner und Gläubiger bekamen jeweils einen Teil und verglichen die eingeritzten Markierungen bei der Abrechnung, um eine nachträgliche Täuschung auszuschließen.

■ Wo landeten die Alliierten am 6. Juni 1944, dem Tag, der als D-Day (engl. day-day = Tag-Tag) als Befreiung Frankreichs von der nationalsozialistischen Herrschaft in die Geschichte einging?

In der Normandie.

■ Wo hat das 1951 gegründete Bundesverfassungsgericht der BRD, das oberste deutsche Gericht, dem alle anderen Organe der Verfassung (auch Bundesrat und Bundestag) unterstellt sind, seinen Sitz?

In Karlsruhe. Das BVerfG kontrolliert die Einhaltung der Gesetze und kann sie ggf. auch für verfassungswidrig erklären. Gegen seine Entscheidungen kann kein Widerspruch eingelegt werden.

■ Welcher seit 1905 bestehenden irisch-republikanischen Partei, die auch die stärkste katholische Partei Irlands ist, werden Verbindungen zur IRA nachgesagt?

Sinn Féinn (gäl. „Wir selbst"). Nach der Unabhängigkeit Irlands 1921 teilte sich die Partei. Seit 1997 ist sie im Parlament der Republik Irlands vertreten.

■ Wo fand die Unterzeichnung der Kapitulation am 7. Mai 1945 statt, die formal gesehen den Zweiten Weltkrieg beendete?

Im alliierten Hauptquartier in Reims. Die Unterzeichnung wurde einen Tag darauf im sowjetischen Hauptquartier in Berlin-Karlshorst nachgeholt, Generalfeldmarschall Keitel (1882–1946) nahm diese vor.

Wer war von 1945 bis 1953 der 33. Präsident der Vereinigten Staaten von Amerika?

a) Franklin D. Roosevelt
b) Harry S. Truman
c) John F. Kennedy
d) Herbert Hoover

b) Harry S. Truman

Welche amerikanische Deklaration bildet die Grundlage für das Handeln der 1961 gegründeten Organisation Amnesty International (ai), die sich für die subjektiven Rechte jedes Einzelnen einsetzt?

Die Allgemeine Erklärung der Menschenrechte der Vereinten Nationen. Amnesty International konnte z. B. durch Öffentlichkeits- und Lobbyarbeit, Unterschriften- und Briefaktionen schon viele Menschen vor Todesstrafe oder Folter bewahren.

Welcher Athener Staatsreformer wurde vom Geschichtsschreiber Herodot (490/480–um 424 v. Chr.) als „Begründer der attischen Demokratie" bezeichnet?

Kleisthenes (um 570–507 v. Chr.). Er entmachtete die Partei der Oligarchie und teilte das Gebiet Attikas in drei Teile, von welchen je eine Verwaltungsabteilung zu einem Stammesverband (Phyle) zusammengeschlossen wurde. Diese bestellte Abgeordnete in die neue Ratsversammlung, den Rat der 500.

Welche indigene Volksgruppe lebt auf Grönland sowie im arktischen Zentral- und Nordostkanada?

Die Eskimos, die sich selbst Inuit (Rohfleischesser) nennen.

Inuitfamilie

Was war der sogenannte Morgenthauplan?

Ein Plan des amerikanischen Finanzministers Henry Morgenthau (1891–1967), nach dem eine Deindustrialisierung, Entnazifizierung und Umformung Deutschlands in einen Agrarstaat binnen 20 Jahren vorgesehen war, um einem erneuten Angriffskrieg in der Zukunft vorzubeugen. Der Vorschlag wurde jedoch vom Außen- und vom Kriegsministerium der USA abgelehnt.

Welches 1949 gegründete westliche Militärbündnis diente ursprünglich dem Schutz gegen militärische Angriffe aus dem Osten?

Die NATO. Nach der Wiedervereinigung, dem Zerfall der UdSSR und der Demokratisierung der ehemaligen Ostblock-Länder konzentriert sich die Organisation auch auf internationales Krisenmanagement.

Wie lautet die lateinische Übersetzung für die „Republik", die Regierungsform, die im Gegensatz zur Monarchie über ein von den Bürgern gewähltes Parlament die Regierung bildet?

Res publica bedeutet öffentliche Sache oder Staatsgewalt. In der Antike war eine Republik aristokratisch, wenn sie durch eine kleine adelige Elite geführt wurde, und demokratisch, wenn das gesamte Volk am politischen Entscheidungsprozess beteiligt war.

Welches Land benannte sich nach dem Nationalhelden, der die südamerikanischen Staaten (Peru, Kolumbien, Panama, Venezuela und Ecuador) erfolgreich gegen die Kolonialherren aus Spanien geführt hatte?

Bolivien. Das Land ist nach dem heute noch verehrten Simón Bolívar (1783–1830) benannt, den aufklärerische Ideen der Französischen Revolution beeindruckt hatten und der sich 1810 der Widerstandsbewegung in Caracas angeschlossen hatte.

Die Alexandrina ersetzt die einem Brand zum Opfer gefallene legendäre Bibliothek Alexandrias, in deren bestand über 700.000 Schriftrollen gewesen sein sollen. **Wann wurde die Alexandrina eröffnet?**

a) 1458
b) 14. Juli 1789
c) am 22. März 1832
d) am 16. Oktober 2002

d) am 16. Oktober 2002

Welcher Karolinger stieß den letzten merowingischen König Childerich II. (um 720–754) vom Thron und sorgte für dessen Verbannung in ein Kloster?

Pippin III., der Jüngere (um 714–768).

Grabmal Pippins und seiner Frau

Wie heißt die Bezeichnung für den sich selbst verwaltenden antiken griechischen Stadtstaat, der in Form einer Bürgergemeinde existierte?

Polis. Die Mitglieder definierten sich über feste ethnische und soziale Gemeinsamkeiten und grenzten sich so gegenüber Fremden ab. Eigene Gesetze wurden über die Volksversammlung verabschiedet.

Welchen Namen, den sie auch heute wieder trägt, hatte die Stadt Petrograd, als sie 1703 vom Zaren Peter I. (1672–1725), dem Großen, gegründet wurde?

Sankt Petersburg. Nach Lenins Tod 1924 hieß sie Leningrad, seit 1991 trägt sie wieder ihren ursprünglichen Namen.

Welche Zielsetzung verfolgt die Arabische Liga, ein Zusammenschluss von 21 Nationalstaaten Afrikas und Asiens sowie den durch die PLO vertretenen palästinensischen Autonomiegebieten?

a) die Sicherung der Souveränität ihrer Mitglieder
b) die Bewahrung der arabischen Sprache
c) die Sicherung des Islams als einzig anerkannter Religion
d) die Rückstufung von Saudi-Arabien und den Vereinigten Arabischen Emiraten zu Entwicklungsländern

a) die Sicherung der Souveränität ihrer Mitglieder

Wovon waren am 14./15. August 2003 etwa 50 Millionen Amerikaner stundenlang betroffen?

Von einem Stromausfall. Wegen Überlastung brach das gesamte Stromnetz im Nordosten der USA sowie in Teilen Kanadas infolge einer Marktaufsplitterung und aufgrund von zu wenig Investitionen nach der Deregulierung des Stromnetzes zusammen.

Welche bewaffnete Spezialtruppe der UN ist seit Sommer 1999 in der ehemaligen jugoslawischen Provinz Kosovo stationiert?

Die KFOR (**K**osovo **For**ce), welche dort für Sicherheit und eine ungehinderte Rückkehr von Flüchtlingen sorgen soll.

Wo befindet sich der Sitz des Generalgouverneurs von Niederländisch-Indien, der auch Mittelpunkt der niederländischen Vereinigten Ostindischen Kompanie war?

Im 1619 gegründeten Bataver.

Welcher Militärdiktator der chinesischen Bürgerkriege führte die national-revolutionäre Partei Kuomintang?

a) Chiang Kai-shek
b) Tan Yankai
c) Lin Sen
d) Li Zongren

a) Chiang Kai-shek
Nach der Niederlage gegen Mao (1945–48) zog Chiang Kai-shek (1887–1975) sich nach Taiwan zurück und war dort von 1950 bis zu seinem Tod Staatspräsident.

Chiang Kai-shek

Wer war der letzte berühmte Pharao Alt-Ägyptens, der vermutlich einer Verschwörung zum Opfer fiel?
Ramses III. (um 1180–52 v. Chr.).

Ramses III.

Aus welchem Land stammt der Politiker Kofi Annan (*1938), der von 1997 bis 2006 UNO-Generalsekretär war und 2001 mit dem Friedensnobelpreis ausgezeichnet wurde?
Aus Ghana.

Welche verbotene Arbeiterpartei Kurdistans begann ab 1984 einen Guerillakrieg gegen die Türken um die eigene Unabhängigkeit?
PKK. Ihr damaliger, in der Türkei 1999 ursprünglich zum Tod verurteilter Führer Abdullah Öcalan (*1949) sitzt wegen Bildung einer terroristischen Vereinigung lebenslang in Haft.

Wie heißt die erste große militärische Auseinandersetzung des Kalten Krieges?
Koreakrieg. Insbesondere das geteilte Korea litt in den 1950er-Jahren unter dem Streit zwischen Nord- und Südkorea, der erst durch eine Waffenstillstandslinie, die sich nur wenig von der Ausgangsposition unterschied, stillgelegt wurde. Bis heute existiert kein Friedensvertrag.

Welcher Brite führte die siebenköpfige Truppe an, die nach einem Wettlauf mit dem Italiener Carrell (1829–90) am 14. Juli 1865 das Matterhorn bestieg?
Edward Whymper (1840–1911).

Die Neubewertung antiquierter Geschlechterrollen und eine verbesserte Position der Frau sind seit Mitte des 19. Jahrhunderts Zielsetzungen welcher globalen sozialen Reformbewegung?
Der Frauenbewegung.

Welche 1698 gegründete Vereinigung mit Sitz in Winterthur (Schweiz) hat sich den Gedankenaustausch zur Erforschung gesellschaftlicher, ökonomischer, ökologischer und politischer Problematiken zum Ziel gesetzt?
Der Club of Rome. Der Organisation gehören Politiker, Wirtschaftsführer und Forscher von über 30 Nationen an.

■ Er war vietnamesischer Revolutionär und Politiker, Premierminister und Präsident der Deutschen Republik Vietnam und führte sein Land bis zu seinem Tod fast ununterbrochen in militärische Auseinandersetzungen, u. a. mit Japan, Frankreich und den Vietnamkrieg gegen die USA. **Von wem ist die Rede?**

Ho Chi Minh

Ho Chi Minh (1890–1969).

■ **Welche antisemitische und antidemokratische Bewegung veranlasste im 19. Jahrhundert den Massenmord an sechs Millionen Juden?**

a) Nationalsozialisten
b) Sklavenbewegung
c) Genossenschaftsbewegung
d) Anti-Atomkraftbewegung

a) Nationalsozialisten
Schon im Mittelalter gab es Nationalsozialismus in Form von der Verbreitung religiöser Doktrinen.

■ **Wessen Nachfolge als südafrikanischer Staatspräsident trat Thabo Mbeki (*1942) von 1999 bis 2008 an?**

Nelson Mandelas (*1918).

■ **Welches Nordatlantische Verteidigungsbündnis rief als Reaktion auf die Terroranschläge auf die New Yorker Zwillingstürme nach einer Beratung am 12. September schließlich am 2. Oktober 2001 zum ersten Mal den Bündnisfall aus?**

Die NATO.

■ **Wer oder was ist die Knesset?**

a) eine deutsche Theater- und Filmschauspielerin und Chansonsängerin
b) das Einkammerparlament in Israel
c) die Gesamtheit der Bergarbeiter eines Bergwerkes oder Reviers
d) eine altkretische Stadt

b) das Einkammerparlament in Israel

■ **Wie heißen die Ureinwohner von Australien, die heute nur noch 1,5 % der Bevölkerung stellen?**

Aborigines. Nach der Ankunft der Briten 1788 und ihrer Assimilationspolitik sank die Zahl der ursprünglich 300.000 bis 1 Million Einwohner.

■ **Was war gemeint, als sich 2005 in einer Konferenz in Bandung auf Java 23 asiatische und sechs afrikanische Staaten als „blockfrei" erklärten?**

Sie wollten weder der NATO noch dem Warschauer Pakt angehören. Unter ihnen auch China, verpflichteten sie sich, im Ost-West-Konflikt neutral zu agieren, sich für eine friedliche Koexistenz und Abrüstung einzusetzen und unterentwickelte Länder im Kampf gegen Ausbeutung zu unterstützen.

Welcher amerikanische Präsident, dem vier Jahre nach seiner Amtseinführung die Wiederwahl gelang, war der erste, der einem Attentat zum Opfer fiel?

a) James A. Garfield (1831–81)
b) Abraham Lincoln (1809–65)
c) John F. Kennedy (1917–63)
d) William McKinley (1843–1901)

b) Abraham Lincoln (1809–65)
Fakt ist jedoch, dass alle oben Genannten Expräsidenten der USA waren und durch ein Attentat bzw. an dessen Verletzungen starben.

Welchen antiken Begriff nutzten später die Nationalsozialisten zur Verschleierung der Ermordung geistig und körperlich behinderter Menschen?

Euthanasie. In der Antike war dies die Bezeichnung dafür, unheilbar Kranke von ihren Leiden zu erlösen. Heute versteht man darunter die aktive Sterbehilfe, die in Deutschland gesetzlich verboten ist.

Wie bezeichnet man die Epoche des riesigen Machtausbaus, die nach der britischen Queen Victoria (1819–1901) benannt ist?

Viktorianisches Zeitalter. Das herrschaftliche Imperium Großbritannien wurde stetig erweitert und die Wirtschaft blühte in der Zeit ihrer Regentschaft (1837–1901) infolge der industriellen Revolution enorm auf.

Victoria

Wie nannte man im alten Griechenland den zentral gelegenen Platz, auf welchem sich das gesamte öffentliche politische Leben der Polis abspielte und der den Bürgern die Möglichkeit der unmittelbaren Kommunikation bot?

Agora.

Welcher preußische Ministerpräsident war gleichzeitig Bundeskanzler des Norddeutschen Bundes und auch erster Reichskanzler des Deutschen Reiches?

Otto von Bismarck (1815–98).

Wessen Unterschrift ist nötig, damit in der BRD ein von Bundestag und Bundesrat beschlossenes Gesetz gesetzkräftig wird?

Die des Bundespräsidenten.

Wie lautet der Vorname der jüdischen Philosophin, Soziologin und Politikwissenschaftlerin Arendt (1906–75), die sich zeitlebens mit der Entrechtung von Juden, der Theorie totalitärer Herrschaft und existenzphilosophischen Fragen beschäftigte?

Hannah.

Wer übernahm im Jahr 2000 die Position der US-Senatorin des Staates New York und ist seit 2009 Außenministerin der USA?

a) Monica Lewinsky (*1973)
b) Michelle Obama (*1964)
c) Hillary Clinton (*1947)
d) Maria Shriver Schwarzenegger (*1955)

b) Hillary Clinton (*1947)

Welcher brutale Diktator herrschte insgesamt 21 Jahre lang dank der Unterstützung der USA auf den Philippinen mit eiserner Hand, bevor er sich bei einem Volksaufstand der Opposition in die USA absetzte?

Ferdinand Marcos (1917–89).

Welche militärische Auseinandersetzung fand 218 v. Chr. ihren Anfang, als der karthagische Feldherr Hannibal (247–183 v. Chr.) die Römer überraschen wollte und mit einem 60.000 Mann starken Heer, Pferden und Elefanten von Spanien aus die Alpen überquerte?

Der Zweite Punische Krieg.

Unter welchem Namen ist die Auseinandersetzung bekannt, in der 1986/87 Journalisten, Politologen, Soziologen und Publizisten und Geschichtswissenschaftler über die Einzigartigkeit des Holocaust zur NS-Zeit in der deutschen Geschichte debattierten?

a) Historikerstreit
b) Journalistenkonflikt
c) Nationaldebatte
d) Arisierungsdisput

a) Historikerstreit

Welche Kulturstufe lag zeitlich zwischen der Stein- und der Eisenzeit?

Die Bronzezeit. Die Legierung aus Kupfer und Zinn wurde zum unverzichtbaren Bestandteil bei der Herstellung von Waffen, Schmuck und Geräten.

Sonnenwagen von Trundholm

Mit welchem Römer beging die legendäre Königin Kleopatra VII. (69–30 v. Chr.) Selbstmord, nachdem Alexandria in die Hände von Augustus (63 v. Chr.–14 n. Chr.) gefallen war?

Mit Marcus Antonius (82–30 v. Chr.), ihrem Gatten, den sie geheiratet hatte, nachdem ihr Geliebter Caesar gestorben war.

Welcher Staat verhielt sich während des Zweiten Weltkrieges neutral, um die eigene gerade aufblühende Wirtschaft zu stabilisieren und innere Unruhen um das Verhältnis zu England nicht eskalieren zu lassen?

Irland.

Aus welchem Land kam die 1905 als erste Frau mit dem Friedensnobelpreis geehrte Bertha von Suttner (1843–1914), die mit ihrem Roman *Die Waffen nieder!* Weltruhm erlangte?

a) Deutschland c) Italien
b) Österreich d) Schweiz

b) Österreich

Welche Gesetzessammlung, die die Rechte von Römern und Plebejern festsetzte, wurde um 450 v. Chr. von einer Zehnmännerkommission ausgehandelt und im Forum Romanum ausgestellt?

Das Zwölftafelgesetz.

Wie heißt die Stadt, die als Enklave vollständig vom Bundesland Brandenburg umschlossen ist?

Berlin. Die Hauptstadt Brandenburgs ist Potsdam.

Deutschlandkarte mit Berlin

Welcher Menschenfreund, der mit der Gründung eines Tropenhospizes in Lambaréné (Gabun) bekannt wurde, erhielt 1952 für seinen selbstlosen Einsatz den Friedensnobelpreis?

Albert Schweitzer (1875–1965). Er war daneben auch als Philosoph, Schriftsteller und Theologe tätig und finanzierte sein Krankenhaus u.a. mit eigens gegebenen Orgelkonzerten.

Wer ist gleichzeitig Regierungschef, Oberbefehlshaber der Streitkräfte und höchster Diplomat der USA?

Der Präsident.

Was wurde während des Zweiten Weltkrieges als Kollaboration bezeichnet?

Die Zusammenarbeit mit dem Feind zu Kriegszeiten. Der Kollaboration überführte Personen erfuhren nach dem Krieg harte Sanktionen.

Welche Hauptstadt stand 1989 im Fokus des Medieninteresses, weil viele geflüchtete DDR-Bürger in der dortigen westdeutschen Botschaft darum baten, in die BRD einreisen zu dürfen?

Prag. Nach langwierigen Verhandlungen mit den Regierungen von ČSSR und der DDR erwirkte der bundesdeutsche Außenminister Hans-Dietrich Genscher (*1927) dann die Ausreiseerlaubnis für die Flüchtlinge.

■ **Welcher US-amerikanische Politiker der Demokratischen Partei war von 1975 bis 1983 Gouverneur von Kalifornien und übernahm dasselbe Amt im Januar 2011 als Nachfolger von Arnold Schwarzenegger (*1947)?**

Jerry Brown (*1938).

Jerry Brown, 2009

■ **Wessen Sekretär war Martin Bormann (1900–45), einer der Reichsleiter der NSDAP, der seine Machtposition und sein Gegenzeichnungsrecht u.a. bei illegalen Hinrichtungen und anderen internen Geschehnissen ausnutzte?**

Adolf Hitlers (1889–1945) und der von Rudolf Heß (1894–1987).

■ **Wer entwarf die Amerikanische Unabhängigkeitserklärung (Declaration of Independence), die am 4. Juli 1776 verkündet wurde?**

a) Thomas Jefferson (1743–1826)
b) James Monroe (1758–1831)
c) George Washington (1732–99)
d) John Adams (1735–1826)

a) Thomas Jefferson (1743–1826)
13 britische Kolonien erklärten in Nordamerika, dass sie sich von Großbritannien emanzipieren und fortan einen souveränen Staatenbund bilden wollten.

■ **Welcher britische Premierminister benutzte den Begriff des „Eisernen Vorhangs" am 12. Mai 1945 erstmals als Ausdruck für die Abgrenzung des Ostblockes gegen den Westen?**

Winston Churchill (1874–1965).

■ **Wann wurden folgende Staaten gegründet?**

1. Belgien
2. Vereinigte Staaten von Amerika
3. Pakistan
4. Deutsches Reich
5. Jugoslawien
6. Bundesrepublik Deutschland
7. Togo
8. Bolivien
9. Liechtenstein

1. 1830, 2. 1783, 3. 1947, 4. 1871, 5. 1918, 6. 1949, 7. 1960, 8. 1825, 9. 1921

■ **Mit welchem Erlass wurde 1765 festgelegt, dass auf jedes amtliche Schriftstück – auch auf Zeitungen, Karten- und Würfelspiele – in den Kolonien Nordamerikas (den späteren USA) Steuermarken angebracht werden müssen?**

Mit dem Stempelsteuergesetz (Stamp Act). Dieses löste Empörung aus, da das britische Parlament es ohne Mitwirkung der Kolonien für rechtsgültig erklärt hatte und den amerikanischen Kolonisten so das Recht genommen worden war, dass nur Volksvertreter Steuern beschließen konnten.

Welcher König von Makedonien trug den Beinamen „der Große" und machte sich in der Antike als Feldherr und Weltherrscher einen Namen?

Alexander (356–323 v. Chr.).

Wer verweigerte eine Lösegeldübergabe an Österreich, nachdem sein Bruder während der Kreuzzüge gefangen genommen und dem deutschen Kaiser übergeben worden war?

Johann Ohneland (1167–1216). Er wollte anstelle seines Bruders, König Richard I. Löwenherz (1157–99), den Thron von England behalten, nachdem dieser ihn während seiner Abwesenheit im Krieg zum Vertreter ernannt hatte.

Welcher britische Entdecker erlangte im 18. Jahrhundert Weltruhm dank seiner großen Reisen durch den Pazifischen Ozean?

James Cook (1728–79). Er entdeckte Australien, die Hawaiianische und andere Inselgruppen, vermaß sie und legte Karten seiner Expeditionen an.

James Cook von Nathaniel Dance, 1776

Von welchem Stamm wurde die Iberische Halbinsel seit 711 n. Chr. belagert, bis 1492 die Rückeroberung (span. Reconquista) unter den sogenannten Katholischen Königen Isabella I. von Kastilien und León (1451–1504) und Ferdinand II. von Aragón (1452–1516) erfolgte und die letzten Festungen in Granada fielen?

Von den Mauren.

Welcher Naturkatastrophe fielen im Oktober 2005 im Grenzgebiet zwischen Pakistan und Indien Zehntausende Menschen zum Opfer?

a) dem Jahrhundertbeben
b) der Millenniumsflut
c) einer Hitzewelle
d) dem Wirbelsturm Katrina

a) dem Jahrhundertbeben
Am 8. Oktober bebte zwei Minuten lang die Erde in der Bergregion. Ganze Dörfer verschwanden, in Pakistan sollen bis zu 86.000, im indischen Teil von Kaschmir 1400 Menschen ihr Leben gelassen haben.

1946 wurde eine Organisation als Kinderhilfswerk der Vereinten Nationen ins Leben gerufen, um Kinder zu unterstützen, die nach dem Zweiten Weltkrieg hilfebedürftig waren. Wie heißt sie?

Unicef (**U**nited **N**ations **I**nternational **C**hildren's **E**mergency **F**und). Bis heute wurde der Funktionsbereich auch auf Entwicklungsländer ausgebreitet, außerdem setzt sich Unicef weltweit für die Rechte von Kindern ein.

Wann fand der Zusammenschluss der SPD und KPD zur Sozialistischen Einheitspartei Deutschlands statt, allerdings nur im Osten?

1946. Unter Einfluss der Sowjetunion wurde sie ab 1949 zur „Staatspartei", die alle drei Gewalten des Staates mit ihrer „Führungselite" besetzte, weshalb man von einer „Parteidiktatur" spricht. Nach ihrer Auflösung zur Wendezeit bestand ein Teil als **P**artei des **D**emokratischen **S**ozialismus (PDS) weiter, die 2007 mit der WASG zur neuen Partei Die Linke fusionierte.

Welches Ereignis löste 1992 in Los Angeles einen heftigen Gewaltausbruch mit bürgerkriegsähnlichen Zuständen aus?

Vier Polizisten hatten einen alkoholisierten Afroamerikaner im März nach einer Verfolgungsjagd schwer misshandelt, wurden jedoch freigesprochen.

Welcher Begriff beschreibt die politische Norm, nach der sich ein Abgeordneter bei Abstimmungen der vorher mehrheitlich festgelegten Ansicht der Partei anschließen soll?

a) Elefantenrunde
b) Bündnispolitik
c) Populismus
d) Fraktionszwang

d) Fraktionszwang
Ein dementsprechendes Verhalten nennt man Parteidisziplin.

China, Russland, Frankreich, Großbritannien und die USA gehören als ständige Mitglieder welchem Organ an, das als das mächtigste der Vereinten Nationen gilt?

Dem Weltsicherheitsrat. Außer den genannten Ländern sind noch zehn alle zwei Jahre wechselnde Staaten Mitglieder.

Welches Kaiserreich, das sich selbst verwaltete, wurde im Jahr 1204 von einem christlichen Kreuzfahrerheer erobert?

Konstantinopel. Die Angreifer nutzten die seit Jahren schwelenden innenpolitischen Unruhen und gelangten über die starken Verteidigungsanlagen der Stadt.

Eroberung Konstantinopels

Welchen Beinamen gaben seine Gegner dem russischen Großfürsten von Moskau, Iwan Wasiljewitsch (1530–84), der sich zum ersten Zaren Russlands krönen ließ?

„Der Schreckliche" (im Russischen wörtlich „der Strenge"). Er litt selbst unter Verfolgungswahn und war gefürchtet wegen seiner Grausamkeit, seinen Wutausbrüchen und der internen Terrorpolitik, die viele Adlige und auch Geistliche in den Tod geführt haben soll.

Welche Völkergruppe war vom 1866 erlassenen Civil Rights Act, der in den USA Geborenen und erstmals auch Afroamerikanern Bürgerrechte zuschreibt, ausgenommen?

Indianer. Erst mit dem Indian Citizenship Act von 1924 erhielten auch diese Bürger- und somit Wahlrechte, was jedoch auch zu Konflikten mit den Indianern führte, die sich z.B. durch ungefragt zugeteilte Staatsbürgerschaft in ihrer Individualität eingeschränkt sahen.

Sitting Bull, Häuptling der Hunkpapa-Lakota-Sioux

Wie lautet die wörtliche Übersetzung für die Conquistadoren, die auf den Spuren der Entdecker Amerikas im Auftrag des spanischen Königs Land eroberten, plünderten und sich die Bevölkerung untertan machten?

a) die Mächtigen
b) die Unverwüstlichen
c) die Eroberer
d) die Ausbeuter

c) die Eroberer

Von wem stammt der Ausdruck „panem et circenses" (Brot und Zirkusspiele)?

Vom römischen Dichter Juvenal (um 65–128). Er kritisierte damit satirisch die Faulheit des Volkes: Während es vormals noch selbst Feldherren ernannt und Beamte gewählt hatte, interessiere es nun nur noch Kämpfe in den Arenen und dass ihnen der Staat die Mägen fülle.

Mit welchem Satz, der in die Geschichte einging, beendete der römische Senator Marcus Porcius Cato Censorius (234–149 v. Chr.), genannt Cato der Ältere, jede einzelne seiner Reden?

„Und im Übrigen bin ich der Meinung, dass Karthago zerstört werden muss!" Während des Dritten Punischen Krieges wurde Karthago schließlich zerstört.

Welche norwegische Stadt ließ der dänische König Christian IV. (1577–1648) nach einem verheerenden Brand im 17. Jahrhundert wieder neu errichten und gab ihr den Namen Christiania?

Oslo.

Welche ethnische Minderheit wird in der Türkei unterdrückt, macht aber etwa 20 Millionen Einwohner aus?

Kurden. Als eigenständige Kultur bestehen sie auf einem eigenen Staatsgebiet. 50 % von ihnen leben in der Türkei. Im Zuge der Beitrittsverhandlungen des Landes mit der EU konnte bisher zumindest eine Verbesserung der Rechte türkischer Minderheiten erzielt werden.

In welcher Stadt fand 1943 die Zusammenkunft der drei Hauptalliierten statt, bei der das weitere Kriegsvorgehen für das kommende Jahr abgesprochen und zukünftige europäische Kern-Interessenbereiche festgelegt wurden?

Teheran. Teilnehmer waren der US-Präsident Franklin D. Roosevelt (1882–1945), der britische Premierminister Winston Churchill (1874–1965) und der sowjetische Staatschef Josef Stalin (1878–1953), weshalb das Treffen auch „Konferenz der Großen Drei" genannt wird.

Stalin, Roosevelt und Churchill (v. l.)

Aus welchem Land stammt der Anführer des terroristischen al-Qaida-Netzwerkes, Osama bin Laden (* um 1957), das unter anderem für die Anschläge in New York am 11. September 2001 verantwortlich war?

Aus Saudi-Arabien. Der Aufenthaltsort des Oberhauptes der dschihadistischen Gruppierung, die sich gegen nicht islamistische Regierungen, insbesondere die USA, wendet, ist unbekannt.

Worin lag eine der Hauptbemühungen des Bundeskanzlers Konrad Adenauer (1876–1967)?

a) in der Erhöhung des Bruttoinlandsproduktes der Bundesrepublik
b) in der Verteilung kostenloser Verhütungsmittel in der Bundesrepublik
c) in der Osterweiterung der Bundesrepublik
d) in der Westintegration der Bundesrepublik

d) in der Westintegration der Bundesrepublik

Der Name welches italienischen Dichters, Politikers und Diplomaten wird heute oft in Verbindung mit Ausbeutung und egoistischer Machtpolitik, in der auf alle verfügbaren Ressourcen zurückgegriffen wird, genannt?

Der Name Niccolò Machiavelli (1469–1527). Sein eigentlich neutral und wertungsfrei geschriebenes Werk *Il principe* (*Der Fürst*), das Lorenzio II. de' Medici (1492–1519) gewidmet ist, wird oft als Anleitung für eine tyrannische Herrschaft angesehen.

Wo befindet sich der Sitz des Kongresses, der amerikanischen Legislative?

a) im Weißen Haus
b) im Blair House
c) in der Arlington Hall
d) im Kapitol

d) im Kapitol

Welcher US-Amerikaner war der 33. Gouverneur von Kalifornien, von 1981 bis 1989 der 40. Präsident der USA und hatte 1937 einen Siebenjahresvertrag mit Hollywood von Warner Brothers bekommen?

Ronald Reagan (1911–2004).

Für welche Leistung erhielt der israelische Politiker Itzhak Rabin (1922–95) im Jahr 1994 den Nobelpreis?

Für den Abschluss des Osloer Friedensabkommens mit den Palästinensern. Der Verteidigungsminister und Ministerpräsident Israels spielte neben seinem Außenminister Schimon Peres (*1923) und dem damaligen Chef der palästinensischen Autonomiebehörde, Jassir Arafat (1929–2004), eine bedeutende Rolle im Friedensprozess zwischen Israel, den Palästinensern und den arabischen Staatsnachbarn.

Was war das Besondere an der Wahl des amerikanischen Präsidenten im Jahr 2000?

George W. Bush (*1946) stand erst als Sieger fest, als die Stimmzettel des Wahlbezirkes Florida noch einmal per Hand ausgezählt wurden. Davor hatte es keine klare Mehrheit gegeben.

George W. Bush

Der fränkische Heerführer war vermutlich für die Ermordung des Westkaisers Valentinian II. (371–392) verantwortlich und setzte an seiner statt den Leiter der Hofkanzlei, Flavius Eugenius († 394), ein. Er regierte über große Teile des Weströmischen Reiches. Nachdem der neue Westkaiser 394 vom Ostkaiser besiegt und getötet worden war, setzte auch er seinem Leben ein Ende. **Von wem ist die Rede?**

Von Arbogast dem Älteren († 394).

Welche ethnische Gruppierung führte Dschingis Khan (ca. 1162–1227) an?

a) die Mongolen
c) die Tataren
b) die Hunnen
d) die Alanen

a) die Mongolen

Das Heer des Großkhans verwüstete auf seinen Feldzügen, z. B. in Korea, Nordtibet, Indien, Iran und Russland, große Landstriche. Sein Reich erstreckte sich am Ende vom Chinesischen Meer bis nach Europa und umfasste schließlich 19 Millionen km².

Was ist das wichtigste Merkmal einer repräsentativen Demokratie, wie wir sie in Deutschland vorfinden?

Vom Volk gewählte Vertreter treffen eigenverantwortlich die staatlichen Entscheidungen. Länderspezifisch bleibt dem Volk z. B. ein Vetorecht (Schweiz), ein Petitionsrecht oder auch nur das Wahlrecht vorbehalten.

■ **Welches Amt hatte Helmut Kohl (*1930) zwischen 1982 und 1998 inne?**
Er war Bundeskanzler.

Helmut Kohl

■ **In welcher Stadt hat das 1951 gegründete Bundesverfassungsgericht, das Organ, welches als Letztinterpret des Grundgesetzes Akte der Staatsgewalt überprüft, seinen Sitz?**
In Karlsruhe.

■ Die Polynesier sind eine Kultur, die aller Wahrscheinlichkeit nach über den Südosten Asiens bis nach Java und Mikronesien gelangten. **Welche Insel im Indischen Ozean wurde höchstwahrscheinlich im 12. Jahrhundert von ihnen besiedelt?**
Die Osterinsel.

■ **Welche Grundsätze ihrer gemeinsamen Politik setzten der amerikanische Präsident Franklin D. Roosevelt (1882–1945) und der britischen Premier Winston Churchill (1874–1965) am 14. August 1941 in der Atlantikcharta fest?**
Man vereinbarte auf dem britischen Schlachtschiff HMS Prince Of Wales, die Nazityrannen endlich zu vernichten, außerdem den Verzicht auf Gebietserweiterungen, das Autonomierecht der Völker, gleichberechtigten Zugang zu Rohstoffen und Welthandel sowie die Förderung eines dauerhaften Sicherheitssystems.

■ **Wer war der geistige Führer der indischen Unabhängigkeitsbewegung gegen die britischen Kolonialherren um 1920?**
Mohandas Karamchand Gandhi (1869–1948), genannt Mahatma. Der indische Rechtsanwalt wird noch heute weltweit für seinen gewaltfreien, passiven Protest verehrt.

■ **Welcher Natur sind die Aufgaben, die dem deutschen Bundespräsidenten durch die Verfassung vorrangig zugeschrieben werden?**
a) reaktivierend c) realpolitisch
b) repräsentativ d) redaktionell

b) repräsentativ
Er hat jedoch das Recht, beschlossene Gesetze des Bundestages zu kippen, wenn sie ihm verfassungswidrig erscheinen.

■ **Was ist der Internationale Gerichtshof?**
Das oberste Rechtsprechungsorgan der UNO, welches seinen Sitz im niederländischen Friedenspalast in Den Haag hat. Es vertritt auf Antrag nur Mitgliedsstaaten der UNO, keine internationalen Organisationen, in Völkerrechtsfragen.

Welches Küstengebiet zwischen Israel und Ägypten gehört zu den Autonomiegebieten der Palästinenser und wird seit einigen Jahren von der islamistischen Hamas kontrolliert?

Der Gaza-Streifen.

Wodurch erklärt sich der Name der Verbotenen Stadt, des Zentrums der chinesischen Kaiserstadt in Peking?

In ihr befanden sich 500 Jahre lang, seit Kublai Khan (1215–94), die Paläste der Herrscher. Einfachen Bürgern bleib der Zutritt verwehrt, andernfalls drohte ihnen die Todesstrafe.

Welches indigene Volk der Nordküste Südamerikas, das als sehr friedliebend galt, kam ursprünglich aus dem Gebiet des heutigen Venezuela und siedelte seit ca. 700 v. Chr. auf fast allen karibischen Inseln?

a) Arawak c) Tsase
b) Hodi d) Wahari

a) Arawak
Da sie den feindseligen Kariben waffenmäßig weit unterlegen waren, reduzierte sich ihre Zahl schnell. Ein Bericht von 1600 bezeugt, dass sie bis dahin fast vollständig ausgestorben waren.

Wer war der Bruder des Habsburgers Maximilian (1832–67), den die französischen Interventionstruppen nach der Eroberung Mexikos 1863 dort zum Kaiser ernannten?

Franz Joseph von Österreich (1830–1916). Unter der Führung von Benito Juárez (1806–1872) endete die mexikanische Monarchie schon 1867 nach einem blutigen Guerillakrieg mit der Hinrichtung Maximilians.

Franz Joseph I.

Wofür steht der lateinische Begriff provinciae?

Für Verwaltungseinheiten im Römischen Reich, von denen es um die Zeitenwende ca. 32 gab. Ihre Statthalter waren römische Bürger.

In welchem Jahr gründeten die Monarchen Österreichs, Russlands und Preußens die Heilige Allianz und einigten sich auf Anregung des religiösen Zaren Alexander I. (1777–1825) trotz ihrer unterschiedlichen Konfessionen darauf, sich im christlichen Sinne den Werten der Gerechtigkeit, Liebe, Brüderlichkeit und dem Frieden zu verpflichten?

1815. Die treibende Kraft der Restauration, Fürst Metternich (1773–1859), beeinflusste die Entwicklung der Allianz zu einer Gemeinschaft gegen liberale und vaterländische Intentionen.

Was war die sogenannte Dreikaiserschlacht?

Die Schlacht von Austerlitz, in der 1805 Napoleon I. (1769–1821) den Sieg über das österreichische Heer unter Franz II. (1768–1835) und die russischen Truppen unter dem Zaren Alexander I. (1777–1825) errang.

Welcher Friedensschluss beendete 1814 den Zweiten Unabhängigkeitskrieg zwischen Großbritannien und den USA, bei dem letztendlich keine der beiden Parteien in wesentlichen Punkten ihre Kriegsziele durchsetzen konnte?

Der Friede von Gent. Mit dem Vertrag wurde der Zustand der Vorkriegszeit wiederhergestellt.

Welche berühmte Inkastadt, die einst 216 steinerne, durch Treppen verbundene Bauten umfasste, ist heute noch sehr gut erhalten?

Machu Picchu. Sie wurde um 1450 von Pachacútec Yupanqui († 1471), dem neunten Inkaherrscher, errichtet.

Welche südamerikanische Stadt wurde im Jahr 1960 öffentlich zum Regierungssitz ernannt?

Brasilia. In ihren Anfängen befand sich die Stadt noch mitten im unbesiedelten Amazonasgebiet.

Wie heißt einer der letzten großen indianischen Freiheitskämpfe, die der Häuptling der Sioux-Indianer, Sitting Bull (um 1831–90), 1876 anführte?

a) Schlacht am Washita
b) Schweinekrieg
c) Schlacht am Little Bighorn
d) Schlacht am Wabash River

c) Schlacht am Little Bighorn
Diese war einer der seltenen Siege der Indianer gegen die amerikanischen Invasoren.

Welchen Namen trägt der Palast, den die österreichische Kaiserin Sisi, Elisabeth I. (1837–98), auf Korfu zwischen 1890 und 1892 errichten ließ?

Achilleion. Sisi bewunderte den griechischen Helden wegen seiner Stärke.

Machu Picchu

Welches sind die drei Geheim- oder Nachrichtendienste der BRD?

Bundes**n**achrichten**d**ienst (BND), Bundesamt für Verfassungsschutz und Militärischer Abschirmdienst.

Welchen Staat, der als 49. Bundesstaat der USA gilt, erwarben die Amerikaner 1867 vom Russischen Reich?

Alaska. Wegen der großen Entfernung und des ungünstigen Klimas war die einzige Überseekolonie Russlands sehr unrentabel.

Wer oder was waren Shogune?

a) herrenlose japanische Samurai in der Feudalzeit
b) japanische Anführer aus dem Kriegerstand der Samurai
c) Ureinwohner Nordjapans
d) japanische Theaterschauspieler während der Edo-Zeit

b) japanische Anführer aus dem Kriegerstand der Samurai
Sie übernahmen ab 1192 die japanischen Regierungsgeschäfte und lösten somit den Kaiser ab.

Was zeichnete im Zweiten Weltkrieg die Guerillataktik der Partisanen aus?

Kleine, selbstständig operierende Einheiten, die nicht zu den regulären Streitkräften zählten, waren nicht als Soldaten erkennbar. Sie griffen systematisch an und zogen sich schnell zurück.

Welchem altägyptischen Pharao gelang es, Ägypten zu ökonomischer und kultureller Blüte zu führen und diplomatische Erfolge mit den verfeindeten Hethitern zu erzielen, sodass mit diesen über 50 Jahre Frieden herrschte?

Ramses II.

Ramses II. (um 1303–1213 v. Chr.). Eine Kopie des Friedensvertrages ist noch heute im New Yorker UNO-Gebäude zu sehen.

Als nationaler Sprecher welcher Bewegung kritisierte der Bürgerrechtler Malcolm Little, genannt Malcolm X (1925–65), die Fremdenfeindlichkeit der Weißen?

Der Nation of Islam. Der religiös-politische Zusammenschluss schwarzer US-Amerikaner verfolgte separatistische Ziele, um die Schwarzen von ihrer Unterdrückung zu befreien. Bis heute ist unklar, ob sie selbst für die Ermordung ihres Weggefährten Malcolm X 1965 verantwortlich waren, nachdem dieser sich von ihnen distanziert und den Sunniten zugewandt hatte.

Welche Handelswege unterscheidet man anhand ihrer Verkehrsart?

Seewege, Handelsstraßen, Wasserstraßen und Luftstraßen.

■ **Welche Maxime, nach der die eigene Flotte stets mindestens so mächtig sein sollte wie die nächstkleineren zwei gemeinsam, verfolgte Großbritannien im Ersten Weltkrieg?**

Den Two-Power-Standard (Zweimächtestandard).

■ ■ ■

■ **Der alte Name „Km.t" welchen Landes, in das schon vor ca. 25.000 Jahren die ersten Jäger und Sammler kamen, bedeutet „Schwarzes Land" und verweist auf die damalige Fruchtbarkeit des Gebietes, das heute jedoch zum größten Teil aus Wüste besteht?**

Ägyptens.

■ ■ ■

■ **Was war die Katastrophe von Bhopal?**

a) ein verheerendes Erdbeben in Tibet
b) ein grausames Selbstmordattentat in Bhutan
c) die legendäre Sturmflut von Sri Lanka
d) die größte Chemiekatastrophe der Geschichte

d) die größte Chemiekatastrophe der Geschichte

Am 3. Dezember 1984 gelangten im Werk des Chemiekonzerns Union Carbide Corporation viele Tonnen Giftstoffe aufgrund technischer Probleme in die Luftschicht. Tausende Menschen starben an den direkten Folgen, noch heute leiden wohl Zehntausende an den Folgen des Unfalls.

■ **Welchen enormen Palast ließ der römische Kaiser Nero nach einem Brand in Rom (64 n. Chr.) auf dem Gelände eines Herrschaftshauses, das vormals dort stand, errichten?**

Domus Aurea (goldenes Haus).

■ ■ ■

■ Die französische Nationalheldin Jeanne d'Arc, Johanna von Orléans (1412–31), führte als junge Frau „im Namen des Himmels" am Ende des Hundertjährigen Krieges die Franzosen gegen die Engländer. **Wer war es, der sie schließlich 1430 gefangen nahm und an die Engländer verkaufte?**

Die Burgunder. Nachdem sie nach Frankreich überführt worden war, verbrannte man sie in Rouen auf dem Scheiterhaufen.

■ ■ ■

■ **Welcher 1900 Kilometer lange Fluss bildet gemeinsam mit dem Euphrat das sogenannte Zweistromland?**

Tigris.

Fluss Tigris

Wie nannte Karl Marx (1818–83) diejenigen Menschen, die sich ihren Haupt-Lebensunterhalt einzig und allein durch den Verkauf ihrer Arbeitskraft sichern konnten?

Modernes Proletariat. Im alten Rom waren Proletarier landlose und lohnabhängige Besitzlose, die nur Nachkommen hatten (lat. proles = die Nachkommen), jedoch nicht im Sklavenstand waren.

Karl Marx

Wie hießen die unfreien Hofbeamten, die sich ab dem 11. Jahrhundert neben adeligen Grundbesitzern als Ritter konstituierten?

Ministerialen.

Welche Hauptstadt im russischen Kaukasus wurde durch die militärischen Auseinandersetzungen zwischen tschetschenischen Rebellen und russischer Armee zu 80% vernichtet?

Grosny.

Der wie vielte Präsident der Vereinigten Staaten war James Monroe (1758–1831), der mit dem Slogan „Amerika den Amerikanern" an die Unabhängigkeit Amerikas von den europäischen Kolonialmächten appellierte?

Der fünfte. Er regierte von 1817 bis 1825.

Was ist ein Votivschatz?

An einem kultischen und/oder religiösen Ort gesammelte künstliche oder natürliche Gegenstände, die als Dankbarkeitssymbol für die Rettung aus einer Notlage erbracht werden. So zählen archäologische Funde wie Frauenschmuck, Votivtafeln, -kerzen oder -kronen, in größeren Mengen angehäuft, dazu. Besonders in der Jungstein- und Eisenzeit versenkte man diese häufig im Moor.

Welches Recht gestattete mittelalterlichen Städten einen ständigen, wöchentlichen oder jährlichen Warenaustausch?

Das Marktrecht. Es wurde zwischen dem 5. und 9. Jahrhundert vom König verliehen, bevor es im 12. Jahrhundert auf Fürsten überging, die dann Städte gründen konnten.

Was wurde am 24. Mai 1949 in Deutschland eingeführt?

Das Grundgesetz der BRD.

Welchen Spitznamen trägt Margaret Thatcher (*1925), die erste britische Premierministerin (1979–90), aufgrund ihrer entschieden konservativen Einstellung?

a) harte Dame
b) eiserne Lady
c) unerbittliche Königin
d) gnadenloses Frauenzimmer

b) eiserne Lady

Welche Fraktion der Sozialdemokratischen Arbeiterpartei stürzte am 7. November (im russischen Kalender am 25. Oktober) 1917 die sozialdemokratische Übergangsregierung, die nach der Entthronung des Zaren eingesetzt worden war?

Die Bolschewiki.

Wo fanden im Jahr 1980 die Olympischen Spiele statt?

In Moskau. Westliche Staaten boykottierten den Wettkampf aus Protest gegen den 1979 begonnenen Afghanistan-Krieg. Nur 81 Länder nahmen teil.

Wie bezeichnete man die Herrscher des von 1526 bis 1856 bestehenden Staates auf dem indischen Subkontinent, die noch über dem königlichen Titel Schah standen und deren Rang mit dem eines Kaisers verglichen werden konnte?

Großmogule.

Welcher Staatspräsident des Senegals engagierte sich in bedeutendem Maße für die Autonomie seines Landes und versuchte stets, die europäischen und afrikanischen Lebensweisen zu verknüpfen?

Léopold Sédar Senghor (1906–2001). Neben seiner politischen Tätigkeit war er auch Lyriker und studierter Sprach- und Literaturwissenschaftler.

Welcher älteste Teil der russischen Hauptstadt war vormals Sitz der russischen Zaren und Moskauer Großfürsten und ist seit 1990 Weltkulturerbe der UNESCO?

Der Kreml.

Moskauer Kreml

Mit welchem anderen, hebräischen, Ausdruck wird der Holocaust, der Völkermord an sechs Millionen Juden durch die Nationalsozialisten im Dritten Reich, noch bezeichnet?

a) Shoah
b) Kaballa
c) Tanach
d) Shabbat

a) Shoah

Die hebräische Bedeutung lautet „Unheil" oder „große Katastrophe".

Wie heißt die politische Kammer, die seit dem 19. Jahrhundert die demokratische Vertretung des Volkes in England ist?

House of Commons.

Nofretete, der neben ihrer Schönheit auch eine dominierende Mitregentschaft nachgesagt wird, war die Hauptgemahlin des …

… Echnaton (auch Amenhotep), des Herrschers der 18. Ägyptischen Dynastie.

Welchen Exbundeskanzler löste Helmut Kohl (*1930) im Oktober 1982 dank eines vorangegangenen Misstrauensvotums ab?

Helmut Schmidt (*1918). Es fand ein Koalitionswechsel der FDP von der SPD zur CDU/CSU statt, nachdem zehn Jahre vorher schon einmal ein Misstrauensvotum zugunsten Willy Brandts ausgegangen war.

Welchen Beinamen gab man Attila (406–456), dem Hunnenkönig, weil er zusammen mit seinem Nomaden- und Reitervolk von Ungarn aus bis nach Italien und Frankreich zog und dort rücksichtslos plünderte und mordete?

Geißel Gottes.

Wer oder was ist der Union Jack?

Die Bezeichnung für die Nationalflagge des Königreichs Großbritannien und Nordirland. Das rote Kreuz auf weißer Fläche (Symbol Englands) ist mit dem weißen Schrägkreuz auf blauem Hintergrund (für Schottland) und dem roten schrägen Kreuz auf weißer Basis (für Irland) zu einer Flagge zusammengeschlossen. „Jack" war ein alter Ausdruck für die am Bug von Kriegsschiffen angebrachte Fahne.

Wo fanden zwischen 1881 und 1889 in Leipzig immer montags die berühmten Friedensgebete statt?

In der Nikolaikirche. Von dieser aus starteten auch die Montagsdemonstrationen, auf denen bis zu 10.000 Bürger friedlich gegen das SED-Regime protestierten und die schließlich einen großen Beitrag zum Mauerfall leisteten.

Nikolaikirche

Nach wem ist der sogenannte Kapp-Putsch von 1920 benannt?

Nach Wolfgang Kapp (1858–1922), der es schaffte, kurzfristig mit seinen rechtsextremen Parteigenossen die Berliner Regierung zu besetzen, und sich zum Reichskanzler ernannte. Die Berliner Arbeiter traten jedoch angesichts der Gefahr in den Generalstreik und der Putschversuch brach am 17. März nach fünf Tagen zusammen.

■ **In welchem Jahr wurde der Bundesgrenzschutz (BGS) als bewaffnete Behörde zur Sicherung der innerdeutschen Grenze gegründet?**

1951. Fast jeder zweite Grenzschützer wurde später von der Bundeswehr übernommen. 2005 erfolgte die Umbenennung der mittlerweile polizeilichen Behörde in „Bundespolizei".

■ **In welchem Jahr traten beide deutsche Staaten als 133. und 134. Mitglied der UNO bei?**

1973.

■ **Welche Schlacht brachte Anfang 1943 im von Deutschland begonnenen Deutsch-Sowjetischen Krieg mit der Vernichtung der deutschen 6. Armee die entscheidende Wende?**

a) Schlacht bei Jena/Auerstädt
b) Schlacht bei Königgrätz
c) Schlacht von Stalingrad
d) Völkerschlacht bei Leipzig

c) Schlacht von Stalingrad
Mindestens 700.000 Menschen kamen auf beiden Seiten ums Leben.

■ **Unter welchem Namen ist der deutsch-französische Freundschaftsvertrag bekannt, den Konrad Adenauer (1876–1967) und Charles de Gaulle (1890–1970) am 22. Januar 1963 in Paris schlossen und so eine neue, freundschaftliche Ära zwischen beiden Staaten begann?**

Élysée-Vertrag.

■ **Wie hieß der Zar, der am 15. März 1917 sein Amt niederlegte, bevor gemäßigte Demokraten und später die Bolschewiki unter Führung Lenins (1870–1924) mit ihren Volkskommissionären im November die Macht übernahmen und ein Jahr später seine Ermordung billigten?**

Nikolaus II. (1868–1918).

Nikolaus II.

■ **Welcher Politiker war von 1999–2004 der achte Bundespräsident Deutschlands?**

Johannes Rau (1931–2006). Im Februar 2000 bat er als erstes deutsches Staatsoberhaupt vor der Knesset in Israel um Vergebung für die Verbrechen des Holocaust.

■ Tasmanien ist eine australische Landmasse, die früher eine Strafkolonie gewesen ist. Seit 1901 ist sie Teil des Australischen Bundes. **Wie heißt ihre Hauptstadt?**

Hobart. Die Stadt liegt am Fuß des Mount Wellington im westlichen Teil des 1642 entdeckten Tasmaniens.

■ **Das fast völlig erhaltene Grab welches ägyptischen Königs entdeckte Howard Carter (1874–1939) im Tal der Könige in Westtheben?**

Dort liegt das Grab des Tutanchamun (14. Jh. v. Chr.). Er war Pharao der 18. Dynastie.

Totenmaske des Tutanchamun

■ **Welche erste britische Monarchin, deren Amtszeit ganze 64 Jahre dauerte, trug zugleich auch den Titel „Königin von Indien"?**

Königin Victoria (1819–1901). Zu ihrer Zeit erlebte Großbritannien eine nie da gewesene Blütezeit, jedoch auch große Verluste in militärischen Auseinandersetzungen und Hungersnöte.

■ **Wie nennt man die Verteilung der staatlichen Machtverhältnisse auf Legislative (Gesetzgebung), Exekutive (Regierung und öffentliche Verwaltung) sowie Judikative (Rechtsprechung)?**

Gewaltenteilung.

■ **Wann löste sich der Warschauer Pakt – das Gegenstück zum westlichen Militärbündnis NATO, der 1955 von den Ostblockstaaten unter der Führung der Sowjetunion geschlossen wurde – auf?**

a) 1968
b) 1976
c) 1989
d) 1991

d) 1991

Die Mitglieder vereinbarten gegenseitige Unterstützung in der Friedenssicherung und Hilfe bei militärischen Angriffen. Nach dem Zerfall des Ostblocks war eine Auflösung unumgänglich.

■ **Wie wird der friedliche portugiesische Aufstand bezeichnet, bei dem sich große Teile der Armee gegen den Estado Novo, die Diktatur des António de Oliveira Salazar (1889–1970), wendeten?**

a) Nelkenrevolution
b) Rosenkrieg
c) Tulpenaufstand
d) Lilienrevolte

a) Nelkenrevolution

Die Bezeichnung geht auf die Nelken zurück, die im folgenden Volksfest den Soldaten in die Läufe ihrer Gewehre gesteckt wurden.

Wann fanden die ersten wirklich freien Wahlen in Südafrika statt, bei denen alle Volksgruppen ihr Wahlrecht ausüben konnten?

a) 1852 c) 1974
b) 1900 d) 1994

d) 1994
Nach dem Sieg des National African Congress wurde Frederik Willem de Klerk (*1936) von Nelson Mandela (*1918) als Präsident abgelöst. Beide erhielten 1993 für ihre Verdienste zur Beendigung der Apartheid, einer Periode der Rassentrennung, in Südafrika den Friedensnobelpreis.

Wer war die „Rote Eminenz"?

Armand-Jean I. du Plessis de Richelieu (1585–1642), genannt Kardinal Richelieu. Der Bischof und Kardinal war einer der höchsten Berater König Ludwigs XIII. (1601–43) und verfolgte die Umgestaltung Frankreichs zu einem absolutistischen Staat.

Wer war von 1931 bis 1989 brasilianischer Kaiser und führte das Land in die Unabhängigkeit?

Pedro II. (1825–91), der Sohn des nach Napoleons Sieg aus Portugal geflohenen Königs. Die stärker werdenden Republikaner, Nationalismus, Auseinandersetzungen mit dem Klerus und die Sklavenbefreiung führten 1889 zu einem Putsch und Sturz der Monarchie. In der direkten Wahl sprach sich das Volk 1993 wieder für eine Monarchie aus.

Nach wem ist die französische Stadt Orléans benannt?

Nach Kaiser Aurelian (214–275). Nachdem er Angriffe der Germanen auf Rom erfolgreich niedergeschlagen hatte, konnte auch Gallien in das Römische Reich eingegliedert werden und Städtegründungen erfolgten.

Münzen Aurelians

Welcher Krieg von 1973, der auch „Ramadan-Krieg" oder „Oktoberkrieg" genannt wird, war der vierte israelisch-arabische innerhalb des Nahostkonfliktes?

Der Jom-Kippur-Krieg. Nach einem Angriff Ägyptens und Syriens auf die israelisch besetzten Sinai-Gebiete und die Golanhöhlen trat im Oktober 1973 ein UN-Waffenstillstand in Kraft. Fünfeinhalb Jahre später folgte der israelisch-ägyptische Friedensvertrag, in dem Israel als Staat anerkannt wurde.

Welches Land an der Mittelmeerküste Kleinasiens regierte der legendäre Krösus (595–nach 526 v. Chr.), der für seinen ungemeinen Reichtum und seine Fettleibigkeit bekannt war?

Lydien.

Unter wessen Herrschaft wurde im 10. Jahrhundert v. Chr. der erste Tempel in Jerusalem erbaut?

König Salomo (um 965–922 v. Chr.). Er gilt u. a. als Autor der biblischen Schriften *Hohelied* und *Buch der Weisheit.*

Welcher amerikanische Politiker, der wie sein Bruder Opfer eines Attentates wurde, war entscheidender Gegner von Rassismus und der Mafia und ein starker Kritiker des Vietnamkrieges?

Robert F. Kennedy (1925–68). Vor einer aussichtsreichen Nominierung als Präsidentschaftskandidat der Demokraten wurde er kurz nach einer Dankesrede in der Nacht vom 4. zum 5. Juni in L. A. erschossen.

Was wurde insbesondere in den amerikanischen Südstaaten nach 1865 mit dem Ausdruck „forced apprenticeship" bezeichnet?

Eine Form der Unfreiheit, bei dem gesetzlich die Unterbringung von Kindern ehemaliger Sklaven im Hause eines sogenannten Lehrherrn angeordnet wurde.

Wie heißt die Insel, die 1851 von den Kolonialmächten in einen niederländischen und einen portugiesischen Part geteilt wurde?

Timor. Westtimor, der holländische Teil, wurde 1949 indonesisch. 1975 erklärte sich Osttimor für unabhängig, wurde jedoch kurz darauf auch von Indonesiern besetzt. Erst seit 2002 ist die Unabhängigkeit Osttimors wieder anerkannt.

Welcher amerikanische Präsident befahl 1983 den Einmarsch in das von der linken Bewegung „New Jewel Movement" eroberte Grenada, kurz nachdem diese die gemäßigt sozialistische Regierung abgesetzt und getötet hatte?

Ronald Reagan (1911–2004). Inoffiziell sollte eine zu starke Annäherung Grenadas an Kuba und Nicaragua vermieden werden, weshalb die Invasion von Großbritannien, Kanada und der UN-Vollversammlung heftig kritisiert wurde.

Ronald Reagan

Wie heißt der ägyptische Schifffahrtskanal, der das Mittelmeer mit dem Roten Meer verbindet?

Suezkanal. Das 1869 abgeschlossene Kanalbauprojekt unter der Leitung des französischen Diplomaten und Ingenieurs Ferdinand Marie Vicomte de Lesseps (1805–94) war eines der größten seiner Zeit. Es war nur dank der Unterstützung der 1858 gegründeten, von französischen Investoren geförderten ägyptischen Suez-Gesellschaft möglich.

Was besagt der im Dezember 1965 in Kraft getretene 13. Zusatzartikel der Verfassung der Vereinigten Staaten von Amerika?

Er legte die Abschaffung der Sklaverei und „Zwangsarbeit, ausgenommen als Strafe für ein Verbrechen aufgrund eines rechtmäßigen Urteils" in dem gesamten Territorium der USA endgültig fest. Bis dahin wurden Hunderttausende Sklaven an die amerikanischen Kolonien verkauft. Doch erst mit den folgenden zwei Zusätzen wurden Afroamerikanern auch Bürger- und Wahlrechte zugesprochen.

Wie lautet die russische Bezeichnung für eine gewalttätige, oft mit Plünderungen verbundene Massenausschreitung gegen Volksteile, die sich in ethnischer oder kultureller Hinsicht von der Mehrheit unterscheiden?

a) Bolschewismus
b) Pogrom
c) Putsch
d) Perestroika

b) Pogrom
Im Russischen bedeutet das Wort „Zerstörung" oder „Verwüstung".

Welche Stände wurden in der mittelalterlichen Gesellschaft, beispielsweise in Frankreich, unterschieden?

Adel, Klerus (Geistlichkeit) und der Dritte Stand, politisch unmündige Bürger und Bauern, die jedoch die Hauptsteuerlast trugen.

Was war der Zweite Prager Fenstersturz?

1618 zogen knapp 200 Angehörige der protestantischen Stände auf die Prager Burg. Sie warfen nach einer gestellten Gerichtsverhandlung zwei Statthalter und den königlichen Hofsekretär aus dem Fenster, um ihrem Unmut gegen die vom Kaiser beabsichtigte Rekatholisierung Böhmens und somit gegen die Habsburger Regierung Luft zu machen.

Zweiter Prager Fenstersturz

Wie hieß der Politiker, der als erster Präsident nach einer demokratischen Wahl 1991 in Russland sein Amt übernahm?

Boris Jelzin (1931–2007).

Wo fand im Juni 2004 das NATO-Gipfeltreffen statt, in dem das Vorgehen für den Wiederaufbau des Iraks nach dem Golfkrieg geplant wurde?

In Istanbul. Auf der Versammlung wurde die Förderung des Landes beschlossen, die jedoch seitdem durch ständige Terroranschläge extrem erschwert wird.

Wie viele Bundesländer gehören zur Bundesrepublik Deutschland?

16.

Welche schwäbische Kaufmannsfamilie war seit 1367 in Augsburg ansässig und erlangte durch eine eigene Handelsgesellschaft Weltbekanntheit?

Die Fugger. Im Mittelalter war der Fernhandel zwar durch Natureinwirkungen ein risikoreiches, aber dennoch ein sehr ertragreiches Geschäft, mit dem man sich auch politische Macht sichern konnte.

Was für ein Unglück geschah am 9. August 1945?

Die amerikanische Luftwaffe warf eine Atombombe über der japanischen Stadt Nagasaki ab, was über 70.000 Menschen das Leben kostete.

Explosion der Bombe „Fat Man" über Nagasaki

Wer war der Anführer der Jakobiner, einer radikalen politischen Bewegung, die sich regelmäßig im Pariser Kloster Saint-Jacques versammelten und in Frankreich 1993/94 eine gewalttätige Schreckensherrschaft führten?

Maximilien de Robespierre (1758–94).

Wie nennt man die Gliedstaaten der Schweiz, welche über eine eigene Verfassung sowie eigene Behörden verfügen und für die staatliche Gewaltenteilung verantwortlich sind?

Kantone.

Welcher Baum ist als Symbol für Frieden, Helligkeit und Ewigkeit in der Flagge des Libanon zu sehen?

a) Eiche
b) Tanne
c) Ahorn
d) Zeder

d) Zeder

Wofür hielt der Genueser Christoph Kolumbus (1451–1506) den von ihm 1492 wiederentdeckten amerikanischen Kontinent, sogar bis zu seinem Tod?

Für Hinterindien. Seiner Entdeckungsreise ging ein zähes Werben um finanzielle Unterstützung bei dem portugiesischen König voraus, der diese ablehnte. Erst der spanische König gewährte sie ihm.

■ Wie fand der römische Kaiser Caligula (12–41 n. Chr.) den Tod?

Wegen seiner ausufernden Gewalt gegenüber Senatoren, seiner radikalen Regierung und Willkürhandlungen gegenüber der Bevölkerung wurde er im unterirdischen Korridor des Theaters niedergemetzelt. Hauptanführer des Attentats war die Prätorianergarde.

■ Bis zum Jahr 1979 litt das Land Mittelamerikas unter der von Korruption und Machtmissbrauch gezeichneten Diktatur Debayles (1925–80). Nach der Machtübernahme durch die sozialistischen Sardinisten blühte es innenpolitisch zwar auf, deren Herrschaft galt jedoch von westlicher Seite aus als kommunistisch. Die Unterstützung der paramilitärischen Gruppen durch die USA erfolgte vor dem Hintergrund der Wahrung eigener amerikanischer Interessen und führte zu einem jahrelangen Bürgerkrieg. **Um welches Land handelt es sich?**

Nicaragua.

■ Welcher Politiker wurde am 1. Juni 2004 als Nachfolger von Saddam Hussein (1937–2006) vom irakischen Regierungsrat in das Amt des Präsidenten gewählt?

Ghazi al-Yawar (*1958). Seitdem der Dritte Golfkrieg beendet war, regierte die amerikanische Zivilverwaltung das Land. Im selben Monat erlangte der Irak offiziell seine Unabhängigkeit zurück.

■ In welchem Jahr besiegte der Merowinger Chlodwig I. (um 466–511) Syagrius, den letzten verbliebenen römischen Herrscher Galliens?

486. Syagrius floh nach der verlorenen Schlacht von Soissons zum Westgotenkönig. Dieser ließ ihn aber an Chlodwig I. ausliefern, der ihn 486/487 hinrichten ließ.

Taufe Chlodwigs I.

■ Wer war der demokratische US-Präsident, der bemüht war, das Verhältnis der USA zu Vietnam nach dem Vietnamkrieg wieder zu normalisieren und hierzu als erstes Staatsoberhaupt das Land wieder besuchte?

a) Bill Clinton (*1946)
b) George H. W. Bush (*1924)
c) Ronald Reagan (1911–2004)
d) Jimmy Carter (*1924)

a) Bill Clinton (*1946)

■ Mit welchem Begriff wird die gewalttätige Lancierung von Angst und Unsicherheit durch Druckmittel wie Anschläge oder Entführungen bezeichnet, um eine politische Neuorientierung zu erzwingen?

Terrorismus (lat. terror = Furcht, Schrecken).

Wer kämpfte 1386 in der Schlacht von Sempach gegen wen?

Die Schweizer Eidgenossenschaft gegen die Habsburger, wobei die Waldstätte und Luzern ihre Unabhängigkeit errangen.

Welcher 1215 unterzeichnete Vergleich zwischen englischen Baronen und dem König Ohneland (1167–1216) leitete mit seinen 63 Artikeln den Verfassungsstaat ein?

a) Atlantik-Charta
b) Charta von Venedig
c) Magna Charta
d) Charta Caritatis

c) Magna Charta
Sie garantierte z.B. der Kirche Souveränität gegenüber dem englischen König und setzte fest, dass das Recht als Kontrollinstanz für königliche Entscheidungen und zur Vorbeugung von Willkürherrschaft dienen sollte.

Magna Charta

Er war der erste moderne, in Europa lebende Mensch. Aus seinen Nachkommen entwickelten sich die späteren Europäer. Archäologische Funde von 1868 in einer französischen Höhle deuten darauf hin, dass er vor etwa 40.000 Jahren bis zum Ende der letzten Eiszeit vor etwa 12.000 Jahren lebte. **Wie nennt man ihn?**

Cro-Magnon-Mensch.

Nach welcher Naturkatastrophe von 2004 bemängelten Experten das Fehlen eines jeglichen Vorwarnsystems, welches den Tod von mehreren Tausend Opfern hätte verhindern können?

Nach dem Tsunami, dem Seebeben im Indischen Ozean. 2008 wurde das erste Frühwarnsystem Indonesiens, eine Kooperation mit Deutschland, in Betrieb genommen.

Er war von 1977 bis 1981 der 39. Präsident der USA und erhielt für seine Verdienste um die Menschenrechte, die Wahlbeobachtung und seine Bemühungen um internationale Vermittlung 2002 den Friedensnobelpreis. **Von wem ist die Rede?**

Jimmy Carter (*1924).

Wie nennt man die seit dem ausgehenden Mittelalter häufiger genutzten Wasserstraßen, die neue Routen zum indischen Kontinent boten, nachdem die Türken den Nahen Osten besiedelt hatten?

Seewege.

Welcher Staatspräsident Chiles hatte sich zum Ziel gesetzt, auf demokratische Weise eine sozialistische Regierung im Land zu etablieren?

Salvador Allende Gossens (1908–73). Er wurde bei einem USA-gestützten Militärputsch getötet.

Welcher Staat liegt im Westen der karibischen Insel Hispaniola, dessen östlicher Teil die Dominikanische Republik ist?

Haiti.

Der von 1867 bis 1918 bestehende Gesamtstaat mit Österreich und Ungarn war eine …?

a) … Donaumonarchie
b) … Isardemokratie
c) … Lechherrschaft
d) … Innregentschaft

a) … Donaumonarchie
Das Habsburgerreich war eine Doppelmonarchie, deren Basis der Österreichisch-Ungarische Ausgleich war.

Wie hieß die vierte Ehefrau Mao Tse-tungs (1893–1976), die nach seinem Tod zusammen mit der sogenannten „Viererbande" großen Einfluss auf die Kulturrevolution Chinas hatte?

Jiang Quing (1914–91).

Aus welcher Gemeinschaft ging in den 1950er-Jahren die EG hervor?

Aus der Europäischen Wirtschaftsgemeinschaft. Die EG umfasste die **E**uropäische **G**emeinschaft für **K**ohle und **S**tahl (EGKS), die **E**uropäische **W**irtschafts**g**emeinschaft (EWG, später EG) und die **E**uropäische **A**tom**g**emeinschaft (Euratom, auch EAG), die auch nach der Gründung Bestand hatten.

Welcher von Hitler (1889–1945) und Mussolini (1883–1945) unterstützte General etablierte nach seinem Sieg im Spanischen Bürgerkrieg eine faschistische Militärdiktatur in Spanien?

Francisco Franco (1892–1975).

In welchem Krieg war die Zahl der Opfer aus der Zivilbevölkerung im Vergleich zu anderen militärischen Auseinandersetzungen besonders hoch?

Im Zweiten Weltkrieg. Jeder Zweite der über 60 Millionen Toten war kein Soldat.

Er war König von Shewa und von 1889 bis 1913 äthiopischer Kaiser. 1889 vereinbarte er in einem Vertrag mit Italien deren Kolonialherrschaft im eigenen Land – in der Hoffnung, es zu modernisieren. **Von wem ist die Rede?**

Menelik II. (1844–1913). Erst seit 1896 erkämpfte Äthiopien sich seine Souveränität zurück.

Menelik II.

Wie wird der *Code Napoléon*, ein 1804 von Napoléon I. Bonaparte (1769–1821) eingeführtes bürgerliches Gesetzbuch, das die Judikative Frankreichs standardisierte, noch genannt?

Code Civil.

Wie heißt die Urbevölkerung Mexikos, deren Name sich aus dem Aztekischen ableitet und übersetzt „Wolkenvolk" bedeutet?

Zapoteken. Die Zapoteken hatten frühzeitig ein eigenes Schriftsystem und trugen mit ihren Kenntnissen in der Metall- und Steinverarbeitung und ihrem künstlerischen Geschick bis zur Mitte des 8. Jahrhunderts zu einer hoch entwickelten Kultur bei.

In welcher für ihren Champagner berühmten Stadt im Nordosten Frankreichs wurden seit 1179 die französischen Könige gesalbt und gekrönt?

Reims.

Was waren die sogenannten Rosinenbomber?

Flugzeuge der Alliierten, die Westberlin mit wichtigen Nahrungs- und Lebensmitteln versorgten. Zuvor hatten die sowjetischen Besatzer dort die Straßen- und Eisenbahnverbindungen sperren lassen, um auf die Währungsreform in den Westländern zu reagieren.

Rosinenbomber

Welche Schrift, die nur Konsonanten verwendete, bis die Griechen sie übernahmen und Vokale einführten, hebt sich von der mesopotamischen Keilschrift und den ägyptischen Hieroglyphen ab?

Die phönizische. Sie war nach ihrer Adaption von den Griechen Grundlage für das lateinische Alphabet.

Welche Losung der Französischen Revolution erlangte während der Aufklärung besondere Verbreitung?

a) Allez, allez les Bleus!
b) Marchons, marchons!
c) Mieux vaut tard que jamais!
d) Liberté, Égalité, Fraternité!

d) Liberté, Égalité, Fraternité!
„Freiheit, Gleichheit, Brüderlichkeit!" ist der Wahlspruch der heutigen Republik Frankreichs.

Was für ein Abkommen unterzeichneten Großbritannien, die Sowjetunion und die USA am 1. Juli 1968?

Den Atomwaffensperrvertrag. Er untersagt die Verbreitung von Atomwaffen und verpflichtet zur Abrüstung der Kernenergie. Zusätzlich räumt er das Recht zur friedlichen Nutzung von Atomwaffen und zur Kontrolle durch die Wiener Internationale Atomenergie-Organisation (IAEO) ein. Derzeit haben fünf Atommächte und 184 Staaten das 1970 in Kraft getretene Abkommen ratifiziert.

Die Bezeichnung welchen römischen Adelsgeschlechtes leitet sich vom lateinischen Begriff für „Vater" ab?

Patrizier. Sie zählten zur Oberklasse, die seit der Gründung in Rom ansässig war, später bezeichneten sich auch reiche, städtische Kaufmannsfamilien als Patrizier.

Welcher konservative General und Politiker war von 1959 bis 1969 Staatschef in Frankreich und hatte großen Einfluss auf den Wiederaufbau des Landes und die Annäherung an Deutschland nach dem Krieg?

Charles de Gaulle (1890–1970).

Aus welchem schwäbischen Adelsgeschlecht stammten Friedrich I. (Barbarossa, um 1122–1190) und Friedrich II. (1194–1250)?

Sie waren Staufer. Nach dem Tod Friedrichs II. verloren sie ihre Machtposition in Deutschland und Italien.

Wann fand die berühmte Varusschlacht, die Schlacht im Teutoburger Wald statt?

In der zweiten Hälfte des 9. Jahrhunderts n. Chr. Das germanische Heer unter der Führung des Cheruskerfürsten Arminius (um 18 v. Chr.–19 n. Chr.) besiegte drei römische Legionen im Kampf um die Unabhängigkeit der rechtsrheinischen Gebiete Germaniens bis zur Elbe.

In welchem Land werden die Nobelpreise für Literatur, Physik und Wirtschaftswissenschaften verliehen?

In Schweden. Der Friedensnobelpreis wird in Norwegen verliehen.

Was bedeuten die Begriffe „Perestroika" und „Glasnost", die seit den Reformen des sowjetischen Präsidenten Michail Gorbatschow (*1931) um die Welt gingen?

a) Umbau und Offenheit
b) Abrüstung und Friedenssicherung
c) Selbstbestimmung und Bürokratie
d) Kommunikation und Korrespondenz

a) Umbau und Offenheit
Seit 1985 verfolgte Gorbatschow eine Politik, bei der Informations- und Diskussionsfreiheit staatliche Kontrollen, harte Zensur und Diskriminierung ersetzen sollten. Damit leistete er einen großen Beitrag zum Ende des Kalten Krieges.

Michail Gorbatschow

An welchem Tag verstarben die beiden Freunde und politischen Kontrahenten John Adams (1735–1826) und Thomas Jefferson (1743–1826)?

Am 4. Juli, dem 50. Jahrestag der Verkündigung der von Jefferson verfassten Amerikanischen Unabhängigkeitserklärung.

Wo hat der Rat der Europäischen Union seinen Sitz?

Im Consilium, dem Brüsseler Justus-Lipsius-Gebäude, wo im April, Juni und Oktober die Tagungen der Vertreter seiner Mitglieder stattfinden.

Wessen Name wird mit der absoluten Gleichschaltung von Presse, Film, Rundfunk, Theater und Literatur jeglicher Art im nationalsozialistischen Reich in Verbindung gebracht?

Joseph Goebbels (1897–1945). Der Demagoge versuchte auf diese Weise bis zum Kriegsende, die Meinung der Bevölkerung gezielt zu kontrollieren und zu lenken.

Joseph Goebbels

Wer oder was war ein Truchsess?

a) ein mittelalterlicher Angestellter, der für Keller, Lager und Weinberge zuständig war
b) der Hofnarr des Königs
c) ein Hofamt der mittelalterlichen Hofgesellschaft, der die Küchenaufsicht und später die Leitung der gesamten Hofverwaltung innehatte
d) der persönliche Bedienstete des Fürsten, der auch über dessen Finanzen wachte

c) ein Hofamt der mittelalterlichen Hofgesellschaft, der die Küchenaufsicht und später die Leitung der gesamten Hofverwaltung innehatte

Welcher schwedische Politiker, der zweimal Ministerpräsident war, hatte großen Einfluss auf die Reformpolitik der 50er- und 60er-Jahre seines Landes?

Olof Palme (1927–86). Palme, der sich vor allem außenpolitisch stark engagierte, kritisierte z. B. den Vietnamkrieg sowie den Iran-Irak-Krieg scharf. Seine Ermordung am 28. Februar 1986 war möglicherweise rassistisch motiviert, die Hintergründe konnten bis heute noch nicht völlig geklärt werden.

Wie fand Maximilien de Robespierre (1758–94), einer der führenden Jakobiner, der großen Einfluss auf die Anfänge der Französischen Revolution nahm, den Tod?

Nachdem man ihn im Nationalkonvent gestürzt und gefangen genommen hatte, wurde er am 28. Juli 1794 mit der Guillotine hingerichtet. Viele seiner Anhänger wurden in den folgenden Tagen wie er – wohl ohne ein Gerichtsurteil empfangen zu haben – enthauptet.

Wie hieß die südafrikanische Organisation zur Untersuchung der Apartheidsverbrechen zwischen 1960 und 1993, die 1996 von Präsident Mandela (*1918) eingesetzt wurde?

Wahrheits- und Versöhnungskommission. Den Vorsitz hatte der Erzbischof und Nobelpreisträger Desmond Tutu (*1931). 2003 erhielt Präsident Mbeki (*1942) einen siebenbändigen Abschlussbericht.

Blick über Ankara

An welche Stadt gab Konstantinopel 1923 im Zuge der Reformen des Kemal Atatürk (1881–1938) ihren Hauptstadtrang ab?

An Ankara. Dort war seit 1920 der Parlamentssitz der Türkei. Seit 1930 heißt Konstantinopel Istanbul.

Wie hieß die linksextremistische, terroristische Organisation, die 1970 unter anderem von Ulrike Meinhof und Andreas Baader gegründet wurde?

Rote **A**rmee **F**raktion (RAF). Bis zu ihrer Auflösung 1998 versuchte sie, als „antiimperialistische Stadtguerilla-Gruppe" mit Anschlägen oder Geiselnahmen gegen den westdeutschen Staatsapparat vorzugehen.

Wie hieß die Massenorganisation, die unter der Führung Mahatma Gandhis (1869–1948) die bedeutendste Institution der indischen Unabhängigkeitsbewegung darstellte?

Indian **N**ational **C**ongress (INC), auch bekannt als Kongresspartei.

Wo steht das Reiterstandbild des römischen Kaisers Mark Aurel (121–180), welches das Einzige aus der Antike erhaltene seiner Art ist?

Auf dem Kapitol in Rom.

Mit welchem Begriff wird das Geschehen im 18. und 19. Jahrhundert bezeichnet, in dem ein umfassender Wandel in sozialen und wirtschaftlichen Verhältnissen und folglich ein starker Fortschritt auf Gebieten der Technik, der Produktivität und der Wissenschaft zu verzeichnen war?

Industrielle Revolution.

Was ist im politischen Sinne eine Opposition?

Eine Meinung, die nicht der herrschenden, regierungsbildenden Politik oder der Auffassung von Autoritäten entspricht und das Gegenstück dazu darstellt. In modernen Regierungssystemen wie dem der BRD agiert die Opposition als organisierte Personengruppe bzw. Partei gegen die Machthaber.

Welches ist das Hauptorgan der Vereinten Nationen (United Nations Organisation/UNO)?

Der UNO-Sicherheitsrat (Weltsicherheitsrat). Er kann politische und ökonomische Sanktionen über Mitglieder und bindende Entscheidungen verhängen.

Welches Land hatte Vorreiterfunktion für die Einführung des Frauenwahlrechtes, z. B. 1913 in Norwegen?

Finnland. Dort wurde es bereits 1906 eingeführt.

Zu welchem römischen Bündnis schlossen sich Gaius Iulius Caesar (100–44 v. Chr.), Gnaeus Pompeius Magnus (106–48 v. Chr.) und Marcus Licinius Crassus (um 114–53 v. Chr.) im Jahr 60 v. Chr. zusammen?

Zum Ersten Römischen Triumvirat, einer Vereinigung von Männern, die gemeinsame Interessen verbanden und auf diese Weise alle politischen Interessen im Staat steuern konnten.

In welchem Jahr wurde der Europarat, eine Organisation von 47 Mitgliedstaaten Europas, gegründet?

a) 1949 c) 1968
b) 1958 d) 1989

a) 1949
Seine Funktion besteht in der Förderung von sozialem und ökonomischem Fortschritt, der Sicherung von Demokratie, Menschenrechten, rechtsstaatlichen Prinzipien und der Bekämpfung des Terrors in der Welt.

Wie heißt der bedeutende Freibeuter und Seefahrer, der als erster Engländer von 1577 bis 1580 um die Welt segelte und als Vizeadmiral am Sieg über die Spanische Seeflotte 1588 beteiligt war?

Sir Francis Drake (um 1540–96).

Sir Francis Drake

In welcher mesopotamischen Stadt am Tigris residierte um 705 n. Chr. der assyrische König Sanherib (um 745–680 v. Chr.)?

In Ninive. Über 170.000 Menschen lebten damals im Mittelpunkt des Reiches. Um 612 v. Chr. richteten Babylonier und Meder die Hauptstadt zugrunde.

Welche Ehrung, die für Engagement auf humanitärem, sozialem und ökologischem Gebiet verliehen wird, stiftete der schwedische Umweltaktivist und Schriftsteller Jakob von Uexküll (*1944)?

Den Alternativen Nobelpreis. Dieser wird aus Erlösen seiner selbst gegründeten Right Livelihood Foundation finanziert und ist mit 200.000 Euro dotiert.

Wie heißt die Darstellung eines mittelalterlichen Klosterplanes, der wahrscheinlich zwischen 819 und 826 entstand und heute in der Stiftsbibliothek von St. Gallen als *Codex 1092* verwahrt ist?

Reichenauer Klosterplan. Er war die Grundlage für die Erbauung der barocken St. Gallener Klosterabtei, in der einflussreiche Reichsfürsten ihren Sitz hatten und welche die Stadtgeschichte entscheidend mitprägte.

Wie lautet der berühmte Ausspruch aus der Rede J. F. Kennedys (1917–63) vom 26. Juni 1963 vor dem Schöneberger Rathaus in der deutschen Landeshauptstadt?

a) Ich habe einen Traum!
b) Ich bin ein Berliner!
c) Ich bin schwul, und das ist auch gut so.
d) Die Mauer wird auch in 50 oder 100 Jahren noch bestehen bleiben.

a) Ich bin ein Berliner!

Nach welcher geometrischen Form ist der Hauptsitz des US-Verteidigungsministeriums in Washington benannt?

Pentagon. Das Gebäude mit jeweils fünf 300 Meter langen Seiten war ebenfalls am 11. September 2011 Ziel der terroristischen Anschläge.

Pentagon

Wie lautet der französische Begriff, der das einer Endzeitstimmung gleichende französische Lebensgefühl von etwa 1880 bis zum Beginn des Ersten Weltkrieges beschreibt?

Le fin de siècle.

Wie heißt der Staatspräsident Simbabwes, der sich nach Vermittlung durch den ehemaligen südafrikanischen Staatspräsidenten Thabo Mbeki (*1942) 2008 auf eine Machtteilung mit seinem Kontrahenten Tsvangirai (*1952) einigte?

Robert Mugabe (*1924). Seine Politik gilt als korrupt und menschenrechtsverletzend, weshalb die EU Sanktionen gegen ihn verhängte.

■ Seine kritischen Schriften fielen 1933 der Bücherverbrennung zum Opfer. Als Mitherausgeber der *Weltbühne* zählte er zu den wichtigsten Publizisten der Weimarer Republik. Stets warnte er vor der Gefahr durch die Nationalsozialisten. **Von wem ist die Rede?**

a) Bertolt Brecht (1898–1956)
b) Erich Kästner (1899–1974)
c) Kurt Tucholsky (1890–1935)
d) Erich Maria Remarque (1898–1970)

c) Kurt Tucholsky (1890–1935)
1924 schon floh er vor den Nationalsozialisten nach Schweden und stellte nach 1931 seine publizistische Tätigkeit, resigniert vom fehlenden Widerstand in Deutschland, ein. Möglicherweise war sein Tod Suizid.

■ ■ ■

■ Seit wann schützt die Schweizer Garde im Vatikan den Papst?

Seit 1506. Sie ist das letzte bewaffnete päpstliche Armeekorps.

Flagge des Vatikans

■ ■ ■

■ Welches Gründungsmitglied der Arbeiterpartei Partido dos Trabalhadores war von 2003 bis zum 1. Januar 2011 Staatspräsident Brasiliens?

Luiz Inácio Lula da Silva (*1945). Seine Partei, die einst bekannt war für ihre Ablehnung von Korruption, geriet 2005 selbst unter Bestechungsverdacht.

■ Für welches Ministerium arbeitete Günter Guillaume (1927–95) als Spion für Willy Brandts (1913–92) Kanzleramt?

Für das **M**inisterium **f**ür **S**taatssicherheit (MfS) der DDR, auch StaSi genannt. Die Aufdeckung seiner Tarnung 1974 sorgte für großen Wirbel in der BRD und war Anlass für Brandts Rücktritt. Guillaume wurde wegen Landesverrats zu 13 Jahren Haft verurteilt und an die DDR ausgeliefert.

■ ■ ■

■ In welcher Stadt herrschten die Fürsten der Medici – einflussreiche Geldgeber für bedeutende italienische Kunstwerke – vom 15. bis zur Mitte des 18. Jahrhunderts?

In Florenz.

■ ■ ■

■ Was für ein Tier ist seit dem 13. Jahrhundert in der Nationalflagge Polens zu sehen?

Der weiße Adler. Die alte Entscheidung der kommunistischen Regierung, die Krone auf dem Adler zu entfernen, wurde 1990 vom polnischen Parlament aufgehoben.

■ ■ ■

■ Wie heißt der neuseeländische Bergsteiger, der zusammen mit dem nepalesischen Sherpa Tenzing Norgay (1914–86) im Jahr 1953 Erstbesteiger des 8448 Meter hohen Mount Everest war?

Edmund Hillary (1919–2008).

Wie heißt die 1923 in Wien gegründete Organisation zur weltweiten Bekämpfung von Verbrechen?

Internationale **k**riminal**p**olizeiliche **O**rganisation (IKPO, Interpol).

In welcher japanischen Hafenstadt fand am 6. August 1945 der erste kriegerische Kernwaffeneinsatz statt, der über 200.000 Menschen das Leben kostete und unter dessen Folgen noch heute viele leiden?

Hiroshima.

Welches Volk vom indischen Subkontinent bevölkert seit dem 9. Jahrhundert v. Chr. die Insel Sri Lanka (Ceylon) und liefert sich dort heftige Auseinandersetzungen mit den Singhalesen?

Die Tamilen. Während der britischen Kolonialisierung arbeiteten Millionen immigrierte Tamilen als billige Arbeitskräfte auf den vielen Plantagen des Landes. Bis heute kämpfen sie zum Teil gewaltsam gegen die Diskriminierung der mehrheitlich durch Singalesen gebildeten Regierung und für einen eigenen Staat im Norden.

Mit welchem berühmten Kalifen Bagdads, der in den *Märchen aus Tausendundeiner Nacht* als „der Gerechte" glorifiziert wird, begann die Abbasidendynastie?

Mit Harun ar-Raschid (um 763–809).

Wer schuf 27 v. Chr. die Staatsform des Prinzipats (lat. principatus = der Erste), bei der neben republikanischen Einrichtungen ein einzelner Bürger (princeps civitatis) oder Senatsangehöriger mit höchstem Rang und Ansehen staatliche Entscheidungen treffen und auch als Erster reden durfte?

Augustus (63 v. Chr.–14 n. Chr.).

Kaiser Augustus

Welcher ehemalige Parteivorsitzende der SPD prägte das Bild der deutschen Sozialdemokratie entscheidend mit, nachdem er den Großteil der NS-Zeit in Konzentrationslagern verbringen musste?

Kurt Schumacher (1895–1952).

Wofür steht die Abkürzung FTAA?

a) Foreign Translation of all American Languages
b) Free Trade Area of the Americas
c) Free the American Anacondas
d) Further Transatlantic Agreement

b) **F**ree **T**rade **A**rea of the **A**mericas
Mit der ins Visier von Globalisierungskritikern geratenen Gesamtamerikanischen Freihandelszone soll sich „ein gemeinsamer Markt von Alaska bis Feuerland" etablieren.

■ Der nationalsozialistische Politiker flog 1941, angestachelt von seiner fanatischen Führerverehrung, nach Schottland. Damals wollte er Großbritannien von einem gemeinsamen Kampf gegen den sowjetischen Feind überzeugen. Dort wurde er jedoch festgenommen und an das Militärtribunal in Nürnberg ausgeliefert. **Wer war er?**

Rudolf Heß (1894–1987). Nach seiner Verurteilung zu lebenslanger Haft verübte er in der Spandauer Haftanstalt Selbstmord.

■ **Wann wurde der Diktator Saddam Hussein, der 24 Jahre lang im Irak herrschte, von amerikanischen Soldaten in einem Erdloch nahe seiner Heimatstadt Tikrit gefunden?**

Erst 2003, lange nach dem Ende des Golfkrieges. Das Urteil eines irakischen Gerichtes zur Hinrichtung durch den Strang wurde 2006 vollstreckt.

Saddam Hussein

■ **Wer schlägt den Kandidaten für das Amt des deutschen Bundeskanzlers vor?**

Der Bundespräsident. Sein freier Vorschlag beruht auf vorausgehenden Gesprächen mit der regierungsbildenden Koalition, sodass dieser auch deren Wunschkandidaten entspricht. Die Empfehlung muss vom Bundesrat mit absoluter Mehrheit angenommen werden.

■ **Mit welchem Fremdwort benennt man einen allerletzten Appell, mit dem gleichzeitig auch Konsequenzen angedroht werden?**

Ultimatum. Laut der UN-Statuten verstoßen Ultimaten in Verbindung mit Gewaltankündigungen jedoch gegen das Völkerrecht.

■ **Wer wählte 1919 den SPD-Politiker Friedrich Ebert (1871–1925) in das Amt des ersten Reichspräsidenten der Weimarer Republik?**

Die Deutsche Nationalversammlung, das verfassungsgebende Parlament der Weimarer Republik.

■ **Wie hießen die Nachfahren der 1652 nach Südafrika immigrierten Niederländer, die zwischen 1835 und 1838 die Staaten Transvaal und Oranje-Freistaat gründeten?**

Buren.

■ **Was war die Wannsee-Konferenz?**

Ein Treffen von 15 hochrangigen NS-Spitzen am 20. Januar 1942 im Berliner Gästehaus der Sicherheitspolizei und des Sicherheitsdienstes, bei dem die Deportation und die geplante Judenvernichtung detailliert besprochen wurden. Reinhard Heydrich (1904–42), der von Göring (1893–1946) 1941 für die „Lösung der Judenfrage" beauftragte General, hatte den Vorsitz.

Welche Währung gibt es in Dänemark?

Dänische Kronen. Im Jahr 2000 stimmten die Einwohner des Landes mehrheitlich gegen die Einführung des Euro, genauso wie 2003 auch die Schweden.

Dänische Krone

Der fünfte irakische Staatspräsident engagierte sich sehr für einen demokratischen und kulturellen Wandel seines Landes, bis er 2005 die Macht an erstarkte islamistische Extremisten unter der Führung des Ultrakonservativen Mahmud Ahmadinedschad (*1956) abgeben musste. **Von wem ist die Rede?**

Saijid Mohammed Chatami (*1943).

Wie nennt man die internationale Übereinkunft von 1958, welche die friedliche Nutzung der unbewohnten Südpolarregion festsetzt und militärische Operationen dort verbietet?

a) Südpolallianz
b) Schelfvertrag
c) Transatlantikpakt
d) Antarktisvertrag

d) Antarktisvertrag

Unter welchem Namen sind die 1925 geschlossenen, sieben völkerrechtlichen Beschlüsse bekannt, die 1926 mit der Aufnahme Deutschlands in den Völkerbund in Kraft traten?

Verträge von Locarno. Zielsetzung war die Wiederherstellung der Beziehungen zu Deutschland nach dem Ersten Weltkrieg. Gustav Stresemann (1878–1929) und der Franzose Aristide Briand (1862–1932) erhielten 1926 hierfür den Friedensnobelpreis.

In welcher Stadt fielen die tödlichen Schüsse auf den damaligen US-Präsidenten J. F. Kennedy (1917–63)?

In Dallas. Das Attentat wurde jedoch nie richtig aufgeklärt.

Wie hieß die nach dem deutschen Einmarsch tolerierte südfranzösische Regierung unter Führung Marschall Pétains (1856–1951)?

Vichy-Regime. Es kam einer Diktatur gleich und existierte zwischen 1940 und 1944 unter enger Verbindung zu den Deutschen, nachdem in dieser „unbesetzten" Zone die Niederlage gegen das Deutsche Reich anerkannt worden war.

Wohin sollten nach 1400 viele Schiffsexpeditionen führen?

Nach Indien. Zum ersten Mal wurde in dieser Zeit das afrikanische Südkap umschifft.

Die Internationalen Brigaden…

a) …sind Kriegsdienstverweigerer in christlicher Missionierungstätigkeit.

b) …waren Freiwilligenverbände, die im Spanischen Bürgerkrieg für die Spanische Republik gegen die nationalspanische Koalition unter General Franco (1892–1975) kämpften.

c) …waren Arbeitskollektive oder ähnliche Gruppen der DDR, die Zielsetzungen der einzigen staatlich anerkannten Jugendorganisation FDJ (Freie Deutsche Jugend) vertraten.

d) …sind Vertreter des Roten Kreuzes und der Rothalbmond-Gesellschaften, die sich der Hilfe von Notleidenden widmen.

b) …waren Freiwilligenverbände, die im Spanischen Bürgerkrieg für die Spanische Republik gegen die nationalspanische Koalition unter General Franco (1892–1975) kämpften.

Das Schloss welcher deutschen Stadt wurde im Pfälzer Erbfolgekrieg von den Franzosen fast völlig zerstört?

Heidelberg. Das Schloss ist eine der beliebtesten Renaissance-Schöpfungen und seine Ruine stellt ein gut besuchtes Touristenziel dar.

Welcher Staat ist heute die letzte absolute Monarchie?

Vatikanstadt. Der Papst hat hier als Bischof von Rom ex officio, d. h. von Amts wegen, die oberste Staatsmacht und vereint alle drei gesetzlichen Gewalten.

Wer war Andreas Hofer (1767–1810)?

Ein Tiroler Freiheitskämpfer, der die Aufstandsbewegung von Tirol gegen die bayerische und französische Besatzung von 1809 dreimal siegreich anführte. Nach einem Verrat wurde er 1810 gefangen genommen und nach Mantua überführt, wo man das Urteil des französischen Kriegsgerichtes – Tod durch Erschießen – vollstreckte.

Welches ist das Zahlungsmittel im südamerikanischen Französisch-Guayana?

Euro. Der Staat zählt zum Wirtschaftsgebiet Europas, da er ein Departement Frankreichs ist.

Wer oder was ist das Pariser Panthéon?

Eine nationale Ruhmeshalle auf dem Hügel der Heiligen Genoveva, in welcher berühmte Persönlichkeiten wie Marie Curie (1867–1934), Victor Hugo (1802–85) oder Rousseau (1712–78) ihre letzte Ruhe fanden.

Panthéon

Welcher Name ist untrennbar mit dem Beginn der Reformation, der kirchlichen Erneuerungsbewegung zwischen 1517 und 1648 verbunden?

Martin Luther (1483–1546). Mit der Reformation und anderen großen Ereignissen wie der Erfindung des Buchdrucks durch Gutenberg (um 1397–1468) um 1445 oder der Entdeckung Amerikas 1492 war das Ende einer langen Epoche der kirchlichen Einheit eingeläutet.

Welcher unter Handwerkern und Händlern in der Französischen Revolution verbreitete Begriff für die Republikaner bedeutet im Französischen „ohne Kniebundhosen"?

Sansculotten. Im Ancien Régime grenzten sich die Adligen durch diese Hosen von den niederen Bevölkerungsschichten, die lange Hosen anhatten, ab.

Wie hieß das Buch, mit dem der amerikanische Soziologe und Politikwissenschaftler Daniel Goldhagen (*1959) 1996 in Deutschland eine erneute Debatte über die Ursachen des Holocaust auslöste?

Hitlers willige Vollstrecker (original: *Hitler's Willing Executioners*). In dem Buch nennt er als Ursachen für die Ausmaße der Judenverfolgung die radikale antisemitische Einstellung der Nationalsozialisten, die Vorurteile der Bevölkerung gegenüber den Juden und das Vorhandensein militärischer Macht.

Er war Stabschef der SA und wurde zusammen mit ca. 200 weiteren Personen, wie dem Reichskanzler von Schleicher (1882–1934) unter Ausnutzung der nationalsozialistischen Propaganda um einen von ihm initiierten Putschversuch im Auftrag von Hitler ermordet. **Von welchem Münchner ist die Rede?**

Ernst Röhm (1887–1934).

Ernst Röhm

Welche Organisation unterhält neben seinen Sitzen in Genf, Wien und Nairobi ihren Hauptsitz in New York?

a) die UNO
b) das Rote Kreuz
c) das Europäische Parlament
d) der Internationale Sportgerichtshof

a) die UNO

Wie nennt man die spezielle Wirtschafts- und Außenpolitik, die Großbritannien und Amerika im ausgehenden 19. Jahrhundert von China forderten, damit sie ungehindert ihrer Verkehrs- und Missionstätigkeit nachgehen konnten?

Politik der offenen Tür („the open door for all nations"). Heute bezeichnet man es auch so, wenn ein Unternehmen oder eine Regierung ihre Absichten und Vorhaben offen darlegt.

Wie wurde in der Bevölkerung das Rote Telefon genannt, das 1963 infolge der Kubakrise eingerichtet wurde, um eine dauernde telegrafische Verbindung zwischen den USA und der Sowjetunion zu ermöglichen und so Konflikte bergende Missverständnisse zu vermeiden?

a) die schnelle Strippe
b) das geheime Netz
c) die starke Leitung
d) der heiße Draht

d) der heiße Draht

Wie nannte man im Volksmund die Jugendbewegung, die sich mit ihrer Abneigung gegen den Vietnamkrieg zunehmend politisierte, in den 1960er-Jahren entstand und im „Summer of Love" zur Massenkultur wurde?

Hippiebewegung. Ihre Anhänger wurden aufgrund ihrer friedlichen und humanen Einstellung, die das Schlagwort „Flower Power" symbolisierte, auch als „Blumenkinder" bezeichnet.

Was war das Besondere hinsichtlich der Amtszeit des ehemaligen US-Präsidenten Franklin Delano Roosevelt (1882–1945)?

Seine Amtszeit dauerte so lange wie keine zuvor, nämlich vier Amtsperioden: von 1933 bis zu seinem Tod.

Wie wird der Schutz von politischen Abgeordneten, Staatsoberhäuptern, Regierungsmitgliedern oder Diplomaten vor Strafverfolgung von Amts wegen bezeichnet?

Politische Immunität. Ein Abgeordneter kann diese Immunität jedoch durch Parlamentsbeschluss oder Ablauf seines Mandates verlieren.

Welcher älteste Platz Roms, dessen Heiligtümer, Dienstgebäude und Versammlungsplatz bis heute gut erhalten sind, zeugt vom antiken Leben und der politischen Macht des ganzen Landes?

Das Forum Romanum.

Wie heißt die Staatsphilosophie der uneingeschränkten Herrschaft, die das 17. und 18. Jahrhundert prägte?

Absolutismus. Großes Vorbild war der „Sonnenkönig" Ludwig XIV. (1638–1715), dessen gesamte Hofkultur an seine Persönlichkeit angepasst wurde.

Welches Land wurde nach seiner Unabhängigkeitserklärung gegenüber Frankreich von 1945 nur neun Jahre später in den westlich orientierten Süden und den sozialistisch gesinnten Norden geteilt?

Vietnam. Erst 1975 kam es zur Wiedervereinigung.

Wie wird die Grenze zwischen Schottland und England bezeichnet, die nach einem römischen Kaiser benannt ist?

Hadrianswall. Kaiser Hadrian (76–138) hatte die Schutzmauer gegen Angriffe der Kaledonier, Vorfahren der Schotten, errichten lassen.

Wie viele britische Kolonien riefen am 4. Juli 1776, dem heutigen Nationalfeiertag, die Unabhängigkeit der Vereinigten Staaten von Amerika aus?

13.

Welche Staaten standen im Spanischen Bürgerkrieg an der Seite der nationalspanischen Regierung unter Franco (1892–1975)?

a) Italien, Österreich, Schweiz
b) Deutschland, Italien und Portugal
c) Norwegen, Schweden und Dänemark
d) Frankreich, Großbritannien und die Schweiz

b) Deutschland, Italien und Portugal
Die Verfechter der Spanischen Republik wurden von der Sowjetunion unterstützt, während Großbritannien und Frankreich eine neutrale Position einnahmen.

Wie lautete in der griechischen Antike der Begriff für einen Alleinherrscher, der jedoch nicht König und dessen Regierung nicht gesetzlich anerkannt war?

Tyrann.

Die *Prawda* war …?

a) … die philosophische Idee Augustinus' von Hippo (354–430) von der Vorbestimmtheit des Lebens und dem Bestehen der Seele bereits vor der Geburt
b) … das von Bertolt Brecht (1898–1956) geführte Berliner Schauspielensemble
c) … die Nachfolgepartei der Polnischen vereinigten Arbeiterpartei
d) … eine Tageszeitung in Russland, die bis zum Ende der Sowjetunion das Parteiorgan der KPdSU war

d) … eine Tageszeitung in Russland, die bis zum Ende der Sowjetunion das Parteiorgan der KPdSU war

Wer wurde Lügenbaron genannt, weil er eigene Erfahrungen aus Reisen und Kriegen mit Erfundenem verwob, und ihm die Abenteuergeschichten des Barons von Münchhausen zugeschrieben wurden?

Hieronymus Carl Friedrich Freiherr von Münchhausen (1720–97).

Freiherr von Münchhausen

Wie hieß der rumänische Geheimdienst, der unter der stalinistischen Herrschaft Nicolae Ceauşescus (1918–89) große Brutalität an den Tag legte?

Securitate.

Was bezeichnet der französische Begriff Cohabitation?

a) Staatsoberhaupt und Regierung gehören nicht derselben Partei an, weshalb der Präsident im Parlament nicht über eine eigene Mehrheit verfügt.
b) eine grundlegende verfassungsgebende (National-)Versammlung, insbesondere die der Französischen Revolution
c) den Grundsatz, nach dem der Landesfürst die Konfession seiner Untertanen bestimmte
d) das Recht der Bürger, sich zur Wahrung ihrer Interessen zusammenzuschließen

a) Staatsoberhaupt und Regierung gehören nicht derselben Partei an, weshalb der Präsident im Parlament nicht über eine eigene Mehrheit verfügt.
In Frankreich war dies nach den Wahlen 1986, 1993 und 1997 der Fall.

Nach wem ist der 1928 von zunächst elf Nationen unterzeichnete Briand-Kellogg-Pakt benannt, in dem sich alle Teilnehmer zu friedlicher Politik verpflichteten?

Nach dem Außenminister der USA, Frank Billings Kellogg (1856–1937), und dem französischen Außenminister Aristide Briand (1862–1932). Bis 1939 hatten Vertreter von 63 Staaten das Abkommen unterschrieben.

Frank Billings Kellogg

Welcher Dachverband von einzelnen Interessenverbänden der Arbeitnehmer wurde 1949 gegründet, nachdem Gewerkschaften in der NS-Zeit verboten waren und nun der allmähliche Wiederaufbau begonnen hatte?

Der **D**eutsche **G**ewerkschafts**b**und (DGB).

Wie wird der bis heute nicht beigelegte große Konflikt um das palästinensische Gebiet bezeichnet, der schon zu zahlreichen militärischen Auseinandersetzungen des 1948 gegründeten Israels mit seinen Nachbarstaaten und der Palästinensischen Befreiungsorganisation (PLO) führte?

Nahostkonflikt. Noch immer besteht Streit um die staatliche Gestaltung des vormals britischen Mandatsgebietes Palästina.

Wie lange war Sankt Petersburg die Hauptstadt des Russischen Reiches?

Von 1712 bis 1918.

Wie nennt man die Zielsetzung eines Landes, großen Einfluss auf andere Staaten zu nehmen – bis hin zu deren Unterwerfung?

Imperialismus. So galt z.B. Russland, das nach einer Erweiterung in Ostasien und im Osmanischen Reich strebte, im 19. Jahrhundert als imperialistische Großmacht.

Was symbolisiert die weiße Farbe in der Trikolore, der französischen Nationalflagge, welche 1790 das erste Mal in der Revolutionszeit auftauchte?

Weiß ist die Farbe der königlichen Bourbonenfamilie und steht für die uneingeschränkte Macht des Königs. Rot und Blau sind die Stadtfarben von Paris. Auch nach dem Ende der Monarchie 1792 wurde die Dreifarbigkeit beibehalten.

Flagge Frankreichs

Welches Recht besaßen die römischen Volkstribune, um Entscheidungen vom Senat oder Amtshandlungen zu Fall zu bringen?

Vetorecht (lat. veto = ich verbiete). In der Moderne besitzt meist das Staatsoberhaupt gegenüber Parlamentsbeschlüssen ein solches Einspruchsrecht, was meist jedoch nur zur Verschiebung von Entscheidungen genutzt wird.

Wie hieß die bewaffnete Auseinandersetzung zwischen Argentinien und dem Vereinten Königreich zwischen April und Juni 1982, in der es unter anderem um die Falklandinseln und Südgeorgien ging?

Falklandkrieg. Dank der militärischen Unterstützung, die die britische Premierministerin Thatcher (*1925) aussandte, blieb Großbritannien überlegen.

Welcher Begriff steht für das Recht eines Landeigentümers im frühen Mittelalter bis zur Frühneuzeit, geistlich und weltlich über die Bauern zu verfügen, die seinen Boden bewirtschafteten?

Grundherrschaft. Die Untertanen hatten Frondienste zu leisten und Abgaben zu zahlen – jedoch war der Grundbesitzer verpflichtet, ihnen Unterkunft und Schutz zu gewähren.

Wo war mit 380.000 Mitgliedern die größte europäische jüdische Gemeinde ansässig, die nach der deutschen Eroberung Polens durch einen Erlass 1940 in ein speziell markiertes Sammelgebiet in der Altstadt verlagert wurde?

In Warschau. Das Warschauer Getto, von wo aus die Deportationen nach Treblinka erfolgten, war Schauplatz der größten Widerstandsaktion der Juden vom 19. April bis 16. Mai 1918.

Wie heißt die Hauptstadt von Nordrhein-Westfalen?

Düsseldorf.

Mit wem war Marie Antoinette (1755–93), die für ihren legeren Umgang mit der ihr unangenehmen Hofetikette und ihren kostspieligen Lebensstil bekannt wurde, verheiratet?

Mit Ludwig XVI. (1754–93).

Wie heißt die Behörde der Bundesbeauftragten für die Unterlagen des Staatssicherheitsdienstes der ehemaligen DDR (BStU)?
Gauck-Behörde. Sie ist benannt nach ihrem ehemaligen Leiter, dem Rostocker Pastor Joachim Gauck (*1943). Ihre Hauptfunktionen liegen in der Auswertung und Verwaltung der Stasi-Akten auf Grundlage des Stasi-Unterlagen-Gesetzes.

Joachim Gauck

Wie nannte man die 1959 festgesetzte Form der Zusammensetzung des Bundesrates, der siebenköpfigen Schweizer Landesregierung?
Zauberformel. Jeweils zwei Mitglieder der Parteien FDP, CVP (damals KCV) und SP sowie einem Mitglied der SVP (damals BGB) bildeten die Regierung. 2003 setzte die vereinigte Bundesversammlung diese Zusammensetzung nach dem Wahlgewinn der SVP, die nun zwei Sitze beanspruchte, ab.

Welcher nie gekrönte britische König dankte nach kurzer Zeit im Amt ab, um seine Geliebte, die bürgerliche Wallis Simpson (1896–1986) – eine zweimal geschiedene Bürgerliche – zu heiraten?
Edward VIII. (1894–1972).

Was war die Ursache für den Bürgerkrieg zwischen Frankreich und Algerien in den 1950er-Jahren?
Frankreich hatte seine Kolonie 1958 in die Souveränität entlassen, was jedoch einigen französischstämmigen Kolonisten nicht gefiel, die dann eine Zugehörigkeit zu Frankreich erzwingen wollten.

Wie hieß das russische Adelsgeschlecht, aus dem Zaren wie Peter der Große (1672–1725) oder Nikolaus II. (1868–1918) stammten?
Romanow. Die Dynastie wurde zu Beginn des 17. Jahrhunderts gegründet.

Wer gründete 814 v. Chr. im heutigen Tunesien die Stadt Karthago, welche von den Römer in den Punischen Kriegen völlig zerstört wurde?
Die Phönizier, ein semitisches Händler- und Seefahrervolk.

In welchem Land hatte die industrielle Revolution dank fortschrittlicher Neuerungen wie der Dampfkraft, dem Eisenbahnnetz oder maschineller Herstellungsverfahren ihren Ursprung?
a) in England
b) in Deutschland
c) in Indien
d) in Frankreich

a) in England

Welches war die letzte portugiesische Kolonie, die das Land 1999 als zweite Sonderverwaltungszone an China zurückgab?

Macao, das wegen seiner zahlreichen touristischen Glücksspiel-Attraktionen auch „Las Vegas des Ostens" genannt wird.

Wie heißt das Gebiet im nördlichen Kanada, das seit 1999 ein eigenständiges Territorium für die Inuit – die kanadischen Ureinwohner – bildet?

Nunavut.

Wer zerstörte 1533 das große Herrschaftsreich der Inka, das bis 1520 eine hohe wirtschaftliche und kulturelle Blüte erlebt hatte?

Die spanischen Eroberer.

Wer war der „Roi soleil"?

Der „Sonnenkönig", Ludwig XVI. (1638–1715), der für seinen luxuriösen barocken Lebensstil bekannt wurde. Als Vertreter des höfischen Absolutismus hatte er großen Einfluss auf das wirtschaftliche und kulturelle Aufblühen des Landes.

In welchem Jahr wurde Rätoromanisch als vierte Amtssprache in der Schweiz neben Deutsch, Italienisch und Französisch zugelassen?

1996.

Wie hieß das britische Passagierschiff, das 1915 angegriffen wurde und auf dem viele Amerikaner ihr Leben verloren, sodass die USA ihre anfängliche Neutralität aufgaben und zwei Jahre später in den Ersten Weltkrieg eintraten?

a) Dartmouth c) Lusitania
b) HMS Naseby d) Mayflower

c) Lusitania

Welchen Titel hatten Grafen, die direkt an den Grenzen des Fränkischen Reiches gelegene Gebiete überwachten?

Markgraf. Das betreffende Land wurde zuvor den Markgrafen als Lehen gegeben. Im Heiligen Römischen Reich deutscher Nation gehörten sie dem Stand der Reichsfürsten an.

Markgraf Karl Friedrich

Welches 1954 in Kraft getretene Abkommen legt Regeln für den Umgang mit Flüchtlingen fest?

Die Genfer Flüchtlingskonvention. Flüchtlinge müssen in ihrem Zufluchtsland anerkannt werden, wenn sie wegen ihrer Rasse, Religion, Nationalität, Zugehörigkeit zu einer bestimmten Gruppe oder ihrer politischen Einstellung verfolgt werden, bis über ihr Aufenthaltsrecht entschieden wird.

Wo ließ sich der mittelalterliche Herrscher Chlodwig I. (um 466–511) im Jahr 497 mit seinem gesamten Gefolge taufen?
In der Kathedrale von Reims. Der Merowingerkönig, der als Begründer des Frankenreichs gilt, trat zum Katholizismus über und unterstützte dann die Verbreitung des Christentums in Mitteleuropa.

Welcher römische Kaiser teilte sich die Herrschaft mit seinem Sohn und seinem Enkel und ließ eine weitreichende Christenverfolgung vornehmen, die erst durch seinen Sohn Gallienus (218–268) gestoppt wurde?
Valerian (um 200–260).

Wann fand das Hambacher Fest statt, auf dem frühliberale Bürgerliche auf dem Schloss bei Neustadt an der Haardt eine deutsche Einheit sowie Freiheit und Demokratie forderten?
Vom 27. bis 30. Mai 1832.

Wie nennt man die strengste Form der Arbeitspflicht, bei der ein Mensch unter Androhung von Sanktionen gegen seinen Willen genötigt wird, zu arbeiten?
a) Zwangsarbeit
b) Lohnbeschäftigung
c) Bürgerarbeit
d) produktive Anstellung

a) Zwangsarbeit

Mit welchem Begriff wird die Epoche zwischen 1815 und 1848 bezeichnet, in der politische Umbrüche und die Wiederherstellung des alten Zustandes angestrebt wurden?
Restauration (lat. restaurare = wieder herrichten).

Welcher Präsident der Vereinigten Arabischen Republik ließ den Suezkanal 1956 sperren und verstaatlichen?
Abd el-Nasser (1918–70). Er löste damit militärische Angriffe vonseiten der englischen, israelischen und französischen Truppen aus, bis die UNO, die USA und die UdSSR eingriffen.

Abd el-Nasser

Unter welchem Namen wurde der aufrührerische Akt bekannt, bei dem am 16. Dezember 1773 als Indianer verkleidete Bostoner Bürger drei Ladungen Tee der Britischen East India Trade Company von dort verankerten Schiffen warfen?
Boston Tea Party.

An welcher französischen Festung scheiterte die Kriegsoffensive der deutschen Wehrmacht im Dezember 1916?
Verdun.

■ **Welcher völkerrechtliche Vertrag war Basis für die Gründung der NATO am 4. April 1949?**

Der Nordatlantikpakt, eine politisch-militärische Koalition für den Fall eines Verteidigungskrieges.

■ **Um welche zusätzliche Kategorie wurden die bis dahin existierenden Nobelpreis-Kategorien (Chemie, Physiologie und Medizin, Literatur und Physik) im Jahr 1969 durch die Schwedische Reichsbank ergänzt?**

Um den Preis für Wirtschaftswissenschaften.

■ **Welcher Begriff steht im Zusammenhang mit den von Solon (um 640–560 v. Chr.) ab 594 v. Chr. in Athen durchgeführten Reformen, die zum Ziel hatten, durch Einigung zwischen Schuldner und Gläubiger große verschuldete Bevölkerungsteile vor der Sklaverei zu bewahren?**

Schuldenerlass.

■ **Wie hieß die Kronkolonie, die von 1878 bis 1958 in Westafrika existierte und später mit dem britischen Protektorat British-Togoland als Land Ghana unabhängig wurde?**

a) Silberland
b) Goldküste
c) Kupferinsel
d) Kohlestaat

b) Goldküste

■ **Wie heißt der Kolonialkrieg von 1904 bis 1908 zwischen den deutschen Truppen und den südafrikanischen Herero und Nama im Gebiet des heutigen Namibia, der nach der Niederschlagung des Aufstandes mit einem Völkermord durch die Deutschen endete?**

Hereroaufstand.

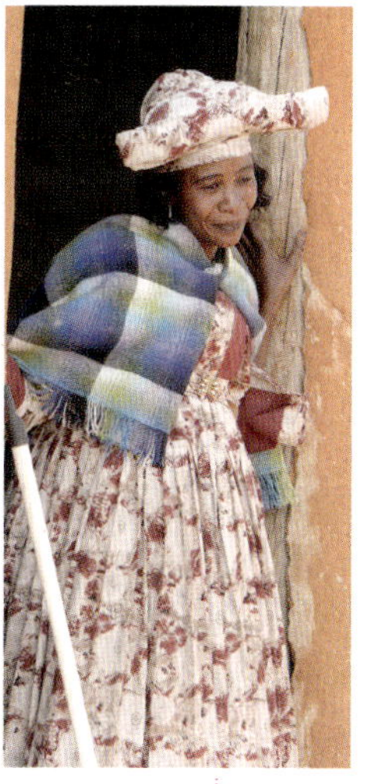

Herero-Frau

■ Als radikal-feministische Frauenrechtlerin gründete sie 1903 in Großbritannien mit ihrer Tochter und vier weiteren Frauen die „Women's Social And Political Union", die später führende Organisation der Suffragetten. **Von wem ist die Rede?**

Emmeline Pankhurst (1858–1928)

■ **Durch welche Merkmale waren die Hochkulturen, welche seit etwa 3000 v. Chr. bestanden, gekennzeichnet?**

Diese Gesellschaftsformen waren fortschrittlicher als andere. Sie zeichneten sich z. B. durch das Vorhandensein von Städten und eigenen Schrift- und Kalendersystemen, gezielte Landwirtschaft, politische Verwaltungssysteme, spezialisierte Gesellschaftsschichten und ein gemeinschaftliches kulturelles und religiöses Denken aus.

Wie heißt der Platz im Zentrum Pekings, auf dem sich am 4. Juni 1989 über 100.000 Menschen versammelten, um eine demokratische Regierung zu fordern?

Platz des Himmlischen Friedens. Der Sitzstreik endete im Chaos: Die Regierung ließ Panzer einsetzen, die dic Menschen überrollten. 3400 Demonstranten starben.

Die Russen nannten den Feldmarschall wegen seines offensiven Vorgehens „Marschall Vorwärts". **Wer war es, dem es gemeinsam mit dem britischen Militärführer Wellesley (1769–1852) gelang, Napoleon I. (1769–1821) 1815 in der Schlacht bei Waterloo in die Knie zu zwingen?**

Gebhard Leberecht von Blücher, Fürst von Wahlstatt (1742–1819).

„Marschall Vorwärts"

Welche Stadt kämpfte schon im Mittelalter zwischen 1257 und 1381 gegen Genua um die Vorherrschaft im östlichen Mittelmeer?

a) Rom
b) Florenz
c) Moskau
d) Venedig

d) Venedig

Welches ostgermanische Volk zerfiel während der Völkerwanderung zwischen dem Einfall der Hunnen 375/76 und der Besetzung Italiens durch die Langobarden 568 in einen Ost- und einen Westteil?

Die Goten. Die Westgoten eroberten 410 n. Chr. Rom, nachdem sie immer weiter in den Westen getrieben worden waren.

Welche russische Großstadt wurde von 1925 bis 1961 Stalingrad genannt und ging durch die Schlacht im Winter 1942/43, die einen Meilenstein im Zweiten Weltkrieg darstellte, in die Historie ein?

Wolgograd.

Welche Naturkatastrophe wird – im Gegensatz zu vom Wind in Gang gebrachten Riesenwellen – durch Hebung und Senkung des Meeresspiegels verursacht?

Tsunamis. 2004 kamen durch den riesigen Tsunami in Südostasien über 230.000 Menschen ums Leben.

Mit welchem Begriff beschreibt man die schrittweise Aufstockung militärischer Ressourcen zwischen verfeindeten Staaten, z. B. zwischen den USA und der UdSSR in den 1950er-Jahren?

Rüstungswettlauf.

Wie hieß die erste schriftliche Verfassung, die 1653 für Irland, Schottland und England proklamiert wurde und Oliver Cromwell (1599–1658) die Staatsmacht übertrug?

Instrument of Government.

Die Apartheid war ...?

a) ... ein Modestil der 1950er-Jahre, bei dem die Kleidung berühmter Schauspielerinnen kopiert wurde
b) ... eine Epoche institutionalisierter Rassentrennung
c) ... die wissenschaftliche Rechtfertigung christlicher Lehrsätze im Mittelalter
d) ... der gesamte Parteiapparat der DDR

b) ... eine Epoche institutionalisierter Rassentrennung
Diese dauerte in Südafrika vom Beginn des 20. Jahrhunderts bis zum Regierungswechsel 1994.

Welche einst prunkvolle Kaiserstadt eroberte Mehmet II. Fatih (1432–81) in einem zwei Monate andauernden Kampf 1453?

Konstantinopel.

Nach wem ist der von Kolumbus (um 1451–1506) entdeckte Kontinent Amerika benannt?

Nach Amerigo Vespucci (1451–1512), einem italienischen Seefahrer und Navigator, der weite Teile Südamerikas erforschte und als erster Europäer überzeugt war, dass Kolumbus einen ganzen Kontinent entdeckt hatte.

Amerigo Vespucci

Welche Bezeichnung steht für die politische Idee, dass die Bürger eines Landes auf Selbstjustiz verzichten und ihre Rechte auf Schutz, Ordnung und die Durchsetzung von Gesetzen in die Hände staatlicher Behörden wie z. B. Polizei- und Verwaltungsapparate legen, die ihrerseits jedoch den Gesetzen des Landes folgen?

Gewaltmonopol des Staates.

Unter welchem Namen sind die militärischen Versuche der persischen Großkönige Dareios I. (549–486 v. Chr.) und Xerxes I. (519–465 v. Chr.), Griechenland an ihr Land anzugliedern, bekannt geworden?

Perserkriege. Trotz der Übermacht des persischen Heeres gab es jedoch in diesen Kriegen keinen endgültigen Sieger.

Was entdeckte Kolumbus (1451–1506) auf seiner dritten Forschungsreise 1498 bis 1500 nach Spanien?

Die Inseln Trinidad und Tobago sowie die Mündung des Orinoko-Flusses, also den südamerikanischen Kontinent, den er später irrtümlich Asien zuschrieb.

Welcher Politiker war Generalsekretär des russischen Zentralkomitees (ZK) der KPdSU und ließ 1968 durch einen Einmarsch von Truppen des Warschauer Paktes den Prager Frühling gewaltsam beenden?

Leonid Iljitsch Breschnew (1906/07–82). Er galt als Parteifunktionär ohne spezifische Charaktereigenschaften, der den Stillstand des sowjetischen Systems zur damaligen Zeit verkörperte.

Leonid Breschnew

Wie nennt man die Kontroverse, die zwischen Industriestaaten und Entwicklungsländern aufgrund ihres großen sozialen, kulturellen und wirtschaftlichen Entwicklungsgegensatzes besteht?

Nord-Süd-Konflikt. Hier stehen sich die fortschrittlichen und über große finanzielle Ressourcen verfügenden ehemaligen Kolonialmächte und die unter Armut, sozialem Elend und Hungersnöten leidenden Länder der Dritten Welt gegenüber.

Wie hieß der mitteleuropäische Keltenstamm, der Böhmen seinen Namen gab?

Boier. Das gallische Volk hatte sich im 4. Jahrhundert v. Chr. in zwei Teile gegliedert, von denen einer nach Norditalien und der andere nach Böhmen (Boihaemum) zog.

Welcher Herzog von Bayern und Sachsen führte eine Ehe mit Mathilde (1157–89), der Schwester von Richard Löwenherz (1157–99)?

Der Braunschweiger Heinrich der Löwe (um 1129–95).

Wie wird der Reformprozess bezeichnet, der unmittelbar nach dem Tod des sowjetischen Diktators Stalin 1953 begann und dessen Zielsetzungen darin bestanden, die Konsumwirtschaft wieder aufzurichten, die staatliche Macht einzudämmen und zur Kollektivität zurückzuführen?

Entstalinisierung.

Wie heißt die türkische Dynastie, die von ca. 1299 bis 1923 existierte und eine Großmacht in Kleinasien, auf dem Balkan, im Nahen Osten, auf der Krim und in Nordafrika war?

Osmanisches Reich. Es ging im Chaos nach dem verlorenen Ersten Weltkrieg unter, 1923 wurde die Republik Türkei als Nachfolgestaat gegründet.

Welcher tschechische Schriftsteller trat 1968 im Prager Frühling durch sein Engagement gegen die kommunistische Regierung in Erscheinung und wurde später Staatspräsident der Tschechoslowakei?

Václav Havel (*1936).

Welcher Titel für ein im Mittelalter und der frühen Neuzeit gewähltes Oberhaupt einer italienischen Republik ist von dem lateinischen Begriff dux (Anführer) abgeleitet?

Doge. Die einflussreichsten Dogen herrschten in Venedig.

Der Amtssitz des Präsidenten der USA ist…?

a) …das Pentagon
b) …das Weiße Haus
c) …der Supreme Court
d) …das Kapitol

b) …das Weiße Haus

Über die Kontrolle welcher Region im Kosovo gab es mehrfach militärische Auseinandersetzungen zwischen den Osmanen und den christlichen Herrschern?

Amselfeld. In der ersten der berühmten Schlachten vom Amselfeld kämpften 1389 serbische und bosnische Truppen gegen die Türken, welche den Sieg errungen und in der Folge mehrere Jahrhunderte auf dem Balkan herrschten.

Was wird seit dem Kalten Krieg als das „Gleichgewicht des Schreckens" bezeichnet?

Die Angst einflößende Situation, dass eine der beiden Supermächte USA oder Sowjetunion nur von einem Nuklearwaffeneinsatz absieht, weil der Gegner selbst dann noch stark genug wäre, auf dieselbe Art zurückzuschlagen.

In welcher Schlacht zwischen Großbritannien und den französisch-spanischen Truppen ging es um die Vorherrschaft über den Seeweg nach Indien?

a) Seeschlacht von Gravelines 1588
b) Skagkerrakschlacht vom 31. Mai 1916 bis 1. Juni 1916
c) Seeschlacht bei Trafalgar am 21. Oktober 1805
d) Schlacht um Midway vom 2. bis 5. Juni 1942

c) Seeschlacht bei Trafalgar am 21. Oktober 1805

Unter Horatio Nelson (1758–1805) erzielten die Briten einen Sieg über die wiederholt dominante gegnerische Flotte.

The Battle of Trafalgar *von Clarkson Stanfield*

Welcher französische Fluss ist der größte des Landes, der nach einer Gesamtstrecke von über 1000 Kilometern in den Atlantik mündet?

Die Loire.

Die Loire bei Bréhémont

Wie hieß das Reitervolk, das 896 mit riesigen Viehherden die Ostkarpaten überquerte und von dort aus zu großen Plünderungszügen in ganz Europa aufbrach?

Magyaren.

Der Gründer der englischen Republik organisierte den Bürgerkrieg des Parlaments gegen den absolutistischen König Karl I. (1600–49), den er auch hinrichten ließ. Er war Lordprotektor in Schottland, England und Irland, verzichtete 1657 auf das Königsamt und führte als Militärdiktator Kriege gegen Irland, England, Spanien und die Niederlande. **Von wem ist die Rede?**

Oliver Cromwell (1599–1658).

Wer wählte seit 1257 im Heiligen Römischen Reich den König?

Die sieben Kurfürsten (althochdt. kuri = Wahl). Mindestens vier von ihnen mussten ihre Stimme abgeben und eine Mehrheit finden.

Wie heißt die amerikanische Stadt in Louisiana, die noch lange mit den schwere Folgen der Ausläufer des Hurrikans Katrina vom 29. August 2005 zu kämpfen hatte?

New Orleans. Die Wände zweier Kanäle brachen, wodurch riesige Flutwellen die Stadt fast völlig überschwemmen konnten. Nach wenigen Tagen wurde der Notstand, das Kriegsrecht und auch der Gesundheitsnotstand ausgerufen, bis die Stadt im Oktober wieder trockengelegt war.

Wer wurde durch folgende Taten berühmt?

1. Umsegelung der Südspitze Afrikas, 1487
2. Entdeckung der Westindischen Inseln zwischen 1492 und 1504
3. Entdeckung Brasiliens, 1500
4. Entdeckung des Seewegs nach Indien, 1498
5. Entdeckung Amerikas, 1499–1502
6. Entdeckung Grönlands, 983
7. erste Weltumsegelung, 1519–1521

1. Bartolomeo Diaz, 2. Christoph Kolumbus, 3. Pedro Alvares Cabral, 4. Vasco da Gama, 5. Americo Vespucci, 6. Erik der Wikinger, 7. Ferdinand Magellan

■ **Wie nannte man die von Portugiesen zur Wende des 15./16. Jahrhunderts erschlossene Seestrecke, die über Europa um Afrika nach Indien und die hinterindischen Molukkeninseln führte?**

Gewürzroute. Die anfangs noch von den Niederländern kontrollierte Handelsroute ermöglichte direkten Warenaustausch von wertvollen Gewürzen wie Pfeffer, Zimt, Muskat oder Rohstoffen wie Myrrhe und Weihrauch zwischen europäischen Staaten und Asien. Die gewaltsame Eroberung der Gewürzroute durch andere Länder wurde zum Fundament für die europäische Kolonialisierung weiterer Gebiete der Erde.

■ **Juri Gagarin (1934–68) war ...?**

a) ... ein israelischer Dirigent russischer Abstammung
b) ... russischer Fürst und Gründer von Moskau
c) ... deutscher Fußballer und Fußballtrainer von Hansa Rostock
d) ... der erste Mensch im All

d) ... der erste Mensch im All
Der sowjetische Kosmonaut absolvierte am 12. April 1961 mit der Wostok 1 seinen ersten Flug im Weltall.

■ **Welcher Preußische Ministerpräsident war Bundeskanzler des Norddeutschen Bundes und hatte maßgeblichen Einfluss auf die Gründung des Deutschen Reiches?**

Otto von Bismarck (1815–98).

■ **Wann wurde die Stadt Rom der Sage nach gegründet?**

Am 21. April 753 v. Chr. Von Rom aus wurde das Römische Reich, das bis 476 existierte, regiert.

■ **Welche Partei war 1985 zum ersten Mal Koalitionspartner einer anderen Partei in der deutschen Regierung?**

Die Grünen. Sie bildeten zwei Jahre lang mit der SPD unter Holger Börner (1931–2006) eine Koalition.

Holger Börner

■ **Wie hieß der ehemalige Staatspräsident Jugoslawiens, der noch während seiner Amtszeit vom Internationalen Kriegsverbrechertribunal wegen Völkermordes angeklagt, jedoch nie verurteilt wurde?**

Slobodan Milošević (1941–2006). Er starb noch während des vier Jahre zuvor begonnenen Prozesses 2006 in Den Haag.

■ **Wie wurde die 2002 aufgelöste Europäische Gemeinschaft für Kohle und Stahl (EGKS) noch genannt?**

Montanunion. Die Mitglieder Belgien, die Bundesrepublik Deutschland, Frankreich, Italien, Luxemburg und die Niederlande erhielten 1951 für 50 Jahre zollfreien Zugang zu Stahl und Kohle.

Was war der Antikominternpakt und zwischen wem wurde er geschlossen?

1936 schlossen Japan und Deutschland den Vertrag, in dem sie das gemeinsame Ziel der Bekämpfung des Zusammenschlusses kommunistischer Parteien festsetzten. Später unterzeichneten auch Italiens Diktator Mussolini und der spanische General Franco die Vereinbarung.

Auf welchen Gymnasiallehrer und Philologen geht das bis heute gebräuchlichste deutsche Wörterbuch der deutschen Rechtschreibung zurück?

Auf Konrad Duden (1829–1911), der 1880 sein *Vollständiges orthografisches Wörterbuch* der deutschen Sprache publizierte.

Dudendenkmal

Von wem stammt die berühmte „Blut,-Schweiß-und-Tränen"-Rede vom 13. April 1940?

Von Winston Churchill (1874–1965). Die Ansprache war die erste nach seinem Amtsantritt als Premierminister. Hierbei versuchte er, die Parlamentarier und die Bevölkerung schonungslos und ehrlich auf die bevorstehende Härte des Krieges einzustimmen.

Wer war Anna Lindh (1957–2003)?

Die damalige schwedische Außenministerin und Präsidentin des Rates der Europäischen Union kritisierte heftig den US-geführten Krieg im Irak und kam bei einem Attentat am 11. September 2003 ums Leben.

Wie heißt die Wasserstraße, die 1914 fertiggestellt wurde und mitsamt eines Landstreifens neben dem Kanal unter der Kontrolle der USA stand?

Panamakanal. Erst 1999 wurde die Kontrollhoheit an Panama zurückgegeben. Derzeit laufen Erweiterungsmaßnahmen, die zum 100-jährigen Jubiläum 2014/15 beendet sein sollen.

Welches Ereignis hatte Einfluss auf die Parlamentswahlen in Spanien am 14. März 2004?

a) Mordversuch am Papst
b) Attentat auf ein Gemälde
c) Explosion in der Metro
d) Zuganschlag in der U-Bahn

d) Zuganschlag in der U-Bahn

In Madrider Vorortzügen explodierten am 11. März Bomben und 190 Menschen starben. Die fragwürdige Informationspolitik der alten Regierung stand daraufhin besonders im Fokus der Wahlen. Die Spanische Sozialistische Arbeiterpartei (PSOE) ging als Sieger aus diesen hervor und löste die bis dahin mit absoluter Mehrheit regierende konservative Volkspartei (PP) ab.

Wie hieß der faschistische Diktator Italiens, der 1936 die „Achse Berlin", den Bündnisvertrag mit Hitler, bekannt gab und die Mittelmeerherrschaft Italiens anstrebte?

Benito Mussolini (1883–1945).

Worin besteht die Hauptfunktion der Rechnungshöfe?

Als unabhängige Organe der Finanzkontrolle überprüfen sie die Haushalts- und Wirtschaftsführung im Bund (Bundesrechnungshöfe) und in den Ländern (Rechnungshöfe der Länder) auf die Einhaltung von Gesetzen und auf ihre Wirtschaftlichkeit hin.

Wer war Rudi Dutschke (1940–79)?

Ein marxistischer Soziologe, der oft Wortführer der Studentenbewegung der 1960er-Jahre in Westberlin war, die sich gegen den Vietnamkrieg und die deutsche Innen-und Außenpolitik wandte. Er starb an den Folgen eines Attentates, als ein junger Hilfsarbeiter mehrmals auf ihn schoss.

Rudi Dutschke, Milan Horacek und Ottmar Schreiner

Wer war Michel de Notre-Dame (1503–66)?

a) Nostradamus
b) ein Sohn der Medici
c) der Sheriff von Nottingham
d) ein italienischer Opern-Komponist

a) Nostradamus
Der Arzt und Astrologe erlangte mit seinen Prophezeiungen Weltberühmtheit.

Wie hieß der römische militärische Großverband, der eigenverantwortlich vorging und zu dem bis zu 6000 Infanterie- und Reitersoldaten gehörten?

Legion.

In welcher Schlacht siegte 1241 eine mongolische Armee über ein deutsch-polnisches Heer?

In der Ersten Schlacht bei Liegnitz. Dabei wurden der Herzog Heinrich II. von Schlesien (1196–1241) und viele andere polnische und deutsche Adlige getötet. Trotz ihres Sieges drangen die Mongolen nicht weiter nach Nordwesten, in das Deutsche Reich, vor.

Wer war US-Präsident, als die Terroranschläge vom 11. September 2001 die Welt erschütterten?

George W. Bush (*1946). Islamistische Extremisten entführten vier Passagierflugzeuge und steuerten diese in die New Yorker Zwillingstürme und das Pentagon. Knapp 3000 Menschen starben dabei.

Mit welchem Ausspruch versuchte der DDR-Staatschef Walter Ulbricht (1893–1973) am 15. Juni 1961 auf einer Pressekonferenz, das gesamte Volk der DDR hinters Licht zu führen?

a) Jetzt wächst zusammen, was zusammengehört.
b) Niemand hat die Absicht, eine Mauer zu errichten.
c) Jede Partei ist für das Volk da, und nicht für sich selbst.
d) Vorwärts immer, rückwärts nimmer.

b) Niemand hat die Absicht, eine Mauer zu errichten.
Am 13. August 1961 begannen Streitkräfte der DDR nachts gegen 1 Uhr mit dem lückenlosen Mauerbau, der Ost- und Westberlin bzw. Westberlin und die DDR mehr als 28 Jahre lang trennte.

Walter Ulbricht und Nikita Chruschtschow

Wie nannte man die Vollbürger der Stadt Sparta?

Spartiaten. Zwischen 600 v. Chr. und dem 3. Jahrhundert v. Chr. reduzierte sich ihre Zahl – nicht zuletzt aufgrund der Perserkriege – von 8000 auf 1000 Einwohner.

Wie endete der von 1839 bis 1942 geführte Erste Opiumkrieg in China?

China wurde von Großbritannien zur Öffnung seiner Märkte gezwungen und musste den Opiumhandel aus Indien durch britische Händler weiter hinnehmen. Langfristig bedeutete dies für China jedoch den Anschluss an die modernen Entwicklungen in Europa.

Er hatte den Oberbefehl über das Kaiserheer im Dreißigjährigen Krieg und trat später für die Katholische Liga im Krieg gegen die deutschen Protestanten und gegen Schweden und Dänemark an. Wegen seiner Geheimkontakte zum Gegner, die er einhielt, um Möglichkeiten eines Friedensschlusses zu finden, wurde er von kaisertreuen Offizieren ermordet. **Wer war er?**

a) Demetrius
b) Don Karlos
c) Wallenstein
d) Wilhelm Tell

c) Wallenstein
Eigentlich hieß er Albrecht Wenzel Eusebius von Waldstein (1583–1634).

Welche 1985 zwischen den Beneluxstaaten, Deutschland und Frankreich getroffene Vereinbarung war ein Meilenstein hinsichtlich des schrittweisen Abbaus von Kontrollen an den gemeinsamen Grenzen?

Das Schengener Abkommen.

Was löste den Krimkrieg (1853–56) zwischen Russland und dem Osmanischen Reich, das später durch Frankreich und Großbritannien unterstützt wurde, aus?
Der russische Zar Nikolaus I. (1796–1855) verlangte zum Schutz der orthodoxen Christen das Protektorat für die Christen im Heiligen Land, was die anderen Staaten jedoch nicht hinnehmen wollten. Inoffiziell wollte Russland seine Macht in Europa weiter ausbauen.

Wer trat die Nachfolge von Stalin (1878–1953) nach dessen Tod an, nachdem er zuvor dessen persönlicher Staatssekretär gewesen war?
Georgi Maximilianowitsch Malenkow (1902–88). Schon 1957 verlor er sein Amt jedoch an seine innerparteilichen Rivalen Chruschtschow (1894–1971) und Bulganin (1895–1975).

In wessen Auftrag waren die phönizischen Seefahrer unterwegs, die um 600 v. Chr. in einer dreijährigen Entdeckungsreise zum ersten Mal das Kap der Guten Hoffnung umschifften?
Im Auftrag des ägyptischen Pharaos Necho II. (vor 610–595 v. Chr.).

Necho II.

Welche sizilianische Hafenstadt, die 734 v. Chr. von griechischen Siedlern aus Korinth gegründet worden war, stand im Peloponnesischen Krieg (431–404 v. Chr.) Athen gegenüber und kämpfte in den Punischen Kriegen an der Seite Roms und auch Karthagos?
Syrakus.

Die Normannen, die in Nordfrankreich die Normandie eingenommen, 1066 England und später auch Sizilien eroberten, hießen auch …?
a) … Wikinger
b) … Frankobarden
c) … Goten
d) … Vandalen

a) … Wikinger

Unter welchem Namen ist die Rede zur Lage der Nation bekannt, in der der damalige US-Präsident am 2. Dezember 1823 eine absolute Unabhängigkeit der USA von den europäischen Staaten feststellte und das Prinzip der Nichteinmischung Amerikas in europäische Konflikte betonte?
Monroe-Doktrin, benannt nach Präsident James Monroe (1758–1831). Er forderte das Ende der Kolonialisierung vonseiten der Westländer, insbesondere im Hinblick auf Lateinamerika, und drohte bei Nichteinhaltung mit militärischen Folgen.

Wer war Mata Hari?
a) eine ägyptische Pyramide
b) die Mätresse Ludwigs XIV
c) eine italienische Mystikerin und Kirchenfrau
d) eine Spionin

d) eine Spionin
Die Niederländerin war nicht nur eine exotische Tänzerin, sondern auch Doppelagentin für Frankreich und Deutschland. 1917 wurde sie wegen Hochverrats und Doppelspionage in Frankreich hingerichtet.

Der römische Kaiser Commodus (161–193) litt an einem übersteigerten Selbstbewusstsein, das sogar so weit reichte, dass er sich selbst als Gladiator im Circus zeigte. **Welcher berühmte Kaiser und Philosoph war sein Vater?**
Mark Aurel (121–180).

Mark Aurel

Welcher SS-Obersturmführer führte auf der Wannsee-Konferenz 1942 Protokoll?
Adolf Eichmann (1906–62). Als einer der Hauptverantwortlichen der Völkermorde zur NS-Zeit floh er 1945 ins Ausland. 1960 wurde er in Argentinien von israelischen Agenten entführt, zwei Jahre später zum Tod verurteilt und in Jerusalem hingerichtet.

Welcher Titel löste im Römischen Reich das Wort König ab, nachdem dieses nicht mehr angebracht schien?
Kaiser (lat. caesar). Den nach Gaius Julius Caesar (100–44 v. Chr.) benannten Herrschertitel verlieh sich auch Karl der Große (747–814) im Jahre 800 n. Chr. – ganze 300 Jahre, nachdem der letzte Kaiser des Römischen Reiches abgedankt hatte.

Wann war Ludwig Erhard (1897–1977), der als „Vater" der Sozialen Marktwirtschaft in der BRD gilt, Bundeskanzler?
a) 1949–63
b) 1963–66
c) 1966–69
d) 1969–74

b) 1963–66

Auf welcher Münze ist das Konterfei des ehemaligen US-Präsidenten Franklin D. Roosevelt (1882–1945) zu sehen?
Auf dem Dime, einer offiziellen Untereinheit des US-Dollars. Die andere Seite der Münze zeigt eine Fackel und je einen Eichen- und Olivenzweig.

In welche beiden Arten gliedert sich der Verfassungsschutz, das politische Instrument einer freiheitlichen Demokratie?
In den materiellen (normativen) Verfassungsschutz – die Rechtsgrundlagen – und den administrativen – den behördlichen Inlandsnachrichtendienst.

Welche drei Urkantone der Schweiz schlossen 1291 eine Vereinbarung zur Sicherung des Landfriedens gegen die Habsburger?

Uri, Schwyz und Unterwalden. Dem Schweizer Nationalmythos nach besiegelten sie das Bündnis auf dem Rütli, einer Wiese am Vierwaldstättersee, mit dem sogenannten „Rütli-Schwur", weshalb sich die Schweizer noch heute als „Eidgenossen" bezeichnen.

Wie heißt die Hauptstadt Nordirlands, das bis heute zu Großbritannien gehört?

Belfast.

Welche Mittelmeerinsel war für die europäischen Kreuzritter strategisch so günstig gelegen, dass sie darauf eine Festung errichten ließen, die erst 1522 von den Türken übernommen wurde?

Rhodos.

In welchem Krieg, der auch „Siebzigerkrieg" genannt wird, erklärte Frankreich dem Norddeutschen Bund bzw. Preußen den Krieg?

Im Deutsch-Französischen Krieg von 1870/71. In den Jahren 1872 bis 1918 beging das wilhelminische Deutschland den Tag des Sieges und die Gefangennahme Napoleons (1769–1821) mit dem sogenannten Sedanstag.

Wie nennt man die Streikhandlungen der gesamten Arbeiterschaft eines Landes oder einer bestimmten Region, um wirtschaftliche oder politische Ziele durchzusetzen?

Generalstreik.

Wie hießen die Herren, die sich im Mittelalter aus freiem Willen entschieden, sich für bestimmte militärische oder diplomatische Leistungen in den Dienst eines anderen zu stellen?

Vasallen. Sie waren verpflichtet, ihrem Lehnsherren mit Rat und Tat zur Seite zu stehen.

Lehnsherr und Vasall

Er war einer der größten Staatsmänner Athens und engagierte sich für den Ausbau der Attischen Demokratie, die Stärkung der Athener Vormachtstellung im Attischen Seebund und den Bau der berühmten Akropolis. Von wem ist die Rede?

Perikles (um 495–429 v. Chr.).

Wie hießen die österreichischen Markgrafen, die ab 1156 als Herzöge im Land regierten, bevor die Habsburger die Macht ergriffen?

Babenberger.

In welche Regionen ist die parlamentarische Monarchie Belgien seit 1993 eingeteilt?
Wallonien, Flandern und Brüssel-Hauptstadt.

Wie hieß die Gruppe Göttinger Professoren, welche 1837 von König Ernst August II. von Hannover (1771–1851) ihres Amtes enthoben wurden, da sie gegen die von ihm geplante Aufhebung der erst kurz zuvor eingeführten freiheitlichen Verfassung protestierten?
Göttinger Sieben. Ihnen gehörten die sieben Göttinger Professoren W. Albrecht (1800–76), F. C. Dahlmann (1785–1860), H. Ewald (1803–75), G. G. Gervinus (1805–71), J. und W. Grimm (1785–1863 und 1786–1859) und W. Weber (1804–91) an. Ihre Aktionen erregten jedoch weltweit publizistische Aufmerksamkeit und liberale Bestrebungen nahmen in den nächsten Jahren immer mehr zu.

Göttinger Sieben

Für welche ritterlichen Tugenden stehen die mittelhochdeutschen Begriffe „zuht" und „mâze"?
Für Selbstbeherrschung und Maßhalten, was damals Charaktereigenschaften eines jeden Ritters sein sollten.

Welches Motiv steht für die englische Außenpolitik, in der das Land in politischen Auseinandersetzungen weitgehend neutral blieb, da es als starke Seemacht Bündnisse mit anderen Staaten meiden wollte?
Splended isolation (glänzende Abkapselung).

Welches Ereignis vom 14. Juli 1789, bei dem knapp 90 Menschen starben, wurde zum Symbol der Französischen Revolution?
Die Erstürmung der Bastille, bei der sich die Menschenmenge Waffenvorräte aus dem Invalidenhaus beschaffen wollte.

Der nordostafrikanische Staat war einst italienische Kolonie und erlangte 1993 nach einem jahrzehntelangen Krieg Unabhängigkeit von Äthiopien. **Welches Land ist gemeint?**
Eritrea.

■ **Wie hieß das österreichische Herrschergeschlecht, deren Mitglieder zuerst 1273 und ab 1438 fast ununterbrochen eine große Anzahl deutscher und römisch-deutscher Kaiser stellte?**

a) Hohenzollern
b) Ottonen
c) Habsburger
d) Welfen

c) Habsburger

■ **Welche Vereinbarung von 1997/99 stärkte die Rechte des Europäischen Parlaments im Mitentscheidungsverfahren und bei der Ernennung der Kommission und ihres Präsidenten?**

Der Amsterdamer Vertrag.

■ **In welcher Stadt fand 1997 das erstmalige Treffen zwischen einem britischen Premierminister, Tony Blair (*1953), und einem Mitglied der IRA nahen Partei Sinn Féin, Gerry Adams (*1948), statt?**

In Belfast.

■ **Wofür stehen die beiden Symbole Hammer und Sichel der ehemaligen Hoheitszeichen der UdSSR und ihrer kommunistischen Teilrepubliken?**

Für die Beschäftigung in der Industrie (Hammer) und der Landwirtschaft (Sichel).

■ **Wer streute nach den Punischen Kriegen Salz auf die Felder Karthagos und warum?**

Die Römer, welche 146 v. Chr. die Stadt erobert hatten und nun den Boden unfruchtbar machen wollten.

Ruinen von Karthago

■ Der gebürtige Kroate war lange Zeit Präsident Jugoslawiens. Als politisches Mitglied des Politbüros der Kommunistischen Partei des Landes nahm er das Pseudonym Tito an. Er befreite im Zweiten Weltkrieg seine Partisanen von der Besetzung der Italiener und der Deutschen. **Wie war sein bürgerlicher Name?**

Josip Broz (1892–1980).

■ **Wie wird der 1500 Jahre währende Zeitabschnitt der kulturellen Hochzeit Kretas bezeichnet, die mit der Besiedlung durch die asiatischen und afrikanischen Immigranten ab 2600 v. Chr. und der folgenden Technisierung ihren Anfang nahm?**

Als minoische Zeit.

Wie hieß der sächsische Herzog, der 778 und 785 den Widerstand gegen den karolingischen Frankenkönig Karl den Großen (747/48–814) anführte?

Widukind († um 807). Die Franken waren militärisch in den Sachsenkriegen überlegen. Mit seiner Taufe 785 besiegelte er den Friedensvertrag mit Karl und stabilisierte die Position der sächsischen Oberschicht in Karls Reich.

Widukinds Taufe

Welches Ereignis in Stockholm am 24. April 1975 löste weltweit Angst und Schrecken aus?

Sieben RAF-Terroristen nahmen Mitarbeiter der Deutschen Botschaft als Geiseln und forderten die Freilassung von 26 in Deutschland gefangen gehaltenen Extremisten. Die Forderung wurde von der Bundesregierung abgelehnt, woraufhin zwei Geiseln erschossen wurden. Kurz vor der Erstürmung explodierte ein von den Terroristen angebrachter Sprengsatz, wobei zwei Attentäter starben.

Wie nannten die Griechen in der Antike alle Nicht-Griechen bzw. diejenigen, die nicht römische Bürger waren?

a) Barbaren
b) Vandalen
c) Zivilisierte
d) Goi

a) Barbaren

Wer oder was ist eine Quadriga?

Ein antiker Streitwagen mit zwei Rädern, der von vier nebeneinandergespannten Zugpferden gezogen wird. Am Markusdom in Venedig befindet sich die einzige aus dem Altertum erhaltene Quadriga; weltbekannt ist auch die Statuengruppe am Brandenburger Tor in Berlin.

Woher kamen die Vandalen, die im Jahr 455 v. Chr. zwei Wochen lang die Stadt Rom plünderten und zerstörten, ursprünglich?

Aus Jütland oder Mittelschweden. Erst später kamen sie über Westpolen und Schlesien nach Nordafrika und Spanien.

Sie waren eine antike Volksgruppe der Eisenzeit, die in Europa z. B. auf dem Balkan, der Iberischen Halbinsel, auf den Britischen Inseln oder in Gallien siedelte. Ihre Sprachen bildeten eine eigene indogermanische Sprachgruppe und ihre Stammesgruppe steht in engem Zusammenhang mit der Begründung der Hallstatt- und der Latène-Kultur. **Von welchem Volk ist die Rede?**

Von den Kelten.

■ Wie heißt das Oberhaus des britischen Zweikammerparlaments, dem die sogenannten Weltlichen und Geistlichen Lords angehören?

House of Lords. Heute hat es trotz seiner rechtsprechenden Befugnisse fast nur noch beratende Funktion.

■ ■ ■

■ Wie nennt man die Festung, die auf dem höchsten Teil einer griechischen Stadt gelegen war und sich im Laufe der Zeit auch als Kultplatz für die Heiligenverehrung etablierte?

Akropolis.

■ ■ ■

■ Wer berief das Zweite Vatikanische Konzil ein, das vom 11. Oktober 1962 bis zum 8. Dezember 1965 stattfand?

Papst Johannes Paul XXIII. (1881–1963). Ab 1963 wurde es von Papst Paul VI. (1897–1978) fortgeführt. Auf dem Konzil setzte man sich für Religionsfreiheit und eine verbesserte Kommunikation mit Nicht- und Andersgläubigen ein.

■ ■ ■

■ ■ ■

■ Was bedeutet die Bezeichnung „Tories“ für die Anhänger der konservativen Partei, die sich seit Mitte des 17. Jahrhunderts eingebürgert hat?

Der irische Ausdruck tóir bedeutet Verfolgung; einst waren die Gesetzlosen von den Königstreuen verfolgte Männer.

■ Was war die Schändung der Lucretia?

Ein unbelegter Mythos erzählt, dass der Sohn des letzten Königs von Rom Lucretia (vor 500 v. Chr.), die Frau eines Freundes, vergewaltigte. Daraufhin brachte sie sich um und im Volk brach ein Aufstand gegen die herrschaftliche Gewalt aus. Königsgegner nutzten die Situation für einen Umsturz.

■ ■ ■

■ Was passierte beim Volksaufstand am 17. Juni 1953?

Es gab eine Streik- und Protestwelle der Arbeiterbewegung in der DDR, deren Ursachen z. B. in der Missachtung ihrer Bedürfnisse vonseiten der DDR-Führung und einer vom Zentralkomitee der SED angeordneten Normerhöhung lagen. Durch den Schutz sowjetischer Behörden wurde der Aufstand niedergeschlagen und eine „Verfolgung der Provokateure“ begann.

Plakat der Stadtkommandantur Eisenach

Lyndon Baines Johnson (1908–73) wurde ...

a) ...1960 Außenminister der USA.
b) ...1961 Präsidentschaftskandidat der Republikaner.
c) ...1963 Präsident der USA.
d) ...1973 erschossen.

d) ...1963 Präsident der USA.

Welcher Jakob ließ in Augsburg eine bekannte Wohnsiedlung für bedürftige Handwerker bauen, die noch heute zu besichtigen ist?

Jakob Fugger (Jakob II., der Reiche, 1459–1525).

Jakob Fugger

Wie hieß der sozialistische Präsident Frankreichs, mit dem sich Helmut Kohl (*1930) 1984 symbolisch an den Gräbern der Soldaten des Ersten Weltkrieges in Verdun die Hand zur Versöhnung reichte?

François Mitterrand (1916–96).

Welches Land war nach dem Tito-Stalin-Bruch seit dem 28. Juni 1948 kein Ostblockstaat mehr und gründete u.a. mit Indien, Indonesien und Ägypten die Bewegung der blockfreien Staaten?

Jugoslawien.

Wie hieß die maoistisch-nationalistische Guerillabewegung, welche 1975 in Kambodscha die Macht übernahm und die nach dem Staatsvolk des Landes benannt ist?

Rote Khmer. Ihre bis 1979 andauernde Terrorherrschaft war von einem gewaltsamen Bürgerkrieg und Massenmorden am eigenen Volk geprägt.

Welches war ab 1977 das höchste verfassungsgebende Organ der Sowjetunion, der den Obersten Sowjet ernannte und ihm auch Befugnisse entziehen konnte?

Der Kongress der Volksdeputierten.

Der Dreißigjährige Krieg ...

a) ...dauerte von 1618 bis 1648.
b) ...war kein Religionskrieg.
c) ...verlief ohne große Hungersnöte.
d) ...hatte nicht die Vormachtstellung in Europa zum Ziel.

a) dauerte von 1618 bis 1648.

Wie wird das 1933 begründete „Gesetz zur Behebung von Not von Volk und Reich" noch genannt, das jedoch die noch bestehende Republik handlungsunfähig machte und zusammen mit der Reichsbrandverordnung die rechtliche Basis für die NS-Diktatur bildete?

Ermächtigungsgesetz.

Der wie vielte Bundespräsident war Richard von Weizsäcker (*1920), der 1989 seine zweite Amtszeit antrat?

a) der fünfte
b) der sechste
c) der siebte
d) der vierte

b) der sechste

Welche Bezeichnung existiert seit dem Kaiserreich für das Außenministerium Deutschlands?

Auswärtiges Amt. In seinen Zuständigkeitsbereich fällt die Außen- und Europapolitik des Landes.

Wie hieß die Fähre, die am 6. März 1987 noch im Hafen der niederländischen Stadt Zeebrügge innerhalb von zwei Minuten kenterte, weil zwei Bugklappen nicht ordnungsgemäß geschlossen worden waren?

Herald of Free Enterprise. Knapp 200 Menschen starben bei dem Unglück.

Wie heißt der auf der Krim gelegene Badeort, in dem sich vom 4. bis 11. Februar 1945 die drei Staatsoberhäupter Roosevelt (1882–1945), Churchill (1874–1965) und Stalin (1878–1953) trafen und über die Aufteilung Deutschlands und die Machtverteilung in Europa nach Kriegsende debattierten?

Jalta.

Wie lange leben die Aborigines, die Ureinwohner Australiens, vermutlich schon auf dem Kontinent?

Seit 60.000 Jahren, weshalb ihre Kultur als eine der ältesten überhaupt gilt.

Wie hieß der westfränkische König, der als römischer Kaiser (855–857) das Kapitular von Quierzy erließ und so das Erbrecht für Lehen an die Söhne der kaiserlichen Vasallen gab?

Karl der Kahle (823–877).

Karl der Kahle

Wer ist die Lady Liberty?

Die New Yorker Freiheitsstatue, ursprünglich ein Geschenk Frankreichs aus dem Jahr 1876 an die USA, die an die amerikanische Unabhängigkeitserklärung erinnert.

Welcher Senatspräsident der freien Stadt Danzig war Nachfolger des NS-Kritikers Hermann Rauschning (1887–1982) und führte die Stadt nicht zuletzt durch seine ablehnende Haltung gegenüber Polens in zunehmende Abhängigkeit vom Deutschen Reich?

Arthur Greiser (1897–1946). Er wurde später als Kriegsverbrecher angeklagt und 1946 in Polen hingerichtet.

Welches Volk eroberte unter Alarich I. (um 370–410) Griechenland, Italien und den gesamten Balkan?

a) die Hunnen
b) die Vandalen
c) die Westgoten
d) die Sueben

c) die Westgoten
Zuvor hatten sie ein Bündnis mit den Römern geschlossen, griffen diese aber an, als sie ihnen militärisch wieder überlegen waren.

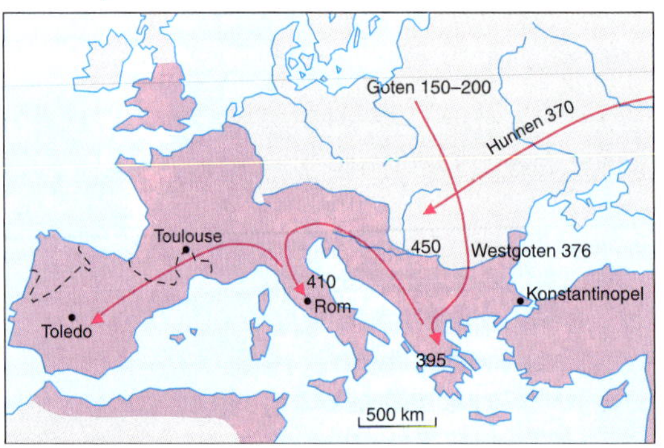

Eroberungszug der Westgoten

Wie hieß der letzte Kaiser des Weströmischen Reiches, der aber wegen seiner Unerfahrenheit und seines jungen Alters wenig Einfluss auf das Reich nehmen konnte?

Romulus Augustulus (461–nach 480). Seine Absetzung (476) durch den Hunnen Odoaker (430–493) gilt als Endpunkt des Römischen Reiches.

Wo lag das „Tal der Ahnungslosen"?

Satirisch wurde in der DDR ein südöstlicher Teil im Bezirk Dresden und große Teile Ostsachsens so bezeichnet, weil dort keine UKW-Radio- und Fernsehübertragungen terrestrisch zu empfangen waren und sich die Bewohner nur über die zensierten DDR-Medien informieren konnten.

Nach welchem spanischen König sind die ca. 7000 Pazifikinseln benannt, die erst 1946 ihre Unabhängigkeit von dem USA erlangten?

Nach König Philipp II. (1527–98), der ab 1565 die Philippinen kolonialisierte.

Wie lautete das Motto der SPD bei den Wahlen 1969?

a) Auf den Kanzler kommt es an!
b) Sie entscheiden!
c) Wir schaffen die alten Zöpfe ab!
d) Mehr Demokratie wagen!

d) Mehr Demokratie wagen!

Wann konnten die deutschen Frauen zum ersten Mal offiziell zur Wahl gehen?
1919 bei der Wahl der Deutschen Nationalversammlung, nachdem ein Jahr zuvor das Frauenwahlrecht eingeführt worden war.

Wie nannte man im Mittelalter den Bereich um eine Festung oder auf angrenzenden Grundstücksgebieten, in dem jegliche feindliche Handlungen verboten waren, da man ansonsten als geächtet galt?
Burgfrieden.

Wie hieß der Mann, der 1983 für 9,3 Millionen D-Mark gefälschte Hitler-Tagebücher an den *Stern* verkaufte?
Konrad Kujau (1938–2000).

Unter welchem Namen ist der „Hundert-Stunden-Krieg" zwischen Honduras und El Salvador von 1969 bekannt?
Als „Fußballkrieg". Nach dem Ausscheiden von Honduras durch einen Sieg von El Salvador in der WM-Qualifikation eskalierte der Konflikt, bei dem es um das Bleiberecht der Einwanderer aus El Salvador in Honduras ging. Nach Vermittlung durch die Organisation Amerikanischer Staaten zogen die salvadorianischen Truppen nach fünf Tagen ab, die Vertreibung ihrer Emigranten ging jedoch weiter.

In was für drei Aktiengesellschaften wurde die Deutsche Bundespost 1995 im Zuge ihrer Privatisierung umgewandelt?
In die Deutsche Post AG, die Deutsche Postbank AG und die Deutsche Telekom AG.

Postzentrale in Bonn

Wie hieß das Militärbündnis zwischen den USA, Russland und Frankreich, das im Ersten Weltkrieg den Mittelmächten gegenüberstand?
Triple Entente.

Welche legendären Bauten, die als einziges Weltwunder der Antike erhalten sind, stehen am westlichen Rand des Niltals?
Die Pyramiden von Giseh.

Wie hieß die katholische Kontrahentin, deren Hinrichtung von der Herrscherin Elisabeth I. von England (1533–1603) in Auftrag gegeben worden war?
a) Maria Stuart (1542–87)
b) Lady Jane Grey (1537–54)
c) Maria I. Tudor (1516–58)
d) Lady Frances Brandon (1517–59)

a) Maria Stuart (1542–87)

Bei welcher Auseinandersetzung wurden die Ungarn im Jahr 955 von der Armee König Ottos I. (912–973) mithilfe der böhmischen Truppen geschlagen?

a) Schlacht von Pressburg
b) Schlacht auf dem Lechfeld
c) Schlacht bei Muhi
d) Schlacht bei Mohács

b) Schlacht auf dem Lechfeld

Schlacht auf dem Lechfeld

Wer ist als Madame de Pompadour bekannt geworden?

Jeanne-Antoinette Poisson (1721–64). Als Geliebte des französischen Königs Ludwig XV. (1710–74) nutzte sie ihr diplomatisches Geschick, um Einfluss auf den König und auf einige seiner außenpolitischen Entscheidungen zu nehmen.

Wie starb König Ludwig XVI. (1754–93)?

Er wurde von der Guillotine enthauptet, wobei diese angeblich mehrere Versuche brauchte.

Unter welchem Namen ist der Nuklearkomplex in Nordwestengland bekannt, dessen Brandunfall im Reaktor Windscale von 1957, bei dem monatelang radioaktive Strahlung austrat, erst 2005 vollkommen aufgedeckt wurde?

Sellafield.

Wie hieß der österreichische Feldherr, der die Großmachtstellung seines Landes in Europa festigte und zu wichtigen Siegen der Habsburger über die Türken beitrug?

Prinz Eugen von Savoyen (1663–1736).

Wie bezeichnet man die Epoche zwischen Antike und Neuzeit, die von einer christlichen Geisteshaltung in den Feudalstaaten, Latein als Kultursprache und einem einheitlichen Weltbild geprägt war?

Mittelalter (ca. 500–1500).

Welchen Namen benutzte der SS-Führer Heinrich Himmler (1900–45), als er wie ein Feldpolizist gekleidet verhaftet wurde?

a) Abu Ammar
b) Ignaz Wrobel
c) Heinrich Hitzinger
d) Henner Piffendeckel

c) Heinrich Hitzinger

■ Wer war Georgios Papadopoulos (1919–99)?

Ein griechischer Politiker, der nach dem Staatsstreich vom 21. April 1967 als Minister- und später als Staatspräsident die folgende Militärdiktatur bis zum Putsch 1973 führte.

■ Wie hießen die französischen und belgischen Widerstandsbewegungen während des Zweiten Weltkrieges, die mit mehreren bewaffneten Gruppen planmäßig gegen die deutschen Besatzer vorgehen wollten?

Résistance.

■ Er war regierender Bürgermeister Berlins, Bundesaußenminister und vierter Bundeskanzler der BRD. Für seine Verdienste in der Ostpolitik, besonders hinsichtlich der Beziehungen zur UdSSR und zu Polen, wurde ihm 1971 der Friedensnobelpreis verliehen. **Von wem ist die Rede?**

Willy Brandt (1913–92).

■ Was war der Limes?

a) ein Name für die Hauptstadt Perus
b) ein im 1. Jahrhundert errichteter römischer Grenzwall
c) der Name der ersten Lokomotive in der Schweiz
d) ein eisen- und wasserhaltiges Gestein, das für Felsmalerei verwendet wurde

b) ein im 1. Jahrhundert errichteter römischer Grenzwall

■ Seit wann besteht der österreichische Bund aus den neun Ländern Burgenland, Kärnten, Niederösterreich, Oberösterreich, Salzburg, Steiermark, Tirol, Vorarlberg und Wien?

Seit 1922.

■ Wann wurden die Römischen Verträge unterzeichnet?

a) 1957
b) 1968
c) 1974
d) 1989

Gedenkmünze

a) 1957
Mit diesen wurden die **E**uropäische **W**irtschafts**g**emeinschaft (EWG) sowie die **Eur**opäische **Atom**gemeinschaft (EURATOM) gegründet.

■ Wie nennt man eine Region, die außerhalb des angestammten Gebietes eines Landes, jedoch in politischer Abhängigkeit dieses Landes liegt, ohne eine eigene wirtschaftliche Autorität zu haben?

Kolonie.

■ Woher stammen die Slawen?

Vermutlich aus der Region nördlich der Karpaten und östlich der Weichsel, von wo aus sie dann in südlicher, östlicher und westlicher Richtung gen Asien und Europa zogen.

Wer war der erste und einzige Präsident der DDR?

Wilhelm Pieck (1876–1960). Der Mitbegründer der SED war von 1949 bis zu seinem Tod in diesem Amt.

Wie hieß der Präsident der Republik China in Taiwan, der während der Bürgerkriege als Militärdiktator auftrat und im Guerillakrieg gegen die Rote Armee Mao Tse-tungs (1893–1976) verlor?

Chiang Kai-shek (1887–1975).

Wodurch zeichneten sich die Länder Belgien, Dänemark und Italien während der deutschen Besetzung zur NS-Zeit aus?

Kirche und Armee ergriffen Schutzmaßnahmen, die Massendeportationen der Juden aus diesen Ländern verhinderten.

Wie wird ein Staat genannt, dem eine Unterscheidung von Religion und Staat zugrunde liegt?

Laizistisch. Es existiert keine Staatsreligion, und der Staat ist verpflichtet, gegenüber kirchlichen Fragen neutral zu bleiben, während die Kirche keine direkte politische Macht hat.

Welchen Beinamen gab man einst der Stadt Beirut wegen seines Glanzes, bevor sie im Bürgerkrieg zerstört wurde?

Paris des Nahen Ostens.

Wie heißt im Volksmund das vierte Gesetz für moderne Dienstleistungen am Arbeitsmarkt, das zum 1. Januar 2005 in Kraft trat und Arbeitslosen- und Sozialhilfe zum Arbeitslosengeld II verband?

a) ABM
b) Bildungsgutschein
c) Ich-AG
d) Hartz IV

d) Hartz IV

Welche Zwangskennzeichnung gab es seit 1941 im nationalsozialistischen deutschen Reich für Juden?

Den Judenstern – zwei schwarz umrandete gelbe Dreiecke mit dem Wort „Jude" in der Mitte, der ihrer Diskriminierung und Auffindung für die Deportation in die Konzentrations- und Vernichtungslager dienen sollte.

Judenstern

Wie heißt die linksorientierte, baskische Untergrundorganisation, die seit 1959 hauptsächlich mit terroristischen Anschlägen versucht, einen von Spanien unabhängigen Baskenstaat zu schaffen?

Euskadi **T**a **A**skatasuna (baskisch ETA = Baskenland und Freiheit).

Welcher Nationalfeiertag wird in Deutschland als „Tag der deutschen Einheit" gefeiert, seit 1990 offiziell der Beitritt der DDR zur BRD erfolgt war?
Der 3. Oktober.

Welche Volksgruppe besiedelte zwischen 700 und 600 v. Chr. Gallien, das Gebiet des heutigen Frankreichs?
Die Kelten.

Wen ernannte Paul von Hindenburg (1847–1934) 1933 als Reichskanzler?
Adolf Hitler (1889–1945).

Wann und wo wurde von den sozialistischen Staaten der Rat für gegenseitige Wirtschaftshilfe (RGW) gegründet?
Am 25. Januar 1949 in Moskau. Mit dem Rat sollte eine wirtschaftliche Differenzierung und Arbeitsteilung unter den Staaten ermöglicht werden.

Wie heißt das von Otto Fürst von Bismarck (1815–98) eingeführte „Gesetz gegen die gemeingefährlichen Bestrebungen der Sozialdemokratie"?
Sozialistengesetz. Es verbot sozialistische und sozialdemokratische Vereinigungen und Schriften und sollte die Gegner des autoritären Bismarcks außerhalb des Parlamentes mundtot machen.

Wer war „der große Schweiger"?
Helmuth James Graf von Moltke (1907–1945). Er führte die 1940 gegründete Kreisauer Widerstandsgruppe an, die sich mit einer möglichen Neuordnung des Staates nach einem von ihnen erhofften Scheitern der Hitler-Dikatatur beschäftigte.

Helmuth James Graf von Moltke

Nikolaus Barbie (1913–91) war ...?
a) der Schlächter von Lyon
b) der Barbier von Sevilla
c) Jack the Ripper
d) Josef Mengele

a) der Schlächter von Lyon
Nikolaus Barbie alias Klaus Altmann war ein Kriegsverbrecher, der als Chef der Gestapo mit unglaublicher Grausamkeit gegenüber der Zivilbevölkerung und Mitgliedern der Résistance vorging. Man schreibt ihm auch Massaker in Frankreich und die Deportation der Kinder von Izieu nach Auschwitz zu.

Wie nannte man im Volksmund die innerdeutsche Grenze zwischen der DDR und der BRD, durch deren Minenfelder und Selbstschussanlagen viele Menschen verletzt und getötet wurden?
Todesstreifen.

Unter welchem Namen ist der Italienzug des Königs Heinrich IV. (1050–1106) bekannt, bei dem er 1076 von Speyer nach Rom zog, um ein Bündnis des Papstes Gregor VII. (1020–85) mit den deutschen Fürsten abzuwenden?

Gang nach Canossa.

Wie heißt die Hauptstadt Bosnien-Herzegowinas, in welcher zwischen 1992 und 1995 vorrangig die militärischen Auseinandersetzungen von Serben, Bosniern und Kroaten stattfanden?

Sarajewo.

Welcher Begriff bezeichnet die Differenzen zwischen dem Preußischen Königreich und dem Deutschen Kaiserreich unter Bismarck (1815–98) bzw. den Katholiken unter Papst Pius IX. (1792–1878)?

Kulturkampf. Erst 1887 konnten die Auseinandersetzungen um eine Trennung von Kirche und Staat beigelegt werden.

Nach welchem Ereignis traten 16 süd- und westdeutsche Fürsten aus dem Heiligen Römischen Reich Deutscher Nation aus?

Nach der Schlacht bei Austerlitz 1805. Die Konföderation der 16 Fürsten bildete dann den Rheinbund, ein Militärbündnis mit Frankreich unter Napoleons Führung.

Wie heißt das Denkmal in Leipzig, das an den Sieg über die napoleonischen Truppen bei Leipzig 1813 erinnert und damals an die Stärke des eigenen Landes mitten in den Kriegsvorbereitungen erinnerte?

a) die Bronzegruppe Faust und Mephisto in der Mädlerpassage
b) das Völkerschlachtdenkmal
c) die Moritzbastei
d) das Achilleion auf dem Messegelände

b) das Völkerschlachtdenkmal

Völkerschlachtdenkmal mit Tränenteich

Was war die Barschel-Affäre?

Der damalige Ministerpräsident Schleswig-Holsteins, Uwe Barschel (1944–87, CDU), geriet unter Verdacht, im Landtagswahlkampf 1987 gegen seinen Konkurrenten Björn Engholm (*1939, SPD) unlautere Mittel eingesetzt zu haben und trat daraufhin zurück. Der Tod des im selben Jahr in einem Hotel in Genf leblos aufgefundenen Barschel gilt öffentlich als Selbstmord, ist jedoch umstritten.

Wie heißt das Altstadtviertel in Lissabon, in dem am 25. August 1988 große Teile Opfer einer riesigen Feuersbrunst wurden?
Chiado.

Welcher Begriff beschreibt die Fünf-Prozent-Hürde für Parteien, um in den Deutschen Bundestag einzuziehen?
Sperrklausel.

Welchen Namen trägt die älteste Einigungsbewegung Deutschlands, die auf Grundlage des Christentums für geistigen und moralischen Zusammenhalt Europas eintritt?
a) Risorgimento
b) Europäische Verteidigungsgemeinschaft
c) Europäische Wirtschaftsgemeinschaft
d) Paneuropa-Union

d) Paneuropa-Union
Die 1922 gegründete, zwischenzeitlich verbotene Organisation fördert aktiv die europäische Integration und grenzt sich durch ihr konservatives Profil von anderen Vereinigungen ab.

Um welches Land stritten sich Preußen und Österreich im Siebenjährigen Krieg 1756 erneut, nachdem es zuvor doch schon von den Österreichern erobert worden war?
Schlesien.

Der erste schwarze Präsident Südafrikas war 27 Jahre seines Lebens in Haft und blieb stets ein Anti-Apartheidkämpfer. Mittlerweile ist er zur Symbolfigur seines Landes geworden. 1993 erhielt er den Friedensnobelpreis für seine Verdienste um ein gleichheitliches, demokratisches Südafrika. **Wer ist gemeint?**
Nelson Mandela (*1918).

Nelson Mandela

Die Außenpolitik welches faschistischen Führers in Italien war auf eine Erneuerung des „Imperum Romanum", eine enorme Gebietsausweitung und eine Vormachtstellung am Mittelmeer (ital. mare nostro = unser Meer) ausgerichtet?
Benito Mussolinis (1893–1945).

In welcher Partei waren die Anhänger der antisemitischen, antikommunistischen und antidemokratischen politischen Bewegung, die unter Adolf Hitler (1889–1945) 1933 die Macht ergriff, organisiert?
In der **N**ationalsozialistischen **D**eutschen **A**rbeiter**p**artei (NSDAP).

Die Hauptstadt welchen deutschen Bundeslandes ist Magdeburg?
Sachsen-Anhalt.

Welche Publizistin war Gründerin des Allensbacher Institutes für Demoskopie, das durch seine Politbarometer Bekanntheit erlangte?

Elisabeth Noelle-Neumann (1916–2010).

Wer waren Hans (1918–43) und Sophie Scholl (1921–43)?

Ein Geschwisterpaar, das sich als Widerstandskämpfer in der Organisation „Weiße Rose" gegen das NS-Regime engagierte. Bekannt wurden sie durch eine Flugblattaktion in der Münchner Ludwig-Maximilians-Universität, nach welcher sie beide verhaftet, wegen Hochverrats verurteilt und mit der Guillotine enthauptet wurden.

Briefmarke mit Sophie und Hans Scholl

Wie hieß der italienische Freimaurer und Guerillakämpfer, der zwischen 1820 und 1870 zur Leitfigur des Risorgimento, der italienischen Einigungsbewegung, wurde?

Giuseppe Garibaldi (1807–82).

Wie hieß die Königin von Österreich, die an der Seite ihres Gemahls König Ludwig XIV. (1638–1715) stets im Schatten von dessen Mätressen stand?

Maria Theresia (1717–80).

Wie hießen die zwischen dem 12. und 17. Jahrhundert gegründeten Bünde zwischen niederdeutschen Kaufleuten, die auf diese Weise ihren wirtschaftlichen Einflussbereich vergrößern wollten?

a) Haziendas
b) Havarien
c) Hansen
d) Hangare

c) Hansen

Welche östliche Mittelmeerinsel ist seit 1975 auf politischer Ebene in den Süden und einen von der Türkischen Republik regierten Norden geteilt?

Zypern.

In welchem 1939 unterzeichneten Vertrag garantierte die Sowjetunion dem Deutschen Reich ihre Neutralität für den Fall eines Krieges mit Polen oder den Westmächten?

Im Hitler-Stalin-Pakt. Ein geheimes Zusatzprotokoll grenzte die Interessengebiete zwischen beiden Ländern ab und stellte für Hitler die Möglichkeit der Eroberung Westpolens dar.

■ Er war von 1994–2007 Vorsitzender der englischen Labour-Partei und für zehn Jahre Premierminister Großbritanniens. **Von wem ist die Rede?**
Tony Blair (*1953).

■ ■ ■

■ **Wie nennt man den politischen Vertretungsauftrag, den Abgeordnete in einer repräsentativen Demokratie durch die Stimmen der Wahlberechtigten erhalten?**
Mandat.

■ ■ ■

■ **Wie heißt die Legislative der Vereinigten Staaten, die sich aus dem Senat und dem Repräsentantenhaus zusammensetzt?**
Kongress.

■ ■ ■

■ **Aus welchen Landesteilen ging 1918 die Tschechoslowakei auf ehemals österreichisch-ungarischem Territorium hervor?**
Aus böhmischen, mährischen und schlesischen.

■ ■ ■

■ **Warum war der 30. Januar 1972 ein besonders schrecklicher Tag für Irland?**
Der Sonntag, an dem durch brutale Übergriffe der Polizei auf katholische Demonstranten 14 Menschen starben, ging als „Blutsonntag" des seit 1969 tobenden Irischen Bürgerkrieges in die Geschichte ein. Der Nordirlandkonflikt und Anschläge der IRA verstärkten sich daraufhin enorm.

■ **In welcher Kirche tagte 1848/49 die Nationalversammlung, welche die erste frei gewählte Volksvertretung darstellte?**
In der Frankfurter Paulskirche.

Paulskirche

■ ■ ■

■ **Von welchem Kontinent aus erschlossen die Menschen vor weniger als einer Million Jahre Asien, bevor sie auch nach Europa gelangten?**
Afrika.

■ ■ ■

■ **Wie hieß die Pandemie, der nach dem Ende des Ersten Weltkrieges über eine Million Menschen, davon allein 200.000 in Deutschland, zum Opfer fielen?**
Spanische Grippe. Diese ging meist mit einer Lungenentzündung einher, an der viele Erkrankte starben.

In welche Bezirke untergliederte die DDR-Regierung das neue Bundesland Thüringen ab 1952?

Gera, Suhl und Erfurt.

Wie heißt das alte deutsche Adelsgeschlecht, dem viele bayerische, kurpfälzische und jülich-bergische Herrscher angehörten, unter anderem die Kaiser Ludwig IV. der Bayer (um 1281–1347) und Karl VII. Albrecht (1697–1745)?

Haus Wittelsbach.

Kaiser Ludwig IV.

Wie hieß der Regierungschef, der im sogenannten Prager Frühling mithilfe der tschechoslowakischen kommunistischen Partei für Demokratie und Liberalisierung, einen „Sozialismus mit menschlichem Antlitz", eintrat?

Alexander Dubcek (1921–92). Erst der Einmarsch der Ostblockstaaten im August 1968 machte seine Bemühungen zunichte.

Welches 1949 gegründete deutsche Verfassungsorgan hat seinen Sitz in Karlsruhe?

Das Bundesverfassungsgericht.

Wie hieß der geistliche Orden, der um 1118 nach dem Ersten Kreuzzug gegründet wurde und erstmals adlige Ritter und Mönche vereinte?

Templer(orden), dessen voller Name „Arme Ritterschaft Christi und des salomonischen Tempels zu Jerusalem" lautete.

Was bezeichnet der Begriff Kolonialismus?

a) das Bewohnen eines besetzten Gebietes und die Zusammenarbeit mit dem Feind
b) das Nebeneinander unterschiedlicher geistiger, politischer und kultureller Systeme
c) die Überführung privater Produktionsmittel in Gemeineigentum
d) die Gründung von Kolonien außerhalb der eigenen Staatsgrenzen mit dem Ziel, sich das dortige Territorium selbst zunutze zu machen

d) die Gründung von Kolonien außerhalb der eigenen Staatsgrenzen mit dem Ziel, sich das dortige Territorium selbst zunutze zu machen

Welches Land wurde 1918 als „Königreich der Serben, Kroaten und Slowenen" gegründet, besteht aber in dieser Form heute nicht mehr?

Jugoslawien. Nach der letzten Umbenennung in „Serbien und Montenegro" 2003 und der Unabhängigkeitserklärung Montenegros 2006 existiert heute kein eigener Staat unter dem Namen mehr.

Wie lautet der volkstümliche Ausdruck für das altpreußische Infanterieregiment, das von 1675 bis 1806 bestand und 1713 durch den König von Preußen, Friedrich Wilhelm I. (1688–1740), zur Garde erhoben wurde?
Lange Kerls. Die Bezeichnung verweist auf die ursprüngliche Einstellungsvoraussetzung: eine Körpergröße von umgerechnet ca. 1,88 Meter.

Welches Land, das in seiner Geschichte schon viermal geteilt war, ist Mitglied der UNO, der OECD, der NATO sowie der OSZE und trat 2004 der Europäischen Union bei?
Polen.

Wie hieß das baltische Volk, das dem späteren Königreich Preußen seinen Namen verlieh?
Pruzzen. Ihr Volksstamm siedelte zwischen der Weichsel und der Minge und wurde erst im 13. Jahrhundert durch den Deutschen Orden unterworfen.

Wie lautet die Abkürzung für die Europäische Weltraumorganisation?
a) NASA
b) CCSDS
c) ESA
d) UFO

c) ESA
Das ist die Abkürzung für **E**uropean **S**pace **A**gency.

Wann wurde die Stasi, das als Ministerium für Staatssicherheit bekannte Spionageorgan der DDR, aufgelöst?
1889/90, kurz nach seiner Umbenennung in „Amt für Nationale Sicherheit" 1989, beschloss der neue Ministerrat dessen ersatzlose Streichung am 13. Januar 1990.

Wo krönte sich Napoleon (1769–1821) 1804 selbst zum Kaiser?
In Notre Dame de Paris.

Was geschah am 10. Juli 1976 im italienischen Seveso?
Es kam zum größten europäischen Umweltunfall bislang, als hochgiftiges Dioxin in einer Chemiefabrik entweichen konnte. Erst viel zu spät wurden Bewohner und Behörden informiert. Die Krebsrate stieg im betroffenen Gebiet um ein Vielfaches und auch Hunderte Tiere verendeten.

Wer war Giordano Bruno (1548–1600)?
Ein italienischer Priester und Schriftsteller, der wie auch Galileo Galilei (1564–1642) der herrschenden Kirchenlehre einer geozentrischen Welt widersprach. Er wurde von der Inquisition der Ketzerei für schuldig befunden und verbrannt.

Giordano Bruno

Welchen Namen trug die 1917 gegründete russische Staatssicherheit, die 1922 in die politische Staatspolizei überging?

Tscheka (außerordentliche Allrussische Kommission zur Bekämpfung von Konterrevolution, Spekulation und Sabotage).

Welche Inhalte hatte der NATO-Doppelbeschluss von 1979?

Er plante neben der Rüstungskontrolle für den Warschauer Pakt eine Aufrüstung der atomaren Mittelstreckenraketen und eine Modernisierung mittels neuer US-amerikanischer Raketen. In den Folgejahren fanden dagegen zahlreiche Ostermärsche im Rahmen der politischen Friedensbewegung statt.

Der wie vielte Bundeskanzler der BRD war Gerhard Schröder (*1944, SPD)?

Der siebte.

Gerhard Schröder

Theodor Heuss (1884–1963) war …

a) … SPD-Politiker.
b) … nie Abgeordneter des Deutschen Reichstages.
c) … Kultusminister in Nordrhein-Westfalen.
d) … der erste Bundespräsident der BRD.

d) … der erste Bundespräsident der BRD.

Wie nannte man den Prozess der Verweltlichung, der mit einem gesellschaftlichen Bedeutungsverlust der Kirche und der Religion einherging und in westlichen und christlichen Industrieländern auch mit „Entchristlichung" gleichgesetzt wurde?

Säkularisierung. Viele Klöster wurden damals aufgelöst und von Geistlichen regierte Länder wurden von weltlichen Autoritäten übernommen. Die Trennung von Kirche und Staat galt als Voraussetzung für die Etablierung demokratischer Gesellschaftsformen.

Inwiefern widersprach der Blockparteienstaat der DDR dem parteipluralistischen System?

Alle Parteien standen unter der Kontrolle der Staatspartei, der **S**ozialistischen **E**inheitspartei **D**eutschlands (SED), die alle Staatsgewalten durchdrang. Aus diesem Grund wird auch von einer „Parteidiktatur" gesprochen.

Welches Ziel verfolgten die Alliierten nach dem Zweiten Weltkrieg mit ihrer „Entnazifizierung"?

Einstige Nationalsozialisten sollten aus allen wichtigen Ämtern im deutschen Staat beseitigt werden, um die Bildung eines demokratischen Regierungsapparates möglich zu machen. Hierbei wurden Kategorisierungen (von Hauptschuldigen bis hin zu Entlasteten) getroffen, um über deren Sanktionierung zu entscheiden.

- Er war ein spanischer Eroberer, der zusammen mit seinen indianischen Bündnispartnern 1521 das Reich der Azteken einnahm. **Von wem ist die Rede?**

a) Diego Velázquez de Cuéllar (1465–1524)
b) Hernán Cortés (1485–1547)
c) Cuauhtémoc (um 1495–1525)
d) Karl V. (1500–58)

b) Hernán Cortés (1485–1547)

- **Wie wird das 1972 zwischen der BRD und der DDR getroffene Abkommen bezeichnet, in dem unter anderem gutnachbarschaftliche Beziehungen „auf der Grundlage der Gleichberechtigung" vereinbart wurden?**

Grundlagenvertrag. Der Gleichberechtigungsgrundsatz sorgte für Diskussionen, da man durch ihn in der BRD das Wiedervereinigungsgebot verletzt sah.

- **Wie hieß der lockere Staatenbund, der seit dem Wiener Kongress von 1815 hauptsächlich deutschsprachige Staaten föderativ verknüpfte?**

Deutscher Bund. 1866 wurde er nach dem Prager Frieden als Folge des Deutschen Krieges aufgelöst.

- **Was ist das BGB der BRD?**

Das Bürgerliche Gesetzbuch der Bundesrepublik Deutschland, das Rechtsbeziehungen zwischen Privatpersonen regelt.

- **Welchen Namen trug das bedeutende Grundgesetz des Heiligen Römischen Reiches, das bis 1806 die Wahl- und Krönungsmodalitäten römisch-deutscher Kurfürsten festsetzte?**

a) Zwölftafelgesetz
b) Oppius
c) Goldene Bulle
d) Lex Iulia et Papia

c) Goldene Bulle
Das goldene Siegel der Urkunde war Basis für die Namensgebung des Gesetzes.

Seite aus einer Handschrift der Goldenen Bulle

- **Unter welchem Namen sind die 1935 vom Reichstag beschlossenen Regelungen bekannt, mit welchen die Nationalsozialisten ihre antisemitische Haltung legalisierten?**

Nürnberger Rassengesetze. Eheschließung und sexuelle Handlungen mit „Ariern" wurden verboten und den Juden die deutsche Staatsbürgerschaft entzogen.

Wann und für wen wurde der Buckingham Palace, der offizielle Sitz des britischen Monarchen in London, erbaut?

1703 wurde die ursprünglich als Stadthaus konzipierte Residenz für John Sheffield, Herzog von Buckingham, gebaut und in den folgenden 75 Jahren stetig erweitert. Seit der Krönung von Victoria (1819–1901) 1837 gilt es offiziell als Monarchenresidenz.

Buckingham Palace

Welchen offiziellen Namen hatte das deutsche Militär zwischen 1921 und 1935?

Reichswehr. Durch den Versailler Vertrag unterlagen die Streitkräfte jedoch Rüstungsbeschränkungen. Erst durch Hitler wurden diese 1935 wieder aufgehoben, als dieser die Wehrpflicht wieder einführte und die Reichswehr in „Wehrmacht" umbenannte.

Welcher Besatzungszone gehörte das Territorium an, auf dem am 7. Oktober 1949 die DDR gegründet wurde?

Der sowjetischen.

Wie nennt man die Zusammenschlüsse von Unternehmern, die gegenüber dem Staat und den Gewerkschaften ihre Interessen, zumeist über Tarifverhandlungen, durchsetzen möchten?

Arbeitgeberverbände.

Wie hieß der römische Feldherr und Politiker, der in der späten Römischen Republik die konservative Adelspartei, die Optimaten, vertrat und sich 82 v. Chr. zum Diktator ernennen ließ?

Sulla (Lucius Cornelius Sulla Felix, um 138–78 v. Chr.).

Wann und wo wurde die Unabhängige Selbstverwaltete Gewerkschaft „Solidarität" (Solidarność), die großen Einfluss auf den Wendeprozess 1989 hatte, gegründet?

1980 in Danzig.

Wie nennt man die Auseinandersetzung zwischen den Goten und Römern, in welcher der römische Kaiser Decius (*190) sowie sein Sohn fielen und Rom im Jahr 251 eine der größten militärischen Niederlagen erlebte?

a) Schlacht von Abrittus
b) Schlacht am Frigidus
c) Varusschlacht
d) Schlacht im Teutoburger Wald

a) Schlacht von Abrittus

Welche Versicherung bildet seit 1995 – neben der gesetzlich vorgeschriebenen Kranken-, Renten-, Unfall und Arbeitslosenversicherung – die jüngste Säule der deutschen Sozialversicherung?

Die Pflegeversicherung.

An welchem Tag setzte der neue, 1793 eingeführte französische Revolutionskalender ein?

Am 22. September, dem Tag der Ausrufung der Republik Frankreichs. Der Kalender führte eine Zehntagewoche ein und bestimmte die Monatsnamen nach bestimmten Ereignissen bzw. dem Naturjahr. 1806 führte Napoleon (1769–1821) den alten gregorianischen Kalender wieder ein.

Welcher militärische Titel wurde früher in Japan für die Anführer der Samurai und später für die Machthaber des Landes verwendet?

Schogun.

Samurai

Wie hieß der chinesische Kaiser, der sich über 6.000 lebensgroße Terrakottasoldaten und -pferde (die Terrakottaarmee) in sein Mausoleum stellen ließ?

Qin Shi Huangdi (259–210 v. Chr.).

Mit welchem Kanzler regierte der Außenminister Willy Brandt (1913–92) von 1966 bis 1969 gemeinsam in einer Großen Koalition von SPD und CDU/CSU?

Mit Kurt Georg Kiesinger (1904–88).

Welcher Begriff bezeichnet die Verteilung von mehreren verfügbaren Wahlstimmen auf Kandidaten, die sich in unterschiedlichen Listen zur Wahl gestellt haben?

a) Kumulieren
b) Akklamation
c) Panaschieren
d) Kooptation

c) Panaschieren
Die Stimmen werden anschließend anteilsmäßig ausgewertet.

Was war das „Gesetz gegen Verrat der Deutschen Volkswirtschaft"?

Ein am 12. Juni 1933 erlassenes Gesetz, nach dem die Devisen und das Auslandsvermögen von nun an anzeigepflichtig wurden. Infolgedessen kam es zu einem starken Rückzug von deutschen Vermögenseinlagen in Schweizer Banken.

Wie nennt man die Staatsorganisation der BRD, nach der teilsouveräne Bundesländer eigenen staatlichen und verfassungsgemäß festgelegten Aufgaben nachkommen?

Föderalismus.

In welchem Vertrag wurde in der BRD erstmals der geplante Ausstieg aus der Atomenergie bis voraussichtlich 1921 geregelt?

Im Atomkonsens. 2010 entschied die schwarz-gelbe Mehrheit der Bundesregierung jedoch die Verlängerung der Laufzeiten um mehrere Jahre.

Er war einer der führenden Staatsmänner Europas und nahm auf dem Wiener Kongress 1815 großen Einfluss auf die politische Neuordnung Europas. Als Wegbereiter der Karlsbader Beschlüsse bekämpfte er stets liberale und nationale Bewegungen, um die österreichische Monarchie zu sichern. **Wie hieß der Mann, der ab 1813 Fürst war?**

Klemens Wenzel Lothar von Metternich (1773–1859).

Wer hatte bis zum Ende der Frühneuzeit das ausschließliche Recht, den König zu wählen, inne?

Die Kurfürsten, die als bedeutende kaiserliche Partner und Berater in der Reichspolitik auch als „innere Räte" bezeichnet wurden.

Wie heißt die 2001 gegründete Mitgliedsgewerkschaft des Deutschen Gewerkschaftsbundes (DGB), die nach der IG Metall die zweitgrößte in Deutschland ist?

a) ver.di c) DSTG
b) komba d) VRFF

a) ver.di

Zentrale in Berlin

Was war die sogenannte Reichsacht im Gebiet des Heiligen Römischen Reiches Deutscher Nation?

Eine vom König oder Kaiser verhängte und vom Reichsgericht unterstützte Bekundung, nach der bei Nichterbringung von Steuern, Majestätsverbrechen, Landfriedensbruch oder Ungehorsam der Täter als fried- oder rechtlos erklärt wurde.

Welches Volk siedelte seit 400 im Süden Belgiens und später mit Erlaubnis des Kaisers Julian (331–363) in Toxandrien, einem belgisch-niederländischen Grenzgebiet?

Die salischen Franken.

Wie heißt das seit 1748 in Regensburg ansässige Adelsgeschlecht, das durch die Führung eines Postunternehmens Reichtum und Ansehen erlangte?

Thurn und Taxis.

Wo hatte die Mischung der Nationalfarben der Flagge Deutschlands – Schwarz-Rot-Gold – ihren Ursprung?

In den Befreiungskriegen zu Beginn des 19. Jahrhunderts wurden sie symbolisch für die nationale Einheit verwendet. Das lützowsche Freikorps trug die Farben 1813 im Kampf gegen Napoleon: Unterschiedlich farbige Uniformen der aus verschiedenen Teilen des Landes stammenden Studenten wurden schwarz eingefärbt, hinzu kamen roter Ärmelbesatz und rote Nähte sowie goldene (messingfarbene) Knöpfe.

Welcher Begriff verharmlost die Novemberpogrome von 1938, in denen Einrichtungen von Juden im gesamten Deutschen Reich zerstört wurden?

Reichskristallnacht. Der Ausdruck geht auf die vielen zerbrochenen Fensterscheiben zurück.

Wie heißen die 27 EU-Mitglieder, die von den Regierungen der Mitgliedsstaaten im Fünfjahresrhythmus zur Europawahl neu bestimmt werden?

EU-Kommissare.

Welche Stadt ist nach Agrippina der Jüngeren (15–59), der Mutter des Kaisers Nero (37–68), benannt?

Köln. Die Stadt hieß ursprünglich „**C**olonia **C**laudia **A**ra **A**grippinensium" (CCAA = Claudische Kolonie und Opferstätte der Agrippinensier) und war eine römische Kolonie im Rheinland, aus der das spätere Köln hervorging.

Wie heißt das Gleichstellungsamt, in dem sich Personen oder Institutionen für die Förderung und Gleichstellung von Frauen und Männern im öffentlichen Leben einsetzen?

Frauenbeauftragte(r).

Wie heißt das wichtigste und zusammen mit dem Mühlhäuser Reichsrechtsbuch zugleich älteste mittelalterliche Rechtsbuch?

a) Sachsenspiegel
b) Klagspiegel
c) Laienspiegel
d) Grágás

a) Sachsenspiegel
Mehrere Autoren, unter ihnen Eike von Repgow (um 1180–1233), verfassten das erste Prosabuch in niederdeutscher Sprache um 1224/25 anhand einer lateinischen Vorlage.

Sachsenspiegel

Warum lässt die britische Queen Elisabeth II. (*1926) ihren Geburtstag immer am zweiten Samstag im Juni – mittlerweile einem Nationalfeiertag – feiern, anstatt an ihrem tatsächlichen Geburtstag, dem 21. April?

Auf diese Weise kann die Monarchentradition, den Geburtstag mit gutem Wetter zu verknüpfen, besser verfolgt werden.

Queen Elizabeth II.

Die EG ...

a) ... wurde 1989 aufgelöst.
b) ... verschmolz 2003 mit der Europäischen Wirtschaftsgemeinschaft.
c) ... war ursprünglich ein Bündnis zwischen Kirche und Staat.
d) ... war der erste Teilbereich im politischen System der Europäischen Union.

d) ... war der erste Teilbereich im politischen System der Europäischen Union.

Welcher nationalsozialistische Politiker, der eine Unmenge an Ämtern innehatte, war für sein Streben nach Auszeichnungen bekannt und wurde wegen seiner auffälligen Uniformen, die mit zahlreichen Orden geschmückt waren, auch „Lametta-Heini" oder „Goldfasan" genannt?

Hermann Göring (1893–1946).

Wie lautet die lateinische Redewendung, die das Prinzip des Augsburger Religionsfriedens wiedergibt?

Cuius regio, eius religio (Wessen Region, dessen Glaube). Der Herrscher einer Region war berechtigt, seinen Untertanen die Religionszugehörigkeit vorzugeben. Somit konnten die Protestanten, auch wenn sie „Reichsfeinde" waren, auf einer Stufe mit den Katholiken stehen.

Wie nennt man die Zuständigkeit des Bundeskanzlers, bindende Handlungsvorschriften in der Regierungspolitik vorzugeben?

Richtlinienkompetenz.

Wie hießen die Leipziger Massendemonstrationen, die großen Einfluss auf den gesellschaftlichen und politischen Wandel nach 1989 und auf das Ende der SED-Diktatur hatten?

Montagsdemonstrationen.

Welcher Tag erinnert an die Unterzeichnung der Satzung des Europarates 1949 in London?

Der 5. Mai.

Wer waren die Pilgrim Fathers?

Die ersten puritanischen Siedler Neuenglands, die auf ihrem Segelschiff (Mayflower) den Atlantik überquerten und 1920 in Massachusetts die Kolonie Plymouth gründeten.

Die Abtretung welchen Gebietes von Frankreich an das neu gegründete Deutsche Reich im Jahr 1871 wirkte sich auf die spätere verfeindete Beziehung zwischen beiden Ländern aus?
Elsass-Lothringen.

Welche Volksgruppe ist in der Ober- und Niederlausitz in Sachsen und Brandenburg beheimatet und genießt in der BRD nationale Minderheitsautonomie?
a) die Friesen
b) die Sorben
c) die Oberschlesier
d) die Masuren

b) die Sorben

Unter welchem Namen ging der fehlgeschlagene Putschversuch auf Hitler (1889–1945) am 20. Juli 1940 in die Geschichte ein?
Stauffenberg-Attentat, benannt nach dem Offizier und Widerstandskämpfer Claus Schenk Graf von Stauffenberg (1907–44), der anschließend verhaftet und erschossen wurde.

Welche Ehrung wird seit 1950 jährlich im Krönungssaal des Aachener Rathauses an Personen und Institutionen für besondere Bemühungen um die Europäische Einigung verliehen?
Der Internationale Karlspreis der Stadt Aachen.

Was ist ein sogenanntes Direktmandat?
Ein demokratischer Wählerauftrag an den Direktkandidaten bei einer Parlamentswahl, der durch eine relative Stimmenmehrzahl in einem Wahlkreis zustande kommt.

Wie heißen die kriminellen Organisationen, die schon seit Jahrhunderten in Japan in rivalisierenden Banden auf allen japanischen Inseln und auch im Ausland aktiv sind?
Yakuza. Der Begriff geht auf die Aussprache einer wertlosen Zahlenkombination (893) eines Kartenspiels, das dem Black Jack ähnelt, zurück.

Yakuza-Schrein in Tokio

Was sind im wirtschaftlichen Sinne Expatriaten?
Im engeren Sinne Auslandsdeutsche: Sie werden von dem Unternehmen, für das sie arbeiten, für wenige Jahre an eine ausländische Niederlassung geschickt.

Welche Funktion hatte die Deutsche Nationalversammlung, die 1848 erstmals in der Frankfurter Paulskirche tagte?

Nach der Märzrevolution in den Ländern des Deutschen Bundes sollte sie eine für das gesamte Land gültige Verfassung ausarbeiten. Deren Anerkennung scheiterte aber, als Friedrich Wilhelm IV. (1795–1861) auf seine Kaiserwürde verzichtete.

Welches Organ der BRD ist die letzte Instanz für Zivil- und strafrechtliche Verfahren?

Der Bundesgerichtshof mit Sitzen in Karlsruhe und Leipzig.

Sitz des Bundesgerichtshofs in Karlsruhe

Was ist eine Schlagwetterexplosion?

Der Bergbaubegriff umschreibt eine explosive chemische Reaktion von Methangas und „Wetter" (so wird die gesamte im Bergwerk befindliche Luft genannt). Derartige Explosionen, die viele Todesopfer forderten, gab es in der BRD z. B. 1962 bei Völklingen und 1968 in Lünen im Ruhrgebiet.

Mit welchem volkswirtschaftlichen Begriff wird ein bezeichnender Anstieg eines Preisniveaus verstanden, der eine Verteuerung von Gütern zur Folge hat?

a) Infiltration
b) Indikation
c) Immission
d) Inflation

d) Inflation

Wann fand die erste direkte Wahl des Europaparlamentes statt?

1979.

Der Name welches Volkes bedeutet wörtlich übersetzt „die Kühnen" oder „die Freien"?

Franken. Der germanische Großstamm besiedelte während der Völkerwanderung Gebiete im heutigen Bayern, Baden-Württemberg, Hessen, Rheinland-Pfalz, Saarland und Thüringen. Ihr Reich zerfiel schließlich in eine ostfränkische (das spätere Heilige Römische Reich deutscher Nation) und eine westfränkische (das heutige Frankreich) Hälfte.

Welcher deutsche Politiker war Bundesminister für Ernährung, Landwirtschaft und Forsten und setzte sich in seiner Zeit als zweiter Bundespräsident in der BRD (1959–69) besonders für Entwicklungshilfe ein?

Heinrich Lübke (1894–1972).

Welche zwei Parteien schlossen sich 1946 unter sowjetischem Druck zur SED, der Sozialistischen Einheitspartei Deutschlands, zusammen?

Die SPD und die KPD.

Hongkong …

a) … bestand niemals autonom neben der Volksrepublik China.
b) … war bis 1997 eine britische Kronkolonie.
c) … ist keine Sonderverwaltungszone.
d) … hat keinen Regierungschef.

b) … war bis 1997 eine britische Kronkolonie.

Wie hieß der republikanische Herausforderer, gegen den Bill Clinton (*1946) 1996 mit 49 % der Stimmen die Wahl zum US-Präsidenten gewann?

Robert Joseph „Bob" Dole (*1923).

Unter welchem Begriff wurde die Verschwörungstheorie bekannt, in der die Oberste Heeresleitung (OHL) die Niederlage im Ersten Weltkrieg den Sozialdemokraten in die Schuhe schieben wollte?

Dolchstoßlegende. Es wurde das Gerücht verbreitet, dass das Heer des Deutschen Reiches nie auf dem Feld besiegt worden war und die verräterische Zivilbevölkerung den „Dolchstoß" von hinten gegeben hatte, in dessen Folge man den Krieg verlor.

Bei wem liegt die Souveränität in der konstitutionellen Monarchie Liechtenstein?

Beim Volk, das die abwählbare Legislative ernennt und direkt zusammen mit dem Parlament Gesetze beschließen kann, und beim Landesfürsten, dem Staatsoberhaupt.

Er wurde im Oktober 1990 als einer von 144 Abgeordneten in den Deutschen Bundestag gewählt. Von 1998 bis 2005 hatte er das Amt des Präsidenten des Deutschen Bundestages inne. **Wer ist der Theodor-Heuss-Preisträger von 2001?**

a) Norbert Lammert (CDU, *1948)
b) Wolfgang Thierse (SPD, *1943)
c) Rainer Barzel (CDU, 1924–2006)
d) Philipp Jenninger (CDU, *1932)

b) Wolfgang Thierse (SPD, *1943)

Wolfgang Thierse

Wann und von wem wurde die internationale Umweltorganisation Greenpeace gegründet?

1971 von Friedensaktivisten, die einer kanadischen Gruppe von Atomkraftgegnern und Pazifisten angehört hatten. Bekannt wurde die Organisation durch die Aufdeckung von Umweltskandalen, mittlerweile wirken sie an – teilweise gefährlichen – Aktionen zu Themen wie globaler Erwärmung, Gentechnik oder Überfischung mit.

Wo fand am 18. Januar 1871 die Ausrufung Ottos von Bismarcks (1815–98) zum Deutschen Kaiser statt?

Im Spiegelsaal von Versailles.

Spiegelsaal im Schloss Versailles

Wie nennt man die 1991 eingeführte ergänzende Steuerabgabe, die derzeit maximal 5,5 % der Bemessungsgrundlage, z. B. Lohn-, Einkommen- oder Körperschaftssteuer, ausmacht?

a) Umsatzsteuer
b) Importabgaben
c) Solidaritätszuschlag
d) Hebesatz

c) Solidaritätszuschlag

Welchen Beinamen trug Manfred Freiherr von Richthofen (1892–1918), der bekannte deutsche Jagdflieger?

„Roter Baron". Im Ersten Weltkrieg trug er den Sieg über 80 feindliche Kampfflugzeuge davon, bevor er selbst abgeschossen wurde.

Wie nannte man offiziell die eigentlich verbrecherische, systematische Beschlagnahmung von jüdischen Besitztümern durch Nationalsozialisten ab 1937?

Arisierung jüdischen Kapitals. Ein Großteil des gestohlenen Vermögens wurde auf Schweizer Banken versteckt und erst Jahre nach dem Krieg entdeckt.

Was ist die Koedukation?

Die gemeinsame Bildung von Jungen und Mädchen, wie sie z. B. in Deutschland Ende der 1960er-Jahre eingeführt wurde.

Welche Funktion hatte die 1961 errichtete Berliner Mauer?

Sie sollte die bereits bestehende innerdeutsche Grenze ergänzen, um den bis dahin anhaltenden Flüchtlingsstrom in den Westen zu stoppen, somit die Arbeitskräfte im Gebiet der DDR zu halten und der wirtschaftlichen Krise entgegenzuwirken.

Heide Simonis (*1943) war als erste Frau in der BRD von 1993 bis 1995 Ministerpräsidentin welches Bundeslandes?

Schleswig-Holstein.

Aus welchen Ländern formierte sich nach einer Volksabstimmung 1952 das deutsche Bundesland Baden-Württemberg?

Aus Baden, Württemberg-Baden und Württemberg-Hohenzollern.

Wer oder was war Pol Pot?

a) der berühmteste britische Opernsänger
b) eine Hauptstadt im südlichen Zentralbolivien
c) der Diktator, der als Anführer der Roten Khmer ganz Kambodscha kontrollierte
d) ein 1908 entdeckter Asteroidengürtel

c) der Diktator, der als Anführer der Roten Khmer ganz Kambodscha kontrollierte

Welcher Staatskirchenvertrag wurde 1122 zwischen Kaiser Heinrich V. (1081 oder 1086–1125) und Papst Calixtus II. (um 1060–1124) geschlossen?

Das Wormser Konkordat. Mit diesem wurde der Investiturstreit beigelegt, indem der Kaiser die kirchliche Einweisung von Klerikern mit Ring und Stab akzeptierte.

Wie lautete einst der Name der Städte Jakarta und Passau?

Batavia.

Auf welche Insel verzichtete Deutschland 1890 in einem Vertrag mit den Briten, die dort schon eher Fuß gefasst hatten?

Sansibar. Dafür verzichteten die Briten zugunsten der Deutschen auf Helgoland, das ihnen militärisch für nicht wertvoll erschien, bevor sie es später wieder eroberten. Erst 1952 fiel die Insel wieder an die BRD zurück.

Welcher König schuf um 1400 das Amt des Lord High Admiral, dem später auch der ehemalige Premierminister Großbritanniens Churchill (1874–1965), angehörte?

Heinrich IV. (1366/67–1413).

Was sind die sogenannten „Primaries“, die in den USA stattfinden?

Vorwahlen, bei denen in 50 amerikanischen Bundesstaaten und im District of Columbia parteiintern die Kandidaten für öffentliche Ämter bestimmt werden.

Unter wem wurde 395 das Römische Reich aufgeteilt, nachdem Kaiser Theodosius der Große (347–395) gestorben war?

Unter seinen Söhnen: Der oströmische Teil, das Byzantinische Reich, ging an Arcadius (um 377–408). Honorius (384–423) erhielt das Weströmische Reich.

Arcadius

Den Vorsitz welcher zentristischen Partei hat der ehemalige russische Staatschef Wladimir Putin (*1952) seit 2008 inne?

Einiges Russland. In der Bevölkerung gilt diese als reine „Präsidentenpartei“, da sie keine spezifischen Interessen vertritt und ihr viele hohe Beamte angehören.

Wie lauteten die Grundsätze der 1980 gegründeten Partei Die Grünen, die in dem Saarbrücker Grundsatzprogramm festgesetzt wurden?

Die Partei richtete sich „ökologisch – sozial – basisdemokratisch – gewaltfrei" aus.

Welchen Ministerposten hatte der ehemalige Grünen-Politiker Joschka Fischer (*1948) während der 1985 gebildeten ersten rot-grünen Landesregierung in Hessen inne?

Minister für Umwelt und Energie. Bei den Neuwahlen 1987 wurde er in den Hessischen Landtag gewählt, wo er den Vorsitz der Grünen-Fraktion übernahm.

Joschka Fischer

Zu welchen Verträgen, die am 25. März 1957 von Belgien, Westdeutschland, Frankreich, Italien, Luxemburg und den Niederlanden unterzeichnet wurden, gehören der EWG- und der EURATOM-Vertrag, mit denen die Europäische Wirtschaftsgemeinschaft und die Europäische Atomgemeinschaft geschaffen wurden?

Zu den Römischen Verträgen, benannt nach ihrem Unterzeichnungsort.

Als Teil welches Verfassungsorganes der BRD beteiligt sich der Deutsche Bundesrat an der Wahl des Bundespräsidenten?

Bundesversammlung.

Welche Staaten schlossen am 14. Dezember 1995 das Daytoner Friedensabkommen, eine Übereinkunft für die Nachfolgestaaten Jugoslawiens?

Kroatien, Serbien und Bosnien-Herzegowina. Die Sicherheit und der Frieden zwischen den Konfliktparteien wurde von Schutztruppen der UN überwacht.

Willy Brandt (1913–92) war ...

a) ... von 1955 bis 1968 regierender Bürgermeister in Berlin.
b) ... der erste sozialdemokratische Bundeskanzler der Nachkriegszeit.
c) ... gebürtiger Bremer.
d) ... Friedensnobelpreisträger von 1975.

b) ... der erste sozialdemokratische Bundeskanzler der Nachkriegszeit.
Er wurde am 21. Oktober 1969 in dieses Amt gewählt.

Wofür und von wem wurden die Kamikazeflieger eingesetzt?

In den letzten zwei Monaten des Ersten Weltkrieges sollten japanische Piloten mit Bomben beladene Flugzeuge auf die Kriegsschiffe der USA steuern, um so die Belagerung ihres Heimatlandes zu verhindern. Ihren Tod mussten die oft jungen Piloten dabei in Kauf nehmen.

Wie hieß der 1955 geschlossene Übergangsvertrag, der nach der Kapitulation Deutschlands nach dem Zweiten Weltkrieg das Ende des Besatzungsstatutes der Alliierten festsetzte?

Deutschlandvertrag. Die Besatzungsmächte gestanden Deutschland Souveränität in ihrer Innen- und Außenpolitik zu.

Welcher deutsche Politiker musste infolge der Spiegel-Affäre 1962 von seinem Amt als Verteidigungsminister zurücktreten?

Franz Josef Strauß (1915–88). Sein Verhalten gegenüber Redakteuren und Fehlinformationen an den Bundestag führten zu einer Regierungskrise, aus der die Pressefreiheit gestärkt hervorging.

Welcher Bundeskanzler wurde 1949 mit einer einzigen Stimme Vorsprung – letztlich seiner eigenen – vom Bundestag in sein Amt gewählt?

Konrad Adenauer (1876–1967).

In welchem Verhältnis konnten die Bürger der Trizone nach der Einführung der Deutschen Mark als neuer Währung ab dem 20. Juni 1948 ihre Reichsmark umtauschen?

Einhundert Reichsmark entsprachen 6,50 D-Mark. Zusätzlich gab es für die Bürger der amerikanisch-französisch-englischen Besatzungszone 40 D-Mark.

Wie hieß die riesige Dynastie, die mit dem Bau der Chinesischen Mauer begann?

a) Qin c) Nanchao
b) Song d) Tang

a) Qin

Wer leitete vom 13. November 1989 bis zum 12. April 1990 den Ministerrat der DDR und saß später auch als Abgeordneter der PDS im Europarat und im Bundesparlament?

Hans Modrow (*1928).

Hans Modrow

Wie heißen die Amtschefs eines Ministeriums, die gleichzeitig die Schnittstelle zwischen Politikern und Beamten und die Unterstützung bzw. auch Vertretung eines Ministers darstellen?

Staatssekretäre, in einigen Ländern auch Ministerialdirektoren genannt. Während beamtete Sekretäre im oder für das Bundesministerium angestellt sind, treten sie als parlamentarische Staatssekretäre beim Bundesminister an.

Der preußische König verpflichtete sich selbst als aufgeklärter Absolutist dem Wohl des Volkes. **Wer war der „Alte Fritz"?**

Friedrich II., der Große (1712–86).

■ Angela Merkel (*1954), die 2005 zur deutschen Regierungschefin gewählt wurde, hatte während ihrer politischen Laufbahn einige Positionen inne. **Welches Amt bekleidete sie jedoch niemals?**

a) Bundesministerin für Umwelt, Naturschutz und Reaktorsicherheit
b) Generalsekretärin der CDU
c) Bundesministerin für Frauen und Jugend
d) Staatssekretärin des Auswärtigen Amtes

d) Staatssekretärin des Auswärtigen Amtes

Angela Merkel

■ **Welches Synonym wurde in der NS-Zeit im Rahmen des „Gesamtbauplans für die Landeshauptstadt" Berlin genutzt, die neu gestaltet werden und den Mittelpunkt eines großgermanischen Weltreiches darstellen sollte?**

Germania. Im Zuge der Bauplanung entstanden z.B. neue Verkehrsachsen, die Siegesalleen oder das Ehrenmal am Tiergarten, während andere Projekte wie eine große Ruhmeshalle nicht verwirklicht wurden.

■ **Nach wie vielen Jahren deutscher Teilung wurde am 31. August 1990 mit dem Einigungsvertrag die deutsche Einheit vorbereitet?**

Nach 41 Jahren. Die DDR trat am 3. Oktober desselben Jahres der BRD bei.

■ **Wie hieß der amerikanische Präsident, der aufgrund seiner Verstrickung in die Watergate-Affäre 1974 von seinem Amt zurücktrat?**

Richard Nixon (1913–94). Während des Skandals wurden mehrere illegale Vorgehen und Amtsmissbräuche, die in Zusammenhang mit den Präsidentschaftswahlen gebracht wurden, aufgedeckt.

■ **Wann wurde die antisemitische Nationalsozialistische Deutsche Arbeiterpartei (NSDAP) gegründet?**

1919. Unter der Führung Adolf Hitlers (1889–1945) war die nationalistische Partei bis zu ihrem Verbot 1945 als einzige zugelassene auch die Regierungspartei.

■ **Wie hießen die Geschäftsmänner, die besonders im Mittelalter einen eigenen Stand bildeten, häufig in Hansen oder Gilden organisiert waren und in Handelsgruppen von Ort zu Ort reisten?**

Kaufmänner. Sie wollten mit ihren Handelsgesellschaften die individuellen Geschäftsrisiken des Fernhandels minimieren.

Von welchem Land kauften die USA im Jahr 1867 für über sieben Milliarden US-Dollar den flächenmäßig größten Bundesstaat, Alaska?

Von Russland.

Wie hieß der strategische Plan, der die Basis für die deutschen Militäroperationen zu Beginn des Ersten Weltkrieges darstellte?

a) War Plan Orange
b) Marshallplan
c) Schlieffenplan
d) Morgenthau-Plan

c) Schlieffenplan
Die russische Mobilmachung wurde als Kriegserklärung aufgefasst. Deshalb sah der Plan vor, zuerst den Großteil des Heeres nach Frankreich zu entsenden, um die Franzosen in die Schweiz zu drängen, und erst danach in den Osten zu marschieren. So sollte ein Zweifrontenkrieg umgangen werden.

Welche Abkürzung steht für die außerhalb eines Parlamentes stattfindende Opposition, mit der eigene Forderungen und Meinungen, die im Parlament kein Sprachrohr finden, öffentlich bekundet werden?

APO (**A**ußer**p**arlamentarische **O**pposition). Besonders in den 1960er-Jahren gab es Studentenbewegungen, die gegen die große Koalition aus CDU/CSU und SPD eintraten.

Wo fand vom 1. bis 3. Juni 1955 die Konferenz der Außenminister der Länder der Europäischen Gemeinschaft für Kohle und Stahl (EGKS) statt?

In Messina auf Sizilien. Das Treffen war Wegbereiter für die Gründung der EURATOM und des europäischen Binnenmarktes sowie für die Unterzeichnung der Römischen Verträge 1957.

Über welches zentralasiatische Reitervolk herrschte Attila (um 406–453)?

Über die Hunnen.

Wie hießen die drei Segelschiffe, mit denen Christoph Columbus (1451–1506) 1492 aufbrach und den westlichen Seeweg nach Indien entdeckte?

Niña, Pinta und Santa Maria.

Nachbau der Santa Maria

Wie hieß die Armee der DDR, die am 18. Januar 1956 durch Gesetzesbeschluss der Volkskammer gegründet wurde und an den Warschauer Pakt gebunden war?

Nationale **V**olks**a**rmee (NVA). Erst 1962 wurde die Wehrpflicht eingeführt. Im Zuge der Wende erfolgte ab 1990 ihre Auflösung.

Wappen der Nationalen Volksarmee

Wer war der Gegenpart der Protestantischen Union, der 1608/09 von Maximilian von Bayern I. (1573–1651) gegründet wurde?

Die Katholische Liga, ein Zusammenschluss katholischer Korporationen. Ab 1618 standen sich beide Parteien im Dreißigjährigen Krieg gegenüber, einem heftigen Konflikt um die Vorherrschaft und die Religion in Deutschland und Europa, von dem das Land mehr als ein Jahrhundert benötigte, um sich zu erholen.

Was ist ein konstruktives Misstrauensvotum?

Ein Wahlverfahren in parlamentarischen Regierungssystemen, bei dem mehrheitlich die Regierung, ein Regierungschef oder ein Minister seines Amtes enthoben und sogleich ein(e) neu(e/r) gewählt wird. In Deutschland sichert Art. 67 des Grundgesetzes dieses Vorgehen. Der Bundespräsident muss dann z. B. der Weisung des Bundestages für die Entlassung des alten und die Ernennung des neuen Kanzlers folgen.

In Gedenken an welches Ereignis wurde schon von 1954 bis 1990 der 3. Oktober als „Tag der deutschen Einheit" gefeiert?

In Erinnerung an den Aufstand vom 17. Juni 1953, als eine Welle von Protesten mit politischen Forderungen die DDR erfasste. Auch der angekündigte neue Kurs, mit dem die DDR-Regierung nach der blutigen Niederschlagung des Aufstandes bessere Lebensbedingungen versprach, wurde nie verwirklicht.

Welchen Namen trug das von 1959 bis 1989 gültige Parteiprogramm der SPD, das die Wandlung von der sozialistischen Arbeiterpartei zu einer Volkspartei begründete?

a) Godesberger Programm
b) Freiburger Thesen
c) Düsseldorfer Leitsätze
d) Saarbrücker Programm

a) Godesberger Programm

Wie nennt man die Phase nach dem Zweiten Weltkrieg, in der die deutsche Wirtschaft nicht zuletzt dank der Währungsreform und des Marshall-Plans einen ungemeinen Aufschwung erlebte?

Wirtschaftswunder.

Welches niedersächsische Zwischenlager für Atomabfälle sorgt regelmäßig durch heftige Protestaktionen von Atomgegnern und die Planung eines Endlagers für Schlagzeilen?

a) Ahaus
b) Gorleben
c) Greifswald
d) Mitterteich

b) Gorleben

Welcher Begriff, der sich am Herrschaftsstil eines sowjetischen Politikers orientiert, kritisiert eine autokratische, diktatorische Herrschaftsform?

Stalinismus, benannt nach dem Diktator Josef Stalin (1878–1953).

Welche Funktion hatte Hitlers (1889–1945) Sturmabteilung, SA genannt?

Die paramilitärische Organisation der NSDAP versuchte mit Gewalt, Versammlungen von politischen Oppositionellen zu vereiteln oder zu verhindern. Nach Einsätzen als „Hilfspolizei" wurde ihre Führungsriege 1934 ermordet, verlor an Bedeutung und wurde 1945 verboten.

Ist die Aussage richtig, dass das antike Thrakien ein Gebiet im südlichen Frankreich umfasste?

Nein. Thrakien lag auf der östlichen Balkaninsel und gehört heute zu Griechenland, Bulgarien und der europäischen Türkei.

In welche Bezirke wurde das Bundesland Sachsen in der DDR aufgeteilt?

In Leipzig, Chemnitz und Dresden. 1990 wurde die Teilung des Freistaates wieder aufgehoben.

Wie hieß der schweizerische Geschäftsmann und Gründer des Roten Kreuzes, der zusammen mit dem Wirtschaftswissenschaftler und Journalisten Frédéric Passy (1822–1912) den ersten Friedensnobelpreis erhielt?

Henry Dunant (1828–1910).

Henry Dunant

Wodurch erlangte die russische Stadt Tschernobyl traurige Berühmtheit?

Durch ein Kernkraftunglück am 26. April 1986, bei dem durch Konstruktions- und Bedienungsfehler ein sogenannter GAU ausgelöst wurde. Hierbei traten radioaktive Stoffe aus, die sich auch über eine Fläche von mehr als 218.000 km^2 in Europa verteilten.

Wer war der Erbauer des klassizistischen Brandenburger Tors in Berlin?

Der Baumeister und Architekt Carl Gotthard Langhans (1732–1808). Der Streitwagen stammt von dem Grafiker und Bildhauer Gottfried Schadow (1764–1850).

Wie hieß der deutsche Bauingenieur, der 1884 das erste Elektrizitätswerk in Deutschland baute und die Deutsche Edison-Gesellschaft (später AEG) mitbegründete?

a) Rudolf Diesel (1858–1913)
b) Alfred Krupp (1812–87)
c)Max Plank (1858–1947)
d) Oskar von Miller (1855–1934)

d) Oskar von Miller (1855–1934)

Oskar von Miller

Was war das Viermächteabkommen von Berlin?

Die vier Besatzungsmächte (die USA, Großbritannien, Frankreich und die Sowjetunion) legten die Grundlagen für die rechtliche Verteilung von Ost- und Westberlin, die Erhaltung des Viermächtestatus für Westberlin und dessen Bindung an die BRD. Außerdem setzten sie die Sicherung der Verkehrswege durch die UdSSR fest.

Mit welcher außenpolitischen Ansicht wollte die BRD ihrem Anspruch als einzige legale demokratische Volksvertretung Gehör verleihen?

a) Grewe-Strategie
b) Adenauer-Prinzip
c) Wehner-Axiom
d) Hallstein-Doktrin

d) Hallstein-Doktrin

Walter Hallstein (1901–82) war Staatssekretär des Auswärtigen Amtes und ab 1954 maßgeblich an der Ausarbeitung der außenpolitischen Strategie beteiligt. Diplomatische Beziehungen zur DDR zu pflegen, galt als BRD-feindlich.

Was passierte am 26. Oktober 1980 auf dem Münchner Oktoberfest?

Ein 21-jähriger Nazi tötete bei einem Bombenanschlag am Haupteingang 13 Menschen sowie sich selbst und verletzte über 200 Personen teilweise schwer.

Wer oder was ist Europol?

Eine europäische Polizeibehörde mit Sitz in Den Haag, die zum Zweck der Überwachung der organisierten Kriminalität und des Informationsaustausches mittels nationaler Datenbanken gegründet wurde.

Wer war der „Eiserne Kanzler", der für seine strenge Innen- und Außenpolitik bekannt war und gern in Reiteruniform auftrat?

Otto von Bismarck (1815–98).

■ Er hatte den Vorsitz in der FDP, als im Oktober 1982 der damalige Bundeskanzler Helmut Schmidt (*1918) durch ein Misstrauensvotum aus dem Amt entlassen wurde. Kurz zuvor waren vier Minister seines Kabinetts zurückgetreten. **Von wem ist die Rede?**

Hans-Dietrich Genscher (*1927).

■ ■ ■

■ **Wie nannte man das wirtschaftliche Programm zum Wiederaufbau, das die USA entwarfen, um dem nach dem Zweiten Weltkrieg geschädigten Europa unter die Arme zu greifen?**

a) Marshall-Plan
b) Toricelli Act
c) Affirmative Action-Programm
d) Rollback-Policy

a) Marshall-Plan
Bedürftigen Ländern der OECD (Organisation for European Economic Co-operation) wurden Kredite, Rohstoffe, Waren und Lebensmittel im Wert von über 13 Milliarden US-Dollar zur Verfügung gestellt.

■ ■ ■

■ **Wie nennt man die Beurteilung von innen- und außenpolitischen Ereignissen in einem westlichen Blickwinkel, bei dem Europa im Mittelpunkt der Berichterstattung liegt?**

Eurozentrismus. Diese Art der Geschichtsschreibung wid häufig kritisiert, da sie Geschehenes oft nicht hinterfragt und nur den eigenen Lebensstil für die Einschätzung heranzieht.

■ **Wie geriet der damalige Präsident des bundesdeutschen Verfassungsschutzes, Otto John (1909–97), im Juli 1954 in die Schlagzeilen?**

Er nahm an einer Gedenkfeier in der Nähe des Berliner Tiergartens teil und erklärte nach seinem Verschwinden dann auf einer Pressekonferenz und im Radio der DDR, dass er freiwillig in die DDR übergelaufen wäre. Selbst nach seiner Rückkehr in die BRD 1955 konnte – auch wenn er dort des Landesverrates für schuldig befunden wurde – nie richtig geklärt werden, ob es sich damals um eine Flucht oder um Entführung gehandelt hatte.

■ ■ ■

■ **Welche Bezeichnung bezieht sich nicht nur auf die gesamte Epoche zwischen 1818 und 1848, sondern auch auf die spezielle bürgerliche Kultur und Literatur, die damals mit Charakteristika wie „hausbacken" oder „konservativ" in Verbindung gebracht wurde?**

Biedermeier.

Der Sonntagsspaziergang *von Carl Spitzweg*

Wie viele Mitglieder hat der Deutsche Bundesrat?
69, die von den Landesregierungen gestellt werden. Die Anzahl der Vertreter der Bundesländer ist abhängig von deren Einwohnerzahl und schwankt zwischen drei und sechs.

Welche kreisfreie Stadt, in der jährlich das Oktoberfest stattfindet, ist mit 1,35 Millionen Einwohnern die drittgrößte Deutschlands?
München. Größer sind Berlin mit 3,2 Millionen und Hamburg mit knapp 1,8 Millionen Einwohnern.

Welcher polnische Politiker war einst Vorsitzender der Gewerkschaft und Menschenrechtsbewegung Solidarność (Solidarität) und erhielt 1983 den Friedensnobelpreis?
Lech Walesa (*1943).

Lech Walesa

Wie hieß der erste ägyptische Pharao, der sein Grab im Tal der Könige errichten ließ?
Thutmosis I. (um 1500 v. Chr.). Als Erster ließ er sich nicht wie die Regenten vorher in einer Pyramide, sondern in einem versteckten Felsengrab bestatten. Ursache hierfür war wohl die Angst, Grabräuber könnten die Ruhestätte plündern.

Wer gab das Grundgesetz in Auftrag, das 1949 vom Parlamentarischen Rat und – mit Ausnahme Bayerns – von den Landtagen verabschiedet wurde?
Die drei alliierten Westmächte: Großbritannien, die USA und die Sowjetunion.

Als Wirtschaftsminister setzte er den Beschluss durch, ab den 1960er-Jahren „Gastarbeiter" zur Verstärkung unterbesetzter Bereiche wie z.B. der Leicht- oder Konsumgüterindustrie aus dem Ausland zu holen. **Wie hieß der CDU-Politiker, dessen Wirtschaftspolitik zu hohen Preissteigerungen führte, aber dann durch das Wirtschaftswunder von Erfolg gekrönt war?**
a) Kurt Schmücker (1919–96)
b) Ludwig Erhardt (1897–77)
c) Karl Schiller (1911–94)
d) Helmut Schmid (*1918)

b) Ludwig Erhardt (1897–77)

Wie lange dauert die reguläre Amtszeit eines deutschen Bundespräsidenten?
Fünf Jahre.

Woher stammte Napoleon I. (1769–1821), unter dessen Führung sich das erste französische Kaiserreich („Empire") etablierte?
Er war Korse.

Was war die Nationale Front?
Eine Vereinigung von Massenorganisationen und Parteien in der DDR, die für die Wahlvorbereitung verantwortlich war und die ihr angehörigen Blockparteien unter der Kontrolle der SED zusammenzuschließen.

Wie alt war König Ludwig IV. (893–911), als er von den Herzögen der Franken, Sachsen, Alemannen und Bayern zum König des karolingischen Ostreiches gekrönt wurde?
Sechs Jahre. Sein Nachfolger, Konrad der Jüngere, kam aus den Reihen der Herzöge.

Wann fand der große Angriff der Alliierten auf Dresden statt, bei dem große Teile der Stadt beinahe völlig zerstört wurden und über 35.000 Menschen ums Leben kamen?
In der Nacht vom 13. auf den 14. Februar 1945.

Wer gilt in der griechischen Mythologie als Gründer von Korinth, auf den auch eine alte Redensart zurückgeht?
Sisyphos. Das Sprichwort von der Sisyphosarbeit geht auf eine Legende zurück, wonach er als Strafe für sein verschlagenes Verhalten den Göttern gegenüber in der Unterwelt einen Felsblock einen Hang hinaufrollen musste, der kurz vor dem Ziel jedoch immer wieder hinunterrollte.

Wie hieß der Sohn Friedrich Barbarossas (1122–90), der ab 1191 römisch-deutscher Kaiser des Heiligen Römischen Reiches deutscher Nation war?
Heinrich VI. (1165–97). Er war der zweite Sohn von elf Kindern Barbarossas mit Beatrix von Burgund (um 1140–84).

Heinrich VI.

Welchem deutschen König schien schon die Fähigkeit, den lange währenden Disput zwischen Staufern und Welfen zu beseitigen, in die Wiege gelegt zu sein?
Friedrich I. Barbarossa (1122–90), der als Sohn einer Welfin und eines Staufers zur Welt kam.

Welcher Stadtstaat ist mit 1,8 Millionen Einwohnern die zweitgrößte Stadt Deutschlands und einer der wichtigsten Seehäfen?
Hamburg.

Wie hieß der Verband, der nach einem Appell der NSDAP zur Unterstützung der Wehrmacht und zur „Verteidigung des Heimatbodens" ausgesandt wurde, jedoch nur geringe militärische Wirkung erzielte?

Deutscher Volkssturm. Geschätzt wird, dass über 700 Bataillone gegen Ende des Zweiten Weltkrieges zum Einsatz kamen.

Wie heißt der höchste japanische Orden, der 1878 vom Kaiser Meiji (1852–1912) gestiftet wurde?

Meiji

Chrysanthemen-Orden. Diese Blume gilt schon seit ihrer Bezeichnung durch Plinius den Älteren (23–79) als „Gold-Blüte" und ist noch heute auf dem japanischen Kaisersiegel zu sehen.

Wie hieß der nationalsozialistische Polizeiapparat zur Ausschaltung unliebsamer politischer Gegner, der unter der Führung Himmlers (1900–45) und Heydrichs (1904–42) über nahezu unbeschränkte Macht verfügte?

a) **Ge**heime **Sta**ats**po**lizei (Gestapo)
b) **B**undes**k**riminal**a**mt (BKA)
c) **K**asernierte **V**olks**p**artei (KVP)
d) **Z**entrale **K**räfte **S**chutzpolizei (ZKS)

a) **Ge**heime **Sta**ats**po**lizei (Gestapo)

Wie heißt der nördliche Teil der Autobahn A 115 im Südwesten Berlins, der 1921 erstmals als ausschließliche Autostraße für den öffentlichen Verkehr freigegeben wurde?

AVUS (**A**utomobil-, **V**erkehrs- und **Ü**bungs-**S**traße). Bis 1998 fanden dort auch an Wochenenden Rennsportveranstaltungen statt.

Welcher Vertrag eröffnete 1990 Deutschland die Möglichkeit, in die NATO einzutreten, und war gleichzeitig die Voraussetzung für die Zustimmung der Siegermächte zur Wiedervereinigung?

Der Zwei-plus-Vier-Vertrag, den die Sieger des Zweiten Weltkrieges mit beiden deutschen Staaten schlossen. Die Deutschen erkannten die Nachkriegsgrenzen an und erklärten ihren Verzicht auf ABC-Waffen.

Aus welchen zwei Teilen entstand 1919 das Saarland?

Aus der preußischen Rheinprovinz und der bayerischen Pfalz. 15 Jahre unterstand es dem Völkerbund und ab 1935 wieder dem Deutschen Reich. Erst 1957 wurde die Eingliederung in die BRD beschlossen.

Wie hieß die von den Abbasiden ausgerottete Sippe, die einst als Kalifendynastie aus dem Orient vertrieben wurde?

Omaijaden.

Wie nannte man die Beamten, denen in der Römischen Republik die Armee unterstand und die – wie beispielsweise Napoleon (1769–1821) – Gesetze erlassen, Offiziere, Richter, Senatsmitglieder und Beamte ernennen und entlassen konnten?

a) Prätor
b) Zensor
c) Quästor
d) Konsul

d) Konsul
Seit dem 19. Jahrhundert ist die Position administrativ und diplomatisch für ökonomische Auslandstätigkeiten besetzt.

Wo fanden die Prozesse gegen die Hauptverantwortlichen des Zweiten Weltkrieges und für das nationalsozialistische Deutsche Reich vom 20. November 1945 bis zum 1. Oktober 1949 statt?

In Nürnberg. Wegen ihrer Verbrechen gegen die Menschlichkeit, der Tötung oder Misshandlung von Kriegsgefangenen, der Hinrichtung von Geiseln und Verschleppung zur Zwangsarbeit sowie der Verantwortlichkeit für den Angriffskrieg wurden viele Angeklagte zum Tod oder zu langen Haftstrafen verurteilt. Weitere Nachfolgeprozesse schlossen sich an.

Welches Gesetz regelt die Löhne für alle Beamten, Soldaten und Richter in der BRD?

Das Bundesbesoldungsgesetz. Seit 2006 dürfen die Länder jedoch für ihre Beamten und Richter im föderativen Sinne Landesbesoldungsgesetze erlassen.

Wie nannten sich die Südstaaten nach ihrer Abspaltung (Sezession) 1861 von den USA?

Konföderierte Staaten von Amerika (**C**onfederate **S**tates of **A**merica, CSA). Präsident Lincoln (1809–65) jedoch akzeptierte diese angestrebte Unabhängigkeit nicht. Schon 1865 löste sich der Staatenbund infolge der Niederlage im Sezessionskrieg auf.

Abraham Lincoln

Wie hieß der Gründer der chinesischen Qin-Dynastie, der auch erster Kaiser des Landes wurde?

Shihuangdi (259–21 v. Chr.).

In welchem Jahr wurde der letzte Block des unrühmlich in die Geschichte eingegangenen Kernkraftwerkes Tschernobyl stillgelegt?

a) 1986
b) 1991
c) 2000
d) 2006

c) 2000
Einst arbeiteten 9000 Mitarbeiter im Kraftwerk. Noch heute sind viele Menschen mit Überwachungs- und Wartungsarbeiten dort beschäftigt.

Zu welchem Land gehören die beiden ehemaligen niederländischen Kolonien Sumatra und Java heute?

Zu Indonesien.

Wonach sind die Girondisten benannt, die als Partei des Großbürgertums ab 1791 in Frankreich als Gegner der konstitutionellen Monarchie auftraten?

Nach dem Département Gironde mit der Hauptstadt Bordeaux, aus dem viele Abgeordnete der Nationalversammlung stammten.

Wie hießen die im Zuge der Märzrevolution 1848/49 einberufenen Regierungen von Staaten des Deutschen Bundes, die mit der Ablösung konservativer Ministerien dann eine gemäßigt-liberale Richtung einschlugen?

Märzkabinette.

Wer war Hanns Martin Schleyer (1915–77)?

Ein deutscher NS-Funktionär und späterer Arbeitgeberpräsident des **B**undesverbandes der **D**eutschen **I**ndustrie (BDI). Während des „Deutschen Herbstes" wurde er von Mitgliedern der RAF entführt und hingerichtet, als die Regierung nicht auf deren Forderungen einging.

Wie hieß der Präsident des „Volksgerichtshofes", der als Strafrichter für seine Todesurteile zur NS-Zeit berüchtigt war?

Roland Freisler (1893–1945). Er führte den Vorsitz in vielen Schauprozessen von Regimegegnern wie z.B. Hans (1918–43) und Sophie Scholl (1921–43).

Wer wurde im Jahr 27 v. Chr. römischer Kaiser und beendete damit gleichzeitig die um 510 entstandene Römische Republik?

Augustus (63–14 v. Chr.).

Wie heißt Karl-Theodor zu Guttenberg mit vollem Namen?

Karl Theodor Maria Nikolaus Johann Jacob Philipp Franz Joseph Sylvester Freiherr von und zu Guttenberg (*1971). Er war von 2009 bis 2011 Verteidigungsminister und trat aufgrund der Plagiatsaffäre um seine Dissertation von seinem Posten zurück. Die Universität Bayreuth entzog ihm zudem den Doktortitel.

Karl-Theodor zu Guttenberg

Wie hieß das 1904 geschlossene Bündnis zwischen dem Vereinigten Königreich und Frankreich, dem drei Jahre später noch Russland beitrat?

Entente Cordiale (herzliches Einverständnis). Großbritannien wollte im Russisch-Japanischen Krieg nicht auf Frankreich, den Bündnispartner Russlands, treffen. Der Vertrag regelte die Vorherrschaft über Marokko, das an Frankreich fiel, und Ägypten, welches an Großbritannien ging. Deutschland blieb somit vor dem Ersten Weltkrieg Außenseiter, da Wilhelm II. (1859–1941) Verhandlungen ablehnte.

Es war das kurzlebigste der Sieben Weltwunder, da es ein Erdbeben zwischen 227 und 223 v. Chr. zum Einsturz brachte. Das riesige Standbild zeigte den Sonnengott Helios und wurde binnen zwölf Jahren erbaut. **Welche Bronzestatue ist gemeint?**

Der Koloss von Rhodos.

Wie heißt der monumentale Altar aus dem zweiten Jahrhundert v. Chr., dessen Friese nach ihrer Freilegung wieder zusammengesetzt wurden und der nun in der Antikensammlung auf der Berliner Museumsinsel ausgestellt ist?

Pergamonaltar. Eumenes II. (221–158 v. Chr.), der König von Pergamon, ließ ihn errichten.

Schleswig-Holstein ist …

a) … das nördlichste Bundesland der BRD.
b) … 1954 gegründet worden.
c) … nach der Bevölkerungsdichte das bevölkerungsreichste Bundesland.
d) … niemals preußische Provinz gewesen.

a) … das nördlichste Bundesland der BRD.

In welchem Jahr war der spätere Bundespräsident Johannes Rau (1931–2006) Kanzlerkandidat der SPD?

1987. Nach der letzten Wahl vor der Wiedervereinigung wurde die bisher schwarz-gelbe Koalition unter Helmut Kohl (*1930) fortgeführt.

Welcher Dynastie gehörte der für seine traditionelle Auffassung eines Kaiserreiches bekannte Wilhelm II. von Preußen (1859–1941) an?

Den Hohenzollern. Der militaristische Kaiser war besonders technik- und fortschrittsgläubig, legte sehr viel Wert auf das internationale Ansehen des Reiches und wollte mit aller Kraft sein Land als Weltmacht etablieren, obwohl er selbst eher geringe militärische und wirtschaftliche Kenntnisse besaß.

Welches Land gilt als die „Wiege der Demokratie", obwohl in seiner Historie auch verschiedene Staatsformen herrschten?

a) die USA
b) Griechenland
c) Schweden
d) Italien

b) Griechenland
Dabei gilt der Stadtstaat Athen mit seinen Reformern als Ausgangspunkt für die Machtverschiebung zum Volk hin.

Wie viele Staaten gehören derzeit der OSZE, der Organisation für Sicherheit und Zusammenarbeit in Europa, an?

56: alle Länder Europas, die USA, Kanada sowie die Nachfolgestaaten der Sowjetunion.

Was ist das StGB?

Das Strafgesetzbuch der BRD, das die Hauptpunkte des materiellen Strafrechts regelt.

Was war die „Kleindeutsche Lösung"?

Ein Konzept für den Zusammenschluss der Länder des Deutschen Bundes, von dem Österreich – im Gegensatz zur Großdeutschen Lösung – ausgeschlossen blieb. 1867 wurde der Norddeutsche Bund unter Preußens Führung gegründet, nachdem dieses in der Schlacht von Königgrätz siegreich über Österreich gewesen war. 1871 wurde dieser dann zum Deutschen Reich ausgeweitet.

Wie hieß die Mutter des französischen Königs, die in das Massaker in der Bartholomäusnacht am 23. August 1572 verwickelt war, weil sie den Protestantismus in ihrem Land aufhalten wollte?

Katharina von Medici (1519–89). Die Protestanten waren anlässlich der Hochzeit ihrer Tochter mit dem Protestanten Heinrich von Navarra (1553–1610), die eigentlich die Hugenottenkriege besiegeln sollte, in Paris. In dem Massaker entluden sich die religiösen Streitigkeiten der letzten Jahre, ausgelöst durch ein Attentat auf den Admiral und Hugenottenführer Coligny (1519–72).

Zwischen welchen drei Kontinenten blühte ab 1500 ein reger Handel?

Europa, Afrika und Amerika. In dem atlantischen Dreieckshandel wurden europäische Waren gegen Sklaven aus Afrika getauscht, die dann von Europa aus gegen Rohstoffe nach Amerika verschifft wurden.

Welcher Osnabrücker CDU-Politiker trat 2010 das Amt als zehntes deutsches Staatsoberhaupt an?

Christian Wulff (*1959).

Welcher Vertrag legte nach dem Zweiten Weltkrieg die „ordnungsgemäße Überführung weiter Bevölkerungsteile" in die vier Besatzungszonen fest?

Das Potsdamer Abkommen. Die Vertreibung der Ostdeutschen aus Ost- und Südosteuropa konnte somit voranschreiten. Über zwölf Millionen Menschen mussten ihre Heimat verlassen.

Wie lautet die Bezeichnung für den historischen Abschnitt der restaurativen oppositionellen Bestrebungen zwischen 1815 und 1848/49, die in der Kunst und Literaturgeschichte auch unter dem Namen Biedermeier bekannt ist?

a) Julikrise
b) Novemberrevolution
c) Glorious Revolution
d) Vormärz

d) Vormärz

Was waren die Plebejer im Alten Rom?

Das vorwiegend aus Bauern und Handwerkern bestehende Volk, das nach den Ständekämpfen mit römischen Rechten ausgestattet war, gehörte nicht dem alten Adel (den Patriziern) an. Heute wird der Begriff pejorativ als Synonym für ungebildete oder pöbelhafte Menschen verwendet.

Wer wurde im Jahr 2009 als erster Afroamerikaner in das Amt des Präsidenten der Vereinigten Staaten von Amerika gewählt und schon im selben Jahr mit dem Friedensnobelpreis ausgezeichnet?

Barack Obama (*1961).

Was ist eine Materialschlacht?

Ein Kampf, bei dem eine enorme Menge an Truppen, Kriegsmaterial und Waffen zum Einsatz kommt und bei der die Zahl der Opfer gewöhnlich besonders hoch ist.

Wofür ist das Haus Nr. 10 in der Downing Street der Londoner Innenstadt bekannt?

Es ist seit 1902 der Sitz des Premierministers von Großbritannien. Eine Ausnahme bildete die Familie Blair, die aufgrund ihrer Größe das Haus Nummer 11, das für den Schatzmeister vorgesehen ist, bewohnte.

Wann begann der Bürgerkrieg in Bosnien-Herzegowina, der erst durch das Daytoner Friedensabkommen 1995 beendet wurde?

1991. Auslöser war die Unabhängigkeitserklärung Bosniens an Jugoslawien im selben Jahr.

Frank-Walter Steinmeier (*1956) wurde 2005 zum Bundesminister im Auswärtigen Amt berufen. **Welcher Partei gehört er an?**

a) der CDU
b) der CSU
c) der SPD
d) keiner

c) der SPD

Frank-Walter Steinmeier

Wie heißt das Meeresgebiet zwischen dem dänischen Jütland und der Westküste Schwedens?

Kattegat.

Wer nannte sich Zydowska Organizacja Bojowa (ZOB)?

Eine jüdische Kampforganisation im Warschauer Getto, die vom 18. Januar bis zum 16. Mai 1943 mit einem organisierten Aufstand die Auflösung des Gettos und die Ermordung der restlichen Einwohner aufschieben konnte.

Wie hieß die These, die US-Präsident Eisenhower (1890–1969) im Rahmen des Ost-West-Konfliktes verkündete und nach welcher nach der kommunistischen Machtübernahme eines Landes diese Ideologie auch auf die Nachbarländer übergreifen würde?

Domino-Theorie.

Welche Stadt liegt teilweise in Europa, teilweise in Asien?

Istanbul. Mit 5,5 Millionen Einwohnern ist sie die größte Stadt der Türkei. Die Stadt hatte auch schon mehrere Namen: Bei ihrer Gründung hieß sie Byzanz, anschließend Konstantinopel. Istanbul heißt sie offiziell erst seit 1930.

Warum ist ein Ozonloch gefährlich?

Die Ozonschicht ist für die Lebewesen auf der Erde ein Schutz vor kurzwelliger ultravioletter Strahlung, die vor allem das Erbgut nachhaltig schädigen kann. Ein Ozonloch ist ein Bereich in der Atmosphäre, in dem diese Schicht zerstört ist.

Wie heißt die längste Gebirgskette der Welt?

Anden. Sie durchziehen in drei bis vier Gebirgszügen, den sogenannten Kordilleren, Südamerika am westlichen Rand von Norden bis Süden. Ihr höchster Berg ist der Aconcagua mit 6960 Metern.

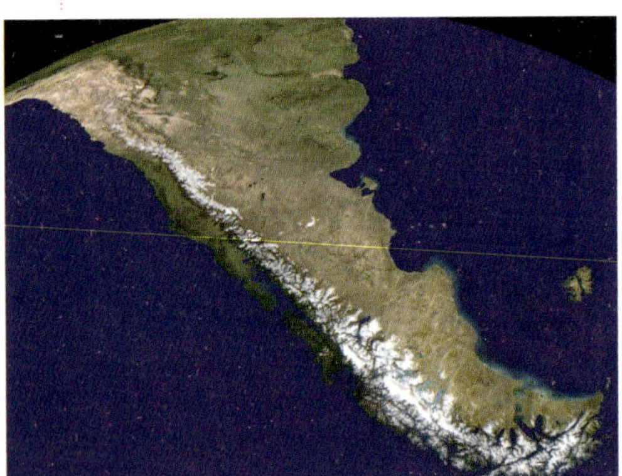

Die Anden von oben

Was ist das Äquinoktium?

Die sogenannte Tagundnachtgleiche, also der Tag, an dem Tag und Nacht gleich lang sind. Dies geschieht, wenn die Sonne am 21. März (zum Frühlingsanfang) und zum 23. September (zum Herbstanfang) durch den Himmelsäquator läuft.

Wie heißt der höchste Gipfel der Alpen?

a) Großglockner c) Matterhorn
b) Zugspitze d) Mont Blanc

d) Mont Blanc
Der Mont Blanc ist mit 4809 Metern der höchste der 128 Viertausender, die die Alpen zu bieten haben.

Der Bodensee wird von drei Ländern umschlossen. Welche Länder sind das?

Deutschland, Österreich und die Schweiz. In Deutschland liegen die beiden Bundesländer Bayern und Baden-Württemberg am Bodensee.

An wie viele Staaten grenzt die Bundesrepublik Deutschland?

a) sieben c) neun
b) acht d) zehn

c) neun
Im Osten grenzt Deutschland an Polen und Tschechien, im Süden an Österreich und die Schweiz, im Westen und Nordwesten an Frankreich, Luxemburg, Belgien und die Niederlande, im Norden an Dänemark.

Was sind Protuberanzen?
Die Sonne bogenförmig oder flammenartig umgebende Lichterscheinungen. Bei totalen Sonnenfinsternissen sind sie mit bloßem Auge am Rand der vom Mond verdunkelten Sonnenscheibe als wolkenartige Zungen zu erkennen.

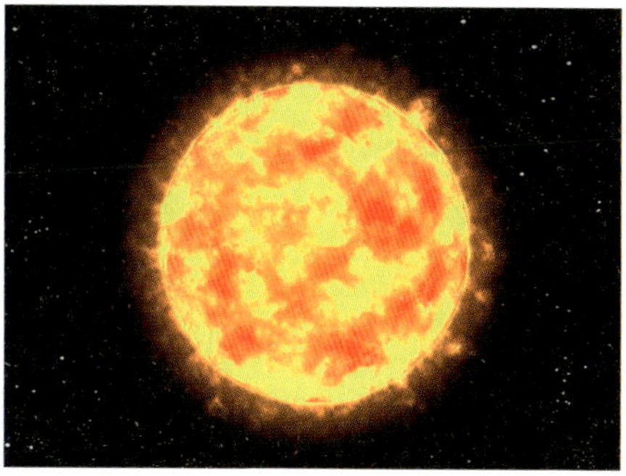

Protuberanzen

Was versteht man unter einem Meridian?
a) einen besonderen Reiseführer
b) einen halben Längenkreis auf der Erde
c) einen Kreis, der parallel zum Äquator verläuft
d) den Schnittpunkt eines Längen- und eines Breitenkreises

b) einen halben Längenkreis auf der Erde
Ein Meridian ist ein halber Längenkreis, der senkrecht zum Äquator steht und durch einen der beiden Pole verläuft.

Was ist eine Supernova?
Bei einer Supernova leuchtet ein Stern kurz vor dem Ende seiner Lebenszeit sehr hell auf. Früher wurde ein Stern, der plötzlich dort erschien, wo zuvor keiner zu sehen war, als Nova (lat. nova stella = neuer Stern) bezeichnet. Der Ausdruck ist jedoch irreführend, denn der Stern existiert schon vorher. Er wird nur durch eine Art Ausbruch plötzlich viel heller und dadurch sichtbar.

Wie heißt die Hauptstadt von Kolumbien?
Bogotá ist die Hauptstadt und zugleich größte Stadt.

Auf seinen drei großen Südseereisen entdeckte er Länder und Inseln und kartografierte deren Küsten. 1779 geschah dann das Unglück: Nachdem es auf Hawaii bereits mehrfach zu Missverständnissen zwischen den Einheimischen und dem Entdecker und seiner Mannschaft gekommen war, eskalierte eines Tages die Lage und der Entdecker wurde während eines Scharmützels von Hawaiianern erstochen. **Wer war der Mann?**
James Cook (1728–79).

Was ist der Apennin?
a) ein See
b) ein Gebirge
c) eine Steppe
d) ein Fluss

b) ein Gebirge
Der Apennin durchzieht Italien von Genua im Norden bis in den äußersten Süden zur Straße von Messina. Seine Zentralkette wird Abruzzen genannt, der höchste Gipfel ist der Corno Grande (2912 Meter).

Welchen Umfang hat die Erde?

a) ca. 10.000 Kilometer
b) ca. 25.000 Kilometer
c) ca. 40.000 Kilometer
d) ca. 55.000 Kilometer

c) ca. 40.000 Kilometer

Gibt es auf dem Mond Wasser?

Ja – in Form von Eis. 1996 entdeckte die Raumsonde Clementine bei der Untersuchung der Mondoberfläche per Radiowellen einen bis zu 30 Meter dicken Eispanzer.

Was ist der Unterschied zwischen Braunkohle und Steinkohle?

Die unterschiedliche Festigkeit und der Gehalt an Kohlenstoff. Beide Kohlenarten entstanden aus Sumpfmoorwäldern, die luftdicht abgedeckt und dann durch großen Druck verfestigt wurden. Braunkohle ist weniger fest, also quasi ein Vorstadium von Steinkohle, die einen höheren Kohlenstoffgehalt hat.

Raumsonden
Durch die immer besser werdende Technik gelang es in den letzten Jahren, Sonden zu weit entfernten Gestirnen zu schicken. So untersucht Galileo seit 1997 den Jupitermond Europa und ebenfalls in diesem Jahr startete Cassini-Huygens in Richtung des Saturnmondes Titan. Bereits seit 1979 sind Voyager 1 und 2 im All unterwegs. Ihre Mission ergab neue Erkenntnisse über die Ausdehnung des Sonnensystems. Ulysses/SOHO ist mit der Untersuchung der Sonne beauftragt.

Was bezeichnet man als Watt?

Das Übergangsgebiet vom festen Land zum Meer an einer flachen Gezeitenküste. Es wird bei Flut vom Meer überspült und fällt bei Ebbe trocken. Das Watt besteht aus Schlick und Sand.

Sandwatt Amrum

Wie heißt der nördlichste der drei baltischen Staaten?

a) Estland
b) Lettland
c) Litauen
d) Weißrussland

a) Estland
Zu den baltischen Staaten zählen außerdem noch Lettland und Litauen; Weißrussland gehört nicht dazu.

Welcher Teil der USA gehörte einmal zu Russland?

Alaska. 1867 verkaufte Russland den heutigen 49. Bundesstaat der USA für

7,2 Millionen Dollar an die Vereinigten Staaten. Die reichen Erdgas- und Erdölvorkommen im Norden Alaskas waren damals noch nicht bekannt.

Was haben St. Moritz, Kufstein und Rosenheim gemeinsam?

a) Sie haben mehr als 100.000 Einwohner.
b) Sie liegen am Inn.
c) Sie liegen in Österreich.
d) Sie haben eine U-Bahn.

b) Sie liegen am Inn.

Welches Gas hat den größten Anteil an der Erdatmosphäre?

a) Sauerstoff c) Kohlendioxid
b) Stickstoff d) Wasserdampf

b) Stickstoff
Die wichtigsten Bestandteile der Erdatmosphäre sind Stickstoff mit 77 %, Sauerstoff mit 20,7 %, Wasserdampf mit 1,3 % und das Edelgas Argon mit 0,9 %. Die restlichen 0,1 % werden von Kohlendioxid, den Edelgasen Neon, Helium, Krypton und Radon sowie einigen anderen Gasen gebildet.

Welches Gebirge trennt Sachsen von der Tschechischen Republik?

Das Erzgebirge. Sein Name geht auf die reichen Erzvorkommen zurück, die dort schon seit dem frühen Mittelalter bekannt sind. Nach dem Rückgang der Erzproduktion bildete sich im 19. Jahrhundert die Herstellung von Holzspielzeug als neuer Erwerbszweig aus.

Was bezeichnen Astronomen als Galaxie?

Spiralförmige, meist elliptische Gebilde im Universum, die aus etwa einer Billion Sternen bestehen, wie z. B. unsere Milchstraße. Das Alter der ältesten Galaxien wird auf über 13 Milliarden Jahre geschätzt.

Wie heißt der größte See Europas?

a) Gardasee c) Bodensee
b) Genfer See d) Ladogasee

d) Ladogasee
Es ist der nördlich von St. Petersburg in Russland nahe der Grenze zu Finnland gelegene Ladogasee mit 17.703 km².

Regenbogen über dem Ladogasee

Was sind koronale Löcher?

Auf Röntgenaufnahmen der Sonne fallen neben den hellen Leuchterscheinungen des Gases in der heißen Korona auch ausgedehnte dunkle Gebiete auf, die als koronale Löcher bezeichnet werden. Diese Löcher sind Regionen, in denen die Magnetfeldlinien offen sind, d. h. weit in den Raum hinausreichen, wodurch die geladenen Teilchen der Korona in den Weltraum entweichen können. Koronale Löcher sind also als Ursprung des sogenannten Sonnenwindes anzusehen.

Die Grenzen welcher Länder stoßen in der Stadt Basel zusammen?

Die Grenzen Frankreichs, Deutschlands und der Schweiz. Basel ist mit etwas über 200.000 Einwohnern nach Zürich die größte Stadt der Schweiz.

Auf der Karibikinsel Hispaniola liegen zwei Länder. Wie heißen sie?

Haiti und Dominikanische Republik. Die Dominikanische Republik im Ostteil der Insel ist fast doppelt so groß wie Haiti im Westen.

Was bezeichnet man als Weltraummüll?

Dabei handelt es sich um ausgediente Satelliten, Reste abgebrannter und abgesprengter Raketenstufen oder auch Abfälle früherer Unternehmungen. Sie stellen inzwischen eine ernst zu nehmende Gefahr für Satelliten, Raumstationen oder auch das Hubble-Weltraumteleskop dar.

In welchem Land ist Buenos Aires die Hauptstadt?

In Argentinien. Knapp ein Drittel aller Argentinier wohnen in der Metropolregion Buenos Aires (11,5 Millionen).

Was ist ein Leitfossil?

Leitfossilien sind Versteinerungen von Lebewesen oder Pflanzen, die sehr häufig vorkommen, aber nur in einer kurzen Zeitspanne entstanden sind. Anhand von Leitfossilien lassen sich Gesteinsschichten in die Erdgeschichte einordnen und somit andere Funde datieren.

Fossil

Welches südamerikanische Land wurde als Heimat der Gauchos und des Tangos bekannt?

Argentinien. Die Gauchos, die südamerikanischen Cowboys, hüten zwar auch die Viehherden in den Nachbarländern Uruguay, Brasilien und Paraguay, aber weltbekannt wurden sie als Symbol für Argentinien.

Wie viele Binnenstaaten gibt es in Südamerika?

Nur zwei: Paraguay und Bolivien. Alle anderen Länder in Südamerika liegen am Meer.

Zu welchem Land gehören die Galapagosinseln?

Die westlich von Südamerika am Äquator liegenden Galapagosinseln gehören heute zu Ecuador. Sie wurden von der UNESCO zum Welterbe der Natur erklärt.

Welcher Fluss fließt durch den Grand Canyon in Arizona/USA?

a) Colorado River
b) Mississippi
c) Rio Grande
d) Red River

a) Colorado River

Welches ist der längste Fluss in Deutschland?

a) Donau
b) Rhein
c) Elbe
d) Oder

a) Donau

Wo liegt die Costa del Sol?

In Spanien. Die „Sonnenküste" ist eine beliebte Ferienregion an der spanischen Küste zwischen Gibraltar und Almería mit bekannten Ferienorten wie Marbella und Málaga.

Wie heißt das Flussgebiet, das 100 Kilometer südöstlich von Berlin liegt?

Spreewald. 70 Kilometer lang und etwa 15 Kilometer breit ist das Biosphärenreservat von zahlreichen Wasserläufen durchzogen. Das Flussgebiet ist ein in Europa nahezu einmaliges Beispiel für eine binnenländische Auenlandschaft.

Aus wie vielen Bundesländern besteht Deutschland?

a) 11
b) 12
c) 15
d) 16

d) 16 (Baden-Württemberg, Bayern, Berlin, Brandenburg, Bremen, Hamburg, Hessen, Mecklenburg-Vorpommern, Niedersachsen, Nordrhein-Westfalen, Rheinland-Pfalz, Saarland, Sachsen, Sachsen-Anhalt, Schleswig-Holstein, Thüringen)

Die 16 Bundesländer

Wie heißt die Hauptstadt von Afghanistan?

Kabul, in dem über drei Millionen Menschen leben.

Wie heißt das Gebiet um den Südpol und wie das um den Nordpol?

Die Antarktis ist das Land- und Meeresgebiet um den Südpol. Die Region rund um den Nordpol wird Arktis genannt.

Von wie vielen Staaten ist das Schwarze Meer umgeben?

a) drei
b) vier
c) fünf
d) sechs

d) sechs
Anrainerstaaten des Schwarzen Meeres sind: Ukraine, Russland, Georgien, Türkei, Bulgarien und Rumänien.

Das Schwarze Meer aus dem Weltall

Wie heißt der größte deutsche Umweltverband?

BUND – **B**und für **U**mwelt und **N**aturschutz **D**eutschland. Der BUND wurde im Jahr 1975 von 21 Männern und Frauen gegründet und hat heute fast 400.000 Mitglieder.

Was ist ein Schwarzes Loch?

Als Schwarze Löcher werden Himmelskörper mit einer Anziehungskraft bezeichnet, die so stark ist, dass von ihnen weder Licht noch elektromagnetische Strahlung ausgeht. Sie lassen sich daher nur durch Effekte feststellen, die sie auf ihre Umgebung haben. Ein Hinweis auf das Vorhandensein eines Schwarzen Loches ist z.B. die hohe Beschleunigung von Gasen in einer Region.

Wie heißt das Satellitennavigationssystem der Europäischen Weltraumbehörde?

Galileo. Die Europäische Raumfahrtbehörde (ESA) geht mit Galileo in Konkurrenz zu den bestehenden amerikanischen und russischen Navigationssystemen GPS und GLONASS. Die ESA will 30 Satelliten in 23.600 Kilometern Höhe in die Erdumlaufbahn bringen.

In welche Staaten löste sich während der 1990er-Jahre Jugoslawien auf?

In Slowenien, Kroatien, Bosnien-Herzegowina, Mazedonien und die Bundesrepublik Jugoslawien. Die Bundesrepublik Jugoslawien benannte sich 2003 um in „Serbien und Montenegro". 2006 erklärte Montenegro dann seine Unabhängigkeit. 2008 folgte die Provinz Kosovo, deren Unabhängigkeit von Serbien allerdings nicht von allen Ländern anerkannt wird.

Seit wann kennt man die Größe der Erde?

Der griechische Gelehrte Eratosthenes (um 290–214 v. Chr.) errechnete als Erster – bereits relativ genau – den Umfang der Erdkugel. Dazu maß er mittags am Tag der Sommersonnenwende in Alexandria die Schattenlänge eines Stabes. Da er wusste, dass die Sonne am gleichen Tag in Syene senkrecht am Himmel stand, also keinen Schatten warf, konnte er aus dieser Winkeldifferenz und der Entfernung zwischen Alexandria und Syene den Umfang der Erde bestimmen.

Welcher offene Sternhaufen befindet sich im Sternbild Stier?

Die Plejaden. Bemerkenswert sind die bläulich leuchtenden Nebel, die sich um die größeren Sterne gruppieren. Es sind Reflexionsnebel, gestreutes Licht der Sterne, welche sich an Staub und Partikeln im All brechen.

Die Plejaden

Wie heißen die sechs europäischen Zwergstaaten?

Andorra, Liechtenstein, Malta, Monaco, San Marino und Vatikanstadt.

Was ist ein Roter Riese?

Wenn bei Sternen wie unserer Sonne der Vorrat an Wasserstoff verbraucht ist, fallen sie in sich zusammen, wobei es zu Kernfusionen kommt, die den Stern aufblähen. In der Folge bildet sich eine vom Kern entfernte Hülle, die bis zu 100.000 Jahre nachleuchtet, während der Kern immer mehr schrumpft.

Lebensdauer unserer Sonne
Da Astronomen die Lebensdauer unserer Sonne auf zehn Milliarden Jahre schätzen, von denen etwa 4,6 Milliarden vorbei sind, besteht noch kein Anlass, sich Sorgen zu machen.

Was ist das Deutsche Eck?

a) ein Gasthof
b) eine Landzunge
c) ein Berg
d) eine Straßenkreuzung

b) eine Landzunge
Als Deutsches Eck wird eine Landzunge in Koblenz an der Mündung der Mosel in den Rhein bezeichnet.

Was versteht man unter dem Maghreb?

Als Maghreb wird der Westen der arabischen Welt, also die drei Staaten Marokko, Algerien und Tunesien bezeichnet.

Welche Inseln gehören zu den Kanarischen Inseln?

Die großen Inseln sind Teneriffa, Fuerteventura, Lanzarote und Gran Canaria, die kleineren El Hierro, La Palma und La Gomera.

Wo liegen Delhi und Neu-Delhi?

Sie sind benachbarte Städte in Indien. Da Neu-Delhi und die ältere Stadt Delhi eine Einheit bilden, werden in Indien meist beide Städte zusammen einfach nur Delhi genannt.

Wie viele Bundesstaaten umfassen die USA?

a) 46 c) 50
b) 48 d) 52

c) 50

Welches Land nennt man auch das „Land der 1000 Seen"?

Finnland. Während der Eiszeiten lagen über Skandinavien teilweise mehrere Hundert Meter dicke Gletscher. Ihre Vorwärtsbewegung hinterließ in der Landschaft zahlreiche Mulden, die heute oft von Seen gefüllt sind.

Was sagen die keplerschen Gesetze aus?

Sie treffen Aussagen über die Bewegung von Planeten. Das erste Keplergesetz besagt, dass die Planeten sich elliptisch um die Sonne bewegen. Das zweite lautet: Die Verbindungslinie zwischen Sonne und Planet überstreicht in gleichen Zeiten gleich große Flächen. Aus diesem Gesetz folgt, dass sich die Planeten auf ihrer Bahn mit unterschiedlicher Geschwindigkeit bewegen. Mit dem dritten keplerschen Gesetz kann man die relativen Entfernungen der Planeten allein aus ihren Umlaufzeiten bestimmen.

Was ist ein Tsunami?

Außergewöhnlich hohe Meereswellen, die durch Seebeben, Vulkanausbrüche oder Rutschungen ausgelöst werden.

Welches ist der flächenmäßig größte Kontinent?

a) Afrika c) Amerika
b) Europa d) Asien

d) Asien
Mit etwa 44 Millionen km^2 ist Asien der größte Kontinent, gefolgt von Amerika (42 Mio. km^2), Afrika (30 Mio. km^2), Europa (10 Mio. km^2) und Australien (9 Mio. km^2).

Asien

Um welches Erdzeitalter wurde 2004 die geologische Zeitskala offiziell erweitert?

Um das Ediacarium. Es bezeichnet den Zeitraum von 600 Millionen bis 542 Millionen Jahren vor unserer Zeit. Es ist damit der jüngste Abschnitt im chronostratigrafischen System.

Zu welcher europäischen Hauptstadt gehört der Hafen Piräus?

a) zu Lissabon
c) zu Athen
b) zu Neapel
d) zu Istanbul

c) zu Athen
Von einem kleinen Nachbarort entwickelte sich Piräus zu einem Teil des städtischen Ballungsraumes rund um die bereits seit der Antike bestehende Metropole.

Die Hauptstadt welchen Landes ist Amman?

Jordaniens.

Welche Stadt ist nach London die zweitgrößte EU-Metropole?

a) Berlin
c) Brüssel
b) Wien
d) Madrid

a) Berlin
Die Hauptstadt Deutschlands ist mit 3,4 Millionen Einwohnern nicht nur die größte Stadt Deutschlands, sondern nach Einwohnern auch die zweitgrößte sowie nach Fläche die fünftgrößte Stadt der EU.

Was ist Konvektion?

Jeder Stern erzeugt in seinem Zentrum Energie durch die Fusion von Wasserstoffkernen zu Heliumkernen. Es gibt zwei Möglichkeiten, wie diese Energie zur Oberfläche gelangt, von wo er sie abstrahlt: in Form von elektromagnetischer Strahlung oder als aufsteigende Blasen heißen Gases, die ihre Energie an kühlere Schichten abgeben und wieder nach unten sinken. Diese zweite Form des Energietransports wird Konvektion genannt.

Im September 1971 machte sich eine kleine Gruppe von Friedensaktivisten auf den Weg, um einen Atomtest auf den Aleuteninseln zu verhindern. Wie nannte sich die Gruppe?

a) WWF
b) Bund Naturschutz
c) Greenpeace
d) NABU

c) Greenpeace

Greenpeace-Logo

Was sind die Dardanellen und wo liegen sie?

Als Dardanellen bezeichnet man die Meerenge zwischen der Ägäis und dem Marmarameer, von wo aus Schiffe durch den Bosporus ins Schwarze Meer gelangen können.

Zwischen welchen beiden Ländern verläuft die längste Grenze?

Zwischen den USA und Kanada mit knapp 9000 Kilometern.

Was sind Kometen?

Bei Kometen handelt es sich um kleine Himmelskörper, die in langen elliptischen Bahnen um die Sonne kreisen. In der Nähe der Sonne verdampfen die äußeren Schichten und es bildet sich der charakteristische leuchtende Schweif.

Wie heißt das Gebirge zwischen dem Schwarzen und dem Kaspischen Meer?

Kaukasus, ein etwa 1100 Kilometer langes Hochgebirge.

Wie heißt das trockenste Gebiet der Erde?

Atacamawüste. Sie liegt im Norden von Chile, im sogenannten Regenschatten der Anden, und bietet aufgrund ihrer extremen Trockenheit Sternwarten optimale Bedingungen. Einige Wetterstationen dort haben in ihrer Geschichte noch keinen Tropfen Niederschlag gemessen, allerdings kommt es ca. alle zehn Jahre zu sehr heftigen Niederschlägen in Teilen der Wüste.

Salar de Talar in der Atacamawüste

Wie heißt der größte Planet unseres Sonnensystems?

Jupiter. Mit einem Durchmesser von 142.870 Kilometern ist er 317-mal so groß wie unsere Erde. Da er wesentlich weiter von der Sonne entfernt ist, braucht er etwa zwölf Jahre, um die Sonne zu umrunden. Aus demselben Grund beträgt die Temperatur an seiner Oberfläche auch nur etwa -130 Grad Celsius.

Was ist ein Archipel?

Eine inselreiche Meergegend, also eine Inselgruppe und das Meer, das sie umschließt.

Wo liegt Mesopotamien?

Das sogenannte Zweistromland liegt im Gebiet des heutigen Irak zwischen den Flüssen Euphrat und Tigris. Hier entstanden bereits vor 6000 Jahren die ersten Hochkulturen von Völkern wie Sumerern, Babyloniern und Assyrern.

Wie heißt das größte Bundesland Österreichs?

a) Steiermark
b) Niederösterreich
c) Vorarlberg
d) Kärnten

b) Niederösterreich
Mit 19.178 km² ist das Bundesland das größte von Österreich, gefolgt von der Steiermark mit 16.388 km².

Welches Gebirge bestimmt die Landschaft des Elsass?

Die Vogesen, ein Mittelgebirge in Ostfrankreich. Die höchsten Berge findet man im Südteil der Vogesen, während sie nach Norden hin langsam in einer Hügellandschaft auslaufen.

Wo liegt die Inselgruppe der Pityusen?

Die Pityusen, bestehend aus Ibiza, Formentera und weiteren kleinen Inseln, bilden zusammen mit Mallorca und Menorca die Balearen. Sie gehören zu Spanien und liegen östlich davon im Mittelmeer.

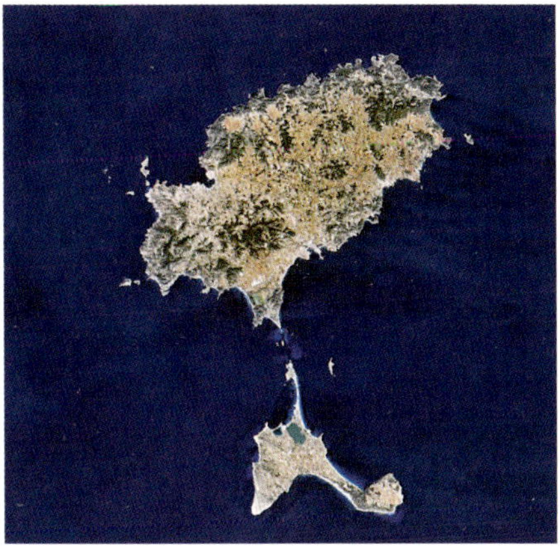

Satellitenbild von Ibiza und Formentera

Welcher Planet wird auch als Roter Planet bezeichnet?

Der Mars, der der Erde am nächsten gelegene Planet unseres Sonnensystems. Die Färbung geht auf Eisenoxidstaub zurück.

Welche Länder verbindet der Große St. Bernhard, der Alpenpass zwischen Montblanc und Matterhorn?

a) Italien und Frankreich
b) Schweiz und Italien
c) Deutschland und Italien
d) Schweiz und Frankreich

b) Schweiz und Italien

Wie heißt die Hauptstadt von Albanien?

Tirana, das erst seit 1920 zur Hauptstadt ernannt wurde.

Wo liegen die Kykladen?

Die Kykladen sind eine Inselgruppe im Ägäischen Meer und gehören zu Griechenland. Zu ihnen gehören u. a. Naxos, Paros, Santorin und Kea.

Wo findet man die tiefste Landsenke?

Beim Toten Meer: Die Senke liegt 422 m unter NN, also unter dem Meeresspiegel.

Wie heißt der nördlichste Teil der spanischen Mittelmeerküste?

Costa Brava. Sie reicht von Barcelona bis Kap Creus nahe der französischen Grenze. Zudem ist sie sehr felsig und durch zahlreiche malerische Buchten besonders reizvoll.

Wie heißt die Südspitze Afrikas?

a) Kap Hoorn
b) Kap der Guten Hoffnung
c) Kap Agulhas
d) Kap Verde

c) Kap Agulhas
Und nicht, wie oft angenommen, das Kap der Guten Hoffnung. Kap Agulhas liegt mehr als 150 Kilometer südöstlich vom Kap der Guten Hoffnung. Kap Hoorn ist die Südspitze Südamerikas, Kap Verde die Westspitze Afrikas.

Warum bleibt ein Satellit auf seiner Erdumlaufbahn?

Ein Satellit, also ein künstlicher Flugkörper, wird mithilfe einer Rakete oder einer Raumfähre mit einer vorher exakt berechneten Geschwindigkeit auf eine Umlaufbahn gebracht, die gewährleistet, dass die Erdanziehungskraft, die auf den Satelliten wirkt, und die Fliehkraft des Satelliten genau im Gleichgewicht sind.

Ein Satellit, der um die Erde kreist

In welchem Gebirge liegt der K2, der zweithöchste Berg der Welt?

Der 8611 Meter hohe K2 befindet sich im Karakorum, einem Gebirge in Zentralasien. Das Hochgebirge trennt die Provinz Kaschmir von China.

Wo liegt der größte europäische Binnenhafen?

a) Saarlouis c) Dresden
b) Berlin d) Duisburg

d) Duisburg
Bereits 1716 wurden in Duisburg erste Hafenanlagen gebaut. Heutzutage erstreckt sich das Hafengebiet über eine Fläche von 1000 Hektar mit über 21 Hafenbecken.

Wie heißt das Mittelgebirge in Oberfranken, dessen höchste Erhebung der Schneeberg ist?

Fichtelgebirge. Das stark bewaldete Gebirge ist eines der ältesten in Deutschland.

Bei Gewittern entsteht elektrische Spannung, die sich als Blitz entlädt. Doch was ist der Donner?

Der Donner entsteht dadurch, dass sich die Luft, durch die der Blitz rast, sehr stark erhitzt. Dabei dehnt sie sich schlagartig aus. Dieses Ausdehnen verursacht dann das bedrohliche Geräusch.

In welchem Land leben die Magyaren?

Die Ungarn bezeichnen sich selbst so, ihr Land nennen sie Magyarország. In Budapest leben über zwei der insgesamt mehr als zehn Millionen Einwohner Ungarns.

Wie heißt die Hauptstadt Indiens?

a) Mumbai c) Bangalore
b) Neu-Delhi d) Kalkutta

b) Neu-Delhi
Mumbai ist mit über 13 Millionen Einwohnern zwar größer, aber Neu-Delhi, die zweitgrößte Stadt Indiens, ist Regierungssitz.

Was befindet sich am rechten Rheinufer bei Sankt Goarshausen?

Der Loreleyfelsen. Wenige 100 Meter vom Aussichtspunkt entfernt befindet sich die 1939 erbaute Loreley-Freilichtbühne, wo gelegentlich Großveranstaltungen wie Rockkonzerte stattfinden.

Wann wurde die NASA gegründet?

a) 1948 c) 1958
b) 1953 d) 1963

c) 1958
Die NASA, eigentlich **N**ational **A**eronautic **S**pace **A**dministration, wurde 1958 gegründet. Bereits elf Jahre später konnte die NASA mit der Landung von Menschen auf dem Mond einen großen Triumph feiern.

Wofür ist der im Himalaja gelegene Berg Chomolungma bekannt?

Er ist mit 8848 Metern der höchste Berg der Welt. Chomolungma ist der tibetische Name für den Mount Everest – unter diesem Namen wurde er wesentlich bekannter.

Welcher Planet ist am hellsten?

a) Venus c) Jupiter
b) Mars d) Saturn

a) Venus
Nach Merkur ist sie der sonnennächste Planet unseres Sonnensystems. Sie leuchtet nicht aus sich selbst heraus, sondern wird wie alle anderen Planeten von der Sonne angestrahlt und reflektiert das Licht. Auf der Erde ist sie wegen ihrer Helligkeit auch als Morgen- und Abendstern zu sehen.

Venus

Welcher Fluss verbindet die Städte München und Landshut?

Die Isar. Der Fluss entspringt im österreichischen Karwendel, fließt durch Bad Tölz, München und Landshut und mündet schließlich nach 295 Kilometern bei Deggendorf in die Donau.

Wie heißt der berühmte Geograf, nach dem eine Berliner Universität benannt wurde?

Alexander Freiherr von Humboldt (1769–1859). Seine Arbeiten auf den Gebieten der Vulkanforschung, der Erforschung des Erdmagnetismus und der Klimakunde waren wegweisend für die zukünftige Wissenschaft. Seine ausgedehnten Reisen führten ihn in unerforschte Gebiete in Südamerika und in den asiatischen Teil Russlands.

Wo liegen die Antillen?

In der Karibik. Sie setzen sich zusammen aus den Inseln über dem Winde und den Inseln unter dem Winde, die sich vor der Küste Venezuelas erstrecken.

In welches Land muss man reisen, um Patagonien zu besuchen?

a) Bolivien c) Chile
b) Argentinien d) Peru

b) Argentinien
Patagonien ist ein trockenes Steppenland am Fuße der südlichen Anden. Die Ureinwohner, die Patagonier, sind heute fast vollständig von europäischen Siedlern verdrängt worden.

Als Wahrzeichen welcher Stadt ist der Tafelberg bekannt?

Der Tafelberg erhebt sich in der Nähe von Kapstadt. Die Stadt ist Sitz des südafrikanischen Parlaments und verfügt über einen natürlichen Hafen an der ins Meer hinausragenden Landzunge, an deren Spitze das Kap der Guten Hoffnung liegt.

Der Tafelberg bei Kapstadt

Welche der folgenden europäischen Flüsse ist der längste?

a) Donau c) Wolga
b) Elbe d) Rhein

c) Wolga
Die Wolga ist mit 3531 Kilometern der längste Fluss Europas und damit länger als die Donau, mit 2850 Kilometern der zweitlängste Fluss Europas. Es folgen der Rhein mit 1233 Kilometern sowie die Elbe mit 1095 Kilometern.

Zu welchem Land gehören die Azoren und wo findet man sie?

Zu Portugal. Die Inselgruppe befindet sich etwa 1190 Kilometer westlich des Festlandes von Portugal im Atlantik.

Welcher See ist der tiefste der Welt?

Der Baikalsee. Er ist ein außerordentlich bedeutsames Süßwasserreservoir: 20 % der nicht im Eis der Polkappen gebundenen Süßwasservorräte sollen in ihm enthalten sein. In letzter Zeit ist der See von zunehmender Umweltverschmutzung bedroht.

Funkeln die Sterne tatsächlich?

Das Funkeln der Sterne wird durch die Erdatmosphäre verursacht. Nachts wird es kühler, die Erdoberfläche strahlt aber noch Wärme ab. Diese Wärme verursacht Turbulenzen in der Luft. Die von den Sternen kommenden Lichtstrahlen werden in diesen Turbulenzen abgelenkt, was von uns als Funkeln wahrgenommen wird.

Welches Meer liegt zwischen Ägypten und Saudi-Arabien?

Das Rote Meer. Es ist mit 440.000 km^2 ungefähr so groß wie Deutschland und Österreich zusammen.

Welche Stadt wurde früher oft als „Paris des Nahen Ostens" bezeichnet?

Beirut, die Hauptstadt des Libanon. Vor dem 16 Jahre dauernden Libanesischen Bürgerkrieg blühte hier das kulturelle und wirtschaftliche Leben.

Was ist El Niño?

El Niño ist eine Klimaanomalie, die sich hauptsächlich im Pazifikraum zwischen der Westküste Südamerikas und dem südostasiatischen Raum ereignet, genauer gesagt das Auftreten ungewöhnlicher Strömungen. Der Name des ozeanisch-atmosphärischen Phänomens ist auf den Zeitpunkt seines Auftretens in der Weihnachtszeit zurückzuführen (span. el niño = der Junge, das Kind).

La Niña

Wenn La Niña im Pazifikraum ihr Unwesen treibt, was meist im Anschluss an El Niño passiert, geschehen genau die umgekehrten Ereignisse. Dadurch werden die typischen Klimaverhältnisse der betroffenen Regionen noch verstärkt. In Südostasien bedeutet dies, dass die heftigen Regenfälle wieder für Abkühlung sorgen. In Südamerika dagegen beginnen die Wüsten wieder auszudörren.

Wo gibt es tropische Regenwälder?

Tropische Regenwälder gibt es nur in immerfeuchten tropischen Klimazonen: in Süd- und Mittelamerika, Afrika, Südasien und Australien beidseits des Äquators bis etwa zum zehnten Breitengrad.

Regenwald in Australien

Wo liegen die Ardennen?

Zum größten Teil im Südosten Belgiens, teilweise aber auch in Frankreich und Luxemburg. Die Ardennen sind ein Waldgebirge.

Was ist das flächenmäßig größte Land der Welt?

Russland, mit über 17.000 km^2.

In welchem deutschen Mittelgebirge ist der Brocken der höchste Berg?

Im Harz. Der 1142 Meter hohe Berg ist Teil eines Nationalparks im nordöstlichsten der deutschen Mittelgebirge.

Sind alle Planeten auch Sterne?
Nein, die Planeten unseres Sonnensystems, also Merkur, Venus, Erde, Mars, Jupiter, Saturn, Uranus und Neptun, erscheinen uns als Sterne, da sie das von der Sonne empfangene Licht reflektieren. Nur Fixsterne wie unsere Sonne leuchten aus sich selbst heraus. Planeten aus anderen Sonnensystemen sind daher nicht hell genug, um mit bloßem Auge von der Erde aus gesehen zu werden.

Das Sonnensystem

1961 flog der erste Mensch ins All. Wie hieß er?
Juri Gagarin (1934–68). Der sowjetische Kosmonaut umkreiste die Erde in nicht einmal zwei Stunden.

Mit welchem Gegenstand wird die Form Italiens oft verglichen?
Mit einem Stiefel. Kalabrien bildet die Stiefelspitze, Apulien den Absatz, Lazio und Toskana die vordere Seite des Stiefelschaftes und die Emilia Romagna befindet sich dort, wo der Stiefelschaft endet und die Lombardei beginnt.

An welchem Fluss liegt die ägyptische Hauptstadt Kairo?
Am Nil. Er entspringt in Ruanda, durchfließt den Victoriasee und nimmt im Sudan den aus dem äthiopischen Hochland kommenden Blauen Nil auf. Nördlich von Kairo verzweigt sich der Nil in ein weitläufiges Delta.

Wie heißt die tiefste Meeressenke?
Marianengraben. Er ist über elf Kilometer tief.

Wodurch wurde der Londoner Stadtteil Greenwich für die ganze Welt wichtig?
Hier verläuft der Nullmeridian. Der Nullmeridian ist ein Halbkreis senkrecht zum Äquator, der durch Nord- und Südpol verläuft. Er unterteilt die Erde in östliche und westliche geografische Länge.

Was ist der Öresund, der Schweden und Dänemark voneinander trennt?
a) eine Meerenge c) ein Kanal
b) ein Gebirge d) ein Fluss

a) eine Meerenge

Welchen See nennen die Ungarn Balaton?
Den mit rund 600 km^2 größten See Mitteleuropas, den Plattensee. Neben der ungarischen Hauptstadt Budapest ist er das beliebteste Touristenziel des Landes.

Welcher Fluss mündet ins Tote Meer?

Der Jordan. Er ist der Hauptzufluss des Toten Meeres. Der hohe Anteil an Salz – sechsmal mehr als im Ozeanwasser – und anderen Feststoffen bewirkt, dass Menschen im Wasser des Toten Meeres nicht untergehen können. Nur einige Mikroorganismen können in dem salzhaltigen Wasser überleben.

Wie lautet der Name des Sternensystems, das unserer Milchstraße am nächsten liegt?

Andromedanebel. Er bildet wie unsere Galaxis einen Spiralnebel und kann gerade noch mit bloßem Auge beobachtet werden.

Welche Länder grenzen an den Kosovo?

Im Westen Albanien, im Norden Montenegro, im Osten Serbien und im Süden Mazedonien. Nach dem Krieg Serbiens gegen den Kosovo in den 1990er-Jahren erklärte sich die Republik Kosovo im Februar 2008 für unabhängig und wurde von einigen UN-Mitgliedsstaaten bereits anerkannt.

Die Flagge Kosovos

Wie warm ist es im Inneren der Erde?

Je tiefer man ins Erdinnere vordringt, umso wärmer wird es. Bei uns in Mitteleuropa nimmt die Temperatur um etwa drei Grad Celsius pro 100 Meter Tiefe zu. Heute geht man davon aus, dass im Kern der Erde Temperaturen von etwa 5000 bis 6000 Grad Celsius herrschen.

Wie viele Einwohner hat Deutschland?

a) ca. 49 Millionen
b) ca. 61 Millionen
c) ca. 82 Millionen
d) ca. 98 Millionen

c) ca. 82 Millionen

In welches Meer ragt die Halbinsel Krim hinein?

Im Süden der Ukraine gelegen ragt sie in der Form einer Raute weit in das Schwarze Meer und trennt dieses vom Asowschen Meer.

Welche der folgenden Inseln hat die größte Fläche?

a) Sumatra
b) Großbritannien
c) Madagaskar
d) Island

c) Madagaskar
Auf die 587.000 km² große Insel folgen Sumatra (443.000 km²), Großbritannien (216.770 km²) und Island (103.000 km²).

Welches ist die meistgesprochene Sprache der Welt?

Hochchinesisch: Mehr als 900 Millionen Menschen sprechen diese Sprache. Hindi in Indien sprechen immerhin noch 600 Millionen Menschen, Englisch, schließlich an dritter Stelle, über 500 Millionen.

Welches der folgenden Gesteine ist kein Vulkangestein?

a) Basalt
b) Obsidian
c) Granit
d) Grauwacke

d) Grauwacke
Die Grauwacke ist ein meist graugrünes Gestein, das aus Quarz, Feldspat, Chlorid- und Glimmerplättchen besteht.

Zu welchem Land gehört die Mittelmeerinsel Korsika?

Seit 1768 zu Frankreich. Korsikas Hauptstadt ist Ajaccio. Die Insel ist mit Badestränden, Küstenstädtchen, Gebirgsseen, Bergdörfern und alpiner Wildnis äußerst vielseitig.

Die Lage Korsikas

Wie heißt die äußerste Schicht der Erde?

Erdkruste. Wie viele andere Himmelskörper besitzt die Erde einen schalenförmigen Aufbau. Die drei Hauptschalen der Erde sind Erdkruste, Erdmantel und Erdkern. Die Erdkruste besteht aus Gesteinsmassen, deren Dicke zwischen zehn und 70 Kilometern schwankt.

Durch welche Länder fließt der Euphrat?

Der Euphrat beginnt seinen Lauf in der östlichen Türkei und fließt dann quer durch Syrien in den Irak, bevor er mit dem Tigris zusammenfließt und als Schatt el Arab in den Persischen Golf mündet.

Wie wird die Südküste Portugals genannt?

Algarve. Die beliebte Ferienregion ist vor allem für die malerische Steilküste mit Buchten und Klippen bekannt.

Wie heißen die drei größten deutschen Inseln?

Rügen, Usedom und Fehmarn. Sie liegen alle in der Ostsee.

Was strebten die Amerikaner mit ihrem Apollo-Raumfahrtprogramm an?

a) die Umrundung der Erde
b) die Zerstörung eines Meteoriten
c) die Entdeckung Außerirdischer
d) die Landung auf dem Mond

d) die Landung auf dem Mond
Die Mission „Apollo 11" erreichte dieses Ziel am 21. Juli 1969, als Neil Alden Armstrong (*1930) aus der Mondfähre Eagle ausstieg und als erster Mensch den Mond betrat.

Wo liegt das Ijsselmeer?
Der Süßwassersee liegt in den Niederlanden, nördlich von Amsterdam.

Wie heißt die Hauptstadt der Schweiz?
Sie hat keine – zumindest der Verfassung nach. Regierungssitz ist Bern.

Welche Kurorte in der Schweiz, in Österreich und in Deutschland haben – fast – denselben Namen?
Baden bei Zürich, Baden bei Wien und Baden-Baden in Deutschland.

Welches Gebirge trennt Frankreich und Spanien?
Die Pyrenäen. Sie sind 430 Kilometer lang und erstrecken sich vom atlantischen Golf von Biskaya im Westen bis zum Mittelmeer im Osten.

Wie heißt die Hauptstadt von Rumänien?
a) Bukarest c) Sofia
b) Budapest d) Kiew

a) Bukarest
Budapest ist die Hauptstadt von Ungarn, Sofia die von Bulgarien und Kiew die der Ukraine.

Aus was besteht die Sonne?
Neben Wasserstoff (ca. 75 %) ist Helium (ca. 25 %) der Hauptbestandteil der Sonne.

An welchem Fluss liegt Bagdad?
Die Stadt, die früher Sitz der Kalifen war und heute als Hauptstadt des Irak immer noch Bedeutung besitzt, liegt am Tigris.

Von welchem Land wird die größte Insel der Welt außenpolitisch vertreten?
a) Schweden c) Dänemark
b) Finnland d) Norwegen

c) Dänemark
Die größte Insel der Erde ist Grönland, das innenpolitisch komplett unabhängig ist, jedoch in allen außenpolitischen Angelegenheiten von Dänemark vertreten wird.

Was ist ein Pulsar?
Ein sich schnell drehender Neutronenstern, der Radiowellen abstrahlt.

An welchem See liegt Lausanne?
Am Genfer See. Lausanne ist politisches Zentrum des Kantons Waadt und gehört zur französischsprachigen Schweiz.

Genfer See

Wie alt ist das älteste Gestein auf der Erde?

Das älteste noch vorhandene Gestein ist der ca. vier Milliarden Jahre alte Acasta-Gneis aus der Slave-Province in Kanada. Natürlich gab es schon vorher Gesteine. Diese wurden aber im Laufe der Jahrmillionen erodiert oder anderweitig umgearbeitet und können deshalb nicht mehr bestimmt werden.

Wie heißt der 50. Bundesstaat der Vereinigten Staaten von Amerika?

Hawaii. Seit 1898 gehört die Insel mit der Hauptstadt Honolulu zum US-Territorium.

Was ist eine Bussole?

Ein Kompass mit Peilvorrichtung.

Wie heißt der älteste Handelsweg der Welt und wer benannte ihn?

Spätestens seit dem 2. Jahrhundert v. Chr. diente die Seidenstraße Händlern, Forschenden und Reisenden als Verbindungsweg von China bis an die Küsten des Mittelmeeres. Benannt wurde die Karawanenstraße von dem deutschen Geografen und Geologen Freiherr Ferdinand von Richthofen (1833–1905) nach dem wichtigsten Handelsgut, der Seide.

Welches Land hat die höchste Einwohnerdichte der Welt?

Es ist das Fürstentum Monaco mit über 30.000 Einwohnern auf 2 km².

Was feiert man am 21./22. Juni?

Die Sommersonnenwende. An diesem Tag erreicht die Sonne während ihres jährlichen Laufs den nördlichen Wendekreis und steht über diesem senkrecht im Zenit.

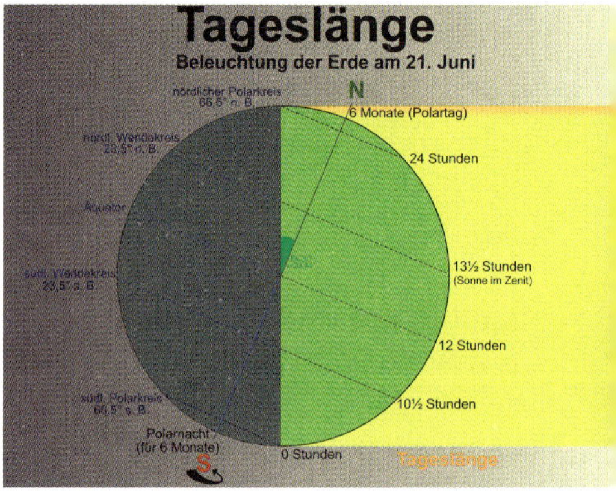

Tageslänge zur Sommersonnenwende am 21. Juni

Warum entweicht die Luft nicht ins Weltall?

Sie wird durch die Erdanziehungskraft daran gehindert.

Welcher Unterschied besteht zwischen Meteor und Meteorit?

Ein Meteorit ist ein Gesteinsbrocken aus dem All, der, wenn er in den Bereich der Erdanziehung gelangt, entweder in der Erdatmosphäre verglüht oder auf der Erde einschlägt. Er kann riesige Einschlagkrater wie das Nördlinger Ries in Bayern und Baden-Württemberg hinterlassen. Verglüht der Meteorit in der Erdatmosphäre, dann sieht man ihn am Himmel als Meteor. Dieses Phänomen ist auch unter dem Namen „Sternschnuppe" bekannt.

Wo findet man das Quartier Latin?

a) Paris
b) Toronto
c) Port-au-Prince
d) Monaco

a) Paris
Das Quartier Latin ist das Studentenviertel der französischen Metropole, das sich im 5. Arrondissement rund um die Universitäten und insbesondere die Sorbonne erstreckt.

Wo findet man Kap Arkona?

Auf der größten deutschen Insel Rügen. Kap Arkona bildet den nördlichsten Punkt der Insel, die Steilküste mit den berühmten Kreidefelsen liegt im Nordosten.

Kap Arkona

In welcher südostasiatischen Hauptstadt kann man auf schwimmenden Märkten einkaufen?

In Bangkok, der Hauptstadt von Thailand. Der Kern der Hafenstadt wurde auf Schwemmland erbaut und wird von drei Flüssen sowie einem großen Kanal umschlossen. Früher war das „Venedig des Ostens" von unzähligen Kanälen durchzogen, und auch heute noch wird hier – jedoch eher als touristische Attraktion – Gemüse von Boot zu Boot verkauft.

Kosmologie
Kosmologie setzt sich aus den griechischen Wörtern „kosmos", dem Weltall, und „logos", der Lehre, zusammen, ist also die Lehre vom Weltall. Sie beschäftigt sich mit den großen Strukturen, der Entstehung und der Entwicklung des Weltalls.

Welche Insel ist für ihre Blaue Grotte bekannt?

Capri. Die italienische Insel liegt im Golf von Neapel.

Was ist die Amtssprache der folgenden Länder?

1. Mali
2. Andorra
3. Bahamas
4. Honduras
5. Kuba
6. Libyen
7. Neuseeland
8. Taiwan
9. Somalia
10. Pakistan

1. Französisch, 2. Katalanisch, 3. Englisch, 4. Spanisch, 5. Spanisch, 6. Arabisch, 7. Englisch, 8. Mandarin, 9. Somali, 10. Urdu

Was ist der Brahmaputra?

Asiens wasserreichster Fluss. Er entspringt im Westen Tibets und fließt als Tsangpo in einem langen Quertal des Himalaja nach Osten. Schließlich fließt er nach Süden in die indische Region

Assam, bevor er mit dem Ganges zusammenfließt und in Bangladesch in den Indischen Ozean mündet.

Was ist das Engadin?

So wird der 96 Kilometer lange, obere Teil des Inntals genannt, der sich im schweizerischen Kanton Graubünden befindet. Bekannte Orte wie St. Moritz oder imposante Bergmassive wie Silvretta und Bernina haben das Engadin zu einer beliebten Ferienregion gemacht.

Wie nennt man die französische Riviera?

Côte d'Azur. Ferienorte wie St. Tropez, Cannes und Nizza sind weltbekannt.

In Italien gibt es tatsächlich eine Provinz, in der die Mehrheit der Bevölkerung Deutsch spricht. **Wie heißt sie?**

Südtirol. Meran, Bozen und Bruneck sind wegen des angenehmen Klimas und der imposanten Berglandschaft der Dolomiten schon seit Langem beliebte Ferienorte.

Wie heißt die Hauptstadt des österreichischen Bundeslandes Steiermark?

a) Graz c) Innsbruck
b) Linz d) Klagenfurt

a) Graz
Die Steiermark reicht vom fast 3000 Meter hohen Dachsteinmassiv im Westen bis an die Ausläufer der ungarischen Tiefebene im Osten.

Was ist die Amtssprache in Brasilien?

Portugiesisch. Zu Beginn der kolonialen Expansion Portugals und Spaniens gehörte Brasilien zu Portugal. Also setzte sich dort Portugiesisch als Amtssprache durch.

Wie hieß die russische Raumstation, die 2001 zum Absturz gebracht wurde?

Mir (russ. Мир = Frieden, Welt). Sie war seit 1986 im All. Über 70 Raumfahrer hielten sich auf der fast ständig bemannten Station auf. Durch die sich häufenden Pannen geriet Mir zunehmend in die Schlagzeilen.

Raumstation Mir

Wie hat das Universum begonnen?

Nach der gängigsten Theorie entstand der Kosmos durch einen plötzlichen explosionsartigen Vorgang, den Urknall. Seit dieser Zeit dehnt sich das Universum mit zunehmender Geschwindigkeit aus.

Welches Mineral kommt auf der Erde am häufigsten vor?

Quarz. Es kommt in vielen Formen vor und ist als Bergkristall, Achat oder Feuerstein bekannt. Quarzsand ist ein Hauptbestandteil bei der Glasherstellung.

Welches ist das flächenmäßig größte Bundesland Deutschlands?

a) Nordrhein-Westfalen
b) Bayern
c) Niedersachsen
d) Baden-Württemberg

b) Bayern

Wie heißt der südlichste Punkt Südamerikas?

Auf dem Festland ist es die zu Chile gehörende Halbinsel Brunswick. Nur durch einen schmalen Meeresarm, die Magellanstraße, davon getrennt liegt etwas weiter südlich die Insel Feuerland, die sich Chile und Argentinien teilen. An der Südspitze von Feuerland findet sich eine Gruppe kleiner Inseln mit dem berühmten Kap Hoorn.

Es gibt zwei verschiedene Formen von Tropfsteinen: Solche, die von der Decke herabhängen, und solche, die vom Boden nach oben wachsen. Wie heißen sie?

Die nach oben wachsenden Steine heißen Stalagmiten, die nach unten wachsenden Stalaktiten. Sie sind aus Kalksinter und wachsen nur sehr langsam: acht bis 15 Millimeter in 100 Jahren.

Welcher Maler machte die Insel Tahiti in Europa bekannt?

Der französische Maler Paul Gauguin (1848–1903).

Selbstbildnis Paul Gauguins

In welche Stadt kommt man, wenn man in Kehl den Rhein überquert?

Nach Straßbourg, die Hauptstadt des Elsass.

Aus welchen drei Kantonen ging die heutige Schweiz hervor?

Aus den Kantonen Uri, Schwyz und Unterwalden. Die bereits seit 1291 bestehenden Urkantone und die ihnen inzwischen angeschlossenen Städte und Kantone errangen nach den Schlachten von Morgarten (1315) und Sempach (1386) ihre Freiheit.

Welches ist das einwohnerreichste Land der Welt?

China mit 1329,3 Millionen Einwohnern, gefolgt von Indien mit etwa 1129,9 Millionen; erst weit dahinter kommen die USA an dritter Stelle mit 305,5 Millionen Einwohnern.

Warum ist für Astronomen eine Mondfinsternis keine echte Finsternis?

Weil im Gegensatz zur Sonnenfinsternis der Himmelskörper nicht bedeckt, sondern nur durch den Erdschatten beschattet wird, und zwar, wenn unser Planet genau zwischen Sonne und Mond steht.

Welcher Fluss ist der längste Nordamerikas?

Der Mississippi. Auf seinen 3778 Kilometern durchquert er zehn Bundesstaaten der USA.

Was ist auf der Flagge von Alaska dargestellt?

Auf der Flagge sind acht goldene Sterne auf blauem Grund zu sehen, die den Großen Wagen und den Polarstern abbilden.

Flagge Alaskas

Was ist eine Nachtwolke?

Nachtwolken sind leuchtende Wolken, die durch eine Ansammlung von Eiskristallen in großer Höhe entstehen. Aufgrund dieser Höhe werden sie auch nach Sonnenuntergang noch von der Sonne angestrahlt und reflektieren das Licht – sie leuchten.

Wie heißt der größte Inselstaat der Welt?

Indonesien. Der Staat umfasst über 17.000 Inseln, auf denen 240 Millionen Einwohner leben.

Welche Stadt ist die brückenreichste Europas?

a) Venedig c) Hamburg
b) Amsterdam b) Prag

c) Hamburg
Die Alster wird in der Stadtmitte aufgestaut, wodurch eine Art innerstädtischer Binnensee entsteht. Dieser „See" ist in Binnen- und Außenalster geteilt. Diese werden durch unzählige Fleete, Flüsschen und Kanäle gespeist, überspannt von mehr als 2500 Brücken. Hamburg hat damit mehr Brücken als Venedig und Amsterdam zusammen.

Welcher antike Astronom entwickelte das geozentrische Weltbild?

Claudius Ptolemäus (100–170 n. Chr.) entwickelte das Weltbild mit der Erde als Mittelpunkt, das bis ins späte Mittelalter die Wissenschaft beherrschte und dann allmählich vom heliozentrischen Weltbild des Nikolaus Kopernikus (1473–1543) abgelöst wurde.

Was ist das Wahrzeichen der dänischen Hauptstadt?

Die Statue der kleinen Meerjungfrau, die in der dänischen Hauptstadt Kopenhagen an der Uferpromenade der Langelinie aufgestellt ist. Mit der Statue ehren die Dänen ihren durch seine Märchen bekannt gewordenen Dichter Hans Christian Andersen (1805–75).

Über welchen Kanal führt die Fährroute von Dover nach Calais?

Über den Ärmelkanal. Die beiden Städte liegen nur 34 Kilometer voneinander entfernt. Die Überfahrt dauert ungefähr 1,5 Stunden.

Was ist der Monsun?

a) ein Tiefdruckgebiet
b) ein Hochdruckgebiet
c) ein Wind
d) ein Taifun

c) ein Wind
Der Monsun ist ein Wind, der im Indischen Ozean im jahreszeitlichen Wechsel seine Richtung ändert. Der Sommermonsun dauert von April bis Oktober und wird von starken Regenfällen begleitet.

Welche Länder gehören zum Nahen Osten?

Die Länder Asiens und Afrikas, die an das östliche Mittelmeer grenzen. Das sind Ägypten, Israel, Libanon, Syrien und die Türkei. Oft werden jedoch auch noch Staaten der arabischen Halbinsel (v. a. Jordanien, Kuwait und Saudi-Arabien) sowie die Länder am Persischen Golf (Irak, Iran, Bahrain, Vereinigte Arabische Emirate und Oman) dazugezählt.

Welche Stadt wird oft als „Venedig des Nordens" bezeichnet?

Amsterdam. Die Kanäle, die dort Grachten heißen, durchziehen die ganze Stadt. Mit über 720.000 Einwohnern ist sie die bevölkerungsreichste Stadt der Niederlande und gleichzeitig die Hauptstadt. Der Regierungssitz ist im 50 Kilometer weiter südlich gelegenen Den Haag, wo auch die Königsfamilie ihren Wohnsitz hat.

Gracht in Amsterdam

Sylt ist die größte der Nordfriesischen Inseln. Welche Inseln gehören noch dazu?

Die größeren der Nordfriesischen Inseln, die sich vor der Westküste Schleswig-Holsteins erstrecken, sind – neben Sylt – Föhr, Amrum, Pellworm und Nordstrand. Die größte Insel Sylt ist durch den Hindenburgdamm mit dem Festland verbunden.

Wie heißt der den Hindus heilige Fluss in Nordindien?

Ganges. Der 2700 Kilometer lange Fluss fließt durch eine fruchtbare Region, in der intensiv Landwirtschaft betrieben wird. Er mündet in einem breiten Delta in Bangladesch in den Indischen Ozean.

Wie heißt die Volksgruppe, die in der französischen Bretagne lebt?

Die Bretonen, die zur Volksgruppe der Kelten gehören und deren Nachfahren heute außer in der Bretagne noch in Wales und Irland anzutreffen sind.

Wofür steht das Siegel mit dem Blauen Engel?

Das Bundesumweltamt verleiht dieses Siegel seit 1978 für Produkte mit besonderer Umweltverträglichkeit. Der Blaue Engel ist das erste und bekannteste Umweltprüfsiegel der Welt.

Umgangssprachlich sagt man manchmal „Das liegt in der Pampa", um damit die Abgeschiedenheit eines Ortes auszudrücken. **Wo liegt die Pampa eigentlich?**

Pampa ist der in Südamerika gebräuchliche Name für die besonders in Argentinien weit verbreitete Steppe.

Was ist eine Schummerung auf einer Landkarte?

Eine Schummerung ist ein Schatteneffekt, der Erhebungen fast plastisch hervortreten lässt. Damit hat der Kartograf zusätzliche grafische Gestaltungsmöglichkeiten, um dem Laien die Lage und das Aussehen von Bergen und Gebirgen zu verdeutlichen.

Wofür wurde Gerhard Mercator bekannt?

Mercator (1512–94) fertigte den ersten Atlas an. Sein postum erschienenes Sammelwerk aus dem Jahr 1595 enthielt 107 Karten. Nach dem Geografen wurde die von ihm entwickelte Mercatorprojektion benannt.

Gerhard Mercator, Kupferstich

Wer betreibt die Raumstation ISS?

Die Internationale Raumstation (**I**nternational **S**pace **S**tation) ist ein Gemeinschaftswerk von Russland, Kanada, Japan, den USA und den zwölf Mitgliedsstaaten der Europäischen Raumfahrtorganisation ESA.

Wie kommt das Salz ins Meer?

a) aus der Luft
b) über Bäche und Flüsse
c) aus dem Meeresboden
d) über unterirdische Vulkanaktivität

b) über Bäche und Flüsse
Sie schwemmen im Lauf der Zeit stetig Minerale aus dem Gestein aus, so auch Salz.

Welche der größten Revolutionen in der Geschichte der Astronomie leitete Nikolaus Kopernikus (1473–1543) ein?

Er begründete das heliozentrische Weltbild. Der bedeutende Astronom des Mittelalters ging davon aus, dass sich nicht die Erde, sondern die Sonne im Zentrum unseres Planetensystems befindet.

In welchem Land erhebt sich die Sierra Maestra?

In Kuba. Hier steigt der Gebirgszug aus dem Tiefland auf und erreicht mit dem höchsten Berg des Landes, dem Pico Turquino, fast 2000 Meter Höhe.

Alaska ist fast ein Fünftel so groß wie der Rest der USA. **Wie heißt der zweitgrößte Bundesstaat?**

Texas ist fast doppelt so groß wie die Bundesrepublik Deutschland und reich an Erdöl und Erdgas. Bekannte Städte sind Dallas, Houston mit dem Raumfahrtkontrollzentrum und die Hauptstadt Austin.

Gibt es in Deutschland Vulkane?

Aktive Vulkane gibt es in Deutschland keine. Zeugen vulkanischer Tätigkeit finden sich jedoch an mehreren Stellen: Die Maare in der Eifel sind die Kraterlöcher ehemaliger Vulkane, der Kaiserstuhl in Baden ist ein ehemaliger Vulkankegel und auch der Vogelsberg im Hessischen Bergland ist vulkanischen Ursprungs.

Welche Meere verbindet der Panamakanal?

a) Schwarzes Meer und Mittelmeer
b) Pazifischen Ozean und Atlantischen Ozean
c) Mittelmeer und Atlantischen Ozean
d) Pazifischen Ozean und Indischen Ozean

b) Pazifischen Ozean und Atlantischen Ozean
Der Panamakanal ist 81 Kilometer lang und durchschneidet die Landenge von Panama in Mittelamerika.

Panamakanal

Wie heißt die chinesische Stadt mit der höchsten Einwohnerzahl?

Shanghai. Obwohl die Schätzungen über die Einwohnerzahl stark schwanken, dürfte die Stadt mit fast acht Millionen Einwohnern Chinas bevölkerungsreichste Stadt sein. Hongkong und Peking mit jeweils rund sechs Millionen folgen jedoch dicht dahinter.

Wo liegt die vielfach besungene Sierra Madre?

a) Chile c) Ecuador
b) Argentinien d) Mexiko

d) Mexiko
Die Sierra Madre del Sur ist ein Gebirgszug, der sich über 1000 Kilometer erstreckt.

Was ist der Kohlensack?

a) ein Gebirgszug in Siebenbürgen
b) eine Tropfsteinhöhle in der Schweiz
c) eine Dunkelwolke im Universum
d) eine Tiefseerinne im Pazifischen Ozean

c) eine Dunkelwolke im Universum
Die bekannteste Dunkelwolke im Sternbild Kreuz des Südens hebt sich deutlich gegen den hellen Hintergrund der Milchstraße ab.

Welchen Planeten untersuchten die amerikanische Raumsonde Pathfinder und das Roboterauto Sojourner?

Den Mars. 1997 erreichte die Sonde Pathfinder eine Umlaufbahn und schickte anschließend mit dem solarbetriebenen Roboterauto Sojourner eine Landefähre auf die Oberfläche des Planeten. Bis März 1998 analysierte Sojourner Gesteinsproben und konnte das Vorhandensein von Kohlenstoff, Stickstoff und Sauerstoff auf dem Mars nachweisen.

Mars

Wie heißen die Wasserfälle an der Grenze von Kanada und den USA?

Niagarafälle. Hier stürzt der Niagara River 58 Meter in die Tiefe.

Welcher See wird auch Schwäbisches Meer genannt?

a) Bodensee c) Tegernsee
b) Ammersee d) Starnberger See

a) Bodensee
Dieser 252 Meter tiefe und 538 km² große See ist ein wichtiges Trinkwasserreservoir. Auch die Schweiz und Österreich haben einen Anteil am Bodensee. Seine Inseln heißen Reichenau, Lindau und Mainau.

In welchem See liegt die Herreninsel?

Im Chiemsee. Er ist der größte See in Bayern und der drittgrößte in Deutschland. Neben der Herreninsel mit dem berühmten Schloss Herrenchiemsee liegen im Chiemsee außerdem die Krautinsel und Frauenchiemsee, auch Fraueninsel genannt.

Wie heißt der bekannteste Berg am Nordpol?

Es gibt am Nordpol keine Berge, denn unter der Eisdecke, die den Nordpol bedeckt, befindet sich das Nordpolarmeer.

Womit beschäftigt sich die Paläontologie?

Diese Wissenschaft befasst sich mit Fossilien, versteinerten Teilen vorzeitlicher Tiere und Pflanzen.

Versteinerter Fisch

Was ist Omega Centauri?

So heißt der größte und hellste Kugelsternhaufen im Sternbild Centaurus. Neuere Forschungen haben ergeben, dass seine Sterne zusammen fünf Millionen Sonnenmassen ergeben. Dieses riesige und unter Kugelsternhaufen einmalige Gewicht lässt darauf schließen, dass Omega Centauri als Mittelding zwischen Kugelsternhaufen und Zwerggalaxie angesehen werden muss.

Wie heißen die Großen Seen in Nordamerika?

Von West nach Ost: Oberer See, Michigansee, Huronsee, Eriesee und Ontariosee.

Welcher deutsche Physiker, nach dem auch eine Forschungsorganisation benannt ist, wurde v. a. durch die Herstellung optischer Geräte berühmt?

a) Carl Friedrich Gauß
b) Max Planck
c) Joseph von Fraunhofer
d) Albert Einstein

c) Joseph von Fraunhofer
Neben zahlreichen Entdeckungen und Erfindungen im Bereich der Optik machte sich Fraunhofer (1787–1826) auch in der Astronomie einen Namen. 1814 entdeckte er dunkle Linien im Bereich des Sonnenspektrums, sogenannte Absorptionslinien, die noch heute Fraunhoferlinien genannt werden.

Welchen Namen hat der Teil des Mittelmeeres zwischen Italien und Kroatien?

Adria. Die Küste der Adria ist im Sommer ein beliebtes Ferienziel, im Frühjahr entstehen hier jedoch Adriatiefs. Sie bringen feuchte und warme Mittelmeerluft nach Mitteleuropa und verursachen häufig ergiebige Regenfälle.

Wie viele Emirate umfassen die Vereinigten Arabischen Emirate und wie heißen sie?

Die VAE bestehen aus sieben Emiraten: Abu Dhabi, Adschman, Dubai, Fudschaira, Ra's al-Chaima, Schardscha und Umm al-Qaiwain.

Was bedeutet die Angabe Normalnull?

Normalnull (NN) bezeichnet den mittleren Wasserstand der Meere. Dieser rechnerisch ermittelte Wert ist die Grundlage für alle Höhenangaben über bzw. unter dem Meeresspiegel.

Wo liegt die Insel Java?

a) vor Kanada
b) vor Indonesien
c) vor Kroatien
d) vor Indien

b) vor Indonesien

Wo findet man das Volk der Maori?

Die Maori sind die Ureinwohner Neuseelands. Sie gehören zu den polynesischen Völkern. Durch die Einwanderung hauptsächlich englischer Siedler im 19. Jahrhundert wurden sie zurückgedrängt und ihr Land wurde beschlagnahmt. Heute stellen sie nur noch etwa 10 % der Bevölkerung.

Wie hieß Myanmar vor 1989?

Birma oder Burma. Das Land liegt am Indischen Ozean, östlich von Indien und nordwestlich von Thailand.

Wo findet man den Polarstern?

a) über dem Südpol
b) über dem Äquator
c) über dem Polarkreis
d) über dem Nordpol

d) über dem Nordpol
Der Polarstern steht fast genau über dem Nordpol der Erde.

Wie heißt das größte Korallenriff der Welt?

Great Barrier Reef, das vor der Küste von Queensland in Australien liegt. Es erstreckt sich über 2000 Kilometer und bietet eine faszinierende Unterwasserwelt aus Korallenbänken, Seeanemonen und unzähligen tropischen Fischarten. Aber das empfindliche Paradies ist bedroht: In den letzten 20 Jahren hat eine Seesternart fast die Hälfte der lebenden Korallen bis auf das Kalkskelett abgefressen.

Am Great Barrier Reef

Warum sind Fluorchlorkohlenwasserstoffe, kurz FCKW, seit den 1990er-Jahren weitgehend verboten?

FCKW, die in die Erdatmosphäre gelangen, zerstören die schützende Ozonschicht unseres Planeten. Auf ihr Konto geht das Ozonloch. Diese Stoffe wurden häufig als Treibmittel in Spraydosen oder als Kältemittel in Kühlschränken oder Klimaanlagen eingesetzt.

In einer Studie des Umweltbundesamtes aus dem Jahr 2006 wurden die Bundesbürger gefragt, welches die wichtigsten Themen seien, die in Deutschland dringend bearbeitet werden müssten. **Auf welchem Platz landete hier wohl der Umweltschutz?**

a) 1. Platz
b) 2. Platz
c) 5. Platz
d) 10. Platz

b) 2. Platz
Nur die Arbeitslosigkeit wurde für wichtiger erachtet.

Wie nennt man Vegetationsinseln in der Wüste?

Oasen.

Was bedeutete die Entdeckung des Zwergplaneten Eris im Jahr 2005 für die Astronomie?

Eris ist der bislang größte gefundene Zwergplanet unseres Sonnensystems, größer noch als Pluto. In der Folge gab es eine Diskussion um die Klassifizierung von Pluto, an deren Ende der Planet zum Zwergplaneten umgestuft wurde. Seitdem besteht unser Sonnensystem also aus acht statt aus neun Planeten.

Wo liegen die Fidschi-Inseln?

a) in der Großen Australischen Bucht
b) in der Andamanensee
c) im Südpazifik
d) im Zentralatlantik

c) im Südpazifik
Der tropische Archipel liegt etwa 1800 Kilometer nördlich von Neuseeland und umfasst ca. 300 Inseln, von denen etwa 100 bewohnt sind.

Fidschi-Inseln

Was sind Planetesimale?

Körper von bis zu zehn Kilometern Durchmesser, aus denen Planeten entstehen.

Wie hieß der erste Umweltminister der Bundesrepublik?
Walter Wallmann (*1932). Nach der Reaktorkatastrophe in Tschernobyl wurde er am 6. Juni 1986 vom damaligen Bundeskanzler Helmut Kohl (*1930) zum ersten Bundesumweltminister ernannt.

Walter Wallmann

Gibt es auch private Raumfahrt?
Ja. Private Raumfahrtunternehmen betreiben beispielsweise Satelliten. Ab 2004 gab es auch private bemannte Raumfahrt.

Wie heißt der größte See Italiens?
a) Lago Maggiore c) Lago Trasimeno
b) Comer See d) Gardasee

d) Gardasee
Während seine Länge 51 Kilometer beträgt, ist er nur zwischen fünf und 16 Kilometer breit.

Was ist die tiefste Temperatur, die auf der Erde gemessen wurde, und wo war das?
In der Wostokstation in der Antarktis wurden im Jahr 1983 -89 Grad Celsius gemessen.

Was sind Fjorde?
Das sind während der Eiszeit von Gletschern geformte Buchten, vorwiegend an der norwegischen Küste. Die engen Meeresarme mit trogförmigem Profil erstrecken sich zwischen steilen Felswänden weit ins Innere des Landes.

Wie heißt die nordspanische Region, deren Hauptstadt Barcelona ist?
Katalonien. Die Amtssprache ist neben dem Spanischen Katalanisch.

Wie nennt man einen Schlamm- und Gesteinsstrom im Gebirge?
a) Mure c) Murmel
b) Muräne d) Murano

a) Mure
An Berghängen mit spärlicher Pflanzendecke geraten im Hochgebirge bei starken Niederschlägen Teile des feinen Schutts, aus dem die Berghänge bestehen, in Bewegung. Aus mehreren Geröll- oder Schlammlawinen bildet sich schließlich ein starker Schuttstrom, der in der Lage ist, Bäume und Häuser mit sich fortzureißen.

Was ist das „Dach der Welt"?
Das in Mittelasien liegende Hochland des Pamirgebirges. Hier treffen die drei Hochgebirge Hindukusch, Karakorum und Himalaja aufeinander.

Welcher Berg gilt als Wahrzeichen von Rio de Janeiro?
Der Zuckerhut, ein knapp 400 Meter hoher Granitfelsen, dessen Form ihm seinen Namen gab.

Wie heißen die drei Beneluxstaaten?

Belgien, Niederlande und Luxemburg, aus deren Anfangsbuchstaben in der jeweiligen Landessprache die Abkürzung zusammengesetzt ist.

In welchem Land lebt das Volk der Zulu?

In Südafrika. Die Zulu lebten ursprünglich im Osten des Landes von Viehzucht und Ackerbau.

Nach welcher Stadt wurde das bekannte Weinanbaugebiet im Südwesten Frankreichs benannt?

Nach Bordeaux, der Hauptstadt des Départements Gironde. Das Weinbaugebiet um Bordeaux ist mit rund 4000 Weingütern das größte zusammenhängende Anbaugebiet der Welt.

Wappen des Départements Gironde

Was ist der Unterschied zwischen Steppe und Savanne?

Während die Steppe von Natur aus ein reines Grasland ist, wird die Savanne durch den ständigen Wechsel von Grasflächen und Strauch- bzw. Baumgruppen oder einzeln stehenden Bäumen gekennzeichnet. Savannen sind v. a. in den Subtropen anzutreffen, Steppen in den gemäßigten Breiten.

Welche durch einen Hollywoodfilm berühmt gewordene Aktivistin deckte einen Trinkwasserskandal im kalifornischen Hinkley auf?

Erin Brockovich (*1960). Sie war alleinerziehende Mutter von drei Kindern und hielt sich u. a. mit einem Job bei einer Anwaltskanzlei über Wasser. Im Jahr 1996 konnte sie zusammen mit dem Anwalt Ed Masry einen Schadensersatz in Höhe von 333 Millionen US-Dollar erstreiten. Diese Geschichte wurde im Jahr 2000 mit Julia Roberts in der Hauptrolle verfilmt.

Erin Brockovich

Wie heißt der größte Nationalpark der Welt?

Serengeti-Nationalpark. Er liegt im Nordosten Tansanias und erstreckt sich bis in den Süden Kenias. Der Nationalpark wurde 1941 eingerichtet und umfasst eine Fläche von 14.763 km^2. Von der UNESCO wurde die Serengeti zum Naturerbe der Menschheit erklärt.

Was sind die Magellanschen Wolken?

Das sind zwei Zwerggalaxien in der Nähe unserer Milchstraße, die man mit bloßem Auge am Nachthimmel erkennen kann, und die von dem Seefahrer Ferdinand Magellan (1480–1521) als Erstem der westlichen Welt beschrieben wurden.

Wie nennen sich die Bewohner Lapplands?

Sie heißen nicht Lappen, wie man annehmen könnte, sondern Samen. Lappland ist kein souveräner Staat, sondern die Bezeichnung für das Gebiet nördlich des Polarkreises, das sich mehrere Länder teilen. Viele Samen leben in den Sommermonaten mit ihren Rentierherden teilweise noch nomadisch.

Wie viele Tonnen Altöl fallen in Deutschland pro Jahr an?

a) ca. 50.000 c) ca. 500.000
b) ca. 200.000 d) ca. 750.000

c) ca. 500.000

In welchem Land leben die Inuit?

In mehreren: in den USA, in Kanada und in Grönland. Während sie in Kanada und den USA eine Minderheit bilden, konnten sie in dem zu Dänemark gehörenden Grönland eine weitgehende Selbstverwaltung erreichen.

Wo liegen die Dolomiten?

In den Südalpen in Norditalien.

Was sind Laurentiustränen?

Ein Sternschnuppenstrom. Der Mönch Laurentius wurde am 10. August 258 auf Befehl des Kaisers Valerian (200–260) auf einem glühenden Rost zu Tode gefoltert. Ihm zu Ehren wird der alljährlich im August stattfindende Sternschnuppenfall der Perseiden Laurentiustränen genannt.

Gibt es in Deutschland Lagunen?

Ja, aber sie werden hier als Haff bezeichnet, wie das Oderhaff in der Ostsee. An der Nordküste des Schwarzen Meeres heißen sie Limane, an der Adria Lido.

Wie heißt die Hauptstadt von Kenia?

Nairobi (2,75 Mio. Einwohner).

Welches ist der längste Fluss der Erde?

Der Nil mit 5584 Kilometern. Er fließt vom Victoriasee in Ostafrika Richtung Norden durch Uganda, den Sudan und Ägypten zum Mittelmeer.

Nilverlauf bis zum Nildelta

In welche zwei Gruppen unterteilt man die acht Planeten unseres Sonnensystems?

Man unterteilt sie in die vier inneren, erdähnlichen Planeten (Merkur, Venus, Erde und Mars) und die vier äußeren, jupiterähnlichen Planeten (Jupiter, Saturn, Uranus und Neptun).

Was ist der Big Bang?

Mit diesem Ausdruck bezeichnet man den Urknall, eine plötzliche Explosion, durch die unser Kosmos entstanden sein soll.

Wie heißt die schmale Landbrücke, die den Peloponnes mit dem Festland verbindet?

Isthmus. Bei Korinth verbindet er den Peloponnes mit der Halbinsel Attika, auf der auch Athen liegt.

Wie viele Ozeane gibt es auf der Erde?

Man unterscheidet drei Ozeane: Atlantischer Ozean, Pazifischer Ozean und Indischer Ozean. Alle drei bilden eine zusammenhängende Salzwassermasse.

Wo befindet sich der aktivste Vulkan Europas?

Auf Sizilien. Der Ätna entstand bei der Auffaltung des Apenningebirges.

Welche Rolle spielt der tropische Regenwald für das Weltklima?

Über den tropischen Regenwäldern verdunstet eine Menge Wasser und steigt als Wasserdampf in die Höhe. Mit dem aufsteigenden Wasserdampf wird die durch Sonneneinstrahlung an der Erdoberfläche erzeugte Wärmeenergie hoch in die Atmosphäre transportiert. Die Freisetzung von Wärme in diesen Höhen treibt auf der einen Seite das Wettergeschehen an und beeinflusst auf der anderen Seite die globale Luftzirkulation.

In welcher Stadt führt die Karlsbrücke über die Moldau?

In Prag, der Hauptstadt der Tschechischen Republik. Als Zentrum des zum Heiligen Römischen Reiches deutscher Nation gehörenden Königreiches Böhmen blickt die Stadt auf eine glanzvolle Geschichte zurück, von der noch heute viele Baudenkmäler zeugen.

Karlsbrücke bei Nacht

Welche Energieträger zählen zur sogenannten Primärenergie?

Das sind Energieträger, die in der Natur vorkommen und ohne vorherige Behandlung verwendet werden können, also beispielsweise Kohle, Erdöl, Windenergie, Biomasse und Sonnenenergie. Sekundärenergien sind z.B. Benzin, elektrischer Strom oder Briketts.

Wo befindet sich das Morgenland?

Im Mittelalter bezeichnete man die östlichen, islamisch geprägten Länder als Morgenland (Orient), weil im Osten die Sonne aufgeht.

Warum leuchten Kometen?

Ein Komet ist in drei Bereiche gegliedert: Kern, Koma und Schweif. Die helle Koma entsteht dadurch, dass die Gasmoleküle in der Nähe der Sonne durch die Strahlung angeregt werden und zu leuchten beginnen.

Was sind geostationäre Satelliten?

Sie kreisen alle in derselben Höhe (35.787 Kilometer), befinden sich immer über dem gleichen Punkt der Erde und haben alle dieselbe Geschwindigkeit (3,067 km/s).

Wo befindet sich die größte tropische Wüste der Welt?

Die Sahara ist mit neun Millionen km^2 die größte tropische Wüste der Erde. Die riesige Fläche, die vom Mittelmeer und vom Atlasgebirge bis etwa zum 16. Breitengrad und vom Atlantik bis zum Roten Meer reicht, ist den trockenen Winden der Passatzone ausgesetzt.

Unter welcher Krankheit litt das Hubble-Weltraumteleskop?

Es war kurzsichtig. Nachdem man das Teleskop in eine Erdumlaufbahn geschossen hatte, stellte man fest, dass es nur unscharfe Bilder lieferte. Astronauten behoben den Fehler mit zusätzlichen Linsen, seitdem liefert es hervorragende Bilder aus dem All.

Wo findet man den höchsten Wasserfall der Welt?

In Venezuela: Der Salto Angel hat eine Fallhöhe von 980 Metern.

Wie nennt sich das Gebiet zwischen Ural und Beringmeer?

Sibirien. Die Region umfasst den größten Teil des asiatischen Territoriums von Russland, begrenzt durch den Ural im Westen, das Polarmeer im Norden, im Osten durch den Pazifik und im Süden durch China, die Mongolei und Kasachstan.

Wie heißt der größte Gletscher der Alpen?

Großer Aletschgletscher. Der an der Südseite der Berner Alpen gelegene Gletscher besitzt eine bis zu 800 Meter dicke Eisdecke. Seine untersten Lagen sind zwischen 500 und 1000 Jahre alt.

Aletschgletscher

Was verbirgt sich hinter der Abkürzung ESA?
Die Europäische Weltraumorganisation (**E**uropean **S**pace **A**gency).

Logo der ESA

Welche ist die größte der griechischen Inseln?

a) Korfu
b) Rhodos
c) Kreta
d) Kos

c) Kreta
Die 8336 km^2 große und rund 500.000 Einwohner beherbergende Insel war im Altertum der Mittelpunkt der minoischen Kultur, die in den Palastruinen von Knossos bis heute eindrucksvolle Zeugnisse hinterlassen hat.

Wie heißt das höchste Gebirge Europas?

a) Jura
b) Alpen
c) Pyrenäen
d) Karpaten

b) Alpen

Warum lebt man auf der San-Andreas-Verwerfung gefährlich?
Entlang dieser Spalte, die Kalifornien in zwei Hälften teilt, kommt es häufig zu Erdbeben; hier treffen die Nordamerikanische und die Pazifische Platte aufeinander. Wenn sich die Platten verschieben und die sich dadurch aufgebauten Spannungen ruckartig entladen, kommt es zu Erdbeben.

Wie heißt der größte bis jetzt entdeckte Asteroid?
Er trägt den Namen 2001 KX76 und hat einen Durchmesser von 1200 bis 1400 Kilometern.

An welchem Meer liegt Finnlands Hauptstadt Helsinki?

a) Nordsee
b) Atlantik
c) Ostsee
d) Schwarzes Meer

c) Ostsee

Wo leben die Massai?
In Ostafrika. Sie leben in den Savannen Kenias und Tansanias als Hirtennomaden.

Wie entstanden die Alpen?
Durch die Bewegung von Erdplatten. Die Alpen sind entstanden, als sich die Afrikanische bzw. die Adriatische Platte nach Norden bewegte und auf die Eurasische Platte traf.

Welche berühmten Worte sprach der erste Mensch auf dem Mond und wie hieß er?
Der amerikanische Astronaut Neil Armstrong (*1930) sagte, als er 1969 als erster Mensch den Mond betrat: „Es ist nur ein kleiner Schritt für den Menschen, aber ein großer für die Menschheit.“

Wo findet man Tasmanien?

Die Insel liegt südöstlich des australischen Kontinentes. Einst war Tasmanien ein Teil des australischen Kontinentes, dann wurde es durch den gewaltigen Anstieg des Meeresspiegels davon getrennt.

Lage Tasmaniens

Wann fand die letzte totale Sonnenfinsternis in Mitteleuropa statt?

Am 11. August 1999. Deutschland lag damals im Kernschatten der Finsternis.

Wie heißt der größte afrikanische See?

Victoriasee. Der in Ostafrika gelegene See ist mit einer Fläche von 70.000 km^2 der größte Süßwassersee Afrikas und der zweitgrößte der Erde.

Wann kann man die Sonnenkorona sehen?

Die normalerweise von der Sonne überstrahlte Sonnenkorona wird bei einer totalen Sonnenfinsternis sichtbar. Vereinfacht kann man sich die Korona als Flammenkranz vorstellen, der aus der Sonne schlägt. Die Stärke der Korona schwankt, die Temperaturen in ihren Teilen bleiben jedoch gleich: Sie liegen bei unvorstellbaren 1 Millionen Grad Celsius, die Sonne selbst ist dagegen nur rund 5000 Grad Celsius heiß.

Was versteht man unter Geothermie?

Die unter der Erdoberfläche gespeicherte Wärmeenergie, also die Erdwärme. Seit einiger Zeit wird verstärkt versucht, diese Energie zur Heizung von Gebäuden oder auch zur Gewinnung von Strom nutzbar zu machen.

Welches ist der kleinste Erdteil?

a) Europa b) Asien
c) Australien d) Afrika

c) Australien
Der Kontinent umfasst den Inselkontinent Australien, die benachbarte Insel Tasmanien und einige vorgelagerte Inseln.

Was verdanken wir dem griechischen Astronomen Hipparchos von Nicäa?

Den ersten Sternenkatalog der Antike. Hipparchos (um 190–120 v. Chr.) fertigte den Katalog mit über 1000 Sternpositionen und Helligkeitsangaben, entdeckte eine Nova (um 134 v. Chr.) und präzisierte die bereits den Babyloniern bekannte Dauer der vier Jahreszeiten.

Durch welches Land fließt der Shannon?

Durch Irland. Er entspringt im Norden des Landes und mündet nach 370 Kilometern südlich von Limerick in den Atlantischen Ozean.

■ ■ ■

Wie entsteht der Treibhauseffekt?

Normalerweise wird die während des Tages einfallende Sonnenstrahlung gespeichert und nachts wieder an die Atmosphäre abgegeben. Die Gase und Partikel, die für den Treibhauseffekt verantwortlich sind, absorbieren und reflektieren einen Teil dieser Wärme, sodass sich die Atmosphäre langsam, aber sicher aufheizt – wie in einem Treibhaus.

■ ■ ■

Wie heißt die Stadt, die bis 1996 unter dem Namen Bombay bekannt war?

Mumbai, die größte Stadt Indiens.

■ ■ ■

Wie heißt die Hauptstadt von Kanada?

a) Ottawa
b) Toronto
c) Vancouver
d) Calgary

a) Ottawa
Die viertgrößte Stadt nach Toronto, Montreal und Vancouver liegt in der Provinz Ontario.

■ ■ ■

Wie heißt der wohl berühmteste Krater der Welt?

Der berühmteste Krater der Welt ist vermutlich der Meteor Crater in Flagstaff, Arizona. Vor etwa 20.000 bis 22.000 Jahren stürzte ein Eisenmeteorit von etwa 30 Tonnen Gewicht auf die Erde. Die dort gefundenen Bruchstücke des Eisenmeteoriten werden als „Canyon Diabolo" gehandelt.

■ ■ ■

Was bedeutet das Wort Kosmos?

Der Begriff kommt vom griechischen „kosmos", das „Ordnung" bedeutet. In der Astronomie gilt das Wort als Bezeichnung für das Universum.

Das Universum wird auch Kosmos genannt.

■ ■ ■

Was ist ein Lichtjahr?

Das Lichtjahr ist ein Längenmaß. Es bezeichnet die Strecke, die das Licht in einem Jahr zurücklegt, nämlich 9.465.000.000.000 Kilometer.

■ ■ ■

Welcher um unsere Sonne kreisende Zwergplanet wurde erst 1930 entdeckt?

Pluto. Er umkreist die Sonne einmal alle 247,7 Jahre in einer mittleren Entfernung von 5,9 Milliarden Kilometern. Man kann ihn nur durch große Teleskope betrachten. Der ursprünglich als neunter Planet bezeichnete Himmelskörper wurde 2006 zum Zwergplaneten herabgestuft.

Wie heißt der Name der Organisation WWF ausgeschrieben?

a) World Wildlife Fund for Nature
b) World Wide Fund for Nature
c) World Wide Fun with Nature
d) Wonder World Fit for Nature

b) **W**orld **W**ide **F**und for Nature

Welcher südamerikanische Staat grenzt sowohl an den Pazifischen als auch an den Atlantischen Ozean?

Kolumbien im Nordwesten Südamerikas. Kolumbien grenzt im Norden an Panama und das Karibische Meer, im Osten an Venezuela und Brasilien, im Süden an Peru und Ecuador und im Westen an den Pazifik.

Wie heißen die vier Übersee-Départements Frankreichs?

Französisch-Guyana, Guadeloupe, Martinique und Réunion.

Vor welcher tödlichen Gefahr schützt uns das Magnetfeld der Erde?

Die Sonne strahlt nicht nur Licht und Wärme, sondern auch den sogenannten Sonnenwind ins Weltall aus. Der Sonnenwind besteht aus freien Elektronen und Atomkernen. Die ungefilterte Strahlung würde das Leben auf der Erde zerstören. Durch das Magnetfeld wird der Sonnenwind abgeschwächt und trifft nur zu einem geringen Anteil auf der Erdoberfläche auf.

Welche Meere verbindet der Suezkanal?

Das Rote Meer mit dem Mittelmeer. Er wurde 1869 eröffnet.

Was sind Tektite?

Beim Einschlag von Meteoriten durch Aufschmelzung entstehende natürliche Glasobjekte. Tektite werden durch die Wucht des Aufschlages oft über sehr große Strecken geschleudert und treten deshalb nicht nur in unmittelbarer Umgebung des Einschlagortes auf.

Tektit

Wo liegen die Kapverdischen Inseln?

Sie befinden sich 600 Kilometer vor der westafrikanischen Küste im Atlantik. Das Klima ist heiß, trocken und niederschlagsarm.

Wie entstehen Polarlichter?

a) durch Eiskristalle in der Atmosphäre
b) wegen Temperaturunterschieden von Tag und Nacht
c) durch Sonnenwind
d) durch Funkenentladungen

c) durch Sonnenwind
Polarlichter sind keine optische Täuschung, sondern entstehen durch den Sonnenwind, der mit bis zu 500 km/h auf das Magnetfeld der Erde trifft und dessen Teilchen mit Stickstoff und Sauerstoff der Atmosphäre reagieren.

Wie heißt die große Bergkette im Westen der USA?

Rocky Mountains. Die Gebirgskette erstreckt sich vom US-Bundesstaat New Mexico bis in den Nordosten der kanadischen Provinz British Columbia über eine Länge von etwa 3220 Kilometern.

Was ist ein Mäander?

a) ein Wirbelsturm
b) eine Flussschleife
c) eine Wassersäule
d) ein Baum

b) eine Flussschleife
Sie entsteht, wenn sich der Lauf eines Flusses durch die Flussauen mit der Zeit verändert. Die Mäanderschleife kann so lang werden, dass sich der Fluss an ihrer engsten Stelle einen kürzeren Weg sucht. Geschieht dies, wird die Schleife des alten Mäanders abgeschnürt bzw. abgeschnitten und es entsteht ein sogenanntes Altwasser.

Welcher Berg ist – vom Fuß bis zur Spitze gemessen – der höchste der Erde?

Der Mauna Kea, der höchste Berg auf Hawaii. Vom Meeresspiegel an gemessen beträgt seine Höhe 4200 Meter, da er sich aber vom Meeresboden erhebt, beträgt seine gesamte Höhe vom Fuß bis zur Bergspitze ca. 10.000 Meter.

Mauna Kea

Wie heißt die heimliche Hauptstadt Europas?

Brüssel ist Haupt- und Residenzstadt Belgiens. Zusammen mit 18 umgebenden Gemeinden bildet sie die 162 km² große gleichnamige Region. Keine andere Stadt in der Europäischen Union beheimatet eine solche Anzahl an europäischen Institutionen.

Wie heißt die älteste noch bestehende Republik der Welt?

San Marino. Mit seinen etwa 62 km² ist das ringsum von italienischem Staatsgebiet umgebene San Marino außerdem auch die kleinste Republik der Welt.

Von welcher berühmten Brücke aus hat man bei gutem Wetter Sicht auf die ehemalige Gefängnisinsel Alcatraz?
Von der Golden Gate Bridge, die seit 1937 die San Francisco Bay überspannt.

Zu welchem Land gehört Neufundland?

Flagge Kanadas

Zu Kanada. 1949 wurde Neufundland zusammen mit Labrador kanadische Provinz.

Wie heißt der höchste Punkt des Himmelsgewölbes?
Zenit. Damit wird der Punkt der Himmelskugel bezeichnet, der genau senkrecht über dem jeweiligen Beobachter liegt, also der Scheitelpunkt des Himmels.

Wie heißt das steppenartige Grasland in der ungarischen Tiefebene?
a) Blaszta
b) Leszta
c) Puszta
d) Schauszta

c) Puszta
Die durch extensive Weidewirtschaft entstandene baumlose Grassteppenlandschaft erstreckte sich einst über große Teile des ungarischen Tieflandes. Als man nach dem Zweiten Weltkrieg anfing, die Lössböden in fruchtbares Land umzuwandeln, wurde die Puszta immer weiter zurückgedrängt. 1973 erklärte man das letzte zusammenhängende Steppengebiet in Ostungarn zum Nationalpark.

Wie lange braucht das Sonnenlicht zur Erde?
Das Sonnenlicht erreicht die Erde in acht Minuten, bis zum Pluto – dem ehemals äußersten Planeten unseres Sonnensystems – ist es fast sieben Stunden unterwegs.

Wie lange benötigt der Mond, um die Erde zu umkreisen?
Der Mond umläuft die Erde auf einer nahezu kreisförmigen Ellipse in 27 Tagen, 7 Stunden, 43 Minuten und 11,5 Sekunden.

Vor welcher Insel findet man die Straße von Messina?
Sie trennt Sizilien vom italienischen Festland.

Was ist Emissionshandel?
Im Rahmen des Emissionshandels können sich Unternehmen das „Recht" erkaufen, eine bestimmte Menge an Schadstoffen in die Luft zu entlassen. Dazu können sie eine gewisse Anzahl an Zertifikaten erwerben. Da die Gesamtanzahl der Zertifikate begrenzt ist, soll so sichergestellt werden, dass darüber hinaus keine weiteren Schadstoffe in die Luft gelangen.

Wie heißt die größte Vulkaninsel der Welt?
Island. Erst vor 15 Millionen Jahren bildete sich die Insel aus dem Riss der Kontinentalverschiebung zwischen Amerika und Eurasien.

Was ist ein Plenterwald?

a) ein Waldgebiet mit jungen Bäumen
b) ein Waldgebiet mit Bäumen aller Entwicklungsstufen
c) ein Waldgebiet mit Nadelbäumen
d) ein Waldgebiet mit einheimischen Bäumen

b) ein Waldgebiet mit Bäumen aller Entwicklungsstufen
Diese Waldgebiete entstehen dadurch, dass die Förster immer nur einzelne Bäume schlagen lassen.

Wie heißt unsere Heimatgalaxie?

Milchstraßensystem. Sie ist ein spiralförmiges System mit einigen Hundert Milliarden Sternen.

Was verstehen Astronomen unter einem Gravastern?

Eine Art Schwarzes Loch. Ein Gravastern ist theoretisch ein kollabierter, superdichter Stern, der Materie anzieht, aber nicht verschlingt. Das Konzept wurde von Astrophysikern entwickelt, um theoretische Probleme bei der Erklärung Schwarzer Löcher zu umgehen.

Die Sonne – Licht und Wärme

Vereinfacht gesagt ist die Sonne ein riesiges Kraftwerk, in dessen Innerem ständig Kernverschmelzungen ablaufen. So entstehen Temperaturen, die bei etwa 15 Millionen Grad Celsius liegen – Wärme, die über 150 Millionen Kilometer bis zur Erde ausstrahlt.
Die Sonne gibt jedoch nicht nur Hitze und Licht ab, sondern auch radioaktive Strahlen, Röntgen- und Gammastrahlung.

Was ist die oortsche Wolke?

Unter der oortschen Wolke – benannt nach dem niederländischen Astronomen Jan Hendrik Oort (1900–92) – versteht man eine Ansammlung von einigen Milliarden Kometen, die sich an den Grenzen unseres Sonnensystems aufhalten.

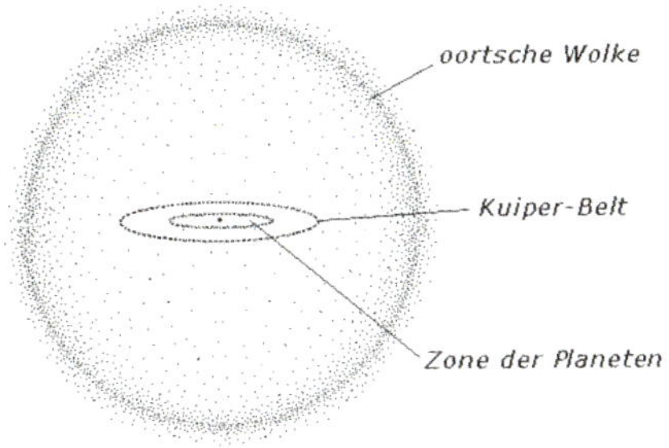

Oortsche Wolke

Wie heißt der höchste Berg Österreichs?

Großglockner (3797 Meter).

Über welchem Golf im Atlantik zwischen Spanien und Frankreich braut sich so manches Unwetter zusammen?

Über dem Golf von Biskaya. Die große Bucht im Atlantischen Ozean wird im Norden und Osten von Frankreich und im Süden von Spanien begrenzt. Wegen der vorherrschenden Nordwestwinde und einer starken Strömung ist Schifffahrt nur bedingt möglich.

Welches ist die größte Stadt in Brasilien?

a) Brasilia
b) São Paulo
c) Rio de Janeiro
d) Porto Alegre

b) São Paulo
Mit rund 20 Millionen Einwohnern ist São Paulo die größte Stadt Brasiliens, an zweiter Stelle folgt Rio mit etwa elf Millionen.

Welches Gebirge gilt neben dem Ural als Grenze zwischen Europa und Asien?

Der Kaukasus, ein Gebirge in Georgien, Armenien, Aserbaidschan und dem südwestlichen Russland. Das gesamte Gebirge ist etwa 1200 Kilometer lang.

Wie unterscheiden sich Astrologie und Astronomie?

Astrologie (Sternendeutung) geht davon aus, dass der Charakter und das Schicksal eines Menschen eng mit der Stellung der Gestirne verknüpft sind, wobei vor allem die Sternenkonstellation bei der Geburt des Menschen von Bedeutung sein soll. Die Astronomie (Himmelskunde) untersucht dagegen mit wissenschaftlichen Methoden die chemischen und physikalischen Eigenschaften der Himmelskörper.

In welchen mittelamerikanischen Ländern gibt es heute noch Bauwerke der Mayakultur?

Im Süden Mexikos – vor allem auf der Halbinsel Yucatán –, in Guatemala und in Honduras. Die Maya wurden im 13. Jahrhundert von den Tolteken, Vorläufern der Azteken, unterjocht. Im 15. Jahrhundert konnten sie sich jedoch wieder befreien und ihre Kultur kam nochmals zu einer Blüte, bevor sie von dem spanischen Eroberer Pedro de Alvarado (um 1486–1541) vernichtet wurde.

Wie bezeichnet man Gebiete Zentralaustraliens, die abseits der Zivilisation liegen?

Als Outback. Kennzeichnend sind hier hohe Temperaturschwankungen zwischen Tag und Nacht sowie extreme Trockenheit.

Australiens Outback

Zu welcher Inselgruppe gehört Kuba?

Zu den Großen Antillen. Neben Kuba zählen Jamaika, Hispaniola und Puerto Rico dazu.

Wo befindet sich der Gusevkrater?

Auf der Oberfläche des Mars. 2004 landete hier die US-Raumsonde Spirit und entdeckte Hinweise auf die frühere Existenz von Wasser.

In welcher italienischen Provinz liegt Florenz?

a) Toskana
b) Emilia-Romagna
c) Umbrien
d) Piemont

a) Toskana
Florenz ist die Hauptstadt der Toskana und beherbergt zahlreiche bedeutende Museen und Architekturdenkmäler.

Wie heißt der bisher größte auf der Erde gefundene Meteorit?

Hoba-Meteorit. Er wurde 1920 in der Kalahariwüste in Namibia entdeckt. Der Eisenmeteorit misst ungefähr 3 x 3 x 1,25 Meter und hat ein Gewicht von etwa 61 Tonnen. Er schlug vor ca. 80.000 Jahren auf der Erde ein.

Was bewertet man nach der Turiner Skala?

Meteoriten und Planetoiden: Jeder Himmelskörper, der eine Gefahr für die Erde darstellen könnte, wird nach dieser 10-Punkte-Skala bewertet. 0 bedeutet, dass eine Kollision mit der Erde sehr unwahrscheinlich ist, 10 bedeutet, sie ist unausweichlich und der Einschlag würde wahrscheinlich eine Klimakatastrophe auslösen. Ereignisse der Kategorie 10 können alle 100.000 Jahre auftreten.

Welcher Vulkan Italiens ist ständig aktiv?

Der Stromboli auf der gleichnamigen Insel. Ständige kleine Eruptionen und größere Ausbrüche alle paar Jahre wechseln sich ab.

Wo findet man das Ozonloch?

Diese starke Abnahme der schützenden Ozonschicht, die die Erde in der Stratosphäre 18 bis 50 Kilometer über der Erde umgibt, wurde zuerst über der Antarktis entdeckt, später auch über der Nordpolarregion.

Wie nutzt man Sonnenenergie bei der Solarthermie?

Dabei wird die Sonnenenergie zur Bereitung von Warmwasser benutzt. Ein sogenannter Absorber wird von einer Flüssigkeit, meist einem Gemisch aus Wasser und einem umweltverträglichen Frostschutzmittel, durchströmt. Steigt die Temperatur über einen gewissen Wert, wird die warme Flüssigkeit in einen Warmwasserspeicher gepumpt.

Wo liegt der größte Seehafen Europas?

In Rotterdam. Die verkehrsgünstige Lage verhalf dem Hafen zu einem starken Wachstum.

Hafen in Rotterdam

Wo liegen die Iguaçuwasserfälle?

a) in Mittelamerika c) in Australien
b) in Südamerika d) in Ostasien

b) in Südamerika
Im Dreiländereck zwischen Argentinien, Brasilien und Paraguay ergießen sich 250 kleinere und 20 größere Fälle über die etwa drei Kilometer breite Sturzkante.

Wie heißt das höchste Bergmassiv Afrikas?

Kilimandscharo. Es befindet sich im Nordosten Tansanias unweit der Grenze zu Kenia und besteht aus drei Vulkanen, von denen der stets schneebedeckte Kibo mit 5895 Metern der höchste ist. An den tieferen Hängen des Kilimandscharo werden Kaffee und Bananen angebaut.

Wie viele Länder haben Anteil an den Alpen?

a) sieben c) neun
b) acht d) zehn

b) acht
Deutschland, Frankreich, Monaco, Italien, Österreich, Schweiz, Slowenien und Liechtenstein.

Wie heißt die zur Mongolei und China gehörende Wüste?

Gobi. Sie erstreckt sich über rund 1600 Kilometer von Osten nach Westen und über ca. 1000 Kilometer von Norden nach Süden. Hier schwanken die Temperaturen zwischen -40 Grad Celsius im Winter und +40 Grad Celsius im Sommer.

Wie heißt die Hauptstadt der Mongolei?

Ulan Bator. Eingeschlossen von Russland im Norden und China im Süden erstreckt sich die Mongolei über eine Fläche von 1,57 Millionen km^2.

Was ist der Erdmantel?

An die äußerste Erdschicht, die Erdkruste, schließt sich bis in eine Tiefe von 2900 Kilometern der Erdmantel an. Die oberste Schicht des Erdmantels bildet die heiße, fließfähige Asthenosphäre. Abgesehen von dieser teilweise flüssigen Schicht unterhalb der Kruste besteht der Erdmantel aus plastischem Material.

Wie heißt die berühmteste Ruinenstadt der Inka?

Machu Picchu. Die Stadt blieb fast 400 Jahre verborgen, denn viele Versuche, die sagenumwobene Inkastadt zu finden, scheiterten an dem unwegsamen Gelände, dem unpassierbaren Urobambatal und den Witterungsverhältnissen. Erst im Jahr 1911 wurde sie entdeckt.

Machu Picchu

Woran arbeitet das Projekt seti@home?

An der Suche nach außerirdischem Leben. Das Projekt verschickt über das Internet Daten an Freiwillige, die ihre Computer für Rechenkapazität zur Verfügung stellen. So sind mittlerweile durch fünf Millionen Freiwillige zwei Millionen Jahre Rechenzeit zusammengekommen.

Welcher der folgenden Stoffe ist hauptsächlich für den Treibhauseffekt verantwortlich?

a) FCKW
b) Kohlendioxid
c) Kohlensäure
d) Stickstoff

b) Kohlendioxid
Kohlendioxid ist ein geruchloses Gas, das nicht giftig ist, in hoher Konzentration aber Lebewesen ersticken kann.

Was ist Ozeanien?

Das ist die traditionelle Bezeichnung für die Inselwelt des Pazifischen Ozeans. Zu Ozeanien zählen u. a. Australien, Tasmanien, Neuseeland, Neuguinea, Fidschi und Westsamoa.

Wie heißt der größte Staudamm der Welt?

Der Drei-Schluchten-Damm in China am Jangtsekiang mit einer Leistung von über 18.000 Megawatt. 1997 wurde mit dem Bau begonnen, 2006 wurde er in Betrieb genommen. Kritische Stimmen befürchten, dass die geologischen Voraussetzungen ungünstig sind und der gigantische Damm einmal brechen könnte.

Blick auf Lübeck

In welcher deutschen Stadt fand der erste und auch der letzte Hansetag statt?

In Lübeck. Die Versammlungen der wichtigsten Handelsstädte, die sich zur sogenannten Hanse zusammengeschlossen hatten, fanden von 1356 bis 1669 statt. Auf dem letzten Hansetag waren noch die Städte Bremen, Hamburg, Danzig, Rostock, Braunschweig, Hildesheim, Osnabrück, Köln und Lübeck vertreten.

Was versteht man unter einem Asteroiden?

So bezeichnet man Himmelskörper mit maximal 100 Kilometern Durchmesser, die die Sonne umlaufen. Im Unterschied zu Kometen beobachtet man an Asteroiden keinerlei Aktivitätsvorgänge.

Was sind Weiße Zwerge?

Das Endstadium in der Entwicklung sonnenähnlicher Sterne. Es handelt sich um kleine, extrem dichte und heiße Sterne.

Was versteht man unter Biodiversität?

Biodiversität (auch Artenvielfalt) ist die biologische Vielfalt von Tieren, Pflanzen und Mikroorganismen.

Was ist die Lokale Gruppe?

So bezeichnen Astronomen die Galaxien in unmittelbarer Nachbarschaft zu unserem Milchstraßensystem. Die nächstgrößte Galaxie nach der Milchstraße ist der Andromedanebel, ca. 2,2 Millionen Lichtjahre von der Erde entfernt.

Wie heißt die Hauptstadt von Estland?

Seit 1918 ist Tallinn die Hauptstadt von Estland. Die Hafenstadt liegt an einer Bucht des Finnischen Meerbusens.

Was ist der Moskauer Kreml?

Der Kreml war ursprünglich ein burgartiger Stadtteil, in den sich die Bevölkerung bei Gefahr zurückziehen konnte. Heute ist es das älteste Gebiet der Stadt Moskau, auf dem sich ein Ensemble aus Anlagen und Gebäude der verschiedensten Epochen findet.

Wie nannten die Griechen in der Antike die Straße von Gibraltar?

Die Säulen des Herakles. Die Meerenge zwischen Spanien und Marokko, die das Mittelmeer vom Atlantik trennt, war bis in die Neuzeit bei Seeleuten gefürchtet: Dort herrschen unberechenbare Strömungen und Wirbel.

Wie heißt der längste Fluss Polens?

a) Oder
b) Weichsel
c) Memel
d) Warthe

b) Weichsel
Die 1047 Kilometer lange Weichsel ist der Hauptstrom Polens. Sie mündet in die Danziger Bucht und ist durch Kanäle mit der Oder und dem Westlichen Bug verbunden.

Karte von Polen

Welches Land wird auch als die Schweiz Mittelamerikas bezeichnet?

Costa Rica. Den Namen („reiche Küste") hat angeblich Christoph Kolumbus (1451–1506), vom Goldschmuck der einheimischen Indianer beeindruckt, bei seiner Landung 1502 geprägt. Im übertragenen Sinne gilt das noch heute für das wirtschaftlich und politisch relativ stabile Entwicklungsland.

Wer verließ als erster Tourist die Erde?

a) ein Deutscher c) ein Amerikaner
b) ein Russe d) ein Mexikaner

c) ein Amerikaner
Der Millionär Dennis Tito (*1940) war im Jahr 2001 der erste Privatmann im Weltraum. Er bezahlte 20 Millionen Dollar für diese Reise.

Weshalb erlangte das Bikiniatoll traurige Berühmtheit?

Auf der Inselgruppe im Pazifischen Ozean führten die USA ab 1946 Atomwaffentests durch. Die Ureinwohner der Inseln wurden auf ein nahe gelegenes Atoll umgesiedelt, das aber nicht ausreichend Ressourcen für ein Überleben bot. Nach weiteren Atomwaffentests in den 1950er-Jahren kehrten einige der Inselbewohner auf das Bikiniatoll zurück, wegen radioaktiver Verseuchung mussten sie die Inseln allerdings erneut verlassen. Eine Schadensersatzzahlung seitens der USA wurde zwar beschlossen, jedoch bis heute nicht ausgezahlt.

Wie heißt der größte Asteroid unseres Sonnensystems?

a) Ares c) Ceres
b) Beres d) Deres

c) Ceres
Sie ist mit einem Äquatordurchmesser von 975 Kilometern der größte Asteroid des Asteroidenhauptgürtels und wurde 1801 von Giuseppe Piazzi (1746–1826) entdeckt.

Was nennt man The Golden Gate?

Die Einfahrt in die Bucht von San Francisco. Das Golden Gate ist eine Meerenge, die ca. acht Kilometer lang und zwischen 1,6 und drei Kilometer breit ist und seit 1930 von der berühmten Golden Gate Bridge überspannt wird.

In welche vier Großlandschaften kann man Ägypten aufteilen?

Die Libysche Wüste im Westen, die Arabische Wüste im Osten, die dazwischen liegende Flussoase des Nil und die Wüsten der Halbinsel Sinai.

Was kann man im Hertzsprung-Russel-Diagramm ablesen?

In diesem Diagramm sind die Sterne in Abhängigkeit von Leuchtkraft und Spektralklasse aufgetragen.

Wo gibt es Fjorde?

Neben den berühmten Fjordküsten in Norwegen findet man Fjorde in Schottland, Neuseeland, Alaska und Kanada.

Geirangerfjord in Norwegen

Wie heißt der längste Breitengrad der Erde?

Äquator. Er ist eine gedachte Linie, die in Ost-West-Richtung um den Globus verläuft und exakt die gleiche Entfernung zum Nord- wie zum Südpol hat. Vom Äquator aus werden alle anderen Breitengrade in nördliche oder südliche Richtung gemessen.

Welchen Himmelskörper umkreist der Halleysche Komet?

Wie alle Kometen umkreist er nicht die Erde, sondern die Sonne. In Sonnennähe erreichen Kometen Geschwindigkeiten von Millionen Stundenkilometern, woraus der sichtbare Schweif resultiert. Edmund Halley (1656–1742) hatte die Wiederkehr seines Kometen exakt vorausgesagt, er erschien 16 Jahre nach seinem Tod.

Was sind die Hyaden?

Ein bekannter Bewegungssternhaufen. Die Gruppe umfasst etwa 350 Sterne.

Welche Aufgabe hatte die Cassini-Huygens-Mission?

Durch komplexe Swing-by-Flugmanöver konnten die Raumsonden – quasi auf ihrem Weg zum Zielobjekt – Daten über verschiedene weitere Himmelskörper liefern. Cassini wurde am 15. Oktober 1997 gestartet und absolvierte zunächst zwei Venusvorbeiflüge, einen Erdevorbeiflug und einen Jupitervorbeiflug, bevor sie ihr eigentliches Ziel, den Ringplaneten Saturn, ansteuerte.

Welche berühmte Lagunenstadt blickt auf eine fast 1500-jährige Geschichte als unabhängige Stadt zurück?

Venedig, das bereits 697 eine Adelsrepublik bildete. Im Mittelalter beherrschte es das östliche Mittelmeer und geriet vor allem in Konflikt mit dem konkurrierenden Genua, gegen das es einen Hundertjährigen Krieg von 1257 bis 1381 führte, aus dem es siegreich hervorging.

Venedig

Was ist ein Passivhaus?

So bezeichnet man ein Haus, welches aufgrund seiner guten Wärmedämmung keine klassische Heizung benötigt. Auch im Winter ist kein separates Heizsystem nötig. Im Vergleich zum Niedrigenergiehaus benötigt ein Passivhaus 80 % weniger Heizenergie, im Vergleich zu einem konventionellen Gebäude über 90 %.

Wer war William Herschel?

Sir Friedrich William Herschel (1738–1822) erlangte Berühmtheit durch die Entdeckung des Planeten Uranus im Jahr 1781, des ersten neu gefundenen großen Planeten seit dem Altertum. Außerdem entdeckte er die Uranusmonde Oberon und Titania sowie die Saturnmonde Enceladus und Mimas.

Wo findet man eine Auenlandschaft?

a) an Fluss- und Bachläufen
b) in Waldgebieten
c) in Steppen
d) an der Nordseeküste

a) an Fluss- und Bachläufen
Auen unterliegen einer ständigen Veränderung: Hochwasser bringt zum einen neue, oft sehr fruchtbare Bodenteilchen mit sich, reißt aber auch vorhandene Bodenpartikel fort.

An welchem Fluss liegt Hamburg?

a) Spree
b) Weser
c) Isar
d) Elbe

d) Elbe

Landungsbrücken in Hamburg

Welcher große Binnensee wurde auch als „Meer Mittelasiens" bezeichnet?

Der Aralsee in Usbekistan. 1960 war der Aralsee noch der viertgrößte Binnensee der Erde, heute rangiert er nur noch an achter Stelle.

Welche Region bezeichnet man als Kornkammer Frankreichs?

a) Lyoner Fuß
b) Marseiller Hals
c) Pariser Becken
d) Grenobler Brust

c) Pariser Becken
Die Beckenlandschaft im Raum Paris nimmt rund ein Viertel der gesamten Fläche Frankreichs ein. Hier werden vor allem Weizen, Mais und Zuckerrüben erzeugt.

Welcher Stadtstaat liegt auf der Malaiischen Halbinsel?

Singapur. Hier leben auf nur 641 km² rund fünf Millionen Menschen. Die Stadt konnte sich zu einem der herausragenden Bankenzentren Südostasiens entwickeln. Zusätzlich ist sie eine Drehscheibe des Flugverkehrs und besitzt einen der größten Häfen der Welt.

Was ist ein Plutoid?

So nennt man transneptunische Zwergplaneten, also Zwergplaneten, die sich jenseits von Neptun in der Sonnenumlaufbahn befinden, wie beispielsweise der Namensgeber Pluto oder der bis jetzt größte Zwergplanet Eris.

Wie heißen die riesigen, geheimnisvollen Steinstatuen auf der Osterinsel?

Moais. Zweck und Hintergrund der großen Steinköpfe sind – trotz genauer archäologischer Untersuchungen durch den Norweger Thor Heyerdahl (1914–2002) – bis heute noch nicht restlos geklärt.

Was für ein Himmelskörper ist Deimos?

a) Jupitermond c) Merkurmond
b) Marsmond d) Venusmond

b) Marsmond
Er umläuft den Mars auf einer fast kreisförmigen Bahn und führt dabei eine gebundene Rotation aus, d.h. er zeigt immer die gleiche Seite zur Marsoberfläche.

Wie heißt die viertgrößte Insel der Welt?

a) Kuba c) Island
b) Grönland d) Madagaskar

d) Madagaskar
Die Insel (587.041 km^2) ist außerdem der zweitgrößte Inselstaat der Welt.

Welche Region bezeichnet man als Ruhrgebiet?

Als Ruhrgebiet wird die Region im Bundesland Nordrhein-Westfalen östlich des Rheins bezeichnet, die sich im Westen zwischen den Flüssen Ruhr und Lippe erstreckt und im Osten über Dortmund bis nach Hamm reicht. Zusammen mit den Industriezentren am Niederrhein und an der Wupper bildet es eines der größten industriellen Ballungsgebiete Europas.

Fixstern
Fixsterne sind alle scheinbar fest stehenden Sterne außerhalb unseres Sonnensystems. Die Planeten, die wie die Erde die Sonne umkreisen, gehören nicht dazu. Neben Fixsternen gibt es noch die sogenannten Wandelsterne. Sie verändern ihre Position von der Erde aus gesehen scheinbar (z.B. wenn sie von Begleitsternen verdeckt werden) oder tatsächlich.

Was versteht man unter Feinstaub?

Alle in der Luft der Erdatmosphäre verteilten Feststoffe werden unter dem Begriff „Staub" zusammengefasst. Ihre Größe ist jedoch höchst unterschiedlich: Erst Partikel, die kleiner als 10 µm sind, werden als Feinstaub bezeichnet. Zum Vergleich: Ein menschliches Haar hat eine Dicke von ca. 100 µm.

Was genau versteht man unter erneuerbaren Energien?

Physikalisch gesehen ist Energie natürlich nicht erneuerbar. Dennoch hat sich der Begriff „erneuerbare Energien" für Energieträger aus nachhaltigen Quellen, die in menschlichen Maßstäben gemessen nahezu unerschöpflich vorhanden sind, durchgesetzt. Zu ihnen zählen die Biomasse, Sonnenenergie, Wasserkraft, Windenergie und Geothermie.

Welche Inseln und Inselgruppen gehören zum Vereinigten Königreich Großbritannien und Nordirland?

Neben der Hauptinsel Großbritannien gehören dazu die Inseln Wight im Süden und Anglesey vor Wales in der Irischen See, die Scillyinseln im Südwesten, die Hebriden im Nordwesten, die Orkney- und die Shetlandinseln im Norden, die Kanalinseln Guernsey und Jersey vor der französischen Kanalküste sowie der nordöstliche Teil der Insel Irland.

Was ist das Besondere an Doppelsternen?

Optische Doppelsterne erscheinen am Himmel nah beieinander, die Sterne selbst sind im All sehr weit voneinander entfernt. Physische Doppelsterne weisen eine so geringe Nähe zueinander auf, dass sie sich gegenseitig gravitativ beeinflussen und auf Keplerbahnen umkreisen.

Auf welcher Insel liegt die Stadt Havanna?

a) Kuba
b) Bahamas
c) Grenada
d) Haiti

a) Kuba

Panorama von Havanna

Welcher Kontinent wird die „Wiege der Menschheit" genannt?

Afrika. Hier konnten archäologische Funde die Entwicklung zum modernen Menschen nachweisen.

Welcher italienische Astronom und Mathematiker wurde wegen seiner wissenschaftlichen Erkenntnisse von der kirchlichen Inquisition ermahnt?

Galileo Galilei (1564–1642) war ein Verfechter des heliozentrischen Weltbildes und wurde dafür von der Inquisition ermahnt und zur Abschwörung gezwungen.

Wie heißt die zweitgrößte Insel im Mittelmeer?

a) Sardinien
b) Korfu
c) Korsika
d) Krk

a) Sardinien

Die Insel gehört zu Italien, die Hauptstadt ist Cagliari. Sardinien hat eine Fläche von 24.090 km² und 1,65 Millionen Einwohner.

Aus welchem Material besteht der Erdkern?

Der Erdkern erstreckt sich über den halben Erdradius. Er besitzt eine relativ hohe

Dichte. Deshalb geht man davon aus, dass Eisen der Hauptbestandteil dieses Kerns ist. Die Temperatur im Erdkern beträgt vermutlich 6500 Grad Celsius bis 6600 Grad Celsius.

Was ist die Albedo?

Albedo nennt man das Rückstrahlungsvermögen von lichtreflektierenden Körpern, das zwischen 0 und 1 liegen kann. Unsere Erde z.B. verfügt über eine Albedo von 0,37; sie reflektiert also 37 % des Lichts. Die höchste bekannte Albedo hat ein Saturnmond mit 0,99.

Wie heißt die Hauptstadt Syriens?

Damaskus. Sie ist die älteste durchgehend bewohnte Stadt der Welt sowie ein kulturelles und religiöses Zentrum des Orients. Die Altstadt von Damaskus ist seit 1979 UNESCO-Weltkulturerbe.

Was ist das Ekliptikalsystem?

Das ist ein astronomisches Koordinatensystem, das zur Angabe der Position von Himmelskörpern des Sonnensystems verwendet wird. Die Position eines Himmelskörpers wird durch die Angabe der beiden Winkel ekliptikale Länge und ekliptikale Breite festgelegt.

Welcher Vulkan ist der heilige und zugleich höchste Berg Japans?

Der Fudschijama. Für die Japaner gilt der Fudschi als heiliger Ort. Jedes Jahr pilgern Tausende von ihnen aus allen Landesteilen zu den zahlreichen Schreinen und Tempeln an seinen Hängen.

Fudschijama

Wie hieß die bedeutendste Naturforscherin des 17. Jahrhunderts?

Anna Maria Sybilla Merian (1647–1717). Vor ihr hatte sich kaum jemand ernsthaft mit Insekten beschäftigt, was sich jedoch nach der Veröffentlichung ihrer viel beachteten Bücher änderte. Sie fertigte nicht nur eindrucksvolle Abbildungen an, sondern erforschte erstmals auch ausführlich die Verwandlung der Schmetterlinge.

Sibirien liegt auf der einen Straßenseite der Beringstraße. Was befindet sich auf der anderen?

Alaska. Die Beringstraße und das südlich von dieser Meerenge gelegene Beringmeer sind nach dem dänischen Entdecker Vitus Bering (1680–1741), der sie im Jahr 1728 durchfuhr, benannt. Sie ist ungefähr 85 Kilometer breit und durchschnittlich 30 bis 50 Meter tief.

Welches Land hieß bis zu seiner Unabhängigkeit 1971 Ostpakistan?

a) Bangladesch c) Afghanistan
b) Nepal d) Iran

a) Bangladesch
Die Republik in Südasien grenzt im Westen, Norden und Osten an Indien, im Südosten an Myanmar und im Süden an den Golf von Bengalen.

Welche Wirbelstürme nennt man in Amerika Twister?

Tornados. Die Windhosen entstehen durch den Auftrieb warmer, feuchter Luft, wenn die Temperatur der einzelnen Luftschichten nach oben sehr schnell abnimmt.

1981 flog zum ersten Mal eine solche Fähre ins Weltall und landete nach dem Wiedereintritt in die Atmosphäre wie ein Flugzeug auf einer Landebahn. Inzwischen gab es über 120 Flüge durch fünf verschiedene Fähren. **Wie nennt man diese Raumfähren, die mehrmals eingesetzt werden können?**

Space Shuttle.

Welche Ursachen haben die Gezeiten?

Zwischen Erde und Mond bestehen gravitative Wechselwirkungen, die zu einer Ausbildung eines Flutberges auf der dem Mond zugewandten und der dem Mond abgewandten Seite der Erdoberfläche führen.

Wie nennt man die Ureinwohner Australiens?

Aborigines. Nur noch wenige von ihnen leben in traditionellen Gruppen, sodass die überlieferte Kultur der Aborigines vom Aussterben bedroht ist.

Wie heißt der Vulkan am Golf von Neapel?

a) Ätna c) Vesuv
b) Stromboli d) Vulcano

c) Vesuv
Er ist der einzige aktive Vulkan auf dem europäischen Festland. Der schwerste Ausbruch des Vesuv ereignete sich 79 n. Chr., bei dem die Städte Herculaneum, Pompeji und Stabiae unter einem Regen aus Asche und Schlamm begraben wurden.

Vesuv

Was war die Hauptleistung des Astronomen und Mathematikers Johann Franz Encke?

Encke (1791–1865) berechnete die Bahn eines 1818 entdeckten Kometen, dessen Wiederkehr er für 1822 richtig voraussagte. Dieser Komet wird heute Enckescher Komet genannt.

Welcher englische Astronom und Physiker entdeckte die Gravitation als Kraft, die das Sonnensystem zusammenhält?

a) Georg Simon Ohm
b) Max Planck
c) Léon Foucault
d) Isaac Newton

d) Isaac Newton
Ausgehend von den Gesetzen der Planetenbewegung, die Johannes Kepler (1571–1630) gefunden hatte, leitete Newton (1643–1727) das Gravitationsgesetz her, die Grundlage der gesamten Himmelsmechanik.

Isaac Newton

Wer war Thor Heyerdahl?

Heyerdahl (1914–2002) wurde als Anthropologe und Seefahrthistoriker bekannt. Seine berühmteste Expedition führte ihn 1947 mit dem Balsafloß Kon-Tiki von Peru nach Polynesien.

In welchem Land erheben sich das Er Rif, der Hohe und der Mittlere Atlas sowie der Antiatlas?

In Marokko. Das Land ist überaus vielgestaltig, es umfasst die weitesten Ebenen und höchsten Gebirge Nordafrikas.

Welche Währungen haben die folgenden Länder?

1. Brasilien
2. Dominica
3. Polen
4. Portugal
5. Norwegen
6. Niger
7. Südafrika
8. Thailand
9. Indien
10. Neuseeland

1. Real (R$), 2. Ostkaribischer Dollar (EC$), 3. Złoty (zł), 4. Euro (€), 5. Norwegische Krone (kr), 6. Franc de la Communauté Financière d'Afrique (F), 7. Rand (R), 8. Baht (Bt), 9. Indische Rupie (iR), 10. Neuseeland-Dollar (NZ$)

Was bezeichnet man als „Ring of Fire"?

Der „Ring of Fire" bezeichnet die ringförmige Anordnung von Vulkanen und Vulkanketten rund um den Pazifik: Der Ring zieht sich von Neuseeland über Neuguinea, Indonesien, Japan, Kamtschatka, den Aleuten, Alaska, den Kanadischen und Amerikanischen Rocky Mountains weiter nach Süden bis an die Spitze Südamerikas.

Wie heißt der größte Mond des Planetensystems?

Ganymed. Seine mittlere Dichte ist sehr gering, der Jupitersatellit gehört zur Gruppe der eisartigen planetarischen Himmelskörper.

Welche Großstadt entstand auf den Ruinen von Tenochtitlán, der Hauptstadt der Azteken?

Mexiko-Stadt, ein städtisches Konglomerat mit rund 15 Millionen Einwohnern im Hochland Mexikos.

Was versteht man unter der Pekuliarbewegung eines Himmelskörpers?

Das ist seine Relativbewegung im Vergleich zu einer Gruppe anderer Himmelsobjekte.

Welches ist das größte Land Südamerikas und hat die meisten Einwohner?

Brasilien besitzt mit 8.547.404 km^2 die größte Fläche auf dem Kontinent und ist das fünftgrößte Land der Erde. Das Land wird durch den Amazonas geprägt – den größten und zweitlängsten Fluss der Welt. 182,5 Millionen Menschen leben in Brasilien.

Woraus besteht die Atmosphäre?

Aus einer Gashülle, die einen Planeten umgibt. Auf der Erde besteht die Atmosphäre hauptsächlich aus Stickstoff- und Sauerstoffverbindungen. Am dichtesten ist sie in der Nähe der Oberfläche, mit zunehmender Höhe wird sie dünner.

Erdatmossphäre und Vollmond

Welche der folgenden Inseln ist keine Kanalinsel?

a) Jersey
b) Guernsey
c) Wight
d) Herm

c) Wight
Die Isle of Wight befindet sich an der Südküste Englands und hat eine Fläche von 381 km^2.

Wo liegt Karatschi?

Als Pakistan 1947 seine Unabhängigkeit erlangte, wurde Karatschi die Hauptstadt des neuen Landes. Mittlerweile wurde sie von Islamabad als neue Hauptstadt abgelöst.

Wie heißt die Côte d'Ivoire auf Deutsch?

Elfenbeinküste. In dem westafrikanischen Land werden neben der Verkehrssprache Französisch über 60 einheimische afrikanische Sprachen gesprochen.

Wie entsteht das Magnetfeld der Erde?

Es entsteht durch innere Strömungsvorgänge, die einen Dynamoeffekt hervorrufen. In der Nähe der Erdoberfläche ist es von der Form her mit dem Magnetfeld eines Stabmagneten vergleichbar. Es wird aber durch die Teilchenstrahlung der Sonne, den Sonnenwind, erheblich verformt.

Wie heißen die vier amerikanischen Raumfähren?

Die Raumfähren oder Space Shuttles tragen die Namen Columbia, Discovery, Endeavour und Atlantis. Eine weitere, die Challenger, stürzte 1986 beim Start ab, wobei die Besatzung den Tod fand.

Welche Himmelskörper bezeichnet man manchmal auch als schmutzige Schneebälle?

Kometen bestehen aus einem festen Kern aus Gesteinstrümmern, die durchsetzt sind mit gefrorenem Wasser, Ammoniak und Methan – daher der Name „schmutzige Schneebälle".

Wo liegt der Ayers Rock?

Ayers Rock liegt in Zentralaustralien. Die Aborigines nennen den Ort, der ihnen über Jahrtausende als religiöses Zentrum diente, Uluru, „Schatten spendender Platz". Je nach Sonnenstand und Witterung wechselt der Ayers Rock seine Färbung.

Wo liegt der Platz des Himmlischen Friedens?

a) Peking c) Taipeh
b) Tokio d) Kuala Lumpur

a) Peking
Am 15. April 1989 begannen chinesische Studenten mit friedlichen Kundgebungen für mehr Demokratie. Die chinesische Regierung antwortete mit der Entsendung von Truppen und tötete etwa 3000 bis 5000 Demonstranten.

Zu welchem Land gehört die Osterinsel?

a) Chile c) Mexiko
b) Argentinien d) Paraguay

a) Chile
Obwohl die Osterinseln 4000 Kilometer von der chilenischen Küste entfernt sind, gehören sie zu Chile. Seit 1995 gelten sie als UNESCO-Weltkulturerbe.

Anakenastrand auf der Osterinsel

Wie entsteht das Abendrot am Himmel?

Da die Atmosphäre das kurzwellige blaue Licht der Sonne stärker streut als langwellige Rotstrahlen, kommt es bei tieferem Sonnenstand, d.h. bei längerem Weg des Lichtes durch die Atmosphäre, zu den roten Dämmerungsfarben. Durch hohe Luftfeuchtigkeit verstärkt sich die Rotfärbung des Himmels.

Was ist eine Sonnenfinsternis?

Wenn sich der Mond zwischen Sonne und Erde schiebt und so die Sonne teilweise oder ganz verdeckt, kommt es zu diesem Ereignis. Da die Sonne etwa 400-mal so groß ist wie der Mond und die Entfernung von der Erde zur Sonne ungefähr das 400-Fache der Entfernung von der Erde zum Mond ausmacht, ist der Mond ausreichend groß, um die Sonne zu verdecken.

Was ist die Bedeutung der Europäischen Wasserscheide in Süddeutschland?

In Süddeutschland trennt die Wasserscheide die Zuläufe von Nordsee und Schwarzem Meer voneinander: Alle Zuflüsse des Rheins fließen in die Nordsee, alle Zuflüsse der Donau enden im Schwarzen Meer.

Was bewirkt die Erdanziehungskraft?

Die Erdanziehungskraft bewirkt, dass ein Apfel, wenn man ihn loslässt, senkrecht nach unten fällt. Sie wird häufig auch als Gewichtskraft bezeichnet. Die Gewichtskraft ist die Gravitationskraft, mit der ein Körper von der Erde angezogen wird.

Thermalquellen

Mineralquellen werden, wenn sie Temperaturen über 20 Grad Celsius haben, auch als Thermalquellen bezeichnet. Aus ihnen tritt Wasser aus, das in größerer Tiefe oder in der Nähe von vulkanischen Erscheinungen erwärmt wurde. Thermalquellen werden schon seit den Zeiten der Römer zu Heil- und Badezwecken herangezogen.

Was ist ein Impakt?

Als Impakt bezeichnet man den Einschlag eines Kometen, Asteroiden oder Meteoriten. Auf der Erde wurden bisher über 100 Einschlagkrater gezählt.

Wie wird die Stärke eines Erdbebens registriert?

Bei einem Erdbeben wird die Erdkruste schockartig von Erschütterungen durchlaufen. Die Erschütterungen werden von Seismografen aufgezeichnet. Die Stärke wird nach der Mercalliskala von I bis XII oder der nach oben offenen Richterskala festgelegt.

Wie entstand der Erdmond?

Über die Entstehung unseres Mondes existieren verschiedene Theorien. Favorisiert wird von vielen Wissenschaftlern die Auffassung, der Mond habe sich in der Frühzeit der Erdentwicklung infolge des Aufpralles eines etwa marsgroßen Himmelskörpers gebildet.

Was ist der Unterschied zwischen Lava und Magma?

Wenn Magma, das im Erdinneren vorkommt, durch Risse unter Druck an die Erdoberfläche steigt, beginnen die Gase, die vorher im über 1100 Grad Celsius heißen Magma gelöst waren, auszuperlen. Tritt das Magma dann aus der Erde aus, ist es weitgehend entgast und fließt als zähflüssige Lava aus dem Vulkan.

Lavastrom bei Ausbruch des Ätnas

Gibt es einen Nachweis über Leben auf dem Mars?

Nachdem bereits 1975 die beiden Sonden Viking 1 und 2 erfolglos nach einfachem Leben auf dem Mars suchten, gelang es auch der amerikanischen Pathfinder-Mission 1997 nicht. 2004 entdeckte der Marsrover Opportunity allerdings Hinweise auf ehemals flüssiges Wasser und die frühere Existenz eines Sees oder Ozeans auf dem Mars.

Wie errechnen Wissenschaftler das Alter der Erde?

Das Erdalter wird anhand von Meteoriten bestimmt, die man auf der Erde findet. Da Meteoriten im Weltraum chemisch nicht verändert werden, können sie mit radiometrischen Methoden datiert werden. Nach diesen Messungen ist die Erde vor etwa 4,55 Milliarden Jahren entstanden.

Was sind die zehn Elemente, aus denen 99 % der Erdkruste bestehen?

Die Erdkruste besteht aus Sauerstoff (46,6 %), Silizium (27,7 %), Aluminium (8,1 %), Eisen (5,0 %), Kalzium (3,6 %), Natrium (2,8 %), Kalium (2,6 %), Magnesium (2,1 %), Titan (0,4 %) und Wasserstoff (0,1 %).

Was sind Feuchtwälder?

Als Feuchtwälder bezeichnet man halbimmergrüne bis immergrüne Regenwälder. In Nord- und Südamerika, Südafrika, Asien und Australien liegen sie in der Zone der immerfeuchten Subtropen. Hier lassen die sommerlichen Monsunregen keine extreme Trockenperiode aufkommen, und in den milden Wintern gibt es kaum Frost.

Womit beschäftigt sich die Tektonik?

Die Tektonik ist die Lehre vom Aufbau der Erdkruste in ihrer Struktur. Auch Bewegungen und Strukturen des oberen Teils des Erdmantels, der Lithosphäre sind Teil der Tektonik.

Was meinen Geologen, wenn sie von Jura sprechen?
Den Zeitraum der Erdgeschichte zwischen 180 und 140 Millionen Jahren vor unserer Zeit. Zahlreiche Fossilienfunde geben den Wissenschaftlern einen guten Einblick in diese Zeit.

Wo befindet sich die gefährlichste Wasserstraße der Welt?
Vor Somalia. Der Golf von Aden, der im Norden von Somalia und zwischen Afrika und Asien liegt, ist das weltweit am meisten durch Piraterie gefährdete Gebiet.

Welche Stadt wird auch „Elbflorenz" genannt?
Dresden, die Hauptstadt des Bundeslandes Sachsen. Die bis Ende des Zweiten Weltkrieges wegen ihres Stadtbildes als „Elbflorenz" gerühmte Stadt wurde im Februar 1945 durch drei Luftangriffe in Schutt und Asche gelegt. Viele Bauwerke wie der Zwinger, die Semperoper und die Frauenkirche wurden jedoch wieder errichtet.

Die Brühlsche Terrasse in Dresden

Welche zwei Phänomene sind für das Quartär kennzeichnend?
Das Quartär ist das Erdzeitalter, in dem die Entwicklung des Menschen und seiner Kultur bis zum heutigen modernen Menschen begann. Auch wurde das Quartär v. a. durch wiederholte Vergletscherung während der Eiszeiten geprägt.

Wo befindet sich das bedeutendste prähistorische Bauwerk Europas?
In Stonehenge im Südwesten Englands. Die Steinkreissetzung aus der Jungsteinzeit und der Bronzezeit ist das berühmteste Megalithmonument Englands, seine Bedeutung ist aber noch unklar.

Was ist die Datumsgrenze?
Reist man in östlicher Richtung um die Welt, muss wegen der Erdumdrehung die Uhr immer wieder vorgestellt werden, damit sie mit der Ortszeit übereinstimmt. Ist man einmal um die Erde gereist und hat seine Uhr regelmäßig der Ortszeit angepasst, sind so insgesamt 24 Stunden vorgestellt worden. Obwohl man natürlich keine Zeit verloren hat, ist man der Da-

tierung dann einen Tag voraus. Um dies auszugleichen, wurde nahe des 180. Längengrades eine Linie vereinbart, bei deren Überschreiten ein Datumswechsel vorgenommen wird.

Wie entstehen die Mondphasen?

Sie kommen zustande, weil der Mond ein von der Sonne beleuchteter Körper ist und Erde und Mond infolge ihrer Bewegung unterschiedliche Stellungen bezüglich der Sonne einnehmen. Besondere Stellungen treten dann auf, wenn der Mond von der Erde aus gesehen voll von der Sonne beleuchtet wird (Vollmond) bzw. wenn er nicht beleuchtet wird (Neumond).

Was ist der Mittelozeanische Rücken?

Der Mittelozeanische Rücken ist ein weit verzweigtes Grabensystem, das sich durch alle Weltmeere erstreckt. Aus dem Graben fließt ständig Magma, die seitlich abdriftet, erstarrt und eine neue ozeanische Erdkruste bildet.

Welche Katastrophe wird in rund 100 Millionen Jahren den Planeten Mars ereilen?

Phobos, der Satellit, der den Mars umrundet, unterliegt infolge von Gezeitenkräften einer beständigen Abbremsung – Phobos verliert an Höhe. Die nahezu kreisförmige Mondbahn besitzt also in Wahrheit eine spiralförmige Gestalt. Der Marssatellit wird also mit dem Planeten zusammenprallen.

Wer entdeckte die Marskanäle?

Giovanni Schiaparelli (1835–1910). Während seiner Betrachtung der erdähnlichen Planeten untersuchte der Italiener den Mars, dessen auffällige Formationen er vermaß und benannte. Bei seinen Beobachtungen entdeckte er die sogenannten Marskanäle.

Giovanni Schiaparelli

Welcher Mond verfügt als einziger über eine Atmosphäre?

a) Phobos
b) Sinope
c) Calypso
d) Titan

d) Titan

Leider bildet die Gashülle des zweitgrößten Mondes im Planetensystem einen undurchdringlichen Dunstschleier aus, der den Blick zur Oberfläche des Mondes vollständig verwehrt.

Welche ökologische Katastrophe vollzieht sich am Aralsee im Süden Kasachstans?

Der See wird immer kleiner. In den letzten 30 Jahren verlor er rund 60 % seines Volumens. Die starke Wasserentnahme der Anrainerstaaten Kasachstan, Usbekistan und Tadschikistan führt zudem zu einem ständig steigenden Salzgehalt. Daher besteht die Gefahr, dass sich in einigen Jahren an der Stelle des Aralsees eine Salzwüste erstreckt.

Was ist ein Quasar?
Quasar ist die Abkürzung für „quasistellares Objekt". Aufgrund ihrer Entfernung erscheinen uns diese Objekte als winzige Pünktchen, so als ob es sich bei ihnen um Sterne handeln würde. Ihr optischer Lichtausstoß wird außerdem durch die interstellare Materie stark abgeschwächt. Ein Quasar leuchtet etwa 100-mal heller als die leuchtkräftigsten Galaxien.

Wo liegt der größte Hafen Frankreichs?
a) in Le Havre c) in Marseille
b) in Bordeaux d) in Rouen

c) in Marseille
Die Stadt liegt im Golfe du Lion und ist die zweitgrößte Stadt Frankreichs.

Wo liegen die magnetischen Pole der Erde?
Das Magnetfeld der Erde befindet sich ständig in Bewegung. Im Lauf eines Menschenlebens sind diese Bewegungen aber kaum feststellbar. Der geomagnetische Nordpol liegt heute im äußersten Westen Grönlands, nahe der Stadt Thule.

In einem Artikel des Goethe-Institutes heißt es: „Seit mehr als einhundert Jahren trägt die Kraft des blauen Goldes zur Stromerzeugung bei." In der Tat macht sich der Mensch diese Kraft schon seit langer Zeit zunutze. **Aber was ist das „blaue Gold"?**
Wasserkraft. Mithilfe des Wassers werden Turbinen oder Wasserräder angetrieben, die dann Strom erzeugen. Heutzutage werden weltweit etwa 18 % des Strombedarfs durch das „blaue Gold" gedeckt, in der Bundesrepublik sind es derzeit ca. 5 %.

Was sind Riesenströme?
Riesenströme sind große Flüsse, die entweder nach ihrer Länge, nach ihrem Einzugsgebiet oder nach ihrer Abflussmenge zu den größten der Erde gehören. Es gibt 30 Riesenströme; zu ihnen gehören z. B. Amazonas, Mississippi, Nil, Niger und Mekong.

Gibt es in Wüsten Schnee?
Ja, z. B. in der Wüste Gobi in Zentralasien. Im Frühling kann es hier zu eisigen Schnee- und Sandstürmen kommen.

Sogar Schneeleoparden leben in der Wüste Gobi.

Woraus besteht Moor?
Moor besteht aus unvollständig zersetzten Pflanzenresten (Torf) und einer durch Wassertümpel unterbrochenen Pflanzendecke (meist Gräser und Moose). Man unterscheidet – je nach Pflanzenbestand – Nieder-, Hoch- und Übergangsmoore.

Welches Sternbild wird auch als das Himmels-W bezeichnet?

a) Kepheus
b) Kassiopeia
c) Nördliche Krone
d) Zentaur

b) Kassiopeia

Sternbild Kassiopeia

Welche Inseln gehören zu den Ostfriesischen Inseln?

Borkum ganz im Westen, Juist, Norderney und Baltrum sowie Langeoog, Spiekeroog und Wangerooge im Osten.

Welche Meere gibt es auf der Erde?

Die Weltmeere, die Wasseroberfläche der Erde, gliedern sich in vier große Ozeane (Atlantischer, Pazifischer, Indischer und Arktischer Ozean) mit ihren jeweiligen Nebenmeeren. Zu den Nebenmeeren der Ozeane gehören Mittelmeere (z. B. das Europäische Mittelmeer), Randmeere (z. B. die Nordsee) und Binnen- oder intrakontinentale Mittelmeere (z. B. die Ostsee).

Was versteht die Astronomie unter Sternbildern?

Ein abgeschlossenes Gebiet an der scheinbaren Himmelskugel, in dem sich die Sternbildfigur befindet. Je nach der Lage an der scheinbaren Himmelskugel unterscheidet man zwischen 31 nördlichen Sternbildern, 45 südlichen Sternbildern und Sternbildern der Äquatorzone.

Was ist eine Moräne?

Eine Moräne ist die Gesamtheit des Erd- und Gesteinsmaterials, das nach dem Abschmelzen eines Gletschers übrig geblieben ist.

Welches dieser Gewässer ist kein Süßwassersee?

a) Victoriasee
b) Ladogasee
c) Baikalsee
d) Barentssee

d) Barentssee
Die Barentssee ist ein Meeresarm des Nordpolarmeeres. Sie trennt die Küsten Norwegens und Russlands voneinander.

Welches ist die älteste Siedlung Australiens, die von Europäern gegründet wurde?

Sydney, die Hauptstadt des Bundesstaates New South Wales. Der Hafen der Stadt, Port Jackson, erhielt seinen Namen von James Cook (1728–79), der hier 1770 an Land ging. Wenige Jahre später legte dann das erste Sträflingsschiff aus Großbritannien an, und der erste Gouverneur der britischen Kolonie New South Wales gründete 1788 die Siedlung Sydney Cove.

Was ist für die Entstehung der Jahreszeiten verantwortlich?

Dafür ist die Neigung der Rotationsachse der Erde gegenüber der Erdbahnebene verantwortlich. Das führt im Jahresverlauf für einen Ort zu verschiedenen Einfallswinkeln und unterschiedlicher Dauer der Sonnenstrahlung und damit zu einer unterschiedlichen Erwärmung.

Was ist charakteristisch für die irische Landschaft?

Seine Torfmoore. Nach Finnland ist Irland das moorreichste Land Europas.

Was sind Warften?

Warften sind Aufschüttungen, die auf den Halligen im nordfriesischen Wattenmeer für Gehöfte und Siedlungen angelegt wurden, um vor den Sturmfluten Schutz zu bieten.

Wofür wurde das niedersächsische Gorleben deutschlandweit bekannt?

Am 2. Juni 1995 erteilte das Bundesamt für Strahlenschutz die Genehmigung, in Gorleben ein Atommüllzwischenlager zu betreiben. Seither fahren immer wieder Atommülltransporte nach Niedersachsen. Der Widerstand innerhalb der Bevölkerung hält auch mehr als 20 Jahre nach der Genehmigung an.

Theorie der Kontinentaldrift

Kontinentaldrift, auch Kontinentalverschiebung genannt, bezeichnet eine Theorie, nach der sich die Landmassen der Erde im Lauf der Erdgeschichte verschoben haben.

Was ist der Comahaufen?

Im Sternbild Coma Berenices (Haar der Berenike) steht der symmetrisch aufgebaute Comahaufen, eine Ansammlung von etwa 1000 Galaxien.

Der Comahaufen

Was ist ein Epikontinentalmeer?

Die Ostsee wird als Epikontinental- oder Randmeer des Atlantiks bezeichnet. Ein solches Randmeer kennzeichnet ein weitaus geringerer Salzgehalt als der des Weltozeans.

Was bedeutet der Begriff Parsec?

Parallaxensekunde. Ein Objekt im Abstand von einem Parsec von der Erde würde am Himmel eine Parallaxe von einer Bogensekunde aufweisen. Ein Parsec entspricht 3,26 Lichtjahren.

In welchem Land findet man den größten Nationalpark Europas?

a) Spanien
b) Finnland
c) Island
d) Schweden

c) Island
Der Vatnajökull-Nationalpark wurde im Juni 2008 gegründet. Mit knapp 13.000 km² nimmt er rund 13 % der Fläche Islands ein.

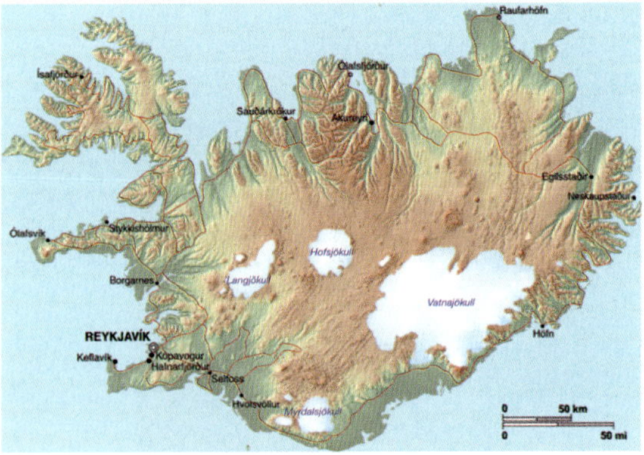

Karte von Island

Wie entstand das Nördlinger Ries?

Das Nördlinger Ries verdankt seine Form einem Meteoriteneinschlag vor ca. 15 Millionen Jahren. Zwischen den Städten Nürnberg, Stuttgart und München gelegen, versteckt sich die Form des ursprünglich elf Kilometer breiten und 700 bis 800 Meter tiefen Impaktkraters.

Was sind Bok-Globulen?

In Gasnebeln um Sternentstehungsgebiete fallen oft dunkle, kugelförmige Regionen auf. Diese wurden erstmals von dem niederländisch-amerikanischen Astronomen Bart Jan Bok (1906–83) untersucht und sind seither als Bok-Globulen bekannt. Es handelt sich um dichte Molekül- und Staubwolken, in deren Zentrum sich fast immer ein junger, heißer Stern nachweisen lässt.

Was ist der Mezzogiorno?

a) der Norden Italiens
b) der Osten Italiens
c) der Süden Italiens
d) der Westen Italiens

c) der Süden Italiens
Prägend ist in Italien der Gegensatz zwischen dem industrialisierten, reichen Norden und dem ländlichen, ärmeren Süden, dem sogenannten Mezzogiorno.

Was versteht man unter einer nachhaltigen Entwicklung?

Die Internationale Kommission für Umwelt und Entwicklung hat Nachhaltigkeit 1987 so definiert: „Nachhaltig ist eine Entwicklung dann, wenn sie den Bedürfnissen der heutigen Generation entspricht, ohne die Möglichkeiten der zukünftigen Generationen zu gefährden."

Welche Erscheinung trägt den Namen Zodiakallicht?

In der Sonnenumgebung kann man eine Leuchterscheinung wahrnehmen, die durch Streuung des Sonnenlichtes am interplanetaren Staub hervorgerufen wird. Man nennt diese Leuchterscheinung Zodiakallicht.

Wie heißt die größte Stadt Afrikas?

Kairo, die Hauptstadt Ägyptens. Die Stadt hat sich in ihrer langen arabischen Geschichte zu einem Zentrum für Wirtschaft, Politik, Religion und Kultur entwickelt. Die Altstadt und das Ägyptische Nationalmuseum gehören zum Weltkulturerbe der UNESCO.

Was versteht man unter einer aktiven Galaxie?

Galaxien, in denen gewaltige Energieausbrüche stattfinden. Unter die aktiven Galaxien fallen Seyfert- und Radiogalaxien sowie Quasare.

Wie sieht der Neptun aus?

Wie seine inneren Nachbarn Jupiter, Saturn und Uranus ist der Neptun ein großer Gasplanet. Ähnlich dem Uranus ist er von bläulicher Farbe und in seiner Atmosphäre sind weiße Wolkenbänder zu sehen.

Was sind die Mangroven?

Ähnlich wie die Wattgebiete im Norden Europas liegen die tropischen Mangroven in der Zone zwischen Ebbe und Flut. Regelmäßig werden die Wurzeln der Bäume vom Wasser umspült, einige Stunden später zeigt sich wieder das Land.

Was sind die Halligen?

Die Halligen sind Teil des Marschlandes, das beim nacheiszeitlichen Meeresspiegelanstieg durch Schlickablagerungen entstanden ist. Die größeren der insgesamt zehn Halligen haben Sommerdeiche. Die nicht eingedeichten Halligen werden bei Sturmfluten ganz oder teilweise überflutet.

Lage der Inseln und Halligen im Nordfriesischen Wattenmeer

Wie entsteht Erdöl?

In ehemaligen und heute noch vorhandenen Meeren können sich Schichten mit abgestorbenen Pflanzenteilen und Kleinstlebewesen ansammeln. Unter Sauerstoffabschluss bildet sich daraus Erdöl. Der Prozess kann aus geologischer Sicht relativ schnell ablaufen. So wurden im Golf von Mexiko Erdölspuren gefunden, die weniger als 10.000 Jahre alt sind.

Welches ist die größte Stadt Europas?

a) London c) Istanbul
b) Moskau d) Berlin

b) Moskau
Dicht dahinter liegt Istanbul. Beide Städte haben mehr als zehn Millionen Einwohner.

Basiliuskathedrale in Moskau

Was ist eine Schärenlandschaft?

Bei Schärenküsten handelt es sich um eine Rundhöckerlandschaft, die flach vom Meer überspült wurde, sodass heute die oberen Teile der Rundhöcker als kleine Inseln – Schären – der eigentlichen Küste vorgelagert sind. Schärenlandschaften gibt es z.B. an den Küsten Norwegens, Schwedens und Finnlands.

Wie entstehen Erdbeben?

90 % aller Erdbeben entstehen durch tektonische Vorgänge in der Erdkruste. Spannungen im Gestein, die infolge der langsamen Verschiebung der Kontinentalplatten auftreten, lösen sich plötzlich. Dadurch kommt es im Jahr zu etwa 10.000 Beben weltweit, von denen jedoch nur wenige ohne Messinstrumente registrierbar sind.

Wie viele deutsche Städte haben mehr als eine Million Einwohner?

a) drei c) fünf
b) vier d) sechs

b) vier
Berlin hat etwa 3,4 Millionen Einwohner, Hamburg 1,75 Millionen und München 1,33 Millionen. Erst 2007 hat Köln die Millionenmarke geknackt, dort leben heute etwa 1.024.000 Menschen.

Diese künstliche Wasserstraße ist nur knapp 82 Kilometer lang, doch für die Schifffahrt bedeutet sie eine enorme Erleichterung. Vor ihrem Bau war die gefährliche Umschiffung des Kap Hoorn notwendig. Den Bau des Kanals hatten im Jahr 1880 die Franzosen begonnen, doch nach zehn Jahren gaben sie ihr Vorhaben auf. Nachdem der Staat, durch den der Kanal läuft, im Jahr 1903 unabhängig geworden war, nahmen seine Einwohner mit amerikanischer Hilfe das Bauvorhaben wieder auf. Im Jahr 1914 konnten die Arbeiten abgeschlossen werden. **Um welchen berühmten Kanal handelt es sich?**
Um den Panamakanal.

Was bezeichnet der Begriff Vierte Welt?

Darunter versteht man jene Länder unter den Entwicklungsländern, die über keine Rohstoffe verfügen. Sie sind infolgedessen von den allgemeinen Preissteigerungen besonders hart betroffen und bilden die Gruppe der ärmsten Länder der Erde.

Wozu dienten die Meridiankreise?

Früher dienten sie zur genauen Bestimmung der Position von Gestirnen am Himmel. Ein Meridiankreis ist quasi ein Teleskop, das nur in Nord-Süd-Richtung nach oben und unten geschwenkt, nicht aber parallel zum Horizont gedreht werden kann. Die Positionsbestimmung eines Himmelskörpers geschieht dadurch, dass die Höhe und die Uhrzeit des Meridiandurchgangs, d.h. des Objektdurchgangs durch die Südrichtung, erfasst werden.

Man findet Bodenschätze häufig in recht dünnen, dafür aber sehr langen Schichten. **Wie lautet der Fachbegriff für solche Schichten?**

Flöze. Dieser Ausdruck stammt aus der Sprache der Bergmänner. Er wird nur für die Erdschichten, die nutzbares Material enthalten, verwendet.

Kohleflöze zwischen Sandsteinschichten

Warum sehen wir immer nur eine Seite des Mondes?

Nach seiner Entstehung rotierte der Mond sicherlich nicht gebunden, d.h. seine Rotationsperiode war kürzer als seine Umlaufperiode. Aufgrund der Erdanziehung auf die nicht gleichmäßige Kruste des Trabanten entstand Reibung zwischen dieser und dem flüssigen Inneren, welche die Rotation so lange abbremste, bis Rotations- und Umlaufperiode gleich waren.

Welche Stadt wird auch als „Weiße Stadt des Nordens" bezeichnet?

a) Oslo
b) Helsinki
c) Kopenhagen
d) Stockholm

b) Helsinki

Zu welchen Ländern gehört Pommern heute?

Pommern ist die Bezeichnung für die ehemalige preußische Provinz, die sich rechts und links der Odermündung an der Ostseeküste erstreckte. Der links der Odermündung gelegene Teil Pommerns ist heute ein Teil des Bundeslandes Mecklenburg-Vorpommern, der rechts gelegene Teil ist die polnische Region Pomorze.

Gibt es außerhalb der Erde Vulkane?

Einige Himmelskörper im Sonnensystem besitzen aktive oder erloschene Vulkane. Dazu zählt die Venus, auf der sich zahlreiche Flüsse erstarrter Lava und Vulkane befinden, die möglicherweise noch aktiv sind, der Mars, dessen erloschener Vulkan Olympus Mons eine rekordverdächtige Höhe (ca. 24 Kilometer) erreicht, und der Jupitermond Io.

Was führt in Deutschland seit den 1970er-Jahren zum Waldsterben?

Hauptgrund für das Waldsterben ist die Einwirkung von Luftschadstoffen, die durch die Verbrennung von Kohle, Erdöl sowie Erdgas in Hochöfen, Kraftwerken und im Straßenverkehr entstehen und als „saurer Regen" niederfallen.

Wie wird Schnee zu Firn?

Bei anhaltenden Schneefällen im Gebirge wird der bereits früher gefallene Schnee durch den Druck des auf ihm lastenden Materials zu Firn verdichtet. Wenn es noch weiter schneit, verwandelt sich der Firn allmählich in Eis.

Was sind Kugelsternhaufen?

Kugelsternhaufen sind kugelförmige Ansammlungen von bis zu einer Million Sternen. Die Sterne in Kugelsternhaufen sind alle zur gleichen Zeit entstanden – und sie sind kaum weniger alt als das Universum.

Welche Faktoren tragen die Hauptschuld am stetigen Untergang Venedigs?

Vergleiche mit Bildern aus dem 18. Jahrhundert zeigen, dass Venedig heute ca. 69 Zentimeter tiefer liegt. Die Hauptursache dafür ist der weiche Untergrund aus Sand, Kies und Ton, auf dem die Stadt erbaut wurde. Aktuelle Berechnungen zeigen, dass die Stadt derzeit um etwa zwei Millimeter pro Jahr sinkt. Außerdem steigt der Meeresspiegel durch die globale Erwärmung: Seit der ersten amtlichen Aufzeichnung 1872 stieg der Wasserspiegel um 30 Zentimeter.

Was versteht man unter einem Geysir?

Ein Geysir ist eine thermische Springquelle, die regelmäßig ihr Wasser herausschleudert.

Geysir auf Island

Bei welcher Wetterlage im Winter ist im Gebirge die Gefahr von Lawinen besonders groß?

Große Schneefälle und Stürme, die den Schnee umlagern, sind Voraussetzung. Eine bei Tauwetter einsetzende Erwärmung der oberen Schneedecke führt dann oft zur Lösung einer Lawine, die mit 40–70 km/h zu Tal rasen kann.

Was ist ein Wadi?

a) eine Lehmhütte
b) ein Wind
c) eine Bergkette
d) ein Trockental

d) ein Trockental
Als Wadi werden Trockentäler in der Wüste bezeichnet. Sie führen nur sehr selten Wasser, dann aber oft für kurze Zeit große Mengen.

Was ist ein Interferometer?

Das ist ein gekoppeltes System von Einzelteleskopen. Da der Abstand dieser Teleskope größer ist als der Durchmesser eines Einzelteleskops, wird damit bei der Beobachtung des Himmels eine höhere Winkelauflösung erreicht.

Ist der Salzgehalt des Meeres überall gleich hoch?

Nein. Er schwankt im offenen Weltmeer zwischen 32 und 38 Promille, in Nebenmeeren mit hoher Verdunstung wie dem Roten Meer kann er auch 40 Promille erreichen. In anderen Nebenmeeren, wie z. B. der Ostsee, wo die Verdunstung weniger stark ist, liegt er deutlich darunter.

Der Amazonas mündet in den ...?

a) ... Indischen Ozean
b) ... Pazifischen Ozean
c) ... Atlantischen Ozean
d) ... Arktischen Ozean

c) ... Atlantischen Ozean

Wie heißt der Fachbegriff für die Wissenschaft vom Wetter?

Meteorologie.

Warum sind im Bernstein manchmal Insekten eingeschlossen?

Bernstein ist nichts anderes als fossiles Harz. Im Tertiär tropfte es zähflüssig von den Bäumen. Traf ein Tropfen ein fliegendes oder herumkrabbelndes Insekt, so wurde das Tier davon umschlossen und – unter völligem Luftabschluss – konserviert.

Wie ist der Oberrheingraben entstanden?

An dieser Linie hat sich die Erdkruste durch im Inneren der Erde wirkende Kräfte herausgehoben. Schließlich ließ die entstandene Spannung die Erdoberfläche einreißen und in sich zusammenfallen.

Welches ist der kleinste Staat der Welt?

Der kleinste anerkannte Staat der Welt ist der Vatikan.

Luftaufnahme des Vatikans

Wodurch geriet 1976 die italienische Stadt Seveso in die Schlagzeilen?

Durch einen Chemieunfall. Am 10. Juli 1976 wurden große Mengen des hochgiftigen Dioxins freigesetzt. 77.000 Tiere fielen der Vergiftung zum Opfer. Wie viele Menschen vergiftet wurden und starben, ist nicht klar.

Wie sind Fossilien entstanden?
Die harten Überreste von vorzeitlichen Tieren und Pflanzen wurden bei geeigneten Bedingungen erhalten und später in das aus den abgelagerten Sedimenten entstehende Gestein integriert.

Wie heißt der Fluss, der durch Sachsen, Brandenburg und Berlin fließt?
Spree.

Worauf führt man heute die Entstehung der Alpen zurück?
Die Alpen gehören zu den Faltengebirgen. Nach der Kontinentalverschiebungstheorie wird ihre Entstehung aus der Bewegung großer Platten erklärt. Die Alpen entstanden so aus dem „Zusammenprall" von Afrika und Europa.

Wo liegt die Wüste Negev?
a) Algerien c) Ägypten
b) Israel d) Jordanien

b) Israel

Was ist ein Findling?
Ein Felsblock, der durch die Gletschermassen der Eiszeiten oft über Hunderte von Kilometern transportiert wurde.

Wofür ist Spitzbergen bekannt?
Spitzbergen, eine von Norwegen verwaltete Inselgruppe, ist der nördlichste von Menschen bewohnte Fleck der Welt. Die Inselgruppe liegt zwischen dem 74. und 81. Grad nördlicher Breite im Eismeer und ist nur etwa 1000 Kilometer vom Nordpol entfernt. Weniger als 3000 Menschen leben hier.

Was ist das Fünfseenland?
So wird die Region im Südwesten Münchens zwischen Ammersee und Starnberger See bezeichnet. Zu den fünf Seen gehören Ammersee, Starnberger See, Pilsensee, Wörthsee und Wesslinger See. Das Fünfseenland ist ein beliebtes Ausflugs- und Urlaubsgebiet.

Wie schwer ist die Erde (in Trillionen Tonnen)?
a) 6 c) 6000
b) 600 d) 6.000.000

c) 6000
Genauer gesagt wiegt die Erde 5,97 Tausend Trillionen Tonnen (das ist eine Zahl mit 24 Nullen).

Die Erde

Ist der menschliche Organismus in der Lage, selbst Kohlenhydrate herzustellen?
Nein, Kohlenhydrate entstehen bei der pflanzlichen Fotosynthese aus Kohlendioxid und Wasser unter Abgabe von Luftsauerstoff und müssen dem Körper in Form von Nahrung zugeführt werden.

Welche Substanzen schützen besonders vor freien Radikalen?
Effektive Radikalfänger sind natürliche Antioxidantien, zu denen beispielsweise Vitamin C und E gehören.

Welcher Arzt entdeckte die moderne Pockenschutzimpfung?
Edward Jenner (1749–1823) fand heraus, dass eine Immunisierung auch mit den harmlosen Erregern von Kuhpocken möglich ist. Vorher starben viele an der Immunisierung, weil sie mit den eigentlichen Pockenerregern durchgeführt wurde.

Edward Jenner

Durch was wird ein Schlaganfall ausgelöst?
Meist sind plötzliche Durchblutungsstörungen für einen Schlaganfall verantwortlich, in einigen Fällen platzt oder reißt aber auch ein Blutgefäß im Gehirn.

Was bezeichnet Hypertonie?
a) einen hohen Blutdruck
b) einen niedrigen Blutdruck
c) einen erhöhten Puls
d) Herzrhythmusstörungen

a) einen hohen Blutdruck
Ein niedriger Blutdruck hingegen wird Hypotonie genannt.

Wo werden im Körper Hormone gebildet?
In bestimmten Drüsenzellen, die z. B. in der Schilddrüse, der Bauchspeicheldrüse oder dem Gehirn zu finden sind. Von dort werden sie ins Blut abgegeben und gelangen zu Zellen mit speziellen Rezeptoren, wo ihre Nachricht „gelesen“ wird.

Wie nennt man es, wenn der Arzt ein Medikament „unter die Haut“ spritzt?
Subkutan (lat. sub = unter und cutis = Haut).

Ab wann spricht man von krankhaftem Übergewicht?
Ab einem **B**ody-**M**aß-**I**ndex (BMI) von über 30 ist ein Mensch adipös, also fettleibig. Der BMI berechnet sich aus dem

Verhältnis von Körpergewicht zu Körpergröße. Generell gilt ein BMI-Wert von 20 bis 25 als Normalgewicht.

■ **In welchem Dokument kann sich ein gesundheitlich schwer geschädigter Mensch für die Sterbehilfe entscheiden?**

Im Patiententestament, auch Patientenverfügung genannt, kann ein Patient seinen letzten Willen schriftlich formulieren und beispielsweise den Verzicht auf lebensverlängernde Maßnahmen wie Beatmung oder Bluttransfusion eintragen.

■ **Wie bezeichnet man Nahrungsmittel, denen gesundheitsfördernde Zusätze wie Vitamine oder Nährstoffe künstlich beigemengt werden?**

a) Slow Food
b) Low Carb
c) Power Food
d) Functional Food

d) Functional Food
Zu ihnen zählen beispielsweise Joghurtkulturen, die die Darmfunktionen unterstützen und Energydrinks, die belebend wirken sollen. Dabei muss die gesundheitsfördernde Wirkung wissenschaftlich belegt sein, weshalb Vitaminpräparate nicht zu Functional Food zählen.

■ **Was sind Axone und Dendriten?**

Die zwei Typen von Faserfortsätzen einer Nervenzelle. Während Axone etwa bis zu einem Meter lang sein können und vom Neuron ausgehende Informationen zu anderen Zellen weiterleiten, sind Dendriten (griech. dendron = Baum) kurze und stark verzweigte Fortsätze, die Informationen von anderen Zellen als elektrisches Signal zum Zellkörper leiten.

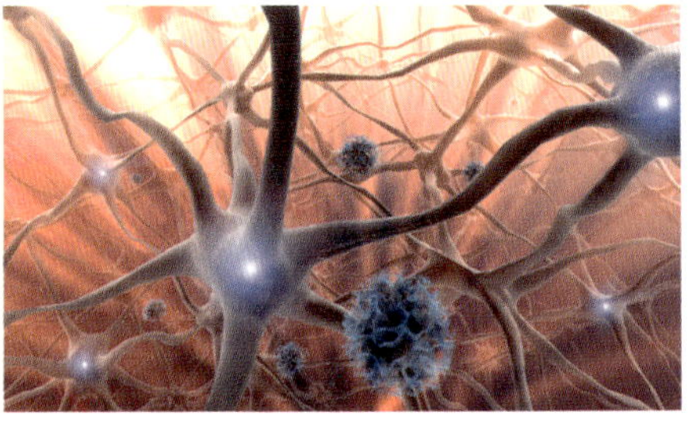

Nervenzelle

■ **Sprunggelenk oder Knie – wo gibt es die meisten Sportverletzungen?**

Mit knapp 27 % sind Verletzungen am Sprunggelenk die häufigste Ursache für einen Sportausfall. Das Knie folgt jedoch mit 18 % auf Platz zwei.

■ **Welches Syndrom wird auch als „Tödliches Quartett" bezeichnet?**

a) Achenbach-Syndrom
b) Adie-Syndrom
c) Metabolisches Syndrom
d) Achsensyndrom

c) Metabolisches Syndrom
Es setzt sich aus Einzelerkrankungen zusammen, die häufig in Kombination miteinander auftreten: erhöhte Blutfettwerte, Bluthochdruck, erhöhter Blutzucker und bauchbetontes Übergewicht.

Was passiert mit den Lymphknoten bei bestimmten Infektionen wie z. B. Erkältungskrankheiten?

Sie schwellen an, da sie vermehrt Antikörper bilden und so die Krankheitserreger und Fremdkörper beseitigen.

Als was werden Endorphine häufig bezeichnet?

Als „Glückshormone". Sie regulieren Gefühle und Triebe, vermindern das Schmerzempfinden und können unter anderem beim Sport vermehrt ausgeschüttet werden.

Was bereitet Legasthenikern große Schwierigkeiten?

a) Lesen und Schreiben
b) Laufen und Springen
c) Lachen und Sprechen
d) Musizieren

a) Lesen und Schreiben
Legastheniker verwechseln oft Buchstaben oder ganze Wortteile.

Wann spricht man von Denaturieren?

Wenn Proteine, beispielsweise beim Kochen, erhitzt werden und dabei ihre Knäuelstruktur entwirrt wird. Dadurch werden sie biologisch inaktiv. Bei der DNS bedeutet die Denaturierung die Auftrennung der beiden Stränge der Doppelhelix. Zur Denaturierung kommt es beispielsweise bei extremen pH-Werten, Salzkonzentrationen oder Temperaturen.

Welche Rolle spielen sekundäre Pflanzenstoffe?

Eine hohe Zufuhr an sekundären Pflanzenstoffen durch den Verzehr von Obst und Gemüse kann Krebs und Herz-Kreislauf-Erkrankungen vorbeugen.

Wie viel Gramm Zitronen benötigt man, um den Tagesbedarf an Vitamin C zu decken?

Etwa 120 Gramm. Dies entspricht beispielsweise sieben Gramm einer Hagebutte oder 600 Gramm Äpfel.

Wofür ist die Milz in unserem Körper zuständig?

Das Organ erkennt überalterte Blutzellen, filtert sie aus dem Blut und baut sie ab. Außerdem speichert es bis zu 30 % der weißen Blutkörperchen und Blutplättchen, die bei der Gerinnung eine große Rolle spielen. Letztere können bei erhöhtem Bedarf, z. B. bei einer Blutung, dann gezielt ausgeschüttet werden.

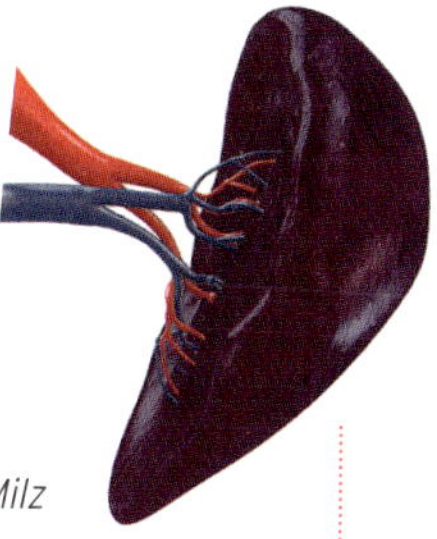

Milz

Welcher Mediziner entdeckte das Bakterium, das Tuberkulose verursacht?

Robert Koch (1843–1910). Für seine Endeckung erhielt er 1905 den Nobelpreis für Medizin. Der bedeutende Mikrobiologe gelangte auch zu wichtigen Erkenntnissen über die Milzbrand- und Choleraerreger.

Wie wird Tuberkulose eigentlich übertragen?

Die Krankheit wird mittels Tröpfcheninfektion übertragen. Daher kann sie sich gerade bei dicht gedrängt lebenden Menschen rasch ausbreiten und fordert heutzutage noch jährlich mehr als zwei Millionen Opfer.

■ ■ ■

Sie schützen vor Herz-Kreislauf-Erkrankungen, befördern den Blutfluss, senken das Cholesterin und werden wegen ihrer entzündungshemmenden Wirkung geschätzt. Sie sind vor allem in bestimmten Seefischen und Ölen enthalten. **Wovon ist hier die Rede?**

Von Omega-3-Fettsäuren.

■ ■ ■

Was passiert mit einem Zuviel an Kohlenhydraten im Körper?

Kohlenhydrate werden im Körper normalerweise zu Glykogen umgewandelt und dann in der Leber und den Muskelzellen gespeichert. Ein Zuviel wird jedoch in Fett umgewandelt und wandert in die Fettdepots, da der Speicherplatz in Leber und Muskelzellen begrenzt ist.

■ ■ ■

Ist ein Schluckauf medizinisch von Bedeutung?

Ein akuter, kurz andauernder Schluckauf ist medizinisch nicht bedenklich und verschwindet meist von allein wieder. Hält er jedoch über einen längeren Zeitraum an, kann er das Begleitsymptom verschiedener ernsthafter Krankheiten, z. B. Magen- und Darmerkrankungen oder Erkrankungen des zentralen Nervensystems, sein.

Was versteht man unter einem Ovo-Lacto-Vegetarier?

Dieser Vegetarier isst zwar kein Fleisch, nimmt aber Eier und Milchprodukte zu sich; im Gegensatz zum Veganer, der auf alle tierischen Produkte verzichtet.

■ ■ ■

Wofür steht die Abkürzung TCM?

Für **T**raditionelle **C**hinesische **M**edizin. Sie entwickelte sich vor über 2000 Jahren in China und beinhaltet verschiedene Behandlungsverfahren wie beispielsweise Akupunktur und Qigong.

■ ■ ■

Was machte Francis Crick und James Watson berühmt?

Crick (1916–2004) und Watson (*1928) formulierten 1953 das wohl bekannteste Modell der Molekularbiologie: die DNS-Doppelhelix, auch bekannt als Watson-Crick-Spirale. Die Forscher erkannten, dass die Polynukleinsäure Träger genetischer Information ist, und entdeckten den chemischen Mechanismus, mit dem die Zelle ihre genetische Eigenschaft bei der Zellteilung exakt weitergeben kann.

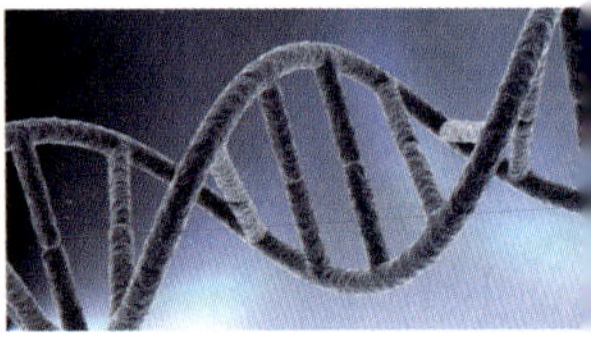

DNS-Doppelhelix

■ ■ ■

Inwiefern wirkt sich Speichel positiv auf die Zahngesundheit aus?

Speichel remineralisiert die Zähne und wirkt so gegen Säuren im Mund, die unter anderem Karies verursachen können.

Laktatbildung ist ein Zeichen für …

a) … Energieknappheit der Muskulatur.
b) … Bewegungsmangel.
c) … einen zu großen Verzehr von Schokolade.
d) … Pilzbefall.

a) … Energieknappheit der Muskulatur.
Das kann zu einer Übersäuerung des Muskels führen, sodass dieser seine Arbeit einstellen muss.

Was können weiße Blutkörperchen?

Sie sind maßgeblich an unserem Immunsystem beteiligt, markieren fremde Zellen und zerstören diese und schützen uns somit vor Infektionen.

Wie viel wiegt unsere Haut?

Die Haut macht etwa ein Sechstel unseres Körpergewichts aus und wiegt daher im Durchschnitt zehn bis zwölf Kilogramm.

Wie viele Personen starben 2003/04 in Deutschland an der Grippe?

a) ca. 2000
b) ca. 6000
c) ca. 10.000
d) ca. 15.000

b) ca. 6000
Im Jahr darauf waren es sogar fast 20.000. Umgangssprachlich spricht man oft schon von einer Grippe, wenn nur ein grippaler Infekt vorherrscht und man unter einer Erkältung mit Fieber leidet. Ein solcher Infekt wird durch relativ harmlose Viren verursacht. Die echte Grippe wird hingegen von Influenzaviren herbeigeführt.

Wozu dient Stretching?

Es dient vor allem der Wiederherstellung der Beweglichkeit nach starker Muskelanstrengung, aber auch der Lockerung und Muskeldehnung vor dem Sport, was Verletzungen vorbeugen kann.

Stretching

Was bewirkt Magnesium im Körper?

Magnesium ist als Koenzym für den Energiestoffwechsel wichtig, außerdem spielt es eine große Rolle bei der Erregungsleitung des Nervensystems und dadurch bei der Muskelarbeit. Bei einem Mangel kann es zu Muskelkrämpfen kommen, weshalb Sportler oft einen erhöhten Magnesiumbedarf haben.

Wie heißen Arzneien, die gegen Pilze als Krankheitsauslöser wirken?

Antimykotika. Sie dämmen entweder die Pilzvermehrung ein oder töten den Pilz vollständig ab. Ein häufig auftretender Hefepilz beim Menschen ist beispielsweise „Candida albicans", der zu den opportunistischen Krankheitserregern gehört. Er kommt also ganz normal im Körper vor und verursacht nur dann Probleme wie Hefeinfektionen der Vagina, wenn er durch andere mikrobiologische, chemische oder immunologische Veränderungen im Körper unkontrolliert wachsen kann.

Woher kommen folgende Farbstoffe?

1. Lutein/Xantophyll
2. Hämoglobin
3. Karotinoide
4. Lykopin
5. Purpur
6. Indigo
7. Lackmus
8. Chlorophyll
9. Karmin
10. Luziferin

1. Eidotter, 2. Blut, 3. Mohrrübe, 4. Tomate/Paprika, 5. Purpurschnecken, 6. Blätter des tropischen Indigo-Strauches, 7. Roccella fuciformis (Flechte), 8. Grüne Blätter, 9. Cochenilleschildlaus, 10. Leuchtkäfer (Glühwürmchen)

Wie viel Prozent sollte der Fettanteil in unserer Nahrung ausmachen?

Ernährungswissenschaftler empfehlen, dass der Fettanteil nicht mehr als 30 % betragen sollte. Die Faustregel lautet: nicht mehr als ein Gramm Fett pro Kilogramm Körpergewicht.

Wie heißt das Verfahren, bei dem die Herzströme aufgezeichnet werden?

Elektro**k**ardio**g**ramm (EKG). Die elektrischen Ströme, die das Zusammenziehen und Erschlaffen der Herzmuskeln begleiten, werden dabei in Form einer Kurve dargestellt.

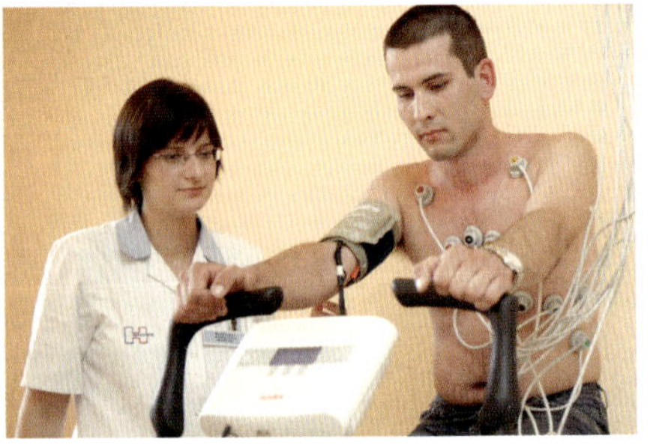

Elektrokardiodiagramm

Was versteht man unter einer Pandemie?

Eine sich weit verbreitende, länderübergreifende Ausbreitung einer Infektionskrankheit. Im Zuge der Ausbreitung der Vogelgrippe befürchtet man beispielsweise eine Pandemie, sollte das Virus einmal so weit mutieren, dass es problemlos von Mensch zu Mensch übertragbar wäre. In einem solchen Fall rechnen die Experten mit mehreren Millionen Todesopfern.

Wer sind die Biokatalysatoren des Körpers?

Enzyme. Sie verwerten Vitamine und Mineralstoffe, steuern wichtige biochemische Vorgänge wie z. B. die Verdauung und spielen eine entscheidende Rolle bei der Entgiftung des Körpers.

■ Was passiert bei regelmäßiger sportlicher Belastung mit dem Herzen?

Es vergrößert sich. So kann es während der Belastung mehr Blut und Sauerstoff in Umlauf bringen.

■ ■ ■

■ Etwa 600 Gramm sollte man täglich an ...

a) ... Fisch ...
b) ... Obst und Gemüse ...
c) ... Vollkornbrot ...
d) ... Fleisch ...

... zu sich nehmen.

b) ... Obst und Gemüse ...
Dies entspricht etwa fünf Portionen am Tag.

■ ■ ■

■ Was zieht der weltweit steigende Anbau von Futtermitteln nach sich?

Er verursacht Hunger in vielen Ländern, da er weite Flächen für sich vereinnahmt, die für den Lebensmittelanbau für Menschen viel effizienter genutzt werden könnten.

Futterrübe

■ ■ ■

■ Was ist die Naganaseuche?

Eine besondere Form der Schlafkrankheit bei Tieren, die ihren Namen von der Apathie und starken Erschöpfung hat, die sie bei den Befallenen auslöst.

■ Wie heißt die Knorpelscheibe im Knie, die zwischen dem Oberschenkelknochen und dem Schienbein liegt?

Meniskus. Wenn Ober- und Unterschenkel bei gebeugtem Knie gegeneinander verdreht werden, kann es hier leicht zu Verletzungen kommen.

■ ■ ■

■ Was müssen Leistungssportler beachten, wenn sie ihr Training dauerhaft beenden wollen?

Bei Leistungssportlern spricht man häufig von einem „Sportlerherz", das durch die Belastung stark angewachsen ist. Um Kreislaufproblemen und anderen gesundheitlichen Schäden vorzubeugen, muss das Training deshalb langsam gedrosselt werden, damit das Herz sich auch entsprechend langsam wieder verkleinern kann.

■ ■ ■

■ Diese altindische Lehre von einem gesunden und erfüllten Leben hat zum Ziel, Körper, Geist und Seele miteinander in Verbindung zu bringen und mit dieser Ganzheit wiederum eine Verbundenheit zum Kosmos herzustellen. **Wie heißt sie?**

Yoga.

■ ■ ■

■ Wie viele Menschen leiden weltweit an extremer Unterernährung?

Etwa 900 Millionen. Von extremer Unterernährung und chronischem Hunger spricht man bei einer Energiezufuhr von weniger als 1400 Kalorien am Tag.

Wann wurde die WHO gegründet?

Die Weltgesundheitsorganisation, eine Organisation der Vereinten Nationen, wurde im April 1948 gegründet und hat ihren Hauptsitz in Genf.

■ ■ ■

Von welchem Arzt stammt das bekannte Bircher-Müsli?

Dr. Maximilian Oskar Bircher-Benner

Von Dr. Maximilian Oskar Bircher-Benner(1867–1939). Der Schweizer war von der Heilkraft pflanzlicher Rohkost und der besonders gesunden Wirkung von Pflanzen, die viel „lebendige Sonnenenergie" speichern, überzeugt.

■ ■ ■

Was verbindet die beiden Ärzte Robert Koch und Rudolf Virchow?

Sie arbeiteten beide an der Berliner Charité, dem bedeutenden Berliner Krankenhaus und heutigen Universitätsklinikum. Virchow (1821–1902) war in der Pathologie und Anthropologie tätig, Koch (1843–1910) als Mikrobiologe.

■ ■ ■

Was ist eine multiple Persönlichkeit?

Diese dissoziative Identitätsstörung ist eine der dramatischsten Formen radikaler Bewusstseinsveränderung. Hierbei existieren in einem Individuum zwei oder mehr unterschiedliche und eigenständige Persönlichkeiten, die abwechselnd das Verhalten des Betroffenen dominieren. Diese verfügen über eigene Namen, eigene soziale Beziehungen und eigene Verhaltensmuster, kurz: über eine vollkommen einzigartige Identität. Dies macht sich unter anderem sogar in unterschiedlichen Gehirnwellenaktivitäten bemerkbar.

■ ■ ■

Bei welchem schweißtreibenden Gruppentraining kann man in vielen Fitnesscentern auf stationären Fahrrädern seine Ausdauer trainieren?

Beim Spinning.

■ ■ ■

Wer eröffnete 1784 in Thüringen eine Schule, in der Sport zum Unterrichtsplan gehörte?

Der Lehrer Johann Christoph Friedrich GutsMuths (1759–1839). Dies war ein wirkliches Novum, denn Sport war im 18. Jahrhundert bis dahin kein Schulfach.

■ ■ ■

Wie nennt man die Grundbausteine aller Proteine?

a) Mineralstoffe c) Aminosäuren
b) Ballaststoffe d) Vitamine

c) Aminosäuren

Der Körper wird unter anderem durch eine ausgewogene Ernährung mit allen wichtigen Aminosäuren versorgt, da er nicht alle diese Bausteine selbst herstellen kann. Sie sind organische Moleküle, mit deren Hilfe Zellen mehrere Tausend Proteine aufbauen. Unter ihnen befinden sich beispielsweise Alanin und Glutamin.

Wie erfolgt die Infektion mit der Rinderkrankheit BSE, die für die Creutzfeldt-Jakob-Krankheit beim Menschen verantwortlich gemacht wird?

Über den Verzehr von infiziertem Rindfleisch. Bei den Betroffenen der Krankheit wird das Gehirn ähnlich einem Schwamm durchlöchert.

Ist ein Fruchtnektar genauso gesund wie die Frucht pur?

Nein, der Fruchtanteil eines durchschnittlichen Fruchtnektars liegt nur bei etwa 50%. Zudem darf ihm noch bis zu 20% Zucker zugesetzt werden.

Was verwenden Vegetarier häufig als Fleischersatz?

a) Tofa
b) Tifu
c) Tofu
d) Tufo

c) Tofu
Tofu ist Sojaquark und kann gebraten oder auch roh verzehrt werden.

Wie sieht eine vegane Ernährungspyramide aus?

Fleisch, Fisch, Eier und Milchprodukte fallen bei Veganern natürlich weg. Die Basis bilden zunächst die Getränke, also Wasser und Tee, darauf folgen Gemüse und Obst (in dieser Reihenfolge), auf Ebene drei befinden sich Vollkorn- und Getreideprodukte, Kartoffeln etc., an vierter Stelle Hülsenfrüchte, Sojaprodukte und Nüsse und zum Schluss folgen Öle, Fette und Salz. Ganz an der Spitze der Pyramide stehen zwar noch Snacks, Süßigkeiten und Alkohol, diese werden jedoch gar nicht oder nur in sehr geringen Mengen empfohlen.

Worauf können Blähungen, Völlegefühl, Krämpfe, Übelkeit, Durchfälle und Verstopfungen unter anderem hinweisen?

Auf ein mögliches Reizdarmsyndrom, eine weitverbreitete Erkrankung des Verdauungstraktes.

Was bedeutet Qigong?

Energietraining. Diese Atem- und Bewegungstechnik hat zum Ziel, durch beständiges Üben Kontrolle über den inneren Fluss der Lebensenergie zu erlangen und den Willen zu stärken. Durch ein verbessertes inneres Gleichgewicht, das sich positiv auf die Gesundheit auswirkt, soll die Lebensqualität gesteigert werden.

Qigong-Übung

Zander oder Thunfisch – welcher Fisch ist gesünder?

Prinzipiell sind alle Fische für uns gesund. Während der Zander und andere Fische mit weißem Fleisch, z. B. die Scholle, zwar weniger Fett besitzen als Thunfisch, Lachs oder Makrele, haben Letztere dafür einen noch höheren Gehalt an den gesunden Omega-3-Fettsäuren.

Wie viele Kalorien enthält eine durchschnittliche Tafel Alpenmilchschokolade (100 Gramm)?

Alpenmilchschokolade

a) 250
b) 400
c) 530
d) 750

c) 530
Der Tagesbedarf liegt durchschnittlich bei etwa 2000 (Frauen) und 2500 Kalorien (Männer).

Welche Figur gibt es im Yoga nicht?

a) die Krähe
b) die Kobra
c) den nach unten schauenden Hund
d) die Garnele

d) die Garnele
Der nach unten schauende Hund und die Kobra sind unter anderem Bestandteile des Sonnengrußes, einer Abfolge mehrerer aufeinanderfolgender Haltungen bzw. Figuren.

Eigelb, Austern oder Hummer – was enthält am meisten Cholesterin?

Das Eigelb ist mit 1260 Milligramm pro 100 Gramm mit Abstand das cholesterinreichste Nahrungsmittel. Der Hummer hat „nur" 180 Milligramm, die Auster 125 Milligramm pro 100 Gramm. Generell sind alle drei aber als sehr cholesterinhaltig einzustufen.

Wie viel Grad Celsius hat eine Banja?

Die russische Sauna wird traditionell mit einem Holzofen beheizt und erreicht Temperaturen von 50–70 Grad Celsius.

Industrielle Billigware und Massentierhaltung haben in dieser Bewegung keinen Platz. Sie ruft zu fairer und regionaler Ware und ökologischen Erzeugnissen, die auf nachhaltige Weise produziert und traditionell hergestellt wurden, auf. **Wie heißt die ursprünglich aus Italien stammende Bewegung?**

Slow Food.

Was leistet die Anästhesie?

Sie kann durch örtliche Betäubung einen bestimmten Körperteil schmerzunempfindlich machen oder eine vollständige Bewusstlosigkeit herbeiführen (Vollnarkose). Ob eine Vollnarkose nötig ist, wird unter anderem dadurch bestimmt, wie groß der Eingriff ist, welches Körperteil oder Organ operiert wird und wie es mit der Stabilität des Patienten aussieht.

Wie viel Fast Food kann ein 3-Stunden-Spaziergang wieder wettmachen?

a) eine Currywurst mit Pommes frites
b) zwei Currywürste mit Pommes frites
c) eine Currywurst mit Pommes frites und Mayonnaise
d) zwei Burger mit Pommes frites und Mayonnaise

a) Eine Currywurst mit Pommes frites
Für die Extraportion Mayonnaise müssten schon noch ein paar Extrarunden gedreht werden.

Currywurst mit Pommes frites

Wie viele Kalorien enthalten 100 Milliliter Mayonnaise?

799 Kalorien. Ein guter Grund, bei einer bewussten Ernährung auf Mayonnaise zu verzichten.

Was sind Aktin und Myosin?

Sie gehören zu den kontraktilen Proteinen und sind für die Bewegung der Muskeln verantwortlich. Zudem sind sie für das Schlagen von Cilien und Flagellen (auch „Geißeln") zuständig – lange, auf die Fortbewegung spezialisierte Zellanhänge –, die viele Zellen antreiben.

Wie viele Kilometer muss ein 70 Kilogramm schwerer Läufer zurücklegen, um 700 Kalorien zu verbrennen?

Zehn Kilometer, denn durchschnittlich wird beim Joggen pro Kilogramm Körpergewicht und zurückgelegtem Kilometer eine Kalorie abtrainiert.

Was ist der Unterschied zwischen Bulimie und Magersucht?

Während magersüchtige Menschen erst gar nichts oder extrem wenig Essen zu sich nehmen, erleiden Bulimie-Kranke regelmäßige Fressanfälle, die durch gezielt herbeigeführtes Erbrechen wieder „wettgemacht" werden.

Zurückschreiten und Affen vertreiben – in welcher Bewegungslehre wird das praktiziert?

Was sich für den Laien skurril anhört, ist eine Figur aus der chinesischen Bewegungsmethode Tai-Chi.

Womit beschäftigt sich die Positive Psychologie?

Etwa seit Ende der 1990er-Jahre wurde die Positive Psychologie zu einem eigenen Forschungszweig innerhalb der Psychologie. Sie legt den Fokus nicht auf vorhandene Krankheiten und psychische

Leiden, sondern auf die persönlichen Stärken eines Patienten, die durch ein spezielles Training gefördert werden und positive Gefühle sowie eine stark verbesserte Lebensqualität erzeugen sollen, anstatt nur Schäden einzudämmen. Sie sucht dabei auch zu erforschen, welche Charaktereigenschaften generell glücksfördernd und welche glückshemmend sind. Einer ihrer wichtigsten Vertreter ist der amerikanische Psychologe Martin Seligman.

Was ist in Deutschland die häufigste Krebserkrankung bei Männern?

Der Prostatakrebs. Der bösartige Tumor der Vorsteherdrüse macht etwa 20 % der jährlichen Krebsneuerkrankungen bei Männern aus.

Wo wird im Körper Insulin produziert und ausgeschüttet?

In der Bauchspeicheldrüse. Neben der Insulinproduktion ist die Bauchspeicheldrüse (med. Pankreas) aber auch für die Erzeugung von Verdauungsenzymen verantwortlich.

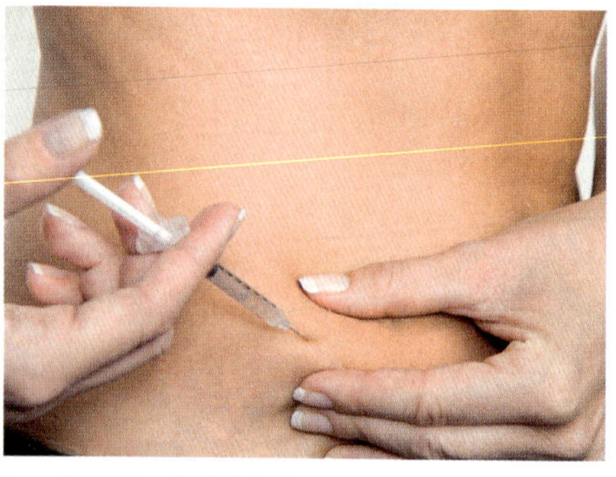

Insulinspritze bei Diabetes

Wofür ist die Asparaginsäure wichtig?

Diese nichtessentielle Aminosäure trägt unter anderem zum Muskelwachstum bei und kann vom Körper selbst synthetisiert werden.

Was versteht man unter der Abdominalhöhle?

Die Bauchhöhle bei Säugetieren, in der Teile des Verdauungstrakts, der Exkretions- sowie der Fortpflanzungsorgane liegen. Sie ist von der Brusthöhle durch das Zwerchfell (Diaphragma) getrennt.

Zerstört eine Chemotherapie alle Zellen?

Von einer Krebs-Chemotherapie sind alle schnell wachsenden Zellen wie Krebszellen, aber auch Zellen von Knochenmark, Eierstöcken und Hoden betroffen.

Nordic Walking oder Jogging – welcher Sport ist für übergewichtige Einsteiger besser?

Da Nordic Walking schonender für die Gelenke ist als Joggen, eignet sich dieser Sport für Übergewichtige besser.

Werden Ballaststoffe eigentlich verdaut?

Nein, Ballaststoffe werden unverdaut vom Körper wieder ausgeschieden. Sie sind vorwiegend in pflanzlichen Nahrungsmitteln zu finden, sättigen anhaltend und erleichtern das Abnehmen und Gewichthalten.

■ **Was haben Chrom, Eisen, Fluor, Mangan, Kupfer und Zink gemeinsam?**

Sie gehören alle zu den sogenannten Spurenelementen, die der Körper in geringen Mengen unbedingt benötigt. Eisen hilft z.B. beim Sauerstofftransport, Chrom spielt im Zuckerstoffwechsel eine entscheidende Rolle.

■ **Wie lautet der Fachbegriff für eine Fruchtwasseruntersuchung?**

a) Amniozentese
b) Gastroskopie
c) Koloskopie
d) Listeriose

a) Amniozentese

Bei dieser Methode entnimmt der Arzt aus der Fruchtblase eine kleine Menge Fruchtwasser, in dem stets auch einige Zellen des Kindes vorhanden sind. Damit kann er das Kind auf erblich bedingte Schäden untersuchen. Hinter der Gastroskopie verbirgt sich die Magenspiegelung, Koloskopie wird die Darmspiegelung genannt.

■ **Was ist das Streptomycin?**

Ein Antibiotikum gegen Lungentuberkulose. Es wurde 1943 von dem Biochemiker Selman A. Waksman (1888–1973) entwickelt und liegt damit dicht hinter der Erfindung des Penicillin.

■ **Was versteht man unter der Inkubationszeit?**

Die Zeit zwischen der Infektion mit einem Krankheitserreger und dem Auftreten der ersten Krankheitssymptome. Sie beträgt bei Masern beispielsweise sieben bis 14 Tage, bei Cholera einige Stunden bis wenige Tage.

■ **Nach wem ist die Kneippkur benannt?**

Nach dem Pfarrer Sebastian Kneipp (1821–97). Seine Heilbehandlung sieht vor allem die äußere Anwendung von Wasser durch Kaltwassergüsse und Ganz- oder Teilbäder vor.

Pfarrer Sebastian Kneipp

■ **Wodurch zeichnete sich der Bakteriologe und Nobelpreisträger Emil Adolf von Bering besonders aus?**

Er entdeckte die Impfstoffe gegen Diphtherie und Tetanus. Von Bering (1854–1917) konnte die Impfstoffe herstellen, weil er erkannt hatte, dass der menschliche Körper zur Bildung von Antikörpern in der Lage ist.

Unter welchen Symptomen leiden Tuberkulose-Kranke?

Unter Husten, Schmerzen in der Brust, Fieber und Schweißausbrüchen. Tuberkulose führt die weltweite Statistik tödlicher Infektionskrankheiten an.

Was ist eine Arteriosklerose?

Eine Arterienverkalkung. Auslöser kann ein erhöhter Cholesterinspiegel im Blut sein. Arteriosklerose steigert das Risiko, einen Herzinfarkt oder Schlaganfall zu erleiden.

20 bis 45 Milliliter pro Kilogramm Körpergewicht sollten wir davon täglich zu uns nehmen. Verliert der Organismus 35% dessen, führt das gewöhnlich zum Tod. **Was ist hier beschrieben?**

Flüssigkeit.

Welche Chromosomenveränderung ist für das Downsyndrom verantwortlich?

Bei Menschen mit Downsyndrom ist das Chromosom 21 oder ein Teil davon in jeder Zelle dreimal anstatt zweimal vorhanden. Das Downsyndrom wird deshalb auch „Trisomie 21" genannt.

Was ist die Kernaussage des Hippokratischen Eides?

Sein oberster ethischer Grundsatz verlangt, bedingungslos menschliches Leben zu erhalten. Seinem Wesen nach ist der Hippokratische Eid auch heute noch die Grundlage ärztlichen Handelns.

Welchen Körperteil befällt der Virus Herpes simplex vorrangig?

a) Lippen
b) Ohren
c) Nägel
d) Leber

a) Lippen

Der Befall der Lippen mit den typischen Lippenbläschen ist eine sehr verbreitete Herpeserscheinung.

Wer erfand Pilates?

Joseph H. Pilates (1880–1967) war von einer Vielzahl westlicher und fernöstlicher Sportarten und Bewegungslehren inspiriert, die er miteinander kombinierte und so diese spezielle Trainingsmethode entwickelte. Sie soll die tief liegenden Bauch- und Beckenmuskeln trainieren und eine verbesserte Stabilität im Wirbelsäulenbereich bewirken.

Pilates-Übung

Wo liegen bei Säugetieren die Geschmackspapillen?

a) am Gaumen
b) auf der Zunge
c) in der Nase
d) an den Zähnen

b) auf der Zunge
Sie sind dafür verantwortlich, dass wir verschiedene Geschmacksrichtungen unterscheiden können: süß, sauer, salzig, bitter und umami.

Welches Medikament verbirgt sich hinter der „Valette"?

Die Valette ist eine der zahlreichen Antibabypillen, die durch den Eingriff in den Hormonhaushalt der Frau eine Schwangerschaft verhindern.

Was ist eigentlich ein Koma?

Eine tiefe Bewusstlosigkeit, die z.B. durch Kopfverletzungen, Hirntumore, Diabetes mellitus oder Hirnhautentzündung ausgelöst werden kann. Anders als beim Schlafenden kann äußeres Einwirken wie Kneifen oder Ansprechen den Komapatienten nicht wecken.

Was gehört nicht zu den häufig „psychosomatisch" genannten Leiden?

a) Kopfschmerzen
b) Asthma
c) Übelkeit
d) Alzheimer

d) Alzheimer
Alzheimer ist eine Erkrankung des Gehirns. Bei Kopfschmerzen, Asthma und Übelkeit hingegen werden oft psychische Ursachen vermutet.

Wie heißt das Maß zur Berechnung der Kohlenhydratmenge in der Kost von Diabetikern?

Broteinheit (BE). Eine genaue Kenntnis des Nährstoffgehalts von Lebensmitteln ist hierfür unerlässlich.

Ein Brötchen enthält ca. 2 BE (Broteinheiten)

Diese Überempfindlichkeitsreaktion des Körpers gegen bestimmte Substanzen kann innerhalb weniger Minuten rote und stark juckende Quaddeln bilden, die Schleimhäute in Mund und Rachen zuschwellen lassen und sogar zu Herzrasen, Schwindel, Atemnot, Fieber, Erbrechen und Kreislaufstörungen bis hin zum Kollaps führen. **Wie heißt sie?**

Nesselsucht.

Wie heißt das Gift der Tollkirsche?

Atropin. Es bewirkt unter anderem eine Erweiterung der Pupille und wird daher von Ärzten vor Beginn einer Augenuntersuchung manchmal verabreicht.

Wie bildet sich Zahnstein?

Diese harten weißen oder gelblichen Ablagerungen am Zahn bilden sich, wenn sich Mineralsalze wie Kalzium oder Phosphat aus dem Speichel im Zahnbelag absetzen. In dem porösen Zahnstein kann sich wiederum leicht Zahnbelag absetzen, der das Zahnfleisch angreift.

Der Milzbrand ist eine bakterielle Infektion, die nur bei Tieren vorkommt. Stimmt diese Aussage?

Der Milzbrand kann vom Tier auch auf den Menschen übertragen werden. In vielen Entwicklungsländern ist er noch weit verbreitet, eine besonders schwere Form ist der oft tödlich endende Lungenmilzbrand.

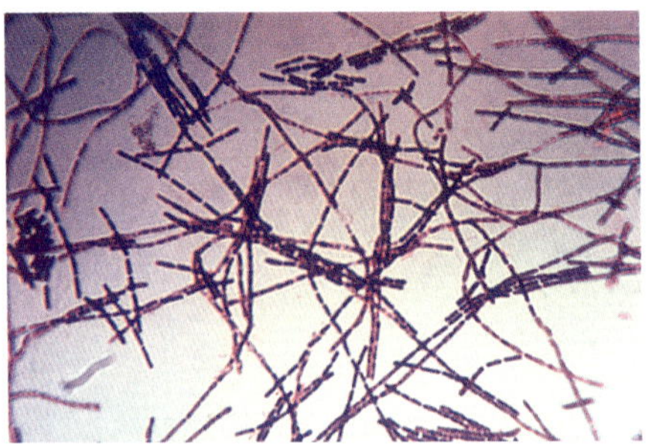

Milzbranderreger

Wird Karies ausschließlich durch zuckerhaltige Speisen und Getränke verursacht?

Nein, bei Karies kann unter anderem auch eine erbliche Komponente eine Rolle spielen. Die Karies erzeugenden Bakterien können bereits durch die Mutter auf den Säugling übertragen werden.

Was kann, ähnlich wie Morphium, Schmerzen lindern und die Stimmung beeinflussen?

Endorphine. Die „Glückshormone" werden nicht nur beim Sport, sondern auch in körperlichen Stresssituationen, also z.B. bei starken Schmerzen, ausgeschüttet.

Wie lautet der Fachbegriff für gleichgeschlechtliche Liebe?

a) Metrosexualität
b) Bisexualität
c) Homosexualität
d) Heterosexualität

c) Homosexualität
Bisexualität bezeichnet die doppelgeschlechtliche Liebe, Heterosexualität die gemischtgeschlechtliche Liebe, also die Liebe zwischen Mann und Frau.

Was passiert bei Leukämie im Blut?

Der Blutkrebs ist meist mit einer starken Vermehrung der weißen Blutkörperchen verbunden. Die akute Leukämie kann im Gegensatz zur chronischen Form der Krankheit geheilt werden.

Welche Erbkrankheit wird auch „Zystische Fibrose" genannt?

Die Mukoviszidose. Die Betroffenen leiden an einer Fehlfunktion wichtiger Drüsen. In ihren Lungen bildet sich zäher Schleim, der einen idealen Nährboden für Bakterien darstellt. Die Fähigkeit, Fette und andere Nährstoffe aus der Nahrung aufzunehmen, ist gestört.

Wie heißt das altersbedingte Ausbleiben der Menstruation?
Menopause. Sie tritt im Normalfall zwischen dem 45. und 50. Lebensjahr ein.

Die Erkrankten brechen plötzlich mit Bewusstseinsstörungen zusammen und zeigen zuckende Bewegungen bzw. Verkrampfungen. Häufig sind sie verwirrt und orientierungslos. **Unter welcher Krankheit leiden diese Patienten?**
Epilepsie.

Was sind Markscheiden?
Isolierschichten, welche die Nervenzellen umgeben. Diese werden z. B. bei Multipler Sklerose (MS) angegriffen oder komplett zerstört.

Wer ist die DKMS?
Die „Deutsche Knochenmarkspenderdatei" ist eine gemeinnützige Gesellschaft, die freiwillige Stammzellspender registriert und so Stammzelltransplantationen für Leukämie-Patienten vermitteln kann. Sie hat derzeit über 2,3 Millionen registrierte Spender.

Spenderausweis der DKMS

Was verbirgt sich hinter der Infektionskrankheit Polio?
Die Kinderlähmung, die durch die vorbeugende Impfung hierzulande selten geworden ist. Sie führt zu bleibenden Lähmungen und kann manchmal zum Tod führen.

Wodurch wird Lepra verursacht?
Durch ein Bakterium namens „Mycobacterium leprae", das die Nervenzellen befällt. Die seit Jahrtausenden bekannte Krankheit kann heute allerdings durch eine Kombinationstherapie mit mehreren Antibiotika geheilt werden und wurde in vielen Ländern bereits eliminiert.

Welche Infektionskrankheit wurde 1980 von der WHO für ausgerottet erklärt?
Die Pocken. Jahrelange weltweite Impfprogramme gegen die Krankheit, für die es bis zum Schluss keine wirksame Heilmethode gab, waren damit schließlich von Erfolg gekrönt.

Welcher englische Wissenschaftler beschrieb und benannte im Jahr 1665 als erster „Zellen"?
Robert Hooke. Durch die Betrachtung einer Scheibe Kork (Eichenrinde) mit 30-facher Vergrößerung unter dem Mikroskop kam der Engländer zwar auf den Begriff der Zelle, dachte aber, dass diese winzigen „Kästchen" nur für Kork typisch seien, und wurde sich der Bedeutung seiner Entdeckung somit nie bewusst.

Welches Hormon reguliert den Blutzucker?

Steigt der Blutzuckerspiegel an, wird das Hormon Insulin vermehrt ausgeschüttet. Der Zucker wird dann entweder in die Leber befördert oder in die Muskulatur, wo er verbrannt wird.

Wie heißt die Genesungsphase nach einer Krankheit?

a) Rekonvaleszenz
b) Rekombination
c) Revitalisierung
d) Inkubation

a) Rekonvaleszenz

Welche Ursachen werden im Zusammenhang mit dem Burn-out-Syndrom diskutiert?

Für diesen chronischen Erschöpfungszustand stehen durch Viren verursachte chronische Infekte, Immunfehlfunktionen und Hormonstörungen, Giftbelastungen, einseitige Ernährung und vor allem anhaltende, unbewältigte Konflikte und Stresssituationen als mögliche Ursachen in Verdacht.

Was passiert bei einer Schizophrenie?

Bei Schizophrenie geht der Bezug zur Realität verloren, was sich in Halluzinationen (Sinnestäuschungen) und Wahnvorstellungen äußern kann. Im Gegensatz zu neurotischen Störungen bemerken die Patienten das bei dieser psychischen Störung allerdings nicht.

Wie entstehen Gerstenkörner?

Die schmerzenden, druckempfindlichen und oft eitrigen Entzündungen der Schweiß- und Talgdrüsen der Lider bilden sich durch eine Infektion mit Eiterbakterien. Meist schwillt bei einem Gerstenkorn das ganze Lid an.

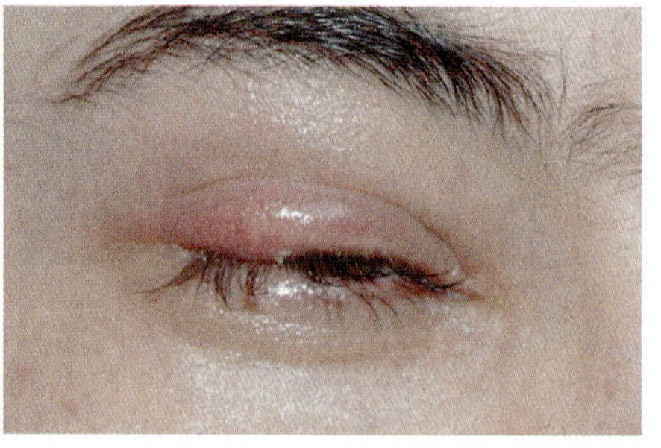

Gerstenkorn nach zwei Tagen

Wer entdeckte 1928 das Penizillin?

a) Konrad Lorenz
b) Sir Alexander Fleming
c) Robert Edwards
d) Karl von Frisch

b) Sir Alexander Fleming
Der schottische Bakteriologe (1881–1955) bereitete mit dieser Entdeckung den Weg zur Entwicklung der Antibiotika.

Wie funktioniert natürliche Empfängnisverhütung?

Da der Eisprung in der Mitte des Monatszyklus einer Frau mit einer erhöhten Körpertemperatur einhergeht, können beispielsweise mit der Messung der Körpertemperatur die fruchtbaren Tage bestimmt werden.

Woraus besteht eigentlich Zahnbelag?

Der klebrige Belag auf den Zähnen setzt sich zusammen aus Speichel, Bakterien und Nahrungsresten und ist die Hauptursache für Karies und Zahnfleischentzündungen.

Woher bekamen die Rhesusaffen ihren Namen?

Bei dieser Spezies wurde erstmals der Rhesusfaktor im Blut, eine bestimmte Eigenschaft der roten Blutkörperchen, nachgewiesen. Dieses Antigen ist auch bei manchen Menschen vorhanden, deren Blutgruppe (A, B, 0 oder AB) dann um die Benennung Rhesus-positiv erweitert wird.

Was versteht man unter einer Dyskalkulie?

a) eine Leseschwäche
b) eine Rechenschwäche
c) eine motorische Schwäche
d) eine Gedächtnisschwäche

b) eine Rechenschwäche
Die Betroffenen haben Probleme, logisch-mathematisch zu denken.

Bei welcher Behandlungsmethode werden verschobene Wirbel oder Bandscheiben mit den Händen wieder eingerenkt?

Die Wirbelsäule steht in der Chiropraktik im Mittelpunkt. Diese Lehre geht davon aus, dass Krankheiten auf Störungen im Nervensystem beruhen.

Wann treten Röteln typischerweise auf?

Im Kindesalter. Röteln sind sehr ansteckend und werden durch Tröpfcheninfektion übertragen.

Was soll die Eigenurintherapie bewirken?

Diese ungewöhnliche Behandlungsmethode soll Ekzeme bekämpfen, gefäßbedingte Störungen aufheben oder einfach das Immunsystem stärken. Über die Wirkung streiten Wissenschaftler allerdings noch.

Was haben Hühnerfleisch, Mayonnaise und Eiscreme gemeinsam?

Sie bergen ein hohes Risiko für eine Salmonelleninfektion. Da neben dem Hühnerfleisch auch rohe Hühnereier ein hohes Salmonellenrisiko darstellen, sind diesbezüglich vor allem Speisen zu beachten, die wie Mayonnaise und Eiscreme mit rohem Ei zubereitet sind.

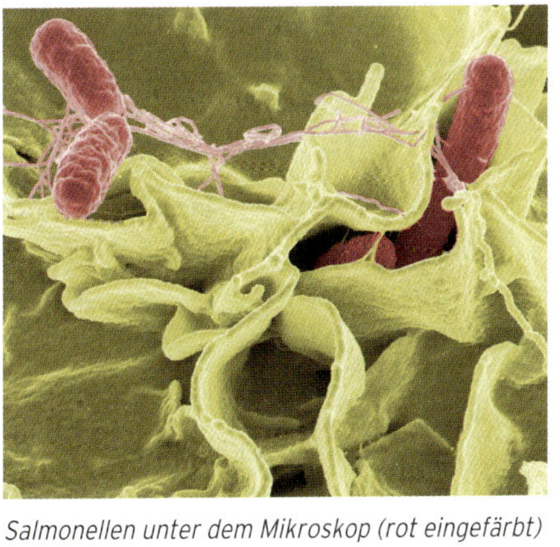

Salmonellen unter dem Mikroskop (rot eingefärbt)

Unter welchem Begriff fasst man akute oder chronische Erkrankungen von Muskeln, Sehnen, Bändern und Gelenken zusammen?
Rheuma. Dies ist demnach keine einheitliche Erkrankung oder Diagnose im engeren Sinne, sondern nur der Sammelbegriff für eine Vielzahl einzelner Erkrankungen des Bewegungsapparates, aber auch der Bindegewebsstrukturen, die praktisch überall im Körper vorhanden sind.

Der menschliche Organismus besteht zu etwa 65 % aus ...?
a) ... Muskeln c) ... Knochen
b) ... Blut d) ... Wasser

d) ... Wasser
Es hat lebenswichtige Funktionen, z. B. als Transportmittel für Nährstoffe und Stoffwechselprodukte und als Wärmeregulator. Das Blut ist übrigens das wasserreichste Organ im Körper.

Was ist zur Bildung des Hormons Thyroxin notwendig?
Jod. Jodmangel ist daher die häufigste Ursache für einen Kropf, da die Schilddrüse, in der Thyroxin gebildet wird, den Mangel an Jod mit einer Größenzunahme auszugleichen versucht.

Was ist auf der Netzhaut der Gelbe Fleck?
Der Punkt des schärfsten Sehens und der besten Farbwahrnehmung. Hier findet man die größte Dichte an Sehzellen.

Welche Krankheit verursacht Muskelzittern, einen starren Gesichtsausdruck und langsame Bewegungen?
Parkinson. Die Krankheit wird durch eine Schädigung bestimmter Gehirnzellen verursacht.

Seit wann gilt Deutschland als tollwutfrei?
Seit 2008. Dank der Verbreitung von Ködern mit einem Impfstoff gegen Tollwut werden die Füchse immun und können das Virus nicht mehr weiterverbreiten.

Warnung vor Tollwut in Deutschland

Was bewirkt Adrenalin?
Das Hormon wird vor allem in Stresssituationen ausgeschüttet und versetzt den Körper z. B. durch verstärkte Durchblutung in eine Kampf- oder eine Fluchtstimmung.

Woher kommt eine Bindehautentzündung?
Schuld sind meist Bakterien, die allerdings mit Antibiotika bekämpft werden können. Aber auch durch Allergien oder äußere Reize kann die Entzündung der Bindehaut hervorgerufen werden.

Was sind die langfristigen Folgen von Nikotinkonsum?

Zu nennen sind vor allem die Gefäßverengungen, die Herz- und Kreislaufschäden nach sich ziehen können und das Risiko für einen Herzinfarkt oder Schlaganfall beträchtlich erhöhen. Durch Verschlüsse in den Blutgefäßen der Beine kann es zum sogenannten „Raucherbein" kommen, das unter Umständen amputiert werden muss.

Wie viel Prozent beträgt der Alkoholgehalt in Wein?

a) 3 bis 4 %
b) 5 bis 7 %
c) 8 bis 14 %
d) über 15 %

c) 8 bis 14 %
Zum Vergleich: Bier enthält etwa 5 %, ein Whisky etwa 40 bis 45 % Alkohol.

Wie viele Kopfhaare verlieren wir täglich?

Etwa 60 bis 100 Haare müssen täglich daran glauben, was bei durchschnittlich 100.000 bis 150.000 Stück allerdings zu verschmerzen sein sollte.

Was ist das Albumin?

a) ein Protein
b) ein Antioxidans
c) ein Blutgefäß
d) ein Ballaststoff

a) ein Protein
Es ist neben Fibrinogen, Immunglobulinen und Antikörpern ein weiteres wichtiges Protein im Blutplasma, das unter anderem für das osmotische Gleichgewicht zuständig ist.

Was steht heute als Ursache für Autismus in Verdacht?

Eine Schädigung am Gehirn. Allerdings sind die genauen Faktoren bis heute nicht geklärt. Autistische Menschen sind meist unfähig, soziale Beziehungen zur Außenwelt aufzunehmen.

Welche Symptome sind typisch für Diphtherie?

Es bildet sich ein typischer Belag auf den Mandeln, der sich bis in die Luftröhre ausbreiten kann. Dazu kommen Halsschmerzen und Fieber. Die mitunter tödlich endende Krankheit ist vor allem in Entwicklungsländern verbreitet und betrifft hauptsächlich Kinder.

Was ist der Unterschied zwischen Diabetes mellitus Typ I und Typ II?

Während bei Typ II (Altersdiabetes) nicht mehr genügend Insulin produziert wird und eine Diät und Tabletten meist zur Behandlung ausreichen, ist die Insulinproduktion bei Typ I vollkommen eingestellt. Dann muss auf jeden Fall Insulin gespritzt werden.

Wer war der Leibarzt Kaiser Mark Aurels (121–180) und wurde der König der Ärzte genannt?

Galenus (129–199). Dieser sammelte alles bis zu seiner Zeit angehäufte medizinische Wissen und baute daraus ein System auf, das bis ins Mittelalter hinein anerkannt war.

Was benötigt der Körper für die Vitamin-D-Synthese?

Sonnenlicht. Im Gegensatz zu den meisten anderen Vitaminen kann es nicht durch die Nahrung aufgenommen werden.

Wie hieß in der griechischen Götterwelt der Gott der Heilkunde?

Äskulap. Sein Zeichen war der von einer heiligen Schlange umwundene Äskulapstab, der heute noch das Sinnbild der Medizin darstellt.

Äskulap (römische Marmorstatue)

Wie äußert sich der Albinismus?

Durch hellere Haut-, Haar- und Augenfarbe bei Menschen und Tieren. Die Betroffenen dieses Defekts können kaum Melanin bilden.

Wie oft sollte eine Tetanus-Impfung aufgefrischt werden?

a) alle 8 Jahre
b) alle 10 Jahre
c) alle 12 Jahre
d) alle 20 Jahre

b) alle 10 Jahre

Tetanus wird durch ein Bakterium ausgelöst, das hauptsächlich im Boden lebt. Gelangt es mit Schmutz in eine Hautwunde, kommt es zu den typischen Muskelkrämpfen (Wundstarrkrampf).

Wie nennt man jemanden, der krankhaft übertrieben auf seinen Gesundheitszustand achtet und sich schnell einbildet, krank zu sein, ohne dass körperliche Ursachen dafür festgestellt wurden?

a) Hypochander
b) Hypochunder
c) Hypochonder
d) Hypochinder

c) Hypochonder

Wie viele Raucher gibt es weltweit?

Laut Weltgesundheitsorganisation (WHO) gibt es auf der ganzen Welt etwa 1,1 Milliarden Raucher. In Deutschland sind es momentan etwa 25 % der Erwachsenen. Über 15 Millionen Bauern leben vom Tabakanbau.

Was hat Adolf Eugen Fick im Jahr 1877 entwickelt?
Kontaktlinsen aus Glas. Allerdings waren diese Linsen noch sehr unkomfortabel zu tragen, bis dann um 1939 mit den besseren Plexiglaskontaktlinsen bereits eine Tragzeit von zehn bis zwölf Stunden möglich war.

Was sind die Molaren?
Die Backenzähne des menschlichen Gebisses. Zu ihnen zählen auch die Weisheitszähne, von denen bei manchen Menschen alle vier, bei anderen aber auch kein einziger angelegt ist.

Welches gehört nicht zu den vier von Galenus eingeführten Temperamenten?
a) Choleriker
b) Melancholiker
c) Sanguiniker
d) Rheumatiker

d) Rheumatiker
Die von dem berühmten Arzt Galenus (129– ca. 199) eingeführten Begriffe für die verschiedenen Temperamente werden heute noch verwendet. Der Phlegmatiker vervollständigt die oben aufgelisteten.

Arterien und Venen – was ist der Unterschied?
In den Arterien pulsiert das vom Herzen kommende, sauerstoffreiche Blut sehr stark, weshalb sie auch Schlagadern genannt werden. In den Venen fließt das Blut wieder ruhiger zum Herzen zurück.

Warum leiden besonders Frauen unter Osteoporose?
Bei ihnen wird die altersbedingte Abnahme der Knochenmasse noch durch Östrogenmangel in den Wechseljahren verstärkt.

Was ist ein Bypass?
Der Bypass (Umgehung) ist eine Umleitung für verengte oder verschlossene Herzarterien. Um eine ausreichende Blutversorgung des Herzens zu gewährleisten, werden in einer Bypassoperation z.B. Blutgefäße aus den Beinen entnommen, die zur Umgehung der Engstelle verwendet werden können.

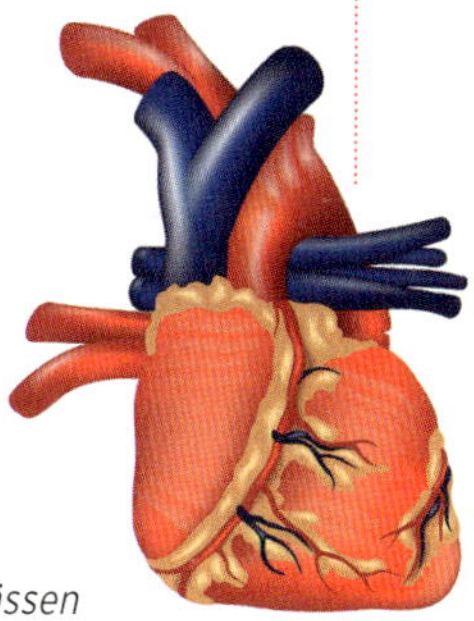
Herz mit Bypässen

Wie entstehen die sogenannten Mitesser?
Mitesser entstehen, wenn Talgdrüsen verstärkt Talg absondern. Da hierfür meist hormonelle Umstellungen im Körper verantwortlich sind, kommt es vor allem in der Pubertät zu Hautproblemen.

Was passiert bei körperlicher Anstrengung mit dem Herz?
Das Herz pumpt mehr Blut pro Zeiteinheit durch das Blutsystem, der Kreislauf wird angekurbelt. Auch noch Stunden nach der Anstrengung (z.B. Ausdauersport) „läuft" der Stoffwechsel auf einem höheren Niveau.

■ Gibt es Menschen, die jedem Patienten Blut spenden können?
Ja, Menschen mit der Blutgruppe 0 sind Universalspender. Es gibt auch Universalempfänger: Menschen mit der Blutgruppe AB, deren Blut mit allen anderen mischbar ist. Ansonsten müssen die Blutgruppen A und A und B und B jeweils miteinander gemischt werden.

■ ■ ■

■ Wie werden gentechnisch veränderte Nahrungsmittel im Englischen bezeichnet?
a) New Food
b) Novel Food
c) Fresh Food
d) Slow Food

b) Novel Food

■ ■ ■

■ Was sind die Vorteile von regelmäßiger Bewegung?
Durch Bewegung wird die Muskulatur gestärkt, das Infektionsrisiko sinkt und zusätzlich zum Grundbedarf wird Energie verbrannt. Allgemein haben bewegungsfreudige Menschen ein gesteigertes Wohlbefinden, sind ausgeglichener, belastbarer und verbessern ihre Fitness.

■ ■ ■

■ Welche Augenkrankheit entsteht durch einen zu großen Flüssigkeitsdruck im Auge und wird oft erst spät erkannt, weil die Sehkraft des Auges bei dieser Krankheit nur langsam nachlässt?
Der grüne Star. Bei unzureichender Behandlung kann er den Sehnerv schädigen und Sehstörungen mit eingeschränktem Gesichtsfeld (Gesichtsfeldausfall) und Erblindung hervorrufen. Das Risiko für einen grünen Star steigt mit zunehmendem Lebensalter. Momentan sind etwa ein bis zwei Prozent von einem Glaukom (grüner Star) betroffen.

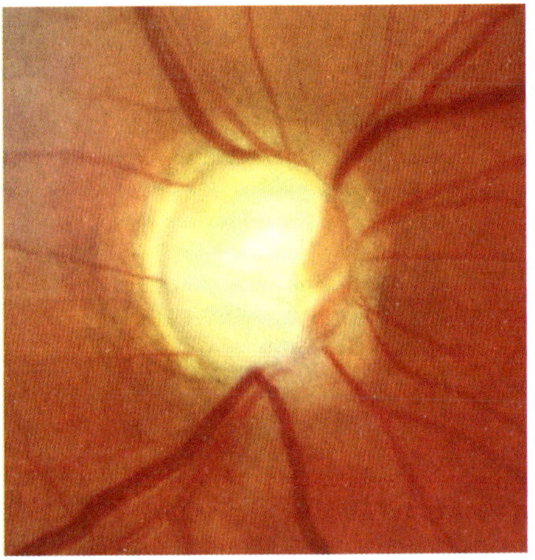

Glaukom (grüner Star)

■ ■ ■

■ Was heißt „Grüne Gentechnik"?
Weltweit wurden in der sogenannten grünen Gentechnik die Eigenschaften von bereits rund 40 Nutzpflanzen verändert, sodass sich der Anbau, der Ertrag und die Haltbarkeit verbessern ließen.

■ ■ ■

■ Worin ist Zink besonders reichlich enthalten?
Der Mineralstoff findet sich vor allem in Rindfleisch, Leber und Erbsen, aber auch in Käse, Haferflocken und Paranüssen. Zink ist unter anderem wichtig für Haut und Augen, verschiedene Stoffwechselprozesse und die Abwehrkräfte des Körpers.

Was haben Herzinfarkt, Schlaganfall und Hirnschlag gemeinsam?

Sie zählen zu den Herz-Kreislauf-Erkrankungen und gehören damit momentan zu den häufigsten Todesursachen in Deutschland. Risikofaktor für eine solche Erkrankung ist unter anderem erhöhter Blutdruck.

Können Frauen an der Bluterkrankheit leiden?

Die Bluterkrankheit (Hämophilie) wird zwar von Frauen vererbt, sie selbst können daran aber nicht erkranken. Deshalb sind praktisch nur Männer davon betroffen.

Was überträgt die Anophelesmücke?

Die Anophelesmücke kann durch ihren Stich Malaria auf den Menschen übertragen, wenn sie mit dem entsprechenden tierischen Einzeller, dem Parasiten Plasmodium, infiziert ist. Die Krankheit ist in tropischen Ländern weit verbreitet. In den 1960er-Jahren wurde sie durch den Einsatz von Insektiziden stark zurückgedrängt. Doch die Vermehrung von resistenten Varietäten des Parasiten und der Mücke haben ein Wiederaufflammen der Krankheit verursacht.

Was ist Salvarsan?

Ein Mittel, mit dem man erstmals die Syphilis bekämpfen konnte. Entdeckt hat das Mittel der deutsche Mediziner Paul Ehrlich (1854–1915), der auch die experimentelle Chemotherapie begründet hat.

In welcher Gehirnhälfte sitzt unser Sprachzentrum?

Meist ist es in der linken Gehirnhälfte zu finden. Diese ist auch für analytisches und logisches Denken zuständig, während die rechte Gehirnhälfte unter anderem unsere Emotionen, Fantasie und Kreativität steuert.

Wie heißt die altindische Medizinlehre, deren Behandlungsmethoden unter anderem auf pflanzlichen Arzneien und Kräuterdämpfen, Massagen zur Reinigung des Körpers von Giftstoffen sowie der richtigen Atmung und Meditation beruhen?

Ayurveda.

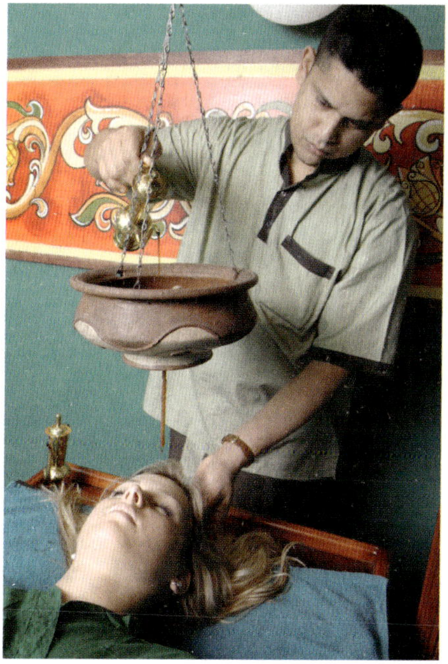

Ayurvedische Ölmassage

Wann wurde zum ersten Mal einem Menschen ein Herz transplantiert?

a) 1947 c) 1967
b) 1957 d) 1977

c) 1967
Der südafrikanische Chirurg Christiaan Neethling Barnard (1922–2001) führte diese erste Herzverpflanzung durch.

Christiaan Neethling Barnard

Wodurch entsteht eine Leberzirrhose?

Sie zerstört die Struktur der Leber, beeinträchtigt ihre Leistungsfähigkeit und kann z. B. durch übermäßigen Alkoholkonsum oder eine Virusinfektion (Hepatitis) verursacht werden. Die Leber ist das funktionell vielfältigste und das zentrale Stoffwechselorgan des Körpers. Sie wiegt etwa 1,5 Kilogramm, speichert bis zu 20 % unseres Blutvolumens und trägt unter anderem zur Wärmeproduktion des Körpers bei.

Welcher US-amerikanische Neurophysiologe sorgte mit seinen Experimenten zur Willensfreiheit in den 1980-Jahren für Aufsehen?

Benjamin Libet (1916–2007). Einige Neurowissenschaftler beziehen sich noch heute auf Libet, wenn sie sagen, dass der freie Wille eine Illusion ist. In seinen Experimenten sollten die Probanden angeben, wann sie die Entscheidung getroffen hatten, die Hand zu heben. Im Gehirn der Probanden war aber kurz vor dem bewussten Entschluss schon eine entsprechende Gehirnaktivität messbar. Die Folgerung einiger Wissenschaftler: Das Gehirn gaukle uns nur vor, dass wir uns frei entscheiden. Abschließend geklärt ist die Frage aber damit natürlich noch lange nicht.

Wie nennt man Arzneimittel, die keinen Wirkstoff enthalten?

Sie heißen Placebos und werden wegen ihrer psychologischen Wirkung dennoch von Ärzten verschrieben. Da die Patienten an die Wirkung eines Medikaments glauben, erzielt es oft allein deshalb gesundheitsfördernde Effekte, auch wenn in Wirklichkeit kein Wirkstoff enthalten ist.

Was verbirgt sich hinter der Abkürzung MRT?

Die **M**agnet**r**esonanz**t**omografie, auch Kernspintomografie genannt. Dieses Bildgebungsverfahren ermöglicht es, dünne Schichtaufnahmen jedes Körperteils in beliebigem Winkel und beliebiger Richtung zu erzeugen. Gerade bei der Früherkennung zahlreicher Krankheiten ist die Kernspintomografie für die Medizin von unschätzbarem Wert.

Wann ist in der Schwangerschaft das Zellwachstum am aktivsten?

In den ersten Schwangerschaftswochen, denn im Embryonalstadium werden bereits alle wichtigen Organe angelegt. Deshalb ist gerade in dieser Zeit der Embryo am meisten gefährdet, wenn Giftstoffe wie Nikotin oder Alkohol in den Körper gelangen, die das Wachstum erheblich beeinträchtigen und Missbildungen hervorrufen können.

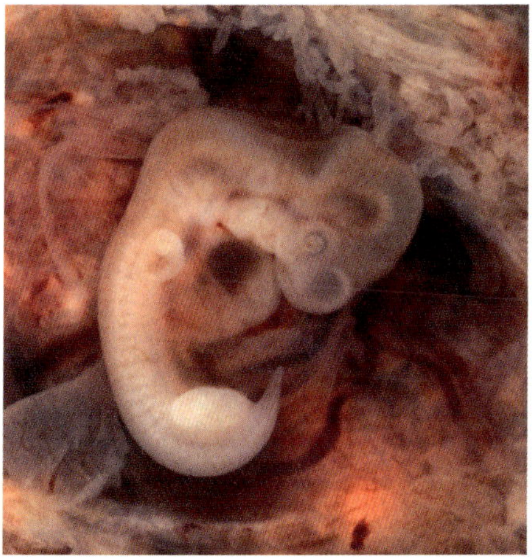

Embryo in der fünften Schwangerschaftswoche

Was passiert bei einem Bandscheibenvorfall?

Er entsteht durch verschleißbedingte Veränderungen der Bandscheiben und der benachbarten Wirbelkörper. Die Bandscheiben können verformt sein, die Lage ändern und schließlich auf die Spinalnerven, die vom Rückenmark abgehen, drücken. Das führt dann zu den bekannten Schmerzen im Rücken, am Hals oder auch an der Schulter.

Warum werden in der Forschung vor allem Mäuse für Tierversuche eingesetzt?

Weil die Gene der Maus eine erstaunlich große Ähnlichkeit mit menschlichen Genen aufweisen. Schätzungen zufolge werden weltweit jedes Jahr mindestens 25 Millionen Mäuse in Experimenten eingesetzt.

Die nach dem ersten vietnamesischen Flüchtlingsboot benannte humanitäre Hilfsorganisation wurde 1979 von dem Journalistenehepaar Neudeck gegründet und half zunächst, die Situation der Vietnamflüchtlinge zu verbessern. Die Ärzte, Krankenschwestern, Techniker und Logistiker, die für diese Organisation arbeiten, sind heute jedoch in Hilfsprojekten in der ganzen Welt im Einsatz. **Wie heißt diese Organisation?**

Komitee Cap Anamur.

Wodurch verfärbt sich ein Bluterguss mit der Zeit?

Das Blut, das bei einem Hämatom unter der Haut aus einem Gefäß ausgetreten ist, wird innerhalb mehrerer Tage abgebaut. Die verschiedenen Abbaustufen des Blutes lassen den anfänglichen blauen Fleck erst gelblich, dann bräunlich schimmern.

Wie viel Blut muss ein Mensch in etwa verlieren, um in Lebensgefahr zu geraten?

Bei einem Verlust von etwa einem Liter Blut schwebt der Mensch für gewöhnlich in Lebensgefahr. Etwa fünf Liter zirkulieren im Normalzustand im menschlichen Körper.

Welches Hormon der Nebennierenrinde hilft bei Entzündungen durch schwere Allergien, bei rheumatischen Beschwerden, Arthritis und anderen entzündlichen Krankheiten?

a) Aldosteron
b) Kortison
c) Melatonin
d) Östrogen

b) Kortison
Kortison kann auch synthetisch hergestellt werden.

Wo werden im Muskel Zucker und Sauerstoff in Energie umgewandelt?

In den Speichern zwischen den einzelnen Muskelfaserbündeln.

Wann und wo wurde die erste menschliche Hand transplantiert?

Das war 1998 in Lyon. Allerdings kam es zu Abstoßreaktionen des Immunsystems, weshalb die Hand 2001 wieder entfernt werden musste. Die Abstoßung von Gewebe- oder Organtransplantaten nennt sich Wirt-Transplantat-Reaktion und wird durch den Haupthistokompatibilitätskomplex (MHC) stimuliert, dem für jedes Individuum einzigartigen molekularen Fingerabdruck. Für eine erfolgreiche Transplantation ist es also notwendig, dass sich die MHCs von Spender und Empfänger so ähnlich wie möglich sind.

Was wird zur Früherkennung von Brustkrebs eingesetzt?

Die Mammografie. Die Strahlenbelastung durch die angewendete Röntgenstrahlung gilt bei der Mammografie als relativ gering.

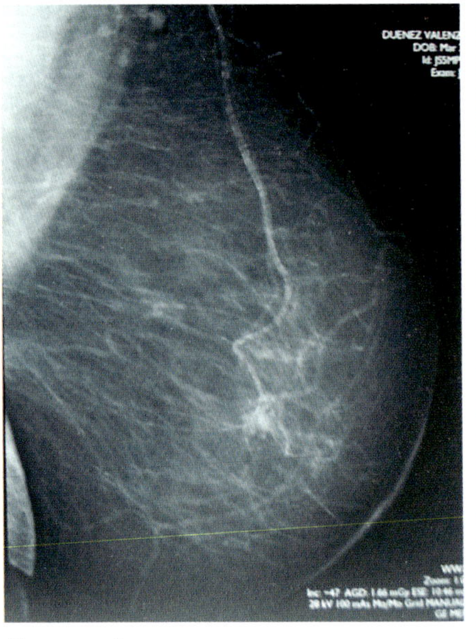

Mammografie

Was ist Keuchhusten?

Eine bakterielle Infektionskrankheit der Atemwege, von der hauptsächlich Säuglinge und Kleinkinder betroffen sind. Die Ansteckung kann durch eine Schutzimpfung verhindert werden.

■ ■ ■

■ Von welchen Organen werden folgende Hormone gebildet?

1. Insulin
2. Kortison
3. Thyroxin
4. Choriongonadotropin (HCG)
5. Östrogene
6. Adrenalin
7. Testosteron
8. Glukagon
9. Somatotropin (Wachstumshormon)
10. Androgene

1. Bauchspeicheldrüse, 2. Nebennierenrinde, 3. Schilddrüse, 4. Plazenta, 5. Eierstock, 6. Nebennierenmark, 7. Hoden, 8. Bauchspeicheldrüse, 9. Hirnanhangdrüse (Hypophyse), 10. Nebennierenrinde

■ ■ ■

■ Wie nennt man die Form der Chirurgie, bei der nur mit kleinen Hautschnitten gearbeitet wird und Organe videogestützt mit Operationswerkzeugen im Miniaturformat behandelt werden?

Minimalinvasive Chirurgie.

■ ■ ■

■ Wo treten Furunkel auf?

Die entzündeten und eitrigen Knötchen treten immer um eine Haarwurzel auf. Wenn sie reif sind, öffnen sie sich meist von alleine und der Eiter fließt ab. Oft bleibt danach eine Narbe zurück.

■ Zählen Viren zu den Lebewesen?

Nein, denn anders als Bakterien haben Viren keinen eigenen Stoffwechsel und brauchen immer einen Wirt, also einen anderen Organismus, um sich zu vermehren.

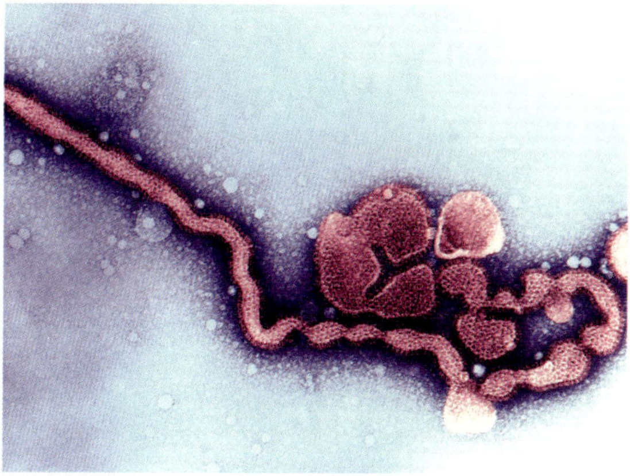

Grippevirus unter dem Mikroskop

■ ■ ■

■ Ist Koffein mehr als ein Wachmacher?

Koffein macht nicht nur wach, sondern steigert unter anderem auch die Konzentrationsfähigkeit und -dauer und kann zur Schmerzlinderung beitragen.

■ ■ ■

■ Wie funktioniert das HI-Virus im Körper?

Es greift die weißen Blutzellen (T-Lymphozyten) beim Menschen an und zerstört so das Immunsystem und schwächt die Abwehrkräfte des Körpers. Die infizierten Personen werden anfällig für zahlreiche weitere Viren und Bakterien, die lebensbedrohliche Krankheiten wie Meningitis oder Krebs hervorrufen können.

Welche Folgen hat radioaktive Strahlung, die ins Körpergewebe gelangt?

Je nach Menge und Dauer der Einwirkung kann sie innerhalb weniger Stunden zum Tod oder zu einem späteren Zeitpunkt zu schweren Gesundheitsschäden wie Veränderungen im Erbgut oder Krebs führen.

Welche Folgen haben Krampfadern?

Diese erweiterten, oberflächlich liegenden Venen stören den Transport des Blutes von den Füßen zum Herzen, da die Venenklappen nicht mehr richtig funktionieren. Ursachen dafür sind unter anderem erbliche Veranlagung, eine Schwäche des Bindegewebes, Schwangerschaft, Übergewicht und Bewegungsmangel.

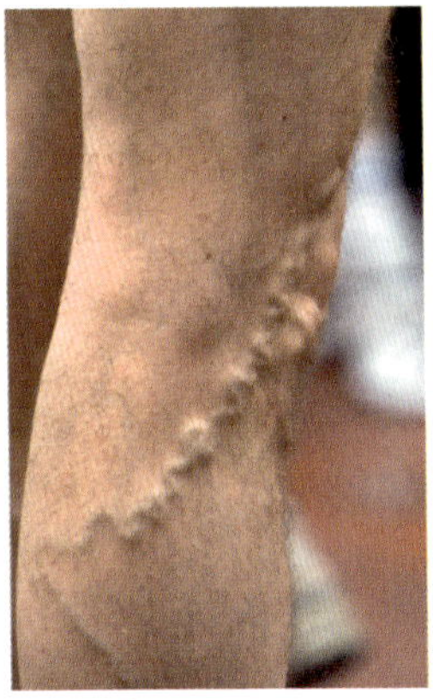

Krampfadern

Was sind Thrombozyten?

a) rote Blutkörperchen
b) weiße Blutkörperchen
c) Blutplättchen
d) Blutplasma

c) Blutplättchen
Zusammen mit den weißen (Leukozyten) und roten (Erythrozyten) Blutkörperchen und dem Blutplasma bilden sie die wichtigsten Bestandteile des Blutes.

Wirkt die Auster wirklich aphrodisierend?

Generell lässt sich für alle angeblich potenz- und luststeigernden Mittel festhalten, dass ihre Wirkung wohl mehr auf Suggestion, also Einbildung, beruht. Aphrodisiaka wirken demnach eher wie ein Placebo.

Wie heißt die Hauptschlagader des menschlichen Körpers?

a) Venole
b) Arteriole
c) Aorta
d) Sclera

c) Aorta
Sie befördert sauerstoffreiches Blut von der linken Herzkammer zu allen anderen Schlagadern.

Was ist eine bipolare Störung?

Diese Form der psychischen Leiden ist gekennzeichnet durch einen Wechsel von manischen und depressiven Episoden. Sie ist weit seltener als eine unipolare Depression und kommt bei Frauen und Männern gleich häufig vor.

Was ist der Unterschied zwischen physischer und psychischer Abhängigkeit?

Eine physische Abhängigkeit bringt körperliche Entzugserscheinungen mit sich, wenn die betreffende Substanz, welche die Sucht ausgelöst hat, fehlt. Die psychische Abhängigkeit ist durch ein übermächtiges inneres Verlangen gekennzeichnet, eine bestimmte Substanz immer wieder zu konsumieren. Körperliche Entzugserscheinungen treten hier nicht auf.

Wie errechnet sich der Grundumsatz – die Energie, die ein Mensch an einem Tag allein im Liegen verbraucht?

Das Gewicht muss mit 21,6 multipliziert werden. Hiervon unterscheidet man jedoch den Leistungsumsatz, der durch die tägliche Bewegung höher liegt und z.B. bei einem Sportler auch das Doppelte des Grundumsatzes ausmachen kann.

Womit beschäftigen sich Parapsychologen typischerweise nicht?

a) Psychokinese
b) Hellsehen
c) Telepathie
d) Depression

d) Depression
Parapsychologen sind an allen sogenannten paranormalen Phänomenen interessiert wie beispielsweise der Telepathie (Gedankenübertragung).

Über wie viele Muskelfasern verfügt der Mensch?

Etwa eine Million einzelne Muskelfasern sind im menschlichen Körper zu finden, wobei immer einzelne Muskelfasern im Muskel in bindegewebsartiger Form zu Bündeln eingefasst sind. Diese sind wiederum von der Muskelhaut umgeben.

Ab wann spricht man vom Fötus?

Ab dem Beginn des vierten Schwangerschaftsmonats. Diese Zeit bis zur Geburt wird Fetalzeit genannt und ist durch starkes Körperwachstum und zunehmende Tätigkeit der Organe geprägt. Sie löst die Embryonalzeit (Befruchtung bis zum dritten Schwangerschaftsmonat) ab.

Was macht Walnüsse so gesund?

Sie enthalten eine große Menge an Omega-3-Fettsäuren und sind eine der wichtigsten pflanzlichen Quellen für Antioxidantien. Sie können Krebs entgegenwirken und haben positive Auswirkungen auf Blutfette und Blutzuckerwerte. Die Herzgesundheit wird durch den Genuss von Walnüssen gesteigert.

Walnuss

Was ist ein anaphylaktischer Schock?

Die schwerste Form einer allergischen Reaktion, bei der es zu Ohnmacht, Blässe, Herzrasen und einem Kreislaufzusammenbruch kommen kann. Der anaphylaktische Schock kann außerdem innerhalb weniger Minuten zum Tod führen. Starke Allergiker führen deshalb oft eine Spritze mit dem Hormon Adrenalin mit sich, das die allergische Reaktion neutralisiert.

Was sagt der EQ über einen Menschen aus?

Im Gegensatz zum klassischen IQ (**I**ntelligenz**q**uotient), der analytische, mathematische und sprachliche Fähigkeiten umfasst, macht der EQ Aussagen über die emotionale Intelligenz eines Menschen.

Welche Wirkung wird dem Lycopin zugeschrieben?

Dieser Inhaltsstoff in Tomaten übernimmt wichtige Schutzfunktionen in der Pflanze und soll demnach auch beim Menschen vor chronischen Krankheiten am Herzen oder vor Krebs schützen und die Immunabwehr stärken.

Womit kann eine Verengung der Arterie ausgeglichen werden?

Mit einer Gefäßstütze, dem sogenannten Stent, können arterielle Verengungen, die ansonsten lebensbedrohlich werden können, kompensiert werden. Etwa 500.000 Menschen wird jährlich ein Stent implantiert.

Wo befinden sich in der Haut Schweiß- und Talgdrüsen?

Sie befinden sich in der Lederhaut, der zweiten Hautschicht nach der Oberhaut, und in der dritten Schicht, der Unterhaut. In Letzterer liegen spezialisierte Schweiß- und Duftdrüsen in lockeres Fettgewebe eingebettet und zudem die Haarwurzeln.

Was verbirgt sich hinter der Abkürzung „mm Hg“?

Die Maßeinheit Millimeter Quecksilbersäule, in der die zwei Werte des Blutdrucks angegeben werden.

Wodurch unterscheiden sich Drang- und Stressinkontinenz?

Eine Dranginkontinenz kann z. B. durch eine Blasenentzündung hervorgerufen werden, während die Stressinkontinenz bei erhöhtem Bauchinnendruck durch Heben, Lachen oder Husten für den unfreiwilligen Urinverlust verantwortlich ist.

Was ist ein erstes Anzeichen für belastete Venen?

Die sogenannten Besenreiser, winzige fleck- oder sternförmig zusammenlaufende Gefäße in der Haut, die wie die Krampfadern ihre Spannkraft eingebüßt und sich unkontrolliert erweitert haben.

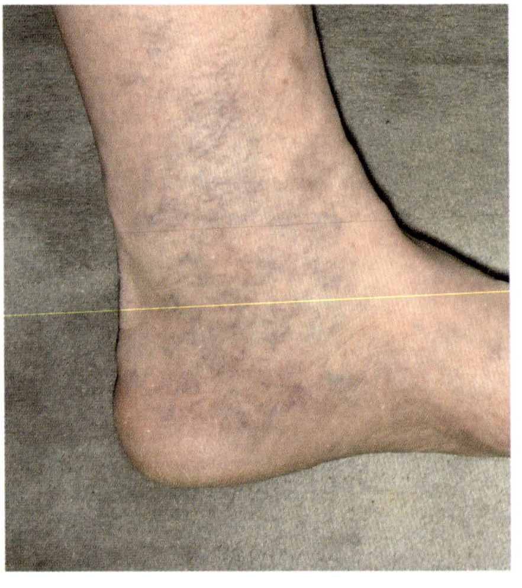

Besenreiser

Was ist die Medulla?

Eine Struktur des Hirnstamms, die für ständig wiederkehrende autonome Prozesse wie Herzschlag, Atmung, Gefäßaktivität, Schlucken, Verdauung und Erbrechen verantwortlich ist und diese kontrolliert.

Wo befindet sich im Körper der Appendix?

Der Appendix ist ein kleiner fingerförmiger Wurmfortsatz des Blinddarms. Er enthält eine Masse weißer Blutkörperchen, die zur Immunität beitragen.

Welche Ereignisse verschwinden bei Alzheimerpatienten typischerweise zuerst aus dem Gedächtnis?

a) jüngste Ereignisse
b) ältere Ereignisse
c) prägende Ereignisse
d) Ereignisse aus der frühen Kindheit

a) jüngste Ereignisse
Im Anfangsstadium ist zunächst das Kurzzeitgedächtnis betroffen. Erst im bereits fortgeschrittenen Krankheitsverlauf werden unter anderem auch Angehörige und langjährige Freunde oft nicht mehr erkannt.

Welche bekannte Entspannungstechnik hat der Berliner Neurologe Johannes H. Schultz erfunden?

Schultz (1884–1970) hat das autogene Training entwickelt. Es ist eine Art Selbsthypnose, mit deren Hilfe ein Gleichmaß zwischen Spannung und Entspannung hergestellt werden soll und die durch regelmäßiges Üben trainiert werden muss, um sie in unterschiedlichsten Lebenssituationen einsetzen zu können.

Was versteht man unter einer Phobie?

Bei einer Phobie handelt es sich um eine hartnäckige und irrationale Furcht vor einer Sache oder Situation, die realistisch betrachtet unbegründet und unangemessen ist. Unterschieden werden soziale Phobien wie die übermäßige Angst, beobachtet zu werden, die zu einer vermehrten Meidung öffentlicher Plätze führt, und spezifische Phobien wie die vor einzelnen Tieren oder geschlossenen Räumen.

Klaustrophobie (Platzangst)

■ **Worum handelt es sich bei Pseudokrupp?**

Beim sogenannten falschen Krupp handelt es sich um eine Krankheit, bei der die Schleimhaut des Kehlkopfs unterhalb der Stimmbänder anschwillt. Durch die Schwellung und die vermehrte Schleimproduktion kommt es zu Atemnot.

■ **Was ist kein typisches Symptom einer Migräne?**

a) Licht- und Lärmempfindlichkeit
b) Kopfschmerzen
c) Übelkeit
d) Gelenkschmerzen

d) Gelenkschmerzen
Weiterhin können visuelle Symptome und neurologische Ausfallerscheinungen auftreten. Ein Migräneanfall kann übrigens bis zu 72 Stunden dauern.

■ Der in Brüssel geborene Arzt führte im 16. Jahrhundert die ersten Studien am Seziertisch durch und erforschte zahlreiche Leichen von hingerichteten Menschen im italienischen Padua. Er gilt als Begründer der modernen Anatomie. **Wie lautet sein Name?**

Andreas Vesal (1514–64).

■ **Welche Auswirkungen hat der Konsum von Marihuana?**

Kleine Dosen können leichte und angenehme Stimmungshochs hervorrufen, höher dosierte Mengen können aber auch zu länger anhaltenden Halluzinationen führen. Ein regelmäßiger Konsum bringt unter anderem eine Störung des Raum-Zeit-Gefühls mit sich und die Erfahrung des Losgelöstseins vom eigenen Körper. Doch auch sehr negative Wirkungen wie Angst und Verwirrung und die Störung der motorischen Koordination können auftreten.

Marihuana

■ **Was bedeutet der systolische Wert bezüglich des Blutdrucks?**

Der obere bzw. höhere Wert des Blutdrucks entspricht dem Druck, den das Herz aufbringt, Blut in den Kreislauf zu pumpen. Der diastolische bzw. niedrigere Wert misst hingegen den passiven Gefäßwiderstand bei entspanntem Herzmuskel.

■ **Gehören Kartoffeln zu den basischen oder den säurebildenden Lebensmitteln?**

Kartoffeln gehören wie das meiste Gemüse zu den basischen Lebensmitteln. Säure produzieren vor allem tierische Produkte wie Fleisch, Fisch und Milchprodukte oder Getränke wie Kaffee und Limonaden.

Was ist Gluten?

Das sogenannte Klebereiweiß ist ein Bestandteil von Getreide. Viele Menschen haben eine Glutenunverträglichkeit (Zöliakie), die Symptome wie Durchfall, Völlegefühl, Übelkeit, Blutarmut und Vitamin- und Eiweißmangel hervorrufen kann und durch Meidung von getreidehaltigen Produkten wie Brot, Kuchen, Nudeln und Mehl umgangen werden kann. Frauen sind dabei etwas häufiger betroffen als Männer.

Was ist eine Dialyse?

Die Dialyse ist eine Blutwäsche, die im Normalfall von den Nieren übernommen wird, um das Blut von Schad- und Abfallstoffen zu reinigen. Bei akutem oder chronischem Nierenversagen übernimmt das Dialysegerät also die Aufgabe der Nieren.

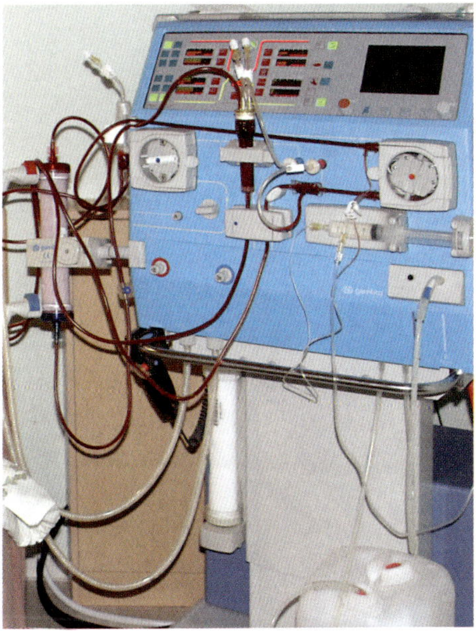

Dialysegerät

Welche Funktionen hat die Nebenniere?

Diese an der Niere gelegene Drüse besteht aus einer äußeren Rinde, die bei der Stressreaktion auf endokrine Signale reagiert und den Salz- und Wasserhaushalt beeinflusst, und einem inneren Mark, das auf stressinduzierte neuronale Signale antwortet.

Welche grundlegende und heute nicht mehr wegzudenkende medizinische Maßnahme führte der Geburtshelfer Ignaz Philipp Semmelweis ein?

Semmelweis (1818–65) reduzierte mit der Händedesinfektion in Krankenhäusern die hohe Zahl an Frauen, die an Kindbettfieber starben.

Wodurch wird die Pest auf Menschen übertragen?

Der ursächliche Erreger, der Ratten befällt, wird von Flöhen auf Menschen übertragen. Im Folgenden ist auch eine Übertragung von Mensch zu Mensch möglich. Im 14. Jahrhundert starben mehr als 20 Millionen Menschen in Europa am „Schwarzen Tod".

Was bedeutet die Abkürzung SAD?

Die **s**aisonal **a**bhängige **D**epression wird auch Winterdepression genannt, da sie vor allem in der dunklen Jahreszeit vermehrt auftritt. Die Betroffenen leiden an übermäßiger Traurigkeit und Energielosigkeit.

Worum handelt es sich bei der Endoskopie?

Dieses revolutionäre Verfahren ermöglicht Operationen, ohne den Körper großflächig aufzuschneiden. Mithilfe winziger Sonden und optischer Geräte sind zahlreiche Diagnosen und Operationen möglich.

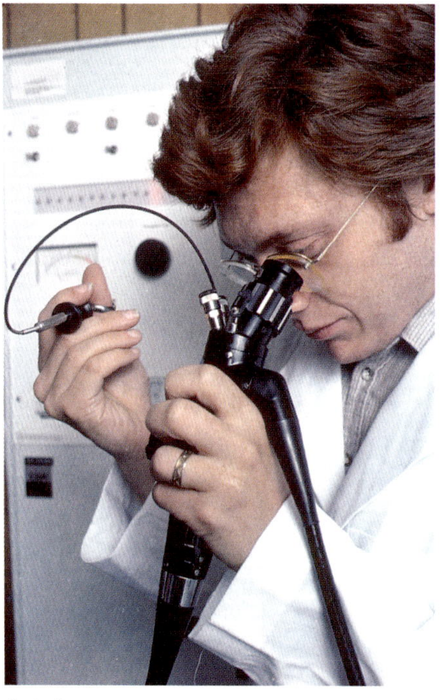

Endoskop

Was sind begünstigende Faktoren für einen Tinnitus?

Lärmbelastung und Stresssituationen, Erkrankungen des Ohres oder Bluthochdruck sind häufige Ursachen für die quälenden Geräuschphänomene im Ohr wie Sausen, Pfeifen, Brummen, Zischen und Rauschen.

Wie verhindert der Körper, dass schädliche Stoffe aus dem Blut ins Gehirn gelangen?

Mit der Blut-Hirn-Schranke, einer Barriere, die aus besonders abgedichteten Varianten normaler Blutgefäße besteht.

Wie funktionieren Krebsmedikamente?

Krebsmedikamente (Zytostatika) greifen effizient in den Zellstoffwechsel ein, indem sie das Wachstum und die Vermehrung von körpereigenen Zellen, zu denen Krebszellen gehören, hemmen. Da sie dadurch auch auf gesunde Körperzellen giftig wirken, werden sie aber nur dann eingesetzt, wenn keine Alternativen bestehen.

Durch was wird die Zuverlässigkeit von Verhütungsmethoden angezeigt?

Durch den Pearl-Index: Je niedriger der Index, desto sicherer ist die Verhütungsmethode. Am zuverlässigsten sind die Antibabypille, die Minipille und natürlich die Sterilisation. Die Messung der Temperatur und die Knaus-Ogino-Methode sind dagegen eher unzuverlässige bzw. unsichere Methoden.

Bei welcher Störung verletzen sich die Betroffenen oft selbst?

Bei der Borderline-Störung kommt es häufig zu Selbstverstümmelungen. Die Krankheit ist außerdem gezeichnet von Verstimmungen, Störungen der Selbstwahrnehmung, paranoiden Vorstellungen und bisweilen heftigen Wutanfällen.

Ab wann spricht man vom prämenstruellen Syndrom, kurz PMS?

Wenn die Symptome vor der Menstruationsblutung der Frau, z. B. Stimmungsschwankungen, Müdigkeit, Reizbarkeit, depressive Verstimmung oder Bauchschmerzen, ihren Tagesablauf und ihre Aktivitäten stark beeinträchtigen.

Wie nennt man unwillkürliche, rasche und meist plötzlich einschießende Bewegungen, die einzeln oder serienartig auftreten und mit Muskelkrämpfen oder Muskelzuckungen einhergehen?

a) Tacs
b) Tecs
c) Tics
d) Tags

c) Tics

Wie entstehen eineiige Zwillinge?

Eine befruchtete Eizelle teilt sich im Verlauf der Entwicklung in zwei Embryonalanlagen, die identisches Erbmaterial besitzen und immer das gleiche Geschlecht haben. Im Gegensatz dazu wachsen zweieiige Zwillinge heran, wenn von vornherein zwei Eizellen, die während eines Zyklus herangereift sind, befruchtet werden.

Wie werden Neurotransmitter freigesetzt?

Diese Nervenbotenstoffe werden durch das elektrische Signal einer Nervenzelle freigesetzt. Dann öffnen sich die Vesikel und die Neurotransmitter ergießen sich in den präsynaptischen Spalt.

Wo macht sich Gicht zuerst bemerkbar?

Grundsätzlich können in allen Gelenken die durch Harnsäurekristalle hervorgerufenen schmerzhaften Entzündungen entstehen. Die Symptome beginnen jedoch in den großen Zehen und im Daumen.

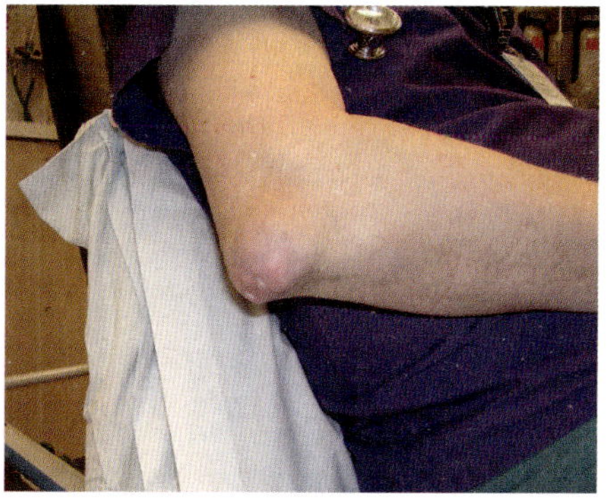

Von Gicht betroffenes Ellbogengelenk

Seit wann steigt die Zahl der Mehrlingsschwangerschaften an?

Seitdem es Methoden zur künstlichen Befruchtung gibt. Um die Erfolgschancen zu erhöhen, werden den Frauen hier gleich mehrere der außerhalb des Körpers befruchteten Eizellen eingepflanzt.

Was ist kein Grundpfeiler palliativer Medizin?

a) Schmerztherapie
b) psychologische Betreuung
c) Unterstützung der Angehörigen
d) Heilung der Krankheit

d) Heilung der Krankheit
Diese steht bei Patienten der Palliativmedizin nicht mehr im Vordergrund, da sie

entweder unheilbar erkrankt sind oder eine Heilung aufgrund des fortgeschrittenen Stadiums der Krankheit (meist Krebs) nicht mehr möglich ist. Es wird vielmehr versucht, die Auswirkungen der Krankheit so gut es geht zu lindern und die Lebensqualität des Patienten auf möglichst hohem Standard zu halten.

Wie nennt man eine durch Jodmangel hervorgerufene Vergrößerung der Schilddrüse?

Kropf. In Seegebieten, wo Jodmangel in der Regel keine Rolle spielt, ist der Kropf deshalb sehr selten.

Wer oder was war Schering?

a) ein Berliner Pharmaunternehmen
b) ein Weimarer Arzt
c) ein Medikament
d) ein Schweizer Biologe

a) ein Berliner Pharmaunternehmen

Was hat der Verschluss der Herzkranzgefäße zur Folge?

Es kommt zu einer Unterversorgung des Herzens mit Sauerstoff, was unwiederbringlich einen Teil des Gewebes zerstört und einen Herzinfarkt verursacht.

Was ist die Pleura?

Eine doppelwandige Hülle, die jeweils die zwei Lungenflügel der Lunge umgibt. Das innere Pleurablatt haftet an der Lunge, das äußere ist mit der Wand der Brusthöhle verwachsen.

Warum werden Makrophagen auch Fresszellen genannt?

Sie erkennen fremde Eiweißstrukturen im Körper, umschließen die in den Körper eingedrungenen Erreger und stülpen diese in ihr Zellinneres, wo sie abgebaut werden. Selbst lebende Tumorzellen sind vor ihnen nicht sicher.

Was sind Zotten?

Zotten sind die etwa einen Millimeter großen Schleimhautausstülpungen des Dünndarms. Durch sie wird das Darmepithel während der Resorption der Nahrung um das Fünffache vergrößert.

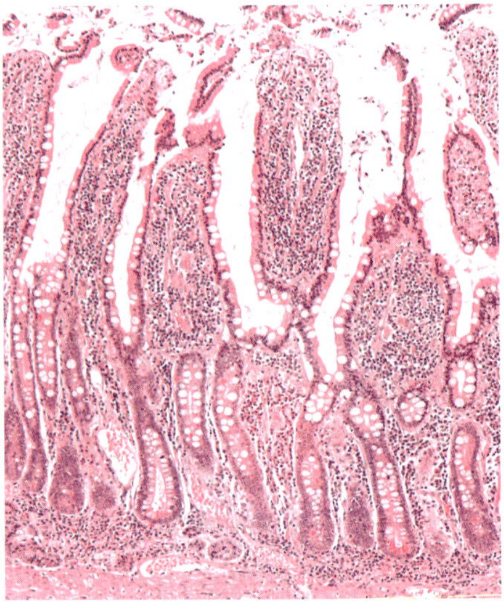

Darmzotten unter dem Mikroskop

Wie viele Kinder sterben in den westlichen Industrieländern am plötzlichen Kindstod?

An diesem Syndrom stirbt etwa eines von 1000 Neugeborenen.

Welche Auswirkungen hat ein Eisenmangel?

Die Bildung von Hämoglobin, einem Molekül in den roten Blutkörperchen, ist durch einen Mangel an Eisen beeinträchtigt, wodurch es zur häufigsten Anämieform (Blutarmut), der Eisenmangelanämie, kommt. Eine der Folgen ist eine Unterversorgung des Organismus mit Sauerstoff.

Wem wurde 1999 für die Entdeckung der in Proteinen eingebauten Signale, die deren Transport in der Zelle steuern, der Nobelpreis der Medizin verliehen?

a) Günter Blobel
b) J. Michael Bishop
c) Barbara McClintock
d) Susumu Tonegawa

a) Günter Blobel

Wer gilt als Begründer der Psychoanalyse?

Sigmund Freud (1856–1939). Er sprach dem Unterbewusstsein des Menschen große Bedeutung zu und beeinflusste damit nicht nur Psychologie und Medizin, sondern auch zahlreiche andere geistige Bereiche des 20. Jahrhunderts, beispielsweise die Literatur und ihre Autoren.

Was ist Borreliose?

Diese bakteriell verursachte Krankheit, die durch Zecken auf den Menschen übertragen wird, beginnt als ringförmiger Ausschlag rund um den Zeckenbiss und verursacht mit Gelenkschmerzen verbundene Körperschwäche, Herzbeschwerden und nervöse Störungen. Wenn innerhalb eines Monats nach dem Zeckenbiss mit Antibiotika behandelt wird, kann die Krankheit allerdings voll ausgeheilt werden.

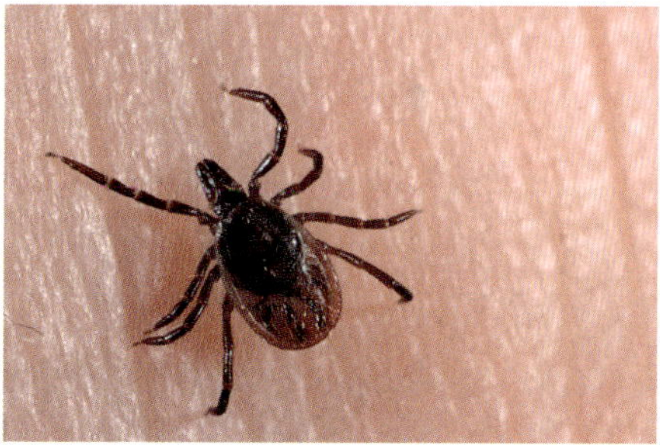

Zecke

Die hodgkinsche Krankheit geht vom ...

a) ... Lymphsystem aus.
b) ... Verdauungssystem aus.
c) ... Herzen aus.
d) ... Blutkreislauf aus.

a) ... Lymphsystem aus.
Vom körpereigenen Abwehrsystem ausgehend, das für die Bekämpfung von eindringenden Erregern zuständig ist, kann sich diese seltene Krebserkrankung über die Lymphbahnen im Körper ausbreiten.

Aus welchen Zellen besteht das menschliche Blut hauptsächlich?

Die roten Blutkörperchen, die Sauerstoff von der Lunge zu den Geweben des Körpers transportieren und Kohlendioxid aufnehmen, machen den Löwenanteil des Blutes aus.

Welche Krankheit wird mit COPD abgekürzt?

Die **C**hronic **O**bstructive **P**ulmonary **D**isease wird im Deutschen chronisch obstruktive Lungenerkrankung genannt und ist eine Entzündung und Schwellung der Bronchialschleimhaut, besser bekannt als „Raucherhusten".

Was versteht man unter Homöostase?

Die Regulation, die das innere Milieu eines Organismus trotz Schwankungen der Umwelt innerhalb bestimmter Grenzen konstant hält.

Worin ist Acetylsalicylsäure enthalten?

ASS ist in der als Kopfschmerztablette bekannten Aspirin der aktive Wirkstoff und kann auch starken Kopfschmerzen bei Migräneanfällen gegensteuern.

Wie viele unterschiedliche Typen von Influenzaviren gibt es?

a) 3 c) 28
b) 15 d) 30

a) 3
Die drei Typen A, B und C unterscheiden sich unter anderem in der Schwere der ausgelösten Erkrankung und der Tendenz, sich auszubreiten.

Was sind Phenole?

Sie gehören zu den sekundären Pflanzenstoffen und verbessern die Fließeigenschaften des Blutes. Sie sind zwar vor allem im Rotwein zu finden, doch mehr als ein Glas sollte man davon trotzdem nicht trinken, sonst überwiegen die negativen Auswirkungen des Alkohols.

Wie heißen die Nadeln, mit denen bei einem Allergietest die vermutlich allergieauslösende Substanz in die Haut eingestochen wird?

Pricknadeln. Nach kurzer Zeit kann bei einem solchen Test dann anhand der Hautreaktion bestimmt werden, ob und in welchem Maße die eingebrachte Substanz tatsächlich eine Allergie auslöst.

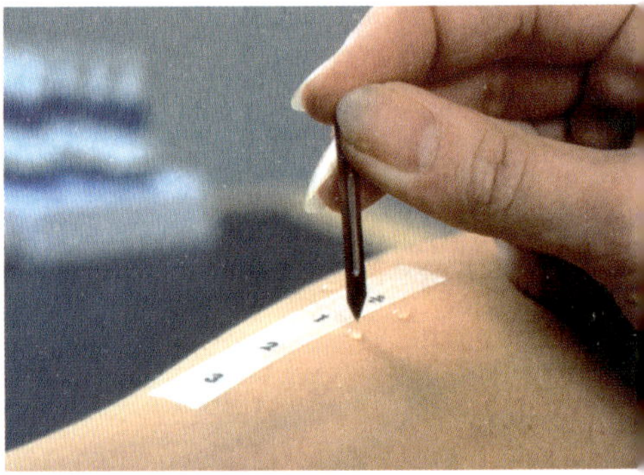

Pricktest

Was sind eigentlich Antikörper?

Antikörper werden vom Abwehrsystem gebildet und stellen spezifische Gegengifte für bestimmte Krankheitserreger dar. Im Abwehrsystem bleibt in manchen Fällen eine Art Erinnerung an die überstandene Krankheit zurück, sodass bei erneutem Kontakt sofort die wirksamen Antikörper produziert werden können.

Was versteht man unter Psychokinese?

Parapsychologen, die sich unter anderem mit diesem Phänomen beschäftigen, verstehen darunter das Bewegen von Gegenständen durch seelische Kräfte.

Wo sitzt im Körper das Vitamin E?

Dieses wichtige Antioxidans sitzt auf der Zellmembran, von wo aus es die Zellen vor freien Radikalen und Sauerstoffradikalen schützt.

Wie lang ist der Dünndarm?

a) etwa drei Meter
b) bis zu fünf Meter
c) bis zu sieben Meter
d) über neun Meter

b) bis zu sieben Meter
Er kann außerdem eine Oberfläche von mehr als 100 m^2 erreichen.

Worin ist Cholesterin hauptsächlich enthalten?

In tierischen Fetten. Da unsere Nahrung zu fettreich ist und viel Fleisch enthält, haben viele Menschen einen zu hohen Cholesterinspiegel.

Wie steuert der Hypothalamus Hunger und Durst?

Dieser Teil des Zwischenhirns empfängt Signale aus dem Körper über den Wasser- und Nährstoffgehalt und erzeugt bei Bedarf ein Durst- oder Hungergefühl. Damit veranlasst er den Organismus, Nahrung und Wasser aufzunehmen.

Was ist das HGP?

Das **H**uman-**G**enom-**P**rojekt, das im Jahr 2003 nach den Aussagen der Wissenschaftler die vollständige Entschlüsselung des menschlichen Erbguts erreicht hatte. Nun werden die Funktion der Gene und ihre Steuerung genauer untersucht.

Weshalb führte das Berliner Pharmaunternehmen Schering die Antibabypille 1961 zunächst als „Mittel zur Behebung von Menstruationsstörungen" ein?

Das Pharmaunternehmen war das erste Unternehmen, das die Antibabypille in Deutschland auf den Markt brachte und sah sich heftiger Kritik aus kirchlichen und konservativen Kreisen ausgesetzt.

Wer bekam 2010 für die Entwicklung der In-vitro-Fertilisation den Nobelpreis für Medizin?

a) Richard Axel
b) Linda B. Buck
c) Bert Sakmann
d) Robert G. Edwards

d) Robert G. Edwards
1978 kam mithilfe der von Edwards (*1925) entwickelten In-vitro-Fertilisation das Mädchen Louise Joy Brown – das erste Baby, das durch eine Befruchtung im Labor entstanden war – auf die Welt. Seine wissenschaftliche Arbeit stellt einen Meilenstein der modernen Medizin dar.

Wie nennt man die Form, Materialien kunstvoll auf einer Fläche anzuordnen und festzukleben?

Collage. Diese Kunstform gehört zu der Gattung der bildenden Kunst.

Welchen Preis stifteten der US-Amerikaner Jay A. Pritzker und seine Frau im Jahr 1979?

Den Pritzker-Preis. Dieser renommierte Architekturpreis wird jährlich verliehen und ist mit 100.000 Dollar dotiert. Der Preis genießt eine ähnliche Wertschätzung wie der Nobelpreis in den Natur- und Geisteswissenschaften.

Aus wie vielen Steinblöcken wurde die Cheopspyramide gebaut?

a) über 18.000
b) fast eine Million
c) über zwei Millionen
d) fast acht Millionen

c) über zwei Millionen
Die Cheopspyramide ist die größte der drei Pyramiden von Giseh. Die Steinblöcke wurden über den Nil herbeigeschafft.

Die Pyramiden von Giseh

Wer baute das Solomon R. Guggenheim Museum in New York?

Frank Lloyd Wright (1867–1959). Der Architekt plante „ein organisches Gebilde mit einem einzigen großen Raum auf einem fortgesetzten Stockwerk". Dies erreichte er durch den Bau einer 800 Meter langen Spirale.

Wer verhüllte im Jahr 1995 das Berliner Reichstagsgebäude?

Der Aktionskünstler Christo (*1935). 100.000 m^2 Tuch ließen für drei Wochen ein Kunstwerk entstehen, für das Christo 24 Jahre lang gekämpft hatte und das etwa fünf Millionen Menschen anzog.

Wodurch zeichnet sich der David des italienischen Bildhauers Donatello (um 1386–1466) aus?

Er ist die erste frei stehende Figur der Neuzeit. Donatello schuf mit seinem David die erste Aktdarstellung seit der Antike und beeinflusste so noch vor Michelangelo maßgeblich die Skulptur des 15. Jahrhunderts. Donatello arbeitete mit Bronze, Marmor und Holz.

Welche Hauptstadt entstand vollständig auf dem Reißbrett?

a) Canberra c) Tokio
b) Brasilia d) Helsinki

b) Brasilia
Die Hauptstadt von Brasilien entstand an einer Stelle, wo sich zuvor nicht einmal eine Siedlung befunden hatte, über 1000 Kilometer von der atlantischen Küste

entfernt. Somit befindet sie sich auch in großer Entfernung von den städtischen Zentren des südamerikanischen Staates.

Welcher ungewöhnlicher Materialien bediente sich Joseph Beuys (1921–86) für seine Kunst?

Er schuf Kunstobjekte aus Honig, Fett und Filz. Für ihn stellte Kunst ein Hilfsmittel für den sozialen und politischen Wandel dar. Der deutsche Aktionskünstler und Professor an der Düsseldorfer Kunstakademie wollte mit seiner Kunst ein rein ästhetisches Kunstverständnis aufbrechen.

Joseph Beuys

Welcher Aktionskünstler lud 2001 in Berlin zu seiner Performance *Fleisch* ein?

Wolfgang Flatz (*1952). Der Künstler hing nackt an einem Kran und wurde von Klassik- und Technomusik beschallt. Von einem Hubschrauber wurde der Kadaver einer Kuh in den Innenhof geworfen.

Was wird auf der Altarwand in der Sixtinischen Kapelle dargestellt?

Das Jüngste Gericht. Zwischen 1536 und 1541 entstand dieses gewaltigste Jüngste Gericht der Kunstgeschichte, das der Sixtinischen Kapelle zusammen mit den Deckenfresken zu seiner großen Berühmtheit verhalf. Es stammt von Michelangelo Buonarroti (1475–1564), dem ab 1547 die Leitung des Baus der Peterskirche in Rom oblag.

Welche Art von Bauwerken schuf Sébastien le Prestre de Vauban (1633–1707)?

Neuzeitliche Festungen. Neben der Planung und dem Bau von Festungen bestand seine Aufgabe auch darin, bei der anstehenden Eroberung feindlicher Festungen beratend tätig zu werden.

Welche Beschreibung für die bildende Kunst der klassischen Antike stammt von Johann Joachim Winckelmann (1717–68)?

Edle Einfalt und stille Größe. Winckelmanns kunsttheoretische Schriften übten einen großen Einfluss auf das Schönheitsideal in der Weimarer Klassik aus.

Johann Joachim Winckelmann

Wie heißt der nach oben offene Raum des römischen Hauses, der sich in seinem Zentrum befindet?

Atrium. Mit der Zeit entwickelte sich dieser Raum immer mehr zum repräsentativsten Gebäudeteil. So wurde er auch immer mehr mit Kunstwerken wie Mosaiken ausgeschmückt.

Wie lässt sich der Kubismus beschreiben?

a) als multiperspektivischer Realismus
b) als würfelförmige Kunst
c) als multifunktionale Objektkunst
d) als Vorläufer des Impressionismus

a) als multiperspektivischer Realismus
Im Kubismus werden die Gegenstände nicht von einem fixen Blickpunkt, sondern aus mehreren Blickpunkten gleichzeitig dargestellt. Der Kubist malt vom Gegenstand alles, was er von ihm weiß, nicht nur das, was er von ihm sieht. Die Darstellung ist somit objektiv, da sie den subjektiven Blickpunkt außer Acht lässt.

Mann im Café *von Juan Gris, 1914*

Welcher künstlerischen Ausdrucksform bediente sich Jean Tinguely (1925–91)?

Der kinetischen Kunst. Diese Kunstform wurde in den 1960er-Jahren populär. Sie sieht die mechanische Bewegung als integralen ästhetischen Bestandteil des Kunstobjekts. Tinguely war mit seinen beweglichen, maschinenähnlichen Skulpturen einer ihrer Hauptvertreter.

Was wurde zum Gedenken an die Lieblingsfrau des indischen Großmoguls Shah Jahan (1592–1666) errichtet?

Das Tadsch Mahal, der 1983 in die Liste des UNESCO-Weltkulturerbes aufgenommen wurde.

Unter welchem Kaiser wurde die römische Stadtmauer errichtet?

Unter Kaiser Aurelian (214–275 n. Chr.). Sie sollte Rom gegen feindliche Angriffe schützen und wurde später mehrfach von den Kaisern verstärkt. Ihrem Erbauer zu Ehren wurde sie auch als aurelianische Mauer bezeichnet.

Welcher Künstler gilt als wichtigster Impulsgeber der Graffitiszene, obwohl er selbst nicht mit dieser Technik arbeitete?

Keith Haring (1958–90). Den Mittelpunkt seiner Arbeit bildeten alltägliche Themen wie Geburt, Tod, Liebe, Sex und Krieg. Ihm war sehr daran gelegen, seine Kunst einem breiten Publikum zugänglich zu machen, und er setzte sich dafür ein, dass seine Werke zu erschwinglichen Preisen verkauft wurden. Als die Gattung Graffiti in den legalen Kunstmarkt eingebunden wurde, begann auch Haring, Kreidefiguren auf freigegebene Reklametafeln der New Yorker U-Bahn zu zeichnen.

Wie starb der französische Maler Bernard Buffet (1928–99)?

Er beging in Tourtour Selbstmord. Seine bedrückenden, dunklen Bilder und Radierungen hängen in den großen Kunstmuseen der Welt.

Was ist ein Bohemien?

Ein meist mittelloser Künstler mit unbürgerlichem Lebensstil. Mit der Oper *La Bohème* setzte der Komponist Giacomo Puccini (1858–1924) den Bohemiens ein Denkmal.

Welcher Stilrichtung gehörte der Maler Arnold Böcklin (1827–1901) an?

a) Surrealismus c) Naturalismus
b) Symbolismus d) Impressionismus

b) Symbolismus
Bereits am Ende des 19. Jahrhunderts widmeten die Symbolisten sich fantastischen Themen und Motiven und versuchten, diese jenseits der Wirklichkeit darzustellen. Diese Herangehensweise wurde später von den Surrealisten wieder aufgegriffen. Neben dem Schweizer Arnold Böcklin gehört Franz von Stuck (1863–1928) zu den wichtigsten Symbolisten.

Woher kommt der Name Gobelin?

Dieser Fachbegriff für künstlerisch wertvolle Bilderteppiche ist vom Namen einer flämischen Familie abgeleitet. Sie stellte während der Regierungszeit Ludwigs XIV. (1638–1715) in Paris Bilderteppiche her. Gobelins bestehen aus einfarbigen längs laufenden Fäden. Die Bildwirkung entsteht durch die manuelle Einarbeitung der Querfäden.

Ein Gobelin aus Peru

Für wen wurde das Bild *Die Schule von Athen* angefertigt?

Für Papst Julius II. Der Künstler, der das Fresko fertigte, war Raffael (1483–1520).

Wie heißt die berühmteste mittelalterliche deutsche Liederhandschrift?

Codex Manesse oder *Manessische Handschrift*. Dieses Meisterwerk der gotischen Buchmalerei enthält über 100 Zeichnungen und entstand zu Beginn des 14. Jahrhunderts in der Nähe von Zürich. Die Bilder zeigen die ritterliche Welt in ihren schönsten Farben. Heute befindet sich die Handschrift in Heidelberg.

Welche deutsche Grafikerin und Bildhauerin leitete von 1928 bis 1933 das Meisteratelier für Grafik an der Berliner Kunstakademie?

Käthe Kollwitz (1867–1945). Die Künstlerin wurde vor allem durch ihre sozialkritischen Radierungen, Zeichnungen, Lithografien und Holzschnitte berühmt.

Durch welche Art von Ornamenten zeichnen sich die islamischen sakralen Gebäude aus?

Durch verschlungene florale Ornamente. Die Darstellung von Menschen ist in den Moscheen verboten. Die islamische Architektur zeichnet sich insbesondere durch Rund- und Spitzbögen, gemauerte Kuppeln und Tonnengewölbe aus.

Wer malte das Gemälde *Guernica*?

Pablo Picasso (1881–1973). Das Bild ist ausschließlich in Schwarz, Weiß und Grau gehalten und zeigt so auf düstere Weise die Bombardierung des kleinen spanischen Ortes Guernica im Spanischen Bürgerkrieg. Der Ort wurde dabei vollkommen zerstört. Das Gemälde ist eine leidenschaftliche Anklage gegen Gewalt und Krieg. Das fast acht Meter lange Bild wurde während der Weltausstellung 1937 im spanischen Pavillon gezeigt. Bis 1981 hing es im MoMA in New York; seitdem ist es in Madrid im Museo Reina Sofía zu sehen.

Welcher Maler stellte seine Beziehung zu Alma Mahler (1879–1964) in seinem Bild *Die Windsbraut* dar?

Oskar Kokoschka (1886–1980), der eine Liebesbeziehung mit der Witwe des Komponisten Gustav Mahler (1860–1911) führte. Seine Gemälde bestechen den Betrachter durch den intensiven Einsatz von Farben.

Wann entstand der *Codex Aureus*?

Um 870 an der westfränkischen Hofschule Karls des Kahlen (823–877). Die Handschrift beinhaltet ein Höchstmaß an Ausstattungsluxus und gilt als eines der Hauptwerke der Hofschule.

Codex Aureus

Wie lang ist das Bild *Der Einzug Christi in Brüssel im Jahre 1888*?

a) weniger als 15 Zentimeter
b) weniger als 30 Zentimeter
c) mehr als vier Meter
d) mehr als sechs Meter

c) mehr als vier Meter

Bei dem Bild handelt es sich um das Hauptwerk des Belgiers James Ensor (1860–1949). Der Maler ist mit seinen morbiden und fantastischen Themen einer der Hauptrepräsentanten des europäischen Symbolismus. Das Bild *Der Einzug Christi in Brüssel im Jahre 1888* zeigt Christus, der von dem wahnsinnigen modernen Publikum empfangen wird.

■ ■ ■

Welche Grafik wird durch Ätzen hergestellt?

a) Holzschnitt c) Lithografie
b) Radierung d) Comic

b) Radierung
Eine Metallplatte wird mit einer schützenden Schicht bestrichen, dann ritzt der Künstler mit einer Radiernadel eine Zeichnung in die Schicht, sodass das Metall dort blank liegt. Anschließend wird die Zeichnung im Säurebad in das Metall geätzt.

Beispiel für eine Radierung

Wie hoch ist das Empire State Building ohne die Antenne?

a) 287 Meter c) 381 Meter
b) 349 Meter d) 415 Meter

c) 381 Meter
Mit Antenne misst das Gebäude 449,50 Meter. 1931 löste es das Chrysler Building als höchstes Gebäude der Welt ab, 1972 wurde es wiederum selbst vom World Trade Center in dieser Eigenschaft ersetzt. Das Empire State Building besteht aus 102 Stockwerken, die in nur 18 Monaten gebaut wurden.

■ ■ ■

Zu welchem Anlass wurde das Schloss Nymphenburg in München in Auftrag gegeben?

Kurfürst Ferdinand Maria (1636–79) ließ es als Geschenk für seine Frau errichten, nachdem sie ihm den ersehnten Thronerben Max Emanuel (1662–1726) geboren hatte. Das Schloss war lange Zeit die Residenz der Wittelsbacher. Wegen der einzigartigen Komposition von Bauwerk und Parkanlage gilt das Schloss als eines der schönsten weltweit.

■ ■ ■

Welcher deutsche Künstler ist für seine expressionistischen Plastiken bekannt?

Ernst Barlach (1870–1939). Der Künstler zeigte den menschlichen Körper in seiner Plumpheit und Hässlichkeit und bildete ihn als unbeholfene Masse ab, deren Gesichtsausdruck umso deutlicher hervortritt. Unter den Nationalsozialisten galt seine Kunst als „entartet" und wurde deshalb verboten.

Wer gilt in der Kunst als Erfinder des Mobiles?
Alexander Calder (1898–1983). Der amerikanische Bildhauer erweiterte den Bereich der Skulptur durch Drahtkonstruktionen, die Bewegung ermöglichen. So konnte er neue räumliche Möglichkeiten erschließen. Marcel Duchamp (1887–1968) prägte hierfür die Bezeichnung Mobile.

Für welche Stilrichtung der modernen Kunst stehen u.a. Wassily Kandinsky (1866–1944), Piet Mondrian (1872–1944), Jackson Pollock (1912–56) und Willem de Kooning (1904–97)?
Für die abstrakte Kunst des 20. Jahrhunderts. Diese Stilrichtung löste sich von der dinglichen Darstellungsweise und beschritt völlig neue Wege in der Beziehung von Form und Farbe.

Welcher italienische Maler ist für seine Personendarstellungen mit überlangen Formen und ovalen Gesichtern bekannt?
Amedeo Modigliani (1884–1920). Die lyrisch-zarte Melancholie der dargestellten Personen und ihre überlangen Formen sind charakteristisch für das Werk Modiglianis.

Selbstbildnis von Amedeo Modigliani

Aus welchem Land stammt der Künstler Nam June Paik (1932–2006)?
a) (Süd-)Korea c) Vietnam
b) China d) Indonesien

a) (Süd-)Korea
Der koreanische Künstler war lange Zeit Professor an der Kunstakademie Düsseldorf, lebte aber hauptsächlich in New York. Er gilt als Begründer der Video- und Medienkunst. Große Bekanntheit erreichten seine neben- und übereinandergestapelten Fernsehgeräte. In seinen Installationen finden sich ökologische Anspielungen und ironische Hinweise auf die Reizüberflutung durch das Fernsehen. Ab 1996 war Paik nach einem Schlaganfall halbseitig gelähmt, setzte sein Werk jedoch mithilfe von Assistenten fort.

Wer entdeckte das antike Troja?
Heinrich Schliemann (1822–90). Der vermögende Archäologe glaubte fest an den Wahrheitsgehalt der Sagen um den Trojanischen Krieg und finanzierte mit seinem Geld die Grabungen in Griechenland. Im Jahr 1870 entdeckte er im Zuge seiner zwölf Jahre dauernden Ausgrabungen tatsächlich die antike Stadt.

Wer schuf im 18. Jahrhundert das Brandenburger Tor in Berlin?
Carl Gotthard Langhans (1732–1808). Zwar war es ursprünglich als Friedenstor konzipiert, musste aber bald zur „Bekundung preußischen Staatsgedankens" herhalten. Über dem Tor thront

der von vier Pferden gezogene Streitwagen der Siegesgöttin.

■ **Welche Kunstrichtung, die insbesondere von Henri Matisse (1869–1954) vertreten wurde, erreichte 1908 ihren Höhepunkt?**

a) der Kubismus
b) der Impressionismus
c) die Renaissance
d) der Fauvismus

d) der Fauvismus
Um 1905 bildete sich die Kunstgruppe *Les Fauves (Die Wilden)* um Henri Matisse. Wegen ihrer Verwendung von reinen, ungemischten Farben galt sie als „wild". Durch das unvermittelte und flächige Aneinandersetzen von Komplementärfarben erzeugten die Künstler eine grelle, plakative Wirkung.

Henri Matisse

■ **Welcher Maler wird vornehmlich mit der Kunstrichtung des Surrealismus in Verbindung gebracht?**

a) Pablo Picasso c) Salvador Dalí
b) Henri Matisse d) Otto Dix

c) Salvador Dalí
Der Surrealismus teilt sich in zwei Hauptströmungen auf. Der gegenstandslose Surrealismus gibt die aus dem Unbewussten auftauchenden Bildzeichen unmittelbar wieder, während der gegenständliche Surrealismus die realistisch dargestellten Elemente der Wirklichkeit in einen fantastisch-vieldeutigen Zusammenhang stellt.

■ **Was war ursprünglich eine Arbeitsgemeinschaft, die den Unterschied zwischen Handwerker und Künstler aufhob und 1919 gegründet wurde?**

Das Bauhaus. Es beeinflusste die Kunstpädagogik, die moderne Architektur und die Wohn- und Industrieraumgestaltung. Mit seinem Vorsatz der Funktionalität prägte das Bauhaus eine ganze Stilrichtung.

Die Direktoren des Bauhauses
1919–28: Walter Gropius
1928–30: Hannes Meyer
1930–33: Ludwig Mies van der Rohe

■ **Wie heißt die Kunstrichtung, in der die Großstadt, die Verkehrsmittel und die Maschinen im Vordergrund stehen?**

a) Dadaismus c) Expressionismus
b) Kubismus d) Futurismus

d) Futurismus
Das zentrale Thema war vor allem die Bewegung der Maschinen und das Tempo der Verkehrsmittel sowie die Erscheinungen der Massengesellschaft und der Großstadt. Diese Dynamik spiegelte sich wider in vibrierenden Konturen, phrasen-

haft wiederholten Formvariationen und in Simultanansichten sowie in der Auflösung eines Gegenstands in Prismen und Facetten.

■ **Wozu diente in vorchristlicher Zeit die Basilika?**

Diese lang gestreckte Säulenhalle diente ursprünglich der Abhaltung von Märkten und Gerichtsverhandlungen. Das Christentum übernahm sie als Versammlungsraum für die Gemeinde. Die Basilika war also die erste Kirchenform. Charakteristisch ist das große Mittelschiff, das seitlich von zwei oder vier schmaleren und niedrigeren Seitenschiffen gesäumt wird.

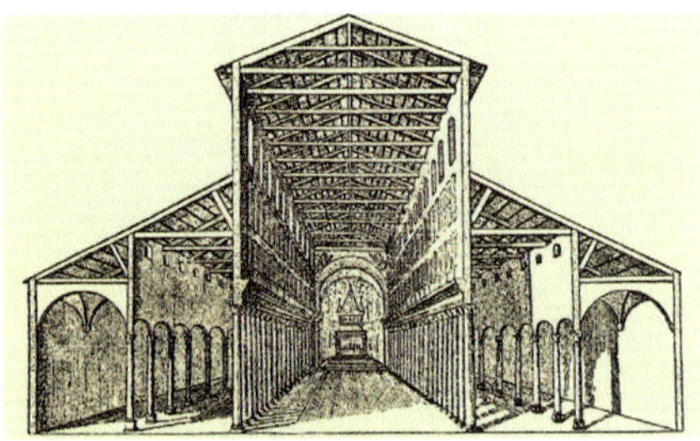

Frühchristliche Basilika

■ **Wo findet man Kämpferlinien und Schlusssteine?**

a) im Expressionismus
b) in Gewölben
c) in Treppenhäusern
d) im Surrealismus

b) in Gewölben
Die Kämpferlinie dient als horizontale Begrenzung und Widerlager. Schlusssteine werden abschließend im Scheitel des gemauerten Gewölbes gesetzt.

■ **Welcher Stilrichtung war die Künstlergruppe *Die Brücke* verpflichtet?**

a) dem Jugendstil
b) dem Impressionismus
c) dem Expressionismus
d) dem Surrealismus

c) dem Expressionismus
Der 1905 gegründeten Vereinigung gehörten u. a. Ernst Ludwig Kirchner (1880–1938), Erich Heckel (1883–1970) und Max Pechstein (1881–1955) an. Sie setzten sich mit der „primitiven Kunst“ auseinander und entwickelten einen Mal- und Zeichenstil mit kraftvollen Konturen, vereinfachten Formen und intensiver Farbgebung.

■ **Welches Bauwerk wurde in Dresden am 9. November 2001 eingeweiht?**

a) die Synagoge
b) die Oper
c) die Frauenkirche
d) die Waldschlösschenbrücke

a) die Synagoge
Sie steht am selben Ort wie die Sempersynagoge, die in der Reichspogromnacht am 9. November 1938 niedergebrannt wurde.

■ **Was ist eine Grafik?**

Auf Papier aufgetragene künstlerische Erzeugnisse in Form von Drucken und Zeichnungen. Am Anfang der abendländischen Grafik stehen im 14. und 15. Jahrhundert Holzschnitt und Kupferstich. In späterer Zeit kamen die Radierung und die Lithografie in ihren verschiedenen Formen dazu. Auch Handzeichnungen werden dem Bereich der Grafik zugeordnet.

■ **Welche Stilrichtung wurde von dem italienischen Maler Caravaggio (1573–1610) begründet?**
Die römische Barockmalerei. Mit seiner revolutionären Malweise wie der Helldunkelmalerei wurde der früh verstorbene Maler zu einem der bedeutendsten und einflussreichsten Maler der gesamten Kunstgeschichte.

■ **Wann lebte der Maler Vincent van Gogh?**
1853–90. Der aus den Niederlanden stammende Maler hinterließ mehr als 800 Gemälde und 900 Zeichnungen. Heutzutage werden seine Gemälde zu Höchstpreisen gehandelt und erzielen Rekordsummen bei Auktionen.

■ **Was ist ein Aquarell?**
Aquarell heißt übersetzt etwa „das mit Wasserfarben gemalte Bild". Kennzeichnend ist bei diesen Kunstwerken der Arbeitsgang von den hellen zu den dunklen Partien des Bildes. Die Konturen sind weich und fließend, der Malgrund scheint hindurch. Bereits in altägyptischen Totenbüchern und chinesischen Rollenbildern wurde diese Art der Malerei verwendet. Als Meister der Gattung gilt der englische Maler William Turner (1775–1851). Mit seiner atmosphärischen Farbmalerei bereitete er dem Impressionismus den Weg.

■ **Wer ließ das Schloss Sanssouci erbauen?**
König Friedrich II. von Preußen (1712–86). Zum Teil entwarf er selbst das Sommerschloss, das in den Jahren 1745–47 in Potsdam erbaut wurde. Der Baumeister war Wenzeslaus von Knobelsdorff (1699–1753). Seit 1990 steht Sanssouci auf der Liste des UNESCO-Kulturerbes.

Schloss Sanssouci

■ **Wie nennt man die satirisch übertriebene Darstellung typischer Züge von Personen oder Situationen?**
a) Karikatur c) Grafik
b) Radierung d) Cartoon

a) Karikatur
Übersetzt bedeutet Karikatur etwa „überladen". Sie gilt als bildliche Form der Satire.

■ **Was gründete der Architekt Walter Gropius (1883–1969) in Weimar?**
Das Bauhaus. In seinen Werkstätten wurden Handwerk, Architektur und bildende Kunst gelehrt. Unter der Führung der Architektur sollte eine Einheit aller bildenden Künste erreicht werden. Die

besondere Betonung lag auf dem handwerklich-technischen Können im modernen architektonischen Wissen.

■ **Welcher Jugendstilkünstler schmückte seine Bauwerke mit Mosaik?**

Antoni Gaudí (1852–1926). In der Antike war das Mosaik sehr verbreitet, ebenso im Byzantinischen Reich. Im Art déco und im Jugendstil erlebte das Mosaik eine Renaissance. Als Hauptstadt des Mosaiks gilt Ravenna, das zahlreiche mit Mosaiken geschmückte Kirchen vorzuweisen hat.

Mosaik in Herculaneum

■ **In welcher Stadt befindet sich die größte gotische Kirche der Welt?**

a) Sevilla c) Ulm
b) Paris d) Rom

a) Sevilla
Die Kathedrale gehört zum Weltkulturerbe der UNESCO und wurde im 15. und 16. Jahrhundert erbaut.

■ **Für welche Kunstrichtung gilt Paul Gauguin (1848–1903) als Wegbereiter?**

Für den Symbolismus. Der Symbolismus, der sich ab etwa 1885 entwickelte, arbeitete mit vieldeutigen und sehr ausdrucksstarken Symbolen, die für eine zeichenhafte Bildsprache verwendet wurden. Der Realismus des Impressionismus wurde von den Symbolisten abgelehnt. Sie reagierten mit betont flächiger Malweise und leuchtenden monochromen Farben, die oft mit schwarzen oder tiefblauen Linien umrissen wurden.

■ **Wodurch ist Marc Chagall (1887–1985) bekannt geworden?**

Durch seine Bibelillustrationen und Entwürfe für Glasfenster mit religiösen Motiven. Der aus Russland stammende Maler ließ in seine farbenfrohen, meist heiteren Bilder Motive aus russischen Märchen und Erinnerungen an das russisch-jüdische Leben einfließen.

■ **Wie nennt man die Kreation eines neuen Werks, das aus dem „Besten" verschiedener Stilepochen besteht?**

a) Manierismus c) Barock
b) Eklektizismus d) Klassizismus

b) Eklektizismus
Hierbei ist zu unterscheiden, ob in der Kunst nur imitiert wird oder durch das Zusammensetzen verschiedener Stilelemente eine Weiterentwicklung erreicht wird. Insbesondere der Historismus bedient sich alter Stilepochen.

Wessen Historien- und Tiergemälde sowie Reiseskizzen aus dem Orient begründeten die französische romantische Malerei?

Die Werke von Eugène Delacroix (1798–1863). Unter anderem schuf der französische Maler im Jahr 1830 das berühmte Revolutionsgemälde *Die Freiheit führt das Volk an*.

Wer malte das bekannte Porträt Martin Luthers (1483–1546)?

Lucas Cranach der Ältere (1472–1553). Der Maler wirkte zur Zeit der Reformation in Wittenberg und bildete eine spezifisch protestantische Kunst heraus. Unter anderem illustrierte er die Lutherbibel und Flugblätter der Reformatoren.

Martin Luther

Wer war Karl Friedrich Schinkel (1781–1841)?

a) ein Bildhauer c) ein Impressionist
b) ein Komponist d) ein Architekt

d) ein Architekt
Schinkel gilt als größter deutscher Architekt des 19. Jahrhunderts. Seine Hauptwerke sind u.a. die Neue Wache, das Schauspielhaus und das Alte Museum in Berlin. Er studierte bei Friedrich David Gilly (1772–1800) und an der Akademie in Berlin Architektur. Seine Hauptwerke entstanden zwischen 1816 und 1830.

Wie heißt ein dreigeteiltes Gemälde?

Triptychon. Es besteht aus einer Mitteltafel und zwei meist schmaleren Flügeln. Übersetzt bedeutet Triptychon etwa „dreiteilige Falttafel".

Wer schuf die Werke *Rote und weiße Kuppeln* und *Aufstand der Viadukte*?

Paul Klee (1879–1940). Er betätigte sich auf dem Gebiet der Malerei und der Grafik. Charakteristisch für seine Kunst ist die Verbindung vom Traumhaft-skurrilen mit dem Abstrakten, wodurch er Gemeinsamkeiten mit dem Surrealismus aufweist. Er wurde von verschiedenen Kunstrichtungen und deren Vertretern beeinflusst, u.a. vom *Blauen Reiter*.

Wo fand Paul Gaugin (1848–1903) seine künstlerische Heimat?

Auf Tahiti. Nachdem er um die ganze Welt gereist war, fand er auf der Südseeinsel Inspiration für viele seiner Bilder, die in leuchtenden Farben das dortige Leben porträtieren, ihn aber erst posthum berühmt machten.

Wie lautet der Fachbegriff für Steindruck?

a) Lithografie c) Grafik
b) Piktogramm d) Karikatur

a) Lithografie
Lithografie bezeichnet sowohl das Verfahren als auch das so hergestellte Kunst-

blatt. Die Lithografie wurde 1798 erfunden. Die Druckform besteht aus Kalkschiefer. Einer der großen Meister der Lithografie war Henri de Toulouse-Lautrec (1864–1901).

Für welchen Dienstherrn malten die Brüder von Limburg im 15. Jahrhundert ein Stundenbuch, das zu den Meisterwerken der Gotik zählt?

Für den Duc du Berry (1360–1416). Das Stundenbuch zeigt auf einzelnen Monatsblättern eine Landschaft, die von der jeweiligen Jahreszeit geprägt ist. Im Hintergrund steht meist ein detailgetreu dargestelltes Schloss. Die dargestellten Menschen führen die für die Jahreszeit typischen Tätigkeiten aus.

An welchem Stil orientierte sich Paul Klee (1879–1940) in seinen Werken?

An dem Stil von Kinderzeichnungen. Dem deutsch-schweizerischen Maler und Grafiker ging es in seinen Bildern um die Bedeutung des Unbewussten für die Kunst. Er reproduzierte nicht die Wirklichkeit, sondern das, was ihr unsichtbar zugrunde liegt. Paul Klee war ein Freund Wassily Kandinskys (1866–1944) und trat 1912 der Künstlergruppe des *Blauen Reiters* bei.

Wodurch zeichnen sich die Skulpturen von Alberto Giacometti (1901–66) aus?

Durch ihre extreme Überlänge. Der schweizerische Maler und Bildhauer schloss sich dem Surrealismus an. Seine Plastiken machten ihn zu einem der bedeutendsten Vertreter der Bildhauerkunst im 20. Jahrhundert. In der Schweiz ist er auf der aktuellen 100-Franken-Note abgebildet.

Bei welchem grafischen Verfahren wird das Motiv mit einem Schneidegerät aus einem Holzstock herausgearbeitet?

a) bei der Radierung
b) beim Holzschnitt
c) bei der Lithografie
d) beim Kupferstich

b) beim Holzschnitt
Hierbei handelt es sich um die älteste Variante des Hochdrucks, der sich in Mitteleuropa ab dem 14. Jahrhundert entwickelte. Nach dem Aufkommen des Buchdrucks wurde er vielfach zur Buchillustration verwendet. Albrecht Dürer (1471–1528) bediente sich dieser Kunstform, bevor er sich vermehrt dem Kupferstich zuwandte. Um 1900 erfuhr der Holzschnitt in der Kunst eine Renaissance.

Der Holzschneider

Welcher Stilrichtung gehören die Werke Joan Mirós (1893–1983) an?

Dem Surrealismus. Der Begriff des Surrealismus stammt ursprünglich von Guillaume Apollinaire (1880–1918). Erst durch das *Manifeste du Surréalisme* von André Breton (1896–1966), das 1924 erschien, wurde der Begriff endgültig geprägt.

Die wichtigsten Vertreter des Surrealismus
Hans Arp (1887–1966)
André Breton (1896–1966)
Giorgio de Chirico (1888–1978)
Salvador Dalí (1904–89)
Max Ernst (1891–1976)
René Magritte (1898–1967)
Joan Miró (1893–1983)

Wie heißt der Begriff für eine Gemäldesammlung?

Pinakothek. Ursprünglich diente die Pinakothek im antiken Griechenland zur Aufbewahrung von Weihgeschenktafeln. Seit der Renaissance wird der Begriff für Gemäldesammlungen verwendet.

Wodurch zeichnet sich die ionische Säule in der klassischen Architektur aus?

Sie ist schlank und hat symmetrische schneckenförmige Ornamente am Kapitell. Sie ist jünger als die einfache dorische Säulenform, die am stabilsten wirkt. Die kunstvollste Säulenordnung ist die korinthische, die erst um 400 v. Chr. entstand.

Wodurch zeichnen sich die Bilder von Hieronymus Bosch (um 1450–1516) aus?

Sie zeigen das Abgründige und Dämonische der menschlichen Existenz. Der Maler aus Nordbrabant stellte auf faszinierende und zugleich erschütternde Weise die dämonische Seite der Menschheit dar, die er mit bizarren Spuk- und Fabelwesen durchsetzte. Mit seiner surrealen Darstellungsweise wurde er zum Vorbild für die Surrealisten des 20. Jahrhunderts.

Garten der Lüste *(Mitteltafel) von Hieronymus Bosch*

Wann wurde die Chinesische Mauer erbaut?

a) ab dem 5. Jahrhundert v. Chr.
b) ab dem 2. Jahrhundert v. Chr.
c) ab dem 1. Jahrhundert n. Chr.
d) ab dem 8. Jahrhundert n. Chr.

a) ab dem 5. Jahrhundert v. Chr.
Die beeindruckende Befestigungsanlage diente als Schutz gegen Eindringlinge,

nicht jedoch als eigentlicher Grenzwall, denn ihre Lage war ein gutes Stück hinter der Grenze.

■ **Was ist der französische Name von Leonardo da Vincis (1452–1519) Gemälde *Mona Lisa*?**

a) *Lisa Mona* d) *Le Sourire*
b) *La Joconde* c) *La Gioconda*

b) *La Joconde*

Bei der dargestellten Frau handelt es sich nach Giorgio Vasari um die Gattin des florentinischen Adligen Francesco del Giocondo. Der französische Name des Gemäldes leitet sich von diesem Namen ab.

Mona Lisa

■ **Von wem stammt das Gemälde der *Sixtinischen Madonna*?**

Von Raffael (1483–1520). Zusammen mit Michelangelo (1475–1564) und Leonardo da Vinci (1452–1519) trug Raffael entscheidend zur Vollendung der Hochrenaissance bei.

■ **Durch welche Figuren wurde die Künstlerin Niki de Saint-Phalle (1930–2002) bekannt?**

Durch ihre „Nanas". Nana ist ein französischer Begriff für Frau. Ab 1964 fertigte die Künstlerin diese betont weiblichen Frauenfiguren. Ihre Skulpturen findet man in der ganzen Welt, u. a. in Hannover, Nizza, Stockholm, Jerusalem, San Diego oder Paris, wo sie den bekannten Strawinski-Brunnen am Centre Pompidou schuf.

■ **Wer wurde für seine *Ready-mades* berühmt?**

Marcel Duchamp (1887–1968). Der französisch-amerikanische Künstler löste industriell angefertigte Gebrauchsgegenstände aus ihrem alltäglichen Kontext und behandelte sie als Kunstwerke, die er *Ready-mades* nannte. Seine Kreativität zeigte sich also nicht in einem schöpferischen Entwurf, sondern in der Auswahl der Objekte.

■ **Wo steht das Schloss Neuschwanstein?**

Bei Füssen in Bayern. Das imposante Märchenschloss ist eines der bekanntesten Touristenziele von Deutschland.

Schloss Neuschwanstein

■ **Wer war 1984 der jüngste Träger des Pritzker-Preises?**

Der Designer und Architekt Richard Meier (*1934). Von ihm stammen u. a. das Getty Center in Los Angeles und die 2003 geweihte Jubilee Church in Rom. Außerdem kreierte er Niederlassungen der Rickmers Reederei, von Canon sowie Peek & Cloppenburg.

Wie hieß in den 1920/30er-Jahren die Kunstrichtung, die sich der Auflösung der Formen im Expressionismus durch die Mittel des flächig abgebildeten Gegenständlichen entgegenstellte?

Neue Sachlichkeit oder Magischer Realismus. Bekannte Vertreter dieser Stilrichtung sind u.a. Otto Dix (1891–1969) und Christian Schad (1894–1982).

Wie nennt man die Ausstellung des Gesamtwerks eines Künstlers?

a) Retrospektive c) Perspektive
b) Avantgarde d) Exhibition

a) Retrospektive
Die Retrospektive kann auch die Gesamtproduktion einer bestimmten Schaffensperiode des Künstlers zum Gegenstand haben, z.B. das Alterswerk.

Wer wurde mit Skulpturen, die sich durch äußerste Formreduktion bis zur Abstraktion auszeichnen, berühmt?

Henry Moore (1898–1986). Seine Skulpturen bedienen sich der Kunst der Naturvölker. Zu den bedeutendsten seiner Skulpturen gehören *Liegende* und *Krieger mit Schild*.

Zu welchem Anlass wurde der Eiffelturm gebaut?

Das Pariser Wahrzeichen entstand innerhalb von zwei Jahren anlässlich der Weltausstellung und des 100-jährigen Jubiläums der Französischen Revolution. Der Eiffelturm ist 320 Meter hoch.

Eiffelturm

In welcher Stadt steht das höchste gotische Bauwerk Deutschlands?

a) Köln c) Ulm
b) Berlin d) Mainz

c) Ulm
Der Kirchturm des Ulmer Münsters ist mit seinen 161,53 Metern der höchste Kirchturm der Welt.

Welche internationale Informationsschau findet seit 1955 in Kassel statt?

Die documenta. Die Schau avantgardistischer Kunstströmungen findet alle fünf Jahre 100 Tage lang statt.

Wodurch unterscheidet sich die romanische von der gotischen Architektur?

In der romanischen Architektur stehen die Rundbögen im Vordergrund. Sie erfüllten nicht nur ästhetische Zwecke, sondern waren auch statisch notwendig, um die gewaltigen gewölbten Kirchendecken zu halten. Die romanische wurde von der gotischen Architektur abgelöst. Diese war besonders von Spitzbögen dominiert.

Welches ist der erste große Steinbau der deutschen Baukunst, der bis heute erhalten ist?

Die Pfalzkapelle in Aachen. Sie wurde von Karl dem Großen (747–814) in Auftrag gegeben und 805 eingeweiht. 1978 wurde der Dom, dessen Kernbau die Kapelle darstellt, als erstes deutsches Denkmal in die Liste des UNESCO-Weltkulturerbes aufgenommen.

Welches ist die zweithöchste Kirche Deutschlands?

a) das Ulmer Münster
b) der Kölner Dom
c) der Dom zu Speyer
d) der Michel in Hamburg

b) der Kölner Dom
Nach dem Ulmer Münster ist er mit 157,38 Metern die zweithöchste Kirche Deutschlands.

Was tritt bei Rauminstallationen in den Vordergrund?

Der Raum selbst ist das Kunstwerk und wird so zum Gegenstand künstlerischen Wirkens und künstlerischer Betrachtung. Vor allem die Vertreter des Dadaismus und des Surrealismus kreierten Rauminstallationen. In den 1960er-Jahren fanden sie eine weite Verbreitung.

Wie teuer war der Bau des Opernhauses in Sydney?

Nachdem die Kosten anfangs auf sieben Millionen US-Dollar geschätzt worden waren, stiegen sie auf 103 Millionen an. Der Bau wurde zudem wegen der gewagten Dachkonstruktion kritisiert. Zusätzlich ist der Opernsaal für große Aufführungen zu klein.

Opernhaus

Welcher französische Maler ebnete dem Impressionismus den Weg?

Édouard Manet (1832–83). Das Figurenbild war sein Hauptthema. Auf seinen Freilichtmalereien waren auch nackte Personen zu sehen, was beim Publikum für einen Eklat sorgte.

Welches Gemälde von Edvard Munch (1863–1944) wurde im Sommer 2004 aus dem Munch-Museum in Oslo gestohlen?

Der Schrei. Erst im Jahr 2006 tauchte das Gemälde wieder auf, leider wurde es durch den Raub jedoch so sehr in Mitleidenschaft gezogen, dass es nicht mehr restauriert werden kann.

Wann und wo wurde die berühmte *Laokoon-Gruppe* gefunden?

a) um 200 n. Chr.
b) 1506 in Rom
c) 1817 in Alexandria
d) 1925 in Troja

b) 1506 in Rom
Die aus Marmor gefertigte Skulptur stammt aus dem 1. Jahrhundert n. Chr.

Wessen Bilder zeigen hauptsächlich Primärfarben sowie senkrechte und waagerechte Linien?

Die Bilder des niederländischen Malers Piet Mondrian (1872–1944). Er spielte mit den universellen Mitteln der Malerei und arbeitete vornehmlich mit den Primärfarben Rot, Gelb und Blau sowie mit Schwarz und Weiß. Mit seinen Bildern wurde er zum Wegbereiter der abstrakten Malerei in den Niederlanden.

Was befand sich im Forum Romanum?

An diesem zentralen Ort des alten Roms befanden sich Tempel, Verwaltungsgebäude, der Senat, ein Marktplatz, ein Volksversammlungsplatz und eine Rednerbühne. Caesar und seine Nachfolger hatten das Forum Romanum ausgebaut, das nach dem Niedergang Roms ab dem 5. Jahrhundert zunehmend verfiel.

Wer gab den Bau von Versailles in Auftrag?

Ludwig XIV. (1638–1715). Der „Sonnenkönig" ließ seiner absolutistischen Herrschaft durch die barocke Schlossanlage Ausdruck verleihen. Der üppige Gebäudekomplex und die prächtige Gartenanlage setzen den König von Frankreich symbolhaft in den Mittelpunkt. Das Schloss wurde zum Vorbild für die Architektur des Absolutismus.

Schloss Versailles

In welchem Jahr fand man die Statue der *Venus von Milo*?

Erst im Jahr 1820 wurde die Statue, der beide Arme fehlen, auf der Insel Milos gefunden. Es handelt sich bei der Statue um die Darstellung der griechischen Göttin der Liebe und Schönheit, der Aphrodite, die um 100 v. Chr. gefertigt wurde.

Was ist das Besondere an dem Bild *Las Meninas* (*Die Hoffräulein*) von Diego Velázquez (1599–1660)?

Das Bild beinhaltet am linken Rand ein Selbstbildnis des spanischen Malers, der malend vor seinem eigenen Bild steht. Im Zentrum des Gemäldes von 1656 sieht man die Prinzessin Margarita mit ihrem Gefolge.

Wer ist für seine spätgotischen Schnitz- und Bildhauerarbeiten berühmt?

a) Tilman Riemenschneider
b) Joan Miró
c) Michelangelo
d) Ernst Barlach

Heilige Barbara, *1510*

a) Tilman Riemenschneider
Der gebürtige Thüringer (um 1460–1531) wirkte vor allem in Mainfranken und in Würzburg. Er bereicherte die Innenausstattung vieler Kirchen durch Andachtsbilder, Beweinungsgruppen und Altäre. Seine geschnitzten Figuren kommen wegen ihrer unvergleichlichen Licht- und Schattenwirkung ganz ohne Farbe aus.

Wie bezeichnet man die malerische Darstellung unbelebter Natur?

Stillleben. Dargestellt werden können z.B. Früchte, Blumen oder tote Tiere.

In welchem Stadtteil von New York befindet sich das MoMA?

a) Brooklyn
b) Manhattan
c) Queens
d) Staten Island

b) Manhattan
Das Museum of Modern Art beherbergt eine der weltweit bedeutendsten Sammlungen moderner und zeitgenössischer Kunst.

Wie heißt die Kunstbewegung, die keinen einheitlichen Stil, dafür aber eine grundsätzlich antibürgerliche, ironische Grundhaltung darstellt?

Dadaismus. Er entstand 1916 in Zürich als internationale Kunstbewegung. Als Ausdrucksmittel verwendeten seine Anhänger u.a. gern Collagen aus banalen Gegenständen.

Zu welchem Anlass wurde das Atomium in Brüssel gebaut?

Es entstand anlässlich der Weltausstellung im Jahr 1958. Es stellt eine aus neun Atomen bestehende Elementarzelle eines Eisenkristalls dar. Seine Gesamthöhe beträgt 102 Meter; jede einzelne Kugel hat einen Durchmesser von 18 Metern. 2005 wurde dieses Wahrzeichen von Brüssel gründlich renoviert.

Atomium

Wodurch zeichnet sich der Manierismus aus?

Der Manierismus ist ein Kunststil, der im Vergleich zur Klassik oder Renaissance „gekünstelt" wirkt. Er bildete den Übergang von der Renaissance zum Barock.

Wann wurden die ägyptischen Pyramiden erbaut?

Um das Jahr 2600 v. Chr. Die Pyramiden von Giseh gehören zu den ältesten Denkmälern menschlicher Baukunst. Für die Ägypter war ihr König ein göttliches Wesen. Nach seinem Tod würde er wieder in den Himmel hinaufsteigen. Die hochragenden Pyramiden sollten ihm wohl den Aufstieg erleichtern.

Wie heißt der Handwerker, der plastische Verzierungen an Decken und in Innenräumen anbringt?

Stuckateur. Hierbei verwendet er Gips oder eine Mischung aus Gips, Kalk und Sand. Im Barock und Rokoko erreichte diese Kunst ihren Höhepunkt.

Wodurch zeichnet sich die Naive Malerei aus?

Die Bilder dieser Kunstrichtung zeichnen sich durch ihre Einfachheit und Unbefangenheit aus und stammen meist von Laien. Die Naive Malerei ist keiner Stilrichtung verpflichtet. Entscheidend ist die persönliche, nicht akademische und untheoretische Herangehensweise des Künstlers, der die Malerei nur nebenberuflich betreibt.

In welcher Stadt wurde zwischen 1983 und 1985 das erste Hundertwasserhaus erbaut?

a) Wien c) Uelzen
b) Plochingen d) Tokio

a) Wien
Friedensreich Hundertwasser (1928–2000), mit bürgerlichem Namen Friedrich Stowasser, engagierte sich für eine umwelt- und menschengerechte Architektur. In seinen bunten, oft labyrinthartig angelegten Bildern bedient er sich häufig der Elemente des Jugendstils.

Einige Bauwerke von Friedensreich Hundertwasser in deutschen Städten
Selb (Rosenthal-Fabrik)
Frankfurt (Kindertagesstätte)
Hamm (Ökohaus)
Wittenberg (Gymnasium)
Uelzen (Bahnhof)
Magdeburg (Zitadelle)

Wer war von 1930 bis 1933 Direktor des Bauhauses?

Ludwig Mies van der Rohe (1886–1969). Seine bevorzugten Baumaterialien waren Glas, Beton und Stahl, mit denen er klare, elegante Bauten und Hochhäuser in frei gezeigter Stahlskelettbauweise schuf.

Welcher amerikanische Maler gehörte mit seinem Actionpainting dem abstrakten Expressionismus an?

Jackson Pollock (1912–56). Er betonte im Sinne des Actionpaintings den malerischen Schöpfungsprozess. Dabei verarbeitete er nicht nur Farbe, sondern auch Glasscherben, Hölzer und Sandpasten.

In welcher Stadt steht das Münster, dessen zweiter Turm nie gebaut wurde?

a) Ulm c) Aachen
b) Köln d) Straßburg

d) Straßburg
Die Bauzeit des Straßburger Münsters erstreckt sich von der späten Romanik bis in die späte Gotik. Ab 1399 wurde der beeindruckende Nordturm gebaut; der Südturm wurde jedoch nie angefangen. Das Münster beherbergt eine Reihe an sehenswerten Bildwerken und Glasmalereien aus dem 12. bis 15. Jahrhundert.

Straßburger Münster

Welche zwei Phasen werden beim Kubismus unterschieden?

Die Phase des analytischen und die des synthetischen Kubismus. In der ersten Phase, der des analytischen Kubismus, wurden die darzustellenden Gegenstände auf ihre Grundformen (Kugel, Zylinder, Kegel, Kubus) zurückgeführt, zerlegt und zu einem flächigen Bildgefüge verbunden, wobei die Farbe eine untergeordnete Rolle spielte. In der zweiten Phase, der des synthetischen Kubismus, wurden aus Formelementen Formen zusammengesetzt. Der Farbe wurde wieder eine größere Bedeutung zugemessen. Die Begründer des Kubismus sind Pablo Picasso (1881–1973) und Georges Braque (1882–1963).

Von welchem niederländischen Maler stammt das berühmte Gemälde *Das Atelier des Malers*?

a) Rembrandt c) Mondrian
b) Rubens d) Vermeer

d) Vermeer
Nur etwa 40 Gemälde hinterließ Jan Vermeer van Delft (1632–75). Sie zeigen in fotografischem Detail lesende, musizierende, malende oder handarbeitende Personen.

Was stellte der Maler Henri de Toulouse-Lautrec (1864–1901) vornehmlich in seinen Werken dar?

Das Pariser Nachtleben in Bordellen und Kabaretts. Der Maler fertigte u. a. für das Pariser Nachtlokal Moulin Rouge Plakatlithografien an. So wurde das Plakat als Werbemittel in den Rang der Kunst erhoben. Als Kind hatte sich Toulouse-Lautrec die Beine gebrochen, weswegen er sein Leben lang verkrüppelt blieb.

Welcher Kunststil löste den Manierismus ab?

Der Barockstil des 17. und beginnenden 18. Jahrhunderts. Er beeinflusste die bildende Kunst, Musik und Literatur. Im Klassizismus wurde er als „schwülstig" und „überladen" abgewertet. Bedeutende Vertreter der barocken Kunst waren in der Malerei Peter Paul Rubens (1577–1640) und Rembrandt (1606–69). In der Architektur waren es Gian Lorenzo Bernini (1598–1680) und Balthasar Neumann (1687–1753).

Welcher Kunstepoche gehörte der Maler Peter Paul Rubens (1577–1640) an?

a) Renaissance
b) Barock
c) Klassizismus
d) Spätgotik

b) Barock
Rubens gilt als einer der bedeutendsten Vertreter des Barock und hatte entscheidenden Einfluss auf die Entwicklung des flämischen Barocks.

Rubens mit seiner Frau Isabella

Was ist in der bildenden Kunst ein Akt?

Die Darstellung von nackten Körpern. Erst im 19. Jahrhundert wurde der nackte Körper selbst zum Thema in der bildenden Kunst, nachdem er aus dem religiösen und mythologischen Zusammenhang gelöst worden war.

Wann wurde das Kolosseum in Rom etwa eingeweiht?

a) um 300 v. Chr.
b) um 120 v. Chr.
c) um 80 n. Chr.
d) um 400 n. Chr.

c) um 80 n. Chr.
Das elliptische Gebäude hat eine Höhe von 48 Metern. Die ersten drei Stockwerke sind durch Arkaden und dazwischenliegende Säulen gegliedert. Im oberen Stockwerk finden sich Fenster und Pilaster. Im Kolosseum fanden Gladiatoren- und Tierkämpfe sowie Krokodiljagden und Wasserschlachten statt.

Welcher dänische Künstler ist ein bekannter Vertreter des Klassizismus?

Bertel Thorvaldsen (1770–1844). Der Bildhauer erhob die an die klassische Antike angelehnte Schlichtheit zum Prinzip. Eine umfangreiche Sammlung seiner Werke ist im Thorvaldsen-Museum in Kopenhagen zu sehen.

Nach welchem Künstler ist der Palladianismus benannt?

Nach dem italienischen Architekten Andrea Palladio (1508–80). Sein Architekturstil zeichnet sich durch strenge Gesetzmäßigkeit und klare Gliederung aus. Er beeinflusste die französische, englische und niederländische Architektur bis ins 18. Jahrhundert hinein.

Welcher Architekt schuf die Kuppel des Reichstagsgebäudes in Berlin?

Sir Norman Foster (*1935). Das gläserne Konstrukt ist begehbar und erlaubt einen Blick auf den Plenarsaal. Auf diese Weise soll die Offenheit der demokratischen Ordnung architektonisch wiedergegeben werden.

Reichstagsgebäude

Zu welchem Anlass wurde die Freiheitsstatue in New York aufgestellt?

Zum 100. Geburtstag der Vereinigten Staaten. Der französische Politiker Édouard de Laboulaye (1811–83) machte den USA den Vorschlag, zum Jubiläum eine in Frankreich gefertigte Statue aufzustellen. 1885 überquerte sie in Kisten verpackt den Ozean. Für Millionen europäischer Einwanderer war sie der erste Anblick des ersehnten Landes.

Wer war der Hofmaler Philipps IV. (1605–65) von Spanien?

a) Goya c) Gaudí
b) Velázques d) Canova

b) Velázques
Der Maler Rodríguez de Silva y Velázquez (1599–1660) errang vor allem durch seine Porträts der spanischen Königsfamilie Berühmtheit. Eines seiner Hauptwerke ist *Las Meninas* aus dem Jahr 1656, das die spanische Infantin Margarita mit ihrem Gefolge abbildet.

Wo wird der Freedom Tower von Daniel Libeskind (*1946) stehen?

Auf dem Gelände des früheren World Trade Centers. Die Höhe des Freedom Towers wird 1776 Fuß betragen – eine Zahl, die an das Jahr der amerikanischen Unabhängigkeitserklärung erinnert.

In welcher Stadt wirkte Albrecht Dürer (1471–1528)?

a) Würzburg c) Passau
b) Nürnberg d) Bamberg

b) Nürnberg
Der bedeutende Maler, Holzschneider und Kupferstecher schuf an der Wende vom Mittelalter zur Renaissance zahlreiche sakrale Meisterwerke.

Wer entwarf das Sydney Opera House?

Der dänische Architekt Jørn Utzon (1918–2008). Das markante Gebäude wurde schnell zum Wahrzeichen Sydneys. Sein

Dach ist 67 Meter hoch und mit weißen Keramikfliesen verkleidet.

Wann lebte Leonardo da Vinci?

a) 1312–49 c) 1617–98
b) 1452–1519 d) 1783–1820

b) 1452–1519
Leonardo da Vinci war nicht nur Maler und Architekt, sondern auch Erfinder und Techniker. Er schuf die *Mona Lisa*, aber auch viele bedeutende Arbeiten in der Baukunst, Technik und Anatomie. Er entwickelte und konstruierte Geräte und Maschinen, u.a. ein U-Boot oder Flugapparate. Als Künstler war er Mitbegründer der italienischen Hochrenaissance.

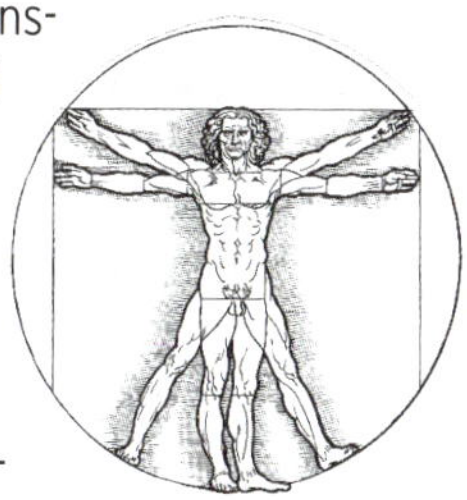
Der vitruvianische Mensch

Was ist das zentrale Thema der Werke des englischen Malers Francis Bacon (1909–92)?

Der gequälte, isolierte und hoffnungslose Mensch. Bacon benutzte Schlachthäuser und Medizinbücher als Vorlage für seine Bilder. Sie zeigen die schonungslose Darstellung des brutalen Gesichtes unserer Gegenwart.

Wodurch zeichnet sich eine Säule aus?

Eine Säule besteht zwingend aus Basis, Schaft und Kapitell. Säulen haben meist einen runden Querschnitt. Pfeiler hingegen weisen häufiger einen vier- oder vieleckigen Querschnitt auf und müssen nicht alle Bestandteile der Säule vorweisen. Tritt ein Pfeiler nur wenig aus der Wand hervor, wird er Pilaster genannt.

Wie heißen die manchmal mehrstöckigen Bogenkonstruktionen, auf denen die Römer das Wasser von den Bergen in die Städte leiteten?

a) Aquaplaning c) Aquamarin
b) Aquädukt d) Aquadrom

b) Aquädukt
Der berühmteste Aquädukt ist der Pont du Gard in Südfrankreich.

Pont du Gard

Wer entwarf das Jüdische Museum in Berlin?

Daniel Libeskind (*1946). Der Architekt gestaltete das Gebäude in der Form eines Blitzes, der an einen geborstenen Davidstern erinnert. Schroffe Kanten dominieren das labyrinthisch aufgebaute Gebäude. Die Außenhaut wurde aus Metall gefertigt. Mit dem Aussehen des Museums wollte Libeskind die Schwierigkeiten der deutsch-jüdischen Beziehung symbolisieren.

Wie nennt man die Form theatralischer Aktion, in der die Grenzen zwischen Medien, Alltag und Kunst aufgehoben werden sollen?

a) Event
b) Réalisation
c) Perfection
d) Happening

d) Happening
Die umfangreiche theatralische Aktion enthält nur einige festgelegte Handlungselemente, ist aber ansonsten auf Improvisation ausgelegt. Das Happening ist eine der wichtigsten Formen der Aktionskunst der 1960er-Jahre.

Was wollten die Expressionisten zu Beginn des 20. Jahrhunderts darstellen?

Das geistige Innenleben des Menschen. Statt wie die Naturalisten und die Impressionisten die Natur oder die sinnlich erfahrbare Welt künstlerisch darzustellen, wollten die Expressionisten die Psyche künstlerisch erschließen; insbesondere die subjektiven Empfindungen, die die Wahrnehmung der Wirklichkeit verändern.

Im Basar *von August Macke, 1914*

Welches ist der größte Renaissancebau der Welt?

a) das Ulmer Münster
b) der Louvre
c) der Tower
d) der Escorial

d) der Escorial
Der Klosterpalast entstand im Auftrag von König Philipp II. (1527–98) und diente als Residenz, Behördensitz, Kloster und dynastisches Grabmonument. Er liegt in der Abgeschiedenheit des kastilischen Berglandes in Spanien, etwa 60 Kilometer nordwestlich von Madrid.

In welcher Stadt stellte im Februar 2005 das Ehepaar Christo (*1935) und Jeanne-Claude (1935–2009) 7500 Tore auf?

a) Berlin
b) New York
c) Chicago
d) Paris

b) New York
16 Tage lang sorgten 98.000 m² Stoff für den Eindruck, der Central Park von New York sei von einem riesigen Schleier verhüllt. Die 7500 Tore waren jeweils fast fünf Meter hoch.

In welchem Land nahm die Renaissance ihren Anfang?

a) Italien
b) Frankreich
c) Deutschland
d) Griechenland

a) Italien
Sie begann um 1400 in Italien und bildet den Übergang vom Mittelalter in die Neuzeit. Die Kunst des Mittelalters stand im Dienst der Kirche und thematisierte die Religion in den Kunstwerken. Die Renais-

sance hingegen war von der Antike beeinflusst; in ihrer Kunst kam auch die griechische Mythologie zum Ausdruck. Das Selbstverständnis des Künstlers unterzog sich einer Wandlung, indem erstmalig der Künstler aus seiner Anonymität hervortrat und zu einer anerkannten Persönlichkeit wurde.

Wie kam der niederländische Künstler Vincent Willem van Gogh (1853–90) ums Leben?

Er tötete sich selbst mit einem Revolverschuss. Im Jahr 1888 arbeitete der Maler zunächst mit Paul Gauguin (1848–1903) zusammen und schuf seine farbintensiven Sonnenblumen- und Landschaftsbilder. Im Dezember erlitt er einen Nervenzusammenbruch und schnitt sich sein linkes Ohr ab. Anschließend malte er in der Nervenheilanstalt bis zu seinem Tod weiter.

Selbstbildnis, *1887*

Welches Museum ist außen mit etwa 300.000 Titanblechen verkleidet?

a) das Jüdische Museum in Berlin
b) das MoMA in New York
c) die Tate Gallery in London
d) das Guggenheim Museum in Bilbao

d) das Guggenheim Museum in Bilbao
Das Museum wurde 1997 eingeweiht. Entworfen wurde es von dem Kalifornier Frank O. Gehry (*1929). 1989 wurde Gehry der Pritzker-Preis verliehen.

Was passierte 2001 mit dem Archiv für Beutekunst der US-Zollbehörde?

Es wurde infolge des Anschlags unter dem Schutt des World Trade Centers begraben. In dem Archiv befanden sich Informationen über Kunstwerke, die nach 1945 aus deutschen Museen verschwunden waren.

Wer entwarf den Flughafen Chek Lap Kok in Hongkong, der 1998 eröffnet wurde?

Sir Norman Foster (*1935). Der von dem britischen Architekten entworfene 12 km^2 große Flughafen liegt auf einer künstlich geschaffenen Insel vor der Küste.

Wer gilt neben Jasper Johns (*1930) als Vorläufer der Pop-Art und als Vertreter des Neodadaismus?

Robert Rauschenberg (1925–2008). Der amerikanische Künstler wurde insbesondere von Marcel Duchamp (1887–1968) beeinflusst. Er zählt zu den vielseitigsten und einflussreichsten Künstlern unserer Zeit.

Wodurch wurde Luigi Colani (*1928) berühmt?

Der in Berlin geborene Designer entwarf zahlreiche Gegenstände in ungewöhnlichen Alltagsformen, u.a. Kugelschreiber, Brillen und Autos. Anfang der 1990er-

Jahre wurde er zum Ideengeber für die NASA. Im April 2002 eröffnete in Karlsruhe ein Colani Designcenter mit Forschungszentrum.

Welche Bauweise schützt vor (Hoch-)Wasser, Tieren und Feinden?

Die Pfahlbauweise. In Südostasien und Ozeanien sind Pfahlbauten weit verbreitet. Auch in Mitteleuropa fand man Überreste von Pfahlbaukulturen, z.B. an den Uferzonen der Schweizer Seen.

Pfahlbauweise in Vietnam

Aus wie vielen Folienkissen bestehen das Dach und die Fassade der Allianz Arena in München?

a) 183
b) 1953
c) 2760
d) 10.439

b) 2760
Die Arena wurde von dem schweizerischen Architekturbüro Herzog & de Meuron entworfen. Die Folienkissen leuchten in den Farben der spielenden Heimmannschaft.

Womit machte sich der Aktionskünstler David Blaine (*1973) im Jahr 2003 einen Namen?

Der Amerikaner ließ sich in einen Würfel aus Plexiglas sperren und neben der London Tower Bridge aufhängen. Dort eingesperrt verbrachte er 44 Tage und verlor 25 Kilogramm.

Womit beschäftigte sich Henri Matisse (1869–1954) in seinen Bildern?

a) mit der Form
b) mit dem Material
c) mit der Farbgebung
d) mit der Funktion

c) mit der Farbgebung
Matisse sah in der Farbe nicht mehr nur die Funktion, etwas darzustellen, sondern gestand ihr einen autonomen Eigenwert zu. Hiermit unterschied er sich maßgeblich von den Kubisten, die sich primär mit Formproblemen auseinandersetzten.

Mit dem Bau welcher Pariser Kathedrale wurde um das Jahr 1160 begonnen?

Mit der Notre-Dame de Paris. Schon gegen Ende des 12. Jahrhunderts war die Kathedrale fast fertiggestellt.

Ab wann baute man in den USA Hochhäuser?

Die ersten Hochhäuser entstanden bereits Ende des 19. Jahrhunderts in den USA. Es ist also nicht verwunderlich, dass hier auch die ersten Wolkenkratzer gebaut wurden. New York und Chicago waren die ersten Städte mit beeindruckenden Skylines.

Von welchem Maler stammt das Gemälde *Der ermordete Marat*, auf dem der radikale Jakobinerführer zum politischen Märtyrer der Französischen Revolution stilisiert wird?

Von Jacques-Louis David (1748–1825). David war einer der Begründer des französischen Klassizismus.

Welches Gründungsmitglied des *Blauen Reiters* zeichnet sich durch Tierdarstellungen auf seinen Gemälden aus?

Franz Marc (1880–1916). Ihm ging es dabei vornehmlich um die Symbolkraft der Farben und um die Wesensmerkmale der Lebewesen, nicht um die naturalistische Darstellung der Tiere.

Blaues Pferd, *1911*

Welcher spanische Maler war einer der führenden Vertreter des Surrealismus?

Salvador Dalí (1904–89). Ab 1929 wirkte Dalí in Paris und schuf seine berühmten Bilder, u.a. *Die Beständigkeit der Erinnerung* von 1931, auf dem zerrinnende Uhren zu sehen sind.

Wie bezeichnet man den Madonnentypus, bei dem die Maria einen Rundschild mit dem Porträtbild ihres Kindes vor dem Körper trägt?

Dieser byzantinische Madonnentypus heißt Platytera. Die Maria hält die Hände betend erhoben.

Womit arbeitet Jasper Johns (*1930) in seiner Kunst?

Der amerikanische Künstler arbeitet häufig mit banalen Sujets wie Flaggen, Zielscheiben oder Glühbirnen.

Wofür ist Matthias Grünewald (um 1470–1529) bekannt?

Für den Isenheimer Altar, den er für das Antoniterkloster in Isenheim (Elsass) schuf. Seine Werke gehören zu den Hauptwerken der Frührenaissance.

In welcher Epoche wurden die ersten bis zu fünfgeschossigen Häuser gebaut?

a) im industriellen Zeitalter
b) im Mittelalter
c) in der Renaissance
d) in der griechischen Antike

d) in der griechischen Antike
Das traditionelle griechische Haus war rechteckig. Die stabilen tragenden Stein-

mauern und das Flachdach machten es möglich, ein zweites Stockwerk im gleichen Stil auf das Haus zu setzen, darauf ein weiteres usw. Bis zu fünf Geschosse fand man bei Häusern in Theben.

Wer ließ das Schloss Linderhof errichten?

König Ludwig II. Es ist das kleinste der drei von Ludwig II. erbauten Schlösser, aber dafür das einzige, das voll ausgebaut und längere Zeit von ihm bewohnt wurde. Die anderen beiden von ihm errichteten Schlösser sind Neuschwanstein und Schloss Herrenchiemsee.

Schloss Linderhof

Wofür ist Tizian (um 1488–1576) insbesondere bekannt?

Für seine Darstellung weiblicher Schönheit und seine prachtvollen Porträts. Der italienische Renaissancemeister hatte einen wesentlichen Einfluss auf die europäische Malerei. Mit seiner revolutionären Farbverwendung und seiner asymmetrischen Bildkomposition schuf er eine ganze Bandbreite an neuen Gestaltungsmöglichkeiten. Seine 1538 entstandene *Venus von Urbino* wurde zur Vorlage für viele spätere Aktmalereien.

Welche Kunstrichtung vertraten Grandma Moses (1860–1961) und Henri Rousseau (1844–1910)?

a) die Naive Malerei
b) den Industrialismus
c) den Expressionismus
d) den Naturalismus

a) die Naive Malerei
Die US-amerikanische Farmersfrau Grandma Moses und der französische Zöllner übten die Malerei nur nebenberuflich aus und malten mit einem gänzlich unwissenschaftlichen Ansatz.

Wer malte in der Regel monochrome Bilder?

Yves Klein (1928–62). Besonders bekannt sind seine einfarbig blauen Bilder, für die er eine eigene Farbmischung, das International Klein Blue, kreierte.

Welcher ehemalige Königssitz beherbergt jetzt eines der größten Museen der Welt?

a) Louvre
b) Buckingham Palace
c) Schloss Gripsholm
d) Versailles

a) Louvre
Das Gebäude war bis ins 17. Jahrhundert der Sitz des Königs von Frankreich. Wegen der ständigen Erweiterungen glich es jedoch die meiste Zeit einer Großbaustelle.

Wer liegt im Invalidendom in Paris begraben?

Napoleon Bonaparte (1769–1821). Der ursprüngliche Zweck des 1670 begonnenen Gebäudes lag in der Pflege und Unterbringung von Kriegsversehrten. Erst 1840, fast 20 Jahre nach seinem Tod, wurden die Überreste Napoleons exhumiert und im Invalidendom bestattet.

Napoleon Bonaparte

Warum gilt der Dadaismus als Antikunstbewegung?

Die 1916 in Zürich gegründete literarische Bewegung stellte sich gegen die sinnentleerten Kunstrituale des Bürgertums. Einer der Mitbegründer des Dadaismus war Richard Huelsenbeck (1892–1974).

Richard Huelsenbeck über den Dadaismus

„Dada wurde in einem Lexikon gefunden, es bedeutet nichts. […] Wir wollen die Welt mit Nichts ändern, wir wollen die Dichtung und die Malerei mit Nichts ändern, und wir wollen den Krieg mit Nichts zu Ende bringen."

Was ist die männliche Variante der Kore?

Kouros (Plural: Kouroi). Dies ist die Bezeichnung für die Statue eines unbekleideten Jünglings in der griechischen Kunst der Archaik. Die dementsprechende weibliche Statue wird Kore genannt.

Wer ließ in Dresden die fürstliche Residenz mit Zwinger und die Frauenkirche nach dem Vorbild von Versailles ausbauen?

Der Barockfürst August II. der Starke (1670–1733). Unter ihm entwickelte sich so der Dresdner Barock.

Was wurde im Jahr 532 v. Chr. auf der Insel Samos gebaut?

a) ein Palast
b) eine Brücke
c) ein Tunnel
d) ein Hafen

c) ein Tunnel
Der über einen Kilometer lange Tunnel diente der Wasserversorgung. Er gilt als architekturhistorische Meisterleistung.

Wo stand der damals höchste je erbaute Leuchtturm, der zu einem der sieben antiken Weltwunder gezählt wird?

In Alexandria. Der Pharos war der erste Leuchtturm seiner Art und wurde zum Vorbild für alle Leuchttürme der Welt.

Wie heißt der Erfinder des Rayogramms, einer fotografischen Kunstform?

Man Ray (1890–1976). Der amerikanische Künstler ist für seine dadaistischen Objekte bekannt, z.B. mit einem Bügeleisen, das an der Unterseite mit Nägeln versehen ist. Seine Fotografien erweiterte er mit der Erfindung der Rayogramme. Hier wird der Gegenstand vor der Belichtung direkt auf das Fotopapier gesetzt.

Aus welchem Land stammte El Greco (1541–1614)?

Aus Griechenland. Der Maler, Bildhauer und Architekt gilt als Hauptmeister des spanischen Manierismus bzw. der ausklingenden Renaissance. Sein Name bedeutet auf Spanisch „der Grieche".

Die Verkündigung, *1575*

Was sind unechte Kuppeln in der Architektur?

Bei unechten Kuppeln handelt es sich um Kuppeln, die nicht durch Spannung gehalten werden, sondern aus Ziegelsteinringen gebaut sind, die sich nach oben hin immer weiter verjüngen. Derartige Kuppeln bauten die Sumerer bereits ab 2420 v. Chr.

Welche Art von Madonnen sind in der Gotik von Süddeutschland, Österreich und Böhmen verbreitet?

Die sogenannten Schönen Madonnen. Sie sind aus Stein oder Holz gefertigt und weisen einen besonders weichen Stil auf. Die Darstellung ist lieblich und das Gesicht idealisiert. Sie zeigen eine starke Plastizität, einen üppigen Faltenwurf und weit ausladende und fließende Konturen.

Von welchem Architekten stammt der Entwurf der Sagrada Familia?

Von Antonio Gaudí (1852–1926). Der Templo de la Sagrada Familia des spanischen Architekten ist bis heute unvollendet. Die harmonische Einheitlichkeit der Außengestaltung und des Innenraums machen Gaudí zum Meister der modernen Sakralarchitektur.

Wer war der erste Fotograf, dem 1955 eine Ausstellung im Pariser Louvre gewidmet wurde?

Henri Cartier-Bresson (1908–54). Der französische Fotograf war spezialisiert auf das Festhalten bestimmter Lebensumstände in ihrer Besonderheit. Gemeinsam mit Robert Capa (1913–54) gründete er die berühmte Fotoagentur Magnum.

Was entwickelte sich häufig aus den römischen Castra?

Befestigte Städte. Zu jedem dieser militärischen Lager, die sich durch gut geplante Wegenetze auszeichneten, gehörte ein

Versammlungsplatz, das sogenannte Forum. Zusätzlich gab es die Stabsgebäude und ein Fahnenheiligtum für die Aufbewahrung der jeweiligen Legionszeichen.

■ **Für welche Kunstrichtung gilt Gustav Klimt (1862–1918) als Hauptvertreter?**

a) für die Naive Malerei
b) für die Wiener Jugendstilmalerei
c) für den deutschen Impressionismus
d) für die Wiener Romantik

b) für die Wiener Jugendstilmalerei
Klimts flächig-ornamentale Darstellungen verbinden naturgetreu wiedergegebene Details mit mosaikartig-abstrakten Elementen. Charakteristisch für ihn sind seine dekorativen Frauenporträts und seine symbolisch-allegorische Darstellungsform. Viele seiner Bilder umgibt ein kostbarer Glanz.

Der Kuss, *1907/08*

■ **Welcher italienische Künstler begründete den Futurismus?**

Filippo Tommaso Marinetti (1876–1944). Statt die Abbildung eines Augenblicks zu liefern, sollte der ganze Bewegungsvorgang in einem Bild sichtbar gemacht werden. Auf diese Weise forderte der Futurismus eine Abkehr von allen Traditionen. Marinetti lehnte das Althergebrachte kategorisch ab und verherrlichte Krieg und Aggression.

■ **Wo hängt das Gemälde *Der Turmbau zu Babel* von Pieter Bruegel dem Älteren (1525–69)?**

Im Kunsthistorischen Museum in Wien. Der niederländische Maler bevorzugte in der Regel bäuerliche Themen, was ihm den Zunamen „Bauern-Bruegel" einbrachte. Die Architektur des von ihm im Jahr 1563 gemalten Turmes erinnert an das Kolosseum in Rom.

■ **Wodurch zeichneten sich die Motive des Malers Roy Lichtenstein (1923–97) aus?**

Sie waren Comics entnommen. Lichtenstein bediente sich für seine Werke der Elemente der industriellen Produktion kommerzieller Produkte. Seinen Durchbruch als Künstler erreichte er mit dem Bild *Look Mickey*, auf dem Mickey Mouse und Donald Duck auf einem Bootssteg dargestellt sind.

■ **Welcher Römer schrieb das wichtigste Standardwerk über Architektur?**

Marcus Vitruvius Pollio, genannt Vitruv (55 v. Chr.–14 n. Chr.). Sein Werk heißt *Zehn Bücher über Architektur*. In diesem stellte Vitruv den Kenntnisstand seiner Zeit über die Architektur und Baustatik dar. Stellenweise ergänzte er selbst das zusammengetragene Wissen.

■ ■ ■

In welcher spanischen Stadt steht das Museo del Prado?

a) Sevilla c) Barcelona
b) Madrid d) Bilbao

b) Madrid
Bereits seit 1810 dient das Gebäude als Kunstmuseum und ist damit eine der ältesten Gemäldegalerien der Welt.

■ ■ ■

Wessen Schüler war Hans Baldung (um 1484–1545)?

Er war ein Schüler Albrecht Dürers (1471–1528). Aufgrund seiner innovativen Ideen gilt Baldung als einer der kreativsten Künstler des 16. Jahrhunderts.

■ ■ ■

Wann lebte Archimedes von Syrakus?

a) 556–501 v. Chr.
b) 315–276 v. Chr.
c) 287–212 v. Chr.
d) 52 v. Chr.–13 n. Chr.

c) 287–212 v. Chr.
Archimedes gilt als der erste Baustatiker der Menschheitsgeschichte. Er berechnete die Stabilität von Gebäuden und gilt daher als der Erfinder der Baustatik.

Archimedes *von Domenico Fetti, 1620*

Was wird auf den Deckenfresken der Sixtinischen Kapelle dargestellt?

a) Szenen aus dem Buch Genesis
b) Szenen aus dem Leben Jesu
c) Der Kampf von David gegen Goliath
d) Der Auszug aus Ägypten

a) Szenen aus dem Buch Genesis
In neun Hauptfeldern entstanden in den Jahren 1508 bis 1512 die Deckenfresken, die Szenen aus dem ersten Buch Mose zeigen, das auch das Buch Genesis genannt wird.

■ ■ ■

Wodurch zeichnet sich die Pastelltechnik aus?

Ein Pastell ist ein mit Farbstiften in zarten Farben gemaltes Bild, das meist auf Papier entsteht. Die bereits aufgetragenen Farben werden mit dem Finger so verrieben, dass sehr zarte Farbübergänge entstehen.

■ ■ ■

Wer ließ die Tempel von Abu Simbel erbauen?

Ramses II. (um 1200 v. Chr.). Sie befinden sich in Südägypten und wurden aus einem Sandsteinfelsen geschlagen. Die Hallen und Räume im Inneren des größten Tempels führen über 55 Meter tief in den Felsen.

■ ■ ■

Wie lautet der Beiname des altrömischen Hadrianeums?

Engelsburg. Im 6. Jahrhundert wurde während einer Pestepidemie angeblich ein Engel über dem Kaisermausoleum gesichtet. Das Hadrianeum war die Grabstätte zahlreicher Kaiser, unter ihnen Hadrian (76–138 n. Chr.), nach dem es benannt wurde. In späterer Zeit wurde es zu einem Bestandteil der Befestigungsanlage umfunktioniert.

Welche Art von Bildern machten den Maler Giotto di Bondone (um 1267–1337) berühmt?

a) Ölgemälde c) Fresken
b) Kupferstiche d) Aquarelle

c) Fresken
Die auf den frischen Putz aufgetragenen Gemälde zeichneten sich durch eine räumliche Tiefe aus, die im Mittelalter bis zu dem Zeitpunkt nicht erreicht worden war.

Warum heißen die Bilder der mittelalterlichen Buchmalerei Miniaturen?

Sie wurden mit dem roten Farbstoff Minium gestaltet. Die Buchmalerei beschränkt sich nicht auf bildliche Darstellungen, sondern beinhaltet auch ornamentale Verzierungen der Schrift.

Welche Reliquien befinden sich in einem der größten und kostbarsten Schreine des Mittelalters in Köln?

Die Gebeine der Heiligen Drei Könige. Nach der Eroberung Mailands im Jahr 1162 wurden sie vom Kölner Erzbischof und Kanzler Rainald von Dassel nach Köln gebracht. Der Goldschmied Nikolaus von Verdun (vor 1181 bis nach 1205) begann mit der Fertigung des Reliquienschreins aus vergoldetem Silber und Kupfer, Edelsteinen und Perlen. Erst um 1230 wurde der Dreikönigsschrein vollendet.

Welcher englische Maler ist für seine naturnahen, aber auch fantastischen Landschaftsdarstellungen bekannt?

William Turner (1775–1851). Die Darstellung der Landschaft wurde in seinen Bildern zum eigenständigen Sujet. Er zeigte sie in all ihren Facetten und löste die Form auf, um ein Farbenspiel zu kreieren, das den visuellen Eindruck der Objekte veränderte. Auf diese Weise beeinflusste er schon früh den Impressionismus.

Selbstporträt, *1798*

In welchem Land befindet sich Angkor Wat?

In Kambodscha. Die Tempelanlage steht repräsentativ für die Khmerkultur und das heute kambodschanische Volk.

Was ist eine Doppelchoranlage?

Ursprünglich waren die Kirchen mit einer einzigen Choranlage im Osten ausgestattet. Im 8. Jahrhundert wurde damit begonnen, an einige nach Osten ausgerichtete Kirchen ein zusätzliches Westquerhaus anzufügen, zu dem auch ein Westchor gehörte. Ist eine Kirche auf diese Weise mit zwei eigenständigen Choranlagen ausgestattet, nennt man dies eine Doppelchoranlage.

■ **Wofür ist Andy Warhol (1928–87) bekannt?**

Für seine Siebdrucke in immer wieder verschiedenen grellen Farbkombinationen. Der US-amerikanische Künstler porträtierte u.a. überlebensgroße Campbell-Suppendosen. Besonders bekannt ist seine Serie von Siebdruckporträts von Marilyn Monroe (1926–62).

Marilyn Monroe

■ **Was sind die Uffizien?**

Ein ehemaliges Florentiner Amtsgebäude, in dem sich heute eine Kunstsammlung befindet. Ursprünglich hatte das Gebäude eine politisch-administrative Funktion.

■ **In welcher österreichischen Stadt steht das Lustschloss Hellbrunn?**

a) Linz
b) Salzburg
c) Wien
d) Innsbruck

b) Salzburg

Das manieristisch-frühbarocke Lustschloss zeichnet sich besonders durch seine weltberühmten Wasserspiele aus. Das bestimmende gestalterische Element der Schlossanlage ist zweifellos das Wasser.

■ **Wie bezeichnet man die feierliche Eröffnung einer Kunstausstellung?**

Vernissage. Sie wird oft von Musikdarbietungen und einem Sektempfang begleitet. Durch die Vernissage wird dem Besucher die Möglichkeit gegeben, nicht nur die ausgestellten Kunstwerke zu sehen, sondern auch den Künstler kennenzulernen.

■ **Wodurch zeichnet sich die Pfarrkirche St. Martin in Landshut aus?**

a) durch den höchsten Backsteinturm der Welt
b) durch den größten Chor der Welt
c) durch die älteste Orgel Deutschlands
d) durch die Gebeine der Heiligen Drei Könige

a) durch den höchsten Backsteinturm der Welt

Das Meisterwerk der süddeutschen Backsteingotik wurde ab etwa 1389 von dem Baumeister Hans von Burghausen (1350/60–1432) begonnen. Der Turm der beeindruckenden Hallenkirche wurde jedoch erst um das Jahr 1500 vollendet. Er misst 130,6 Meter und ist somit der höchste Backsteinturm der Welt.

■ **Welche Motive herrschen auf den Gemälden von Claude Monet (1840–1926) in seinen letzten dreißig Lebensjahren vor?**

Motive aus seinem Garten. Er beschäftigte sich intensiv mit der Gestaltung seines Gartens und seines Seerosenteichs in Gi-

Künstlerische Freiheit
Nach Art. 5 Abs. 3 des deutschen Grundgesetzes ist die künstlerische Freiheit ein Grundrecht. Somit ist sie in Deutschland explizit geschützt.

verny. Monet gilt als einer der Hauptvertreter des Impressionismus. Sein Gemälde *Impression – Sonnenaufgang* von 1872 gab der Stilrichtung ihren Namen.

Wo steht die Basilique du Sacré-Cœur?

Auf dem Hügel von Montmartre in Paris. Die Wallfahrtskirche im „Zuckerbäckerstil" ist von der Architektur römisch-byzantinischer Kirchen beeinflusst. Begonnen wurde sie im 19. Jahrhundert vom Architekten Paul Abadie (1812–84).

Basilique du Sacré-Cœur

Von wem stammt der Trevibrunnen in Rom?

Von Niccolò Salvi (1697–1751). Der Trevibrunnen ist das letzte bedeutende Werk des italienischen Spätbarocks. Dargestellt wird der Meeresgott Neptun, der über sein Wasserreich herrscht. Der Brunnen ist ein beliebtes Ziel bei Touristen, die Münzen hineinwerfen.

In welchem Land wurde der Künstler Christo 1935 geboren?

a) Frankreich
b) Bulgarien
c) Argentinien
d) USA

b) Bulgarien
Christo machte sich gemeinsam mit seiner Frau Jeanne-Claude (1935–2009) als Verpackungskünstler einen Namen. 1985 verhüllte er die Brücke Pont-Neuf in Paris, 1995 den Reichstag in Berlin.

Wie nennt man in der Kunst die realitätsgetreue Darstellung einer Landschaft oder einer Stadt?

Verdute. Als einer der wichtigsten Vertreter der Verdutenmalerei gilt der Niederländer Jan Vermeer (1632–75), der u.a. im Jahr 1661 die Verdute *Ansicht von Delft* schuf.

Mit welcher Kunstform befasste sich zwischen 1450 und 1467 der Künstler E. S.?

a) mit dem Holzschnitt
b) mit Ölgemälden
c) mit dem Kupferstich
d) mit Fresken

c) mit dem Kupferstich
Der Grafiker, der seine Werke mit den Buchstaben E. S. signierte, war vermutlich im oberrheinisch-alemannischen Raum

tätig. Seine Werke waren von großer Bedeutung für die Entwicklung des Kupferstichs, der erst kurz zuvor erfunden worden war.

Wie heißt das Südportal des Doms in Freiberg?

a) Goldene Pforte
b) Tor zur Hölle
c) Himmelstor
d) Hölzernes Portal

a) Goldene Pforte
Heutzutage ist leider nicht mehr zu sehen, in welcher unvorstellbaren Farbenpracht sich das Portal im sächsischen Freiberg präsentiert haben muss.

Was teilt den Landschaftspark, der von Hermann Fürst Pückler-Muskau (1785–1871) geschaffen wurde?

a) eine Rosenhecke
b) die Neiße
c) ein Kanal
d) ein Friedhof

b) die Neiße
Der Fluss teilt den Park in einen deutschen und einen polnischen Teil. Seit 2004 steht er auf der Liste des Weltkulturerbes der UNESCO.

Wodurch zeichnen sich die Wandmalereien in dem Schlafzimmer der Villa von Boscoreale bei Pompeji aus?

Sie bilden visuelle Durchbrüche durch die Wand und bedecken sie mit Landschafts- und Architekturansichten. Somit gilt das Werk als Höhepunkt der illusionistischen Wandmalerei in antik-römischer Zeit.

Welches Bauwerk vollendete der Ratsbaumeister Hinrich Helmstede in den Jahren 1477/78?

Das Lübecker Holstentor. Es sicherte die Ausfallstraßen nach Hamburg und Holstein und zählt zu den bekanntesten Profanbauten der deutschen Spätgotik. Helmstede orientierte sich bei dem Bau an flandrischen Brückentoren.

Holstentor

Was hatte im 19. Jahrhundert die Erfindung der Metalltube und der Boîte de campagne zur Folge?

Die Begünstigung der Freilichtmalerei. Die Metalltube ermöglichte den Malern, eine größere Zahl von Ölfarben in die Natur mitzunehmen. Bei der Boîte de campagne handelte es sich um einen Feldfarbkasten, der kleine Leinwände und Malutensilien aufnehmen, als Staffelei dienen und be-

Sotheby's
In dem Auktionshaus wurden ursprünglich wertvolle Büchern verkauft, bevor es sich aufgrund der größeren Nachfrage auf Gemälde und Zeichnungen der Alten Meister spezialisierte. Unter anderem wurden dort Gustav Klimts (1862–1918) *Adele Bloch-Bauer I* und Pablo Picassos (1881–1973) *Junge mit Pfeife* für Rekordsummen versteigert.

quem auf dem Rücken getragen werden konnte. So war es möglich, die Freilichtmalerei noch intensiver zu praktizieren.

Wo befindet sich das Grabmal der Caecilia Metella?

An der Via Appia. Die Straße ist gesäumt von Grabmalen. Das berühmteste erhaltene Grabmal ist das der Caecilia Metella aus der Zeit um 40 v. Chr. Erst im Mittelalter wurde es durch den runden Mauerkoloss von etwa 20 Metern Durchmesser ergänzt.

Was ist ein Fundus?

Der Ort in einem Museum, an dem die nicht ausgestellten Kunstwerke aufbewahrt werden. Eine wichtige Aufgabe der Museen kommt der Aufbewahrung von Kunstwerken zu.

Seit wann gab es Einblattholzschnitte?

Sie entstanden um 1400, vielleicht sogar schon im späten 14. Jahrhundert. Bei Einblattholzschnitten handelt es sich um einseitig bedruckte Einzelblätter, die nicht als Buchillustration dienten.

Was erfand Filippo Brunelleschi (1377–1446)?

Die Zentralperspektive. Der Architekt, Ingenieur und Bildhauer erfand diese Technik, mit der eine perfekte Raumillusion erzeugt werden konnte.

Statue von Filippo Brunelleschi

Was erfand der Maler Barnett Newman (1905–70)?

Den Reißverschluss in der Malerei. Hierbei handelt es sich um eine vertikale Linie, die die Leinwand teilt. Newman begann seine Karriere mit der Erfindung dieses Motivs.

Warum gewann die Glasmalerei als Kunstform in der Gotik an Bedeutung?

Die steinernen Kirchenmauern wurden durchbrochen. An die Stelle des Durchbruchs setzte man riesige Fenster, die kunstvoll gestaltet wurden.

Wer malte die Triptychen *Der Krieg* und *Großstadt*?

Otto Dix (1891–1969). Die beiden dreiteiligen Bilder zeichnen sich durch einen fast fotografischen Realismus aus.

■ Der niederländische Maler Rembrandt (1606–69) schuf ein Bild für den Festsaal der Amsterdamer Schützengilde. Zu sehen ist eine Bürgerwehr aus dem 17. Jahrhundert. Im Jahr 1745 wurde das Gemälde im Amsterdamer Rathaus aufgehängt. Da es für dieses Gebäude zu groß war, wurde es an allen vier Seiten beschnitten. **Wie heißt das Gemälde?**

a) *Die Bürgerwehr* c) *Die Nachtwache*
b) *Der Ausflug* d) *Die Schützen*

c) *Die Nachtwache*
Rembrandts Werke fallen in eine Zeit, als Kultur, Wissenschaft und Handel sich in Holland auf dem Höhepunkt befanden. Aus diesem Grunde wird die Epoche häufig als das niederländische Goldene Zeitalter bezeichnet. Rembrandts *Die Nachtwache* ist sehr düster gehalten und zeigt die für Rembrandt typischen Hell-Dunkel-Kontraste. Heute befindet es sich im Rijksmuseum in Amsterdam. Der Maler zählt zu den wichtigsten niederländischen Malern.

Die Nachtwache, *1642*

■ **Welche Stadt hat Oscar Ribeiro de Almeida de Niemeyer Soares (*1907) architektonisch geprägt?**
Die brasilianische Hauptstadt Brasilia. Zwischen 1957 und 1964 plante er sämtliche öffentlichen Gebäude der Planhauptstadt, die 1987 zum Weltkulturerbe erklärt wurde.

■ **Ab welchem Jahr werden Gebäude der modernen Architektur zugerechnet?**

a) ab etwa 1750 c) ab etwa 1920
b) ab etwa 1890 d) ab etwa 1960

b) ab etwa 1890
Bezeichnend für diese Gebäude ist ihre klare Gliederung. Die Funktion des Gebäudes steht im Vordergrund.

■ **Welche Stilrichtung der bildenden Kunst wird auch als „Ausdruckskunst" bezeichnet?**
Die expressionistische Kunst. In ihr werden elementare Gefühle des Künstlers dargestellt. Wichtige deutsche Vertreter dieser Stilrichtung sind Max Beckmann (1884–1950) und Ernst Ludwig Kirchner (1880–1938). Die ausdrucksstarke Darstellungsform hat häufig zur Folge, dass sich das Kunstwerk nur schwer einer Interpretation öffnet.

■ **Was erbaute der Architekt Friedrich von Gärtner (1792–1847) in München?**
Die Ludwigskirche, die Staatsbibliothek, die Universität, die Feldherrnhalle und

das Siegestor. Der Lehrstuhlinhaber der Akademie in München hatte zuvor Italien, England und die Niederlande bereist. 1828 traf er König Ludwig I. von Bayern und wurde gemeinsam mit seinem Konkurrenten Leo von Klenze (1784–1864) der Lieblingsarchitekt des Königs.

Wie wird eine moderne Vorstellung avantgardistischer Künstler genannt?

a) Revue
b) Performance
c) Piece
d) Director's Cut

b) Performance
Die Wurzeln der Performance, die auch als Aktionskunst bekannt ist, liegen in der Form des sogenannten Happenings. Hier werden die Grenzen zwischen Kunst und Alltäglichkeit und zwischen Dargestelltem und Zuschauern aufgehoben.

Wie lautet der Spitzname des Swiss-Re-Towers in London, einem der bekanntesten Bürogebäude der Welt?

„Gherkin" („Gurke"). Das Gebäude stammt von dem Architekten Norman Foster (*1935). Foster lieferte ebenfalls den Entwurf für das Wembley-Stadion in London. In Deutschland entwarf er u.a. den Commerzbank-Tower in Frankfurt und die Neue Philologische Bibliothek der Freien Universität Berlin. Immer wieder macht er durch spektakuläre Bauten auf sich aufmerksam, u.a. als er 1979 für die Hongkong & Shanghai Banking Corporation ein technisches Meisterwerk entwarf.

Wer malte das Fresko in der Sixtinischen Kapelle?

Michelangelo (1475–1564). Bei einem Fresko handelt es sich um ein auf den frischen Putz aufgetragenes Gemälde, bei dem sich die Farben unlöslich mit dem noch feuchten Kalkputz verbinden. Korrekturen werden so unmöglich.

Decke der Sixtinischen Kapelle

Welches Schloss wurde im Stil des friderizianischen Rokoko erbaut?

Schloss Sanssouci. Der Baumeister Georg Wenzeslaus von Knobelsdorff (1699–1783) erbaute das Schloss in dieser Variante des Rokoko in Potsdam.

Was ist der Unterschied zwischen einer Skulptur und einer Plastik?

Die Skulptur entsteht von außen nach innen, die Plastik hingegen von innen nach außen. Für die Skulptur verwendet man ein hartes Rohmaterial wie Marmor oder Stein, das man durch Beschlagen von außen nach innen bearbeitet. Für die Plastik werden formbare Materialien wie Ton, Gips, Wachs oder Porzellan verwendet, an die kontinuierlich angestückelt wird.

Seit wann sind die Tore der Verbotenen Stadt für die Bevölkerung geöffnet?

a) 1895
b) 1924
c) 2000
d) bis heute nicht

b) 1924
Bis zur Revolution im Jahr 1911 lebten und regierten dort die chinesischen Kaiser der Ming- und Qing-Dynastie. Die Verbotene Stadt wurde zwischen 1406 und 1420 erbaut und liegt am nördlichen Ende des Platzes des Himmlischen Friedens.

Welche Künstlergruppe wurde 1911 u.a. von Wassily Kandinsky (1866–1944) und Franz Marc (1880–1916) in München gegründet?

a) *Der Blaue Engel*
b) *Der Blaue Reiter*
c) *Das Bauhaus*
d) *Die Neue Künstlervereinigung*

b) *Der Blaue Reiter*
Es handelte sich um eine Gruppe von vornehmlich Expressionisten und abstrakten Künstlern, die eine Gleichberechtigung der verschiedenen Kunstformen anstrebten.

Was ist ein Scriptorium?

Die Schreibstube in einen Kloster. Hier entstand im Mittelalter ein Großteil der wertvollen Buchmalereien. Die Mönche gehörten damals zu den wenigen Menschen, die des kunstvollen Schreibens mächtig waren. An der Herstellung eines einzelnen Buches waren mehrere Mönche beteiligt, die ein Werk oft in genauer Arbeitsaufteilung fertigstellten.

Welches bedeutende europäische Museum befindet sich zum größten Teil im Winterpalais in Sankt Petersburg?

a) MoMA
b) Eremitage
c) Guggenheim Museum
d) Louvre

b) Eremitage
Im Winterpalais sind über 60.000 Werke ausgestellt. Die Sammlung klassischer europäischer Kunst beinhaltet auch Bilder von Rubens, Rembrandt und Matisse. Zusammen mit der Innenstadt von St. Petersburg steht die Eremitage auf der Liste des UNESCO-Weltkulturerbes.

Wer entwarf die rote britische Telefonzelle?

Sir Giles Gilbert Scott (1811–78). Der Architekt gestaltete ebenso die Galerie Tate Modern in London, die in einem ehemaligen Kohlekraftwerk untergebracht ist.

Was machten die Rundbögen in der romanischen Architektur möglich?

Den Bau gewölbter Kirchendecken aus Stein. Die Rundbögen erfüllten neben ästhetischen vor allem statische Zwecke.

Zuvor waren die Decken flach und aus Holz gebaut worden. Der für die Romanik typische Rundbogen wurde anschließend vom gotischen Spitzbogen abgelöst.

Wie heißt das griechische Wort für „hohe Stadt"?

a) Pompeji
b) Athen
c) Akropolis
d) Hippopotamus

c) Akropolis
Ursprünglich bezeichnete das Wort insbesondere die Festung einer antiken Stadt, die zumeist einen königlichen Palast und eine Tempelgruppe umfasste. Die auf einem steilen Felsen gelegene Akropolis von Athen dürfte die bekannteste noch erhaltene „Hochstadt" sein.

Akropolis in Athen

In welchem Bereich wurde die Technik der Gouache in erster Linie angewendet?

In der mittelalterlichen Buchmalerei und in der Bildnisminiaturmalerei des 15. bis 19. Jahrhunderts. Heute findet man sie in Entwürfen und Illustrationen. Diese Technik verwendet deckende Wasserfarben, die mit Weiß vermischt und mit einem Bindemittel versetzt sind.

Was sagte der Architekt Robert Venturi (*1925) in Anlehnung an das Zitat von Ludwig Mies van der Rohe „Less is more"?

„Less is bore" („Weniger ist langweilig"). Venturi gilt als bedeutender Vertreter der Postmoderne in der Architektur. 1991 gewann er stellvertretend für sein Büro Venturi, Scott Brown and Associates, den Pritzker-Preis. Er lehrte in Princeton, Yale, Harvard und an der University of California Los Angeles und ist Autor zahlreicher Bücher.

Wann wurde die Pyramide des Musée du Louvre in Paris fertiggestellt?

a) 1968
b) 1982
c) 1993
d) 2005

c) 1993
Die Pyramide gilt als das wichtigste Werk des chinesisch-amerikanischen Architekten Ieoh Ming Pei (*1917). Sie besteht aus 86 Tonnen Glas.

Warum gab es vor Ende des 14. Jahrhunderts keine Porträts in der neuzeitlichen Malerei?

Die Jenseitserwartung hatte das Leben so stark dominiert, dass die individuellen Gesichtszüge einer irdischen Person kaum von Interesse waren. Erst als die ersten Brustbilder von Monarchen entstanden, wurde die Darstellung des Individuums vordergründiger.

Wer schuf das Gemälde *Das Floß der Medusa*?

Théodore Géricault (1791–1824). Das Gemälde zeigt den Schrecken eines Schiffsuntergangs. Statt der erhofften Anerkennung erntete Géricault bei dem schockierten Publikum jedoch nur Missfallen. Das Werk wird im Louvre in Paris ausgestellt.

Das Floß der Medusa, *1819*

Welche bekannte Skulptur von Michelangelo Buonarroti (1475–1564) steht in der Akademie in Florenz?

Die Skulptur des *David*. Michelangelo brauchte mehr als zwei Jahre, um den *David* 1504 zu vollenden.

Welches Thema stand bei den Werken von Otto Dix (1891–1969) im Vordergrund?

Der Erste Weltkrieg. Dix hatte den Ersten Weltkrieg als Soldat erlebt. Von 1927 bis 1933 lehrte er als Professor an der Dresdner Akademie, bis er wie viele andere Künstler 1933 durch die Nationalsozialisten entlassen wurde.

Wodurch zeichnen sich die Bilder Joan Mirós (1893–1983) aus?

Miró verwendet eine eigene, poetisch-verspielte und skurrile Bildzeichensprache. Die Figuren stehen häufig auf einer monochromen Farbfläche.

Welcher bekannte Humorist schrieb die Geschichte *Max und Moritz*?

Wilhelm Busch (1832–1908). Seine Bildgeschichten gelten als Vorläufer des Comics.

Wer bildete die neue Stilrichtung des Kubismus?

Pablo Picasso (1881–1973). Der Maler, Grafiker, Bildhauer und Keramiker gilt als der bedeutendste Maler der Moderne. Zunächst vom Impressionismus beeinflusst, beschritt er bald neue Wege. Durch Zuhilfenahme der Ausdrucksmittel der Naturvölker entstand der Kubismus.

Welches berühmte Bild stammt von Franz Carl Spitzweg (1808–85)?

Der arme Poet. Der Meister des Biedermeier stellte in seinen kleinformatigen Bildern mit feiner Stimmung liebevoll die Welt der Kleinbürger und Sonderlinge dar.

■ Welche Art von Motiven bevorzugte der Maler Pieter Bruegel der Ältere (um 1528–69)?
Motive aus dem bäuerlichen Leben. Der flämische Maler schuf u.a. die *Bauernhochzeit* und den Zyklus *Monatsbilder*.

■ Welche Möbelkunst schließt sich an den Stil des Empire an?
Das Biedermeier. Diese Möbelkunst ist zweckmäßig, leicht und zierlich und findet sich vor allem in der bürgerlichen Wohnkultur zwischen 1815 und 1848.

■ Warum sind auf den Euro-Banknoten ausschließlich Brücken abgebildet?
Sie sollen als architektonische Bindeglieder den Zusammenschluss der europäischen Länder darstellen.

■ Welche Stilrichtung war in der Architektur zwischen Romanik und Renaissance vorherrschend?
Die Gotik. Sie erstreckte sich vom 12. bis zum frühen 15. Jahrhundert, jedoch war ihre Dauer in den unterschiedlichen Ländern sehr verschieden.

■ Welcher Künstler der Romantik malte *Kreidefelsen auf Rügen* und *Der einsame Baum*?
Caspar David Friedrich (1774–1840). Seine Bilder zeigen das intensive Studium der Natur. Der Blick schweift in die romantische Ferne oder wird von schaurigen Nachtmotiven gefangen genommen.

■ Wer prägte den Begriff Konkrete Kunst?
Der Niederländer Theo van Doesburg (1883–1931). Es handelt sich um eine nicht gegenständliche Kunst, die nach Möglichkeit ausschließlich durch geometrische Konstruktionen erzeugt werden soll.

■ Wer entwarf 1985 einen Wasserkessel mit vogelförmiger Flöte für die italienische Firma Alessi?
Der amerikanische Architekt und Designer Michael Graves (*1934). Der von ihm entworfene Wasserkessel wurde zu einem der populärsten Designobjekte der Postmoderne.

■ In welcher Stadt steht die Frauenkirche, die am 30. Oktober 2005 nach ihrem Wiederaufbau feierlich eingeweiht wurde?
Dresden. Die im Zweiten Weltkrieg zerstörte Frauenkirche blickt auf eine über 1000-jährige Geschichte zurück. Die berühmte Kuppel von George Bähr (1666–1738) wurde im 18. Jahrhundert hinzugefügt.

Frauenkirche in Dresden

■ Womit beschäftigten sich Kandinsky und Münter in Murnau?
Wassily Kandinsky (1866–1944) und seine Schülerin und langjährige Lebensge-

fährtin Gabriele Münter (1877–1962) hielten sich ab 1908 häufig in der bayerischen Provinzstadt auf, um Volkskunst und Hinterglasbilder zu studieren.

Zu welcher baulichen Epoche gehört der Dresdner Zwinger?

a) Renaissance c) Barock
b) Rokoko d) Klassizismus

c) Barock
Der Dresdner Zwinger wurde zwischen 1711 und 1722 erbaut und zählt zu den wichtigsten Bauwerken des Barocks. In ihm wurden die Hoffestlichkeiten abgehalten. Ursprünglich bezeichnet ein Zwinger in einer mittelalterlichen Burg den Raum zwischen den beiden Mauern, in dem die angreifenden Feinde festgesetzt werden sollten.

Kronentor und Graben

Was thematisierte Francisco de Goya (1746–1828) auf seiner Bildfolge *Die Schrecken des Krieges* (*Desastres de la Guerra*)?

Die Grausamkeiten der napoleonischen Soldaten im Kampf mit der aufständischen spanischen Bevölkerung. Die Bildfolge besteht aus 82 Grafiken, auf denen düster die Grausamkeit und Bosheit der Menschen dargestellt wird. Diese Kunst steht im krassen Gegensatz zum damaligen Rokoko mit seinen dekorativen Farben und Formen. Wegen der dämonisch-düsteren und visionären Eindrücke, die Goyas Bilder hinterlassen, gilt der spanische Maler als Vorläufer des Surrealismus.

Welcher französische Architekt lieferte den Entwurf für die Galeries Lafayette in Berlin?

Jean Nouvel (*1945). Er ist der Gründer eines der größten Architekturbüros von Frankreich und entwarf u.a. auch die Oper von Lyon. Im Jahr 2008 wurde sein Lebenswerk mit dem begehrten Pritzker-Preis ausgezeichnet.

Wie heißen die Tafelbilder in der griechisch- oder russisch-orthodoxen Kirche, auf denen heilige Ereignisse und Figuren zu sehen sind?

Ikonen. Diese Bezeichnung tragen ausschließlich Tafelbilder und keine Wandgemälde. Ikonen sind Gegenstände religiöser Verehrung.

Welcher französische Maler des 17. Jahrhunderts beeinflusste mit seiner Kunst den Klassizismus des 18. Jahrhunderts?

Nicolas Poussin (1594–1665) studierte in Venedig und Rom die Meisterwerke der Antike. Er verwendete antike Stoffe und auf Klarheit und Präzision ausgerichtete Formen.

■ Wann wurde mit dem Bau des Turms von Pisa begonnen?

Im Jahr 1173. Schon damals zeichnete sich die Bodensenkung ab, die dem Turm zu seiner Schieflage und damit verbunden zum Weltruhm verhalf.

Schiefer Turm von Pisa

■ Auf welcher österreichischen Münze ist der Wiener Stephansdom zu sehen?

a) 10-Cent-Münze c) 50-Cent-Münze
b) 20-Cent-Münze d) 2-Euro-Münze

a) 10-Cent-Münze
Das beeindruckende gotische Bauwerk wird von den Wienern liebevoll „Steffl" genannt.

■ Welcher norwegische Maler wurde zum Wegbereiter der expressionistischen Richtung in der Malerei der Moderne?

Edvard Munch (1863–1944). Ursprünglich stark vom Realismus beeinflusst, entwickelte Munch sich weiter in die expressionistische Richtung. Von ihm stammt das Zitat: „Für einen Künstler ist es vor allem gefährlich, gelobt zu werden".

■ Wer beschrieb die Schönheit des Seltsamen mit den Worten: „Schön wie die zufällige Begegnung einer Nähmaschine und eines Regenschirms auf einem Seziertisch"?

Der Dichter Lautréamont (1846–70). Dieser Satz nahm die surrealistischen Maximen vorweg und wurde so später für die Surrealisten zum Leitmotiv.

■ Unter welchem König wurden die Hängenden Gärten von Babylon errichtet?

Unter König Nebukadnezar II. (um 640–562 v. Chr.). Die in Terrassen errichtete Gartenanlage war so raffiniert, dass sie zu den sieben antiken Weltwundern zählt. Sie wurde um 600 v. Chr. angelegt. Jede einzelne Gartenterrasse soll eine Fläche von etwa 100 m^2 gehabt haben und bis zu 30 Metern hoch gewesen sein.

■ Wie hieß der sumerische Tempelturm, der in drei Terrassen gebaut war?

a) Koloss c) Zikkurat
b) Zirkade d) Artemis

c) Zikkurat
Die erste der drei Terrassen war über drei große Treppen zu erreichen, von ihr aus führte eine weitere Treppe zu den zwei anderen Terrassen. Auf der Spitze des Tempelturms befand sich der eigentliche Tempel.

■ Was war die Cloaca maxima?

Die Kanalisation des alten Roms. Dieses wohl größte unterirdische Abwassersystem der Antike befand sich unter den

Straßen der Stadt. In seinen Kanälen wurden die Abwässer in den nahe gelegenen Tiber gespült.

Was war die Berliner Secession?

a) eine Künstlergruppe aus Malern und Bildhauern
b) ein Bücherverbot
c) ein Architekturstil im 19. Jahrhundert
d) eine Lithografengruppe

a) eine Künstlergruppe aus Malern und Bildhauern
Unter den Mitgliedern der Künstlergruppe befanden sich nicht nur deutsche Künstler. Emil Nolde (1876–1956), Edvard Munch (1863–1944), Käthe Kollwitz (1867–1945) u.a. gehörten zu den Mitgliedern.

Welches byzantinische Gotteshaus wurde zwischen 532 und 537 in Istanbul gebaut?

Die Hagia Sophia. Sie vereint alle damals bekannten Bauvorstellungen in ihrer Architektur. Sie gilt als Hauptwerk der byzantinischen Baukunst und läutete das Ende des antiken Bauens ein.

Hagia Sophia

Welcher US-amerikanische Architekt entwarf das Holocaust-Mahnmal in Berlin?

Peter Eisenman (*1932). Zahlreiche namhafte internationale Architekten hatten sich an der Ausschreibung für das Mahnmal beteiligt. Den Zuschlag bekam schließlich das Stelenmahnmal von Eisenman. Es erinnert an die Ermordung von sechs Millionen Juden während des Nationalsozialismus.

Welcher Architekt des Nationalsozialismus plante die Stadt Germania?

Albert Speer (1905–81). Er plante den Ausbau Berlins zur großdeutschen Hauptstadt Germania. Zusätzlich entwarf er zahlreiche repräsentative Gebäude für Adolf Hitler (1889–1945).

Was unterschied die Gebäude der Legionskommandeure von den anderen Gebäuden eines Castrums?

Sie waren aus Stein errichtet. In späterer Zeit wurde es auch bei den anderen Gebäudeteilen immer üblicher, Stein, Ziegel und Lehm anstelle von Stoff zu verwenden.

Wodurch zeichnet sich ein Relief aus?

Die dargestellten Figuren und Dinge heben sich von der Grundfläche plastisch hervor. Hochreliefs lassen das Dargestellte stark hervortreten, während Flachreliefs nur leichte Wölbungen aufweisen.

Welcher Bestseller machte den kolumbianischen Autor und Literaturnobelpreisträger Gabriel García Márquez berühmt?

Hundert Jahre Einsamkeit.

Aus welchem Märchen stammt der Zauberspruch „Sesam öffne dich"?

Ali Baba und die 40 Räuber aus *1001 Nacht*. Die Zauberformel öffnet eine Felsentür, hinter der sich der Schatz der 40 Räuber befindet. Ali Baba bedient sich daran und kann die Räuber besiegen.

Welcher Autor verfasste das Stück *Der zerbrochene Krug*?

a) Johann Wolfgang von Goethe
b) Gotthold Ephraim Lessing
c) Friedrich von Schiller
d) Heinrich von Kleist

c) Heinrich von Kleist
Das Stück handelt von dem Dorfrichter Adam, der sich während einer Gerichtsverhandlung in Lügen verstrickt, um den Verdacht von sich abzulenken, bis er schließlich selbst als Täter entlarvt wird. Kleist hatte zu Lebzeiten kaum literarischen Erfolg und nahm sich 1811 das Leben.

Welcher österreichische Schriftsteller schrieb ein Theaterstück, in dem kein einziges Wort gesprochen wird?

Peter Handke (*1942) mit *Das Mündel wird Vormund sein* (1969).

Welcher Autor verfasste den *Parzival*?

Wolfram von Eschenbach (um 1170–1220). Dieses Epos handelt von der Suche nach dem Heiligen Gral. Der junge Parzival wird abgeschieden von der Welt erzogen, kann aber dennoch Ritter und letztendlich Gralskönig werden.

Eine Seite aus Parzival

Welcher 1969 in der DDR veröffentlichte Roman von Jurek Becker (1937–97) spielt im Warschauer Getto?

Jakob der Lügner. Der Protagonist verbreitet Nachrichten über eine angeblich unmittelbar bevorstehende Befreiung des Gettos, um den Menschen Mut zu machen. Der Roman wurde ein internationaler Erfolg.

Welchen Trojaner verehrten die Römer als größten Helden des Kampfes um Troja?

Äneas. Der römische Dichter Vergil (70–19 v. Chr.) verfasste über diese Figur ein Epos (*Aeneis*), das in Form und Gestalt vergleichbar ist mit der *Ilias* von Homer. Es wurde zu einem der wichtigsten Texte im antiken Rom. Nach der verlorenen Schlacht hatte Äneas auf der Flucht von Troja zahlreiche Abenteuer zu bestehen, bevor er schließlich nach Italien kam, um dort Latiner und Trojaner zu vereinigen.

Was ist ein Haiku?

Ein japanisches Kurzgedicht, das sich in der Regel mit Naturthemen beschäftigt. Der formelle Aufbau eines Haiku wird in Japan recht streng gehandhabt: Er besteht meist aus drei Wortgruppen zu fünf, sieben und fünf japanischen Lautsilben. Traditionell sind Haikus Naturgedichte, modernere Haikus behandeln aber auch Themen wie Autos im Stau oder Flugzeuge am Himmel.

Was versteht man unter der sogenannten Trümmerliteratur?

Die Trümmerliteratur wurde in den Jahren nach dem Zweiten Weltkrieg (1945–50) von einer jungen Autorengeneration in den Westzonen erschaffen. Sie thematisierten ihre Erfahrungen mit dem Nationalsozialismus, dem Krieg und dem Leben in den Trümmern der zerstörten Städte. Wichtige Vertreter der Trümmerliteratur waren beispielsweise Wolfgang Borchert (1921–47), Alfred Andersch (1914–80) und Günter Eich (1907–72).

In welcher Sprache verfasste Dante Alighieri seine *Göttliche Komödie*?

a) Lateinisch
b) Portugiesisch
c) Italienisch
d) Spanisch

c) Italienisch
Der italienische Dichter Dante Alighieri (1265–1321) schrieb seine *Göttliche Komödie* nicht mehr auf Latein, wie es damals üblich war, sondern auf Italienisch, genauer in einer toskanischen Mundart, die mit seinem Werk die italienische Hochsprache prägte.

Titelseite der Göttlichen Komödie

An wen ging 1901 der allererste Nobelpreis für Literatur?

An den französischen Schriftsteller René Sully Prudhomme (1839–1907). Er bekam den Nobelpreis „als Anerkennung seiner ausgezeichneten, auch noch in späteren

Jahren an den Tag gelegten Verdienste als Schriftsteller und besonders seiner Dichtungen, die hohen Idealismus, künstlerische Vollendung und eine seltene Vereinigung von Herz und Geist bezeugen".

Von welchem Literaturnobelpreisträger stammt die *Danziger Trilogie*?

Von Günter Grass (*1927), der 1999 den Literaturnobelpreis erhielt. Sein Romanzyklus *Danziger Trilogie* umfasst die berühmten Werke *Katz und Maus, Hundejahre* und *Die Blechtrommel*.

Welche Merkmale kennzeichnen einen pikaresken Roman?

Ein pikaresker Roman ist eine fiktive Biografie, die aus der Perspektive eines Antihelden geschrieben ist. Zu den berühmtesten pikaresken Romanen der deutschen Literatur gehören beispielsweise *Der Abentheuerliche Simplicissimus Teutsch* von Grimmelshausen (um 1622–76), Thomas Manns (1875–1955) *Felix Krull* und *Die Blechtrommel* von Günter Grass (*1927) .

Wo verbrachte Heinrich Heine (1797–1856) seine letzten Jahre?

Der berühmte Schriftsteller ging 1831 ins Exil nach Paris, wo er bis zu seinem Tod lebte. Er hatte sich als zeitkritischer Schriftsteller und politischer Journalist den Zorn der konservativen Kräfte zugezogen. Berühmt sind vor allem seine Balladen, beispielsweise die *Loreley* (1823).

Wer schuf die Figuren Miss Marple und Hercule Poirot?

Die Britin Agatha Christie (1890–1976). Im Jahr 2000 erhielt sie für ihr literarisches Lebenswerk postum die Auszeichnung „Beste Kriminalautorin des Jahrhunderts".

Agatha Christie

Auf wen warteten die Figuren Wladimir und Estragon vergeblich?

Auf Godot. Das 1948 verfasste absurde Theaterstück *Warten auf Godot* von Samuel Beckett (1906–89) ist eines der rätselhaftesten Werke der Weltliteratur. Es ist sehr schwer zu interpretieren, doch gerade seine Absurdität und das Fehlen nahezu jeglicher Handlung machen es zu einem noch heute faszinierenden Theaterstück.

Was versteht man unter Trivialliteratur?

Als Trivialliteratur bezeichnet man sprachlich einfache und inhaltlich leicht zu erfassende Literatur. Die Geschichten, die in solchen Romanen geschildert werden, sind in der Regel nicht sehr komplex. Meist arbeiten die Autoren mit Stereotypen, beispielsweise einem reichen, aber unglücklich verheirateten Arzt oder der naiven Unschuld vom Land. Ein weiteres Merkmal ist das positive Ende der Geschichten.

Wer verfasste den erfolgreichen Kriminalroman *Der Hahn ist tot*?

Ingrid Noll (*1935).

Wie heißt Schiller mit vollem Namen?

Johann Christoph Friedrich von Schiller.

Friedrich von Schiller

Welchen teilweise autobiografischen Roman bezeichnete der englische Schriftsteller Charles Dickens (1812–70) als seine Lieblingsgeschichte?

David Copperfield. Der Roman wurde im Jahr 1849 veröffentlicht. Der Protagonist beginnt seine Lebensgeschichte mit den Worten: *„Ob ich mich als Held meines eigenen Lebens erweisen werde oder ob dieser Rang irgendeinem anderen gebühren wird, müssen diese Seiten zeigen. Um meine Lebensgeschichte mit meinem Eintritt ins Leben zu beginnen, will ich berichten, dass ich nach glaubwürdigen Zeugenaussagen an einem Freitag um zwölf Uhr nachts geboren worden bin."*

Wie heißt ein viel gelesener Roman von Anna Seghers (1900–83)?

a) *Das dritte Kreuz*
b) *Das fünfte Kreuz*
c) *Das siebte Kreuz*
d) *Das neunte Kreuz*

c) *Das siebte Kreuz*
Der 1942 veröffentlichte Roman handelt von der Flucht von sieben Häftlingen aus einem Konzentrationslager während der Nazidiktatur.

Welcher Frankfurter Autor schuf den *Struwwelpeter*?

Das berühmte Bilderbuch stammt von dem Arzt Heinrich Hoffmann (1809–94). Es ist eine Folge von zehn Bildergeschichten, die er ursprünglich für seinen Sohn verfasste und auch selbst illustrierte.

Welche berühmte Autorin schrieb die Tintenwelt-Trilogie (2003–07)?

Cornelia Funke (*1958). Die Trilogie besteht aus den Bänden *Tintenherz*, *Tintenblut* und *Tintentod*. Bereits der erste Band gewann zahlreiche Auszeichnungen und wurde zu einem internationalen Bestseller.

Cornelia Funke

Welche literarische Gruppe wurde als Gruppe 47 bekannt?

Die Gruppe 47 war die einflussreichste literarische Gruppe in Westdeutschland nach 1945. Bis in die 1960er-Jahre übte ihre Literatur großen Einfluss in Deutschland aus. Wichtige Elemente waren die Manifestation einer politisch-zeitkritischen Einstellung und einer Geistesverwandtschaft der Autoren. Der Literaturpreis der Gruppe 47 ging u. a. an Heinrich Böll (1917–85), Ilse Aichinger (*1921) und Günter Grass (*1927).

Welche Kinder- und Jugendbuchautorin schrieb *Mit Jakob wurde alles anders*?

Kirsten Boie (*1950). Weitere bekannte Titel der Schriftstellerin sind beispielsweise *Paule ist ein Glücksgriff* (1985), *Mit Kindern redet ja keiner* (1990), *Ich ganz cool* (1992), *Nella-Propella* (1994), *Prinzessin Rosenblüte* (1995), *Nicht Chicago. Nicht hier.* (1999) oder *Wir Kinder aus dem Möwenweg* (2000).

Wer schrieb den Roman *Sturz der Titanen*?

a) James Joyce
b) Ken Follett
c) George Orwell
d) Dan Brown

d) Ken Follett
Der Autor (*1949) schrieb zahlreiche Bestseller, wie beispielsweise *Die Säulen der Erde*, *Die Pfeiler der Macht* und *Die Brücken der Freiheit*.

Wer verfasste den 1929 erschienenen Roman *Im Westen nichts Neues*?

Erich Maria Remarque. Mit bürgerlichem Namen hieß der 1898 geborene Schriftsteller Erich Paul Remark. Er hatte Affären mit berühmten Frauen wie Marlene Dietrich und Greta Garbo und verfasste zahlreiche weitere Romane, in deren Mittelpunkt die beiden Weltkriege stehen: *Der Weg zurück* (1931), *Arc de Triomphe* (1946), *Der Funke Leben* (1952), *Zeit zu leben und Zeit zu sterben* (1954), *Die Nacht von Lissabon* (1962) und viele andere. Er starb 1970 in Locarno.

Mit welcher Novelle des poetischen Realismus verbindet man den Ruhm Theodor Storms (1817–88)?

Mit der Novelle *Der Schimmelreiter*, die den tragischen Kampf eines Menschen gegen die Naturgewalt des Meeres beschreibt.

Welches Werk gilt als Prototyp der Novelle?

Giovanni Boccaccios (1313–75) Novellensammlung *Decamerone*. Die literarische Form der Novelle (Neuigkeit) ist eine Prosaform mittlerer Länge, die moderneren Inhalten und realistischer Gestaltungsweise in der Literatur den Boden bereitete. Mit der Aufklärung verbreitete sich diese Prosaform in ganz Europa.

Welcher deutsche Dichter schrieb die Gedichte, die der Komponist Franz Schubert in seinem Liederzyklus *Die Winterreise* vertonte?

Wilhelm Müller (1794–1827).

Wie heißt Theodor Fontanes (1819–98) berühmtester Roman?

Effi Briest. Das Buch erschien erstmals 1894/95 als Fortsetzungsroman in der *Deutschen Rundschau* und dann 1896 als Buch. Es gilt als Höhe- und Wendepunkt des poetischen Realismus. Aufgrund des Ehebruchthemas wurde der Roman häufig mit Flauberts *Madame Bovary* verglichen.

Wer schrieb *Die Angst des Tormanns beim Elfmeter*?

Peter Handke (*1942). Die Hauptfigur der 1970 veröffentlichten Erzählung ist der Monteur Josef Bloch, der eines Tages seine Baustelle verlässt, in dem Glauben, er sei entlassen worden. Von da an zieht er durch die Stadt Wien, lässt sich treiben und begeht schließlich einen Mord.

Welcher Gruselroman von Mary Shelley erlangte Weltruhm?

a) *Dracula*
b) *Dämonentanz*
c) *Harry Potter*
d) *Frankenstein*

d) *Frankenstein*

Die Autorin war gerade mal zwanzig Jahre alt, als sie das Buch im Sommer 1816 schrieb.

Mary Shelley von John Opie, 1797

Wie heißt die Hauptfigur aus J. R. R. Tolkiens (1892–1973) berühmter Fantasy-Trilogie *Der Herr der Ringe*?

Frodo Beutlin.

Wer schrieb den 1925 veröffentlichten Roman *Der Prozess*?

Franz Kafka (1883–1924), der als Versicherungsangestellter in Prag lebte. Seine Figuren kämpfen oft gegen unbestimmte, bedrohliche Mächte.

In welcher häufig aufgeführten Komödie ist die schöne Athenerin Hermia mit ihrem Geliebten Lysander auf der Flucht vor ihrem Vater, um ihrer Verheiratung mit einem anderen Mann zu entgehen?

In William Shakespeares (1564–1616) *Ein Sommernachtstraum.*

Wie heißt der von Jan Philipp Reemtsma verfasste Erfahrungsbericht über seine 33-tägige Geiselhaft?

a) *Im Wald* c) *Im Keller*
b) *Ohne Hoffnung* d) *Ohne Leben*

c) *Im Keller*
Der Multimillionär Reemtsma war 1996 vor seinem Haus entführt worden und kam erst nach einer Lösegeldzahlung von umgerechnet rund 15 Millionen Euro wieder frei.

Von wem stammt der provokante Satz „Soldaten sind Mörder"?

Von Kurt Tucholsky (1890–1935). Der Schriftsteller kämpfte selbst als Soldat im Ersten Weltkrieg, wanderte später nach Schweden aus und beging dort schließlich Selbstmord.

In welcher Erzählung von Robert Louis Stevenson (1850–94) wird der Held durch ein Elixier in einen grausamen Bösewicht verwandelt?

Doktor Jekyll und Mr. Hyde (1886). Die Erzählung handelt von Persönlichkeitsspaltung: Der angesehene Forscher Dr. Jekyll verwandelt sich aufgrund medizinischer Selbstversuche nachts zeitweise in eine bösartige Kreatur.

Wie heißt der erfolgreichste Roman des japanischen Autors Haruki Murakami (*1949)?

Gefährliche Geliebte. In dem 1992 erschienenen Roman trifft der erfolgreiche, verheiratete Jazzbarbesitzer Hajime nach vielen Jahren seine ehemalige Klassenkameradin Shimamoto wieder und verbringt eine Nacht mit ihr.

Durch welchen Bestseller wurde die Amerikanerin Donna Woolfolk Cross (*1947) weltberühmt?

Die Päpstin. In dem 1996 erschienenen historischen Roman wird die Legende der mittelalterlichen Päpstin Johanna erzählt.

Donna Woolfolk Cross

Aus wessen Feder stammt die *Schachnovelle*?

Aus der Feder des österreichischen Schriftstellers Stefan Zweig (1881–1942). Die *Schachnovelle* handelt von einem Mann, den das Nachspielen von Schachpartien während seiner Haft im Wiener Gestapogefängnis vor dem Verrücktwerden bewahrt.

Welcher Autorin ist der Klagenfurter Literaturpreis gewidmet?
Der österreichischen Lyrikerin und Romanautorin Ingeborg Bachmann (1926–73).

Wie heißt das wichtigste Werk des italienischen Dichters Francesco Petrarca (1304–1374)?
Il Canzoniere.

Francesco Petrarca

Aus welchem Werk des irischen Schriftstellers James Joyce stammt der Protagonist Leopold Bloom?
Ulysses. In 18 Episoden beschreibt Joyce (1882–1941) einen einzigen Tag aus dem Leben des Leopold Bloom. Diese Episoden entsprechen jeweils Ereignissen, die auch in der Odyssee vorkommen, daher auch der Titel des Romans. *Ulysses* gehört zu den bedeutendsten modernen Romanen.

Wer schrieb das berühmte *Dschungelbuch*?
a) Joanne K. Rowling c) Charles Dickens
b) Rudyard Kipling d) J. R. R. Tolkien

b) Rudyard Kipling
Schon als Buch war *Das Dschungelbuch* sehr beliebt, doch die Umsetzung des Stoffes als Zeichentrickfilm machte die Geschichte weltberühmt. Kipling erhielt 1907 den Literaturnobelpreis.

Welcher bekannte, 1821 geborene russische Schriftsteller veröffentlichte mit 25 Jahren sein Erstlingswerk *Arme Leute*?
Fjodor M. Dostojewski (1821–81). Er gehört zu den bekanntesten russischen Schriftstellern. Seine Werke wie *Der Spieler, Schuld und Sühne, Der Idiot* oder *Die Brüder Karamasow* hatten großen Einfluss auf die Literatur von Hermann Hesse (1877–1962), Marcel Proust (1871–1922) und Franz Kafka (1883–1924).

Welcher Romanheld muss sich zum Gleis Neundreiviertel begeben?
Harry Potter, der als Zauberschüler die ehrwürdige Zauberschule Hogwarts besucht.

Welcher Roman des Schweizer Schriftstellers Max Frisch (1911–91) handelt von einem zufälligen Inzest zwischen Vater und Tochter?
Homo Faber (1957).

Für welches Kinderbuch wurde der Italiener Carlo Collodi (1826–90) berühmt?
Die Abenteuer des Pinocchio. Das Buch gilt bis heute als eines der berühmtesten Kinderbücher.

Welche österreichische Schriftstellerin bekam 2004 den Literaturnobelpreis?
Elfriede Jelinek (*1946). Zu ihren bekanntesten Werken zählen *Die Klavierspielerin* (1983), *Die Kinder der Toten* 1995) und *Bambiland* (2003).

Wer schrieb die bekannte deutsche Ballade *John Maynard*?
Theodor Fontane (1819–98).

Theodor Fontane

Welcher englische Schriftsteller verfasste den 1932 erschienenen utopischen Roman *Schöne neue Welt*?
Aldous Huxley (1894–1963). In dem Roman erzählt er von Menschen, die sich in einer völlig entseelten Welt willenlos manipulieren lassen.

Welche literarische Strömung existiert nicht, die Heidelberger Romantik oder die Hamburger Romantik?
Die Hamburger Romantik gibt es nicht. Als Heidelberger Romantik bezeichnet man die Zeit von 1805 bis 1808.

Welcher Star der modernen Popliteratur wurde mit Romanen wie *High Fidelity, Fever Pitch* oder *About a boy* weltbekannt?
Der Engländer Nick Hornby (*1957). Er gilt als einer der wichtigsten Vertreter der Popkultur.

In welchem Werk des italienischen Dichters Dante Alighieri (1265–1321) wird eine Reise durch die Hölle beschrieben?
In der *Göttlichen Komödie*. Das Buch entstand ungefähr zwischen 1307 und 1320 und gilt bis heute als eines der wichtigsten Werke der italienischen Literatur.

Welcher Autor schrieb mit *Berlin Alexanderplatz* einen der wichtigsten deutschen Großstadtromane?
Alfred Döblin (1878–1957).

Welcher Autor schreibt unter dem Pseudonym Arne Dahl?
Der Schwede Jan Arnald (*1963). Er arbeitet für die Schwedische Akademie, die die Nobelpreise vergibt, und erhielt 2004 den wichtigsten dänischen Krimipreis.

Welche Autoren sind gemeint, wenn man vom „Viergestirn der Weimarer Klassik" spricht?

Goethe, Schiller, Wieland und Herder.

Als Weimarer Klassik bezeichnet man in der Regel die Zeit, in der Wieland, Goethe, Herder und Schiller in Weimar wirkten. Der Beginn der Epoche wird meist mit Goethes erster Italienreise 1786 angegeben, das Ende ungefähr mit Schillers Tod im Jahr 1805. Manchmal ist mit dem Begriff Weimarer Klassik aber auch einfach die gemeinsame Schaffensperiode der Dichterfreunde Goethe und Schiller gemeint.

Auf welche Zeit lässt sich der Sturm und Drang datieren?

Etwa auf die Zeit zwischen 1770 und 1790. Diese literarische Strömung war eine literarische Gegenbewegung zur Rationalität der Aufklärung.

Welcher Roman handelt von der Liebesgeschichte zwischen dem Gymnasiasten Michael Berg und der 20 Jahre älteren Hanna Schmitz?

Bernhards Schlinks (*1944) *Der Vorleser*. Der Roman wurde auch verfilmt.

Seit wann gibt es die Gedichtform des Limerick?

Seit etwa 1820. Die nach der irischen Stadt benannten Limericks sind kurze fünfzeilige, humorvolle Gedichte, die meist in Zeitungen publiziert wurden. Einer der wichtigsten Limerick-Autoren war der Brite Edward Lear (1812–88).

In welcher legendären Fernsehsendung wurden Bücher vorgestellt und von einer vierköpfigen Gruppe mal hoch gelobt, mal gnadenlos zerrissen?

In *Das Literarische Quartett*. Die Fernsehreihe wurde zwischen 1988 und 2001 ausgestrahlt und verdankte ihre enorme Popularität hauptsächlich dem Literaturkritiker Marcel Reich-Ranicki (*1920).

Wer erregte mit dem Werk *Die Waffen nieder!* 1889 großes Aufsehen?

Bertha von Suttner (1843–1914). Mit ihrem Roman plädierte sie leidenschaftlich für den Frieden, 1905 wurde die Gräfin mit dem Friedensnobelpreis geehrt.

Bertha von Suttner

Welcher Schriftsteller verfasste das erfolgreiche Buch *Die unendliche Geschichte*?

Michael Ende (1929–95). In dem Roman entdeckt Bastian ein geheimnisvolles Buch. Er liest darin und gelangt in die Traumwelt von Phantásien. Michael Ende wurde mit zahlreichen Preisen ausgezeichnet.

Für welche Epoche der deutschen Dichtung gilt die Blaue Blume als Symbol?

Für die Romantik. Der Dichter Novalis (1772–1801) hatte die Blaue Blume in seinem Romanfragment *Heinrich von Ofterdingen* als Symbol eingeführt, seitdem steht sie für die unermessliche Sehnsucht der Romantik nach der Welterkenntnis.

Wer schrieb den Roman *Sinn und Sinnlichkeit*?

Jane Austen (1775–1817). Ihren Werken wurde erst nach ihrem Tod größere Anerkennung zuteil.

Welcher Comicroman stand monatelang auf den Bestsellerlisten?

Gregs Tagebuch von Jeff Kinney. Der Roman, in dem traditioneller Text mit Comiczeichnungen kombiniert wird, wurde 2010 für die Kinoleinwand verfilmt.

In welcher Novelle Eichendorffs (1788–1857) reist ein Müllerssohn sorglos durch die Welt und findet sein Glück?

Aus dem Leben eines Taugenichts. In dieser Novelle werden Prosa und Lyrik zu einer Einheit verbunden.

In welchem Roman ist Felix Krull der Protagonist?

In dem Roman *Bekenntnisse des Hochstaplers Felix Krull* von Thomas Mann (1875–1955). Der Icherzähler Felix Krull beschreibt seinen kuriosen Lebensweg.

Von welchem deutschen Kinderbuchautor ist das Buch *Hörbe mit dem großen Hut*?

Otfried Preußler (*1923). Weitere bekannte Werke sind *Der kleine Wassermann* (1956), *Die kleine Hexe* (1957), *Der Räuber Hotzenplotz* (1962) und *Krabat* (1971).

Otfried Preußler

Welcher deutsche Schriftsteller verfasste die Romane *Das Schwanenhaus* und *Die Verteidigung der Kindheit*?

Martin Walser (*1927). Er erhielt für seine Werke unzählige Literaturpreise.

Was ist eine Anthologie?

Der Begriff Anthologie bezeichnet eine Sammlung einzelner literarischer Texte.

Welches der folgenden schwedischen Kinderbücher ist nicht von Astrid Lindgren (1907–2002)?

a) *Mehr von uns Kindern aus Bullerbü*
b) *Kalle Blomquist, Eva-Lotte und Rasmus*
c) *Die wunderbare Reise des kleinen Nils Holgersson mit den Wildgänsen*
d) *Michel in der Suppenschüssel*

c) *Die wunderbare Reise des kleinen Nils Holgersson mit den Wildgänsen*
Dieses Buch stammt von der Autorin Selma Lagerlöf (1858–1940), die im Jahr 1909 als erste Frau den Nobelpreis für Literatur erhielt.

Worum geht es in Heinrich Bölls Roman *Die verlorene Ehre der Katharina Blum*?

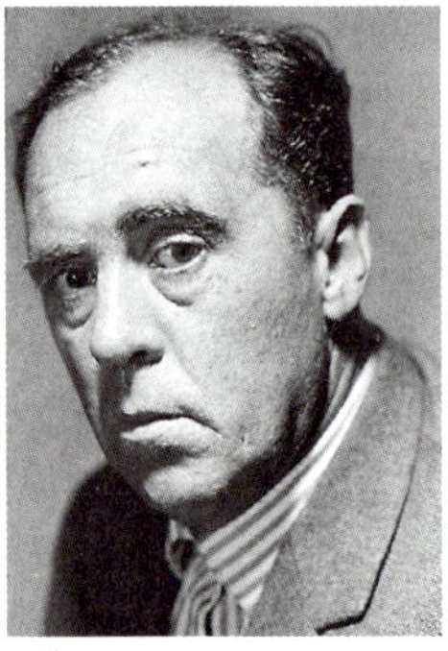

Heinrich Böll

Es geht um eine Frau, die Opfer der Medien wird. Böll setzt sich hier sehr kritisch mit der Springer-Presse auseinander. Volker Schlöndorff verfilmte das Werk.

Welcher Schriftsteller erhielt 2010 den Nobelpreis für Literatur?

Jorge Mario Pedro Vargas Llosa (*1936). Bekannt wurde der peruanisch-spanische Schriftsteller mit dem Roman *Die Stadt und die Hunde* (1963), in dem er autobiografische Erfahrungen verarbeitet.

Aus welchem Märchen stammt der berühmte Satz „Man sieht nur mit dem Herzen gut, das Wesentliche ist für die Augen unsichtbar"?

Aus Antoine de Saint-Exupérys (1900–44) beliebtem Werk *Der kleine Prinz.*

Welcher Lyriker schuf die sogenannten Dinggedichte?

Der Österreicher Rainer Maria Rilke (1875–1926). In einem Dinggedicht wird ein Gegenstand oder Lebewesen beschrieben (z.B. *Der Panther*, 1907).

Was versteht man unter einem Schlüsselroman?

Ein Schlüsselroman ist ein Roman, bei dem reale Ereignisse und Personen hinter fiktiven Namen verborgen sind. Der Leser braucht einen „Schlüssel", um die Zusammenhänge des Textes zu verstehen.

Die französische Schriftstellerin und Feministin Simone de Beauvoir (1908–86) war die Lebensgefährtin eines berühmten Romancier und Philosophen. **Wer ist gemeint?**

Jean-Paul Sartre (1905–80).

Von welchem französischen Autor stammen *Asterix* und *Der kleine Nick*?

Von René Goscinny (1926–77), der auch die Texte zu *Lucky Luke* schrieb. Er zählt zu den bekanntesten Comicautoren des 20. Jahrhunderts.

Was versteht man unter der Weimarer Klassik?
Eine von Goethe (1749–1832) und Schiller (1759–1805) in Weimar geprägte Literaturepoche, die die Antike und die Renaissance idealisierte.

Was bezeichnet man als Lyrik?
Jegliche Formen von Gedichten, nicht zwingendermaßen in Reimform.

„Da steh ich nun, ich armer Tor! und bin so klug als wie zuvor" – aus welchem berühmten Werk stammt dieses Zitat?
Aus Goethes *Faust. Der Tragödie erster Teil.* Faust selbst spricht diesen Satz zu Beginn des ersten Aktes aus.

Faust im Studierzimmer *von Georg Friedrich Kersting*

Welche Autorin schuf den beliebten Commissario Guido Brunetti?
Donna Leon (*1949). Die Krimis der in Venedig lebenden Amerikanerin wurden in zahlreiche Sprachen übersetzt.

Wie heißt das Hauptwerk Honoré de Balzacs?
Die menschliche Komödie (*La Comédie Humaine*). Balzac (1799–1850) hatte sich vorgenommen, einen Zyklus von 137 Romanen und Erzählungen zu schreiben. 91 dieser Werke konnte der Franzose fertigstellen.

Wie heißt ein bekannter, 1968 erschienener Roman von Siegfried Lenz (*1926)?
a) *Englischunterricht*
b) *Deutschstunde*
c) *Französischlektion*
d) *Spanisch für Anfänger*

b) *Deutschstunde*
Der viel gelesene Roman handelt von der Verquickung von Schuld und Pflicht in der Zeit des Nationalsozialismus.

Welche Nationalität hatte der Dichter Pablo Neruda?
Pablo Neruda (1904–73) war Chilene. Er kämpfte gegen den Faschismus in seinem Land und in Spanien und erhielt 1971 den Literaturnobelpreis „für eine Poesie, die mit der Wirkung einer Naturkraft Schicksal und Träume eines Kontinents lebendig macht".

■ Wie heißt Otfried Preußlers düsterer Zauberschülerroman?

Krabat. Krabat ist ein 14-jähriger Waisenjunge, der als Lehrling in einer Mühle aufgenommen wird, welche sich als Zauberschule erweist.

■ Joseph Goebbels ordnete 1933 eine Aktion „Wider den undeutschen Geist" an. Um welche Aktion handelte es sich?

Um nationalsozialistische Bücherverbrennungen. Das Naziregime verbrannte in vielen Großstädten öffentlich wichtige Werke der Weltliteratur und des deutschen literarischen Schaffens und untersagte ihre weitere Publikation und Lektüre.

■ Welcher Oxforder Professor erschuf Humpty Dumpty?

Lewis Carroll (1832–98) in seinem Kinderbuch *Alice in Wonderland* (*Alice im Wunderland*).

■ Wessen Erfindung ist Sherlock Holmes?

Arthur Conan Doyle (1859–1930) schuf den berühmten Detektiv, der 1886 erstmalig in der Öffentlichkeit auftauchte: in der Erzählung *Eine Studie in Scharlachrot* (Original: *A Study in Scarlet*).

■ Durch welchen Roman erlangte Umberto Eco (*1932) weltweite Berühmtheit?

Durch den im Mittelalter spielenden Roman *Der Name der Rose*, in dem der Franziskanermönch William von Baskerville mehrere Todesfälle aufklären soll.

■ Wie heißen die drei literarischen Grundformen?

Epik, Lyrik und Drama. Die Epik umfasst Kurzgeschichten, Erzählungen, Märchen und Romane, die Lyrik vereint Gedichte und Balladen und das Drama umfasst Tragödien und Komödien.

■ Von welchem irischen Schriftsteller stammt der Roman *Das Bildnis des Dorian Gray* (1890)?

Von Oscar Wilde (1854–1900). Der Protagonist des Romans besitzt ein Porträt, das an seiner Stelle altert.

Oscar Wilde

■ Wer schrieb das Märchen *Die Prinzessin auf der Erbse*?

Hans Christian Andersen (1805–75). Das Märchen stammt aus seiner Märchensammlung, die zwischen 1835 und 1848 erschien.

■ ■ ■

■ Aus wessen Feder stammt das 1927 erschienene Kultbuch *Der Steppenwolf*?

Hermann Hesse (1877–1962) schrieb den Roman, mit dessen Protagonisten Harry Haller die amerikanische und deutsche Jugend sich bis in die 1960er-Jahre hinein identifizierte.

■ ■ ■

■ Welcher berühmte Roman von Alexandre Dumas (1802–70) wurde 1998 mit Gérard Depardieu verfilmt?

Der Graf von Monte Cristo. Ursprünglich war der Roman, der in der Zeit nach der französischen Revolution spielt, zwischen 1844 und 1846 als Fortsetzungsroman in der Zeitschrift *Le Journal des debats* erschienen und hatte schnell einen durchschlagenden Erfolg.

Den Schriftsteller Alexandre Dumas gibt es gleich zweimal: Vater und Sohn. Beide haben weltberühmte Werke geschaffen. Von Alexandre Dumas dem Älteren (1802–70) stammen Romane wie *Die drei Musketiere* und *Der Graf von Monte Christo*, während sein Sohn, Alexandre Dumas der Jüngere (1824–95), beispielsweise *Die Kameliendame* verfasste.

■ Welches Buch ist als erster Bestseller der neueren deutschen Literatur bekannt?

Die Leiden des jungen Werther von Johann Wolfgang von Goethe (1749–1832). In dem Briefroman verarbeitet der Dichter angeblich eigene Erlebnisse.

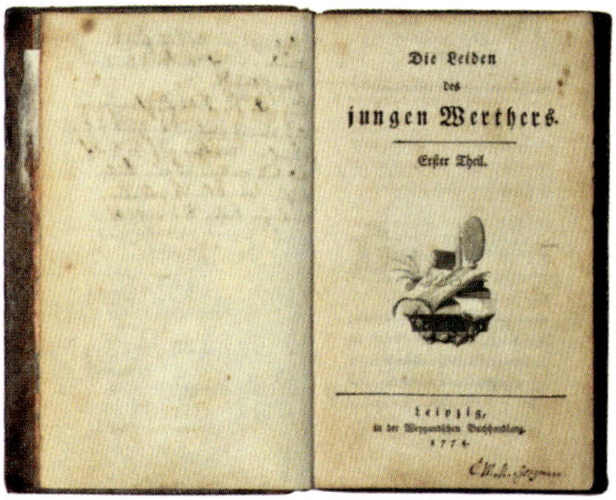

Titelblatt der Erstausgabe

■ ■ ■

■ Was versteht man unter einem Pleonasmus?

Ein Pleonasmus ist ein Stilmittel: die überflüssige Dopplung von Begriffen, beispielsweise „kleiner Zwerg".

■ ■ ■

■ In welchem dieser Romane kommt kein Selbstmord vor?

a) *Effi Briest*
b) *Anna Karenina*
c) *Die unerträgliche Leichtigkeit des Seins*
d) *Madame Bovary*

c) *Die unerträgliche Leichtigkeit des Seins*

Der Roman von dem tschechischen Autor Milan Kundera erschien 1987 in deutscher Sprache. Es geht um eine schwierige Beziehung zwischen zwei Menschen mit unterschiedlichen Vorstellungen von Liebe und Treue.

■ **Welcher lateinamerikanische Schriftsteller wurde für seine fantastischen Erzählungen berühmt?**

Der Argentinier Jorge Luis Borges (1899–1989). Zu seinen bekanntesten Texten gehören *Fiktionen* (1944) und *Das Sandbuch* (1975).

Jorge Luis Borges

■ **Welcher polnische Autor schrieb die Romane *Solaris* und *Der Unbesiegbare*?**

Stanislaw Lem (1921–2006). Er gilt als einer der wichtigsten Science-Fiction-Autoren.

■ **Welcher Adoleszenzroman von J. D. Salinger (1919–2010) entwickelte sich zum Lieblingsbuch der akademischen Jugend?**

Der Fänger im Roggen.

■ **Was versteht man unter einem Sonett?**

Eine klassische Gedichtform, die aus zwei vierzeiligen Strophen (Quartetten) und zwei dreizeiligen Strophen (Terzetten) besteht. In der klassischen Form haben die Verse elf Silben. Als Meister des Sonetts gelten Dante (1265–1321), Petrarca (1304–74) und William Shakespeare (1564–1616).

■ **Welches dieser vier Werke Puschkins (1799–1837) wurde nicht von einem namhaften russischen Komponisten vertont?**

a) *Eugen Onegin*
b) *Die Hauptmannstochter*
c) *Pique Dame*
d) *Boris Godunow*

b) *Die Hauptmannstochter*

Der Versroman *Eugen Onegin* und die Erzählung *Pique Dame* wurden von Peter Tschaikowsky (1840–93) vertont, aus dem Drama *Boris Godunow* wurde durch Mussorgskij eine Oper.

■ **Welcher Literaturnobelpreisträger (1954) gilt als einer der erfolgreichsten und bekanntesten Schriftsteller Amerikas im 20. Jahrhundert?**

Ernest Hemingway (1899–1961). 1927 gelang ihm der Durchbruch als Autor mit dem Roman *Fiesta*. 1961 erschoss er sich depressiv und vereinsamt. Sein Stil prägte die Autoren der deutschen Nachkriegsgeneration.

■ **Wie heißt die berühmte Novelle der deutschen Dichterin Annette von Droste-Hülshoff?**

Die Judenbuche. Die 1842 erschienene Geschichte handelt von Schuld und Sühne.

Welcher Autor schuf den Krimidetektiv Philip Marlowe?

Der Amerikaner Raymond Chandler (1888–1959). Mit Marlowe kreierte er in seinen Kriminalromanen einen Detektiv, der nach außen hart und zynisch, innerlich aber sensibel ist und an der amerikanischen Gesellschaft verzweifelt. Zu Chandlers berühmtesten Romanen gehören *Der große Schlaf, Die kleine Schwester* und *Lebwohl, mein Liebling.*

„Auf der bunten Blumenwiese
Geht ein buntes Tier spazieren,
wandert zwischen grünen Halmen,
wandert unter Schierlingspalmen,
freut sich, dass die Vögel singen,
freut sich an den Schmetterlingen,
freut sich, dass sich's freuen kann.
Aber dann ..."

Welcher 1972 erschienene Kinderbuchklassiker beginnt mit diesen Zeilen?

Das kleine ICH-BIN-ICH von Mira Lobe, die für dieses Buch 1972 den Österreichischen Staatspreis für Kinder- und Jugendliteratur erhielt.

In welchem Roman ist der Protagonist so unbestimmbar, dass nur sein Vorname genannt wird?

In Robert Musils (1880–1942) Roman *Der Mann ohne Eigenschaften.* Der Romanheld Ulrich möchte ein bedeutender Mann werden, merkt aber dann, dass dies in der Moderne nicht mehr möglich ist. Er verabschiedet sich für ein Jahr von der Wirklichkeit, um „Urlaub vom Leben" zu nehmen.

Welche drei Schwestern veröffentlichten ihre erfolgreichen Romane stets unter männlichen Pseudonymen?

Emily Jane (1818–48), Charlotte (1816–55) und Anne Brontë (1820–49). Emily Jane galt als die Talentierteste der drei Schwestern. Ihr 1847 erschienener Roman *Sturmhöhe* (1847) löste im viktorianischen England einen Skandal aus.

Zu welcher literarischen Strömung zählen die Werke Gerhart Hauptmanns?

Hauptmann (1862–1946) gilt als bedeutendster deutscher Vertreter des Naturalismus. 1912 erhielt er den Nobelpreis für Literatur „vornehmlich für seine reiche, vielseitige, hervorragende Wirksamkeit auf dem Gebiete der dramatischen Dichtung".

Gerhart Hauptmann

Welches Zukunftsszenario wird in Herbert George Wells (1866–1946) Roman *Die Zeitmaschine* geschildert?

Der Roman beschreibt die ferne Zukunft als Schauplatz von Klassenkämpfen zwischen zwei unterschiedlich entwickelten Menschenrassen. Der Erdball bewegt sich dem Kältetod entgegen. Der Roman führt letztendlich zu der Einsicht, dass es in der Zukunft die gleichen Probleme wie im Jetzt geben wird.

■ **Wessen Erfindung ist der edle Indianerhäuptling Winnetou?**

Der sächsische Schriftsteller Karl May (1842–1912) schuf diese Figur, ohne je selbst in den Wilden Westen oder in den Vorderen Orient gereist zu sein. Seine Geschichten um Old Surehand, Old Shatterhand und Winnetou sind noch heute überaus beliebt.

■ **Welcher deutsche Schriftsteller und Musiker machte eine Fotografenausbildung, spielte in mehreren Bands, arbeitete für das Satire-Magazin Titanic und wurde 2008 mit dem Kleistpreis ausgezeichnet?**

Max Goldt (*1958), der auch die Comicstrips *Katz und Goldt* schuf. Auch einige Bücher, beispielsweise *Die Radiotrinkerin*, *Ä* und *Vom Zauber des seitlich dran Vorbeigehens* stammen aus seiner Feder.

Max Goldt

■ **Warum wurde der römische Dichter Ovid aus Rom verbannt?**

Weil er zu viel über das Intimleben der kaiserlichen Familie wusste. Publius Ovidius Naso (43 v. Chr.–17 n. Chr.), kurz Ovid, hatte mit den *Metamorphosen* auf sich aufmerksam gemacht. Die Themen dieser Gedichte waren teilweise recht frivol. Da Ovid am Hof des Augustus (63 v. Chr.–14 n. Chr.) ein- und ausging, hatte er zu viele private Einzelheiten aus dem Leben der Kaiserenkelin erfahren, und so verbannte man ihn kurzerhand aus der Stadt.

■ **Wo ist die *Edda* zu Hause?**

Auf Island. Auf der nordskandinavischen Insel wurden um das Jahr 1000 viele germanische Götter- und Heldenlieder aufgeschrieben. 1643 erwarb der isländische Bischof Brynjólfur Sveinsson (1605–75) die wertvolle handschriftliche Sammlung, die heute in der königlichen Bibliothek von Kopenhagen aufbewahrt wird. Sie bietet tiefe Einblicke in die Göttervorstellungen der Germanen.

■ **Welcher Dichter hielt sich vermutlich jahrelang geistesgestört im Tübinger Turm auf?**

Friedrich Hölderlin (1770–1843), dessen Werk zu Lebzeiten unverstanden blieb. Sein bekanntestes Werk ist der *Hyperion* (1797/99).

■ **Welche Schriftstellerin erhielt als erste Frau den Literaturnobelpreis?**

a) Gabriela Mistral
b) Grazia Deledda
c) Selma Lagerlöf
d) Pearl S. Buck

c) Selma Lagerlöf
Die Schwedin (1858–1940) erhielt die Auszeichnung „aufgrund des edlen Idealismus, des Fantasiereichtums und der seelenvollen Darstellung, die ihre Dichtung prägen".

In welchem Roman des 1961 geborenen Schriftstellers Sven Regener wird das Leben eines Barkeepers in Berlin-Kreuzberg beschrieben?

In *Herr Lehmann.* Regener wurde 2001 mit der Veröffentlichung dieses Romans bekannt. 2004 erschien sein zweiter Roman *Neue Vahr Süd*, der Herrn Lehmanns Jugend beschreibt, und 2008 folgte schließlich der Beginn der Trilogie mit dem Roman *Der kleine Bruder*.

Durch welche Tiergeschichten wurde Äsop im 6. Jahrhundert v. Chr. bekannt?

Durch seine Fabeln, in denen der Dichter auf satirisch-lustige oder moralisch-belehrende Art allgemein anerkannte Wahrheiten in Vers oder Prosa vermittelt.

Hat der Schriftsteller Heinrich Böll (1917–85) den Nobelpreis für Literatur erhalten?

Ja. Im Jahr 1972 erhielt er die Auszeichnung, laut der Laudatio „für eine Dichtung, die durch ihre Verbindung von zeitgeschichtlichem Weitblick und liebevoller Gestaltungskraft erneuernd in der deutschen Literatur gewirkt hat".

In welchem weltbekannten Roman schildert ein russisch-amerikanischer Autor die Leidenschaft eines Mannes zu einem minderjährigen Mädchen?

In *Lolita* (1955). Vladimir Nabokov (1899–1977) beschreibt in seinem Roman, wie der Hauslehrer Humbert sich in die zwölfjährige Dolores (Lolita) verliebt, die ihn angeblich verführt. Nabokovs Geschichte ist eine Parodie auf den „American Way of Life", dessen Jugendkult und doppelbödigen Puritanismus er angreift. Das Buch zählt zu den bedeutendsten Romanen des 20. Jahrhunderts.

Nabokov-Denkmal in Montreux

Welcher Arzt gilt als bedeutender Vertreter der expressionistischen deutschen Lyrik?

Gottfried Benn (1886–1956). Seine Erfahrungen als Arzt thematisierte er immer wieder sehr heftig in seinen poetischen Werken. Die detaillierten Beschreibungen gingen oft bis an die Grenze des guten Geschmacks, beispielsweise beschrieb er Leichensektionen.

Welcher italienische Dichter wurde durch seine Liebeserklärungen an seine Laura berühmt?
Francesco Petrarca (1304–74). In seinen an seine Geliebte gerichteten Gedichten aus *Il Canzoniere* thematisierte er den Konflikt des Dichters, der auf der einen Seite dringend erhört werden möchte, auf der anderen Seite aber befürchtet, dass seine dichterische Schöpfungskraft unter der Zuneigung der Geliebten leiden würde.

Welche beiden Schriftsteller nahmen den Literaturnobelpreis nicht an?
Im Jahr 1958 lehnte Boris Pasternak (1890–1960) auf Druck der sowjetischen Führung hin erstmals den Preis ab. 1964 lehnte dann auch Jean-Paul Sartre (1905–80) den Nobelpreis ab, wie er zuvor schon angekündigt hatte.

Auf welche Art ärgert und verspottet Till Eulenspiegel seine Zeitgenossen?
Durch seine Streiche. Der Protagonist der 1515 verfassten Schelmendichtung *Dyl Ulenspiegel* begleitet sie mit Spott und Schadenfreude. Der Autor des anonym in Straßburg erschienenen Werks war Hermann Bote (um 1465–1520).

Das sumerische *Gilgamesch*-Epos gilt als eine der frühesten literarischen Dichtungen. Es entstand zwischen dem 1. und 3. Jahrtausend v. Chr. und schildert in ca. 3000 Versen die Abenteuer von Gilgamesch, dem sagenhaften Herrscher von Uruk. Zahlreiche Romane und Dramen nahmen den Stoff des Epos auf.

Wie heißen *Die Kinder aus der Krachmacherstraße*?
Lotta, Mia-Maria und Jonas. Astrid Lindgren (1907–2002) schrieb das Kinderbuch über die kleine Lotta, die auch in anderen Werken der Schriftstellerin die Hauptrolle spielt.

Astrid Lindgren

Wer erzählt in seinem Roman *Dr. Sex* die Geschichte des amerikanischen Sexualforschers Dr. Alfred Charles Kinsey, der das sexuelle Verhalten von Mann und Frau erforscht?
T. C. Boyle (*1948), der wegen seines schwarzen Humors und der extravaganten Themenwahl als „Enfant terrible" der Gegenwartsliteratur gilt.

■ **Welche beiden von Mark Twain geschaffenen Romanhelden erleben zahlreiche Abenteuer?**
Huckleberry Finn und Tom Sawyer. Die beiden Romane wurden in zahlreiche Sprachen übersetzt und zählen zu den Klassikern der Weltliteratur. 1876 erschienen *Die Abenteuer des Tom Sawyer*, acht Jahre später ließ Twain (1835–1910) mit *Die Abenteuer des Huckleberry Finn* die Fortsetzung des Erstlings folgen, die ein noch größerer Erfolg wurde.

■ **Wer erschuf die Figur des schwedischen Kommissars Kurt Wallander?**
Der Schwede Henning Mankell (*1948). Seine Krimis bestimmten weltweit die Bestsellerlisten. Doch auch für sein Werk über Afrika ist Mankell berühmt: 2009 erhielt er dafür den Erich-Maria-Remarque-Friedenspreis der Stadt Osnabrück. Der damalige Bundespräsident Horst Köhler hielt die Laudatio unter dem Titel „Afrika ist voller Schmetterlinge".

■ **Auf welcher Novelle Arthur Schnitzlers basiert Stanley Kubricks Film *Eyes Wide Shut*?**
Traumnovelle. 1926 erschien das Werk erstmals in Buchform.

■ **Aus wessen Feder stammt das spanische Meisterwerk *Don Quijote de la Mancha*?**
Spaniens Nationaldichter Miguel de Cervantes Saavedra (1547–1616) schrieb den satirischen Roman über die weitverbreitete Ritterromantik und das Ende der Ritterzeit. Der Roman hatte sehr großen Einfluss auf die europäische Romanliteratur.

■ **Welcher Autor schrieb über *Die unerträgliche Leichtigkeit des Seins*?**
Der Tscheche Milan Kundera (*1929). Mit dem Roman über die schwierige Liebesgeschichte zwischen Tomas und Teresa gelang Kundera der internationale Durchbruch.

■ **Welcher deutsche Schriftsteller wurde 2004 mit dem Georg-Büchner-Preis ausgezeichnet?**
Wilhelm Genazino (*1943). Bekannt wurde er beispielsweise durch seine Romane *Die Obdachlosigkeit der Fische*, *Die Liebesblödigkeit* oder *Das Glück in glücksfernen Zeiten*. Oft steht im Mittelpunkt seiner Geschichten eine labile männliche Hauptperson, die sich kritisch mit den gesellschaftlichen Entwicklungen auseinandersetzt.

Wilhelm Genazino

In welchem bedeutenden Werk der italienischen Literatur werden konkrete politische Ideen beschrieben, die zur politischen Macht führen sollen?

In Niccolò Machiavellis (1469–1527) *Der Fürst*. Machiavellis Theorien wurden zur Zeit der europäischen Aufklärung als sehr unmoralisch empfunden.

Wer verfasste *Die Todesfuge*?

Der jüdische Autor Paul Celan (1920–70). In diesem Gedicht thematisiert er die Ermordung der europäischen Juden.

Paul Celan

Welcher dieser vier Abenteuerromane stammt aus Daniel Defoes Feder?

a) *Robinson Crusoe*
b) *Herr der Fliegen*
c) *Tom Jones*
d) *Abenteuer in London*

a) *Robinson Crusoe*
Defoe (um 1660–1731) gilt als Begründer des englischen Romans.

Welche beiden Heldenepen soll der griechische Dichter Homer verfasst haben?

Die *Ilias*, die vom Trojanischen Krieg erzählt, und die *Odyssee*, die die Abenteuer von Odysseus auf seiner Rückreise von Troja nach Ithaka schildert. Es gibt aber Zweifel daran, ob Homer (8. Jh. v. Chr.) tatsächlich existiert hat.

Welches Gedicht Schillers wurde von Beethoven vertont und gilt als Freiheits- und Humanitätshymne?

Ode an die Freude. Beethoven vertonte das Gedicht als fulminanten Schlusschor im letzten Satz seiner 9. Sinfonie.

Wer schuf den bekannten Kommissar Maigret, der seine Fälle durch die psychologische Analyse der Täter löst?

Der Kriminalschriftsteller Georges Simenon (1903–89). Seine 80 Bücher über den sympathischen Kommissar machten Simenon weltberühmt.

Stammen die Bücher *Rennschwein Rudi Rüssel* und *Die Entdeckung der Currywurst* von demselben Autor?

Ja, beide sind von Uwe Timm (*1940), der zu den wichtigsten Literaten der 68er-Generation zählt.

Was bezeichnet man als Entwicklungsroman?

Unter einem Entwicklungsroman versteht man einen Romantypus, der sich mit der Selbstfindungs- und Entwicklungsgeschichte eines Menschen beschäftigt. Er gilt als typisch deutsche Romangattung.

Welche literarische Gattung prägte Walther von der Vogelweide (um 1170–1230)?

Den Minnesang. Im klassischen Minnesang wurde oft die Unerreichbarkeit der Frauen thematisiert. Walther von der Vogelweide jedoch veränderte dieses Minneprinzip in Richtung einer wechselseitigen Beziehung zwischen Mann und Frau.

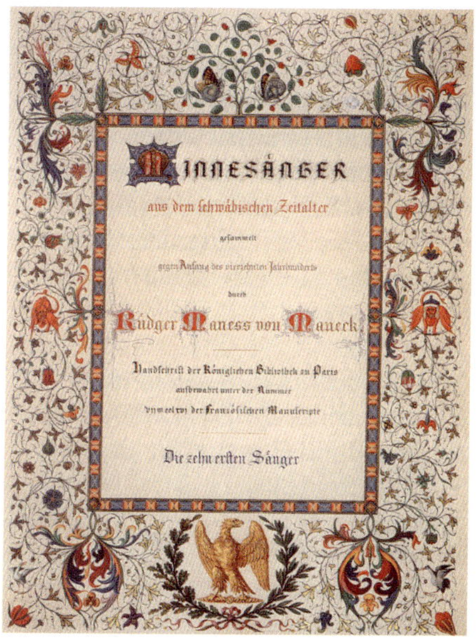

Titelblatt der Minnesänger, *1850*

Wer schrieb die beliebte und oft aufgeführte Komödie *Der eingebildete Kranke*?

Voltaire (1694–1768). Er war einer der meistgelesenen und einflussreichsten Autoren der französischen und europäischen Aufklärung und verfasste insgesamt ungefähr 750 Werke. Damit zählt sein Werk zu den umfangreichsten der Literaturgeschichte.

Welche Seuche gibt einem bedeutenden französischen Roman des 20. Jahrhunderts den Titel?

Die Pest. Albert Camus' (1913–60) Roman erschien 1947 und prägte die französische Nachkriegsliteratur.

Welches mittelalterliche Heldenepos handelt vom Tod Siegfrieds?

Das *Nibelungenlied* (um 1200). Mit 2000 vierzeiligen Strophen ist es das größte deutsche Heldenepos des Mittelalters, seine Wirkung reicht über die Romantik bis hin zu Richard Wagner (1813–83).

Aus welchem Land kamen die meisten Literaturnobelpreisträger?

a) Deutschland
b) USA
c) Frankreich
d) Spanien

c) Frankreich
Der Preis wurde bislang an 13 französische Literaten verliehen.

Welche Autoren zählen zu den Hauptvertretern der literarischen Romantik in Deutschland?

Zu den Hauptvertretern zählen Novalis (1772–1801), Brentano (1778–1842), Eichendorff (1788–1857), die Brüder Schlegel (1767–1845 und 1772–1829), Tieck (1773–1853) und E. T. A. Hoffmann (1776–1822). Die romantische Epoche entwickelte sich zwischen 1790 und 1830 als Gegenströmung zur Weimarer Klassik und zur Rationalität der Aufklärung.

Welche Ära gilt als literarische Blütezeit Athens, in der die wichtigsten Werke entstanden?

Die Ära des Perikles (um 495–429 v. Chr.). Einerseits war die Zeit der Herrschaft des Perikles eine Phase, die vom politischen und sozialen Aufbruch gekennzeichnet war, andererseits war diese Zeit aber auch von einer bedeutenden kulturellen Schöpferkraft geprägt.

Perikles

Welcher deutsche Dichter schuf die Figur des Malte Laurids Brigge?

Rainer Maria Rilke (1875–1926) in seinem 1910 veröffentlichten Tagebuchroman *Die Aufzeichnungen des Malte Laurids Brigge*. Das Werk ist der einzige Roman Rilkes.

Welche französische Schriftstellerin forderte in ihren Roman die Gleichberechtigung der Frauen?

George Sand (1804–76). Ihr Engagement zeigt sich in den Romanen *Indiana* (1832) und *Lélia* (1833).

Welche Epoche war stark von der „Vanitas" geprägt?

Der Barock. Andreas Gryphius (1616–64) beispielsweise thematisierte in seinem Werk immer wieder die Eitelkeit und Vergänglichkeit des Irdisch-Menschlichen.

Welcher deutsche Literaturnobelpreisträger schrieb den Roman *Ansichten eines Clowns*?

Heinrich Böll (1917–85). Der Schriftsteller nimmt in seinem Roman die Situation Deutschlands in der Nachkriegszeit aufs Korn. Böll setzte sich nicht nur literarisch mit Politik auseinander, sondern engagierte sich auch selbst politisch.

Welche Romanheldin wird bisweilen als weiblicher *Don Quijote* dargestellt?

Emma, die Protagonistin aus Gustave Flauberts (1821–80) Roman *Madame Bovary*. Sie prägte den Begriff „Bovarismus", der eine realitätsferne Lebenseinstellung bezeichnet.

In welchem Thriller entwickelt der 1957 geborene Frank Schätzing ein erschreckendes globales Katastrophenszenario?

In seinem 2004 erschienenen Roman *Der Schwarm*.

Wer schrieb den romantischen Künstlerroman *Maler Nolten*, der von Intrigen und Selbstentfremdung handelt?

Eduard Mörike (1804–75).

Welchem deutschen Schriftsteller wurde 1954 der Stalin-Friedenspreis verliehen?

Bertolt Brecht (1898–1956), dem Begründer des Epischen Theaters.

Welche Epoche wird in der Literatur als Expressionismus bezeichnet?

Der Expressionismus entstand als Reaktion auf den Naturalismus oder den Impressionismus, die Werke dieser Stilrichtung sind von einem pathetisch übersteigerten Subjektivismus geprägt. Wichtige expressionistische Autoren sind beispielsweise Döblin (1878–1957) und Brecht (1898–1956).

In welcher Novelle beschreibt der Autor den Kampf eines Fischers mit dem größten Fang seines Lebens?

In Ernest Hemingways (1899–1961) *Der alte Mann und das Meer* (1952). 1954 erhielt Hemingway für diese Novelle den Nobelpreis für Literatur.

Ernest Hemingway

Welche biblische Figur gab einem Roman Joseph Roths den Namen?

Hiob. Joseph Roth (1894–1939) wurde erst spät angemessen für sein literarisches Schaffen gewürdigt. In seinem Werk steht die Resignation über die Situation Europas im Vordergrund.

Wer verfasste 1804/05 die *Flegeljahre*?

Jean Paul (1763–1825). Die Hauptpersonen sind die ungleichen Zwillingsbrüder Walt und Vult, die die gegensätzlichen Orientierungen verkörpern, die Jean Pauls Epoche und sein Spätwerk charakterisieren.

Welches Werk Süskinds ist eine Parodie auf den Bildungsroman?

Das Parfum. Patrick Süskind (*1949) beschreibt hier die Lebensgeschichte Jean-Baptiste Grenouilles von der Geburt bis zum Tod, was an den Bildungsroman des 18. Jahrhunderts erinnert.

Wer schrieb den berühmten Satz *„Denk ich an Deutschland in der Nacht, dann bin ich um den Schlaf gebracht"*?

a) Johann Wolfgang von Goethe
b) Carl Zuckmayer
c) Jean Paul
d) Heinrich Heine

d) Heinrich Heine

Der Satz entstammt dem 1843 entstandenen Gedicht *Nachtgedanken* aus dem Zyklus *Zeitgedichte*.

Welcher Roman Stendhals gilt als der erste realistische Gesellschaftsroman?

Rot und Schwarz. Stendhal (1783–1842) erzählt die Lebensgeschichte eines jungen Mannes, der gesellschaftlich hoch hinaus will und dabei scheitert.

Stendhal

Was schilderte Friedrich Hebbel (1813–63) in seinem Drama *Maria Magdalena*?

Die Lebensverhältnisse des Kleinbürgertums. Friedrich Hebbel gilt als einer der wichtigsten Dramatiker seiner Epoche.

Welche Art Literatur wird als Prosa bezeichnet?

Alle literarischen Texte, die weder Gedichte noch Dramen sind, also nicht durch Metrum, Reim und andere Mittel der gebundenen Sprache gekennzeichnet sind. Am häufigsten sind die Formen Roman, Erzählung und Kurzgeschichte.

Welchem Genre werden die Abenteuerromane von Jules Verne (1828–1905) zugeordnet?

Sie gelten als Vorläufer des Science-Fiction-Genres. Verne thematisierte immer wieder die technischen Möglichkeiten einer fernen Zukunft. Zu den wichtigsten seiner Bücher gehören *20.000 Meilen unter dem Meer* und *Reise um die Welt in 80 Tagen*.

Welche literarische Strömung vertritt Ricarda Huch (1864–1947)?

Sie war eine Hauptvertreterin der Neuromantik. Sie begann mit emotionsstarken Dichtungen wie beispielsweise in *Das Leben, ein kurzer Traum* und wandte sich später historischen Stoffen zu.

Wovon handelt Kleists Erzählung *Die Marquise von O.*?

Heinrich von Kleist (1777–1811) erzählt von einer Marquise, die ein Kind zur Welt bringt, ohne zu wissen, wie es zu ihrer Schwangerschaft gekommen sein kann.

Heinrich von Kleist

Welcher französische Schriftsteller gilt als Begründer der Gattung Essay?

Michel de Montaigne (1533–92). Im Mittelpunkt seiner Essays steht der Mensch mit all seinen Schwächen.

■ Wer verfasste die Romane *Bonjour Tristesse* und *Lieben Sie Brahms*?

Die Französin Françoise Sagan (1935–2004). Ihre melancholischen und erotischen Romane handeln von Liebe und Einsamkeit.

■ Welcher britische Autor polnischer Herkunft schrieb 1899 den Roman, der zur Grundlage für den Film *Apocalypse Now* wurde?

Joseph Conrad (1857–1924). Sein weltberühmter Roman *Herz der Finsternis* wird noch heute häufig diskutiert und immer wieder neu interpretiert.

■ In welchem Roman treffen zwei neunjährige Mädchen in einem Ferienheim aufeinander und stellen fest, dass sie Zwillinge sind?

In Erich Kästners (1899–1974) *Das doppelte Lottchen*. Der beliebte Stoff wurde mehrfach verfilmt und erfreut sich anhaltender Beliebtheit.

■ *„Seht ihn an, den Dichter.*
Trinkt er, wird er schlichter.
Ach, schon fällt ihm gar kein Reim
Auf das Reimwort ‚Reim' mehr ein."

Welcher Dichter schrieb diese Nonsens-Verse?

Robert Gernhardt (1937–2006). Er war Mitbegründer der *Neuen Frankfurter Schule* und zählt zu den bedeutendsten zeitgenössischen Dichtern deutscher Sprache.

■ Welcher Dichter erfand die beiden Lausbuben Max und Moritz?

Wilhelm Busch (1832–1908). In seinem Todesjahr gab es bereits die 56. Auflage des Werkes.

Max und Moritz

■ Welcher Roman Heinrich Manns (1871–1950) handelt vom Aufstieg eines Papierfabrikanten?

Der Untertan (1916). Der Autor zeichnet ein kritisches Bild von der realgeschichtlichen Situation seiner Zeit.

■ Was charakterisiert die literarische Gattung des Dramas?

Das Drama besteht aus Dialogen, im Gegensatz zur Epik wird eine Handlung knapp und in sich geschlossen unmittelbar vor dem Zuschauer aufgeführt. Ein klassisches Drama ist in drei oder fünf Akte gegliedert.

■ Welche Literaturform bezeichnet man als Satire?

Die Satire ist nicht an eine bestimmte Gattung gebunden. Sie prangert Normen und Konventionen an und parodiert die Wirklichkeit durch ironische Nachahmung.

■ **Welcher Schweizer Schriftsteller verfasste die Novelle *Kleider machen Leute*?**
Gottfried Keller (1819–90).

■ **Wer schrieb den Satz „Alle Tiere sind gleich. Aber manche Tiere sind gleicher als andere"?**
George Orwell (1903–50) in seiner Fabel *Die Farm der Tiere*, in der sich die Tiere gegen die Menschen zur Wehr setzen.

■ **Welcher Autor schrieb den 1954 erschienenen Roman *Herr der Fliegen*?**
William Golding (1911–93). 1983 wurde er mit dem Nobelpreis ausgezeichnet.

■ **Welcher deutsche Dichter stand im Zentrum einer Künstlergemeinschaft und entwickelte eine ganz eigene Zeichensetzung und Orthografie?**
Stefan George (1868–1933). Die Anhänger des sogenannten George-Kreises verehrten ihn fast kultisch.

Stefan George

■ **Welcher Österreicher verfasste den Spionage-Roman *Es muss nicht immer Kaviar sein*?**
Johannes Mario Simmel (1924–2009). Seine zahlreichen Bestseller sind dem Genre der Unterhaltungsliteratur zuzuordnen.

■ **Wie heißt der Roman Victor Hugos (1802–85), in dem die schöne Esmeralda eine zentrale Rolle spielt?**
Der Glöckner von Notre-Dame.

■ **Welcher dichtende Schuster verarbeitete in seinen Gedichten, Sprüchen und Fabeln auf satirische Weise seine Eindrücke vom Bürgertum seiner Zeit?**
Der Meistersinger Hans Sachs (1494–1576).

■ **Welcher Schriftsteller erhielt 2008 den Deutschen Buchpreis für seinen monumentalen DDR-Endzeitroman?**
Uwe Tellkamp (*1968). In seinem Roman *Der Turm* beschreibt er die letzten Jahre der DDR bis zum Mauerfall.

■ **Welches Werk ist das älteste gedruckte Buch Europas?**
Die Gutenbergbibel. Sie entstand Mitte des 15. Jahrhunderts in der Mainzer Druckereiwerkstatt von Johannes Gutenberg (um 1400–68). Damit war der Massendruck von Büchern erfunden.

■ **An welchem europäischen Bürgerkrieg beteiligte sich der amerikanische Schriftsteller Ernest Hemingway (1899–1961)?**
Am Spanischen Bürgerkrieg 1936–39 gegen die Faschisten. Seine Erlebnisse aus dieser Zeit schildert er in dem Roman *Wem die Stunde schlägt* (1940).

Wer sind die beiden besten Freunde von Pippi Langstrumpf?
Die Nachbarskinder Tommy und Annika.

Tommy, Pippi und Annika

Wo spielt Charles Dickens' (1812–1870) Roman *Oliver Twist*?
Im Milieu der Londoner Unterwelt.

Von welchem Autor stammt der viel diskutierte Roman *In Stahlgewittern*?
Von Ernst Jünger (1895–1998), der als einer der umstrittensten Literaten des 20. Jahrhunderts gilt.

Welcher deutsche Dichter wurde durch seine *Galgenlieder* bekannt?
Christian Morgenstern (1871–1914).

Welche beiden Dichter gelten als Hauptbegründer der Weimarer Klassik?
Johann Wolfgang von Goethe (1749–1832) und Friedrich von Schiller (1759–1805).

Welcher römische Autor griff einen der Nachfolger Caesars an und ließ dafür sein Leben?
Marcus Tullius Cicero (106–43 v. Chr.).

Welches Insekt spielt in Franz Kafkas Erzählung *Die Verwandlung* eine wichtige Rolle?
Ein Käfer. In nüchterner und emotionsloser Sprache beschreibt Kafka, wie der Protagonist eines Morgens feststellt, dass er sich in ein Ungeziefer verwandelt hat.

Welcher amerikanische Autor erhielt 1952 als sechster US-Amerikaner den Literaturnobelpreis?
John Steinbeck (1902–68), der Autor des Romans *Jenseits von Eden*. Man ehrte ihn „für seine einmalige realistische und fantasievolle Erzählkunst, gekennzeichnet durch mitfühlenden Humor und sozialen Scharfsinn".

John Steinbeck

Für welche literarische Gattung wurde der Schriftsteller Henry James (1843–1916) berühmt?
Der amerikanische Dichter entwickelte den psychologischen Roman, der das Innenleben seiner Figuren sehr detailliert schildert. In der angelsächsischen Welt galt Henry James als Kultautor.

Welcher mittelalterliche Autor schuf eine der berühmtesten Geschichtensammlungen der europäischen Literatur?
Giovanni Boccaccio (1313–75) mit seinem 100 Novellen umfassenden *Decamerone.*

Welcher berühmte deutsche Schelmenroman des Barock spielt zur Zeit des Dreißigjährigen Krieges?
Der Abentheuerliche Simplicissimus Teutsch von Hans J. C. von Grimmelshausen (um 1621–76). Der Roman gilt als wichtigstes deutsches Prosawerk des Barock.

Was ist eine Bestsellerliste?
Eine Liste der meistverkauften Bücher innerhalb einer festgelegten Zeit. Bestsellerlisten gibt es seit dem Ende des 19. Jahrhunderts.

Welche Schriftstellerin der ehemaligen DDR beschwört in ihrem Werk *Kassandra* die Bedrohungen, denen die Menschheit ausgesetzt ist?
Christa Wolf (*1929).

Wer schrieb den bedeutenden russischen Versroman *Eugen Onegin*?
Alexander Puschkin (1799–1837). In Russland gilt Puschkin als Nationaldichter, obwohl im Ausland Tolstoi, Dostojewski, Gogol und Pasternak bekannter sind.

Wann lebte der deutsche Lyriker, Dramatiker und Erzähler Friedrich Hebbel?

Er wurde 1813 geboren und starb 1863. Sein jugendliches Pseudonym war Dr. J. F. Franz. Zu seinen Werken zählen z. B. *Maria Magdalena*, *Judith* und *Anna.*

Friedrich Hebbel

Warum nahm der russische Schriftsteller Aleksandr Solschenizyn (1918–2008) den Literaturnobelpreis, der ihm 1970 verliehen wurde, nicht persönlich entgegen?
Er befürchtete, dass man ihn danach nicht mehr in die Sowjetunion einreisen ließe. Er hatte die restriktive Innenpolitik der damaligen Sowjetführung und den stalinistischen Terror scharf kritisiert, weshalb der damalige Parteichef Breschnew dagegen protestierte, Solschenizyn den Nobelpreis zu verleihen.

Welcher bedeutende Dichter der deutschen Aufklärung hat der Entwicklung des Theaters den Weg gewiesen und damit die öffentliche Wirkung der Literatur nachhaltig beeinflusst?
Gotthold Ephraim Lessing (1729–81). Noch heute wird sein Werk regelmäßig auf die Bühne gebracht.

Was war der richtige Name von Buddha?

Siddharta Gautama. Er wurde 563 v. Chr. im heutigen Nepal als Sohn einer adligen Familie geboren. Buddha bedeutet in Sanskrit etwa „der Erwachte".

Wie viele Thesen verfasste Martin Luther (1483–1546)?

a) 95 c) 130
b) 15 d) 50

a) 95
Am 31. Oktober 1517 soll Martin Luther die Thesen am Hauptportal der Schlosskirche in Wittenberg angeschlagen haben. Sie läuteten die Spaltung der katholischen Kirche und die Gründung der protestantischen Kirche ein.

Die ersten zwei Thesen von Martin Luther

1. Aus Liebe zur Wahrheit und in dem Bestreben, diese zu ergründen, soll in Wittenberg unter dem Vorsitz des ehrwürdigen Vaters Martin Luther, Magister der freien Künste und der heiligen Theologie sowie deren ordentlicher Professor daselbst, über die folgenden Sätze disputiert werden. Deshalb bittet er die, die nicht anwesend sein und mündlich mit uns debattieren können, dieses in Abwesenheit schriftlich zu tun. Im Namen unseres Herrn Jesu Christi, Amen.

2. Da unser Herr und Meister Jesus Christus spricht: Tut Buße usw. (Matth. 4,17), hat er gewollt, dass das ganze Leben der Gläubigen Buße sein soll.

Was sind Ikonen?

Heiligenbilder in der christlich-orthodoxen Kirche. Ihr vornehmlicher Zweck ist es, Ehrfurcht bei dem Gläubigen zu wecken. Außerdem schaffen sie eine Verbindung zwischen dem Betrachtenden und dem Dargestellten und somit auch zwischen dem Betrachtenden und Gott.

Was ist die Klagemauer?

Die Westmauer des jüdischen Tempels in Jerusalem. Mit ihren 48 Metern Länge und 18 Metern Höhe symbolisiert sie für viele Juden den ungebrochenen Bund Gottes mit seinem Volk. Viele Menschen pilgern täglich zum Beten an die Klagemauer oder stecken aufgeschriebene Gebete und Wünsche in die Ritzen zwischen den Steinen.

Was war die Inquisition?

Die Verfolgung – wörtlich „die Untersuchung" – durch die katholische Kirche. Verfolgt wurden nicht nur Andersgläubige und Andersdenkende, sondern auch Wissenschaftler. Den als „Ketzern" oder „Hexen" angeklagten Menschen wurden unter Folter Geständnisse entlockt und oftmals wurden sie auf dem Scheiterhaufen verbrannt.

Wie hießen die französischen Protestanten, die in Frankreich verfolgt wurden und zahlreich nach Deutschland und in die Niederlande flüchteten?

Hugenotten. Seit 1562 wurden die Protestanten in Frankreich von den Katholiken verfolgt. Nach den Hugenottenkriegen wurde ihnen von Heinrich IV. (1553–1610) im Jahr 1598 im Edikt von Nantes freie Religionsausübung gewährt. Unter Ludwig XIV. (1638–1715) wurde ihre Verfolgung jedoch wieder aufgenommen. Da die Hugenotten oft reiche Kaufleute oder gut ausgebildete Handwerker waren, wurden sie in Deutschland und den Niederlanden gern aufgenommen.

Von welcher religiösen Gruppierung wurde der US-Bundesstaat Utah gegründet?

a) von den Zeugen Jehovas
b) von Scientology
c) von den Mormonen
d) von der Moon-Sekte

c) von den Mormonen
Die Mormonen erwarten die Wiederkehr von Jesus Christus in ihrem Tempel in Salt Lake City. Von dort wird er das Jüngste Gericht abhalten.

Salt-Lake-Tempel

Welches Land bezeichnete sich 1967 als „ersten atheistischen Staat" der Welt?

a) die DDR
b) Albanien
c) Schweden
d) China

b) Albanien
1967 wurde in Albanien totales Religionsverbot ausgerufen, die Gotteshäuser wurden zerstört oder zweckentfremdet und die Geistlichen verhaftet. Das Verbot galt bis 1990. Heute finden sich unter den gläubigen Albanern etwa 70 % Muslime, 20 % orthodoxe Christen und 10 % Katholiken.

Wie heißt das von Gott vorbestimmte Schicksal im Islam?

a) Kismet
b) Sure
c) Haddsch
d) Burka

a) Kismet
Das Schicksal ist dem Menschen vorbestimmt und kann demzufolge nicht von ihm beeinflusst werden.

In welcher Theologie spielt die Inkarnation Gottes eine tragende Rolle?

In der christlichen Theologie. Dem christlichen Glauben zufolge ist Gott in Jesus Christus Mensch geworden, um die Menschen von ihren Sünden zu erlösen.

Woher stammt die Bezeichnung Ketzer?

Von den Katharern. Dies war eine religiöse Bewegung des Mittelalters, die von der katholischen Kirche verfolgt wurde. Später wurde der Begriff stellvertretend für alle von der katholischen Lehre abweichenden Personen verwendet.

Wer versteckte Martin Luther (1483–1546) auf der Wartburg?

Sein Landesherr, Kurfürst Friedrich der Weise (1463–1525). Nachdem die katholische Kirche über den Reformator eine Reichsacht verhängt hatte, fand Luther auf der Wartburg bei Eisenach in Thüringen Unterschlupf. Dort übersetzte er die Bibel ins Deutsche.

Friedrich der Weise

Wie heißt das Hauptwerk von Thomas von Aquin (1224–74)?

Summa Theologica. In diesem Werk versucht der Dominikanermönch darzustellen, dass sich die Vernunft und der Glaube an Gott nicht unbedingt widersprechen müssen, und legte rationale Gründe vor, die für die Existenz Gottes sprachen.

Was ist Simonie?

a) der Verkauf eines geistlichen Amtes
b) Prostitution
c) Vielweiberei
d) Gotteslästerung

a) der Verkauf eines geistlichen Amtes
Nach dem katholischen Kirchenrecht versteht man unter Simonie sowohl den Verkauf eines geistigen Amtes als auch den Verkauf kirchlichen Besitzes.

Welche Erkenntnis über das Christentum lehrte Clemens von Alexandria († 211)?

Er ging davon aus, dass jede Erkenntnis allein von Gott ausgehe. Daher kam er zu dem Schluss, dass Judentum, Christentum und auch die heidnische Religion von derselben Quelle kämen, nämlich von Gott. Insofern könne der Christ auch in der heidnischen Philosophie das Wissen und Wirken Gottes erkennen.

Welches buddhistische Wallfahrtsheiligtum befindet sich auf Java?

Der Borobudur. Es handelt sich um eine 40 Meter hohe Pyramide, die um 800 erbaut wurde. Sie gipfelt in drei kreisförmigen Terrassen, auf deren oberster sich eine mächtige Halbkugel befindet. Die steinernen Reliefs auf den Terrassen stellen u. a. Szenen aus dem Leben Buddhas (5.–4. Jh. v. Chr.) dar.

Borobudur

Was bedeutet chiliastisch?

Der Glaube an das Ende einer geschichtlichen Zeitrechnung, die von dem Tausendjährigen Reich Christi abgelöst wird, an dessen Spitze Christus selbst steht.

Chiliasten unter den religiösen Gemeinschaften sind u.a. die Zeugen Jehovas, aber auch zahlreiche weitere evangelische Ausrichtungen.

Was für eine Tempelanlage steht in Kambodscha?

a) eine malaysische
b) eine tibetanisch-buddhistische
c) eine hinduistisch-buddhistische
d) eine frühchristliche

c) eine hinduistisch-buddhistische
Die Tempelanlage steht in Angkor und wurde zwischen dem 9. und 13. Jahrhundert errichtet. Sie gilt als Glanzlicht der Khmer-Architektur und beherbergt mit Angkor Wat den größten jemals gebauten Tempelkomplex der Welt.

Angkor Wat

Was ist Karma?

Die Summe der guten und bösen Taten im Buddhismus. Nach der Lehre des Buddhismus hat jede Handlung eine Folge. Diese Auswirkung kann jedoch auch erst in einem der folgenden Leben zum Tragen kommen.

Welchen US-Bundesstaat gründete William Penn (1644–1718) im Jahr 1681?

a) Utah
b) Virginia
c) Louisiana
d) Pennsylvania

d) Pennsylvania
Penn war ein englischer Quäker, der mit vielen Glaubensgenossen aus England floh und nach Nordamerika auswanderte. Die Quäker lehnten die englische Staatskirche ab und verweigerten jeglichen Dienst an der Waffe. Die Verfassung des Staates Pennsylvania beruhte auf den Grundsätzen des Quäkertums.

Was bedeutet der Davidstern?

Er ist das Symbol des Judentums und besteht aus zwei sich überlappenden Dreiecken. Das auf der Spitze stehende Dreieck drückt aus, dass der Mensch sein Leben von Gott erhalten hat. Das nach oben weisende Dreieck symbolisiert, dass der Mensch wieder zu Gott zurückkehren wird.

Wer ist der gemeinsame Stammvater der Juden, Christen und Muslime?

a) Adam
b) Abraham
c) Ibrahim
d) David

b) Abraham
Sein Sohn Ismael gilt als Stammvater der Muslime, während er gemeinsam mit seinem Sohn Isaak und seinem Enkel Jakob zu den Erzvätern der zwölf Stämme des Volkes Israels zählt. Abraham soll etwa 2000 v. Chr. gelebt haben und war bereit, seinen damals einzigen Sohn für Gott zu

opfern. Nach dieser Glaubensdemonstration machte Gott ihn zum Stammvater.

■ ■ ■

Was ist eine Challa?

Das geflochtene Brot (Pl. Challot), das am Sabbat gegessen wird. Das Sabbatmahl wird mit zwei Challot eingeleitet. Sie erinnern an die zweifache Portion Manna, die den Israeliten während ihrer 40-tägigen Reise durch die Wüste zur Verfügung stand.

■ ■ ■

Wann tagte das erste christliche Konzil?

a) 33 n. Chr.
b) etwa 50 n. Chr.
c) etwa 200 n. Chr.
d) 915 n. Chr.

b) etwa 50 n. Chr.
Unter Konzil versteht man die Versammlung katholischer Bischöfe und Kardinäle unter Vorsitz des Papstes.

■ ■ ■

Was sind die Veden?

Die heiligen Schriften der Hindus. „Veda" heißt „Wissen", daher sind die Veden die Bücher des Wissens.

■ ■ ■

Welche Rolle spielt der Aschermittwoch in der katholischen Kirche?

Der Aschermittwoch beendet die Fastnachtstage und leitet die siebenwöchige Fastenzeit ein. Der Priester zeichnet den Gläubigen mit Asche ein Kreuz auf die Stirn und spricht die Worte: „Gedenke, Mensch, dass du Staub warst und wieder zu Staub wirst."

Welches ist der höchste evangelische Feiertag?

a) Heiligabend
b) Ostersonntag
c) Karfreitag
d) Reformationstag

c) Karfreitag
Der Karfreitag ist der Gedenktag an die Kreuzigung Jesu. Schon um die Mitte des 2. Jahrhunderts wurde er als Bußtag bei den nordafrikanischen Christen begangen.

■ ■ ■

Wer gründete den Jesuitenorden?

Ignatius von Loyola (1491–1556). Die Formung dieses intellektuellen Ordens begründete sich in der katholischen Gegenreformation. Diese beschäftigte sich mit innerkirchlichen Reformen und schränkte das von Luther kritisierte Ablasswesen ein. Heute zählt der Orden etwa 30.000 Mitglieder, die jedoch keine bestimmte Ordenskleidung tragen und nicht fest an ein Kloster gebunden sind.

Ignatius von Loyola

■ ■ ■

Wer entstand aus dem Staub des Ackerbodens?

Adam, der erste Mensch. Seine Frau Eva entstand aus einer seiner Rippen.

■ **Was passiert in der Eucharistie?**
Der Vollzug des katholischen Sakraments der Verwandlung von Brot und Wein in den Leib und das Blut Christi. Auch das gemeinsame Mahl der Kommunion wird als Eucharistie bezeichnet.

■ **In welche zwei Konfessionen teilt sich der Islam?**
In Schiiten und Sunniten. Die Schiiten bilden die kleinere Gruppe der beiden islamischen Konfessionen. Sie leben v.a. im Iran und im Irak.

■ **Wie viele Stationen hat der Kreuzweg?**
a) 3 c) 14
b) 7 d) 33

c) 14
Traditionellerweise wird der Leidensweg Christi von der Verurteilung durch Pilatus bis zur Grablegung in 14 Stationen dargestellt.

■ **Wie heißt der geistliche und politische Führer im schiitischen Islam?**
Ayatollah. Übersetzt bedeutet der Name „Zeichen Gottes".

■ **Was erteilt der katholische Priester dem reuigen Sünder am Ende der Beichte?**
Die Absolution. Mit dem Sakrament der Beichte kann der Sünder von seinen Sünden losgesprochen werden. Voraussetzung ist jedoch, dass er bußfertig ist und seine Verfehlungen voll eingesteht und bereut.

■ **Hatte Jesus Geschwister?**
Der Überlieferung nach hatte er vier Brüder, deren Namen Jakobus, Joses, Judas und Simon waren. Von seinen Schwestern sind keine Namen überliefert.

■ **Was ist die Sunna?**
Die Überlieferung der Aussagen und Handlungen Mohammeds (um 570–632).

■ **Welche Apostel starteten ihre Mission bei den Armeniern?**
Thaddäus und Bartholomäus. Sie starteten unmittelbar nach dem Tod Christi und waren mit ihrer Mission so erfolgreich, dass bereits im Jahre 301 n. Chr. die neue Lehre zur einzigen Religion des armenischen Volkes proklamiert wurde.

Judas Thaddeus *von Georges de la Tour, 1615–20*

Warum wird Weihnachten am 25. Dezember gefeiert?

Das genaue Datum der Geburt Jesu ist nicht überliefert. Da er jedoch auch als „Lichtbringer" gilt, wurde die Zeit der Wintersonnenwende als Feiertag seiner Geburt auserkoren. Am 25. Dezember fanden die Feiern für orientalische Sonnengötter und auch den römischen Sonnengott statt. Die Tage der Dunkelheit sind überwunden, die Tage werden wieder länger.

Was ist ein Häretiker?

Jemand, der der offiziellen Lehrmeinung der christlichen Amtskirche widerspricht. Diese „Irrgläubigen" wurden lange Zeit von der katholischen Kirche als Ketzer verfolgt.

Wie heißt Weihnachten in Skandinavien?

Jul. In die christlichen Weihnachtsbräuche fließen einige heidnisch-germanische Julbräuche mit ein, z. B. der Tannenbaum.

Wie wurde nach dem christlichen Glauben die Erbsünde in die Welt gebracht?

Sie entstand, weil Adam und Eva, die ersten Menschen, vom „Baum der Erkenntnis von Gut und Böse" aßen, obwohl es ihnen verboten war. Gott strafte sie mit der Verbannung aus dem Paradies. Seitdem wird die Sünde durch Zeugung von einer Generation an die nächste weitergegeben. Seit dem Kreuzestod Jesu wird die Erbsünde durch die Taufe aufgehoben.

Was ist ein Rabbiner?

Er ist der geistliche Lehrer der jüdischen Gemeinde und hat die Autorität zur Auslegung der Heiligen Schrift und des Talmud. Heutzutage werden auch die Leiter der jüdischen Gemeinde als Rabbiner bezeichnet.

Rabbi

Wer wählt den Papst?

Das Kardinalskollegium. Kardinäle sind vom Papst in den Kardinalsstand erhobene Bischöfe. Das Kardinalskollegium setzt sich aus Kardinälen aller Erdteile zusammen.

Was ist Jom Kippur?

Der höchste jüdische Feiertag. Er beendet die neuntägige Besinnungszeit, die genutzt werden soll, um Streitigkeiten beizulegen, und gilt deshalb als der „große Versöhnungstag", aber auch Totengedenktag und Fastentag mit absoluter Arbeitsruhe.

Was ist ein Dalai Lama?

Der Dalai Lama ist ein Bodhisattva, ein erleuchtetes Wesen, das den Kreislauf der Wiedergeburt hätte verlassen können, sich jedoch aus Mitgefühl dagegen entschieden hat und wieder in das Leben eingetreten ist, um anderen Wesen zu dienen. Er ist die Wiedergeburt des Buddha des Mitgefühls. Zurzeit ist der Mönch Tendzin Gyatsho als 14. Dalai Lama sowohl geistliches als auch weltliches Oberhaupt der Tibeter. Seit dem Einmarsch der chinesischen Volksarmee in Tibet 1959 lebt er im indischen Exil in Dharamsala. 1989 erhielt er für seine Bemühungen um eine gewaltlose Befreiung Tibets den Friedensnobelpreis.

Welcher Tag im christlichen Kirchenkalender würdigt das letzte Abendmahl?

Der Gründonnerstag. Auf ihn folgt der Karfreitag, der Tag der Kreuzigung Christi.

Was befindet sich auf dem Heiligen Berg Athos?

Eine griechisch-orthodoxe „Mönchsrepublik". Seit etwa 963 befindet sich das Kloster Dionysiou auf dem Berg Athos auf der Südspitze der östlichsten Chalkidike-Halbinsel. Durch die jahrhundertelange Abgeschiedenheit entwickelte sich dort eine regelrechte Mönchsrepublik. Die ansässigen Mönche verbringen acht Stunden ihres Tages mit Gebeten.

Jerusalem als Heilige Stadt für Juden, Christen und Muslime

Judentum: häufiger Schauplatz im Alten Testament, Ort der Klagemauer
Christentum: Leidensgeschichte, Kreuzigung und Auferstehung Christi
Islam: drittheiligste Stadt des Islam; die Al-Aqsa-Moschee ist das zweite Haus Gottes auf Erden.

Wer war Maria Magdalena?

Eine Jüngerin Jesu. Über ihr Leben gibt es die unterschiedlichsten Vermutungen. Sie wird als Sünderin, aber auch als „Apostelin der Aposteln" bezeichnet. Seit 1969 wird sie jedoch offiziell nicht mehr als Sünderin oder Prostituierte angesehen.

Verzückung der hl. Magdalena *von José Antolínez, 1660–70*

Wen bezeichnet man als Judenchristen?

Die ursprüngliche christliche Gemeinde im 1. Jahrhundert nach dem Tod Christi. Die Gemeinde bestand fast ausschließlich aus Juden, da die christliche Kirche sich erst in ihrer Entstehung befand.

Wer spendet die Sakramente?
Ein Priester oder höherer Geistlicher. Sakramente sind heilige Handlungen, die den Segen Gottes und seine Gnade gewähren. Es gibt sie nur in der christlichen Kirche.

Wie heißt das Gebot der Ehelosigkeit bei den Katholiken?
Zölibat. Die Priester legen das Gebot bei ihrer Weihe, die Mönchsnovizen bei ihrer Aufnahme in den Orden ab.

Was beinhaltet das Alte Testament?
Es enthält die heiligen Bücher der Juden, die von der Erschaffung der Welt berichten und die Entstehung und den Verlauf der Geschichte des Volkes Israel erzählen. Gott offenbarte sich dem Volk und erwählte es als das seine.

Was erwarten die Adventisten?
a) die Wiederkehr von Jesus Christus
b) den Weltuntergang
c) das Jüngste Gericht
d) die Wiedererschaffung der Welt

a) die Wiederkehr von Jesus Christus
Die Religionsgemeinschaft der Adventisten hat ihre etwa sieben Millionen Anhänger hauptsächlich in den USA.

Wann entstand der Hinduismus?
Zwischen dem 26. und dem 15. Jahrhundert v. Chr. entstand der Hinduismus als Religion der indischen Ureinwohner. Im 22. Jahrhundert nahm die eingewanderte Volksgruppe der Arier Einfluss auf die entstehende Religion.

Welchen Orden gründete Franz von Assisi (1182–1226)?
Den Franziskanerorden. Der Orden wurde im Jahr 1223 vom Papst anerkannt. Franziskaner sind Bettelmönche, die der Armut verpflichtet sind. Ihr Hauptanliegen ist die Seelsorge und die Unterstützung Bedürftiger.

Franz von Assisi und Innozenz III.

Wer sind die Missionarinnen der Nächstenliebe?
Ordensangehörige des von Mutter Teresa (1910–97) im Jahr 1950 in Indien gegründeten Ordens. Mutter Teresa wurde im Osmanischen Reich, im Gebiet des heutigen Mazedonien, geboren und wollte angeblich schon mit zwölf Jahren Nonne

werden. Den Orden der Loreto-Schwestern verließ sie, um sich um Leprakranke in Kalkutta zu kümmern. 1979 wurde ihr der Friedensnobelpreis verliehen. Bereits sechs Jahre nach ihrem Tod wurde sie seliggesprochen.

Wie heißt die Vertreibung eines Dämons aus einem Menschen durch einen katholischen Priester?

Exorzismus. Es geht dabei um die Vertreibung eines Geistes, der von einem Menschen oder einem Tier Besitz ergriffen hat. Der strenge Ritus beinhaltet das Aufsagen von Gebeten und den Einsatz von Weihrauch und Weihwasser.

Was ist ein Derwisch?

Ein Angehöriger eines islamischen Ordens. Der Derwisch sucht eine mystische Vereinigung mit Gott mithilfe von geistiger Versenkung und asketischen Übungen. Derwisch heißt übersetzt „Bettler".

Derwische

In welchem Evangelium steht die Weihnachtsgeschichte von der Geburt Jesu?

Im Evangelium nach Lukas. Dies ist die Geschichte, die am Heiligen Abend in der Kirche vorgelesen oder nachgespielt wird.

Welches waren die wichtigsten Götter bei den Ägyptern?

Isis, Osiris und Horus. Neben diesen drei Göttern gab es jedoch noch eine Unzahl weiterer Gottheiten.

Mit welchen Worten wurde Maria vom Erzengel Gabriel begrüßt?

„Ave Maria", wörtlich „Gegrüßest seist du, Maria!" Anschließend verkündete der Engel ihr die unbefleckte Empfängnis Jesu Christi.

Wie heißen die vier Evangelisten?

Matthäus, Markus, Lukas und Johannes. Sie haben das Leben Jesu im Neuen Testament festgehalten.

Womit beschäftigt sich die erste der „Vier edlen Wahrheiten" des Buddhismus?

a) mit der Wiedergeburt
b) mit dem Essen
c) mit dem Leiden
d) mit dem Trinken

c) mit dem Leiden
Dort heißt es: „Geburt ist Leiden. Altern ist Leiden. Krankheit ist Leiden. Tod ist

Wiedergeburt im Hinduismus und Buddhismus
In beiden Religionen wird man in einem ewigen Kreislauf als Mensch oder als Tier wiedergeboren. Erst durch einen vollkommenen Lebenswandel kann man diesen Kreislauf durchbrechen und ins Nirwana gelangen.

Leiden ... mit dem Ungeliebten vereint, von Lieben getrennt zu sein, ist Leiden."

Welcher Papst wurde wegen seines stets freundlichen Auftretens bekannt?

Papst Johannes Paul I. (1912–78). Er wurde auch „der lächelnde Papst" genannt.

Was erschuf der Hohepriester Aaron, während Moses auf dem Berg Sinai die Zehn Gebote in Empfang nahm?

a) Manna
b) den Davidstern
c) das Goldene Kalb
d) eine Arche

c) das Goldene Kalb
Das Volk hatte den Hohepriester aufgefordert, aus ihrem Schmuck ein Götzenbild zu formen, damit sie es auf ihrem Weg durch die Wüste verehren konnten.

Wie heißt der Herrscher der Dämonen im Neuen Testament?

Beelzebub. Die Pharisäer bezichtigten Jesus, nur deshalb Dämonen auszutreiben, weil er heimlich mit Beelzebub paktiere. Das Sprichwort „den Teufel mit dem Beelzebub austreiben" bedeutet, ein Übel mit einem anderen zu bekämpfen.

Wie heißt die Lehre des Geheimnisvollen?

Okkultismus (lat. occultum = das Geheimnisvolle). Der Okkultismus beinhaltet das Studium der Magie und die Beschäftigung mit nicht naturwissenschaftlich erklärbaren Phänomenen. Somit entzieht er sich der nachvollziehbaren Wissenschaft.

Pendel und Tarotkarten

Welche Gestalt hatte Quetzalcoatl, ein Gott der Azteken?

a) die Gestalt einer gefiederten Schlange
b) die Gestalt eines Kleinkindes mit Fell
c) die Gestalt eines Adlers
d) die Gestalt einer doppelköpfigen Schlange

a) die Gestalt einer gefiederten Schlange
Quetzalcoatl war eine Gottheit, die sich von ihren Anhängern keine Menschen-

opfer wünschte, und gehörte somit zu den weniger blutrünstigen aztekischen Göttern.

Welches ist der heilige Fluss im Hinduismus?

a) Euphrat
b) der Gelbe Fluss
c) Pao
d) Ganges

d) Ganges
Dieser 2511 Kilometer lange Fluss fließt durch Indien und Bangladesch. In ihm waschen sich täglich mehrere Tausend Pilger rein und trinken einen Schluck von seinem heiligen Wasser.

Bad im Ganges

Wer verfasste etwa im 4. Jahrhundert v. Chr. das Tao-te-king?

Laotse (3.–4. Jh. v. Chr.), der Lehrmeister des Taoismus. Das Werk wurde zunächst „5000-Zeichen-Schrift" genannt und ist eine poetischen Sammlung von 81 kurzen, teilweise gereimten Aphorismen. Es ist ein Klassiker der chinesischen Philosophie und gilt als Meisterwerk der Weltliteratur.

Was ist ein Mantra?

Die Übersetzung von Mantra lautet „Instrument des Denkens". Es handelt sich um besonders kurze Gebetsformeln, die häufig wiederholt werden und so spirituelle Energien freisetzen sollen. Es gibt sie in vielen Religionen, so gehört auch das Beten des Rosenkranzes zu diesen meditativen Gebeten. Das wichtigste Mantra im Hinduismus ist das „Om", das für den Urklang steht, aus dem Brahman die Welt erschaffen haben soll.

Wofür wurde der heilige Georg († 303) bekannt?

Der Legende nach tötete Georg einen bösen Drachen, um eine junge Frau aus seinen Klauen zu befreien. Doch anstatt um die Hand des Mädchens anzuhalten, rät er ihrem Volk, sich taufen zu lassen, um das Böse endgültig zu besiegen. Daraufhin kommt es zu einer großen Taufveranstaltung. Der heilige Georg soll zu Beginn der Christenverfolgung unter Kaiser Diokletian (284–305) als Märtyrer gestorben sein.

In welchem Jahr kam es zum Bruch zwischen der katholischen und der orthodoxen Kirche?

a) 1054
b) 1371
c) 1614
d) 1875

a) 1054
Kardinal Humbert von Silva Candida (1010–61) hatte die Aufgabe von Papst Leo IX. (1002–54) bekommen, dem Oberhaupt der orthodoxen Kirche eine Bannbulle mit

wilden Verwünschungen zu überreichen. Mit dieser Bulle wurde das Oberhaupt exkommuniziert und es kam mit ihrer Überreichung am 16. Juli 1054 zum endgültigen Bruch. Papst Leo IX. war zu diesem Zeitpunkt bereits tot. Der Streit zwischen den Kirchen hatte schon im 4. Jahrhundert begonnen.

Was ist ein Schamane?

Ein Geistlicher, der sich mit Tanz, Musik oder Drogen in Trance versetzt. Die Kunst der Schamanen ist vor allem in Zentralasien und Sibirien ungebrochen. Ihnen werden große magische Kräfte nachgesagt, die ihnen die Seelenwanderung und die Kontaktaufnahme mit Verstorbenen und Geistern ermöglichen.

Schamane aus Amazonien

Was ist der Haddsch?

Die Pilgerfahrt des Muslims nach Mekka. Dort steht die Kaaba, das größte Heiligtum der islamischen Welt. Mindestens einmal sollte jeder Muslim im Laufe seines Lebens dorthin pilgern. Nach dem Besuch der Kaaba darf er sich „Haddschi" nennen.

Wohin möchte der Buddhist gelangen, wenn er die Vollkommenheit erreicht hat?

Ins Nirwana, was übersetzt „Verwehen, Erlöschen" bedeutet. Das Nirwana ist eine Art finaler Zustand, den nur derjenige erreicht, der es zu Lebzeiten zur Vollkommenheit gebracht hat und den Kreislauf aus Geburt, Tod und Wiedergeburt mehrfach durchlaufen hat.

Wann wurde der Iran zur islamischen Republik?

a) 1959 c) 1979
b) 1969 d) 1989

c) 1979
Ayatollah Khomeini (1907–89) war wegen seiner Kritik an der Weißen Revolution von Schah Reza Pahlevi 1969 inhaftiert und anschließend ins Exil geschickt worden. Von dort aus organisierte er erfolgreich den Widerstand gegen den Herrscher.

Was sind die sieben Sakramente in der katholischen und christlich-orthodoxen Kirche?

Taufe, Firmung, Eucharistie, Buße, Krankensalbung, Priesterweihe und Ehe. Diese Sakramente sollen den Gläubigen die Gnade Gottes vermitteln und seine Nähe spürbar machen.

Wie heißen der erste und der letzte Buchstabe des griechischen Alphabets?

Alpha und Omega. Sie stehen als Symbole des Anfangs und des Endes für Gott oder Jesus Christus. In der Offenbarung heißt es: „Ich bin das Alpha und das Omega, spricht Gott der Herr, der da ist und der da war und der da kommt, der Allmächtige."

Welcher englische König gründete die anglikanische Kirche?

a) Henry VIII. c) Richard III.
b) Charles I. d) Henry I.

a) Henry VIII.
Der König wollte die Ehe mit Katharina von Aragón (1485–1536) beenden, stieß jedoch auf Widerstand vom Papst. Daher spaltete Henry VIII. (1491–1547) im Jahr 1535 England von der katholischen Kirche ab und gründete die anglikanische Kirche. Nachfolgend war der König mit fünf weiteren Frauen verheiratet, von denen er zwei hinrichten ließ.

Heinrich VIII.

Wie weiß das Volk, dass ein neuer Papst gewählt worden ist?

Die Kardinäle ziehen sich so lange zur Wahl zurück, bis sie zu einem Ergebnis kommen. Ist das Ergebnis nicht eindeutig, steigt schwarzer Rauch aus dem Haus ihrer Zusammenkunft auf. Erst wenn weißer Rauch aufsteigt, wird das eindeutige Ergebnis verkündet, eingeleitet mit den Worten „Habemus papam!" („Wir haben einen Papst!").

Was bedeutet das griechische Wort orthodox?

Rechtgläubig. Orthodox ist eine Lehre oder religiöse Anschauung. Im Christentum gibt es z.B. die griechisch-orthodoxe, die bulgarisch-orthodoxe und die russisch-orthodoxe Kirche. Insgesamt leben in Deutschland etwa 500.000 orthodoxe Christen.

Was ist der Unterschied zwischen Monotheismus und Polytheismus?

Im Monotheismus wird ein einziger Gott verehrt, während im Polytheismus viele verschiedene Götter nebeneinander existieren. In der alten römischen und griechischen Religion waren unzählige Götter zu finden, während im alten Ägypten seit Echnaton (14. Jh. v. Chr.) einzig der Sonnengott Aton verehrt wurde.

Woher stammt der Legende nach der schwarze Stein in der Wand der Kaaba?

Aus dem Paradies. Die Kaaba ist das größte Heiligtum des Islam und etwa 12 x 10 x 15 Meter groß und mit schwarzem Brokat bedeckt. Der Überlieferung nach soll das Gebäude von Adam gebaut und von Abraham und Ismael, den Urvätern des islamischen Volkes, wieder aufgerichtet worden sein. Die Kaaba diente ursprünglich als Tempel; die Götterstatuen wurden im Jahr 630 von Mohammed nach der Eroberung Mekkas zerstört.

■ ■ ■

Welches Tier ist für Juden koscher?

a) Muschel
b) Pferd
c) Schwein
d) Rind

d) Rind
Juden sollen Tiere meiden, die keine zweigespaltenen Hufe haben (Kaninchen, Pferd) oder die keine Wiederkäuer sind (Schwein), Meerestiere, die keine Schuppen und Flossen haben (Muscheln, Krabben, Aal), sowie Frösche, Schnecken und Insekten. Erlaubt sind Rind und Geflügel sowie Fisch.

■ ■ ■

In welcher Religion findet man Brahma, Shiva und Vishnu?

Im Hinduismus. Ursprünglich stand Brahma an der Spitze der Gottheiten, wurde aber allmählich von Shiva, dem Zerstörer und Erneuerer der Welt, und Vishnu, dem Bewahrer des Lebens, verdrängt. Heute sind die drei Gottheiten die wichtigsten des Hinduismus.

■ ■ ■

Was ist der Unterschied zwischen dem Fegefeuer und der Hölle?

Nach altkatholischer Vorstellung werden im Fegefeuer die Seelen der Verstorbenen von ihren Sünden gereinigt (mittelhochdt. fegen = reinigen). In der Hölle hingegen werden die ewigen Sündenstrafen verbüßt.

Was ist die Thora?

Die Thora ist das Heilige Buch der Juden. Sie beinhaltet die fünf Bücher Mose. Zusammen mit den Propheten und den Schriften des Alten Testaments bildet sie die Grundlage für das Judentum.

■ ■ ■

Wie heißt die Rechtssammlung im Judentum?

Talmud. Er enthält Beispielfälle und Kommentare aus der rabbinischen Überlieferung. Nach der Thora ist er die wichtigste Grundlage der jüdischen Religion und Gesellschaft.

■ ■ ■

Was ist ein Aschram?

Ein Meditationszentrum, das klosterähnlich aufgebaut ist. Der Name Aschram kommt aus den indischen Sprachen und bedeutet etwa „Ort der Anstrengung".

■ ■ ■

Welches Buch enthält den Bericht von den Offenbarungen Mohammeds (um 570–632)?

Der Koran. Es handelt sich um die Offenbarungen, die Mohammed in Mekka und Medina verkündete.

Koran

Wie heißen die fünf Bücher Mose?

Genesis, Exodus, Levitikus, Numeri und Deuteronomium. Die ersten beiden Bücher stellen die Weltentstehung und die Entstehung und Auserwählung des Volkes Israel dar, während die drei letzten besonders das mosaische Gesetz darstellen.

Welcher Ort ist das Ziel des Jakobswegs?

Der christliche Wallfahrtsort Santiago de Compostela in Spanien. In der dortigen Wallfahrtskirche befinden sich die Gebeine des Apostels Jacobus des Älteren (1. Jh.). Der Jakobsweg hat mehrere Ausgangspunkte in Frankreich und Deutschland. In der Kathedrale von Santiago de Compostela hängt an einem 30 Meter langen Seil ein 1,60 Meter großes Weihrauchfass, das von sechs Männern geschwungen werden muss. Auf diese Weise sollen die Ausdünstungen der Pilger übertüncht werden.

Der Jakobsweg
Seit 830 ist Santiago de Compostela ein Wallfahrtsort, der jedoch erst in den letzten Jahren zu großer Popularität gelangte. Noch 1970 nahmen nur 68 Christen die weite Reise auf sich – 2007 waren es über 114.000 Pilger.

Wie heißt das islamische Gesetz?

Scharia. Sie ist im Koran und in der Sunna überliefert. In islamischen Staaten wird die Scharia auch als Strafrecht angewendet.

Von wem wurde die neuenglische Kolonie Plymouth in Amerika gegründet?

Von den Pilgervätern. Am 21. November 1620 landeten 102 englische Passagiere, darunter 41 Dissidenten der anglikanischen Kirche, im heutigen Massachusetts. In ihrer Heimat waren sie an der freien Ausübung ihrer Religion gehindert worden.

Was ist die Askese?

Eine streng enthaltsame und entsagende Lebensweise, die der Verwirklichung sittlicher und religiöser Ideale dient. Formen der Askese finden sich insbesondere im Mönchtum des Hinduismus, Buddhismus und des Christentums.

Wann wurde die Religionsgemeinschaft der Mormonen gegründet?

a) 1679 c) 1830
b) 1764 d) 1926

c) 1830
Die Mormonen sind die Anhänger der Kirche Jesu Christi der Heiligen der Letzten Tage.

Wie heißt das Fest, mit dem die Juden am 14. Adar (Februar/März) ihrer Errettung gedenken?

Purim. Im Buch Esther des Alten Testaments wird beschrieben, wie es der schönen Jüdin Hadassa (Esther), der Gemahlin des persischen Königs Ahasver (Xerxes), gelang, die persischen Juden vor der Vernichtung zu erretten.

Was ist die Bundeslade?

Die goldene Truhe, in der die Steintafeln mit den Zehn Geboten aufbewahrt worden sein sollen. Seit der Plünderung des Jerusalemer Tempels im Jahr 587 v. Chr. gilt sie als verschollen.

Wie heißt im altindischen Sanskrit der religiöse Lehrer?

Guru. Heute steht der Begriff allgemein für Meinungsführer oder für eine fachliche Autorität auf einem bestimmten Gebiet.

Wie heißt die wichtigste Form meditativer Versenkung im Zen-Buddhismus?

Zen. Mithilfe von Zen soll es dem Gläubigen gelingen, durch strenge Selbstdisziplin zur Erleuchtung zu gelangen.

Wer hat in der Bibel das Vaterunser gelehrt?

Jesus, der es seine Jünger gelehrt hat.

Wie bezeichnet man das Christentum, den Islam, das Judentum, den Hinduismus und den Buddhismus?

Als die fünf Weltreligionen.

Welches ist die größte Glaubensgemeinschaft der Welt?

Das Christentum. Etwa ein Drittel der Weltbevölkerung gehört dem Christentum an. An zweiter Stelle steht der Islam mit etwa 20 %.

Wer gründete die Religionsgemeinschaft der Zeugen Jehovas?

Charles Taze Russell (1852–1916). Im Jahr 1870 gründete er eine Gruppe zur Erforschung der Bibel und gab später die Zeitschrift *Zion's Watch Tower and Herold of Christ's Presence* heraus. Die Zeugen Jehovas haben heute nach eigenen Angaben weltweit etwa sieben Millionen Mitglieder, davon etwa 165.000 in Deutschland.

Charles Taze Russell

In welchem Land wird der Taoismus praktiziert?

a) China
b) Japan
c) Indien
d) Thailand

a) China
Der Taoismus ist eine philosophisch-religiöse Lehre. Das Tao ist „der Weg", den die Natur weist. Die Taoisten versuchen, eine Übereinstimmung des menschlichen Denkens und Handelns mit dem Tao zu erreichen.

Was beinhaltet das Neue Testament?

Es enthält die vier Evangelien, die Apostelgeschichte und Briefe. Sie alle berichten vom Leben und Wirken Jesu und seiner Apostel. Am Ende steht die Offenbarung des Johannes, die in dramatischen Bildern das Weltende beschreibt.

Wer ist das geistliche Oberhaupt der anglikanischen Kirche?

a) der Papst
b) der Erzbischof von Canterbury
c) der Erzbischof von London
d) die anglikanische Bischofsversammlung

b) der Erzbischof von Canterbury
Das weltliche Oberhaupt der anglikanischen Kirche ist der König bzw. die Königin von England.

Was ist die Rolle von Allah?

Nach dem islamischen Glauben ist er der Schöpfer und Erhalter der Welt. Am Jüngsten Tag wird er über die Menschen richten.

Wofür stehen die Ostereier?

Der Brauch, zur Frühlingszeit Eier zu verschenken, geht auf die germanischen Frühjahrsfeiern zurück. Die Eier dienen als Fruchtbarkeitssymbol.

Wodurch leitete der Pfarrer Ulrich (Huldrych) Zwingli (1484–1531) die Züricher Reformation ein?

a) durch eine bombastische Rede
b) durch eine öffentliche Geißelung
c) durch ein freitägliches Wurstessen
d) durch einen Hungerstreik

c) durch ein freitägliches Wurstessen
So demonstrierte der Pfarrer seine Abneigung gegen das katholische Fastengebot und gegen das Zölibat.

Was bedeutet Genesis?

Anfang, Ursprung. Das erste Buch Mose beginnt mit der Erschaffung der Welt und wird daher auch Genesis genannt.

Was ist Myrrhe?

Ein Gummiharz aus Myrrhestraucharten. Ähnlich wie Weihrauch wird es als Räucherharz bei kirchlichen Ritualen verwendet. Die Myrrhe war neben Gold und Weihrauch eins der drei kostbaren Geschenke, die Jesus von den Heiligen Drei Königen überreicht wurden.

Die Heiligen Drei Könige beim Jesuskind

Wann findet der Sabbat statt?

Er beginnt am Freitagabend und dauert bis zum Abend des Sonnabends. Das Wort Sabbat leitet sich vom hebräischen Wort für „aufhören" oder „ruhen" ab. Der Sabbat ist dementsprechend der jüdische Ruhetag.

Auf welchem Berg standen der Davidspalast und der Tempel Salomos?

Auf dem Berg Zion in Jerusalem, der „Stadt des Friedens".

Wen erwarten die Juden in der Zukunft?

Den Messias. Im Gegensatz zu den Christen glauben die Juden nicht, dass Jesus Christus der von den Propheten erwartete gesalbte Sohn Gottes war, der die Menschen von den Sünden erlöst hat.

Wie nennt man die religiöse Haltung, die danach trachtet, ganz in Gott aufzugehen?

Mystik. Durch stark nach innen gekehrte Frömmigkeit sowie durch meditative Übungen versuchen Mystiker, eine unmittelbare Gotteserfahrung zu erleben, z. B. in Ekstase.

Wie heißt die Verehrung der eigenen Vorfahren?

Ahnenkult. Diesem Glauben zufolge wirken die Vorfahren über ihren Tod hinaus in der Familie weiter. Mit Opfergaben, Gebeten und Gastmählern wird ihrer gedacht.

Was bedeutet der Name Christus?

Der Gesalbte. Dies ist die lateinische Form des griechischen Christos, was die griechische Entsprechung zum hebräischen „maschiach" ist, das „Messias" bedeutet. Ursprünglich handelte es sich im Judentum um einen Hoheitstitel für den König („Gesalbter Gottes"), später wandelte sich die Bedeutung jedoch, als der Messias als Heilsbringer erwartet wurde. Jesus wird im Neuen Testament als „Christos" bezeichnet.

An welchem Tag wird dem heiligen Bischof von Myra gedacht?

Am 6. Dezember. Es handelt sich um den heiligen Nikolaus, der vermutlich im 4. Jahrhundert in Myra in der heutigen Türkei Bischof war. Er ist der Schutzpatron der Kinder. Zu seinen Ehren werden den Kindern an seinem Festtag Geschenke gebracht.

Was bedeutet Advent?

a) Warten
b) Ankunft
c) Geburt
d) Kerze

b) Ankunft
Die Adventszeit ist die Wartezeit auf die Ankunft des Erlösers, dessen Geburt am Heiligabend gefeiert wird.

Adventskranz

Was ist der Garten Eden?

Das Paradies. Hier lebten Adam und Eva, die ersten Menschen, bis sie wegen des Sündenfalls von Gott aus dem Paradies vertrieben wurden. Seitdem werden die Menschen von der Mühsal des Daseins geplagt. Das Paradies ist der Ort des Friedens, der Glückseligkeit und der Bedürfnislosigkeit.

In welcher Stadt trat Martin Luther (1483–1546) im Jahr 1505 ins Kloster ein?

a) Wittenberg c) Magdeburg
b) Halle d) Erfurt

d) Erfurt
Dort trat Luther in das Schwarze Kloster der Augustiner-Eremiten ein.

Wo empfing Moses die Zehn Gebote?

Auf dem Berg Sinai. Es sind die Grundgesetze des Judentums und des Christentums. Sie beinhalten die folgenden Gebote: Es gibt nur einen Gott; von Gott soll kein Bildnis gemacht werden; der Name Gottes soll geheiligt werden; der Sonntag soll geheiligt werden; die Eltern sollen geehrt werden. Außerdem die Verbote des Tötens, des Ehebrechens, des Stehlens, des Lügens und des Neides.

Moses und die Zehn Gebote

Welches ist die größte evangelische Freikirche?

Die der Baptisten („Täufer"). Sie lassen sich erst im Erwachsenenalter taufen, weil sie sich bewusst für Christus entscheiden wollen.

Wie heißen Menschen, die an keinen Gott glauben?

Atheisten. Sie lehnen die Existenz von einer oder mehreren Gottheiten als nicht beweisbar und irrational ab.

Zu welcher Tageszeit wird im Fastenmonat Ramadan gefastet?

Während des Ramadans, dem neunten Monat des islamischen Mondkalenders, fasten die Gläubigen von Sonnenaufgang bis Sonnenuntergang. Das Fasten beinhaltet neben dem Verzicht auf Essen auch den Verzicht auf Trinken und Rauchen. Nach Sonnenuntergang wird um Mitternacht eine festliche Mahlzeit eingenommen.

Wie heißt im Buddhismus ein Mensch, der aus eigener Kraft zur Erleuchtung gelangt ist?

a) Karma c) Buddha
b) Mantra d) Nirwana

c) Buddha
Allerdings gibt es zwei große Richtungen des Buddhismus. Die andere erkennt Buddha nicht als einen selbst erlösten Menschen, sondern als Offenbarung eines überweltlichen Buddha.

Kirchenmitglieder in Deutschland

	1990	2009
römisch-katholisch	28,3 Mio.	24,9 Mio.
evangelisch	29,4 Mio.	24,5 Mio.

Wo wurde das Christentum im Jahr 380 zur Staatsreligion?

Im Römischen Reich. Es wurde von Theodosius (347–395) zur Staatsreligion erklärt.

Wer war der erste Bischof von Rom?

Der Apostel Petrus († um 64 n. Chr.). Petrus bedeutet Fels, und ihn meinte Jesus mit seinen Worten „Auf diesen Fels will ich meine Kirche bauen". Auf ihn sollen auch die Petrusbriefe des Neuen Testaments zurückgehen. Die Päpste gelten als die Nachfolger von Petrus.

Wie nennt man eine religiöse, nationale oder ethnische Minderheit, die außerhalb ihrer Heimat lebt?

Diaspora. Im Speziellen bezieht sich der Begriff auf die jüdischen Gemeinden, die außerhalb Israels leben.

Wo findet man die Inschrift I. N. R. I.?

Auf Kruzifixen. Es sind die Anfangsbuchstaben der Inschrift „Iesus Nazarenus Rex Iudaeorum" („Jesus von Nazareth, König der Juden"). Im Johannesevangelium (19,19) heißt es, dass Pontius Pilatus (gest. um 39), der römische Statthalter von Judäa, diese Inschrift auf dem Kreuz von Jesus anbringen ließ.

Wer baute das Katharinenkloster auf der Sinai-Halbinsel?

Der oströmische Kaiser Justinian I. (482–565). Es handelt sich um einen festungsartigen Gebäudekomplex, der als Herberge für Pilger diente, die zu den Stätten des Alten Testaments unterwegs waren. Es beherbergt außerdem die Reliquien der heiligen Katharina (gest. Anfang 4. Jh.). Das Katharinenkloster wurde im Jahr 557 n. Chr. erbaut.

Katharinenkloster

Welche Dokumente finden sich im Neuen Testament, die von Paulus, Petrus, Judas und Johannes verfasst wurden?

a) Evangelien
b) Briefe
c) Offenbarungen
d) Psalmen

b) Briefe

Es handelt sich dabei um zeitgenössische Dokumente, die ein eindrückliches Bild vom Leben in den frühchristlichen Gemeinden zeichnen.

Was bedeutet das Wort Karneval?

Fleischfortnahme (ital. carne levale). Der Karneval ist die Zeit vor der siebenwöchigen Fastenzeit der Christen, in der kein Fleisch verzehrt werden darf. Auch der Begriff Fastnacht geht auf diesen Brauch zurück, denn der Fastnachtsdienstag ist der letzte Tag vor Beginn der Fastenzeit am Aschermittwoch.

Wann wurde die Charta Oecumenica der christlichen Kirchen unterzeichnet?

a) im Oktober 1687
b) im August 1864
c) im Januar 1914
d) im April 2001

d) im April 2001
Die Charta ist eine gemeinsame Erklärung der christlichen Kirchen, die die Regeln für das Miteinander der Konfessionen festlegt. Es wird zu Toleranz und Offenheit gegenüber anderen Religionen aufgerufen.

Galileo Galilei (1564–1662) wurde 1633 vor dem Inquisitionsgericht verurteilt. Durch wen wurde er öffentlich rehabilitiert?

Durch Papst Johannes Paul II. (1920–2005) im Jahr 1992 in Rom. Galilei war ein italienischer Mathematiker und Physiker, der das heliozentrische Weltbild des Nikolaus Kopernikus (1473–1543) verteidigte und von dem Inquisitionsgericht gezwungen wurde, seinen Thesen abzuschwören. Die Jahre von 1633 bis zu seinem Tod verbrachte er unter Hausarrest.

In welcher Rede verkündete Jesus die Seligpreisungen?

In der Bergpredigt. Es ist eine der bekanntesten Reden, die Jesus vor seinen Jüngern hielt.

Wie heißt der elefantenköpfige Gott im Hinduismus?

a) Shiva
b) Ganesha
c) Brahma
d) Buddha

b) Ganesha
Die Gottheit der Schriftsteller und der Kaufleute gilt als gutmütiger Gott.

Ganesha

Wer begründete die Lehre der Christlichen Wissenschaft?

Mary Baker Eddy (1821–1910). Diese Lehre sieht den Menschen nur als einen Ausdruck des göttlichen Wesens, mit dem der Gläubige durch die Befolgung der Lehre Christi verschmelzen könne. Infolgedessen seien die erfassbare Materie und menschliches Leid wie Krankheit und Tod nur eine Illusion.

Wer belegte Martin Luther (1483–1546) mit einer Reichsacht?

Kaiser Karl V. (1500–58), nachdem sich Luther auf dem Reichstag von Worms im Jahr 1521 geweigert hatte, seinen Lehren abzuschwören, die bereits zur Kirchenspaltung geführt hatten. Vom Papst war Luther zu diesem Zeitpunkt bereits gebannt worden.

Welches christliche Fest gedenkt der Herabsendung des Heiligen Geistes auf Maria und die Jünger Jesu?

Pfingsten. Das Fest findet 50 Tage nach der Auferstehung statt und markiert den Abschluss der Osterzeit. In vielen Regionen gibt es spezielle Pfingstbräuche wie Pfingstbäume, Pfingstochsen oder Jahrmärkte.

Wogegen protestierte Kardinal von Galen?

Als einer der wenigen hochrangigen Geistlichen kritisierte er offen das Euthanasieprogramm der Nationalsozialisten. Er erreichte, dass die Vernichtung „unwerten Lebens", der Alten, Kranken und Behinderten, für kurze Zeit gestoppt werden konnte. Durch den Sieg der Alliierten konnte das geplante Todesurteil gegen den Kardinal verhindert werden.

Warum tragen Christen einen Ehering?

Der Ring symbolisiert die Treue und Beständigkeit der Ehe. Der Ring steht für die Ewigkeit, da er keinen Anfang und kein Ende hat. Die Ehe und der Bund mit Gott sollen ebenso ewig bestehen.

Wie heißt der Gegenspieler Gottes, der am Zeitende auf der Erde erscheinen wird?

Antichrist. Er ist eine Art böser Zwilling von Jesus.

Wie heißt ein Angehöriger der obersten indischen Kaste?

Brahmane. Seine Aufgabe ist es, die vielschichtigen indischen Religionsmythen in eine philosophische Form zu überführen.

Was sind die Konsequenzen eines Kirchenbanns?

Der Ausschluss aus der Gemeinschaft der Gläubigen und infolgedessen der Ausschluss vom Gottesdienst, das Verbot einer christlichen Bestattung und somit die ewige Verdammnis der Seele. Der Kirchenbann war die schwerste nicht körperliche Strafe, die im Mittelalter gegen einen Christen ausgesprochen werden konnte.

Wie heißt das islamische Gotteshaus?

Moschee. Als ihr Vorbild gilt das Haus des Propheten Mohammed in Medina, das nicht nur ein Ort des Gebetes war, sondern auch der politischen Versammlungen.

Sultan-Ahmed-Moschee in Istanbul

Wie heißt die Einheit von Gott und der Welt?

Pantheismus, wörtlich „Allgottlehre". Der Pantheismus gehört zu den ältesten Glaubensrichtungen der Menschheit. Als Gegenbewegung zur Rationalisierung der Welt erlebte er in der Neuzeit eine wiederkehrende Blüte.

Was ist Varanasi?

Die wichtigste Pilgerstätte für Hinduisten. Dort nehmen die Hinduisten ein Bad im heiligen Fluss Ganges. Besonders erstrebenswert ist es, in Varanasi im Ganges zu sterben.

Wie viele Hauptpflichten hat der gläubige Moslem?

a) drei
b) fünf
c) sieben
d) zwölf

b) fünf
Die fünf Hauptpflichten sind: Der Verzicht auf Schweinefleisch und Alkohol, das täglich fünfmalige Gebet, das Fasten während des Ramadan, das Almosengeben und die Pilgerfahrt nach Mekka, die mindestens einmal im Leben durchgeführt werden sollte.

Wie heißt der siebenarmige Leuchter der Juden?

a) Thora
b) Menora
c) Kabbala
d) Levitikus

b) Menora
Er ist ein Überbleibsel des 70 n. Chr. zerstörten Tempels von Jerusalem und taucht häufig als Bildmotiv in der jüdischen religiösen Kunst auf.

Menora

Wer gab den Christen ihren Namen?

Die Bürger Antiochias. Viele Anhänger des neuen Glaubens flohen dorthin, nachdem die ersten Christenverfolgungen in Palästina begonnen hatten. Das Neue Testament berichtet, dass die Flüchtlinge dort abschätzig „Christen" genannt wurden.

Wie heißt der Glaube an die Beseeltheit aller Erscheinungsformen im Kosmos?

a) Spiritismus
c) Manierismus
b) Okkultismus
d) Animismus

d) Animismus
Der animistische Glaube ist insbesondere bei den Naturvölkern sehr weit verbreitet.

Wie heißt die Bekenntnisschrift des Protestantismus, die 1530 formuliert wurde?

Das Augsburger Bekenntnis. Verfasst wurde es von Philipp Melanchthon (1497–1560), der in Wittenberg ein Mitarbeiter Martin Luthers (1483–1546) war.

Warum wird beim jüdischen Pessachfest kein gesäuertes Brot verzehrt?

Das Pessachfest erinnert an den Auszug der Juden aus Ägypten. Den Flüchtenden blieb damals keine Zeit, Sauerteigbrot als Verpflegung für den Marsch zu backen. Auch der Ursprung des christlichen Abendmahls liegt im Pessachfest, das eines der drei wichtigsten jüdischen Feste ist. Es findet im Frühling statt.

Was heißt „Bibel" wörtlich?

Das Wort „Bibel" leitet sich vom lateinischen „biblia" ab, was „Bücher" heißt. Tatsächlich besteht die Bibel aus 70 einzelnen und sehr verschiedenartigen Büchern. Aus diesem Grund wird die Bibel häufig auch als „Buch der Bücher" bezeichnet.

Woran erkennt man die männlichen Anhänger der Sikh-Religion?

An ihrem kunstvoll geschwungenen Turban und am Bart. Die Sikh-Religion entstand im 15. Jahrhundert in der indischen Provinz Punjab. Sie zählt heute über 20 Mio. Mitglieder.

Khanda, das religiöse Symbol der Sikh

Wer gilt als der bekannteste und beliebteste Heilige der Welt?

Antonius von Padua. Nach der Errichtung der Basilika St. Antonio in Padua ereigneten sich an seinem Grab so viele Wunder, dass es hieß: „Suchst du Wundertaten, gehe zu Antonius!" Die Basilika ist eine der meistbesuchten Wallfahrtsstätten der römisch-katholischen Kirche.

Aus wessen Feder stammen die Korintherbriefe?

Aus der Feder des Paulus. Wahrscheinlich hat der Apostel vier Briefe an die Christen in Korinth geschrieben, von denen zwei erhalten geblieben sind.

Wie wird die Schöpfermacht Gottes bezeichnet?

Als Heiliger Geist. Er spendet Leben und verleiht dem Menschen Erkenntnis. Zusammen mit Gott als Vater und Sohn bildet er die Dreifaltigkeit, die auch Trinität genannt wird.

Der Heilige Geist als Taube

Was ist eine Sure?

a) ein Priestergewand
b) ein Kapitel des Koran
c) ein Gebet
d) eine Kopfbedeckung

b) ein Kapitel des Koran
Der Koran ist in 114 Kapitel, die sogenannten Suren, gegliedert. Er entstand in einem Zeitraum von mehr als 20 Jahren und war bereits vor dem Tod des Propheten Mohammed abgeschlossen.

Wie heißt die älteste Religion Japans?

Schinto. Die Bezeichnung stammt ursprünglich aus dem Chinesischen und kam erst in Gebrauch, als man im 6. Jahrhundert die einheimische Religion gegen den vordringenden Buddhismus abzugrenzen versuchte. Schinto bedeutet „Weg der kami", wobei „kami" alles Ehrfurchtsgebietende bezeichnet. Von 1868 bis 1945 war der Schintoismus Staatskult in Japan. Er zeichnet sich insbesondere durch Naturverehrung und Ahnenkult aus.

Wann wurde die Gemeinschaft der Freimaurer gegründet?

a) 1410
b) 1683
c) 1717
d) 1927

c) 1717
Bei den Freimaurern handelt es sich um eine auf der Grundlage des Christentums gegründete Gemeinschaft. Sie treten für Freiheit, Gleichheit, Brüderlichkeit, Toleranz und Hilfsbereitschaft ein. Sie sind in sogenannten Logen organisiert.

Siegel der Freimaurer

Was gehört nicht zu den zehn Plagen, die Gott im Alten Testament über die Ägypter hereinbrechen ließ?

a) blutiges Wasser
b) Hagel
c) Feuersbrunst
d) Geschwüre

c) Feuersbrunst
Die weiteren sieben Plagen waren: Frösche, Stechmücken, Bremsen, Viehseuchen, Hagel, Heuschrecken, undurchdringliche Finsternis und der Tod des Erstgeborenen von Mensch und Tier. Mit den Plagen wollte Gott den Auszug der Israeliten aus Ägypten erzwingen.

Wie hieß der Gott der Weisheit bei den alten Babyloniern?

Ea. Weitere Götter der Religion waren Adad, der Gott des Windes, der Mondgott Sin und der Sonnengott Schamasch.

Adad auf einem Stier

Wie heißen die Türme der Moschee?

Minarette. Von dort werden die Gläubigen vom Muezzin zum Gebet gerufen.

Wie heißt der islamische Fastenmonat?

a) Pessach
b) Karma
c) Tora
d) Ramadan

d) Ramadan
Es ist der neunte Monat des islamischen Mondkalenders.

Mit welchem Ereignis im Leben Mohammeds (570–632) beginnt die islamische Zeitrechnung?

a) mit seiner Geburt
b) mit seiner Flucht von Mekka nach Medina
c) mit seinem Aufenthalt in Jerusalem
d) mit seinem Tod

b) mit seiner Flucht von Mekka nach Medina
Diese Flucht fand im Jahr 622 n. Chr. statt.

In welchem Land liegt der Berg Ararat, auf dem Noah mit seiner Arche strandete?

a) Israel
b) Türkei
c) Libanon
d) Irak

b) Türkei
Noah hatte auf Geheiß Gottes eine Arche gebaut und neben seiner Familie von jeder Tierart ein Pärchen an Bord mitgenommen, um das Fortbestehen der Arten nach der Sintflut zu sichern. Als sich das Wasser zurückzog, strandete die Arche auf dem Ararat, einem erloschenen Vulkan von 5137 Metern Höhe im Osten der Türkei.

Ararat

Karl Jaspers schuf mit dem Begriff der „Grenzsituation" einen der wichtigsten Termini seiner Philosophie. Wie heißt sie?

Existenzphilosophie. Nach ihr ist das menschliche Dasein durch Leiden, Kampf und Tod geprägt. Jaspers (1883–1969) versteht Philosophie nicht mehr nur als theoretisch-geistige Aufgabe, sondern als zu lebende Praxis einer verantwortungsvollen Weltorientierung.

„Alles Vernünftige ist wirklich, und alles Wirkliche ist vernünftig." Von wem stammt diese Aussage?

Georg Wilhelm Friedrich Hegel (1770–1831). Der Philosoph gilt als Vollender des deutschen Idealismus.

Georg Wilhelm Friedrich Hegel

Wer prägte diese Aussagen?

1. Der springende Punkt
2. Jeder gegen Jeden
3. Von nichts kommt nichts.
4. Geteiltes Leid ist halbes Leid.
5. Wissen ist Macht.

1. Aristoteles, 2. Thomas Hobbes, 3. Lukrez, 4. Spinoza, 5. Francis Bacon

Nach wem lebten die Götter im sogenannten Intermundien?

Nach Epikur (342–271 v. Chr.), der darunter leere Zwischenräume zwischen den Welten verstand und erklärte, dass sich die Götter folglich nicht um die Welt und die Menschen kümmerten.

Wessen pessimistische Sichtweise besagte, dass der Mensch durch ein ewiges Begehren beschränkt und jeder Wunsch somit nur Ausgangspunkt für einen neuen Wunsch sei?

a) Arthur Schopenhauer
b) John Locke
c) Ludwig Feuerbach
d) Max Weber

a) Arthur Schopenhauer
Auf der Basis der Ideen Kants entwickelte Schopenhauer (1788–1860) außerdem die Vorstellung, dass unsere Erkenntnis die Gegenstände nicht abbilde, wie sie wirklich seien.

Welcher Gelehrte der Scholastik führte die Philosophie des Aristoteles im Abendland ein?

a) Heinrich von Langenstein
b) Nikolaus von Oresme
c) Albertus Magnus
d) Richard Swineshead

c) Albertus Magnus
Der Dominikaner (um 1200–1280) war Professor der Theologie in Paris und Köln. Sein begabtester Schüler war Thomas von Aquin.

Was sind die *Veden*?

Eine Sammlung religiöser und philosophischer Texte, die die Grundlage der hinduistischen Philosophie bilden. Nach ihnen ist das Ziel des Lebens, sich von allem Irdischen zu reinigen und die Wahrheit hinter der materiellen Welt zu erkennen.

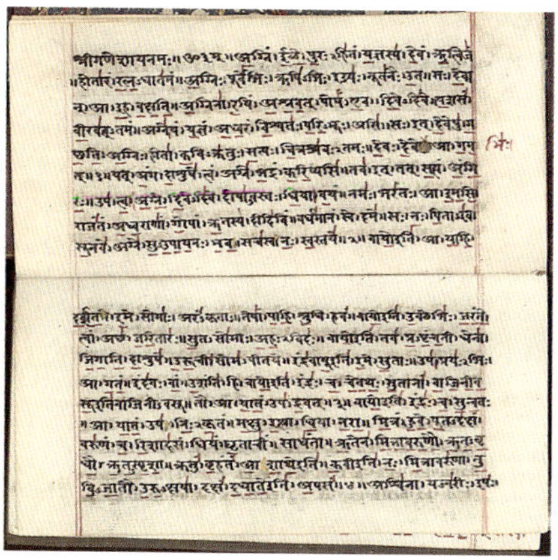

Rigveda *in Sanskrit*

Welche beiden Philosophen verfassten 1944 die *Dialektik der Aufklärung*?

Max Horkheimer (1895–1973) und Theodor W. Adorno (1903–69). In ihrem gemeinsamen Werk entwickelten sie die These von einer Naturalisierung der gesellschaftlichen Verhältnisse. Es wurde zum grundlegenden Werk der Frankfurter Schule.

Welcher Existenzialist beschrieb das Wesen des Menschen als Revolte gegen die Absurdität des Daseins?

Albert Camus (1913–60), dessen Philosophie des Absurden all seinen literarischen Werken im Wesentlichen zugrunde liegt, und das geistige Leben in Europa nach 1945 entscheidend beeinflusste.

Welcher Autor philosophierte in seinem Drama *Geschlossene Gesellschaft* über die Hölle und wurde mit seinem philosophischen Hauptwerk *Das Sein und das Nichts* der wichtigste Vertreter des Existenzialismus?

Jean-Paul Sartre (1905–80). Durch sein leidenschaftliches humanitäres Engagement wirkte er auch über sein literarisches Schaffen hinaus. 1964 wurde ihm der Literaturnobelpreis zuerkannt, den er allerdings ablehnte.

In welchem Jahrhundert wurzelt der Feminismus?

Bereits im 17. Jahrhundert gab es feministische Ideen und Bewegungen, die die Gleichwertigkeit der Geschlechter proklamierten. Der Begriff selbst wurde jedoch erst durch den Sozialphilosophen Charles Fourier (1772–1837) bekannt.

Was ist nach der philosophischen Lehre des Animismus das Prinzip des Lebens?

a) die Liebe
b) der Gedanke
c) die Seele
d) der eine Gott

c) die Seele
Der Animismus glaubt an viele Geisterkräfte in der Natur, dessen Erscheinungsformen wie z. B. Steine oder Wasser als beseelt aufgefasst werden.

Weshalb wurde Johann Gottlieb Fichte 1800 die Lehrerlaubnis entzogen?

Ihm wurde fälschlicherweise der Vorwurf des Atheismus gemacht, den Fichte (1762–1814) nicht entkräften konnte. Sein Werk gilt als Höhepunkt des deutschen Idealismus.

Wer schrieb das *Kommunistische Manifest*?

a) Karl Marx
b) Eleanor Marx
c) Karl Korsch
d) Ernst Bloch

a) Karl Marx
Es war Marx' (1818–83) berühmtestes Werk, das er zusammen mit seinem Freund Friedrich Engels (1820–95) schrieb.

Welcher antike Arzt, Philosoph und Priester hielt sich selbst für einen Gott mit magischen Fähigkeiten?

Empedokles von Agrigent (483–423 v. Chr.) soll sich aufgrund dieser Überzeugung gar in den Krater des Ätna gestürzt haben. Seine Anhänger, die an seine Göttlichkeit geglaubt hatten, schmückten sein Leben und seinen Tod später sagenhaft aus.

Wie stand der griechische Philosoph Epikur zur Lust?

Diese war für ihn die Richtschnur des Handelns. Allerdings meinte Epikur (341–271 v. Chr.) damit nicht die pure Sinneslust, sondern eher körperliches Wohlergehen und Gemütsruhe. Die Wahrnehmung sollte dabei auch immer durch den Verstand geprüft werden.

Welches Menschenbild entwirft Niccolò Machiavelli in seinen Schriften?

Er individualisiert den Menschen, der spezielle Bedürfnisse und Verlangen hat. Schlecht sind die Menschen nicht von Natur aus, sondern durch die Art und Weise, wie sie ihre Ambitionen verfolgen.

Niccolò Machiavelli

Welche Ehre wurde der deutschen Philosophin und Frauenrechtlerin Edith Stein im Oktober 1998 posthum zuteil?

Stein (1891–1942) wurde von Papst Johannes Paul II. heiliggesprochen.

■ Die Schüler des Sokrates (470–399 v. Chr.) bezeichneten sie als wortklauberische Spitzfindigkeit und lehnten diese Fähigkeit folglich ab. Nichtsdestotrotz war ihr Lehrer selbst ein ausgesprochen versierter Meister darin. **Was ist gemeint?**

Die Eristik. Gepflegt wurde diese Disputierkunst insbesondere von den griechischen Sophisten.

■■■

■ Welcher römische Kaiser bezichtigte seinen Lehrer Seneca der Verschwörung und forderte ihn zum Selbstmord auf?

Kaiser Nero (37–68 n. Chr.). Dessen Erzieher und Lehrer Lucius Annaeus Seneca (4 v. Chr.–65 n. Chr.) kam diesem Befehl auch nach und schnitt sich im Kreis seiner Freunde die Pulsadern auf.

■■■

■ Von welchem Gesellschaftstheoretiker der Frankfurter Schule stammt das Werk *Der eindimensionale Mensch*?

Herbert Marcuse (1898–1979).

■■■

■ Welche der philosophischen Schriften stammt nicht von Aristoteles?

a) *Über die Seele*
b) *Politik*
c) *Poetik*
d) *Symposion*

d) *Symposion*

Aristoteles (384/322 v. Chr.) hat zwar einen reichhaltigen Schatz an Schriften vorzuweisen, doch das *Symposion* stammt von seinem Lehrer Platon (427–347 v. Chr.).

■ Welche Vorstellung verbirgt sich hinter dem kosmologischen Determinismus?

Diese Kategorie der theologischen Prädestinationslehre (Determinismus) besagt, dass das Naturgeschehen vorherbestimmt ist.

■■■

■ Mit welcher Aufforderung klingt der römische Dichter Horaz uns auch heute noch in den Ohren?

„Carpe diem" („Pflücke den Tag"). Dieser Ausspruch bezieht sich auf die philosophische Schule des Epikureismus, nach der sich Glückseligkeit dann einstellt, wenn ein maßvolles, sorgenfreies und heiteres Leben geführt wird.

Horaz

■ **Welcher Philosoph verfasste 1651 mit dem *Leviathan* die erste moderne staatstheoretische Schrift?**

Thomas Hobbes (1588–1679). Er führte darin seine These vom „Krieg aller gegen alle" aus, der allein durch die Staatsgewalt verhindert werden könne.

■ **Welche der folgenden Persönlichkeiten wird typischerweise nicht als Universalgenie bzw. Universalgelehrter beschrieben?**

a) Leonardo da Vinci
b) Gottfried Wilhelm Leibniz
c) Wolfgang Amadeus Mozart
d) Alexander von Humboldt

c) Wolfgang Amadeus Mozart
Dieser war zwar ein musikalisches Genie, doch an die Vielseitigkeit eines da Vinci oder Leibniz reichte er nicht heran.

Wolfgang Amadeus Mozart

■ **Welches Werk verfasste die deutsch-amerikanische Philosophin Hannah Arendt 1960?**

Vita Activa. Darin stellt Arendt (1906–75) die brisante Frage, ob die moderne Gesellschaft den Menschen zum „Animal laborans" („Arbeitstier") macht, von dem nur noch automatisches Funktionieren verlangt wird.

■ **Welcher wichtige Philosoph der Antike hat sich Überlieferungen zufolge bewusst dazu entschieden, seine Gedanken nicht schriftlich zu fixieren?**

Sokrates (469–399 v. Chr.).

■ **Welches Werk Immanuel Kants wurde 1827 vom Vatikan auf die Liste der verbotenen Bücher gesetzt?**

Die *Kritik der reinen Vernunft.* Kant (1724–1804) kam darin zu dem Schluss, dass Erkenntnisse über die „Dinge an sich" nicht möglich sind, und verwarf damit die gesamte Metaphysik als unkritisch und dogmatisch.

■ **Was unterscheidet den Rationalismus grundsätzlich vom Empirismus?**

Der Rationalismus (lat. ratio = Vernunft) geht im Gegensatz zum Empirismus davon aus, dass es von der Erfahrung unabhängige Vernunftwahrheiten gibt, die über der veränderlichen Sinneswelt stehen.

■ **Welche staatsphilosophische Schrift Jean-Jacques Rousseaus bereitete geistig die französische Revolution vor?**

Über den Gesellschaftsvertrag. Rousseau (1712–78) entwickelte darin die modellhafte Vorstellung einer Gesellschaft, in der freie und gesellschaftlich gleichgestellte Bürger durch gemeinsamen Willen dem Staat die Herrschaft übertragen.

Warum kam der britische Philosoph Bertrand Russell noch mit 89 Jahren ins Gefängnis?

Wegen seiner regierungsfeindlichen Aktivitäten. Russell (1872–1970) machte durch seine zeitkritische Protesthaltung gegen Krieg, soziale Unterdrückung und überkommene Moralvorstellungen immer wieder von sich reden.

Welche klassische Disziplin der Philosophie beschäftigt sich mit der Begründbarkeit der Moral?

a) Logik
b) Erkenntnistheorie
c) Ethik
d) Metaphysik

c) Ethik
Man bezeichnet sie auch als praktische Philosophie, weil sie sich mit menschlichem Handeln auseinandersetzt.

In welcher Philosophie stellt das Streben nach Lust, Freude und Genuss den Motor allen menschlichen Handelns dar?

Im Hedonismus.

Was ist für den Empirismus das wichtigste Instrument zum exakten Erkenntnisgewinn?

Das wissenschaftliche Experiment, denn der Empirismus geht davon aus, dass menschliche Erkenntnis nur durch die Erfahrung möglich wird. Hierbei spielt die sinnliche Wahrnehmung eine zentrale Rolle.

Welches Werk stammt nicht von Albert Camus?

a) *Der Fall*
b) *Der Mensch in der Revolte*
c) *Die Pest*
d) *Die Mauer*

d) *Die Mauer*
Camus (1913–60) verneint in seinen literarischen Werken die Existenz Gottes, lehnt aber zugleich den Selbstmord als Ausweg aus dem menschlichen Elend ab. *Die Mauer* verfasste Jean-Paul Sartre (1905–80).

Albert Camus

Was beschreibt der Marxismus?

Die nach Karl Marx (1818–83) benannte Lehre beschreibt Funktion und Niedergang des Kapitalismus und die Entwicklung zu sozialistischen und kommunistischen Gesellschaftsformen.

Als was galten im Mittelalter Astrologie und Alchemie?
Als Geheimwissenschaften. Sie zählten zum Bereich des Okkultismus.

Wagner erschafft den Homunkulus, *Kupferstich*

Welchen Tyrannen bezeichnete Platon als einen der legendären Sieben Weisen der antiken griechischen Welt?
Kleobulos von Lindos (6. Jh. v. Chr.), der sich durch seine großen philosophischen Qualitäten ausgezeichnet haben soll und von dem unzählige weise Sprüche und Lebensregeln überliefert sind.

Wer waren überhaupt die Sieben Weisen?
Sie waren philosophisch versierte Staatsmänner der griechischen Antike aus dem 7. und 6. Jahrhundert v. Chr. Bei Platon (um 427–347 v. Chr.) zählen zu ihnen auch noch Thales von Milet (625–547 v. Chr.) und Bias aus Pirene (6. Jh. v. Chr.).

Der chinesische Philosoph baute seine Lehre auf Menschenliebe und Gerechtigkeit auf und begründete so die Staatsreligion Chinas (bis 1912). Wie heißt er?
Konfuzius (551–479 v. Chr.). Die Religion, die sich aus seiner Lehre entwickelte, heißt dementsprechend Konfuzianismus.

Welcher Teilbereich der Philosophie sucht zu ergründen, nach welchen inneren Werten der Mensch sein Handeln ausrichten soll?
Die Ethik.

Welcher deutsche Philosoph sah trotz pessimistischer Weltsicht im Kunstgenuss seinen Trost?
Arthur Schopenhauer (1788–1860). Er war der Ansicht, dass das Weltgeschehen zwar durch den allen zugrunde liegenden Willen gesteuert werde, dies aber völlig sinnlos sei.

Ab wann entwickelte sich in etwa die geistige Bewegung des Humanismus?
Während der italienischen Renaissance (14.–16. Jh.). Der Humanismus war gekennzeichnet durch ein der mittelalterlichen Scholastik gegenüber stark verändertes Welt- und Menschenbild.

Wie kam Sokrates ums Leben?
Wegen angeblicher Gottlosigkeit und Verführung der Jugend wurde der Philosoph (um 470–399 v. Chr.) zum Tod durch Selbstmord verurteilt und musste zum Schierlingsbecher greifen.

Sokrates

Persönliche Schuld und Leidensfähigkeit waren die zentralen Themen seiner Lehre. Der dänische Philosoph war der Ansicht, dass man Jesus nur nachfolgen könne, wenn man wie er einen unangepassten und kompromisslosen Lebens- und Leidensweg einschlage. **Wie heißt er?**
Søren Aabye Kierkegaard (1813–55).

Wodurch begründete Anselm von Canterbury die reale Existenz Gottes?
Der englische Theologe und Philosoph (um 1033–1109) sah allein durch die Existenz des Begriffes bzw. des Gedankens „Gott" den entsprechenden Beweis seiner Existenz erbracht.

Was glaubte der Mathematiker Blaise Pascal in den logischen Widersprüchen der Mathematik zu erkennen?
Die höchste göttliche Wahrheit. Pascal (1623–62) gilt zwar als einer der Wegbereiter der modernen Naturwissenschaften, war aber auch ein Verfechter des christlichen Glaubens.

In wessen Philosophie steht die Ideenlehre im Zentrum des Denkens?
Für Platon (um 427–347 v. Chr.) sind die Ideen ewig und unwandelbar und stellen den Ursprung und das Ziel alles Seienden dar.

Welcher Philosoph entwickelte den kritischen Idealismus und ist der Vater des kategorischen Imperativs?
Immanuel Kant (1724–1804). Der kategorische Imperativ besagt, dass sich das praktische Handeln des Menschen an allgemein gültigen Werten messen lassen muss.

Welche Schrift stammt nicht von Seneca?
a) *Vom gesunden Leid*
b) *Vom glückseligen Leben*
c) *Von der Vorsehung*
d) *Trostschrift an Marcia*

a) *Vom gesunden Leid*

Welches Jahrhundert ist von der Aufklärung geprägt?
Die europäische Geistesbewegung bestimmte maßgeblich das 18. Jahrhundert und forderte den Menschen auf, sein Handeln auf die Vernunft zu gründen.

Welcher Philosoph verfasste die *Phänomenologie des Geistes*?

Georg Wilhelm Friedrich Hegel (1770–1831). Er und Johann Gottlieb Fichte (1762–1814) erkannten das „absolute Ich" und leiteten schier unbegrenzte Möglichkeiten daraus ab, die Welt zu gestalten.

Wie heißt die philosophische Anschauung, die alle Naturvorgänge auf Atome und ihre Bewegungen zurückführt?

Atomismus (griech. „atomon" = „für das Unteilbare").

Nach Thomas Hobbes ist der Mensch dem Menschen ein ...?

a) ... Tier
b) ... Wolf
c) ... Fuchs
d) ... Leid

b) ... Wolf

Der Engländer (1588–1679) beschrieb damit den Naturzustand des Menschen als egoistischen Kampf aller gegen alle, den nur der Staat zum Wohl jedes Einzelnen unterdrücken könne.

Thomas Hobbes

Nach welchem Philosophen gab es „nur die Atome und das Leere"?

Demokrit (um 460–370 v. Chr.). Er begründete zusammen mit Leukipp (um 450–370 v. Chr.) den Atomismus.

Wie nennt man das Zulassen verschiedener Ansichten und Überzeugungen, die miteinander gleichberechtigt im offenen Austausch stehen?

Pluralismus.

Welcher Philosoph bezeichnete den Menschen als ein Lebewesen, das durch das Leben in der politischen Gemeinschaft erst zum Menschen wird?

Aristoteles (384–322 v. Chr.), für den das politische Zusammenleben die höchste Form menschlicher Gemeinschaft darstellte.

Bei welchem Persönlichkeitstest beurteilt der Therapeut die Reaktion des Patienten auf bestimmte Tintenklecksbilder?

Beim Rorschachtest. Der ehemals beliebte Formdeutungstest wurde von dem Schweizer Psychiater H. Rorschach (1884–1922) entwickelt, spielt aber heute kaum noch eine Rolle.

Seit welchem Philosophen hat das Verfahren der Dialektik Gültigkeit?

Seit Georg Wilhelm Friedrich Hegel (1770–1831). Dieses Verfahren zur Erkenntnisgewinnung wurde von der antiken Kunst der Rede und Gegenrede abgeleitet: Aus der Gegenüberstellung von These und Antithese gelangt man in der Synthese zur Aufhebung des Widerspruchs und zur Gewinnung einer neuen These.

Hans-Georg Gadamer wurde durch seine Schriften zur Hermeneutik weltweit bekannt. In welcher Stadt verstarb er 2002?

Der deutsche Philosoph (1900–2002) verstarb in Heidelberg, der Stadt, in der er seit 1949 an der Universität gelehrt und den Lehrstuhl Karl Jaspers' (1883–1969) übernommen hatte.

Wer verfasste das erste philosophische Werk in Prosa?

a) Thales von Milet
b) Anaximander
c) Pythagoras
d) Platon

b) Anaximander

Die Originaltexte des ionischen Philosophen (611–546 v. Chr.), die als erste philosophische Schriften nicht mehr in Versform verfasst waren, sind zwar verloren gegangen, seine Schüler trugen jedoch die Lehre in ihren Texten weiter.

In welchem Roman beschreibt Francis Bacon eine konfliktlose Gesellschaft, in der die Bedürfnisse ihrer Mitglieder durch technische Experten geregelt sind?

In *Nova Atlantis.* Bacon (1561–1626) prägte außerdem den Satz „Wissen ist Macht". Wissen und Technik waren für ihn die beiden Mittel, den „Zufall Natur" weitgehend auszuschalten.

Wie alt wurde Johann Heinrich Pestalozzi?

Der Schweizer Erzieher und Bildungsreformer lebte von 1746 bis 1827 und wurde somit 81 Jahre alt. Er gilt als geistiger Wegbereiter der modernen Volksschule.

Unter welchem Namen ist Protagoras' philosophischer Kernsatz bekannt?

Unter Homo-Mensura-Satz: „Der Mensch ist das Maß aller Dinge, der Seienden, dass (wie) sie sind, der Nichtseienden, dass (wie) sie nicht sind."

Wer war der bekannteste Schüler Sigmund Freuds?

Der Tiefenpsychologe Carl Gustav Jung (1875–1961), für den das Unbewusste neben den erworbenen Verhaltensmustern auch durch ererbte Archetypen geprägt war.

Sigmund Freud

Was soll Archimedes laut Legende zu dem Soldaten gesagt haben, von dem er daraufhin erschlagen wurde?
„Störe meine Kreise nicht!" Bei der Eroberung von Syrakus soll jener Soldat den Mathematiker (287–212 v. Chr.) dabei gestört haben, geometrische Figuren in den Sand zu zeichnen.

Wie sah Konfuzius' Weltbild aus?
Der chinesische Philosoph (um 551–479 v. Chr.) ging von einem hierarchischen Weltbild aus, wobei er den Kosmos als Ganzes von dem Gesetz Tao durchdrungen sah. Das göttliche Sternensystem sei dabei das Spiegelbild der gesellschaftlichen und familiären Ordnung.

„Die größte Strafe für ein begangenes Unrecht ist das Bewusstsein, es begangen zu haben, und niemand wird schwerer bestraft, als wer der Folter der Reue übergeben wird." **Von welchem Stoiker stammt diese Aussage?**
Lucius Annaeus Seneca (4 v. Chr.–65 n. Chr.).

Warum wechselte Spinoza, der Begründer des Pantheismus, seinen Vornamen von Baruch in Benedikt?
Weil er wegen häretischer Ansichten aus der jüdischen Gemeinde ausgestoßen wurde. Auch von christlicher Seite kamen Atheismusvorwürfe auf, obwohl Benedictus de Spinoza (1632–77) durchaus an das Göttliche glaubte, das er jedoch nicht in einer Person, sondern in allem Bestehenden vertreten sah.

Der Mathematiker forderte einen Ausgleich zwischen christlichem Glauben und menschlicher Vernunft: Gott handle als vernünftig denkendes Wesen, dessen Logik und Wege mithilfe der Wissenschaften nachvollzogen werden könnten. **Um wen handelt es sich?**
Dieser theologische Gedanke steht bei Gottfried Wilhelm Leibniz (1664–1716) im Mittelpunkt.

Gottfried Wilhelm Leibniz

Wer war neben Karl Marx der Mitbegründer des wissenschaftlichen Sozialismus?
Friedrich Engels (1820–95). Er war von der dialektischen Entwicklung der Geschichte überzeugt, nach der der Sozialismus zwingend auf den Kapitalismus folgen würde.

Wer zählt nicht zu den Sophisten?
a) Protagoras
b) Gorgias
c) Demokrit
d) Hippias von Elis

c) Demokrit
Die Sophisten sind im Wesentlichen durch Platons Schriften über sie bekannt und gerieten in den Ruf, sich in spitzfindigen Wortspielereien zu verlieren.

Wie hieß die Aufsatzsammlung, wegen der Immanuel Kant vom preußischen Königlichen Kabinett verwarnt wurde?

Religion innerhalb der Grenzen der bloßen Vernunft (1794). Kant (1724–1804) postulierte darin, dass keine sinnvollen Aussagen über Dinge getroffen werden können, die jenseits der menschlichen Erfahrungswelt liegen.

Welcher bedeutende Philosoph und Theologe vertrat die Auffassung, dass Gott die Erde und ihre Güter für alle Menschen gleichermaßen geschaffen hat?

Thomas von Aquin (1224–74). Zu seinen Hauptwerken gehören die *Summa theologiae* und die *Summa contra gentiles.*

Woher stammte Parmenides?

Der vorsokratische Philosoph (um 500 v. Chr.) und Schüler des Xenophanes kam aus Elea in Süditalien und war Lehrer der Eleatischen Schule.

Als was verstand der Idealist Friedrich Schleiermacher Jesus Christus?

Der deutsche Philosoph (1768–1834) verstand Jesus als „Mensch an sich", als eine göttliche Idee des Menschen.

Was ist der Kerngedanke des Utilitarismus?

Er beurteilt menschliches Handeln allein nach Kriterien der Nützlichkeit. Einer seiner wichtigsten Vertreter war der Brite John Stuart Mill (1806–73).

Mit welchem Satz wurde Friedrich Nietzsche zu einem Wortführer des europäischen Nihilismus?

„Gott ist tot." Nietzsche (1844–1900) warf der christlichen Religion eine „Sklavenmoral" vor und war der Überzeugung, dass Jenseitsglaube nur die Bejahung des Diesseits verhindere.

Friedrich Nietzsche

Wer war der Begründer der modernen Soziologie?

a) Norbert Elias
b) Henri Lefebvre
c) Michael Rutschky
d) Max Weber

d) Max Weber
Weber (1864–1920) definierte die Soziologie als Wissenschaft vom „sozialen Handeln", welches von ihr verstanden und erklärt werden müsse.

John Locke prägte einen bekannten Kerngedanken der Philosophie. Welcher war das?

Locke (1632–1704) sagte, der Mensch käme als völlig unbeschriebenes Blatt zur Welt und erlerne religiöse oder ethische Ausprägungen demnach erst später.

Welcher französische Späthumanist wurde vor allem durch seine selbstkritischen Essays berühmt?

Michel de Montaigne (1533–92). Er hatte beträchtlichen Einfluss auf die französischen Moralisten des 17. und 18. Jahrhunderts.

Von welchem Wissenschaftstheoretiker des 20. Jahrhunderts stammt das Werk *Logik der Forschung*?

a) Moritz Schlick
b) Ludwig Wittgenstein
c) Theodor W. Adorno
d) Karl Popper

d) Karl Popper
Popper (1902–94) entwickelt in diesem Werk das Falsifikationsprinzip, nach dem Theorien immer widerlegbar sein müssen.

Was steht hinter Jean-Jacques Rousseaus Mythos des „edlen Wilden"?

Nach Rousseau (1712–78) wird der Mensch durch die Erziehung anderer Menschen verdorben. Nur sich selbst überlassen kann er sich zu einem moralisch unbefleckten Individuum entfalten.

Welche philosophische Schule verbirgt sich wörtlich übersetzt hinter der „Säulenhalle"?

Die Stoa. Der Name markiert den Ort, an dem sich die Stoiker zum ersten Mal trafen.

Welche philosophische Schule unter Max Horkheimer und Theodor W. Adorno prägte Jürgen Habermas?

Die Frankfurter Schule. Der deutsche Sozialphilosoph (*1929) erforschte unter anderem den Strukturwandel der Gesellschaft und die Bedingungen von politischen Entscheidungsprozessen in bürgerlich-liberalen, also kapitalistischen Gesellschaften.

Jürgen Habermas

Die Kyrenaiker waren die Anhänger welches Schülers von Sokrates?
Sie waren Anhänger des Aristippos von Kyrene (435–355 v. Chr.) und lehrten, dass Erkenntnis allein auf Empfindungen beruhe, deren Ursachen für den Menschen jedoch unergründlich seien.

Was ist der wesentliche Unterschied zwischen Atheismus und Agnostizismus?
Während der Atheismus die Existenz einer göttlichen Macht verneint, hält der Agnostizismus (griech. ágnostos = nicht erkennbar) diese für durchaus möglich, begreift sie aber als für den Menschen nicht durchschaubar.

Beschäftigte sich Aristoteles nur mit Fragen der klassischen Philosophie?
Nein, Aristoteles (384–322 v. Chr.) forschte auch auf so ungleichen Gebieten wie den Sprach- und Naturwissenschaften.

Was verbindet Alexander den Großen mit Aristoteles?
Von 342 v. Chr. an wird der junge Alexander (356–323 v. Chr.) am Hof seines Vaters von Aristoteles unterrichtet, bis er schließlich den makedonischen Thron besteigt.

Aus welchem Grund kommt laut Sokrates das Böse in die Welt?
Nach ihm ist eines der Grundprobleme der Menschen, dass sie überhaupt nicht unterscheiden können, was gut und was schlecht ist.

Welche Bewegung trieb Alice Schwarzer maßgeblich voran?
Die deutsche Frauenbewegung. Die Feministin (*1942) trug unter anderem dazu bei, dass Frauen in Deutschland straffrei einen Schwangerschaftsabbruch vornehmen können, und kämpfte für die finanzielle Unabhängigkeit der Frau vor dem Gesetz.

Alice Schwarzer

Zu welcher philosophischen Lehre ist Epiktet aus Phrygien zu zählen?
a) zum Epikureismus
b) zum Kynismus
c) zur Stoa
d) zur Apologetik

c) zur Stoa
Epiktet (um 50–138) lehrte, dass allein die Enthaltsamkeit den Menschen glücklich mache.

Welcher buddhistische Philosoph behauptete, die Welt und das Sein als solches seien leer?
Nach Nagarjuna (um 100) heben sich alle Dinge, die nur im Verhältnis zu ihrem Gegenteil existieren können, durch dieses Verhältnis in ihrer Existenz auf.

Welcher spätantike Philosoph teilte die Wissenschaften in „Trivium" und „Quadrivium" ein?

Magnus Aurelius Cassiodorus (488–583) prägte mit seiner Einteilung „Trivium" (Grammatik, Dialektik und Rhetorik) und „Quadrivium" (Arithmetik, Geometrie, Musik und Astronomie) die Wissenschaften des gesamten Mittelalters.

Cassiodor

Für welche Ideen setzte sich Eleanor Marx ein?

Als politische Aktivistin kämpfte Marx (1855–98) nach dem Tod ihres Vaters Karl Marx (1818–83) dafür, dass aus dessen Erkenntnissen auch Konsequenzen gezogen würden.

Wann lebten die folgenden Philosophen?

1. Georg Wilhelm Friedrich Hegel
2. Pythagoras von Samos
3. Ludwig Feuerbach
4. Immanuel Kant
5. Aristoteles
6. Jean-Paul Sartre
7. Arthur Schopenhauer
8. Baruch de Spinoza
9. Friedrich Nietzsche
10. Gottfried Wilhelm Leibniz

1. 1770–1831, 2. um 570–510 v. Chr., 3. 1804–72, 4. 1724–1804, 5. 384–322 v. Chr., 6. 1905–80, 7. 1788–1860, 8. 1632–77, 9. 1844–1900, 10. 1646–1716

Was wollte Heraklit mit dem Satz „Der Krieg ist der Vater aller Dinge" ausdrücken?

Heraklit (535–480 v. Chr.) meinte damit, dass die Welt durch den Widerstreit von Gegensätzen gekennzeichnet sei und es ohne diesen Kampf keine Harmonie geben könne.

Warum war die christliche Theologie für die intellektuellen Kreise der römischen Welt anfangs nur bedingt ansprechend?

Weil sie im Gegensatz zur antiken heidnischen Philosophie keine besonders feste logische Grundlage vorweisen konnte.

Der Gnostiker sagte, die religiösen Vorstellungen der Menschen beruhten auf einer vor Urzeiten gemachten religiösen Erfahrung: Die unsterbliche menschliche Seele habe am Anbeginn aller Zeiten Gott und das Ewige erblickt. Weil sich die Menschen auch heute noch daran erinnerten, gäbe es überhaupt religiöse Vorstellungen. **Wie hieß er?**

Karpokrates aus Alexandrien (um 130).

Die Ideen welches Philosophen benutzten die Nationalsozialisten und formten sie für ihre Zwecke um?

Ideen wie die der „Herrenmoral" oder des „Willens zur Macht" stammten von Friedrich Nietzsche (1844–1900) und wurden in der nationalsozialistischen Interpretation völlig aus ihrem komplexen moralischen Gesamtzusammenhang gerissen.

Welche berühmte Aussage Heraklits unterstreicht dessen Überzeugung von der Veränderlichkeit des Lebens?

„Alles fließt." Nach Heraklit (550–480 v. Chr.) waren Veränderlichkeit und Gegensätzlichkeit die zwei Prinzipien der Weltvernunft.

Heraklit *von Hendrick ter Brugghen, 1628*

Eine hingebende und interesselose Liebe, die das Wohl des anderen zum Ziel hat, heißt in der griechischen Antike ...?

a) ... Sexus
b) ... Eros
c) ... Gratia
d) ... Agape

d) ... Agape
Sexus, ebenfalls eine der drei Dimensionen der Liebe, bezeichnet die geschlechtliche Liebe, Eros das Streben nach Vollkommenheit.

Welcher kulturphilosophische Ansatz versuchte im 19. Jahrhundert, Darwins Lehre auf die Konkurrenz in menschlichen Gesellschaften zu übertragen?

Der Sozialdarwinismus. Mit der Übertragung von Darwins (1809–82) Vorstellungen vom Kampf ums Dasein sollten gesellschaftliche Hierarchien und soziale Ungleichheit gerechtfertigt werden.

Welches Werk Martin Heideggers prägte ganz entscheidend die Philosophie des 20. Jahrhunderts?

Sein und Zeit (1927). In diesem Werk geht es um die Bedeutungserklärung des Wortes „Sein", denn im Mittelpunkt von Heideggers (1889–1976) Existenzphilosophie steht nicht die Existenz an sich, sondern das konkrete (Da)sein des Menschen: seine Befindlichkeit, seine Angst vor dem Tod und die Frage nach dem Sinn.

Was versteht Friedrich Nietzsche unter dem „Übermenschen"?

Einen Menschentypus der Zukunft, der sich ohne Rückhalt auf Religiosität seine Ziele und seinen Lebenssinn selbst setzen soll.

Was verbindet Nietzsche mit Gorgias aus Leontini?

Gorgias (gest. 375 v. Chr.) lehrte, dass es überhaupt nichts gebe, von dem man mit Recht behaupten könne, es existiere wirklich. Er war damit einer der ersten Vertreter des Nihilismus, zu dem auch Nietzsche zu zählen ist.

Was soll Diogenes laut Anekdote zu Alexander dem Großen gesagt haben, nachdem dieser ihn nach seinem größten Wunsch gefragt hatte?
„Dass du mir aus der Sonne gehst."

Diogenes in der Tonne

Was sollte die Philosophie laut Marcus Tullius Cicero den Menschen lehren?
Für Cicero (106–43 v. Chr.) war die Philosophie vor allem Ethik. Demnach hatte sie für ihn im Wesentlichen einen praktisch-sittlichen Nutzen und sollte den Menschen lehren, was gut und was schlecht sei, was er tun solle und was nicht.

Was ist nach Spinoza die höchste Tugend des menschlich möglichen Verhaltens?
„Die geistige Liebe zu Gott." Nach Benedictus de Spinoza (1632–77) sind Gott und die Natur ein und dasselbe und alle endlichen Erscheinungen sind nur Daseinsweisen dieser unendlichen Größe.

Welcher römische Kaiser widmete sich in seinen *Selbstbetrachtungen* auch der Philosophie?
Mark Aurel (121–180). Der von hohen Idealen erfüllte Kaiser war neben Seneca einer der bedeutendsten Stoiker.

Weshalb musste der Philosoph und Schriftsteller Voltaire (1694–1778) meist im Exil leben?
Wegen seines Eintretens für eine bürgerlich-liberale, von staatlicher und kirchlicher Bevormundung unabhängige Gesellschaft.

Welcher chinesische Philosoph und Taoist verfasste mit dem „Schmetterlingstraum" seinen wohl bekanntesten Text?
Zhuang Zhou (um 365–290 v. Chr.).

Die Vertreter welcher Philosophie wollten im Mittelalter die Philosophie mit dem Christentum verbinden?
Die Scholastiker. Sie wollten die Wissenschaft im Sinne Aristoteles' neben dem Glauben anerkannt wissen, wenn auch der Theologie untergeordnet.

Was wirft Aristoteles in seiner Schrift *Politik* der Demokratie vor?
Dass sie nicht das Allgemeinwohl, sondern nur das Wohl der Armen im Blick habe. Für Aristoteles (384–322 v. Chr.) stellte die Demokratie gar die schlechteste Staatsform überhaupt dar.

Welche Erkenntnismethode des Sokrates bedeutet soviel wie „Hebammenkunst"?
Die Maieutik. Sie beruht auf hartnäckigen Fragen an den jeweiligen Gesprächspartner, dem damit die Augen über sein Nichtwissen geöffnet werden sollen.

Was besagt der Nihilismus in seinem Kern?
Diese philosophische Haltung betrachtet die Welt und das menschliche Dasein als sinnlos.

Welcher griechische Mathematiker formulierte das Hebelgesetz und wandte als Erster den Flaschenzug praktisch an?
Archimedes (287–212 v. Chr.).

Welches Werk stammt nicht von Ernst Bloch?
a) *Das Prinzip Hoffnung*
b) *Geist der Utopie*
c) *Leiden*
d) *Spuren*

c) *Leiden*
In Blochs (1885–1977) marxistischer Philosophie stand der über sich hinausdenkende Mensch im Mittelpunkt, der sich konkrete Utopien schafft. Sein *Das Prinzip Hoffnung* hatte großen Einfluss auf die Theologie des 20. Jahrhunderts.

Was glauben die Fatalisten?
Dass das Schicksal unabwendbar sei und eine übergeordnete Macht (eine Gottheit oder ein Naturgesetz) das Leben lenke.

Gibt es überlieferte Schriften von Sokrates?
Nein, Sokrates (469–399 v. Chr.) selbst hat nichts Schriftliches hinterlassen, aber es gibt eine Reihe von Werken, die sich mit ihm und seiner Philosophie befassen.

Von welchem französischen Naturwissenschaftler und Philosophen stammt die Aussage „Ich denke, also bin ich"?
René Descartes (1569–1650). Er gilt als Begründer des Rationalismus und als einer der Väter der neuzeitlichen Philosophie.

René Descartes

Weshalb wurde Protagoras aus Athen verbannt?
Der erste Philosoph (490–411 v. Chr.), der sich mit dem Menschen beschäftigte, fiel wegen seiner Lehren bei der Volksversammlung in Ungnade.

Wo wurde die Frankfurter Schule begründet?

Sie ging aus dem Institut für Sozialforschung der Frankfurter Universität hervor.

Welche philosophische Schule begründete Zenon aus Kition?

Zenon(340–260v. Chr.) begründete die Stoa. Nach dieser teilt sich die Philosophie in Logik, Physik und Ethik.

Zenon

Wer schrieb *Sofies Welt*?

a) Lars Saabye Christensen
b) Jostein Gaarder
c) Unni Lindell
d) Tahar Ben Jelloun

b) Jostein Gaarder
Der norwegische Schriftsteller (*1952) gibt in seinem berühmten Roman von 1991 in anschaulicher und kindgerechter Weise einen Gesamtüberblick über die Geschichte der Philosophie.

Welcher Gott sprach im Tempel von Delphi angeblich zu den Menschen?

Apollo. Mittels der Priesterin Pythia soll er den Griechen dort Aufschluss über ihr Schicksal gegeben haben.

Wie lautet Immanuel Kants berühmter Satz richtig? „Habe Mut, dich deines eigenen ...

a) ... Verstandes zu bedienen!"
b) ... Leibes zu erlösen!"
c) ... Lebens zu entheben!"
d) ... Geistes zu befreien!"

a) ... Verstandes zu bedienen!"
Das freie Denken war Kant (1724–1804) immer ein zentrales Anliegen.

Der Mensch erreicht erst dann seine eigentliche Existenz, wenn er sich der Grunderfahrung der Sterblichkeit stellt. Existenz heißt demnach, „sich selbst in der Zeit vorweg sein". **Welcher Philosoph vertrat diese Auffassung?**

Martin Heidegger (1889–1976).

Was bedeuten Yin und Yang in der chinesischen Philosophie?

Sie bezeichnen zwei Wirkungsmächte, die stets gleichzeitig vorhanden sind und von denen eine passiv (Yin) und eine aktiv (Yang) ist.

Yin und Yang

Welche Lehre begründete Rudolf Steiner?

Steiner (1861–1925) ist der Vater der Anthroposophie. Laut ihm ist die Aufgabe des Menschen die ganzheitliche Vervollkommnung aller geistigen Fähigkeiten.

Was versteht man unter der Induktion?

Eine Methode, bei der Philosophen von Einzelfällen und -beobachtungen auf allgemein gültige Sätze schließen.

Welches Werk stammt nicht von dem Politiker, Philosophen, Geschichtsschreiber und Dichter Machiavelli?

a) *Der Staat*
b) *Der Fürst*
c) *Geschichte von Florenz*
d) *Discorsi*

a) *Der Staat*
Sein politisches Hauptwerk bildet *Discorsi*, doch vor allem aufgrund seines Werkes *Der Fürst* wird der in Florenz geborene Niccolò Machiavelli (1469–1527) von vielen als einer der bedeutendsten Staatsphilosophen der Neuzeit bezeichnet.

Der Staatsdenker des Mittelalters sah den König als Vertreter Gottes im Staat, als Herz des Körpers, dessen Glieder und Organe die Bevölkerung darstellen. Wie heißt er?

Thomas von Aquin (1225–74). Für ihn lag der Ursprung des Staates in Gott.

Welche Philosophen stellen die Fragen der menschlichen Existenz in den Mittelpunkt ihrer Überlegungen?

Die Existenzialisten. Sie fragen nach Handlungsoptionen und -maximen, ihr besonderes Interesse gilt der Lebenseinstellung und Lebensführung des Individuums.

Die Aussage Voltaires lautet korrekt: „Wenn es Gott nicht gäbe, ...

a) ... müsste man ihn erfinden."
b) ... gäbe es weniger Übel."
c) ... müsste man dem Staate folgen."
d) ... gäbe es nur Chaos."

a) ... müsste man ihn erfinden."
Voltaire (1694–1778) vertrat die deistische Ansicht, dass Gott zwar der Schöpfer der Welt sei, seitdem aber keinen Einfluss mehr auf den Lauf der Geschichte habe. Demnach lehnte er die Kirche und das Christentum mit seinen Dogmen ab.

Voltaire

Welches Tier symbolisiert die Weisheit?

Die Schlange. Sie symbolisiert zwar auch den Antichristen, also das höchste Maß an Bosheit, ist aber tatsächlich auch ein Bild für die Klugheit. Diese gehört neben Tapferkeit, Gerechtigkeit und Mäßigung zu den vier weltlichen Tugenden.

Von wem erschien 1637 die Schrift *Discours de la méthode*?

Die erkenntnistheoretische Schrift René Descartes' (1596–1650) war wegbereitend für die Aufklärung.

Von welcher philosophischen Schule des 20. Jahrhunderts war der Franzose Jacques Derrida (1930–2004) einer der führenden Denker?
Von der Dekonstruktion. Sie leugnet die Gültigkeit traditioneller Begrifflichkeiten und sorgte in den philosophischen Diskursen der letzten Jahrzehnte für Furore.

In welcher Wissenschaft spielen die Begriffe Signifikant und Signifikat eine entscheidende Rolle?
In der Semiotik. Das Sprachmodell, bei dem das Signifikat (das Bezeichnete) vom Signifikant (das Bezeichnende) unterschieden wird, schuf der Linguist Ferdinand de Saussure (1857–1913).

Von wem stammt die Schrift *Das blaue Buch*?
Ludwig Wittgenstein (1889–1951). Er beschäftigte sich in seinen Werken hauptsächlich mit dem Verhältnis von Sprache und Wirklichkeit.

Mit wem verband die französische Schriftstellerin und Existenzialistin Simone de Beauvoir (1908–86) eine ungewöhnliche Liebe und Lebensgemeinschaft?
Mit Jean-Paul Sartre (1905–80).

Was ist das sogenannte Lunyu?
Die *Gesammelten Worte* Konfuzius' (551–479 v. Chr.). Darin beschreibt der Philosoph z. B. den konfuzianischen „Edlen", der sich für die moralische Ausrichtung der Gesellschaft zuständig fühlen soll.

Mit welchem oft zitierten Satz brachte Sokrates in geschickter Weise auch seine Zeitgenossen dazu, den Zweifel als Weg zur Wahrheitsfindung zu nutzen?
„Ich weiß, dass ich nichts weiß."

Welches literarische Genre begründete Thomas More?
Der englische Gelehrte More (1478–1535) schuf mit seinem staatsphilosophischen Werk *Utopia* den ersten utopischen Roman. Darin beschreibt er eine Staatsordnung, die die Einzelinteressen den Interessen der Gemeinschaft unterordnet.

Titelholzschnitt der Ausgabe von 1516

Wie nennt man ein Musikstück für zwei Singstimmen?

Duett. In der Regel wird ein solches Stück instrumental begleitet. Die Bezeichnung steht aber auch für Kompositionen für zwei Instrumente.

Wie viele Opern komponierte Ludwig van Beethoven?

Ludwig van Beethoven (1770–1827) hat nur eine einzige Oper komponiert: *Fidelio*. Die Uraufführung fand 1805 in Wien statt.

Ludwig van Beethoven

Welcher österreichische Musiker und Komponist ging bereits im zarten Alter von sechs Jahren auf seine erste Konzertreise?

Wolfgang Amadeus Mozart (1756–91). Mit acht Jahren komponierte er seine ersten Klaviersonaten und mit 13 wurde er Konzertmeister in Salzburg. Zu seinen bekanntesten Werken zählen *Eine kleine Nachtmusik* (Serenade Nr. 13 für Streicher in G-Dur KV 525) und die Oper *Die Zauberflöte*.

Welche Oper spielt teilweise im Inneren des Venusbergs?

Tannhäuser und der Sängerkrieg auf Wartburg. Die romantische Oper von Richard Wagner wurde 1845 in Dresden uraufgeführt.

Welches Album verhalf dem legendären Michael Jackson (1958–2009) endgültig zum internationalen Durchbruch?

Thriller. Das 1982 erschienene Album ist mit ca. 60 Millionen Tonträgern das meistverkaufte der Welt. Michael Jackson gehört seitdem zu den erfolgreichsten Popmusikern aller Zeiten.

Was ist eine Oktave?

Ein Notenintervall, das acht Notenstufen umfasst.

Wie viele Saiten hat ein Kontrabass?

Vier, ebenso wie Geigen, Bratschen und Celli.

Was ist ein Cembalo?

Ein historisches Tasteninstrument. Es ähnelt dem Klavier, ist aber anders konstruiert. Seine Blütezeit hatte das Cembalo vom 15. bis zum 18. Jahrhundert.

Mit welchem Lied wurde der Schauspieler David Hasselhoff (*1952) auch als Sänger bekannt?

Mit *Looking for Freedom.* Zuvor kannte man ihn vor allem durch seine Hauptrolle in *Knight Rider.* Hasselhoff sang den Song Silvester 1989 an der Berliner Mauer.

David Hasselhoff

Wie heißt die Band um den Sänger Chris Martin (*1977)?

Coldplay. Die Band gehört seit vielen Jahren zu den weltweit erfolgreichsten und zählt zu den bekanntesten Vertretern des Britpop. Ihr erstes Album *Parachutes* (2000) war ein großer Erfolg. Die Single *Viva La Vida* erreichte 2008 in den USA und in England Platz eins der Charts.

Aus welcher Oper stammt die berühmte Arie *Casta diva*?

Aus der tragischen Oper *Norma* von Vincenzo Bellini (1801–35). Die Oper wurde 1831 in der Mailänder Scala uraufgeführt, die Handlung spielt im 1. Jahrhundert v. Chr. in Gallien.

Was genau versteht man unter einem Oratorium?

Eine Komposition für Einzelstimmen, Chor und Orchester. In der Regel hat es religiöse Inhalte und erinnert in seinem Aufbau an eine Oper, wobei die Handlung jedoch nicht szenisch dargestellt wird. Zu den bekanntesten Oratorien zählen heute das *Weihnachtsoratorium* von Johann Sebastian Bach und Georg Friedrich Händels *Messias.*

Welche Liedform verhalf dem Sänger Jacques Brel zu internationalem Erfolg?

Der Chanson. Der Belgier Brel (1929–78) verkörpert diese Liedform wie kaum ein anderer. Zu seinen bekanntesten Chansons gehören *Amsterdam* und *Ne me quitte pas.*

Welche Musikrichtung hat ihren Ursprung inJamaika und entstand Ende der 1960er-Jahre?

Reggae. Dieser Musikstil entstand aus anderen amerikanischen Musikrichtungen wie Soul, Blues, R&B und Jazz. Der Song

Ein modernes großes Sinfonieorchester besteht aus folgenden Instrumenten:

Streicher: 12–16 erste Geigen, 10–14 zweite Geigen, 8–12 Bratschen, 8–10 Celli, 6–8 Kontrabässe

Holzbläser: 1 Piccoloflöte, 3 große Flöten, 3 Oboen, 1 Englischhorn, 3 Klarinetten, 1 Bassklarinette, 3 Fagotte, 1 Kontrafagott

Blechbläser: 6 Hörner, 4 Trompeten, 4 Posaunen, 1 Basstuba

Schlagzeug: 4 Pauken, kleine und große Trommel, Becken, Triangel, Glockenspiel u. a.

Außerdem je nach Bedarf: 1–2 Harfen, Klavier, Orgel, Celesta u. a.

People Funny Boy von 1968 gilt als erster Reggae-Song überhaupt. Viele Musiker, allen voran der jamaikanische Nationalheld Bob Marley, verbanden die Reggae-Musik mit der Religion der Rastafari.

Welchen amerikanischen Rockmusiker kennt man auch unter dem Namen „The Boss"?

Bruce Springsteen (*1949). 1975 gelang Springsteen mit seinem dritten Album *Born to Run* der Durchbruch, zum Superstar wurde er allerdings erst 1984 mit dem Album *Born in the U.S.A.* Sieben Hits dieses Albums landeten in den Top Ten. Der Musiker gilt als einer der erfolgreichsten Rockmusiker weltweit.

Was bedeutet die Anweisung „crescendo" in der Musik?

Das langsame Anwachsen der Lautstärke. Der Begriff stammt aus dem Italienischen und bedeutet „wachsend".

Wer sang den Song *Stairway to Heaven*?

Die britische Rockband Led Zeppelin. Der Song stammt aus dem Jahr 1970 und gilt als eines der einflussreichsten Lieder der Rockmusik.

Mit welchem Song gewann Lena Meyer-Landrut 2010 den Eurovision Song Contest in Oslo?

Mit *Satellite*. Der Song stammt aus der Feder der Amerikanerin Julie Frost und des Dänen John Gordon. Nach Nicoles Sieg 1982 mit *Ein bisschen Frieden* hatte kein deutscher Beitrag mehr den Wettbewerb gewonnen.

Welche Sängerin und Schauspielerin spielte mit Kevin Costner in dem Film *Bodyguard* und sang auch einige Lieder des Soundtracks?

Whitney Houston (*1963). Ihre erfolgreichen Songs wie *I Will Always Love You, I Have Nothing* und *I'm Every Woman* trugen zu dem großen Erfolg des 1992 erschienenen Films bei.

Whitney Houston

Welcher Komponist schrieb die *Kinderszenen*?

Robert Schumann (1810–56). Der Zyklus besteht aus dreizehn kurzen Klavierstücken wie beispielsweise der *Träumerei.*

Welcher Gitarrist verbrannte auf dem Woodstock-Festival seine Gitarre?

Jimi Hendrix (1942–70). Er spielte eine ganz spezielle Version der amerikanischen

Nationalhymne und verbrannte dann sein Instrument. Noch heute gilt er als einer der großen Meister auf der E-Gitarre. Er wurde 1970, im Alter von 27 Jahren, tot in einem Londoner Hotel aufgefunden.

Welche Erfindung wird – möglicherweise zu Unrecht – Friedrich Buschmann zugeschrieben?

Die Erfindung der Mundharmonika. Buschmann (1805–64) selbst behauptete 1828, er habe das Instrument erfunden, allerdings wurde die Mundharmonika schon viel früher verkauft.

Welcher 1969 geborene Deutsche wird seit Jahren als der neue Startenor gefeiert?

Jonas Kaufmann. Der *Stern* schrieb über ihn: „Er ist sexy wie Brad, hat Locken wie Antonio, kann spielen wie George und singen – wie sonst keiner: Wenn der Münchner Jonas Kaufmann den Mund aufmacht, liegt ihm das Opernpublikum zu Füßen." 2010 gab er sein Debüt bei den Bayreuther Festspielen mit der Titelrolle in Wagners *Lohengrin*.

Wie nennt man die Spielart des Rock 'n' Roll, die ausschließlich von weißen Musikern gespielt wurde?

Rockabilly. Die Musiker des Rockabillys arbeiteten zwar mit Elementen des schwarzen Rhythm and Blues, kombinierten diese aber mit anderen Musikrichtungen der südlichen USA.

Wer komponierte das berühmte *Forellenquintett*?

Franz Schubert (1797–1828). Es ist nach dem Lied *Die Forelle* benannt und wurde für fünf verschiedene Instrumente geschrieben: Klavier, Geige, Bratsche, Cello und Kontrabass.

Franz Schubert

Wofür steht die Abkürzung Pop in der Musik?

Für populär, im Grunde also für alle Formen der Unterhaltungsmusik. Im engeren Sinne meint man damit die Musik der Jugendkultur seit den 1960er-Jahren. Die Popmusik hatte ihre Wurzeln in einer globalen Pop-Kultur, zu der auch die Pop Art der 1960er-Jahre gehörte.

Wie hieß Peter Maffays (*1949) erste Single, die ihn über Nacht zum gefeierten Star machte?

Du (1969). 13 seiner Alben landeten in Folge auf Platz eins der Charts, neben der Rockmusik hat er mit der *Tabaluga*-Reihe ein Märchen geschaffen, das vier Alben umfasst und auch als Musical aufgeführt und als Zeichentrickserie produziert wurde.

Wie heißt die kleine Schwester der Oper?

Operette. Die Operette ist ein Musikstück mit leichten, eingängigen Melodien und einer Handlung, die oft von komischen Verwicklungen geprägt ist. Bekannte Operetten sind beispielsweise *Paganini* von Franz Lehár (1870–1948) oder *Die Fledermaus* von Johann Strauß (Sohn, 1825–99).

Welchem erfolgreichen deutschen Musiker gelang mit *Bochum* der große Durchbruch?
Herbert Grönemeyer (*1956). Sein erstes Album *Grönemeyer* erschien 1979. In seinem bislang erfolgreichsten Lied *Mensch* vom gleichnamigen Album verarbeitete er den Tod seiner Frau und seines Bruders im Jahr 1998. 2006 erschien Grönemeyers Single *Zeit, dass sich was dreht*, die offizielle WM-Hymne der Fußball-WM 2006. Er ist einer der populärsten Sänger Deutschlands.

Welcher Song machte Alicia Keys (*1981) berühmt?

Fallin'. 2001 erschien ihr Debütalbum *Songs in a Minor*, sie hat seitdem zwölf Grammys erhalten.

Alicia Keys

Für wie viele Instrumente beziehungsweise Singstimmen ist ein Quartett komponiert?
Für vier. Ein Quartett kann sowohl ein Musikstück für vier Stimmen als auch eine Musikgruppe mit vier Musikern bezeichnen.

Aus welcher Oper stammt die berühmte Arie *Che gelida manina (Wie eiskalt ist dies Händchen)*?
Aus Giacomo Puccinis (1858–1924) *La Bohème*.

Giacomo Puccini

Von welcher Band stammt das berühmte Rockalbum *Dark Side of the Moon*?
Von Pink Floyd. Die Band wurde im Jahr 1965 in Cambridge gegründet und machte sich mit ihrer avantgardistischen, experimentellen Rockmusik schnell einen Namen in der Szene. Später wurden die Songs eingängiger. Den Höhepunkt ihres Erfolgs erreichten Pink Floyd 1979 mit der Doppel-LP *The Wall*.

In welcher erfolgreichen Boygroup sang Robbie Williams (*1974), bevor er 1995 seine Solokarriere startete?
Take That. Einige ihrer größten Hits sind *Back for Good* und *How Deep is Your Love*. Kurz nach Robbies Ausstieg trennte sich die Band, 2005 feierte *Take That* ein Comeback ohne Robbie, der aber 2010 wieder einstieg.

Welcher berühmte Klaviervirtuose und Komponist war der Sohn einer Polin und eines Franzosen?
Frédéric Chopin (1810–49). Er wurde in Warschau geboren und lebte in Paris.

Mit welchem Titel siegte die schwedische Popband ABBA 1974 beim Eurovision Song Contest?

Mit *Waterloo*. Die 1972 gegründete Band schaffte mit diesem Song ihren internationalen Durchbruch. Hits wie *SOS*, *Mamma Mia*, *Fernando* und *Dancing Queen* machten ABBA weltweit berühmt.

Welcher böhmische Komponist schrieb die berühmte sinfonische Dichtung *Die Moldau*?

Bedrich Smetana (1824–84). Das Werk beschreibt den Verlauf der Moldau in Smetanas tschechischer Heimat, es ist einer von sechs Teilen des sinfonischen Zyklus *Mein Vaterland* (1874–79).

Bedrich Smetana

Welche Band, die bei einem deutschen Fernsehcasting zusammengestellt wurde, wurde als erste berühmt?

Die No Angels. Im Jahr 2000 ging die Band aus der ersten Staffel der Serie *Popstars* hervor. Mit *Daylight in Your Eyes*, *There Must Be an Angel*, *Something about Us* und *No Angel (It's All in Your Mind)* hatten die No Angels in Deutschland vier Nummer-1-Hits. 2003 trennte sich die erfolgreiche Girlgroup, 2007 startete sie ein Comeback. Seit 2010 besteht die Band nach dem Ausstieg von Nadja Benaissa nur noch als Trio.

Welches von Antoine-Joseph Sax (1814–94) entwickelte Holzblasinstrument ist aus dem Jazz nicht mehr wegzudenken?

Das Saxofon. Es besteht zwar überwiegend aus Metall, wird aber wegen seines Rohrblatts zu den Holzblasinstrumenten gezählt.

Mit welchem Instrument wurde der amerikanische Jazzmusiker Benny Goodman bekannt?

Mit der Klarinette. Goodman (1909–86) hatte mit seiner Big Band vor allem in den Dreißigerjahren großen Erfolg und gilt als einer der Bandleader, die den Swing besonders weitergebracht haben. Neben seiner Big Band gründete er auch das Benny Goodman Quartett, das aus zwei schwarzen und zwei weißen Musikern bestand, was zur damaligen Zeit eigentlich undenkbar schien.

Welche Tonlage ist die höchste, die eine menschliche Stimme erreichen kann?

Sopran. Diese Tonlage wird entweder von Frauen oder von Knaben gesungen. Die nächsttiefere Stimme ist der Mezzosopran.

Welche Opernsängerin brillierte bei den Salzburger Festspielen 2005 als Violetta?

Anna Netrebko (*1971). In Verdis *La Traviata* glänzte sie an der Seite des Tenors Rolando Villazón (*1972) so sehr, dass sowohl Zuschauer als auch Kritiker sie begeistert umjubelten.

Welche Band brachte den deutschen Hip-Hop in die Top Ten?
Die Fantastischen Vier, auch Fanta 4 genannt. Bis heute machen die Stuttgarter Musiker deutschsprachigen Hip-Hop. Ihren bislang größten Hit landeten sie 1995 mit *Sie ist weg.*

Die Fantastischen Vier: Andy Y, Thomas D, Michi Beck, Smudo (v. l.)

Welche erfolgreiche Rockband aus New Jersey feierte 2008 ihr 25-jähriges Jubiläum?
Bon Jovi. Die Band begann als Hair-Metal-Band, spielt aber seit den 90er-Jahren hauptsächlich Mainstream-Rock. Zu den erfolgreichsten Songs der Gruppe zählen u. a. *Livin' on a Prayer*, *Bed of Roses*, *Always* und *It's My Life*.

Wie teuer war die bislang teuerste Geige aller Zeiten?
Es ist umstritten, ob es die Stradivarigeige „Lady Blunt" ist oder die Geige „Baron Heath" der Instrumentenbauerfamilie Guarneri. Sicher jedoch scheint, dass der Preis für das teure Instrument weit über sieben Millionen US-Dollar lag.

Welcher populäre niederländische Violinist ist auch als Dirigent und Musikproduzent bekannt?
André Rieu (*1949). Seit Mitte der 1990er-Jahre reist Rieu mit den ca. 50 Musikern seines „Johann-Strauß-Orchesters" um die Welt. Er spielt auf einer Stradivari-Geige.

In welchem James-Bond-Film sang die Rock-Ikone Tina Turner (*1939) den Titelsong?
GoldenEye. Der Film kam Ende 1995 in die deutschen Kinos.

Wer ist der bekannteste Reggae-Musiker der Welt?
Bob Marley (1945–81). Die Texte seiner Lieder sind meist gesellschaftskritisch. Einige von Marleys bekanntesten Songs sind *I Shot the Sheriff*, *Buffalo Soldier*, *Stir It Up*, *No Woman No Cry* oder *Get Up, Stand Up.* Der Sänger starb 1981 an Krebs.

Welches größere Saiteninstrument hat eine rund 4000-jährige Geschichte?
Die Harfe. Sie war schon um 2000 v. Chr. bekannt. In der heute üblichen Form wurde sie erstmals 1811 in Paris gebaut und verwendet.

Welche Band gilt als die allererste Boygroup?
Die Beatles. Die 1960 gegründete britische Rockband bestand aus John Lennon (1940–80), Paul McCartney (*1942), Geor-

ge Harrison (1943–2001) und Ringo Starr (*1940). 1962 erschien ihre erste Single *Love Me Do*. Es folgten zahlreiche Hits.

Welcher blinde Opernsänger verkaufte mehr als 70 Millionen seiner Alben und zählt zu den international erfolgreichsten Sängern?

Der italienische Tenor Andrea Bocelli (*1958). In den 1990er-Jahren sang er vor allem Popmusik, später veröffentlichte er Opernarien.

Andrea Bocelli

Welcher Hit machte DJ Ötzi 1999 bekannt?

Anton aus Tirol. Mit *Hey Babe* landete DJ Ötzi (*1971), dessen richtiger Name Gerhard Friedle ist, 2000 einen Welthit. Er zählt zu den erfolgreichsten Musikern aus dem deutschsprachigen Raum.

Welcher Jazzmusiker wird „King" genannt?

Nat „King" Cole (1917–65). Nachdem er sich als Jazzpianist einen Namen gemacht hatte, wurde er in den Vierzigerjahren mit seichteren, aber hervorragend komponierten Schlagern bekannt.

Welcher Komponist vertonte Friedrich Schillers (1759–1805) *Ode an die Freude*?

Ludwig van Beethoven (1770–1827), im letzten Satz seiner 9. Sinfonie. Durch Beethovens Vertonung wurde das Gedicht zur Freiheits- und Humanitätshymne schlechthin.

Welche Single machte Jimi Hendrix über Nacht berühmt?

Hey Joe. Der letzte Auftritt der Gitarrenlegende Jimi Hendrix (1942–70) fand auf der Insel Fehmarn statt.

Was ist ein Pizzicato?

Eine spezielle Spieltechnik bei Streichinstrumenten. Normalerweise werden die vier Saiten einer Geige oder eines Cellos durch das Streichen mit dem Bogen zum Tönen gebracht, beim Pizzicato hingegen werden die Saiten mit den Fingern gezupft.

Welcher amerikanische Hit löste in den 1960er-Jahren eine weltweite Twist-Euphorie aus?

The Twist von dem afroamerikanischen Rock 'n' Roll-Musiker Chubby Checker (*1941). Bei diesem Modetanz bewegten sich die Tänzer in gekrümmter Haltung, ohne dabei den Tanzpartner zu berühren, was damals neu war. Der Tanz wurde nach dem Song *The Twist* benannt.

Wie nennt man das gleichzeitige Erklingen von mindestens drei Tönen?

Akkord.

Wie heißen in der Musik die folgenden Begriffe?

1. Spielfläche im antiken Theater
2. Schauseite einer Orgel
3. Form des Musiktheaters um 1900
4. Erstaufführung
5. Tiefste Frauenstimme
6. Komische Oper
7. Umschreiben eines Originalstücks
8. Berühmtes Konzerthaus in New York
9. Zusammenstellung sämtlicher Werke Mozarts
10. Ernste Oper

1. Orchestra, 2. Orgelprospekt, 3. Musical, 4. Premiere, 5. Alt, 6. Opera buffa, 7. Arrangement, 8. Carnegie Hall, 9. Köchelverzeichnis, 10. Opera seria

Wer vertonte Volkslieder aus Clemens Brentanos (1778–1842) Liedersammlung *Des Knaben Wunderhorn*?

Der Komponist Gustav Mahler (1860–1911). Zwischen 1888 und 1899 vertonte er zwölf dieser romantischen Volkslieder für Gesang und Orchester.

Aus der Feder welches Komponisten stammt das Tanzstück *Le sacre du printemps* von 1913?

Igor Strawinsky (1882–1971) schrieb das Stück. Die Ballettmusiken *Der Feuervogel* und *Petruschka* hatten ihn bereits weltweit berühmt gemacht. Bei der Pariser Uraufführung von Strawinskys *Sacre* mit dem Untertitel „Bilder aus dem heidnischen Russland" zeigte sich das Publikum schockiert.

Wie hieß der legendäre Sänger der Band The Doors?

Jim Morrison (1943–71). Er wurde zum Idol. 1971 verstarb er, doch die Gerüchte, dass Morrison noch lebt, halten sich immer noch hartnäckig.

Zeichnung von Jim Morrison

Mit welchem Hit gelang Rod Stewart (*1945) der Durchbruch in Deutschland?

Mit *Sailing* (1975). Mit mehr als 100 Millionen verkauften Tonträgern zählt Stewart zu den erfolgreichsten britischen Sängern. Eigentlich wollte er Profifußballer werden.

Welches Musikfestival gilt als musikalischer Höhepunkt der amerikanischen Hippiebewegung „Flower Power"?

Woodstock (1969). Bei dem Festival, das den Höhepunkt einer rebellischen Jugendkultur markierte, traten 32 Bands und Solisten auf.

Von wem ist der Weihnachtsklassiker *Last Christmas*?

Von der Gruppe Wham!. Der Song erschien 1984 und ist seit 1996 jedes Jahr zur Weihnachtszeit in den deutschen Charts zu finden.

Welche deutsche Band bezeichnet sich selbst als „Die beste Band der Welt"?

Die Ärzte. Das 2006 erschienene Album *Bäst of* enthält eine Auswahl ihrer besten Hits wie beispielsweise *Schrei nach Liebe*, *Mein Baby war beim Frisör* oder *Männer sind Schweine*.

Zwei der drei „Ärzte": Farin Urlaub und Bela B.

Welchen Musikstil entwickelten die Nachfahren der afrikanischen Sklaven in den Südstaaten der USA?

Den Jazz. Bekannte Solisten waren beispielsweise Ella Fitzgerald (1918–96) und Louis Armstrong (1901–71).

Nach welchem Ton sind Tonleitern benannt?

Nach dem Grundton, eine C-Dur-Tonleiter beispielsweise beginnt mit C.

Wovon handelt Leonard Bernsteins erfolgreiches Musical *West Side Story*?

Das Musical ist eine moderne Fassung von *Romeo und Julia* vor den Kulissen Manhattans. Bernstein (1918–90) kommt das Verdienst zu, Unterhaltungsmusik salonfähig gemacht zu haben.

Welcher italienische Komponist machte sich mit mit seinen Opern *La Bohème, Tosca* und *Madama Butterfly* unsterblich?

Giacomo Puccini (1858–1924). Seine Opern gehören neben denen Giuseppe Verdis (1813–1901) und Richard Wagners (1813–83) zu den meistgespielten Opern der Welt.

Welche zwei Operntypen unterschied man Ende des 18. Jahrhunderts?

Es gab die „Opera buffa", die heitere Oper, und die „Opera seria", die ernste Oper.

Welche CD-Compilation mit aktuellen Chart-Hits erscheint seit 1992 regelmäßig?

Die *Bravo Hits*. Die erste *Bravo Hits* mit den 16 beliebtesten Liedern der Leser der Jugendzeitschrift BRAVO kam 1992 als Einzel-CD und Vinyl-LP auf den Markt. Seit den *Bravo Hits 2* erscheint der Sampler als Doppel-CD.

Von welcher Band stammen die beiden Megahits *With or Without You* und *I still Haven't Found what I'm Looking for*?

Von der irischen Rockband U2. Mit dem Album *The Josua Tree*, auf dem die Lieder erschienen, schrieben sie Musikgeschichte.

Welches Fachgeschäft für Klaviere und Flügel feierte 2004 sein 100-jähriges Bestehen?
Das Steinway-Haus in Hamburg. Es blickt auf eine lange Tradition zurück: Seit 1880 werden Steinway-Flügel und -Klaviere ab Werk verkauft.

Welcher Komponist wurde im 19. Jahrhundert mit der Oper *Nabucco* schlagartig berühmt?
Giuseppe Verdi (1813–1901). Die Freiheitsoper *Nabucco* gab der italienischen Einheitsbewegung einen starken Impuls. Verdis Opern gehören zu den meistgespielten, die bekanntesten sind *Rigoletto*, *La Traviata* und *Aida*.

Was versteht man unter Flamenco?
Eine in Spanien beheimatete Tanzmusik, die sich vor allem durch schnelle Rhythmuswechsel auszeichnet. Der Tanz, der ursprünglich aus Andalusien stammt, wird meist begleitet von Gitarre und Gesang, manchmal kommen auch Kastagnetten dazu.

Das 1985 von Bob Geldof initiierte Live-Aid-Konzert zugunsten der Menschen in Afrika war eines der bedeutendsten Konzerte überhaupt. Es fand parallel im Londoner Wembley-Stadion und im John-F.-Kennedy-Stadion in Philadelphia statt. Auf diesen zwei Bühnen traten 16 Stunden lang die Topstars der damaligen Musikszene auf, beispielsweise Queen, David Bowie, Elton John, Dire Straits, Mick Jagger, Bob Dylan, Santana, Madonna, Paul McCartney, Status Quo, The Who, Tina Turner, Eric Clapton, Phil Collins, U2, Simple Minds und viele andere.

Welcher Komponist vertonte Shakespeares (1564–1616) *Sommernachtstraum*?
Felix Mendelssohn Bartholdy (1809–47), der zu den bedeutendsten Vertretern der Romantik gehörte.

Felix Mendelssohn Bartholdy

Welche Band besteht aus den vier Mitgliedern Bill, Tom, Georg und Gustav?
Tokio Hotel. Im deutschsprachigen Raum zählt die Magdeburger Band zu den kommerziell erfolgreichsten der letzten Jahre. Bereits ihre erste Single *Durch den Monsun* schoss an die Spitze der deutschen Charts. Auch international haben Tokio Hotel mittlerweile sehr viele Fans.

Wie entstand die Musikform Gospel?
In den Gottesdiensten der afroamerikanischen US-Bevölkerung. Die von einem Chor gesungenen Gospelsongs entstanden durch den Brauch der Gemeindemitglieder, die vom Pfarrer verkündete Bibelexegese mit lauten Zurufen zu begleiten, die dieser wiederum beantwortete.

Warum änderte der Interpret des Hits *Father and Son* 1977 seinen Namen?
Cat Stevens (*1948) benannte sich in Folge seines Übertritts zum Islam 1977 in Yusuf Islam um.

Welches populäre Chorwerk des 20. Jahrhunderts stammt von Carl Orff?
Die szenische Kantate *Carmina Burana*. Carl Orff (1895–1982) komponierte das Werk auf der Basis mittelalterlicher Vagantenlieder.

Welcher 1963 geborene italienische Popsänger sang 1997 mit Tina Turner (*1939) den Hit *Cose della vita*?
Eros Ramazotti.

Eros Ramazotti

Wer schrieb die viel gespielte Operette *Die lustige Witwe*?
Franz Lehár (1870–1948). Viele seiner Lieder und Operetten haben bis heute weltweit großen Erfolg, wie beispielsweise der Evergreen *Dein ist mein ganzes Herz*.

Welcher Komponist vertonte *Don Juan* und *Don Quixote*?
Richard Strauss (1864–1949). Er war einer der bedeutendsten Komponisten des 19. und 20. Jahrhunderts.

Welcher Musiker komponierte die Melodien für den *König der Löwen*?
Elton John (*1947). Für den Song *Can You Feel the Love Tonight* wurde ihm der Oscar für den besten Filmsong verliehen.

Welcher Hit von John Denver (1943–97) wurde 2000 zum Country-Song des Jahrhunderts gewählt?
Country Roads. Der Song machte Denver auf der ganzen Welt bekannt.

Was versteht man unter einer Arie?
Die Arie ist ein instrumental begleitetes Sologesangsstück, das in Opern, Oratorien und Kantaten auftritt.

Welcher italienische Violinist und Komponist zählt zu den besten Geigenvirtuosen aller Zeiten?
Niccolò Paganini (1782–1840). Im 19. Jahrhundert wurde er wegen seines als dämonisch empfundenen Spiels häufig als „Teufelsgeiger" bezeichnet. Er überraschte das Publikum bei seinen Auftritten mit damals noch unbekannten Griffen oder mit Manipulationen am Instrument.

Welcher amerikanische Rocksänger wurde mit dem Song *That's Allright, Mama* 1954 über Nacht zum Star?
Elvis Presley (1935–77), der King of Rock 'n' Roll. Er zählt zu den erfolgreichsten Musikern weltweit.

Elvis Presley

Was ist ein Kanon?
Ein Lied, das mehrstimmig versetzt gesungen wird.

Was steht in einem Libretto?
Der Text zu Opern, Operetten und Musicals.

Wie nannte sich die britische Rockband um Freddy Mercury?
Queen. Die Karriere der Band ist von zahlreichen internationalen Erfolgen gekennzeichnet, mit über 150 Millionen verkauften Tonträgern ist Queen eine der erfolgreichsten Bands überhaupt. Die vermutlich bekanntesten Lieder sind *We Are the Champions* und *We Will Rock You*.

Wer sang *New York, New York* und wurde damit zur Legende?
Frank Sinatra (1915–98). Er wurde auch respektvoll „The Voice" genannt. Sein größter Erfolg als Schauspieler war seine Rolle in dem kritischen Militärfilm *Verdammt in alle Ewigkeit*. Er wurde mit einem Oscar für seine Darstellung geehrt.

Welcher 1813 in Leipzig geborene Komponist wurde mit dem Opernzyklus *Der Ring der Nibelungen* weltberühmt?
Richard Wagner (1813–83). Der Opernzyklus besteht aus den Einzelwerken *Das Rheingold*, *Die Walküre*, *Siegfried* und *Götterdämmerung*.

Wer komponierte die berühmte *Sinfonie mit dem Paukenschlag*?
Joseph Haydn (1732–1809). Weitere wichtige Werke aus seiner Feder sind die Ora-

Als teuerste Platte aller Zeiten gilt *Double Fantasy* von John Lennon und Yoko Ono. Lennon hatte diese spezielle Albumkopie wenige Stunden vor seinem gewaltsamen Tod für seinen Attentäter Mark Chapman signiert. Die Platte wurde für 525.000 US-Dollar versteigert.

torien *Die Schöpfung* und *Die Jahreszeiten* sowie die Melodie der deutschen Nationalhymne.

Welche amerikanische Popsängerin italienischer Herkunft gilt als Superstar der Popszene?

Madonna (*1958). Mit ihrem Hit *Holiday* wurde sie 1983 zum ersten weiblichen Weltstar des Pop; den internationalen Durchbruch schaffte sie mit dem Album *Like A Virgin*.

Welche schwedische Band wurde mit Hits wie *It Must Have Been Love, Joyride* oder *Fading Like a Flower* bekannt?

Das Pop-Duo Roxette mit Per Gessle (*1959) und Marie Fredriksson (*1958). Ihre Alben *Look Sharp!* (1989) und *Joyride* (1991) zählen zu den erfolgreichsten europäischen Alben ihres Jahrzehnts.

Für welche Musikrichtung steht die Hamburger Band Deichkind?

Hip-Hop. Deichkind selbst bezeichnen ihren Musikstil als TechRap, also als eine Mischung aus Techno und Rap. Ihre größten Erfolge hatte die Band zur Jahrtausendwende, aber auch danach landeten Deichkind weitere Charthits.

Welcher Klarinettist gilt als „der King of Swing"?

Der weiße Jazzmusiker Benny Goodman (1909–86). Seine Big Band gehörte zu den erfolgreichsten Bands der USA.

Wie heißt das fünfte Album von Metallica?

Metallica. Das Album erschien 1991 und wird wegen seines schwarzen Covers meist „The Black Album" genannt, in Anspielung auf *The White Album* von den Beatles.

Metallica

Welches Musikstück machte Bill Haley weltberühmt?

Rock Around the Clock. Der Song schaffte es 1955 in den USA, Australien, Großbritannien und Deutschland auf den ersten Platz der Hitparaden.

Was bezeichnet man als Countrymusic?

Die traditionelle Volksmusik in den USA, auch Country and Western genannt. Sie stammt aus dem Süden der USA, das Herz der Countrymusic liegt in Nashville (Tennessee). Ein typisches Merkmal der Countrymusic sind die Texte, die sich auf aktuelle Ereignisse beziehen oder von persönlichen, oft typisch amerikanischen Erfahrungen berichten.

Wer landete Ende der 1990er-Jahre mit *Baby One More Time* einen Riesenhit?
Britney Spears (*1981). Sie war damals gerade 16 Jahre alt. Innerhalb der nächsten zehn Jahre verkaufte die Sängerin mehr als 83 Millionen Alben. Nach zahlreichen Skandalen und ihrer Scheidung von Kevin Federline, mit dem sie zwei Kinder hat, gelang ihr 2008 das Comeback.

Welche dieser Opern stammt nicht aus der Feder Giacomo Puccinis?
a) *Madama Butterfly* c) *Tosca*
b) *La Traviata* d) *La Bohème*

b) *La Traviata*
Sie wurde von Guiseppe Verdi komponiert.

Von welchem Komponisten stammt *Die Unvollendete*?
Von Franz Schubert (1797–1828). Die 1822 entstandene Sinfonie in h-Moll hat nur zwei Sätze, daher nennt man sie *Die Unvollendete*. Ob Schubert diese Form absichtlich gewählt hat oder das Werk unvollendet geblieben ist, ist nicht sicher.

Franz Schubert am Klavier

Was haben Vladimir Horowitz und Arthur Rubinstein gemeinsam?
Beide waren bedeutende Pianisten des 20. Jahrhunderts.

Wer schrieb das Chorwerk *Deutsches Requiem*?
Johannes Brahms (1833–97). Seine Kompositionen gehören zu den bedeutendsten musikalischen Schätzen.

Johannes Brahms

Welcher erfolgreiche deutsche Sänger ist auch Gründungsmitglied der deutschen Musikgruppe Söhne Mannheims?
Xavier Naidoo (*1971).

Welcher britische Musiker landete den legendären Weihnachts-Hit *Driving Home for Christmas*?
Chris Rea (*1951). 2006 ging er nach einer schweren Erkrankung auf Abschiedstournee, doch dann kündigte er für 2010 überraschenderweise doch noch eine neue Tournee an.

Welche Sängerin trägt den Beinamen „Spatz von Paris"?
Die Französin Edith Piaf (1915–63). Mit ihren Liedern *La vie en rose* oder *Non, je ne regrette rien* stellte sie einen Meilenstein für das Genre des Chanson dar.

Welcher bekannte Song der Rolling Stones handelt von den Charaktereigenschaften und dem Einfluss des Teufels?
Sympathy for the Devil (1968). Der Song stammt von dem 1968 veröffentlichten Album *Beggar's Banquet*. Die Rolling Stones zählen zu den „dienstältesten" Bands der Welt.

Welcher Weltstar gilt als „der King of Pop"?
Michael Jackson (1958–2009).

In welcher Ballade singt Eric Clapton (*1945) von der Trauer nach dem Unfalltod seines kleinen Sohnes?
Tears in Heaven (1992). Der mehrfache Grammy-Gewinner Clapton gilt als einer der bedeutendsten Gitarristen weltweit.

Eric Clapton

Wo befindet sich die berühmte Scala?
In Mailand. Das repräsentative Opernhaus wurde gebaut, nachdem die ursprüngliche Mailänder Oper abgebrannt war. Das zwischen 1746 und 1778 erbaute Teatro alla Scala gilt als eines der größten Opernhäuser der Welt, nur namhafte Künstler treten hier auf.

Mailänder Scala

Welches sinfonische Märchen stammt von dem russischen Komponisten Sergej Prokofjew (1891–1953)?
Peter und der Wolf.

Wie heißt die Band, die Dieter Bohlen und Thomas Anders 1983 gründeten?
Modern Talking.

Wer landete den Hit *Rock me Amadeus* und brachte damit das erste und bislang einzige deutschsprachige Lied an die Spitze der US-Billboard-Charts?
Johann Hölzel (1957–98), besser bekannt als Falco. Er ist der bislang einzige international erfolgreiche Sänger Österreichs. Am 6. Februar 1998 starb Falco bei einem Autounfall.

Was versteht man unter einer Partitur?

Die Aufzeichnung aller Instrumental- und Singstimmen eines Orchesterwerkes. Die einzelnen Stimmen werden in übereinanderliegenden Notenlinien notiert, sodass die gleichzeitig erklingenden Noten untereinanderstehen.

Welche italienische Oper handelt von einem Sklavenmädchen?

Aida von Guiseppe Verdi.

Giusepe Verdi

Wie heißt der Titelsong des Films *Endlose Liebe*?

Endless Love, wie der Originaltitel des Films. Für diesen Song wurde Lionel Richie (*1949) für den Oscar und den Golden Globe nominiert.

Auch große Meister wie Giuseppe Verdi (1813–1901) haben mal klein angefangen: Verdi wurde 1832 am Mailänder Konservatorium abgelehnt – wegen „Unfähigkeit". Diese Demütigung vergaß der Maestro nie. 1898 wehrte er sich heftig dagegen, dass die Institution nach ihm benannt wurde.

Welche Epoche wurde von der Musik Johann Sebastian Bachs (1685–1750) gekrönt?

Die Barockzeit. Berühmt sind beispielsweise seine *Brandenburgischen Konzerte*.

Welcher deutsche Liedermacher sang den Hit *Über den Wolken*?

Reinhard Mey (*1942).

Welcher britische Sänger betrauerte in seinem Song *Candle in the Wind* den Tod Lady Dianas 1997?

Elton John (*1947). Seine Single brach alle Rekorde und verkaufte sich über drei Millionen Mal.

Wie heißt die Sängerin Pink mit richtigem Namen?

Alecia Moore. 2001 gelang ihr mit dem Soundtrack *Lady Marmalade* zum Film *Moulin Rouge* der internationale Durchbruch. Skandalträchtig war ihr Song *Dear Mr. President*, in dem sie die Politik des ehemaligen US-Präsidenten George W. Bush heftig kritisiert.

Welche berühmte Sängerin hatte eine Liaison mit dem griechischen Reeder Aristoteles Onassis (1906–75)?

Maria Callas (1923–77). Der Millionär Onassis verließ sie wegen Jacqueline Kennedy (1929–94). Es heißt, Onassis habe der launischen Diva das Herz gebrochen.

Maria Callas

Welcher Komponist erkrankte auf der Höhe seiner Schaffenskraft an einem schweren Gehörleiden?

Ludwig van Beethoven (1770–1827). Um 1819 ertaubte er völlig, seine berühmte *9. Sinfonie* schrieb er, ohne je selbst einen Ton davon zu hören.

Von welchem italienischen Komponisten stammen die *Vier Jahreszeiten*?

Von Antonio Vivaldi (1678–1741). Die *Vier Jahreszeiten* von 1725 sind sein bekanntestes Werk.

Wofür steht die Abkürzung R. E. M.?

Für **R**apid **E**ye **M**ovement, eine Schlafphase des Menschen, in der sich die Augen sehr schnell unter den Lidern bewegen. Der Name der Band wurde völlig willkürlich gewählt, indem der Sänger Michael Stipe (*1960) ein Wörterbuch zur Hand nahm und einfach irgendeinen Eintrag aussuchte.

Welcher Chefdirigent der Berliner Philharmoniker folgte auf Wilhelm Furtwängler?

Der Salzburger Herbert von Karajan (1908–89). Er gehörte zu den genialsten Dirigenten des 20. Jahrhunderts.

Welche Band zerstörte bei sämtlichen Konzerten die Instrumente?

The Who. Gitarrist Pete Townshend (*1945) schlug schon bei den ersten Konzerten der Band die Gitarren in Trümmer, Schlagzeuger Keith Moon (1946–78) stand ihm meist an Zerstörungswut in nichts nach.

Pete Townshend

Welche Oper von Georges Bizet gehört zu den meistgespielten der Welt?

Carmen. Bizet (1838–75) erlebte den Erfolg seiner Oper nicht mehr mit, er starb mit 36 Jahren an einem Herzanfall.

Welche Band aus Seattle feiert 2011 ihr 20-jähriges Bestehen?
Pearl Jam, die Anfang der 1990er-Jahre zusammen mit Nirvana und Soundgarden den Grunge populär machten.

Pearl Jam

Welches dieser Werke stammt von Georg Friedrich Händel (1685–1759)?
a) *Feuermusik* c) *Luftmusik*
b) *Wassermusik* d) *Erdmusik*

b) *Wassermusik*
Händel komponierte neben seinen berühmten Orchesterwerken auch Opern und Oratorien.

Von welcher Band stammt der Hit *Take on Me*?
Von der 1982 gegründeten norwegischen Popband A-ha.

Welche Beatles-Platte war die allererste?
Please Please Me. Ein Jahr zuvor, 1962, war bereits die erste Single *Love Me Do* erschienen und immerhin auf Platz 17 der Charts gelandet. Die Beatles hatten mehr Top-Hits als irgendeine andere Band jemals vor oder nach ihnen.

Welcher Song der Eagles wurde 1976 zur Nummer eins der Charts in England, den USA und Deutschland?
Hotel California.

Wo wurde das Musical geboren?
Am Broadway in der Stadt New York. Das Musical entstand zu Beginn des 20. Jahrhunderts aus dem Versuch, ein breites Publikum anzusprechen, indem verschiedenste Elemente aus Operette, Theater, Ballett, Revue und anderen Gattungen der Unterhaltungsbranche kombiniert wurden.

Welche Popikone ist laut Guinnessbuch der Rekorde der erfolgreichste Entertainer aller Zeiten?
Der 2009 verstorbene Michael Jackson.

Michael Jackson

Welche klassische Instrumentalmusik wird von wenigen Musikern in einem kleinen Rahmen aufgeführt?
Die Kammermusik. Berühmte Kammermusikstücke sind etwa die *Kreutzersonate* von Beethoven (1770–1827) und das *Forellenquintett* von Schubert (1797–1828).

Wer komponierte die Melodie der deutschen Nationalhymne?
Der Österreicher Joseph Haydn (1732–1809). 1797 komponierte er das *Kaiserquartett* mit der Kaiserhymne *Gott erhalte Franz den Kaiser*, deren Melodie 1922 zusammen mit Hoffmann von Fallerslebens Dichtung *Deutschlandlied* zur Hymne der Weimarer Republik und später auch zur Hymne der Bundesrepublik Deutschland wurde.

Welcher französische Komponist schrieb den berühmten *Boléro*?

Maurice Ravel (1875–1937). Er zählt zu den Hauptvertretern der impressionistischen Musik in Frankreich.

Maurice Ravel

Welche britische Hardrock-Band benannte sich nach einer Figur aus Charles Dickens' Roman *David Copperfield*?
Uriah Heep.

Wie heißen die drei berühmtesten abendfüllenden Ballette Peter Tschaikowskys (1840–93)?
Schwanensee, *Dornröschen* und *Der Nussknacker*.

Welches Holzblasinstrument ist das größte?
Das Fagott aus der Familie der Oboen. Es entstand im 16. Jahrhundert.

Welcher Song machte Bob Dylan in den 1960er-Jahren international berühmt?

Blowin' in the Wind. Bob Dylan gilt als einer der einflussreichsten Musiker des 20. Jahrhunderts.

Bob Dylan

Von welchem Album Joshua Kadisons (*1963) stammen die Hits *Jessie*, *Picture Postcards from L. A.* und *Beautiful in My Eyes*?
Von seinem ersten Album *Painted Desert Serenade* (1993).

Welche Diva hatte mit Songs wie *Without You* und *Open Arms* unzählige Hits in den USA?
Mariah Carey (*1970).

Welche große Popikone blickt auf eine über 40-jährige Bühnenkarriere zurück?
Die afroamerikanische Sängerin Tina Turner (*1939).

Welcher Musikstil steht für eine ganze Jugendkultur?
Der Hip-Hop. Seine Ursprünge hatte dieser Stil in den afroamerikanischen New Yorker Gettos der 1970er-Jahre, seit Anfang der 1990er-Jahre ist er auch international bekannt und beliebt.

Welche deutschsprachige Band ist die international erfolgreichste?
Die Rockband Rammstein. Sie wurde 1994 gegründet und verkaufte bereits über zwölf Millionen Platten, davon mehr als die Hälfte im Ausland.

Welcher bedeutende Rock- und Bluesgitarrist gründete 1966 die Gruppe Cream?
Eric Clapton (*1945).

Welche Stilrichtung des Jazz perfektionierte Glenn Miller in den 1930er-Jahren?
Den Swing. Mit seiner 1937 gegründeten Big Band entwickelte der Bandleader und Posaunist den typischen Glenn-Miller-Sound.

Was versteht man unter Salsa?
Als Salsa bezeichnet man einen lateinamerikanischen Tanz, dessen erotische Schritte aus dem Mambo hervorgehen. Die Musik zu diesem Tanz greift Elemente der Rockmusik auf und ähnelt der Samba.

Welches Werk Bertolt Brechts wurde von Kurt Weill vertont und war während der Weimarer Republik einer der größten Musiktheatererfolge auf einer deutschen Bühne?
Die *Dreigroschenoper*.

Welche schwedische Schauspielerin und Sängerin sang in den 1930er-Jahren den Schlager *Kann denn Liebe Sünde sein*?
Zarah Leander (1907–81). Ihr richtiger Name war Sara Stina Hedberg.

Zarah Leander

Was versteht man unter einem Remix?
Ein Remix ist die Neubearbeitung alter Songs am Mischpult. Auf diese Weise gelangen vergessene Hits häufig wieder in die Charts.

Welches Musikinstrument ist Blas- und Tasteninstrument zugleich?
Die Orgel. Sie besteht aus Metall- und Holzpfeifen (Pfeifenwerk), Tastatur (Spielwerk) und einer Gebläseanlage (Windwerk), die den Luftstrom erzeugt.

John Cage verfasste ein Klavierstück, das auch von Laien problemlos gespielt werden kann. Es ist nach seiner Spieldauer benannt: *4'33"*. Während der gesamten Zeit ist kein Ton zu hören, und auch in der Partitur des Dirigenten findet sich nur der Hinweis, dass das Piano Pause hat. Auch die anderen Instrumente schweigen. Cages Idee war, dass die „Musik" aus den zufälligen Geräuschen im Konzertsaal bestehen soll.

Welches Lied belegte 1996 14 Wochen lang den ersten Platz der US-amerikanischen Billboard-Charts und gilt als das erfolgreichste One-Hit-Wonder?

Macarena von dem spanischen Duo Los del Río. Der Titel verkaufte sich über 4,5 Millionen Mal.

Wie viele Saiten hat eine Gitarre?

Seit dem 18. Jahrhundert haben Gitarren üblicherweise sechs Draht-, Nylon- oder Darmsaiten.

Welche deutsche Schlagersängerin und Schauspielerin sang von Schokolade und Männern?

Trude Herr (1927–91). Mit ihrem Song *Ich will keine Schokolade, ich will lieber einen Mann* gelang ihr 1960 der Durchbruch.

Was ist ein Zapfenstreich?

Ursprünglich war der Zapfenstreich für die Soldaten ein mit Trompete oder Horn gegebenes Signal zur Rückkehr in ihre Kaserne. Heute wird diese Begleitmusik vor allem bei der Verabschiedung hoher Militärs und Politiker gespielt.

Wo spielt Giacomo Puccinis (1858–1924) Oper *Madama Butterfly*?

In Japan. Das Werk handelt von der Heirat des amerikanischen Offiziers Pinkerton und der Geisha Cio-Cio-San, die Butterfly genannt wird. Pinkerton kehrt nach Amerika zurück und heiratet dort eine andere Frau, doch Butterfly, die inzwischen sein Kind geboren hat, glaubt an seine Treue und an seine Rückkehr. Als sie schließlich von seinem Betrug erfährt, nimmt sie sich das Leben.

Plakat zu Puccinis Madame Butterfly

Welche Veranstaltung galt als größtes Ereignis der Technoszene?

Die 1989 von dem DJ Dr. Motte initiierte Love Parade. Ihren Höhepunkt erreichte die Veranstaltung 1999 mit 1,5 Millionen Teilnehmern. Nach dem Unglück bei der Love Parade 2010 wurde die Veranstaltungsreihe beendet.

Wie hieß das erste Album des Sängers Lenny Kravitz (*1964)?

Let Love Rule (1989). Kravitz hatte schon während seiner Schulzeit seine ersten Auftritte. Den endgültigen Durchbruch schaffte er 1991 mit seinem zweiten Album *Mama Said*.

Welchen österreichischen Komponisten kennt man als Walzerkönig?

Johann Strauß (1825–99). Zu seinen berühmtesten Werken zählen *Die Fledermaus*, *Der Zigeunerbaron* und *Eine Nacht in Venedig*.

Wie heißt das berühmte Passionswerk Johann Sebastian Bachs – *Markuspassion* oder *Matthäuspassion*?

Matthäuspassion.

Von welchem französischen Komponisten stammt die *Symphonie fantastique*?

Von Hector Berlioz (1803–69), dem Schöpfer der romantischen Orchester- und Programmmusik.

Von wem stammt der Hit *Summer of 69*?

Von Bryan Adams (*1959), der seit 1983 in über 30 Ländern immer wieder die Spitze der Charts erreicht.

Welche amerikanische Popikone ist die reichste Künstlerin der Welt?

Cher (*1946). Mit Hits wie *I Got You Babe*, *The Shoop Shoop Song (It's in His Kiss)* und *Believe* schaffte sie es über fünf Jahrzehnte immer wieder, Nummer-1-Hits zu landen.

Wie heißen die folgenden Musikinstrumente?

1. Portugiesische Kleingitarre
2. Ukrainisches Zupfinstrument
3. Instrument der Eingeborenen in Australien
4. Mittelalterliches Holzblasinstrument
5. Afrikanische/nordamerikanische Negergitarre mit langem Hals
6. Mittelalterliches Naturhorn aus Elfenbein
7. Hawaiische Machete
8. Spanische Fingerholzklappern
9. Altgriechische Gitarre
10. Tasteninstrument, bei dem die Töne gezupft werden
11. Ziehharmonika mit Balg

1. Machete, 2. Balalaika, 3. Didgeridoo, 4. Schalmei, 5. Banjo, 6. Olifant, 7. Ukulele, 8. Kastagnetten, 9. Kithara, 10. Cembalo, 11. Akkordeon

Welcher britische Sänger landete 2006 mit *You're Beautiful* einen Nummer-1-Hit in den US-amerikanischen Billboard-Charts?

James Blunt (*1974). Seine Alben sind auf der ganzen Welt sehr erfolgreich.

Welches berühmte Lied der Beatles wird oft fälschlicherweise mit „Lass es sein" übersetzt?

Let It Be. Die richtige Übersetzung ist: „Lass es geschehen". Der Song handelt von Unstimmigkeiten zwischen den Bandmitgliedern.

The Beatles

Welche Band gilt als erfolgreichster Vertreter des Britpop und ist für ihre Skandale berühmt?
Oasis. Die Brüder Liam (*1972) und Noel (*1967) Gallagher waren immer wieder in den Schlagzeilen.

Was versteht man unter Funk?
Eine ausgesprochen rhythmusbetonte, afroamerikanische Musikrichtung. Zu den wichtigsten Vertretern des Funk gehört der Musiker James Brown (1928–2006).

Wie nennt man das Vorspiel oder die Eingangsmusik einer Oper?
Ouvertüre. Auch andere musikalische Dramen wie Operette und Musical beginnen mit Ouvertüren.

Wie heißt die britische Girlgroup, die 1996 mit ihrer allerersten Single *Wannabe* auf Platz eins der Charts landete?
Spice Girls. 2001 löste sich die Band auf, 2007 gab es eine gemeinsame Abschiedstournee der fünf Sängerinnen.

Welchen amerikanischen Musiker kennt man als „Man in black"?
Den Countrymusiker Johnny Cash (1932–2003). Seit den 1970er-Jahren kleidete sich Cash, ganz im Gegensatz zu vielen anderen Stars der Countrymusic, nur noch komplett in Schwarz. In seinem Song *Man in Black* erklärt er diese Entscheidung: *„I wear the black for the poor and the beaten down, Livin' in the hopeless, hungry side of town, I wear it for the prisoner who has long paid for his crime, But is there because he's a victim of the time."*

Wo wurde der Tango geboren?
In Buenos Aires. Der Tanz drückt Sehnsucht und einen fast aggressiven Stolz aus. Ursprünglich entstand er in den unteren Gesellschaftsschichten.

Tango

Wer gilt als erfolgreichster Musical-Komponist?
Andrew Lloyd Webber (*1948). Er feierte zahlreiche internationale Erfolge, beispielsweise mit *Jesus Christ Superstar*, *Cats* oder *Phantom der Oper*.

Was versteht man unter Karaoke?
Karaoke ist eine beliebte Freizeitbeschäftigung aus Japan, bei der man Popsongs zu Instrumentalbegleitung ins Mikrofon singt. Die Songtexte werden dabei auf einem Bildschirm abgelesen.

Welche Band besteht aus Robin, Maurice und Barry Gibb?
Die Bee Gees, die 1977 mit dem Soundtrack zum Film *Saturday Night Fever* zu Megastars wurden. Nach dem Tod von Maurice im Jahr 2003 gaben Robin und Barry 2006 offiziell die Auflösung der Bee Gees bekannt.

Welche 1982 gegründete Düsseldorfer Band entwickelte sich aus der deutschen Punkbewegung?
Die Toten Hosen. 1988 veröffentlichten sie die Platte *Ein kleines bisschen Horrorschau* mit dem Hit *Hier kommt Alex*. Damit war der kommerzielle Durchbruch der Band besiegelt.

Wer war das Mädchen, dem Chris Rea (*1951) seinen Hit *Josephine* widmete?
Seine erste Tochter Josephine (*1983).

Wie heißt die 1976 gegründete Punkband, die Vorbild zahlreicher Britpop-Bands war?
The Clash. Ihr Markenzeichen waren der aggressive Gitarrensound und die eingängigen Melodien. Knapp zehn Jahre nach der Gründung führten Streitigkeiten innerhalb der Band zur Auflösung der Gruppe.

Mit welchem Album wurde die Band Nirvana berühmt?
Mit *Nevermind*. Das Album war bei Erscheinen sofort vergriffen, die Band erhielt dafür die Platinschallplatte. 1994, sieben Jahre nach der Gründung der Band, beging der Sänger und Gitarrist Kurt Cobain (1967–94) Selbstmord und Nirvana löste sich auf.

Wer schrieb den bekannten Titelsong des Films *Philadelphia*?
Bruce Springsteen. Für *Streets of Philadelphia* erhielt Springsteen (*1949) einen Oscar.

Bruce Springsteen

Welche 1966 geborene italienische Mezzosopranistin gilt als eine der zurzeit erfolgreichsten Opernsängerinnen der Welt?
Die Römerin Cecilia Bartoli. Mit ihrem sagenhaften musikalischen Können und ihrer starken Bühnenpräsenz zieht sie ihr Publikum immer wieder in ihren Bann. Auch unbekanntere Werke und in Vergessenheit geratene Komponisten bringt sie ihren Zuhörern nahe, so nahm sie beispielsweise 2009 die CD *Sacrificium* auf,

die wunderschöne, ursprünglich für Kastratenstimmen geschriebene Arien aus dem 18. Jahrhundert enthält.

■ **Was bezeichnet man als Bariton?**
Die mittlere männliche Gesangsstimme, die zwischen dem Tenor und dem Bass angesiedelt ist.

■ **Welchem erfolgreichen Künstler gelang 1984 mit dem Album *Purple Rain* der internationale Durchbruch?**
Prince (*1958).

■ **Welcher erfolgreiche texanische Sänger nennt sich übersetzt „Hackbraten"?**

Meat Loaf (*1947). Sein erster Nummer-1-Hit in Großbritannien und den USA war *I'd Do Anything for Love (But I Won't Do That)*. Der Song erreichte Platinstatus.

Meat Loaf

■ **Welcher Musiker wird häufig als „Chamäleon der Rockmusik" bezeichnet?**
David Bowie (*1947). Er gilt als einer der einflussreichsten und wandlungsfähigsten Musiker der neueren Musikgeschichte. Er war in den verschiedensten Rollen erfolgreich, unter anderem sogar als Schauspieler: Er spielte zum Beispiel den Ziggy in *Stardust*.

■ **Wer entdeckte die französische Sängerin Patricia Kaas (*1966)?**
Der Schauspieler Gérard Depardieu (*1948). In dem Film *And now ... Ladies & Gentlemen* spielte sie eine Jazzsängerin.

■ **Welcher 2010 verstorbene Künstler inszenierte 2004 den *Parsifal* für die Bayreuther Festspiele?**
Christoph Maria Schlingensief.

Christoph Schlingensief

■ **Welcher Musiker und Komponist leitete die allererste Gesamtaufführung der neun Bruckner-sinfonien?**
Gustav Mahler (1860–1911).

■ **Seit wann ist die *Marseillaise* französische Nationalhymne?**
Seit der Französischen Revolution. Text und Melodie des Marschlieds stammen von C. J. Rouget de Lisle (1760–1836).

■ **Welche 1976 gegründete Rockband singt auf Kölsch?**
Die Kölner Band BAP. Von den sechs Gründungsmitgliedern ist nur noch der Frontmann Wolfgang Niedecken (*1951) verblieben, die Band besteht heute aus ihm und vier weiteren Musikern. BAP gehören zu den erfolgreichsten Rockmusikern Deutschlands.

Zu welcher Mythologie gehört Baldur, der Gott des Lichts?

Baldur ist eine Gestalt der germanischen Mythologie. Er ist der Sohn von Odin und Frija und steht für das Gute und die Gerechtigkeit.

Die verschiedenen Göttergeschlechter der Germanen wohnten an unterschiedlichen Orten. Wo waren die Vanen beheimatet?

a) in Walhall
b) in Gebirgen und Wäldern
c) in Asgard
d) in den Tiefen der Erde und des Meeres

d) in den Tiefen der Erde und des Meeres
Die Vanen bescherten den Menschen Fruchtbarkeit.

Woher stammt der Name Europa?

Der Ursprung liegt in der griechischen Mythologie. Der Göttervater Zeus verliebte sich in die schöne Europa. Um sich ihr unbemerkt nähern zu können, verwandelte er sich in einen Stier und entführte Europa auf seinem Rücken. Er brachte sie nach Kreta, wo sie ihm zwei Söhne gebar. Einer davon war Minos, der sagenumwobene König.

Der Raub der Europa *von Tizian*

Wie hieß der deutsche Kaiser des Hochmittelalters, der der Sage nach bis zu seiner Rückkehr im Kyffhäuser bei Halle schlummert?

Kaiser Friedrich I., auch Barbarossa genannt (1122–90). Seine imperiale Macht stellt im Mittelalter einen Höhepunkt der deutsch-römischen Reichsgeschichte dar. Nach seiner Zeit gingen die Reichsrechte des Kaisers immer mehr an die Fürsten und Reichsstädte verloren.

Was versteht man unter der Kapitolinischen Trias?

Der Göttervater Jupiter, seine Frau Juno und Minerva, die Göttin des Handwerks, der Weisheit und der schönen Künste, wurden als Beschützer der Stadt Rom verehrt. Im wichtigsten Tempel auf dem Kapitolshügel waren den drei Schutzgottheiten drei Räume zugeordnet, die jeweils mit einem Einzelstandbild der Gottheit versehen wurden.

Wie wird der Brocken im Harz im Volksmund genannt?

Blocksberg. Nach der alten Sage findet hier in der Nacht vom 30. April auf den 1. Mai die berühmte Walpurgisnacht statt, das Fest der Hexen und Zauberer. Es hat alte keltische Wurzeln und ist nach der Heiligen Walburga benannt, einer christianisierten Missionarin aus Wessex.

Bloks Bergs Verrichtung *von Johannes Praetorius, 1668*

Welche Gestalt der griechischen Mythologie macht sich sowohl des Vatermords als auch des Inzests schuldig?

Ödipus tötete den König von Theben, nicht wissend, dass dieser sein Vater war. Er befreite Theben von der Sphinx und bekam dafür die Witwe dieses Königs, Jokaste, zur Frau. Damit bewahrheitete sich das Orakel von Delphi, das Ödipus vorausgesagt hatte, er werde seinen Vater töten und seine Mutter heiraten.

Was bedeutet eigentlich Mythos?

Der Begriff stammt aus dem Griechischen und bedeutet Wort, Sage oder Erzählung. Mythische Erzählungen versuchen, die Welt zu erklären und den Menschen das Leben und die Aufgaben der Götter zu beschreiben. Sie erzählen auch vom Leben der großen Volkshelden wie Herakles, Odysseus u. a.

Siegfried hilft dem Burgunderkönig Gunther heimlich bei der Brautwerbung um Brunhild und heiratet Gunthers Schwester. Bei einem Streit der beiden Frauen verrät Brunhild dieses Geheimnis. Hagen von Tronje gerät so in Rage, dass er Siegfried umbringt. Die Witwe heiratet später den Hunnenkönig Etzel und rächt sich an Hagen und ihrem Bruder. Doch auch sie stirbt am Ende keinen natürlichen Tod. **Wie ist der Name dieser Frau, die so ein spannendes Leben führte?**

Ihr Name ist Kriemhild. Diese Figur geht auf die Gattin des Hunnenkönigs Attila zurück. Sie tritt nur in der mittelhochdeutschen Version des Nibelungenlieds als Kriemhild auf, in anderen heißt sie z. B. Gudrun.

Auf welche Weise gelang es Prometheus, Zeus' Feuer zu stehlen?

Er hob einen langen Riesenfenchel-Stängel in den Himmel, entzündete ihn am Funken sprühenden Sonnenwagen des Helios und brachte diese Fackel den Menschen auf der Erde.

Welche Wesen bezeichnete man als Zentauren?

Die Zentauren sind Figuren der römischen Mythologie. Sie haben einen Pferdeleib und einen menschlichen Oberkörper.

Statue eines Zentauren

Gibt es einen Unterschied zwischen einem Märchen und einem Mythos?

Ein Märchen handelt meist von sozialen Konflikten, während ein Mythos zum elementaren Kulturgut eines Volkes gehört und die Entstehung des Universums auf magische Art zu erklären versucht.

Für die Krieger dieser Kultur galt es als höchste Ehre, in der Schlacht zu fallen oder als Freiwillige an rituellen Menschenopfern teilzunehmen. Den Opfern wurde von einem Priester das Herz herausgeschnitten. **In welcher Kultur übte man dieses blutige Ritual aus?**

Bei den Azteken.

Auf welche Weise warnte die trojanische Seherin Kassandra die Trojaner vor der Heimtücke der Griechen?

Mit ihren sprichwörtlich gewordenen „Kassandrarufen". Zeus hatte sie mit einem Fluch beladen: Ihre Prophezeiungen sollten sich zwar immer bewahrheiten, aber niemand würde ihr glauben. Da kein Mensch ihre Warnungen vor dem trojanischen Pferd ernst nahm, ging Troja schließlich unter.

Was haben Romulus, der Gründer Roms, und der biblische Kain gemeinsam?

Beide sollen ihren Bruder erschlagen haben. Romulus erschlug seinen Zwillingsbruder Remus beim Bau der Stadt Rom.

Romulus und Remus

Ist König Artus eine Sagenfigur oder hat er wirklich gelebt?
Er hat wirklich gelebt. Als Heerführer befreite er Britannien von den Sachsen. Die Artussage stellt ihn als Idealbild des ritterlichen Königs inmitten seiner Tafelrunde dar, er soll unsterblich gewesen sein. Vermutlich kam er jedoch im Jahr 537 in einer Schlacht zu Tode.

Wie nennt man die Jungfrauen der nordischen Mythologie, die die gefallenen Helden nach Walhall führten?
Walküren. Sie jagten mit ihren schnellen Pferden über das Schlachtfeld ihren Helden voraus und bestimmten, wer den Heldentod sterben sollte. Ihr Name bedeutet „Totenwählerinnen".

Die Nachtwache der Walküre *von Edward Robert Hughes*

Warum war Nektar ein beliebtes Getränk bei den griechischen Göttern?
Sie glaubten, er würde ihnen ewige Jugend und Unsterblichkeit verleihen. Neben der Brotspeise Ambrosia, die ebenfalls Unsterblichkeit versprach, gehörte Nektar zu den Hauptnahrungsmitteln der unsterblichen Götter.

Der verschlagene Sisyphos konnte sogar den Tod überlisten. Das sahen die Götter gar nicht gern. **Welche Strafe legten sie Sisyphos auf?**
Sisyphos musste einen Felsblock einen steilen Berg hinaufwälzen. Doch kurz bevor er den Gipfel erreicht hatte, rollte der Stein jedes Mal wieder ins Tal hinab und er musste von vorn beginnen.

Wo lebte dem Volksglauben nach der Vampir Dracula?
In Transsylvanien (Siebenbürgen) in Rumänien. Die Geschichte von Dracula, dem wohl berühmtesten Vampir, geht auf den grausamen Fürsten der Walachei, Vlad III. (1431–76) zurück, der seine Feinde pfählte. Der irische Autor Bram Stoker griff den Stoff auf und wurde mit seinem Roman *Dracula* von 1897 berühmt.

Nicht alle Mythen stammen aus der grauen Vorzeit. Die Artussage beispielsweise entstand im Mittelalter und wird bis in die Gegenwart immer wieder neu interpretiert und ausgeschmückt. Die in englischen Balladen des 14. Jahrhunderts erstmals auftauchende Erzählung eines Räuberhauptmanns brachte man später mit konkreten Ereignissen der britischen Geschichte in Verbindung. **Wie hieß dieser Räuberhauptmann?**

Robin Hood. Die ältesten noch erhaltenen Balladen stammen aus dem 16. Jahrhundert. Robin Hood ist hier ein Freibauer und Anführer einer Räuberschar, die sich in einzelnen Episoden auch sehr großzügig zeigen.

■ ■ ■

Wie wird der Untergang der Götter in der nordischen Mythologie bezeichnet?

a) Armageddon
b) Götterdämmerung
c) Götterfall
d) Midgardir

b) Götterdämmerung

In der Götterdämmerung verlieren die Götter im Kampf gegen die Riesen und Dämonen. Die Bezeichnung ist vermutlich auf einen Fehler Snorri Sturlusons zurückzuführen, der die Prosafassung der *Edda* schrieb, in der das Leben der Götter und Helden erzählt wird. Der nordische Begriff „Ragnarök" in der älteren Lieder-Edda (8.–11. Jahrhundert) bedeutet „Schicksal der Götter", Sturluson verwendete in seiner Prosa-Edda den Begriff „ragna rökr", der sich als „Götterdämmerung" übersetzen lässt.

■ ■ ■

Wie heißen die drei Schwestern, die den germanischen Sagen nach den Schicksalsfaden weben?

Man nennt sie Nornen. Zwei von diesen Schwestern waren freundlich und wohlwollend zu den Menschen, die dritte aber erwies sich als außerordentlich skeptisch, ja böswillig. Sie sorgte dafür, dass sich die Fäden des Schicksals gelegentlich so verstrickten, dass Unheil über die Menschen kam.

■ ■ ■

Welche Rolle spielt Odin bei den germanischen Göttern?

Bildnis des Odin, *1888*

Odin ist in der germanischen Götterhierarchie der oberste Gott der zwölf germanischen Hauptgottheiten. In seinem Reich Asgard überblickt er von seinem Hochsitz Hlidskjalf aus die gesamte bewohnte Erde. Die Weltesche Yggdrasil verleiht ihm Zauberwissen. Zwei Raben sitzen auf seinen Schultern und berichten ihm, was in der Welt geschieht. An seiner Tafel bewirtet er die im Kampf Gefallenen.

Welches Ungeheuer der griechischen Mythologie musste von Orpheus mit Musik besänftigt werden und wurde schließlich von Herakles überwunden?
Der Höllenhund Zerberus. Es hieß, Normalsterbliche seien allein bei seinem schrecklichen Anblick sofort zu Stein erstarrt. Der dreiköpfige Höllenhund hatte die Aufgabe, jeden zu verschlingen, der aus dem Reich des Hades fliehen wollte. Ebenso hinderte er die Sterblichen daran, die Unterwelt zu betreten. Aus dieser Geschichte entstand die Redewendung „wie ein Zerberus über etwas wachen".

Der Göttervater Zeus hatte auf dem Olymp das Zepter in der Hand, doch auch seine Frau war als höchste Göttin sehr mächtig. **Wie war ihr Name?**
a) Iris
b) Hera
c) Hora
d) Isis

Hera

b) Hera
Sie gilt als Beschützerin der Ehe und als Göttin der Geburt. Homer beschrieb sie als eifersüchtige und zänkische Frau. Die römische Göttin Juno wurde ihr gleichgesetzt.

Wer waren die Zyklopen?
In der griechischen Mythologie bezeichnet man einäugige Riesen als Zyklopen.

Welches göttliche Wesen der römischen Mythologie wurde für seine Geschwätzigkeit bestraft?
Die Nymphe Lara. Dem Mythos nach erzählte sie überall, Jupiter habe ein Liebesverhältnis. Zur Strafe befahl der Göttervater dem Merkur, Lara in die Unterwelt zu verschleppen, wo sie geschändet worden sein soll.

Wie werden in der griechischen Mythologie die kriegerischen Frauen genannt, die die Männer lediglich zur Zeugung ihrer Kinder benötigt haben sollen?
Amazonen (griech. „brustlos"). Nach der Sage schnitten sie sich die rechte Brust heraus, um besser mit Pfeil und Bogen umgehen zu können.

Wer verführte die Braut seines Onkels mit Zauberkraft und brannte dann mit ihr durch?
a) Siegfried
b) Amor
c) Tristan
d) Apoll

c) Tristan
Die schöne irische Königstochter Isolde sollte den alternden König von Cornwall heiraten. Als Tristan von seinem Onkel beauftragt wird, die Brautwerbung zu übernehmen und Isolde zu seinem Onkel zu bringen, trinken die beiden auf der Reise versehentlich von einem Zaubertrank, den der Onkel herstellen ließ, um sich Isoldes Liebe zu sichern. Denn wer von dem Zaubertrank trinkt, verliebt sich

unsterblich in die Person, die er oder sie danach als Erste sieht. Die beiden Liebenden verstoßen nun gegen sämtliche gesellschaftliche und religiöse Gesetze und stürzen damit nicht nur sich selbst, sondern auch alle Menschen um sie herum ins Verderben.

■ Er ist der Gott der Künste, der Musik und der prophetischen Weissagungen. Er ist nicht nur der Anführer der Musen, sondern auch der Schutzheilige der Medizin und der Hirten. Man sagt ihm jedoch auch nach, dass er Krankheit und Tod bringe. **Um welchen Gott handelt es sich?**

Um den Gott Apoll.

■ **Wie heißt die römische Entsprechung des griechischen Liebesgottes Eros?**

Amor. Er wird meist als mit Pfeil und Bogen auf Menschenherzen zielende Figur dargestellt. Er ist ein Sohn der Venus. Nach Apuleius verliebte sich Amor unsterblich in die Königstochter Psyche, die er in einem Feenpalast gefangen hielt. Er verbrachte in menschlicher Gestalt die Nächte mit ihr, verbot ihr aber, ihn anzusehen. Als sie ihn schließlich doch bei Kerzenlicht betrachtet, flieht er tief enttäuscht und lässt sie zurück.

Die neun Musen (Schutzgöttinnen der Künste):
Erato: Liebesdichtung
Kalliope: epische Dichtung
Melpomene: tragische Dichtung
Thalia: komische Dichtung
Urania: Sternkunde
Euterpe: Flötenspiel
Terpsichore: Chorlyrik und Tanz
Polyhymnia: Hymnendichtung
Klio: Geschichtsschreibung

Amor

■ **Wofür wurde Tantalos von den griechischen Göttern bestraft?**

Er setzte ihnen seinen eigenen Sohn Pelops zum Mahl vor. Für diese Tat wurde er von den Göttern in die Unterwelt verbannt, wo er durstig im unerreichbaren Wasser stehen musste, während die köstlichsten Früchte über dem Hungernden an einem Ast hingen, den er nicht erreichen konnte.

■ Nach der griechischen Mythologie versetzte ein behörnter Hirtengott Mensch und Tier in Panik. **Welcher Gott war es?**

Pan. Die Nymphe Syrinx wollte der Lüsternheit des Gottes entkommen und verwandelt sich daher in ein Schilfrohr. Ihr Verfolger bastelt daraus eine Hirtenflöte, die Panflöte.

Wem gehörte der Sage nach das Schwert Excalibur?

König Artus. Er zog es aus einem Felsen, was vor ihm schon viele vergeblich versucht hatten. So wurde er zum König Britanniens und ließ die Festung Camelot erbauen. An seiner Tafelrunde versammelte er die edelsten Ritter.

Von welchem Volk wurden der Göttervater Teutates, der Herr der Unterwelt Cernunnos und der Kriegsgott Lenus verehrt?

a) von den Galliern
b) von den Kelten
c) von den Wikingern
d) von den Druiden

b) von den Kelten

Welche römische Göttin wird häufig mit verbundenen Augen dargestellt?

Justitia, die Vermenschlichung der Gerechtigkeit. Sie wird in der Regel mit Waage und Schwert dargestellt. Diese Symbole veranschaulichen, dass das Recht ohne Ansehen der Person (Augenbinde), nach sorgfältiger Abwägung der Sachlage (Waage) gesprochen und schließlich mit der nötigen Härte (Richtschwert) durchgesetzt werden soll.

Justitia

Was bezeichnet man als Gral?

a) Lohengrins Grab
b) den Schatz des Artus
c) einen heiligen Kelch
d) Parsifals Schwert

c) einen heiligen Kelch
Über die genaue Definition des Grals streiten sich die Wissenschaftler. Meist wird er aber als Kelch oder Schale beschrieben. Er galt als Quell ewiger Jugend und Glückseligkeit für seinen Besitzer und enthielt der Überlieferung nach das Blut Christi, das in einem Kelch aufgefangen wurde, nachdem Jesus mit einem Speer in die Seite gestochen worden war.

Sind die Furien aus der römischen Mythologie ...?

a) ... Rachegöttinnen
b) ... Göttinnen der Nacht
c) ... Fruchtbarkeitsgöttinnen
d) ... männermordende Göttinnen

a) ... Rachegöttinnen
Die alten Griechen glaubten, dass die Furien die Seelen der Ermordeten waren, die nach Rache an den Schuldigen dürsteten.

Die wichtigste Figur in der Mythologie dieses Volkes ist die Regenbogenschlange, von der dieses Volk glaubt, sie habe Berge und Täler, Wasserlöcher und Regen erschaffen. **In welche Mythologie gehört die Regenbogenschlange?**

In die der Aborigines, der Ureinwohner Australiens.

Furien: In Dantes *Göttlicher Komödie* findet sich eine eindrucksvolle Beschreibung der Rachegöttinnen:

„Bluttriefend beieinander, hoch erhoben,
An Wuchs und Haltung Weibern gleich, so standen
Die höllischen drei Furien stracks dort oben.
Giftgrüne Hydern ihre Gürtel banden,
Als Haupthaar Nattern sich den Unholdinnen
Und Vipern um die Schläfen dräuend wanden."

Welche Götter galten im alten Ägypten als die Urahnen aller anderen Götter?

Der Erdgott Geb und die Himmelsgöttin Nut. Die beiden Geschwister waren miteinander verheiratet, ähnlich wie Zeus und Hera. Der Legende nach waren die Götter Osiris, Isis, Seth und Nephtys die Kinder des Paares.

Wie heißt der römische Gott des Weines?

Bacchus. Er wird auch als Gott der Ekstase und der Fruchtbarkeit verehrt. Trunkene Waldgeister, die Satyrn, begleiten ihn bei seinen rauschhaften Umzügen.

Welche deutsche Sagengestalt wohnt im Riesengebirge?

Rübezahl. Den Sagen nach war der Berggeist und Herr des Riesengebirges mal ein Riese, mal ein Bergmännlein, ein Geist oder eine Tiergestalt. Immer jedoch wird er als gutmütig beschrieben, weil er die Armen beschenkt. Viele Wanderer führte er allerdings in die Irre, und wenn man ihn ärgert, schickt er zur Strafe gern ein Gewitter.

Was genau ist ein Erlkönig?

a) ein Wichtelmännchen
b) ein Walddämon
c) eine mittelalterliche Märchenfigur
d) ein Poltergeist

b) ein Walddämon
Der altdeutschen Sage nach ist der Erlkönig ein Dämon, der sich nachts hinter Büschen und Bäumen versteckt und Wanderern auflauert. Bekannt wurde die Legende vor allem durch die 1782 erschienene gleichnamige Ballade von Johann Wolfgang von Goethe (1749–1832).

Denkmal des Erlkönigs in Jena

Wie nennt man den Vogel, der sich selbst verbrannte und dann wieder aus der Asche stieg?

Phönix. Dieses Fabelwesen aus der Antike wurde schon von den Ägyptern verehrt. Die Redensart „wie ein Phönix aus der Asche steigen" bedeutet im übertragenen Sinne: sich aus dem Nichts erneuern.

■ ■ ■

„Da kamen bei Nacht,
Ehe man's gedacht,
Die Männlein und schwärmten
Und klappten und lärmten
Und rupften und zupften
Und hüpften und trabten
Und putzten und schabten
Und eh ein Faulpelz noch erwacht,
War all sein Tagewerk bereits
gemacht!"

Wer waren diese kleinen emsigen Helfer?

Die Kölner Heinzelmännchen. Die Sage wurde durch das Gedicht von August Kopisch (1799–1853) bekannt.

■ ■ ■

Wer war der römische Gott des Krieges?

Mars. Der Sage nach war er der Vater von Romulus und Remus und damit der Stammvater Roms. Der Monat März wurde zu seinen Ehren nach ihm benannt.

■ ■ ■

Wie sieht die aus der griechischen Mythologie bekannte Sphinx aus?

Sie ist ein Mischwesen mit einem Mädchenkopf und einem geflügelten Löwenrumpf. Bei den alten Ägyptern wurde ihre Monumentalskulptur an Tempeleingängen angebracht, um über die Tempel zu wachen.

■ ■ ■

Auf welche angebliche Zauberin spielt die Redensart „einen Mann bezirzen" an?

Circe und Odysseus

Circe. Der griechische Mythos berichtet, dass Odysseus auf der Rückreise von Troja mit seinen Gefährten auf die Insel Ithaka kam, wo die schöne Circe lebte. Sie verwandelte seine Freunde in Schweine, doch Odysseus konnte sich durch ein Kraut davor schützen. Er überwältigte sie, verbrachte aber noch ein ganzes Jahr bei ihr. Seine Gefährten erhielten ihre menschliche Gestalt zurück.

■ ■ ■

Wie heißen die drei Hauptgottheiten der alten Ägypter?

Isis, Osiris und Horus. Zahlreiche Mythen ranken sich um diese Gottheiten. Die Ägypter verehrten viele Götter, doch im Mittelpunkt ihres Glaubens und ihrer Mythologie standen stets die Mutter (Isis), der Ehemann und Bruder (Osiris) und der Sohn (Horus).

■ ■ ■

Wer war der Minotaurus?

Die griechische Mythologie beschreibt ihn als merkwürdiges Mischwesen aus

Mensch und Stier. Der Legende nach verliebte sich die Ehefrau des Königs von Kreta in einen Stier und zeugte mit ihm den Minotaurus. Der betrogene Ehemann ließ den Bastard in ein riesiges Labyrinth einkerkern. Viele versuchten, den Minotaurus zu besiegen, verirrten sich aber in dem Irrgarten.

■ **Um welches untergegangene Inselkönigreich ranken sich seit der Antike zahlreiche Legenden?**
Atlantis. Selbst der Philosoph Platon (um 427–327 v. Chr.) beteiligte sich an den Spekulationen und mutmaßte, das reiche und riesige Inselreich sei von den Göttern vernichtet worden, weil seine Bewohner zu arrogant und selbstgefällig waren.

■ Am Ende der Parsifalsage trifft der Held auf seinen Halbbruder Feirefiz. Dieser verfügt über ein sehr auffälliges Äußeres. **Worin besteht diese Auffälligkeit?**
a) Er hat keine Arme.
b) Seine Haut ist schwarz-weiß gescheckt.
c) Er hat eine riesige Narbe auf der Brust.
d) Er ist am ganzen Körper sehr behaart.

b) Seine Haut ist schwarz-weiß gescheckt. Feirefiz ging aus der ersten Ehe von Parsifals Vater Gahmuret mit der Mohrenkönigin Belakane hervor.

■ **Welche römischen Festtage bezeichnet man als Lupercalien?**
Diese Tage waren dem Wolfsgott Faunus geweiht. Die Römer glaubten, Faunus beschütze ihre Herden vor umherstreunenden Wölfen, daher rührt der Name Lupercalien (lat. lupus = Wolf). Faunus wird von den Römern mit Bockshorn und Bocksfuß dargestellt.

Faunus

■ **Welcher Gott wurde von den Römern als Gott des Übergangs verehrt?**
Janus, der doppelgesichtige Gott des Torbogens. Er wird stets mit zwei Gesichtern dargestellt, einem rückwärts- und einem vorwärtsblickenden, und gilt als der Gott aller Dinge, die zwei Seiten haben. In Kriegszeiten ließ man die Türen seiner Tempel offen stehen, um zu signalisieren, dass Janus nicht zu Hause war, sondern bei den Legionären im Feld. Man ehrte ihn durch einen kurzen morgendlichen Blick nach hinten und nach vorn.

Warum stand bei den alten Römern der Herd immer in der Mitte ihrer Wohnungen und Häuser?
Aus religiösen Gründen. In der Mitte des Hauses verehrte man die Penaten, die römischen Haus- und Schutzgötter. Ihre Aufgabe war es, die Familie zu beschützen und für ihr tägliches Auskommen zu sorgen. In der Nähe des Herdes standen hölzerne Darstellungen der Penaten, man brachte ihnen regelmäßig Opfer dar.

Die Sphinx der griechischen Mythologie haust auf einem Felsen bei Theben und stellt jedem, der vorbeikommt, ein Rätsel. Wer es nicht lösen kann, wird getötet – erst Ödipus kann das Rätsel lösen und wird zum König von Theben ernannt. Das Rätsel der Sphinx lautet: *„Es gibt auf der Erde ein Zweifüßiges und ein Vierfüßiges und, genauso genannt, ein Dreifüßiges. Als einziges Wesen ändert es seine Gestalt. Wenn es sich mit den meisten Füßen fortbewegt, ist seine Schnelligkeit am geringsten."* **Was ist des Rätsels Lösung?**
Der Mensch. Als Kind krabbelt er auf Händen und Füßen und bewegt sich dabei sehr langsam vorwärts. Später richtet er sich auf und geht auf zwei Beinen. Im Alter schließlich nimmt er einen Stock zu Hilfe, der sein drittes Bein darstellt.

Welcher Gott prägte den Begriff Hypnose?
Hypnos, der griechische Gott des Schlafes. Er war dazu verdammt, in der Unterwelt zu leben, und erblickte nie das Licht der Sonne.

Auf welchem Tier sitzt der betrunkene Silen nach altgriechischer Mythologie?
Auf einem Esel. Silen gehörte zum Gefolge des griechischen Weingottes Dionysos. Er gilt als der Sohn des Götterboten Hermes und einer Nymphe und soll stets betrunken gewesen sein.

Welche lieblichen Wesen der römischen Mythologie trieben die Menschen in den Wahnsinn?
Die Nymphen. Diese weiblichen Naturdämonen werden meist als jugendliche und anmutige Wesen dargestellt. Obwohl sie den Menschen außergewöhnliche Freude bereiteten können, waren sie auch dafür bekannt, so manchen Zeitgenossen in den Wahnsinn getrieben zu haben.

Nymphenbrunnen in Karlsruhe

Was berichtet die griechische Mythologie von Herakles?

Dem Mythos nach gab es zwölf Arbeiten, die für jeden Normalsterblichen unmöglich zu bewältigen gewesen wären, beispielsweise die Tötung der vielköpfigen Hydra oder die Überwindung des dreiköpfigen Höllenhundes Zerberus. Der griechische Held Herakles jedoch bewältigte sie alle. In der römischen Mythologie wurde er zu Herkules.

Welche Tochter des Zeus gilt in der Antike als Göttin der Weisheit?

Die griechische Göttin Athene. Der Sage nach entsprang sie in voller Rüstung aus Zeus' Haupt. Sie gilt als jungfräuliche Göttin des Krieges und des Friedens. In den griechischen Stadtstaaten und besonders in Athen wurde sie als Schutzgöttin verehrt. Ihr wichtigstes Kennzeichen ist die Eule, die in der Antike als klügster Vogel galt.

Warum wurde der Wein, den die Priesterinnen der römischen Göttin Bona Dea tranken, an bestimmten Festtagen als Milch bezeichnet?

An den Festtagen, die der Göttin Bona Dea (gute Göttin) geweiht waren, durften sie eigentlich keinen Wein trinken. Dea wurde auch als Fauna verehrt, sie galt als Göttin der Weissagungen. Nur Frauen durften an ihrem Kult teilnehmen. Es galt also schon in der römischen Antike als selbstverständlich, dass auch Frauen Wein tranken.

Wer waren die Asen und die Vanen der germanischen Mythologie?

Göttergeschlechter, die miteinander im Streit lagen und kriegerische Auseinandersetzungen führten. Später schlossen sie sich zu einer mächtigen Gemeinschaft zusammen.

Die Asen sind das bedeutsamste germanische Göttergeschlecht. Die dreizehn Asen sind Odin, Thor, Tyr, Baldur, Vidar, Hönir, Bragi, Forseti, Heimdall, Iduna, Loki, Ullr und Mimir.

Die mythologische Gestalt des Tricksters war bei den Indianern, in Afrika, aber auch in der Südsee bekannt. Dieser Schelm legte andere herein, ähnlich wie Till Eulenspiegel. **Wie hieß der beliebte Trickster in Hundegestalt, der bei den nordamerikanischen Indianern als besonders feige galt?**

Kojote. In den amerikanischen Mythen wird er häufig als listig und weise beschrieben, aber auch als gierig und tölpelhaft.

Welcher Mythos gilt als der älteste aufgezeichnete der Welt?

Das *Gilgameschepos*, in dem die Taten des sumerischen Königs Gilgamesch im 12. Jahrhundert v. Chr. auf zwölf Tafeln aufgezeichnet wurden. Das *Gilgameschepos* ist das bedeutendste literarische Werk der Babylonier. Die ursprüngliche Fassung der Sintflutsage stammt aus diesem Epos.

Wer wurde von seinem Bruder Seth zerstückelt und auf der ganzen Welt verteilt?
Osiris, der ägyptische Gott des Totenreichs. Sein Körper wurde wieder zu einem Ganzen, indem Anubis zusammen mit Osiris' Gemahlin Isis alle Teile wieder einsammelte, Osiris mumifizierte und so wieder zusammensetzte. Er wird daher oft als Mumie dargestellt.

Tutankhamen, Osiris, Hathor und Isis

Welche römische Göttermutter entspricht der griechischen Hera?
Das römische Pendant der Hera ist Juno, die höchste Himmelsgöttin, Göttin aller weiblichen Wesen und Schutzherrin der Ehe. Sie wurde in ihrem Heiligtum auf dem Kapitol verehrt. Juno wurde stets als Matrone dargestellt, mit Helm, Panzer, Schild und Speer.

Was genau versteht man unter der Mythologie eines Volkes?
Die Gesamtheit aller Sagen, Legenden, Mythen und Märchen, die in einer bestimmten Kultur bedeutsam sind.

Die aus Fantasyspielen und -romanen bekannten Trolle stammen aus der nordischen Mythologie. Dort kennt man sie als Kobolde in Gestalt von Riesen oder Zwergen. Sie können ihr Aussehen ändern und in verschiedene Rollen schlüpfen. Da sie die Menschen nicht mögen, behexen sie sie mit Krankheiten. Aber Trolle sind auch verwundbar. **Wie kann man einen Troll unschädlich machen?**
Durch Tageslicht. Trolle fürchten das Tageslicht, denn sie verlieren im Licht all ihre Kräfte.

Worauf geht die Redewendung des Prokrustesbetts zurück?
Der Sage nach steckte der Räuber Prokrustes seine Gefangenen in ein Bett, das ihnen immer zu groß oder zu klein war. Um dies auszugleichen, ließ Prokrustes entweder die überstehenden Gliedmaßen abhacken oder er streckte die Gefangenen bis zur gewünschten Länge.

Welche Eigenschaft verbindet Siegfried und Achilles?
Sie sind beide so gut wie unverwundbar. Es gibt nur eine Stelle, an der sie verletzt werden können. Bei Siegfried ist dies ein Punkt an seiner Schulter, der bei seinem Bad in Drachenblut von einem Blatt bedeckt war, bei Achilles dagegen ist es die Ferse: Seine Mutter Thetis tauchte ihn in die Fluten des Unterweltflusses Styx, damit er unverwundbar werde. Nur dort, wo sie ihn am Fuß festgehalten hat, verfügt der Held über keinen Schutz (an der sprichwörtlichen „Achillesferse").

Von wem wird nach germanischer Vorstellung Asgard bewohnt?

Von den Göttern. Über die berühmte Regenbogenbrücke konnte man zwischen der Götterwelt und der Welt der Sterblichen verkehren.

In Asgard, einer riesigen Burg, leben die Asen, ein Göttergeschlecht der nordischen Mythologie. Sie herrschen über die Menschen, die das Reich unterhalb von Asgard bewohnen (Midgard). Durch eine Regenbogenbrücke (Bifröst) sind Asgard und Midgard miteinander verbunden. Ebenfalls unterhalb liegt das Reich der Riesen und Trolle (Udgard).

Wessen Anblick lässt der griechischen Mythologie nach einen Menschen zu Stein erstarren?

Der Anblick der Medusa. Wir kennen sie als bärtiges Wesen mit Schlangenhaar, Eberzähnen und Pferdegesäß. Der Sagenheld Perseus soll der Medusa ihren hässlichen Kopf abgeschlagen haben, ohne sie dabei anzusehen.

Was bezeichnet man als „Kampf der Titanen"?

Den Kampf des alten Göttervaters Kronos, der verhindern wollte, dass seine Kinder die Herrschaft über das Universum übernehmen. Gemeinsam mit den anderen Titanen, seinem Göttergeschlecht, bekämpfte Kronos seine Kinder, verlor den Kampf jedoch. Zeus wurde daraufhin zum Herrscher.

Wie bezeichnet man in der griechischen und römischen Mythologie die Seherinnen?

Als Sibyllen. Wenn sie in Ekstase gerieten, konnten sie zukünftige Ereignisse vorhersehen, meist Unheil bringende Geschehnisse wie etwa den Trojanischen Krieg.

Sibylle von Cumae *von Andrea del Castagno, 1450*

Ein bestimmtes Filmgenre, bei dem entgegen dem konventionellen Hollywoodkino ein sozialkritischer Blick auf die Welt der Ganoven und der Reichen erfolgt, ist bezeichnend für seine negative Weltsicht, eine dunkle Atmosphäre und verbitterte Charaktere. **Unter welcher Bezeichnung kennt man es?**

Film Noir. Zu den bekanntesten Werken dieser filmischen Stilrichtung gehören *Der Malteser Falke* und *Tote schlafen fest*, doch auch spätere Filme wie *Der talentierte Mr. Ripley* oder *Sin City*.

Filmplakat zu Tote schlafen fest

Wie heißt die meistverkaufte deutsche Krimiserie mit Horst Tappert (1923–2008) und Fritz Wepper (*1941) in den Hauptrollen?

Derrick. Von 1973 bis 1998 wurden 281 Folgen ausgestrahlt.

Welcher deutsche Dramatiker und Lyriker des 20. Jahrhunderts gilt als Begründer des „Epischen Theaters"?

Bertolt Brecht (1898–1956). Mithilfe einer bewusst erzeugten Distanz zu dem Dargestellten sollte der Zuschauer zu kritischem Denken angeregt werden.

Wofür stehen folgende Abkürzungen?

1. WDR
2. BBC
3. MDR
4. SWF
5. ORB
6. ZDF
7. NBC
8. DW
9. ABC
10. SR
11. ARD

1. Westdeutscher Rundfunk
2. British Broadcasting Corporation
3. Mitteldeutscher Rundfunk
4. Südwestfunk
5. Ostdeutscher Rundfunk Brandenburg
6. Zweites deutsches Fernsehen
7. National Broadcasting Company
8. Deutsche Welle
9. American Broadcasting Corporation
10. Saarländischer Rundfunk
11. Arbeitsgemeinschaft der öffentlich-rechtlichen Rundfunkanstalten der Bundesrepublik Deutschland

Welchen Namen trug die von Julia Roberts (*1967) in dem Film *Pretty Woman* dargestellte Prostituierte, für den sie auch mit dem Golden Globe ausgezeichnet wurde?

Vivian.

■ Das Drama *Die Hamletmaschine* (1979) verarbeitet u.a. die Stellung der Intellektuellen in der DDR. **Wer schrieb das bekannte Theaterstück?**

Heiner Müller (1929–95). Der deutsche Dramatiker schrieb es im Rahmen einer Übersetzung des Shakespeare'schen *Hamlet*. Neben den Klassikern von Shakespeare (1564–1616) dienten auch Vorlagen von Kleist (1777–1811) als Leitbilder für seine unkonventionellen Bearbeitungen.

■ ■ ■

■ **Wie hieß der berühmte Entertainer mit dem karierten Jackett, der Fernsehsendungen wie *Musik ist Trumpf* oder *Vergissmeinnicht* moderierte?**

Peter Frankenfeld (1913–79). Er moderierte im Laufe seiner Karriere über 1500 Sendungen und schrieb selbst über 15.000 Sketche. Erfahrungen als Zauberer bei einem Wanderzirkus und ab 1938 im *Kabarett der Komiker* sowie die Truppenbetreuung von Amerikanern waren Ideengeber für viele seiner späteren Rundfunk- und Fernseh-Quizshows.

■ ■ ■

■ **In welchem Kinofilm aus dem Jahr 2000 spielt Cameron Diaz (*1979) an der Seite von Lucy Liu (*1968) und Drew Barrymore (*1975)?**

In *Drei Engel für Charlie*. Der Film spielte über 250 Millionen US-Dollar ein und basiert auf der gleichnamigen Serie, die in den USA in fünf Staffeln von 1976–81 gesendet wurde.

■ **In welchem Film führte der österreichisch-deutsch-amerikanische Regisseur Fritz Lang (1890–1976) nicht Regie?**

a) *Casablanca*
b) *Dr. Mabuse*
c) *Metropolis*
d) *Rache für Jesse James*

a) *Casablanca*
Langs Meisterwerke sind meist utopische Geschichten mit einer düsteren Atmosphäre.

■ ■ ■

■ **Welcher Roman von Heinrich Mann (1871–1950) lieferte die Filmvorlage für Josef von Sternbergs (1894–1969) Kassenschlager *Der blaue Engel* mit Marlene Dietrich (1901–92) in der Rolle der Varietésängerin Lola?**

Professor Unrat.

■ ■ ■

■ **Welches bekannte Marionettentheater wurde im Jahr 1948 von dem Staatsschauspieler Walter Oehmichen (1901–77) gegründet?**

Die Augsburger Puppenkiste. Bekannte Stücke des v. a. durch Fernsehaufzeichnungen berühmt gewordenen Puppentheaters sind z.B. *Urmel aus dem Eis* oder *Jim Knopf*.

Räuber Hotzenplotz und der Kasperl

Wie lautet der Begriff für den Prozentsatz an Haushalten, die zu einem festgelegten Zeitpunkt eine bestimmte Sendung verfolgen, mit welchem man Rückschlüsse auf die absolute Zuschauerzahl zieht?

Einschaltquote.

Welcher bekannte Regisseur und Produzent drehte die Filmreihe *Star Wars*?

George Lucas (*1944). *Krieg der Sterne* startete 1977. Bis 1983 folgten die Episoden IV–VI, zwischen 1999 und 2005 dann die Klonkriege-Trilogie der Teile I–III.

Das Logo von Star Wars

Wann schlägt die Stunde des Amerikaners Gary Cooper (1901–61), wenn er es als unerschütterlicher Held mit einer Bande Krimineller aufnimmt?

a) um Mitternacht
b) um zwölf Uhr mittags
c) um sieben Uhr am Abend
d) um zwei in der Nacht

b) um zwölf Uhr mittags

Welcher aus einer Schauspielerdynastie stammende Urkölner war für seinen Humor berühmt und leitete ein privates Theater?

Willy Millowitsch (1909–99). Der deutsche Volksschauspieler übernahm 1940 von seinem Vater die Leitung der Familien-Theaterbühne. Bekannt wurde er jedoch auch dank zahlreicher Rollen in Kinofilmen wie *Drei Mann auf einem Pferd* oder in *Scampolo* an der Seite von Romy Schneider (1938–82).

Für welche Einzelkategorie wird bei den Filmfestspielen in Cannes kein Preis verliehen?

a) beste Regie
b) bestes Drehbuch
c) beste Musik
d) bester weiblicher Darsteller

c) beste Musik

Wer führte bei *Titanic* (1997), mit elf Oscars einer der erfolgreichsten deutschen Blockbuster, Regie?

James Cameron (*1954).

Die RMS Titanic am 10. April 1912

Welchen Beruf übte Humphrey Bogart (1899–1957) in *Casablanca*, dem Film, der ihm zum endgültigen Leinwandidol machte, aus?

Barbesitzer. In dem Klassiker von 1942 kämpft Bogart als Rick Blaine um die Zuneigung seiner alten Liebe Ilsa Lund (Ingrid Bergmann), die jedoch mit dem Widerstandskämpfer Victor Lazlo verheiratet ist.

Welcher deutschen Regisseurin, die 101 Jahre alt wurde, wird häufig vorgeworfen, in ihren Filmen wie *Triumph des Willens* oder *Sieg des Glaubens* die nationalsozialistische Ideologie verherrlicht zu haben?

Leni Riefenstahl (1902–2003).

Wie nennt man einen literarischen Wettbewerb, in dem selbst geschriebene Texte vor Publikum vorgetragen und Inhalt sowie Vortrag bewertet werden?

Poetry Slam (dt. Dichterwettstreit). Der erste fand im Jahr 1986 in den USA statt.

Zu welchem filmischen Genre gehört *Apocalypse now,* bei dem Francis Ford Coppola (*1939) Regie führte?

a) Mysteryfilm
b) Antikriegsdrama
c) Tragikomödie
d) Horrorfilm

b) Antikriegsdrama
Andere erfolgreiche Filme, bei denen Coppola Regie führte, waren z.B. *Der Pate* (1972, 1974, 1990) oder *Der Regenmacher* (1997).

Welche Wissenssendung, die auch Erwachsene gern schauen, trug anfangs den Titel *Lach- und Sachgeschichten für Fernsehanfänger*?

Die Sendung mit der Maus.

Welche äußerlichen Charakteristika machten die englische Slapstick-Ikone Charles Spencer Chaplin (1889–1977) unvergleichlich?

a) Spazierstock, Melone und schwarzer Anzug
b) Monokel und Zirbelbärtchen
c) Stresemannanzug, weiße Nelke im Knopfloch und Regenschirm
d) Jagdkappe, Pfeife und Mantel

a) Spazierstock, Melone und schwarzer Anzug
Der Brite zählt zu den einflussreichsten Komikern des 20. Jahrhunderts. Seine Paraderolle fand er als ausgebeuteter Industriearbeiter in *Moderne Zeiten* (1936). Im Jahr 1972 wurde er mit einem Ehrenoscar für sein Lebenswerk ausgezeichnet.

Charlie Chaplin, 1918

Wer entdeckte den österreichisch-amerikanischen Schauspieler Peter Lorre (1904–64), der durch Gaunerrollen in US-Krimis in der 40er- und 50er-Jahren des letzten Jahrhunderts populär wurde, für das Theater?

Bertolt Brecht (1898–1956). Auch für Charlie Chaplin (1889–1977) war Lorre der größte Charakterdarsteller Hollywoods.

Harry Potter
Insgesamt gibt es sieben Bände des Zauberers, der mit seinen Freunden immer wieder neue spannende Abenteuer erlebt:
Harry Potter und der Stein des Weisen,
Harry Potter und die Kammer des Schreckens,
Harry Potter und der Gefangene von Askaban,
Harry Potter und der Feuerkelch,
Harry Potter und der Orden des Phönix,
Harry Potter und der Halbblutprinz,
Harry Potter und die Heiligtümer des Todes.

Wie hieß die von Franz Rosenthal (1925–87) geführte Fernsehsendung, in der Prominente in Teamarbeit mit Assoziationen zu vorgegebenen Themen um Punkte wetteifern konnten?
Dalli Dalli. Die TV-Show wurde von 1971 bis 1986 im ZDF in 153 Sendungen ausgestrahlt.

Welcher nationalsozialistische Propagandafilm von 1940 sollte durch eine verzerrte Darstellung von Gegebenheiten um den später hingerichteten jüdischen Finanzbeamten Joseph Süß Oppenheimer das Judentum in Verruf bringen und die Zuschauer auf eine weitergehende Judenverfolgung einstellen?
Jud Süß. Der von Veit Harlan (1899–1964) produzierte Film war von Joseph Goebbels (1897–1945) in Auftrag gegeben worden und gilt heute als „faschistischer Tendenzfilm".

Zu welcher TV-Gattung gehört die 1975 mit dem Adolf-Grimme-Preis ausgezeichnete Fernsehshow *Klimbim*?
Zur Comedy. Die von 1973 bis 1978 ausgestrahlte Unterhaltungsserie gilt als Leitbild für viele folgende deutsche TV-Comedyshows, wie z. B. *Sketch-Up* oder *Schillerstraße*. In der wie eine Nummernrevue aufgebauten Sendung wechselten sich Sketche, Einspielfilme, Gastauftritte von Stars und Sitcom-Elemente (wie z. B. aus dem Leben gegriffene Szenen der namensgebenden Klimbim-Familie) ab.

Wie heißt die von Walter Moers (*1957) erfundene Sendung, in denen die Hauptfigur mit dem blauen Fell seinen drei Enkeln allerlei Geschichten über seine Seereisen auftischt?
Käpt'n Blaubär. Die in der *Sendung mit der Maus* bekannt gewordene Mischung aus Puppen- und Zeichentrick ist mittlerweile auch als Buch *(Die 13 1/2 Leben des Käpt'n Blaubär)* erschienen.

Hein Blöd, Käpt'n Blaubär und seine drei Neffen

Worin besteht die Zielsetzung des 1995 als „Spiel des Jahres" und mit dem Deutschen Spielepreis ausgezeichneten Spiels *Die Siedler von Catan*?

Bis zu vier Spieler erbauen auf einer fiktiven, rohstoffreichen Insel Siedlungen, Straßen und Städte, die sie z. B. mit Rittern verteidigen können, und erhalten auf diese Weise Siegpunkte.

Welche berühmte Entertainerin des 20. Jahrhunderts ist die Tochter der amerikanischen Schauspielerin Judy Garland (1922–69)?

Liza Minnelli (*1946). Weltbekannt durch ihre Rolle als Varietékünstlerin Sally Bowles in dem Musical *Cabaret*, feierte sie große Erfolge am Broadway und als Sängerin.

Wofür steht der Begriff Morphing in der computergenerierten Filmindustrie?

a) für den Übergang von einem zum anderen Bild mittels gezielter Verzerrungen
b) für die Änderung von einer Kameraeinstellung zur anderen
c) für die Umwandlung menschlicher Bewegungen in 3-D Modelle
d) für farbbasierte Bildfreistellung, mit der Personen oder Gegenstände nachträglich vor einen Hintergrund gesetzt werden können

a) für den Übergang von einem zum anderen Bild mittels gezielter Verzerrungen

Wo wird die Goldene Palme verliehen?

Bei den Filmfestspielen in Cannes. Der jeweils beste Film erhält diesen jährlich verliehenen Preis, der bis 1955 noch unter dem Namen „Großer Preis der Internationalen Filmfestspiele" bekannt war. Auch mehrere Filme können gleichzeitig ausgezeichnet werden, wie 1977 *Der Geschmack der Kirsche* (Iran) und *Der Aal* (Japan).

Blick über Cannes

Mit welchem Song stand der deutsche Moderator, Sänger und Entertainer Stefan Raab 2000 auf der Bühne des Eurovision Song Contest und erreichte damit Platz 5?

a) Wadde hadde dudde da?
b) Maschen-Draht-Zaun
c) Hier kommt die Maus
d) Böörti Böörti Vogts

a) Wadde hadde dudde da?

Der Kölner Showmaster moderiert seit Jahren die Abendcomedy *TV total* und produzierte u. a. die ersten Alben der Gewinner seiner Casting-Shows für den Eurovision Song Contest, Max Mutzke und Lena Meyer-Landrut, die im Wettbewerb dann die Plätze 8 und 1 belegten.

In welchem Fernsehprogramm wurden 1972 erstmals in Deutschland 39 Folgen der Kultserie *Raumschiff Enterprise,* in denen Captain Kirk und seine Mannschaft unbekannte Weiten des Universums erkunden, ausgestrahlt?

Im ZDF.

Zu welcher Filmkategorie gehört der Klassiker *Panzerkreuzer Potemkin,* mit denen der sowjetische Regisseur Sergej Eisenstein (1898–1948) Weltruhm erlangte?

Zu den Stummfilmen. Der Film mit für die damalige Zeit völlig neuen Schnitt- und Montagetechniken erzählt vom Aufstand von Odessa aus dem Jahr 1905, der auf den russischen Panzer übergriff.

Sergej Eisenstein, 1925

In welchem Jahr fanden die Internationalen Hofer Filmtage, deren Urheber eine Jazzband aus Oberfranken war, zum ersten Mal statt?

a) 1938
b) 1956
c) 1967
d) 1989

c) 1967
Mittlerweile ist das Festival in Deutschland beinahe so populär wie die Berliner Filmfestspiele.

Welche Schauspieler verkörpern die folgenden Figuren?

1. James T. Kirk
2. Winnetou
3. Horst Schimanski
4. Derrick
5. Harry Potter
6. Pippi Langstrumpf
7. Pumuckl
8. Inspektor Columbo
9. Judah Ben Hur
10. Indiana Jones

1. William Shatner, 2. Pierre Brice, 3. Götz George, 4. Horst Tappert, 5. Daniel Radcliffe, 6. Inger Nilsson, 7. Hans Clarin, 8. Peter Falk, 9. Charlton Heston, 10. Harrison Ford

Welches Werk gilt neben dem ebenfalls 1911 uraufgeführten *Rosenkavalier* als das populärste Werk Hugo von Hofmannsthals (1874–1929)?

Jedermann. Das moderne Mysterienspiel wird jedes Jahr bei den Salzburger Festspielen aufgeführt.

In welchem Jahr entwarf Walt Disney (1901–66) die Comic- und Zeichentrickfigur Donald Duck?

a) 1920
b) 1934
c) 1944
d) 1958

b) 1934
Noch vor dem tollpatschigen Enterich entstanden die Figuren Mickey und Minnie Mouse.

■ **Zu welcher Theaterform gehört *Giselle*, ein Stück von Théophile Gautier (1811–72), das 1841 an der Pariser Oper uraufgeführt wurde?**

Théophile Gautier

Ballett. In zwei Akten wird von der leidenschaftlichen Liebe von Giselle und Albrecht erzählt, die auch vor Emotionen wie Misstrauen, Eifersucht, Enttäuschung und Verlust nicht haltmacht.

■ ■ ■

■ **Welche Erfurterin startete in den Jahren 2001–05 mit der Daily Soap *Gute Zeiten, schlechte Zeiten* in der Rolle der Julia Blum ihre Karriere?**

a) Jeanette Biedermann (*1981)
b) Saskia Valencia (*1964)
c) Alexandra Neldel (*1976)
d) Yvonne Catterfeld (*1979)

d) Yvonne Catterfeld
Sie ist mittlerweile nicht nur Sängerin, sondern auch erfolgreiche Moderatorin und Schauspielerin.

■ ■ ■

■ **Wann flimmerte die erste *Tagesschau* über den Bildschirm?**

a) an Ostern 1942
b) an Pfingsten 1949
c) an Weihnachten 1952
d) an Neujahr 1958

c) an Weihnachten 1952
Anfangs nur dreimal wöchentlich, wurde sie ab 1. Oktober 1956 an sechs Tagen pro Woche gezeigt. Seit 1961 läuft die älteste deutsche Nachrichtensendung auch sonntags.

■ ■ ■

■ **Welchen Namen trägt die berühmte Haupt- und Geschäftsstraße im New Yorker Stadtteil Manhattan, die insbesondere dank ihrer Theater zwischen der 42. und 50. Straße Weltruhm erlangte?**

Broadway. In über 25 Kilometern verläuft diese Straße in Nord-Süd-Richtung und ist noch heute Karrieresprungbrett für Darsteller unzähliger Theaterstücke und Musicals.

■ ■ ■

■ **Wer führte Regie und erhielt den Oscar in dem 1959 uraufgeführten Monumentalfilm *Ben Hur*, der die Geschichte des fiktiven jüdischen Fürsten Judah Ben Hur darstellt?**

William Wyler (1902–81).

Der Monumentalfilm *Ben Hur* mit Charlton Heston (1923–2008) wurde mehrfach verfilmt und als Zeichentrickserie produziert. In der berühmten Verfilmung des Romans von Lew Wallace (1827–1905) geht es um den jüdischen Fürsten Judah Ben Hur, der wegen eines vermeintlichen Attentats auf den Statthalter Judäas zu einer Galeerenstrafe verurteilt wird. Nach seiner Rückkehr unterstützt er den jüdischen Widerstand gegen die römischen Besatzer und will seine gefangen genommene Familie rächen. Doch als Zeuge der Kreuzigung Jesu wird er schließlich zum Frieden bekehrt.

Wer moderierte die von 1977–81 in der ARD ausgestrahlte Sendung *Telespiele,* in der Kandidaten am Telefon gegen den Moderator antraten und Video- sowie an den Fernseher anschließbare Computerspiele wie *Pong* spielten, die von einer menschlichen Stimme gesteuert wurden?

Thomas Gottschalk.

Welche Serie wurde als erste im deutschen Fernsehen live aus einem Hamburger WDR-Studio alle 14 Tage immer mittwochabends ausgestrahlt?

Familie Schölermann. Die Serie, die im September 1954 startete, wurde nach 111 Folgen im März 1960 eingestellt und war nie so erfolgreich wie die später produzierte Familienserie *Dallas.*

Wer spielte die weibliche Hauptrolle neben Curd Jürgens (1915–82) in dem Kinofilm *Und immer lockt das Weib* (1956)?

Brigitte Bardot (*1934).

Welcher Fernsehpreis wird in der Ruhrgebietsstadt Marl an Filme verliehen, die „die spezifischen Möglichkeiten des Mediums Fernsehen auf hervorragende Weise nutzen"?

Der Adolf-Grimme-Preis. Die Veranstaltung findet seit 1964 jährlich statt und ist eine der renommiertesten nationalen Preisverleihungen.

Welcher bayerische Komiker spielte an der Seite seiner Partnerin Liesl Karlstadt (1882–1960) selbst verfasste Szenen wie *Der Firmling* oder *Im Fotoatelier* und traf mit seinen aus dem Alltag gegriffenen Komödien den Nerv der Zeit?

Karl Valentin (eigentlich Valentin Ludwig Fey, 1882–1948).

In welchem Film von John Landis (*1950), der bekannt wurde durch seine Musik und die unverwechselbare Komik, geht es um eine Bluesband, deren Mitglieder nach eigener Aussage im Auftrag des Herrn unterwegs sind?

Blues Brothers. In der US-amerikanischen Filmkomödie von 1980 sind viele berühmte Persönlichkeiten, wie Aretha Franklin (*1942) oder James Brown (1933–2006), zu sehen.

Graffiti der Blues Brothers

Welche Schauspielerin schaffte es, zwölfmal für den Oscar nominiert zu werden und die begehrte Trophäe viermal als beste Hauptdarstellerin zu gewinnen?

Katherine Hepburn (1907–2003). Damit hält sie den Rekord der bekanntesten Preisverleihung des Filmgeschäfts.

Welcher Komiker, Schauspieler und Moderator ist zugleich auch Musiker und heißt mit bürgerlichem Namen Hans-Jürgen Dohrenkamp (*1948)?

Jürgen von der Lippe.

Zu welcher Zeit spielt der Kultfilm *Casablanca*?

a) zur Zeit des Ersten Weltkrieges
b) zum Ende des Kalten Krieges
c) zur Zeit des Berliner Mauerfalls
d) zur Zeit des Zweiten Weltkrieges

d) zur Zeit des Zweiten Weltkrieges

Welcher amerikanische Schauspieler wurde u. a. durch die Darstellung zwiespältiger Persönlichkeiten in vier Hitchcock-Filmen (u. a. *Das Fenster zum Hof* und *Der Mann, der zu viel wusste*) berühmt?

James Stewart (1908–97). Der Schauspieler mit dem Image als Inbegriff eines stolzen Amerikaners verkörperte auch komische Rollen, z. B. in dem Film *Mr. Hobbs macht Ferien*, für den er in Berlin mit dem Darstellerpreis geehrt wurde.

Ein beliebter deutscher Humorist, bekannt aus Kinohits wie *Pappa ante Portas* oder *Ödipussi*, bemerkte einst über seine eigene Ideenfindung: *„Kommunikationsgestörte interessieren mich am allermeisten. Alles, was ich als komisch empfinde, entsteht aus der zerbröselten Kommunikation, aus dem Aneinander-vorbei-Reden."* **Welcher?**

Loriot. Der Schauspieler, Regisseur, Autor und Karrikaturist verarbeitet in seinen Werken v. a. zwischenmenschliche Kommunikationspannen.

Stern von Loriot auf dem Boulevard der Stars, Berlin

Aus welchem Land stammt Ingmar Bergmann (1918–2007), einer der erfolgreichsten Filmemacher nach 1945?

Aus Schweden. In Filmen wie *Das siebte Siegel* oder *Fanny und Alexander* werden menschliche Existenzgedanken zwischen Verzweiflung und einem unkomplizierten, humorvollen Leben sowie der religiöse Glaube thematisiert.

Wer sind die beiden Hauptdarsteller in James Camerons (*1954) Spielfilmdrama *Titanic* aus dem Jahr 1997, das dank dem Einsatz gigantischer Technik zu einem der erfolgreichsten Kinofilme aller Zeiten wurde?

a) Angelina Jolie (*1975) und Brad Pitt (*1963)
b) Kate Winslet (*1975) und Leonardo DiCaprio (*1974)
c) Cameron Diaz (*1972) und Tom Cruise (*1962)
d) Nicole Kidman (*1967) und Ewan McGregor (*1971)

b) Kate Winslet (*1975) und Leonardo DiCaprio (*1974)

Welches 1981 gegründete amerikanische Fernsehnetzwerk war das erste Spartenprogramm, bei dem vorrangig Musikvideos ausgestrahlt wurden?

MTV. Nach eigenen Angaben sind über 481,5 Millionen Haushalte, insbesondere Jugendliche, in 179 Ländern Rezipienten des Senders.

Welcher Film stammt nicht von dem erfolgreichen Regisseur Steven Spielberg (*1947)?

a) *Der Soldat James Ryan*
b) *Der weiße Hai*
c) *Inception*
d) *Die Farbe Lila*

c) *Inception*
Christopher Nolan (*1970) führte Regie.

Welche Thematik behandelt *Die Ritter der Kokosnuss*, ein Film der britischen Comedy-Truppe *Monty Python*?

Die Legende um König Artus und die Suche nach dem Heiligen Gral.

Was ist der Heilige Gral?

Was bedeutet die Abkürzung FSK?

a) Freies Soziales Kleinfilmprodukt
b) Freiwillige Selbstkontrolle der Filmwirtschaft
c) Freie Selbstverwaltung von Kinofilmen
d) Friedliche und sichere Kultur

b) Freiwillige Selbstkontrolle der Filmwirtschaft
Diese deutsche, von der Spitzenorganisation der Filmwirtschaft getragene Institution spricht auf gesetzlicher Grundlage Altersempfehlungen für Filme, DVDs u. a. Medienträger aus.

Welche Tiere stehen im Mittelpunkt der europaweit veranstalteten Show *Appassionata*, zu der pro Jahr ca. 600.000 Besucher kommen?

Pferde. Der Auftritt der Reiter auf Pferderassen wie Lusitano-Schimmel, Shetlandponys oder Shagya-Araber wird durch Lichtkompositionen und Musik unterstützt.

Fehlende Handlungslogik und funktionslose Dialoge sind Kennzeichen welcher nach 1945 entstandenen Theaterform?

Absurdes Theater. Hier gilt eine sinnfreie Welt mit irrealen Szenen als Ideal. Bekannte Vertreter waren z.B. Samuel Beckett (1906–89) oder Eugène Ionesco (1912–94).

Welche in der ARD in 357 Folgen ausgestrahlte TV-Saga um die Ölbarone der Familie Ewing wurde weltweit in über 70 Länder verkauft?

Dallas. Die am 30. Juni 1986 erstmals ausgestrahlte Fernsehserie gilt als eine der meistgesehenen Seifenopern aller Zeiten.

Wenn Fernsehzuschauer in schneller Folge durch verschiedene Kanäle schalten nennt man das Zapping. Bei dem neuen Volkssport in deutschen Wohnzimmern wechseln passionierte Zapper an einem gewöhnlichen TV-Abend über 100-mal die Programme.

Wie nennt man eine Billigproduktion üblicherweise in der Filmbranche?

a) Double Feature
b) B-Movie
c) Voice over
d) Screening

b) B-Movie

Wie heißt eine 2006 auf den Markt gebrachte, fernsehgebundene Videospielkonsole einer japanischen Firma, deren Controller über Bewegungssensoren verfügt und die Position sowie die dreidimensionalen Bewegungen des Spielers auf dem Bildschirm umsetzt?

Wii. Bei herkömmlichen Spielmethoden (wie z.B. dem Videospiel-Klassiker *Pacman* von 1980) mussten die Nutzer Knöpfe des Controllers oder Analogsticks betätigen. Heute können sie den Controller in dem Spielsystem aus Hard- und Software selbst bewegen.

Welches Schönheitsidol erhielt für die Rolle in dem Spielfilm *Und dennoch leben sie* von 1960 einen Oscar und den Darstellerpreis in Cannes?

Sophia Loren (*1934). In vielen Rollen verkörperte sie impulsive, attraktive und kühne Frauen aus dem Volk.

Sophia Loren

Mit welcher als auffallend, ja sogar als verrückt geltenden Persönlichkeit drehte der Regisseur Werner Herzog (*1942) viele seiner Filme wie *Nosferatu, Aguirre oder Fitzcarraldo*?

Mit Klaus Kinski (1926–91).

Mit welchem Maler arbeitete der spanische Regisseur Luis Buñuel (1900–83) in Filmen wie *Der andalusische Hund* (1928) oder *Das goldene Zeitalter* (1930) zusammen?

a) René Magritte (1898–1967)
b) Max Ernst (1891–1976)
c) Joan Miró (1893–1983)
d) Salvador Dalí (1904–89)

d) Salvador Dalí (1904–89)
Eine der erfolgreichsten Arbeiten des Filmemachers war auch der Film *Belle de jour – Schöne des Tages*, mit Catherine Deneuve (*1943) in der Hauptrolle.

In welchem 2008 mit dem Golden Globe und dem Oscar als bester Animationsfilm ausgezeichneten Werk spielt eine Ratte mit Vorliebe für leckeres Essen die Hauptrolle?

In *Ratatouille*. Remy, die Wanderratte, erlebt in einem Feinschmeckerrestaurant in Paris, das ein von ihm verehrter Sternekoch einst gründete, allerlei tierische Abenteuer.

Remy

Welche Filmschauspielerin und Sängerin wurde durch ihre Rollen in Werken wie *Und immer lockt das Weib, Die Verachtung* und *Viva Maria!* berühmt?

Brigitte Bardot (*1934).

Welcher Film des Italieners Federico Fellini (1920–93), mit dem ihm der internationalen Durchbruch gelang, handelt von einem an einen Jahrmarktkünstler verkauften Mädchen?

La Strada. Das Meisterwerk brachte Fellini zahlreiche Auszeichnungen, u.a. den Oscar als bester ausländischer Film, ein.

Welche Schauspieler schlüpften in der Westernkomödie *Butch Cassidy und Sundance Kid* in die beiden Hauptrollen – zwei Gangster, die einen Postzug gleich zweimal überfallen wollen?

a) Robert de Niro (*1943) und Dustin Hoffmann (*1937)
b) Morgan Freeman (*1937) und Kevin Kostner (*1955)
c) Bud Spencer (*1929) und Terence Hill (*1939)
d) Paul Newman (*1925) und Robert Redford (*1936)

d) Paul Newman (*1925) und Robert Redford (*1936)
Das Vorhaben misslingt und mündet in der Flucht vor Kopfgeldjägern und der bolivianischen Polizei.

Aus wessen Feder stammt die Musik zu dem bekannten Italo-Western *Spiel mir das Lied vom Tod?*

Aus Ennio Morricones (*1928). Der italienische Dirigent und Komponist schrieb die Musik zu über 500 Filmen, auch 30 Italo-Western, und erhielt 2007 den Oskar für sein Lebenswerk.

Von welcher bekannten Fernsehserie, die als erste deutsche Seifenoper gilt, wurde am 30. Januar 2005 die tausendste Folge ausgestrahlt?

Von der *Lindenstraße*. Die erste Folge lief am 8. Dezember 1985.

Wer verkörpert das einfallsreiche Schlitzohr in der beliebten Weihnachtskomödie *Kevin allein zu Haus*, der es, von seinen Eltern daheim gelassen, allein mit zwei Banditen aufnimmt?

a) Macaulay Culkin (*1980)
b) Elijah Wood (*1981)
c) Haley Joel Osment (*1988)
d) Fred Savage (*1976)

a) Macaulay Culkin (*1980)

Für den Titelsong welchen Films, der seit 2006 als Musical schon in Hamburg und Berlin gastierte, gewannen die Komponisten einen Oscar?

Für *Time of my Life* aus dem Film *Dirty Dancing*.

Welche Sendung moderierte Wolfgang Lippert (*1952) in den Jahren von 1992–94?

Wetten, dass ...? Doch da die Einschaltquoten während der neun Shows deutlich sanken, übernahm der Vorgänger Thomas Gottschalk (*1950) wieder die Moderation der seit 1987 ausgestrahlten Sendung.

Welcher Film von Quentin Tarantino (*1963) gewann neben vielen anderen Auszeichnungen sechs Oscars, u. a. für die Leistung des Hauptdarstellers John Travolta?

Pulp Fiction. Die drei zusammenhängenden Episoden im Film werden in nicht chronologischer Abfolge wiedergegeben.

Quentin Tarantino

Welcher deutsche Schauspieler, Sänger und Entertainer wurde durch Kinofilme wie *Schtonk!* (1992) bekannt?

Harald Juhnke (1929–2005). Der Berliner glänzte auch in Fernsehserien wie *Ein verrücktes Paar* oder *Harald und Eddy* und war in über 70 Kinofilmen zu sehen.

Wo steht das *Caesars Palace*, eines der begehrtesten Hotels im Showgeschäft, das im Stil eines antiken römischen Palastes erbaut wurde und in dem um 1980 viele Boxkämpfe ausgetragen wurden?

a) Las Vegas
b) Paris
c) Rom
d) Abu Dhabi

a) Las Vegas
Neben Größen des Showgeschäftes wie Elton John (*1947) oder Celine Dion (*1968) versuchte man nach dem Umbau in den 1990er-Jahren, auch Familien anzuziehen. Das 4000 Plätze umfassende, hoteleigene Colosseum ist seit 2003 ein Publikumsmagnet für Unterhaltungsprogramme in dem Hotelpalast.

Wie heißt die tragende weibliche Figur der 1994 erfundenen Video- und Computerspielreihe *Tomb Raider*?

Lara Croft. In den beiden Kinofilmen *Tomb Raider* und *Die Wiege des Lebens* übernahm Angelina Jolie (*1975) die Hauptrolle.

Welcher populäre internationale Musikpreis wird seit 1957 jedes Jahr in Los Angeles in über 100 Kategorien verliehen?

Der Grammy. Die Preisverleihung für die im Januar Nominierten findet im Februar statt.

Ein Grammofon war Vorbild für den Preis.

Miloš Forman (*1932) führte Regie in dem fünffach oscarprämierten Klassiker *Einer flog über ...*

... das Kuckucksnest.

Der französische Regisseur, Schauspieler und Drehbuchautor Jean Renoir (1894–1979) gilt als Vorreiter einer bedeutenden Epoche in Frankreichs Filmgeschichte. **Unter welcher Bezeichnung ist sie bekannt?**

a) Französischer Neorealismus
b) Französischer Sozialismus
c) Nouvelle Vague
d) Film noir

a) Französischer Neorealismus
Dem Sohn des Malers Auguste Renoir (1841–1919) gelang mit vielschichtigen Werken wie dem Drama *Die Spielregeln* eine kritische Gesellschaftsbetrachtung.

Bei welchem weltweit erfolgreichen Brettspiel, das mittlerweile auch für Xbox 360, Wii und Playstation 3 erhältlich ist, müssen die Spieler versuchen, sich durch Grundstückskäufe und deren Vergrößerung sowie Mieteinnahmen gegenseitig in die Insolvenz zu treiben?
Monopoly. Nach Angaben des Herstellers gibt es das in über 70 Sprachen übersetzte Spiel bereits in 137 Ländern.

Wie lautet der Fachbegriff für Selbstgespräche in Bühnenstücken oder moderner Prosa?
Monolog. Wenn Protagonisten eines Stückes ihre Gedanken oder Empfindungen äußern, wird das als innerer Monolog bezeichnet.

Welcher Tierart gehören die beiden Zeichentrickfiguren Wum und Wendelin an, die aus der Feder von Loriot stammen und in Wim Thoelkes (1927–95) Quizshow *Der große Preis* ihre Schelmenstreiche trieben?
Hund (Wum) und Elefant (Wendelin).

Ein beliebter Charakterdarsteller ist aus Filmen wie *Schlaflos in Seattle*, *Cast Away* oder *Der Soldat James Ryan* bekannt. **Wie lautet sein Name?**
Tom Hanks (*1956). Er erhielt für seine Rollen in *Philadelphia* und *Forrest Gump* gleich zweimal in Folge den Oscar.

Welcher populäre Filmregisseur und -produzent, dessen bekannteste Filme z. B. *Die Vögel*, *Marnie*, *Der unsichtbare Dritte* sind, gilt als Meister seiner Klasse: des Thrillers?
Alfred Hitchcock (1899–1980).

Wer moderiert die seit 2005 ausgestrahlte Dokusoap, in der Landwirte auf der Suche nach der passenden Frau sind?
Inka Bause (*1968).

Der Modestil welcher aus Filmen wie *Ein Herz und eine Krone*, *Sabrina*, *Krieg und Frieden*, *Frühstück bei Tiffany* und *My Fair Lady* bekannten Schauspielerin zeichnet sich durch das „kleine Schwarze“ und die dunkle Brille aus?
Audrey Hepburn (1929–93).

Audrey Hepburn

Welche Schauspielerin kennt man aus Filmen wie *Die Apothekerin, Der bewegte Mann, Bandits* oder *Comedian Harmonists*?
Katja Riemann (*1963).

Katja Riemann

Welche „Mutter der Nation" verstarb am 10. Juli 2004 und fand 13 Tage später im Kreise von 300 Freunden und Verwandten auf dem Ohlsdorfer Friedhof in Hamburg die letzte Ruhe?
Inge Meysel (1910–2004).

Wer führte Regie in dem Italo-Western-Klassiker *Spiel mir das Lied vom Tod*?
Sergio Leone (1929–89).

Welchen Titel trug der erste James-Bond-Film?
a) *Liebesgrüße aus Moskau*
b) *Goldfinger*
c) *James Bond jagt Dr. No*
d) *Diamantenfieber*

c) *James Bond jagt Dr. No*
Der britische Spielfilm wurde 1962 zum ersten Mal in den Kinos ausgestrahlt und brachte internationalen Erfolg für die Hauptdarsteller Sean Connery (*1930) und Ursula Andress (*1936).

Der Regisseur Stanley Kubrick (1928–99) wurde für die tiefgründige intellektuelle Symbolik in seinen Filmen und die Harmonie von Musik und Spezialeffekten berühmt. **Wie hieß sein letzter Film?**
Eyes Wide Shut. Das Meisterwerk mit Nicole Kidman (*1967) und Tom Cruise (*1962) ist eine Verfilmung von Arthur Schnitzlers (1862–1931) *Traumnovelle*, die im modernen New York spielt.

Wer war nicht Gewinner der großen RTL-Castingshow *DSDS*, in der regelmäßig neue Musiksternchen gesucht werden?
a) Martin Kesici (*1973)
b) Alexander Klaws (*1983)
c) Thomas Godoj (*1978)
d) Elli Erl (*1979)

a) Martin Kesici (*1973)
Der Sänger wurde 2001 durch seinen Sieg in der SAT 1-Talenteshow *Star Search* bekannt.

Welcher Hauptdarsteller wurde durch seine Rolle als Rhett Butler im Hollywood-Melodram *Vom Winde verweht* unvergesslich?

Clark Gable (1901–60). Die Verfilmung des Mitchell-Romans erzählt vom Los einer Südstaatenfamilie zur Zeit des Amerikanischen Bürgerkrieges und wurde mit zehn Oscars prämiert.

Welche Rolle in *Krieg der Sterne*, dem ersten Spielfilm der Kultfilmreihe *Star Wars* von George Lucas, machte den US-Amerikaner Harrison Ford (*1942) weltweit bekannt?

a) Han Solo
b) Obi Wan-Kenobi
c) Luke Skywalker
d) Chewbakka

a) Han Solo
Der Film gilt als Fords großer Durchbruch. Besondere Popularität brachten ihm auch Rollen wie *Indiana Jones* oder der Detektiv in Peter Weirs (*1944) *Der einzige Zeuge* von 1985, für den er auch oscarnominiert war, ein.

In welchem Film war der englische Schauspieler Sir Alec Guinness (1914–2000) niemals zu sehen?

a) *Ladykillers*
b) *Die Brücke am Kwai*
c) *Krieg der Sterne*
d) *Der Spion, der mich liebte*

d) *Der Spion, der mich liebte*

Wer führte Regie in dem preisgekrönten oberbayrischen Film *Wer früher stirbt, ist länger tot*?

a) Doris Dörrie (*1955)
b) Sönke Wortmann (*1959)
c) Bernd Eichinger (*1949)
d) Marcus Rosenmüller (*1973)

d) Marcus Rosenmüller (*1973)
Die Lausbubenkomödie von 2006 war mit ca. 1,8 Millionen Zuschauern ein Kinohit in ganz Deutschland und wurde 2007 mehrfach mit dem Deutschen Filmpreis ausgezeichnet.

Filmzitate sind überall beliebt. Ein weltberühmtes machte Humphrey Bogart mit „Ich schau dir in die Augen, Kleines." Auch wenn im Original der Satz lautete: „Here's looking at you, kid", was so viel heißt wie „Prost", wurde er zu einem der bekanntesten Zitate der Filmgeschichte.

Wie heißt ein beliebtes deutsches Brettspiel, bei dem man in sechs Bereichen sein Wissen auf die Probe stellen kann und als Erster seinen Spielstein mit „Tortenstücken" aus sechs Wissensbereichen füllen muss?

a) Trivial Pursuit
b) Ubongo
c) UNO
d) Scrabble

a) Trivial Pursuit

Welcher Roman von Patrick Süskind (*1949) wurde 2001 von Bernd Eichinger verfilmt und 2007 mehrfach mit dem Deutschen Filmpreis ausgezeichnet?

Das Parfum.

Welches Idol gilt als das Leitbild eines smarten Gentlemans und wirkte in Filmen wie *Charade, Arsen und Spitzenhäubchen* oder *Der unsichtbare Dritte* mit?

Cary Grant

a) Marlon Brando (1924–2004)
b) Lex Barker (1919–73)
c) Cary Grant (1904–86)
d) Heinz Rühmann (1902–94)

c) Cary Grant (1904–86)

Welcher US-amerikanische Tänzer und Choreograf ist seit 1996 an der Hamburger Staatsoper Ballettintendant und Direktor der dortigen Ballettschule?

John Neumeier (*1942). Er ist außerdem Träger des Bundesverdienstkreuzes.

Wer war der Regisseur des oscarprämierten Holocaust-Dramas *Der Pianist* (2002)?

Roman Polanski (*1933). Der Film um den Holocaust-Überlebenden Władysław Szpilman trägt autobiografische Züge, da Polanski selbst damals aus dem jüdischen Getto in Krakau fliehen konnte, während seine Mutter in Auschwitz verstarb.

Welche beiden Schauspieler verkörperten zwischen 1962 und 2008 niemals die Rolle des James Bond?

a) Pierce Brosnan (*1953) und Daniel Craig (*1968)
b) Timothy Dalton (*1946) und Roger Moore (*1927)
c) Sean Connery (*1930) und George Lazenby (*1939)
d) Charles Gray (1928–2000) und Gert Fröbe (1913–88)

d) Charles Gray (1928–2000) und Gert Fröbe (1913–88)

Ersterer gab in *Diamantenfieber* den Bösewicht Blofeld und Fröbe den Goldschmuggler *Goldfinger*.

Der als *Dirty Harry* bekannte Schauspieler Clint Eastwood (*1930) lehnte einst ihm angebotene Rollen für Helden wie James Bond oder Superman ab.

Welchen Film produzierte Brad Pitt (*1963) u.a. gemeinsam mit Martin Scorsese (*1942) im Jahr 2005/2006?

Departed – Unter Feinden.

Welcher bekannte amerikanische Tänzer ist durch seinen wilden Tanzstil und die Stepptanz-Nummern berühmt geworden und wurde 1949 mit dem Ehrenoscar ausgezeichnet?

Fred Astaire (eigentlich Frederick Austerlitz, 1899–1987).

Welches sind die grundlegenden drei Gattungen des Dramas?

Komödie, Schauspiel und Tragödie. Während die Komödie erheiternd wirkt, erzählt die Tragödie vom schicksalhaften Dilemma der Hauptfigur, deren Situation sich mit Eintritt einer Katastrophe noch verschlimmert. Im Schauspiel findet eine ebenso tragische Handlung jedoch einen guten Ausgang.

Welcher Schauspieler irisch-italienischer Abstammung drehte Filme wie *Taxi Driver* oder *Hexenkessel* mit dem Regisseur Martin Scorsese?

Robert de Niro (*1943). Der sympathische Charakterdarsteller sagte einmal von sich selbst, er könne sogar ein Kotelett verkörpern.

Welchen Beinamen trug die schwedische Filmdiva Greta Garbo (1905–90), die mit tragischen Frauenrollen in Filmen wie *Mata Hari, Königin Christine* oder *Anna Karenina* populär wurde?

Die Göttliche.

Ein Regisseur, der große Erfolge mit Filmen wie *Odyssee im Weltraum, Uhrwerk Orange* oder *Eyes Wide Shut* feierte, wurde 1997 auf den Filmfestspielen in Venedig mit dem Goldenen Löwen für sein Lebenswerk geehrt. **Wie hieß er?**

Stanley Kubrick (1928–99).

Wer besuchte gemeinsam mit Robert de Niro (*1943) und Al Pacino (*1940) die Schauspielschule „Actors Studio" von Lee Strasberg (1901–82) in New York?

a) Marlon Brando (1924–2004)
b) Kevin Costner (*1955)
c) Pierre Brice (*1929)
d) Bud Spencer (*1929)

a) Marlon Brando (1924–2004)

Marlon Brando in Endstation Sehnsucht, *1948*

Woher stammte der Regisseur Akira Kurosawa (1910–98), der mit Werken wie *Judo-Saga, Ran, Die sieben Samurai* oder *Rashomon* populär wurde?

Aus Japan.

Wie nennt man den filmischen Effekt, der jegliche Illusion zerstört und auf kritische Weise Widersprüche in der vertrauten Realität sichtbar macht?

Verfremdungseffekt.

Mit welchem Regisseur arbeitete der Italiener Marcello Mastroianni (1924–96) häufig zusammen, beispielsweise in *La Dolce Vita*?

Mit Federico Fellini (1920–93).

Wer weigerte sich 1972, den ihm verliehenen Oscar für die beste Hauptrolle in dem Film *Der Pate* anzunehmen?

Marlon Brando (1924–2004). Auf diese Weise wollte er die Unterdrückung der Indianer in ihrem US-amerikanischen Vaterland kritisieren.

Ein antiker Philosoph formulierte einst die Anforderung nach der Einheit von Ort, Zeit und Handlung für das Drama. **Wie heißt er?**

Aristoteles (384–322 v. Chr.). Nach diesen Prinzipien sollen Zeitsprünge, Veränderungen der Orte und auch Nebenhandlungen nicht Teile eines Dramas sein.

Aristoteles

Wie heißt die Ehefrau von Michael Douglas (*1944), der als Schauspieler in Filmen wie *Wall Street*, *Basic Instinct* oder *Traffic* in die Fußstapfen seines Vaters Kirk Douglas (*1916) trat?

Catherine Zeta-Jones (*1969).

Welche Filme wurden allesamt mit je elf Oscars ausgezeichnet?

a) *Ben Hur*, *Titanic* und der dritte Teil der *Herr-der-Ringe*-Trilogie: *Die Rückkehr des Königs*
b) *Vom Winde verweht*, *Der mit dem Wolf tanzt* und *Chicago*
c) *Avatar*, *A Beautiful Mind* und der erste Teil der *Harry-Potter*-Reihe: *Die Kammer des Schreckens*
d) *Jenseits von Afrika*, *Gladiator* und *Forrest Gump*

a) *Ben Hur*, *Titanic* und der dritte Teil der *Herr-der-Ringe*-Trilogie: *Die Rückkehr des Königs*

Was ist die wichtigste Auszeichnung auf der Berlinale, den Internationalen Filmfestspielen in Berlin, die seit 1951 alljährlich verliehen wird?

Der Goldene Bär.

Welche gut aussehende, jedoch in Einzelspielen recht erfolglose Tennisspielerin machte durch ihre Liaison mit dem Sänger Enrique Iglesias (*1975) von sich reden?

Anna Kournikova (*1981).

Welcher seit 1927 in Hollywood verliehene Filmpreis heißt offiziell „Award of Merit for Distinctive Achievements" („Verdienstauszeichnung für herausragende Leistungen")?

Der Oscar.

Welcher Filmgattung sind Kassenschlager der 1950er-Jahre wie *Schwarzwaldmädel*, *Grün ist die Heide* oder *Die Fischerin vom Bodensee* zuzuordnen?

Den Heimatfilmen.

Welche Grande Dame des französischen Kinos erlangte durch Filme wie *Die schönen Wilden*, *Ein Hauch von Zärtlichkeit* oder *Diebe der Nacht* Weltruhm?

Catherine Deneuve (*1943).

Mit welchem französischen Spielfilm avancierte Audrey Tautou (*1976) 2001 zum Weltstar?

Die fabelhafte Welt der Amélie. Die junge Frau aus einem zerrütteten Elternhaus, die in ihrer eigenen Fantasiewelt lebt, findet eines Tages ein Kästchen mit Schätzen eines kleinen Jungen. Sie beschließt auf ihrem Weg zu ihm, anderen Menschen zu helfen, und lernt dabei auch, an ihr eigenes Glück zu glauben.

Der Gemüseladen aus dem Film Die fabelhafte Welt der Amélie

Welches filmische Gestaltungsmittel bezeichnet den Vorgang, bei dem das Filmgeschehen abgedunkelt und letztendlich ganz schwarz wird?

Abblenden.

Wie nennt man die Filmbewegung in Frankreich um 1950, in der Vertreter wie Claude Chabrol (1930–2010), François Truffaut (1932–84), Jaques Rivette (*1928) oder Jean-Luc Godard (*1930) gegen die althergebrachte Bildsprache sowie vorhersehbare Handlungsstränge und Fantasielosigkeit rebellierten?

Nouvelle Vague (Neue Welle).

Welchen Vornamen trägt der junge Schriftsteller Pfeiffer in dem bekannten Roman *Die Feuerzangenbowle* von Heinrich Spoerl?

a) Ernst
b) Johannes
c) Rudi
d) Ewald

b) Johannes
In der bekanntesten Filmfassung von 1944 drückt Heinz Rühmann (1902–94) als „Pfeiffer mit drei f" noch einmal die Schulbank.

Was für ein Jubiläum feierten das Augsburger Puppentheater und seine Marionetten im Jahr 2008?

Den 60. Geburtstag.

Welcher russische Komponist gilt als einer der bedeutendsten seiner Zeit und entwarf Ballettstücke wie *Dornröschen, Der Nussknacker* und *Schwanensee*?

Peter Tschaikowski (1840–1993). Das klassische Ballett, das sich zur Romantik durch Spitzen- und Charaktertanz etabliert hatte, erlebte im 19. Jahrhundert in Sankt Petersburg eine Blüteperiode.

Szene aus Schwanensee

Zu welcher Zeit, die als eine der schöpferischsten und kreativsten überhaupt gilt, setzten Regisseure mit Filmen wie dem *Cabinet des Dr. Caligari* oder *Metropolis* neue künstlerische Akzente?

In der Weimarer Republik (1918/19–33).

Welcher Schauspieler erlangte durch das Historienepos *Spartacus,* das den Sklavenaufstand im alten Rom verarbeitet, Berühmtheit?

Kirk Douglas (*1916).

In welchem Film von Hitchcock (1899–1980) übernahm die distanziert wirkende Grace Kelly (1929–82), Fürstin Gracia Patricia von Monaco, die weibliche Hauptrolle?

a) *Psycho*
b) *Bei Anruf Mord*
c) *Der falsche Mann*
d) *Marnie*

b) *Bei Anruf Mord*

Welche berühmte Künstlerin hatte auch mit Filmsongs wie *Ich bin von Kopf bis Fuß auf Liebe eingestellt* oder *Schöner Gigolo* internationalen Erfolg?

Marlene Dietrich (1901–92).

Wie nennt man eine um 1550 in Italien entstandene Stegreifkomödie, die durch spontane Dialoge und exakt festgelegte Rollen, wie den Harlekin, und deren Kleidung gekennzeichnet ist?

Commedia dell'arte.

Wer war niemals Darsteller in einem Tarzan-Film?

a) Johnny Weissmüller (1904–84)
b) Johnny Depp (*1963)
c) Lex Barker (1919–73)
d) Christopher Lambert (*1957)

b) Johnny Depp (*1963)

Wann und wo wurden die ersten Olympischen Sommerspiele der Neuzeit ausgetragen?
1896 in Athen. Sie wurden seitdem nur während der beiden Weltkriege ausgesetzt.

Die Läuferlegende Emil Zátopek (1922–2000) wurde 1997 in Tschechien zum „Athleten des Jahrhunderts" gewählt. Seine größten Erfolge feierte er bei den Olympischen Spielen in Helsinki. **Welche Medaillen holte er?**
Dreifach Gold für den 10.000-Meter-Lauf, den 5000-Meter-Lauf und den Marathon.

Welche Disziplin gehört nicht zum modernen Fünfkampf?
a) Pistolenschießen
b) Schwimmen
c) Crosslauf
d) Dressur

d) Dressur

Dressurreiten

Zu der Vielseitigkeitssportart gehören stattdessen noch Springreiten und Degenfechten.

Das filmische Werk über den legendären Boxkampf zwischen George Foreman (*1949) und Muhammad Ali (*1942) gewann 1997 einen Oscar für den besten Dokumentarfilm. **Wie lautet sein Titel?**
When We Were Kings.

In welchem Land findet die Fußball-WM 2014 statt?
In Brasilien. Zum ersten Mal seit 1950 trägt der fünfmalige Weltmeister die WM wieder aus.

In welcher Disziplin ist der österreichisch-deutsche Sportler Matthias Steiner (*1982) erfolgreich?
a) Turnen
b) Rudern
c) Gewichtheben
d) Curling

c) Gewichtheben
2008 konnte Steiner gleich zwei große Siege verbuchen. Zunächst holte er in Peking die Goldmedaille in der Gewichtsklasse über 105 Kilo und im November dann den Bambi – Deutschlands wichtigsten Medienpreis – in der Kategorie Sport.

Es entwickelte sich in den letzten Jahren zur Trendsportart und erfordert vor allem eine hohe Balance-, Konzentrations- und Koordinationsfähigkeit. Besonders Kletterer betreiben es seit Langem als Ausgleichstraining. **Wie heißt der Sport?**
Slacklinen.

Der Brasilianer fuhr zwischen 1970 und 1980 144 Formel-1-Rennen und holte zweimal (1972 und 1974) den Weltmeistertitel. **Wie lautet sein Name?**
Emerson Fittipaldi (*1946).

Cheerleader

Typischerweise treten sie bei Football- oder Basketballwettkämpfen auf. Sie feuern die eigene Sportmannschaft an und animieren das Publikum. **Wie heißen sie?**

Cheerleader.

Was haben Melbourne, Paris, London und New York in sportlicher Hinsicht gemeinsam?

Die Grand-Slam-Turniere. Diese Städte tragen die vier größten Tenniswettbewerbe (Australian Open, French Open, Wimbledon und US Open) aus.

Die Zielscheibe beim Bogenschießen ist in zehn Ringe unterteilt, von denen jeweils zwei die gleiche Farbe tragen. **Welche fünf Farben sind das?**

Gelb, Rot, Blau, Schwarz und Weiß.

Was ist die tückische Besonderheit des Radrennens Paris-Roubaix?

Bei dem Radsportklassiker, der über eine Distanz von etwa 250 Kilometern führt, müssen die Fahrer insgesamt knapp 60 Kilometer Kopfsteinpflaster bewältigen. Die französische Regierung bemüht sich, diese Passagen, die vor allem bei Regen für ein hohes Sturzrisiko sorgen, eigens für das Rennen zu erhalten.

Wie viele Länderspiele bestritt der Fußballer und deutsche Rekordnationalspieler Lothar Matthäus?

150. Sein größter Erfolg war der Weltmeistertitel von 1990, zu dem Matthäus (*1961) als Spielmacher maßgeblich beigetragen hatte.

Welcher US-Amerikaner hielt im Weitsprung seinen Weltrekord von 8,90 Meter, den er bei den Olympischen Spielen 1978 in Mexiko-City erreicht hatte, sagenhafte 23 Jahre lang?

Bob Beamon (*1946). 1991 wurde sein Rekord schließlich von Mike Powell (*1963) um fünf Zentimeter übertroffen.

Welches Land stellt das bisher erfolgreichste Nationalteam im Handball?

Rumänien. Die Mannschaft kann bisher vier Weltmeistertitel für sich verbuchen. Das deutsche Team holte 2007 immerhin seinen dritten WM-Titel.

Welcher Sportbund, der mittlerweile etwa 91.000 Vereine und 27,5 Mio. Mitglieder hat, wurde 1950 gegründet?

Der Deutsche Olympische Sportbund.

In welcher Stadt kämpften die beiden Schachgroßmeister Boris Spasski (*1937) und Bobby Fischer (1943–2008) 1972 um die Weltmeisterschaft?
In Reykjavik. Von den Medien wurde dieser Titelkampf zwischen dem Sowjetbürger und dem US-Amerikaner zu einem „Krieg der Systeme" hochstilisiert. Fischer gewann den Vergleich mit 12,5 zu 8,5 Punkten.

Reykjavik

Welche zwei Universitäten liefern sich alljährlich den berühmten Ruderwettkampf Boat Race?
Oxford und Cambridge. Die Ruderregatta, die in England seit 1829 für großes Aufsehen sorgt, wird auf der Themse ausgetragen.

Er ist etwa zehn Zentimeter kürzer als der Standardski und läuft an den Enden schaufelartig breit aus. Der gute Skifahrer kann so mit ihm extreme Kurven fahren. **Wie heißt er?**
Carvingski.

Wie heißt die Sportart, bei der Skilanglauf und Schießen miteinander verbunden werden?
Biathlon. Je nach Länge des Rennens werden die Langlaufpassagen von zwei oder vier Schießpausen unterbrochen.

Wie lautet die Bezeichnung für drei Fußballtore eines einzigen Spielers in einer Halbzeit?
a) Hattrick
b) Triple
c) Golden Triple
d) Golden Goal

a) Hattrick
Als lupenreiner Hattrick gilt das Dreifachtor allerdings nur, wenn in der Zwischenzeit vom ersten bis zum dritten kein anderer Spieler ein Tor erzielt hat. Im englischen Fußball zählt bereits das Erzielen von drei Toren während des gesamten Spiels als Hattrick.

Wer ist der bekannteste NBA-Spieler der 1980er-Jahre?
Earvin „Magic" Johnson (*1959). Die Nummer 32 holte mit den LA Lakers fünfmal den Titel in der amerikanischen Basketball-Profiliga und war der erste weltberühmte Superstar, der sich öffentlich zu seiner HIV-Infektion bekannte.

Basketball

Zwischen 1988 und 2006 nahm der weltweit erfolgreichste Rennrodelfahrer sechsmal in Folge an Olympischen Winterspielen teil und konnte dort im Einsitzer drei Gold- und zwei Silbermedaillen erringen. **Wie heißt er?**
Georg Hackl (*1966).

Ein untrainierter Erwachsener kommt unter Belastung auf ein Atemzugvolumen von etwa 2,5 Liter. **Auf wie viel kann es ein auf Ausdauer trainierter Spitzensportler schaffen?**
Auf etwa vier Liter.

Wer verbot im Jahr 394 die Olympischen Spiele?
Kaiser Theodosius (347–395). Die Olympischen Spiele der Antike, deren Bestehen seit 776 v. Chr. historisch belegt ist, wurden wie andere heidnische Götterkulte auch von Kaiser Theodosius kurz vor dessen Tod untersagt.

Wie viele Grand-Slam-Siege gelangen Boris Becker in seiner Karriere?
a) 4 c) 6
b) 5 d) 7

c) 6
Der ehemalige deutsche Tennisstar (*1967) war 1985 mit nur 17 Jahren außerdem der bis dahin jüngste und gleichzeitig erste deutsche Wimbledon-Sieger überhaupt.

Wofür steht die Abkürzung IOC?
Für das Internationale Olympische Komitee. Es setzt sich als Organisator und Betreuer der Olympischen Spiele vor allem auch für die ethischen Grundwerte des Sports wie z. B. Fairplay ein.

Welchen Sport übte der CDU-Politiker Eberhard Gienger lange vor seiner Karriere im Deutschen Bundestag (seit 2002) erfolgreich aus?
a) Schwimmen
b) Geräteturnen
c) Fußball
d) Badminton

b) Geräteturnen
Von 1971 bis 1981 wurde Gienger (*1951) 36-mal Deutscher Meister.

Das Reiterporträt welches Monarchen ziert die prachtvolle Barockhalle der Spanischen Hofreitschule in Wien?
Das Porträt Kaiser Karls VI., der die Reitschule von 1729 bis 1735 erbauen ließ. Die berühmten Lipizzanerhengste, die dort ausgebildet werden, gehören zu den gelehrigsten und edelsten Warmblutpferden der Welt.

Was haben Bankdrücken, Kniebeugen und Kreuzheben gemeinsam?
Sie bilden den sogenannten Kraftdreikampf. Pro Disziplin hat jeder Athlet drei

Versuche, bei denen das Gewicht entweder gleich gelassen oder erhöht werden kann. Die jeweils besten Versuche gehen in die Wertung ein und werden addiert.

Welche Disziplin gehört nicht zum Zehnkampf?

a) Weitsprung
b) 1000-Meter-Lauf
c) Diskuswerfen
d) Stabhochsprung

b) 1000-Meter-Lauf

Startschuss

Vielmehr gehören der 100-Meter-Lauf, der 400-Meter-Lauf und der 1500-Meter-Lauf zum Zehnkampf. Die restlichen Disziplinen sind Kugelstoßen, Hochsprung, 110-Meter-Hürden und Speerwerfen. Die Zehnkämpfer werden deshalb häufig als die Könige der Leichtathletik bezeichnet.

Wer ist der bisher jüngste Weltmeister im Windsurfen?

Robby Nash (*1963) holte bereits mit 13 Jahren seinen ersten Weltmeistertitel, nachdem er mit dem Sport erst zwei Jahre zuvor begonnen hatte. Nach diesem Triumph folgten noch 22 weitere WM-Titel.

Für was steht die Abkürzung Epo?

Erythro**po**etin (Epo) ist ein Peptidhormon und stimuliert die Produktion roter Blutkörperchen. Dadurch steigert sich die Ausdauerleistungsfähigkeit, was Epo in der Vergangenheit immer wieder zu einem beliebten Dopingmittel im Profisport machte.

Wer war der Gründer der berühmten Rallye Dakar?

Thierry Sabine (1949–86), der bei einem Helikopterflug während der Rallye ums Leben kam. Die Wüstenrallye ist das berühmteste, aber auch umstrittenste Langstreckenrennen seiner Art, da es immer wieder zu Toten unter Teilnehmern und Zuschauern kam. Die Etappen von bis zu 800 Kilometern werden vor allem auf Wüstenboden gefahren.

In welchem Sport holten Kati Winkler und René Lohse 2004 den 3. Platz der Weltmeisterschaften?

Im Eistanzen, einer der vier Disziplinen des Eiskunstlaufs.

In welchem Jahr beendete der deutsche Torwart Oliver Kahn seine Fußballkarriere?

2008. Kahn (*1969) war von 1994 bis 2006 Torwart der deutschen Nationalmannschaft und wurde in dieser Zeit dreimal zum Welttorhüter des Jahres gewählt.

Wer errichtete 1811 in der Berliner Hasenheide den ersten Turnplatz?

Der berühmte „Turnvater Jahn", Friedrich Ludwig Jahn (1778–1852), war Pionier des Turnsports in Deutschland und verband das Turnen mit einer patriotischen Botschaft.

Welches Segelsportereignis findet jedes Jahr in der letzten Juniwoche statt?

a) Kieler Woche
b) Travemünder Woche
c) Kornati Cup
d) Barcolana

a) Kieler Woche
Der seit 1882 durchgeführte internationale Wettbewerb ist heute das größte Segelsportereignis der Welt und wird von einem tagelangen Volksfest in der Innenstadt begleitet.

Kieler Hafen

Wie wird der Spiel entscheidende letzte Ball einer Tennispartie genannt?

Matchball. Er bringt bei zeitlich nicht begrenzten Ballsportarten wie auch Tischtennis oder Volleyball die Spiel- bzw. Satzentscheidung.

Sie siegte 1988 bei allen vier Grand-Slam-Turnieren sowie bei den Olympischen Spielen und gewann so als bisher einzige Person den „Golden Slam". Insgesamt 377 Wochen führte sie die Tennis-Weltrangliste an. **Wer ist hier gesucht?**

Steffi Graf (*1969).

Wie heißt im Tennis ein Spielgewinn bei gegnerischem Aufschlag?

a) Set
b) Tie-Break
c) Break
d) Bully

c) Break
Der Tie-Break ist ein Zählverfahren, das dazu dient, in einem unentschiedenen Satz bei 6 : 6 schließlich eine Entscheidung herbeizuführen.

Ist Snowboarden eine olympische Disziplin?

Ja, 1998 in Nagano durften zum ersten Mal Snowboarder an den Olympischen Spielen teilnehmen.

Welches Ereignis trübte die anfänglich großartige Atmosphäre der Olympischen Sommerspiele 1972 in München?

Der von Palästinensern verübte Terrorakt gegen die Mannschaft aus Israel. Nach dem Tod der israelischen Sportler wurden die Spiele nach nur einem Trauertag wieder fortgesetzt.

Aus welchen Disziplinen setzt sich der Ironman zusammen?

Eines der bekanntesten Sportereignisse der Welt, das auf Hawaii ausgetragen wird, ist ein Triathlon und setzt sich demnach aus den Disziplinen Schwimmen, Radfahren und Laufen zusammen.

Welchen Sport übte der Amerikaner Mark Spitz aus?

a) Radfahren c) Turnen
b) Eishockey d) Schwimmen

d) Schwimmen
Spitz (*1950) war der Schwimmstar der Olympischen Spiele von 1972. Er holte sieben Goldmedaillen und stellte bei jedem dieser Siege auch noch einen Weltrekord auf.

Gegen wen bestritt der Engländer Lennox Lewis seinen letzten Boxkampf?

Vitali Klitschko (*1971). Lewis (*1965) besiegte diesen 2003 durch technisches K.o. und beendete damit erfolgreich seine Karriere. Er ist der einzige ungeschlagene britische Boxschwergewichtsweltmeister des 20. Jahrhunderts.

Wann gründete Pierre de Coubertin die moderne olympische Bewegung?

a) 1892 c) 1896
b) 1894 d) 1925

b) 1894
Der französische Pädagoge und Historiker (1863–1937) machte sich seit 1894 für die Wiederaufnahme der Olympischen Spiele stark und leitete bis 1925 das Internationale Olympische Komitee.

Welche Position nahm der „Kaiser" Franz Beckenbauer als Spieler beim FC Bayern München ein?

Er war offensiv ausgerichteter Libero und wurde mit seiner Mannschaft mehrmals Deutscher Meister und Europacupsieger. Als Spieler und als Trainer wurde Beckenbauer (*1945) außerdem Weltmeister und wechselte nach seiner Karriere ins Lager der Fußballfunktionäre.

Welche Auszeichnung erhielt „German Wunderkind" Dirk Nowitzki in der Saison 2006/07 als erster Europäer?

Den „NBA Most Valuable Player Award". Seinen Spitznamen trägt er seit 1999 bei den Dallas Mavericks und gilt als einer der besten Basketballspieler der Welt.

Dirk Nowitzki

Welche Sportart lebt maßgeblich vom Atemstillstand?

Apnoetauchen

Apnoetauchen.
Apnoe (griech. für „Atemstillstand") bezeichnet hier den Zeitraum zwischen dem Ein- und Ausatmen, in dem der Taucher ohne die Hilfe einer Sauerstoffflasche unter Wasser bleibt.

Wie viele WM-Titel kann Formel-1-Rennfahrer Michael Schumacher vorweisen?

a) 5 c) 7
b) 6 d) 8

c) 7
Schon 2003 übernahm Schumacher (*1969) mit seinem sechsten WM-Sieg die Krone des bis dahin „ewig Besten" Juan Manuel Fangio. Sein siebter Titel im Jahr 2004 machte ihn dann bereits vor dem Ende seiner Karriere zur Rennfahrerlegende.

Weshalb wurde der Boxerlegende Muhammad Ali 1967 der Weltmeistertitel aberkannt?

Der erfolgreichste Schwergewichtskämpfer des Profiboxsports, der sich in seiner Biografie selbst „der Größte" nannte, hatte sich geweigert, im Vietnamkrieg als Soldat mitzukämpfen. 1974 holte Ali (*1942) sich den Titel aber wieder zurück.

Welchem Gott waren die Pythischen Spiele geweiht, die in der griechischen Antike gewissermaßen als Konkurrenz zu den Olympischen Spielen veranstaltet wurden?

a) Zeus c) Apollon
b) Hephaistos d) Python

c) Apollon
In der Anfangszeit waren es rein musikalische Wettkämpfe, die Apollon dem Mythos zufolge nach der Erlegung des Ungeheuers Python selbst begründet haben soll. Später kamen dann unter anderem Athletik, Pferderennen und Drama hinzu.

Welchen Titel bekam Arnold Schwarzenegger 1970 und 1971?

Mister Universum. Der österreichische Bodybuilder (*1947) holte zwischen 1970 und 1980 außerdem siebenmal den Titel Mister Olympia und bescherte dem Bodybuilding insgesamt besondere Bekanntheit.

Das 1,98 Meter große Ausnahmetalent war jahrelang der Star der Chicago Bulls und wurde achtmal zum wertvollsten Spieler der nordamerikanischen Basketballliga gewählt. Am 13. Januar 1999 verkündete er das Ende seiner Karriere. **Wie lautet sein Name?**

Michael „Air" Jordan (*1963). Zur Saison 2001/02 kehrte er nochmals in die NBA zurück und war bis 2003 Spieler bei den Washington Wizards.

Welcher europäische Fußballverband wurde im März 1954 gegründet?

Die **U**nion of **E**uropean **F**ootball **A**ssociations, kurz UEFA.

In welchem Sport war der deutsche Fritz Thiedemann jahrelang erfolgreich?

a) Springreiten c) Bogenschießen
b) Turmspringen d) Karate

Springreiten

a) Springreiten
Neben Hans Günter Winkler (*1926) war Thiedemann (1918–2000) der herausragende deutsche Springreiter der 1950er-Jahre.

Wer wurde 2004 in Griechenland zum Fußballgott?

Otto Rehhagel (*1938). Der deutsche Trainer führte die griechische Nationalmannschaft zum EM-Sieg in Portugal, der bisher besten Leistung der Mannschaft. Seine größten Erfolge als Vereinstrainer konnte Rehhagel mit Werder Bremen feiern, wo er von 1981 bis 1995 tätig war.

Wie viele Kilogramm wiegt heute ein gültiger Diskus bei den Herren?

a) 1,5 Kilogramm c) 2 Kilogramm
b) 1,8 Kilogramm d) 2,5 Kilogramm

c) 2 Kilogramm
Der seit 1912 gültige Diskus besteht überwiegend aus Holz, hat einen Metallkern sowie -ring und wiegt bei den Frauen 1 Kilogramm.

Wie nennt man ein Training, das der Leistungssteigerung dient und bei dem die Verwertung der Energiereserven ohne Sauerstoff erfolgt?

Anaerobes Training. Im Gegensatz zum aeroben Training („Training mit Luft"), bei dem der Körper nur bis zu einer bestimmten Grenze belastet und das Herz-Kreislauf-System gefördert wird, setzt das anaerobe Training einen sehr guten Gesundheitszustand voraus.

Wie funktioniert eigentlich Kitesurfen?

Der Kitesurfer steht auf einem typischerweise zwischen 140 und 200 Zentimeter langen Brett und lässt sich von einem Lenkdrachen über das Wasser ziehen. Der Auftrieb des Drachens ermöglicht dabei extreme Sprünge und „Flüge".

Kitesurfer

Gegen wen holte das deutsche Nationalteam im Frauenfußball 2003 erstmals den WM-Titel?

Gegen Schweden. Bei der Weltmeisterschaft in den USA besiegte das Team die schwedische Elf mit einem 2 : 1. 2007 konnte das Team dann seinen Triumph beim 2 : 0 gegen Brasilien wiederholen.

In welchem Jahr wurde die jährlich stattfindende Vierschanzentournee aus der Taufe gehoben?

Der Grundstein des berühmten Skisprung-Wettkampfs wurde 1953 mit dem Neujahrsspringen in Garmisch-Partenkirchen gelegt. Etwa 20.000 Zuschauer verfolgten die Leistungen von 50 Skispringern aus Deutschland, Österreich, Schweden, Norwegen, der Schweiz und Slowenien.

Wie viele Tore erzielte Torschützenkönig Miroslav Klose bei der Fußball-WM 2006?

Fünf. Damit konnte sich Klose (*1978) die Trophäe „Goldener Schuh" sichern. Bereits in der Bundesliga-Saison 2005/06 war er mit 25 Treffern Torschützenkönig geworden.

Wer überquerte 2002 mit einem Surfbrett den Atlantik?

Die französische Windsurferin Raphaëla le Gouvello (*1960). Zwei Jahre zuvor hatte sie bereits das Mittelmeer mit einem speziellen Surfbrett überquert, ein Jahr nach dem Atlantik folgte dann die Alleinüberquerung des Pazifiks.

In welchem Jahr gewann Jan Ullrich die Tour de France?

1997. Ullrich (*1973), der einzige deutsche Sieger des berühmtesten Radrennens der Welt, war außerdem fünfmal Zweiter und einmal Dritter.

Wer verbirgt sich hinter dem Spitznamen „Der Bomber der Nation"?

Der erfolgreichste Torschütze des deutschen Fußballs: Gerd Müller (*1945). Der ehemalige Stürmer war mehrfacher Torschützenkönig und schoss 68 Tore in 62 Länderspielen.

Welche Aktion verbarg sich im Jahr 2000 hinter dem Aufdruck „Go for Gold"?

Der Aufdruck zierte eine Sonderedition goldener Kondome, die die Bundeszentrale für gesundheitliche Aufklärung dem deutschen Olympiateam ins Olympische Dorf schickte.

Was bedeutet ein Handicap im Golf?

Das Handicap zeigt die Spielstärke eines Golfers an und errechnet sich aus der Anzahl der Schläge, die der Golfer zum Beenden des Platzes braucht minus die Par (üblich festgesetzte Anzahl an Schlägen für diesen Platz). Braucht er einen Schlag weniger, nennt man das übrigens Birdie.

Wer führt momentan die Grand-Slam-Rekordliste im Dameneinzel an?

a) Steffi Graf
b) Serena Williams
c) Helen Wills Moody
d) Margaret Smith Court

d) Margaret Smith Court
Die Australierin (*1942) wird dicht gefolgt von Steffi Graf (*1969) und Helen Wills Moody (1905–98).

Wie wird der durch einen Aufschlag erzielte Punkt im Tennis genannt?

Das Ass wird so hart geschlagen, dass der Gegner den Ball mit seinem Schläger nicht mehr erreicht. Berührt der Gegner den Ball noch, spricht man von einem halben Ass.

Der Südtiroler durchquerte zu Fuß die Antarktis über eine Strecke von 2740 Kilometern und bestieg alle 14 Achttausender der Welt. **Wer ist hier gesucht?**

a) Arved Fuchs
b) Reinhold Messner
c) Ueli Steck
d) Heinrich Harrer

b) Reinhold Messner
Mit Arved Fuchs (*1953) durchquerte Messner (*1944) die Antarktis. Der österreichische Bergsteiger Heinrich Harrer (1912-2006) wurde dagegen durch die Erstbesteigung der Eiger Nordwand berühmt.

Wer war Paavo Nurmi?

Der finnische Wunderläufer (1897–1973) holte bei den Olympischen Spielen von 1920, 1924 und 1928 insgesamt neun Gold- und drei Silbermedaillen und schrieb damit Leichtathletikgeschichte.

Auch als Bundestrainer ist der ehemalige Weltklasse-Handballer Heiner Brand seit Langem erfolgreich. **In welchem Jahr führte er das deutsche Handballteam zum EM-Titel?**

2004 in Slowenien. Brand (*1952) war als Spieler schon Handballweltmeister geworden. Er absolvierte in seiner aktiven Zeit 131 Länderspiele und erzielte währenddessen 231 Tore.

Wie viele Deutsche Meisterschaften gewann der Ringer Wilfried Dietrich?

Zählt man Einzel- und Mannschaftskämpfe zusammen, erzielte Dietrich (1933–92) zwischen 1951 und 1977 genau 30 Titel. Der Höhepunkt seiner Karriere war allerdings der Olympiasieg im freien Stil, 1960 in Rom.

Ringkampf

Welche Leichtathletin wurde schon mit 16 Jahren Olympiasiegerin und von 1981 bis 1984 viermal in Folge zur Sportlerin des Jahres gewählt?

a) Evelyn Ashford
b) Ulrike Meyfarth
c) Bärbel Wöckel
d) Betty Cuthbert

b) Ulrike Meyfarth
1982 stellte die Ausnahmesportlerin (*1956) außerdem bei den Europameisterschaften einen neuen Weltrekord im Hochsprung auf und sicherte sich zwei Jahre später ihre zweite olympische Goldmedaille.

Durch welchen Beschluss wurde der Eishockeyprofi Wayne Gretzky besonders geehrt?

Die National Hockey League (NHL) beschloss, Gretzkys (*1961) Rückennummer 99 aufgrund seiner Erfolge für alle zukünftigen Spieler zu sperren. Der Kanadier hatte schon als Zehnjähriger Rekorde aufgestellt und gilt als bester Eishockeyspieler aller Zeiten.

Wann wurden Frauen zum ersten Mal zu den Olympischen Spielen zugelassen?

1900 in Paris. Doch erst seit den Spielen von 1928 in Amsterdam, als sie in immerhin fünf Disziplinen (100-Meter, 800-Meter, 4 mal 100-Meter-Staffel, Hochsprung und Diskus) vertreten waren, stellte die umstrittene Teilnahme der Frauen keine olympische Streitfrage mehr dar.

Wie heißt das Fitnesstraining, bei dem in der Gruppe mit rhythmischen Bewegungen zu motivierender Musik eine Choreografie nachgetanzt wird?

Aerobic. Die Grundelemente sind Kondition und Koordination.

Step-Aerobic

Welchen Sport übte Marika Kilius aus?

a) Eiskunstlauf
b) Turnen
c) Schwimmen
d) Marathon

a) Eiskunstlauf
Zusammen mit Hans-Jürgen Bäumler (*1942) holte Kilius (*1943) sechsmal den Europa- und zweimal den Weltmeistertitel im Paarlauf. Sie gelten als Traumpaar des deutschen Eiskunstlaufs nach dem Zweiten Weltkrieg.

Welches olympische Stadion wird auch „Vogelnest" genannt?

Das Nationalstadion in Peking, das für die Olympischen Spiele 2008 in China von den Schweizer Architekten Herzog & de Meuron entworfen wurde. Es fasst 91.000 Zuschauer, sein Bau kostete rund 325 Mio. Euro.

Welche Sportlerin hält momentan den Weltrekord im Hammerwerfen?

Die Polin Anita Włodarczyk (*1985) schlug 2010 ihren eigenen Weltrekord von 2009 mit einer Weite von 78,30 Metern.

Wer verbirgt sich hinter dem Spitznamen Pelé?

Edson Arantes do Nascimento (*1940). Der Brasilianer gilt bis heute als bester Fußballer aller Zeiten, gleich dreimal verhalf er der brasilianischen Nationalmannschaft zum Weltmeistertitel.

Wie heißt die brasilianische Kampfkunst, bei der auch Elemente des Tanzes nicht zu kurz kommen?

Capoeira. Die Kampfkunst lebt von der harmonischen Verbindung von Kampf, Tanz und Musik. Dabei kommen auch verschiedene Instrumente wie Berimbau, Conga oder Agogo live zum Einsatz.

Wann fand das erste Wimbledonturnier statt?

1977. Es ist das einzige der vier Grand-Slam-Turniere, das noch auf Rasen gespielt wird.

Wie werden die Formel-1-Wagen von Mercedes seit 1934 genannt?

„Silberpfeile". Zu ihrem Namen kamen die Wagen, weil sie 1934 – eine Nacht vor dem Rennen am Nürburgring – noch ein Kilo zu schwer waren und man den ursprünglich weißen Lack abkratzen musste: Die silberne Aluminiumkarosserie kam zum Vorschein.

Für wie viele Menschen kann ein Raftingboot in etwa Platz bieten?

a) etwa 10
b) etwa 15
c) bis zu 30
d) über 35

c) bis zu 30

Die speziellen Schlauchboote, die zum Rafting verwendet werden, sind extrem belastbar und stabil. Die Teilnehmer werden mit Schwimmweste, Helm und Neoprenanzug ausgerüstet.

Wie wird der Anstoß beim Eishockey genannt?

Bully. Dabei versucht je ein Spieler der beiden Mannschaften, den Puck für seine Mannschaft zu erkämpfen.

Wer gewann 2010 den DFB-Pokal?

Der FC Bayern holte sich den Vereinspokal des Deutschen Fußball-Bundes (DFB) im Mai 2010 zum 15. Mal. Teilnahmeberechtigt sind im Spiel um den Pokal übrigens nicht nur Bundesligavereine, sondern auch alle Vereine auf regionaler Ebene.

Wie oft holte der legendäre Leichtathlet Carl Lewis (*1961) Olympiagold?

Insgesamt neunmal: viermal in Los Angeles (1984), jeweils zweimal in Seoul (1988) und Barcelona (1992) und ein letztes Mal dann 1996 in Atlanta.

Seit wann existiert die 2. Fußballbundesliga?

a) 1966 c) 1970
b) 1968 d) 1974

d) 1974
Sie war damals in zwei Staffeln (Nord und Süd) aufgeteilt und brachte den ersten Meistertitel dem Karlsruher SC (Süd) und Hannover 96 (Nord).

Welche der beiden Schachlegenden gewann im Dezember 2002 ihr letztes Schachmatch gegeneinander: **Karpov oder Kasparov?**

Anatoly Karpov (*1951) entschied das Schnellschachmatch über vier Partien gegen Garry Kasparov (*1963) für sich.

Stellte Osnabrück jemals einen Fußball-Erstligaklub?

Nein. Zwischen 1974 und 1993 zählte der VFL Osnabrück zwar zu den Urgesteinen der 2. Bundesliga, der Aufstieg in die 1. Liga gelang ihm aber nie.

Von welchem Verb stammt der Begriff „Sport" eigentlich ab?

Von dem lateinischen „disportare" („sich zerstreuen"), aus dem später das englische „sport" (Spaß, Vergnügen, Erholung) wurde.

Welcher Skispringer gewann als Erster überhaupt alle vier Teilwettbewerbe der Vierschanzentournee in einer Saison?

a) Jens Weißflog
b) Sven Hannawald
c) Hideharu Miyahira
d) Wolfgang Loitzl

b) Sven Hannawald
Der Skispringer (*1974) aus dem Erzgebirge verbuchte diesen Erfolg 2001/02 für sich. Dazu kamen vier Medaillen bei nordischen Skiweltmeisterschaften und jeweils drei Medaillen bei Olympischen Spielen und Skiflugweltmeisterschaften.

Wer ist seit 2006 Bundestrainer der deutschen Fußballnationalmannschaft?

Joachim „Jogi" Löw (*1960) wechselte den ehemaligen Nationalspieler Jürgen Klinsmann (*1964) ab, der nur zwei Jahre Trainer blieb.

Welchen Vorteil haben Inlineskates gegenüber ihren Vorläufern, den Rollschuhen?

Inlineskates

Durch die Anordnung der vier Rollen hintereinander ermöglicht das Skaten eine höhere Geschwindigkeit als die veralteten Rollschuhe.

Wann wird ein Spieler im Handball disqualifiziert?

Die dritte Zeitstrafe bzw. die Rote Karte zieht die Disqualifikation im Spiel nach sich. Die Verstöße davor werden von den Schiedsrichtern mit Freiwürfen, Gelben Karten oder Zwei-Minuten-Strafen geahndet.

Der Sportler gewann gleich dreimal und als erster amerikanischer Radfahrer überhaupt die Tour de France. Damit ist er neben Lance Armstrong einer von überhaupt nur zwei Amerikanern, die das prestigeträchtige Rennen bisher je gewonnen haben. **Wie heißt er?**

Greg LeMond (*1961). Armstrong (*1971) gewann das Rennen übrigens insgesammt siebenmal.

Welcher deutsche Verein holte die meisten Titel in der Fußballbundesliga?

Der FC Bayern. Bereits 20-mal war der Verein Deutscher Meister, zuletzt 2007/08. Den Titel in der ersten Bundesligasaison 1963/64 gewann der VfB Leipzig.

Wer gewann in den Jahren 1969 bis 1972 und im Jahr 1974 insgesamt fünfmal die Tour de France?

Eddy Merckx (*1945). Der Belgier gewann außerdem fünfmal das zweitwichtigste Etappenrennen der Welt, den Giro d'Italia.

Kann ein Spieler im Fußball ohne Vorwarnung durch eine Gelbe Karte sofort mit Rot des Feldes verwiesen werden?

Ja, bei einem schweren Regelverstoß kann der Schiedsrichter die Gelbe Karte, die es für eine erste Regelübertretung normalerweise gibt, überspringen.

Die Rote Karte

Wo fanden 1992 die 25. Olympischen Sommerspiele statt?

In Barcelona. Deutschland lag in dem Jahr auf Rang drei des Medaillenspiegels.

Ist es auf dem Mond wirklich bitterkalt?
Es hat seinen Grund, warum Astronauten nur im Dunkel der Mondnacht zu sehen sind. Auf der Sonnenseite des Erdtrabanten wird es nämlich bis zu 180 Grad Celsius heiß.

Spuren von Leben gibt es in jeder Wüste. **Stimmt das?**
Dies gilt nicht für die rund 166.000 Quadratkilometer große Wüste Lut im Inneren des Iran. Dort haben Wissenschaftler bisher keine Spur von pflanzlichem oder tierischem Leben gefunden.

Ist die Arktis eine Insel?
Unter dem arktischen Eis befindet sich kein Land. Sollte der Eispanzer einmal schmelzen, bliebe nur noch ein gigantischer Ozean. Die Antarktis dagegen ist ein echter Kontinent.

In welcher Stadt regnet es am meisten?
a) Rom
b) London
c) Genua
d) Berlin

c) Genua
Tatsächlich regnet es auf das Jahr verteilt in Genua doppelt so viel wie in London. Selbst in Rom gibt es etwa 25 % mehr Niederschlag als in der britischen Hauptstadt. Da es dort aber durchschnittlich jeden zweiten Tag ein wenig nieselt, während es in Italien hauptsächlich im Winter heftige Regengüsse gibt, mag der subjektive Eindruck täuschen.

Gibt es Nordlichter nur im Norden?
Das geheimnisvolle Glimmern entsteht, wenn elektrisch geladene Teilchen in der Atmosphäre mit Luftteilchen zusammenstoßen. Da die Teilchen von den Polen magnetisch angezogen werden, sind Nordlichter an den beiden Polen am häufigsten und besten zu sehen. Es gibt sie aber auch in gemäßigten Breiten wie Mitteleuropa.

Kompassnadeln zeigen immer …?
a) … nach Norden
b) … zum magnetischen Nordpol
c) … zum geografischen Nordpol
d) … zum geografischen Südpol

b) … zum magnetischen Nordpol
Der liegt momentan bei den Königin-Elisabeth-Inseln in Kanada und ist knapp 2000 Kilometer vom geografischen Nordpol entfernt. Das Erdmagnetfeld kann sich auch umkehren, sodass die Kompassnadeln Richtung Süden zeigen.

Kompass

Wie wechselhaft ist das Wetter im April wirklich?
Die Erkenntnis „Der April macht, was er will" gilt nur für den Norden Europas. Hier stoßen im Frühjahr die vom Atlantik bereits erwärmten Luftmassen mit den kalten über dem eurasischen Kontinent zusammen, was die häufigen Wetterwechsel verursacht.

War Stonehenge ein keltisches Heiligtum?

Nein, es entstand schon lange vor keltischer Zeit. Die Anfänge liegen in der Jungsteinzeit um etwa 3200 v. Chr., die jüngsten Spuren der Nutzung stammen von 1400 v. Chr. – also rund 1000 Jahre, bevor die Kelten auf die Britischen Inseln kamen.

Stonehenge

Steht die Sonne vom 21. März bis 21. April im Sternbild des Widder?

Das war einmal, denn die Sternbilder unseres Tierkreises wurden vor 2000 Jahren festgelegt. Inzwischen steht die Sonne zur Zeit des Widder noch im Sternbild der Fische und wechselt in den Widder, wenn laut Astrokalender schon der Stier an der Reihe ist.

„Kontrollierter Anbau" – ein Qualitätsmerkmal?

Das Etikett sagt überhaupt nichts über die Qualität eines Produktes aus, schließlich wird jedes Feld einmal in irgendeiner Form kontrolliert. Einen „kontrolliert-biologischen Anbau" darf dagegen nur jemand versprechen, der sich von einem anerkannten Öko-Verband prüfen lässt.

Wo lebten Steinzeitmenschen?

a) in Höhlen
b) in Hütten und Zelten
c) im Freien
d) auf Bäumen

b) in Hütten und Zelten
Höhlen dienten nur als Räume für rituelle Zeremonien. Allerdings bauten die Steinzeitmenschen ihre Unterkünfte oft am Eingang von Höhlen.

Sind „Blüten" Falschgeld?

Nach juristischem Sprachgebrauch sind „Blüten" Spielgeld, also Abbildungen von Geldscheinen, die auf den ersten Blick zu erkennen sind. Gefälschte Geldscheine, die den Zweck haben, damit tatsächlich unerkannt zahlen zu können, sind ganz einfach „Falschgeld".

■ Streng genommen war nicht er der erste Weltumsegler, sondern die übrigen 18 Seeleute, die von seiner Mannschaft im September 1522 wieder heil nach Spanien zurückkehrten. Er selbst wurde während der zweiten Reise zu den indonesischen Gewürzinseln auf den Philippinen getötet. **Von wem ist hier die Rede?**

Fernando Magellan (1480–1521).

Woher hat die Garküche ihren Namen?

Nicht etwa, weil dort gegart wird; sie ist nach dem Garum benannt, einer würzigen Fischsoße, die im alten Rom über beinahe jedes Gericht gegeben wurde.

Wie entstand Rembrandts *Die Nachtwache*?

In Wahrheit hatte Rembrandt (1606–69) keine nächtliche Szene, sondern ein Gruppenbild einer Amsterdamer Gewehrschützengilde in leuchtenden Farben gemalt. Das Bild landete allerdings in einem Archiv und setzte Patina an. Erst 1911 wurden alte Firnisschichten von dem bis dahin nächtlich düsteren Gemälde entfernt.

Ist die Sphinx weiblich?

In der griechischen Mythologie ist sie ein Untier, tatsächlich halb Frau halb Raubkatze. Die ägyptische Sphinx allerdings stellt einen Pharao (vermutlich Chephren, reg. um 2522–2489 v. Chr.) mit Löwenkörper dar.

Ägyptische Sphinx

- Er war nur knapp 1,60 Meter groß und damit alles andere als eine imposante Erscheinung. Ohne Skrupel aber baute sich der Welfe ein Machtimperium auf und verdeutlichte 1166 mit der Aufstellung eines mächtigen Bronzelöwen vor der Burg Dankwarderode seinen gewünschten Status. **Wie hieß er?**

Heinrich der Löwe (1129–95).

Sind Tyrannen immer Gewaltherrscher?

Das griechische Wort „tyrannis" bedeutet Alleinherrschaft und stand lediglich für einen Herrscher, der unbeschränkte Macht hatte. Es bekam erst eine negative Bedeutung, nachdem immer mehr Tyrannen ihre Macht missbrauchten.

Sollte man mindestens eine warme Mahlzeit pro Tag zu sich nehmen?

Das muss nicht sein. Manche Lebensmittel können zwar nur gekocht genossen werden, doch auf die Wärme der Mahlzeiten ist der Körper in Wahrheit nicht angewiesen.

Welche war eine der ersten Weltsprachen?

a) Aramäisch c) Griechisch
b) Assyrisch d) Latein

b) Assyrisch
In der Frühgeschichte waren Assyrisch und Akkadisch schon im gesamten Orient verbreitet. Abgelöst wurden sie ab 900 v. Chr. zunächst von Aramäisch, das ab dem 5. Jh. v. Chr. auch offizielle Reichssprache des riesigen Perserreichs wurde.

Wurde Aphrodite aus dem Meerschaum geboren?

Diese Version ihrer Geburt verdankt ihren Bekanntheitsgrad den vielen Künstlern, die sich im Laufe der Jahrhunderte der Erzählung Hesiods anschlossen: Kronos wirft das abgeschnittene Glied seines Vaters Uranos ins Meer, aus dessen Schaum die Liebesgöttin entsteigt. Anderen Erzählungen zufolge entstammt sie schlicht einer Liaison zwischen Zeus und Dione.

War die Folter ein typisches Instrument des Mittelalters?

Bis zum 12. Jahrhundert waren Folter und Todesstrafe in Mitteleuropa unüblich. Da Bußgelder und „Gottesurteile" aber oft nicht fruchteten, ging man zu abschreckenderen Strafen wie der „peinlichen (also schmerzhaften) Befragung" vor Gericht über.

Pfahlhängen bzw. Strappado

Was war ein Gymnasium ursprünglich?

Das griechische Wort heißt übersetzt „Ort der Nackten" (gymnos = nackt) und bezeichnete in der Antike eine Übungsstätte für Sport, der damals nackt betrieben wurde. Aber auch philosophische Vorträge gehörten bereits zum Programm.

Er scharte Fachleute für Seefahrt um sich, finanzierte Expeditionen nach Madeira, zu den Azoren und den Kapverdischen Inseln. Doch zur See gefahren ist der populäre portugiesische Monarch selbst nie. **Wie lautet sein Name?**

Heinrich der Seefahrer (1394–1460).

Welche war die erste deutsche Hauptstadt?

a) Frankfurt am Main
b) Aachen
c) Köln
d) Regensburg

a) Frankfurt am Main
Mit Gründung des deutschen Bundes bekam Deutschland 1815 seine erste Hauptstadt. Aachen war bis ins 16. Jahrhundert nur Krönungsort der deutschen Könige.

Woher stammten die englischen Königshäuser?

Die meisten englischen Dynastien kamen vom Kontinent: aus Norddeutschland, Dänemark und Frankreich, selten aber aus England. Die berühmten Tudor kamen zwar von der Insel, waren aber Waliser.

Was versteht man unter einer Algenblüte?

Algen können nicht blühen, der Begriff bezeichnet eine Massenvermehrung von

Algen. Manche Meeresalgen sorgen dabei für echte Farbtupfer auf dem Wasser, z. B. die Oscillatoria rubescens, die in tiefem Rot „blüht".

■ **Halten große Gesten eine Beziehung zusammen?**

Im Gegenteil. Es sind scheinbar eher die kleinen Dingen, die eine Beziehung im Zweifelsfall kitten: alltägliche Rituale, gemeinsame Gewohnheiten etc. Dutzend lieb gewordene Kleinigkeiten erschweren eine Entfremdung voneinander.

■ Der Union Jack ist die Flagge von England. **Stimmt das?**

Der Union Jack ist die Flagge des Vereinigten Königreichs Großbritannien und Nordirland und ist deshalb eine Kombination aus englischer, schottischer und ehemaliger irischer Flagge.

Union Jack

■ **Der nördlichste Punkt Europas ist ...?**

a) ... das Nordkap
b) ... Magerøy
c) ... Kinnaroden
d) ... Knivskjelodden

c) ... Kinnaroden

Der Ort auf der norwegischen Landzunge Nordkinn ist der nördlichste Punkt auf dem Festland. Die kleine Halbinsel Knivskjelodden ist der nördlichste Punkt auf der Insel Magerøy, auf der auch das berühmte Nordkap zu finden ist.

■ **Beseitigt man Probleme, indem man „darüber redet"?**

Nicht zwangsläufig, entscheidend für den Erfolg des Gesprächs ist das Wie. Echtes Interesse für den Standpunkt des anderen ist unumgänglich, um nicht in einer Dauerschleife der Anschuldigungen hängen zu bleiben.

■ **Sind Pilze Pflanzen?**

Nach neueren Einteilungen sind sie es nicht mehr. Da sie z. B. kein Chlorophyll besitzen und ihre Zellwände mit Chitin stärken (was sonst nur bei Tieren vorkommt), wurden die Pilze von den Pflanzen unterschieden.

■ **War der Blitzkrieg eine deutsche Strategie?**

Hitlers Krieg gegen Polen wurde 1939 vom US-Magazin „Time" als Blitzkrieg betitelt. Nach der ebenso schnellen Eroberung Frankreichs pflegte Hitler dann selbst den Mythos einer speziellen Strategie, Länder im Handumdrehen zu erobern.

■ Nur Monate mit einem „r" sind für den Muschelverzehr geeignet. **Stimmt das?**

Diese Vorsichtsmaßnahme gilt tatsächlich für Miesmuscheln, die aus dem Atlantik oder der Nordsee stammen. Diese können in den Sommermonaten giftiges Plankton aufnehmen, das zu einer Muschelvergiftung führen kann. Miesmuscheln aus dem Mittelmeer dagegen kann man auch von Mai bis August genießen.

Wie stark war Deutschlands Luftwaffe im Zweiten Weltkrieg wirklich?

Das Lieblingsspielzeug von Reichsmarschall Hermann Göring (1893–1946) wies entscheidende Schwächen auf: Es gab keine effektive Luftabwehr und für den Luftkampf gegen England fehlte den meisten Bombern die Reichweite.

Briefmarke von 1943

Geistiger und politischer Stillstand – ein Merkmal für die Zeit des Biedermeier?

Der Biedermeier war keine Epoche, sondern ein Lebensstil, den zwischen 1815 und 1848 die wohlsituierten Beamtenfamilien pflegten. In anderen Kreisen dagegen gärte die politische Unzufriedenheit des Vormärz; und einige neue Vorstellungen hatte der Biedermeier immerhin anzubieten, z.B. die Liebesheirat und das Recht der Kinder auf eine Kindheit.

Spielte die deutsche Flotte im Ersten Weltkrieg eine große Rolle?

Militärisch war das Prestigeprojekt völlig nutzlos; die Flotte wurde kaum eingesetzt, da sie zu schwach war, um gegen England zu kämpfen. Eine Rolle spielte sie erst im November 1918, als ihre Kommandeure nach der deutschen Kapitulation noch „das letzte Gefecht" befahlen und damit die berühmten Aufstände der Matrosen bewirkten.

Nach wem ist der Rote Platz in Moskau benannt?

Für die Russen war und ist Moskaus Hauptplatz schlicht der „Schöne Platz" (russ. Krasnaja Ploschtschad = Schöner/(roter) Platz). Die Umdeutung „Roter Platz" passt aber natürlich sowohl zu den Kommunisten als auch zum vielen Blut, das auf dem Platz schon vergossen worden ist.

Alle Säugetiere bringen lebende Junge zur Welt. **Stimmt das?**

Nicht ganz, in Australien leben zwei Ausnahmen: Das Schnabeltier und der Ameisenigel legen erst Eier und säugen dann ihre ausgeschlüpften Jungen. Die beiden Tiere werden auch als Zwischenstation in der Entwicklung zum Säuger angesehen.

Schnabeltier

Können Pflanzen Fieber bekommen?

Wenn sie an Wassermangel leiden oder geschädigte Wurzeln das Wasser nicht mehr ausreichend aufnehmen können, haben Pflanzen tatsächlich Fieber. Die Überhitzung kann bis zu fünf Grad Celsius betragen und ist an den Blättern messbar.

Hat die Kiwifrucht etwas mit dem neuseeländischen Vogel zu tun?

Sie stammt ursprünglich aus China. Neuseeland war jedoch das erste Land, das die Frucht veredelte und kommerziell anbaute. Aus werbetechnischen Gründen taufte man die Kiwi dann tatsächlich auf den Namen des neuseeländischen Nationalvogels.

Kiwifrucht

Kiwi

Ist Radioaktivität eine Folge der Atomenergienutzung?

Es gibt auch ganz natürliche Radioaktivität. Sie entsteht, wenn instabile Atomkerne zerfallen und dabei Energie abgeben. Die natürliche Strahlenbelastung für den Menschen stammt vor allem von der kosmischen Höhenstrahlung und dem Gas Radon, das sich vermutlich bei der Entstehung des Universums entwickelte.

Sind Luftlöcher daran schuld, wenn Flugzeuge absinken?

Luft hat keine Löcher. Wenn ein Flugzeug plötzlich absackt, liegt das entweder am Wind oder an der Thermik.

Seit wann gibt es Smog?

Nicht erst seit der Industrialisierung. Wissenschaftliche Untersuchungen belegen, dass die Menschen schon im Mittelalter unter starker Luftverschmutzung durch zu viel Staub, Wasserdampf, Asche und Gase litten.

Gibt es Elefantenfriedhöfe?

Das Gerücht, Elefanten zögen sich zum Sterben immer an die gleichen Orte zurück, entstand vermutlich durch einzelne Funde großer Mengen Elefantenknochen an einer Stelle. So ein Verhalten wurde aber bisher noch nie beobachtet.

Wie viel Silber enthält Silbergeld?

a) 70 %　　c) 30 %
b) 60 %　　d) gar keines

d) gar keines
Silbergeld sieht nur so aus, als würde es das Edelmetall enthalten. Der silbrige Anteil der Euromünzen ist eine Legierung aus 75 % Kupfer und 25 % Nickel. Die letzte deutsche Münze mit Silberanteil war das Fünf-Mark-Stück.

Werden im Herbst die Blätter bunt?

Im Herbst verlieren die Blätter ihr Chlorophyll, sodass mit einem Mal auch die etwa 400 anderen Farbstoffe zu sehen sind. Anthozyane und Carotinoide lassen dann die Blätter in Rot- und Gelbtönen erstrahlen. Sie werden also nicht bunt, sondern bleichen vielmehr aus.

War James Cook wirklich der Entdecker Australiens?

Abgesehen davon, dass die Aborigines Australien auch erst einmal entdecken mussten, ist der erste namentlich bekannte „Eroberer" des Kontinents der Niederländer Willem Jansz (um 1570–1630).

■ ■ ■

Erfand James Watt die Dampfmaschine?

Die erste, wenn auch kleine, Dampfmaschine entwickelte der französische Arzt Denis Papin (um 1647–1712). Der noch heute bekannte Dampfdruckkochtopf geriet aber zunächst wieder in Vergessenheit. James Watt (1736–1819) konstruierte die erste effiziente, industriell einsetzbare Dampfmaschine.

■ ■ ■

Wann wurde Beton erfunden?

a) im 2. Jahrhundert v. Chr.
b) im 17. Jahrhundert
c) im 18. Jahrhundert
d) im 19. Jahrhundert

a) im 2. Jahrhundert v. Chr.
Die Römer mischten den schon bekannten Mörtel mit Vulkansand (Puzzolan) und bekamen so eine viel festere Mischung als bis dato bekannt. Der Gussbeton erlaubte ihnen, große überwölbte Bauten wie das Pantheon zu errichten.

■ ■ ■

Wie lange leben Eintagsfliegen?

Je nach Art verbringen sie ein bis vier Jahre ihres Lebens als Larve im Wasser. Nach dem Schlüpfen häuten sie sich binnen weniger Stunden oder Minuten und fliegen dann auf Partnersuche. Die ist aber dann tatsächlich nach wenigen Tagen oder gar Stunden erledigt.

■ ■ ■

Heulen Wölfe den Mond an?

Auch wenn Wölfe ihren Kopf sehr malerisch gen Himmel recken, wenn sie heulen, hat das nichts mit dem Mond zu tun. Sie grenzen durch den Ruf ihr Revier gegen Eindringlinge ab und versammeln so das Rudel nach der Jagd.

■ ■ ■

Sein Schicksal ist ein ähnliches wie das des Nilpferds. In der Region, die ihm seinen Namen gab, ist er längst ausgestorben. Vertreter seiner Gattung leben nur noch in China und der Amurregion. Mit etwa 350 Kilogramm ist er die größte Raubkatze der Welt.

Wer ist gesucht?

Der Sibirische Tiger.

Das „dritte Auge" – Fakt oder esoterischer Kram?

Tatsächlich haben manche Reptilien und Vögel auf der Stirn eine Art drittes Auge. An dieser Stelle ist der Schädelknochen so dünn, dass Licht durchfällt und den Tieren scheinbar meldet, welche Jahreszeit gerade herrscht. Enten, denen die Stelle im Experiment verdeckt wurde, wussten auf einmal nicht mehr, wann es Zeit war zu brüten oder sich einen Winterspeck anzulegen.

Finden Brieftauben immer ihren Weg nach Hause?

Nicht, wenn sie in einem Käfig transportiert werden, der gegen Magnetfelder abgeschirmt ist. Denn offenbar orientieren sich Tauben wie auch Zugvögel am Magnetfeld der Erde. Eine Theorie besagt, dass sie das Magnetfeld mithilfe eines Moleküls in ihrer Netzhaut sehen können.

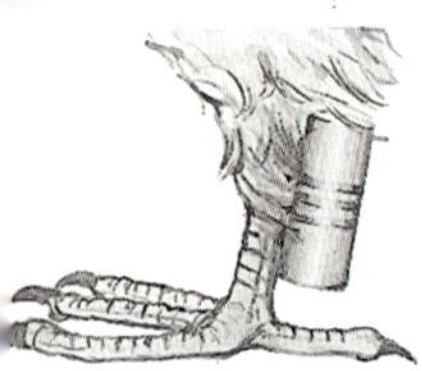

Die Nachricht wird am Fuß befestigt.

Goethe erfand den Faust. **Stimmt das?**

Der Faust ist keine reine Erfindung Goethes (1749–1832). Vorbild für die Figur soll ein Württemberger Arzt (um 1480–1538) gewesen sein, der sich als Alchemist und Schwarzkünstler betätigt haben soll. Der goetheschen Fassung gingen bereits die *Historia von D. Johann Fausten, dem weit beschreyten Zauberer und Schwartzkünstler* (1587) und ein Drama von Christopher Marlowe von 1590 voraus.

Was zählte für Oscar Wilde mehr – Kunst oder Moral?

Trotz flotter Sprüche über moralfreie Kunst und den Vorrang des Schönen sind seine Werke im Kern doch hoch moralisch. Es scheint Wildes (1854–1900) persönliche Tragik zu sein, dass sein Publikum nur das moralfreie Image liebte, das er sich aufgebaut hatte.

Wachsen nach dem Tod Haare und Nägel noch ein Stück weiter?

Dieser Irrtum rührt daher, dass die Haut nach dem Tod austrocknet und einschrumpft. Plötzlich ragen Nägel weiter über Finger und Zehen hinaus als vorher und Bartstoppeln scheinen gewachsen zu sein.

Der berühmte Lehrsatz, der nach dem Mathematiker (um 570–ca. 500 v. Chr.) selbst benannt ist, soll bereits über 1000 Jahre vor dessen Zeit in Babylon dargestellt und von ägyptischen Landvermessern praktisch angewendet worden sein. Mathematisch bewiesen wurde er aber wohl tatsächlich von ihm. **Welcher Satz ist gesucht?**

Der Satz des Pythagoras: In einem rechtwinkligen Dreieck ist die Summe der Kathetenquadrate gleich dem Hypotenusenquadrat.

Ist Recyclingpapier immer grau?

Das war einmal. Heute gibt es Recyclingpapier in bester weißer Qualität, das auch für Drucker und Kopierer verwendbar ist.

Das größte Landraubtier ist …?

a) … der Kodiakbär
b) … der Eisbär
c) … der sibirische Kamtschatkabär
d) … der Grizzly

a) … der Kodiakbär
Er lebt in Alaska, wird bis zu drei Meter groß und wiegt rund 850 Kilogramm. Eisbären erreichen ein Gewicht von etwa 650 Kilogramm, ein Leichtgewicht ist dagegen der berüchtigte amerikanische Grizzly mit nur etwa 350 Kilogramm.

Kodiakbär

Wie hieß Mozart mit Vornamen?

„Wolfgang Amadeus" setzte sich erst im 20. Jahrhundert durch. Getauft wurde das Musikgenie (1756–91) auf die Namen Johannes Chrysostomus Wolfgangus Theophilus, er unterschrieb aber am liebsten mit „Wolfgang Amadé".

Wir nutzen nur zehn Prozent unseres Gehirns. **Stimmt das?**

Diese Theorie basiert auf anatomischen Versuchen aus dem 18. Jahrhundert. Heute lässt sich hingegen mithilfe moderner Messinstrumente feststellen, dass es zwar besonders wichtige und unterschiedlich aktive Zentren im Gehirn gibt, aber auch der Rest der Hirnmasse durchaus beschäftigt ist.

„Mens sana in corpore sano." Was wollte Juvenal eigentlich damit sagen?

Der römische Satiriker (um 60–127) meinte in Wahrheit nicht, dass in jedem gesunden Körper ein gesunder Geist stecke, sondern lediglich, dass dies zu wünschen sei. Er persönlich bezweifelte angesichts der Scharen antiker Muskelprotzen einen Zusammenhang und machte sich damals schon über den grassierenden Fitnesswahn lustig.

Wie viele Füße haben Tausendfüßer?

a) etwa 200
b) etwa 400
c) etwa 900
d) 1000

b) etwa 400
Zumindest im Durchschnitt weisen die Tierchen etwa 200 Beinpaare, also 400 Füße auf. Der Rekord soll allerdings bei 350 Paaren liegen.

Tausendfüßer

Wer erfand die Glühbirne?

Sie wurde 1854 von Heinrich Goebel (1818–93) erfunden, einem nach Amerika ausgewanderten deutschen Uhrmacher. Doch im Gegensatz zu ihm verstand es erst der berühmte Thomas Alva Edison (1847–1931), seine rund 20 Jahre später geschaffene Glühbirne publik zu machen.

Asbest – ein Übel der Neuzeit?

Die mineralischen Asbestfasern waren schon im 5. Jahrhundert v. Chr. beliebt, weil man sie gut biegen und verspinnen konnte und sie feuerfest waren. 1993 wurde Asbest in Deutschland verboten, weil seine Feinstäube krebserregend sein können.

Wer schrieb die *Ilias?*

Ob der berühmte Dichter Homer jemals gelebt hat, ist unsicher und sorgte schon in der Antike für einiges Rätselraten. Seine Lebenszeit wird zwischen 800 und 600 v. Chr. veranschlagt.

Homer

Wo lebten die griechischen Götter?

Nur zwölf der zahlreichen Götter lebten auf dem berühmten Olymp: Zeus mit Gattin Hera, den Brüdern Hades und Poseidon, Schwester Hestia, den gemeinsamen Söhnen Ares und Hephaistos und den weiteren Kindern Athene, Artemis, Apollon, Hermes und Aphrodite.

Wo befindet sich die größte Pyramide der Welt?

a) in Ägypten c) in China
b) in Mexiko d) in Tunesien

b) in Mexiko
Sie wurde von den Azteken gebaut und befindet sich nahe Cholula, einem etwa 100 Kilometer von Mexiko-City entfernten Städtchen. Ihr Rauminhalt beträgt etwa 30 % mehr als der der berühmteren Cheopspyramide in Ägypten.

Tötete Medea ihre eigenen Kinder?

In der traditionellen Medeasage werden die Kinder von Korinthern getötet, nachdem Medea den korinthischen König ermordet hat. Erst der Dichter Euripides (um 480–406 v. Chr.) ließ sein Stück damit enden, dass sie ihre Kinder selbst tötet.

Kamen laut skandinavischem Mythos alle gefallenen Krieger in Odins Walhalla?

So einfach war es nicht: Nur wer adlig und im Zweikampf gefallen war, schaffte es in den Palast des Göttervaters. In der Schlacht gefallene Adlige nahm der Kriegsgott Tyr auf. Gefallene Bauern schafften es immerhin in die Burg Thors, wo es ohnehin am fröhlichsten zugegangen sein soll.

Hat die Götterdämmerung etwas mit der Nibelungensage zu tun?

Erst durch Richard Wagner (1813–83) wurden die beiden in einem Opernzyklus zusammengebracht.

War Greenpeace der erste Anwalt der Wale?

Eine Ökobewegung, die unter anderem auch das Schicksal der Wale im Auge hatte, gab es bereits um die Wende vom 19. zum 20. Jahrhundert. Der Publizist Ludwig Klage (1872–1956) prangerte den Walfang im großen Stil an, durch den innerhalb von zwei Jahren 5000 Meeressäuger dahingeschlachtet worden sein sollen.

Der Verfasser des *Isocameron* war bereits mit 16 Jahren ausgebildeter Jurist, studierte außerdem Theologie, Medizin, Chemie und Mathematik, arbeitete als Theaterdirektor, Ingenieur, Leiter einer Manufaktur und war ein guter Geiger. Das Multitalent hatte also nicht nur Frauen im Kopf. **Von wem ist die Rede?**

Giacomo Casanova (1725–89).

Porträt des Giacomo Casanova *von Francesco Casanova, 1750–55*

Wie heißt der bekannte Uhrturm des Westminster Palace?

a) St. Beckett Tower
b) St. Halls Tower
c) St. Stephens Tower
d) Big Ben

c) St. Stephens Tower
Big Ben heißt nur die fast 14 Tonnen schwere Glocke, die in dem 96 Meter hohen Turm stündlich schlägt.

Komponierte Beethoven „für Elise"?

Das berühmte Klavierstück *Für Elise* war sehr wahrscheinlich „für Therese" von Malfatti, die Tochter eines Wiener Arztes, komponiert. Wer sich aber nicht festlegen will, spricht einfach von der „Bagatelle in a-moll".

Gibt es katholische Priesterinnen?

Tatsächlich wurden um 1970 in der tschechischen Untergrundkirche Frauen zu Priesterinnen geweiht, um in Frauengefängnissen Seelsorge zu gewährleisten. Der Vatikan untersagte den Frauen allerdings, als Priesterinnen zu wirken.

Wann war Karl May im Wilden Westen?

a) 1904
b) 1908 und 1910
c) 1910 und 1912
d) nie

b) 1908 und 1910
Allerdings waren seine Abenteuer von Winnetou und Old Shatterhand da bereits verfasst. Er recherchierte dafür ausschließlich in Büchern, weshalb sich auch einige falsche Fakten in die Geschichten eingeschlichen haben.

Ist Frankenstein ein Monster?

Dr. Frankenstein ist natürlich nur der Erzeuger des Ungeheuers und nicht das Ungeheuer selbst. Mary Shelleys (1797–1851) Roman erzählt von den Versuchen des Barons Victor, einen künstlichen Menschen zu erschaffen.

Wer erfand die Figur des Wilhelm Tell?

a) Aegidius Tschudi
b) Hans Schriber
c) Friedrich Schiller
d) Johannes Müller

a) Aegidius Tschudi
Friedrich Schiller hat die Erzählung des Schweizer Schriftstellers und Politikers Tschudi (1505–72) lediglich übernommen und mit zusätzlichen Elementen ausgeschmückt.

Der Apfelschuss, *Fresko von Ernst Stückelberg*

Wann ist Schlaf am gesündesten?

a) vor Mitternacht
b) nach Mitternacht
c) in den ersten zwei bis drei Stunden
d) in der REM-Phase

c) in den ersten zwei bis drei Stunden
Da ist der Schlaf am tiefsten und erholsamsten. Ob sich diese Stunden vor oder nach Mitternacht abspielen, ist völlig egal. Es gibt bisher keinen wissenschaftlichen Nachweis, dass Frühaufsteher gesünder leben als Nachteulen.

König Artus: Sagenfigur oder historische Person?

Als heißer Kandidat für die wahre Identität des Artus gilt Owain Ddantgwyn (um 500), ein mächtiger Regionalfürst aus dem walisisch-englischen Grenzgebiet. Einige Wissenschaftler vermuten aber, dass „Artus" lediglich ein Titel und kein Name war.

Sind Holzblasinstrumente immer aus Holz?

Nein, sie können auch aus Metall sein wie das Saxofon oder die Querflöte. Hölzerne Alphörner dagegen zählen beispielsweise zu den Blechblasinstrumenten.

Ab 1913 setzte der Automobilhersteller das Fließband ein und begann, seine Arbeiter nach Akkord zu bezahlen. Erfunden hat er die Fließbandproduktion, die zuvor schon im Lebensmittelbereich eingesetzt wurde, allerdings nicht. Auch in der Automobilindustrie war er nicht der Erste. **Wie lautet sein Name?**

Henry Ford (1863–1947).

Karies – eine Zivilisationskrankheit?

Unter faulen Zähnen haben schon die Pharaonen gelitten. Allerdings offenbaren Skelettfunde ein noch viel schwerwiegenderes Zahnleiden: Durch feinen Steinstaub, der beim Mahlen des Getreides entstand, wurden ihre Zähne oft bis zur Wurzel abgeschliffen. Ob diese zusätzlich von Karies befallen waren, ist dann nicht mehr festzustellen.

Der Rattenfänger von Hameln: Märchen oder Wahrheit?

Historiker gehen davon aus, dass es im 13. Jahrhundert wirklich einen Massenauszug von Jugendlichen aus Hameln gegeben hat. Was dahintersteckt, ist allerdings noch unklar. In der ältesten bekannten Fassung ist von einem eleganten Jüngling die Rede, der an einem Sonntag im Jahr 1284 mit 130 „kint" verschwunden sei. Von Ratten wird allerdings nicht gesprochen.

Rattenfängerbrunnen von Hameln

Ist Dreck ungesund?

Im Gegenteil, natürlicher Dreck ist in der Regel sogar gesund. Wer in einer zu sterilen Umgebung lebt, kann seine Abwehrkräfte nicht richtig trainieren und leidet vermehrt an Allergien und Infektionen.

Ist Labyrinth ein Synonym für den Irrgarten?

Ein Labyrinth ist zwar unübersichtlich, doch führt nur ein einziger gewundener Weg in das Innere. Es sollte ursprünglich zur Meditation anregen und ist deshalb auch häufig in mittelalterlichen Kirchen zu sehen. Im Gegensatz zu einem Irrgarten, der viele Sackgassen hat, kann man sich im Labyrinth nicht verlaufen.

Ist Ali Baba wirklich Anführer von 40 Räubern?

Das syrische Märchen *Ali Baba und die 40 Räuber* erzählt von einem braven Kaufmann, der zufällig die Schatzhöhle der 40 Räuber entdeckt. Mithilfe einer klugen Sklavin namens Mardschiana gelingt es ihm, alle Räuber zu töten und Besitzer des Schatzes zu werden.

Michelangelo war ein berühmter Maler. **Stimmt das?**

Auch wenn die *Erschaffung des Menschen* in der Sixtinischen Kapelle wohl sein populärstes Werk sein dürfte, sah sich Michelangelo vor allem als Bildhauer und Architekt. Er begründete den Manierismus und war maßgeblich für die Gestaltung des Petersdoms verantwortlich.

Essen dicke Menschen zu viel?

Das Klischee vom dicken Vielfraß stimmt nur in den seltensten Fällen. Es gibt zahlreiche individuelle Gründe, die schwerer wiegen als Ernährung, wie z.B. Bewegungsmangel, genetische Veranlagungen oder Stoffwechselkrankheiten.

Wie schwer ist eigentlich Luft?
Luft wiegt im Schnitt 1,2 Kilogramm pro Kubikmeter. Dieses Gewicht setzt sich zusammen aus 75 % Stickstoffmolekülen und 23 % Sauerstoffmolekülen. Kalte Luft ist übrigens dichter und wiegt deshalb mehr als warme.

Welches ist keines der sieben Weltwunder?
a) Cheopspyramide
b) Hängende Gärten in Babylon
c) Artemistempel in Ephesos
d) Kolosseum

d) Kolosseum
Im klassischen Kanon der sieben Weltwunder nimmt das Kolosseum keinen Platz ein, wird jedoch in einigen antiken Listen zu den Weltwundern gezählt.

Kolosseum

War Belsazar König von Babylon?
Der babylonische Herrscher, der die berühmte Drohschrift über sein nahendes Ende an der Wand erblickt haben soll, war kein König, sondern nur Statthalter im Namen seines Vaters Nabonid (reg. 555–539 v. Chr.).

Schwitzen wir mehr bei schwülem Wetter?
Die Luftfeuchtigkeit hat keinen Einfluss darauf, wie stark wir schwitzen. Jedoch verdunstet der Schweiß schlechter als bei trockener Luft und bleibt so besser am Körper kleben, der Kühlungseffekt der Verdunstung bleibt damit aus.

Er wurde 1964 für den Film *Alexis Sorbas* erfunden, weil Hauptdarsteller Anthony Quinn (1915–2001) die Schritte der originalen Volkstänze zu schwierig gewesen sein sollen. Die Musik schrieb der berühmte Komponist Mikis Theodorakis (*1925). **Welcher Tanz wird gesucht?**
Der Sirtaki.

Was heißt eigentlich zuckerfrei?
Zuckerfreie Produkte enthalten lediglich keinen Haushaltszucker (Saccharose), dürfen aber durchaus aus Fruchtzucker, Malzzucker, Traubenzucker, Glucosesirup und kalorienhaltigen Zuckeraustauschstoffen wie z. B. Sorbit bestehen.

Wie lange dauern Träume wirklich?
„Nur wenige Sekunden" war lange Zeit die Antwort der Schlafforscher. Das wurde inzwischen aber widerlegt: Träume kön-

nen bis zu 30 Minuten anhalten und stimmen in ihrer gemessenen Dauer meist mit der geschätzten Zeit des Träumenden überein.

Sind Geishas immer weiblich?

Weibliche Geishas gibt es erst seit dem 17. Jahrhundert. Die ersten Unterhaltungskünstler, die traditionelle japanische Künste aufführten, waren ausschließlich Männer.

Japanische Geishas

Welche europäischen Sprachen haben keinen indoeuropäischen Ursprung?

Neben Finnisch und Ungarisch zählen noch weniger beachtete dazu wie Baskisch, Maltesisch (eine semitische Sprache), Estnisch und Türkisch.

Ist das Christkind eine religiöse Figur?

Das Christkind als blond gelocktes Mädchen ist wie der Weihnachtsmann eine Kunstfigur, die nichts mehr mit Religion zu tun hat. Sie geht auf einen Nürnberger Puppenmacher zurück, dessen Engelsfigur auf so große Begeisterung stieß, dass sie zum „Christkind" wurde.

Aus welchem Land stammt die Zählweise beim Tennis?

a) England
b) Frankreich
c) Deutschland
d) Schweden

b) Frankreich
Dort spielte man in der frühen Neuzeit um Geld, die entsprechenden Münzen waren 15, 30 und 45 Sous wert.

War Nietzsche Antisemit und Nationalist?

Der deutsche als auch der italienische Faschismus haben sich zwar auf Friedrich Nietzsche (1844–1900) berufen, doch dieser selbst war vor allem radikaler Individualist. Theorien wie die zur „Herrenmoral" sind bei ihm immer auf das einzelne Genie bezogen und nicht auf ein Volk oder eine Nation.

Der Name „El Dorado" bezieht sich ursprünglich auf ...?

a) ... eine goldene Stadt
b) ... ein goldenes Land
c) ... einen goldenen Mann
d) ... das Paradies

c) ... einen goldenen Mann
„El Dorado" heißt auf Spanisch „der Goldene" und bezieht sich auf eine Geschichte, von der die spanischen Eroberer Südamerikas im 17. Jahrhundert gehört hatten.

■ Erdbeeraroma wird aus Erdbeeren hergestellt. **Stimmt das?**

In Wahrheit besteht Erdbeeraroma aus vergorenen Sägespänen und Apfelaroma aus billigen Ölen mit Tagetesduftstoff. Die sogenannten Fruchtaromen aus natürlichen Fruchtextrakten herzustellen, wäre viel zu teuer.

■ **Entstehen Erkältungen durch Kälte?**

Erkältungen werden durch Viren verursacht. Ausgekühlte Schleimhäute in den Atemwegen können allerdings leichter von den Krankheitserregern angegriffen werden. Dass es im Winter zu mehr Erkältungen kommt, liegt aber auch an der vermehrten Zeit, die wir mit vielen anderen Menschen in geschlossenen Räumen verbringen.

■ **Sind Vitamine immer gesund?**

Selbst bei Vitaminen können Überdosen gesundheitsschädigend sein, denn ein Zuviel kann nicht bei allen wieder problemlos ausgeschieden werden. Ein Überschuss an Vitamin A kann beispielsweise zu Kopfschmerzen und Übelkeit führen, Vitamin C bringt den Hormonspiegel durcheinander.

■ **Lebte Diogenes wirklich in einer Tonne?**

Auch wenn Diogenes sehr einfach lebte, war es wohl nicht ganz so schlimm. Dieser Irrtum beruht vermutlich auf einem Ausspruch Senecas (4 v. Chr.–63 n. Chr.), der meinte, ein Mann mit so geringen Bedürfnissen wie Diogenes könne auch in einer Tonne leben.

■ **Lag die Witwenverbrennung „Sati" in der hinduistischen Religion begründet?**

Als Wurzel gilt zwar das Epos *Ramayana*, in dem sich die Frau des Rama für ihren Mann verbrennt. Die Witwenverbrennung als Brauch kam jedoch erst im 8. Jahrhundert auf, als sich die Hindus vom Islam absetzen wollten.

■ Sie sorgen für eine bessere Verdauung und werden über Obst, Gemüse und Vollkornprodukte aufgenommen. Die Ernährungswissenschaft erkannte ihre Bedeutung erst spät, da ihnen kein lebenswichtiger Nährwert zugeschrieben wurde. **Was ist gesucht?**

Die Ballaststoffe.

■ **Woher stammt das Croissant?**

a) Frankreich   c) Belgien
b) Österreich   d) Türkei

b) Österreich
Die österreichische Kaisertochter Marie-Antoinette (1755–93) brachte das Butterhörnchen nach Frankreich, wo es „Croissant de la lune" genannt wurde.

Wurde der erste Kaugummi in den USA gekaut?

Nein, gekaut wurde schon in der Steinzeit. Im antiken Griechenland benutzte man dafür z. B. das Harz des Pistazienbaumes (Mastix). Der erste Industriekaugummi wurde allerdings 1848 in den Vereinigten Staaten hergestellt: eine Mischung aus Fichtenharz und Bienenwachs.

Woher kommen die Kasseler Rippchen?

a) Kassel
b) Berlin
c) Linz
d) München

b) Berlin
Die berühmten Rippchen bekamen den Namen ihres Erfinders, eines Berliner Metzgermeisters namens Cassel.

Wird nur bestimmter Wein als Messwein verwendet?

Was in der katholischen Kirche als Messwein verwendet werden darf, ist von der Deutschen Bischofskonferenz in der Tat genau geregelt. Er muss trocken sein, ein Prädikat tragen und von einem Weingut oder Händler stammen, der von der bischöflichen Behörde vereidigt wurde.

Erfand Hippokrates den hippokratischen Eid?

Der sogenannte Eid des Hippokrates (um 460–375 v. Chr.) kam erst nach dem Tod des berühmten griechischen Arztes auf. Er wurde aber bewusst nach jenem benannt, um ihm noch stärkeres Gewicht zu verleihen.

Was hat am meisten Vitamin C?

a) Acerolakirsche
b) Zitrone
c) Paprika
d) Grünkohl

a) Acerolakirsche
Der Wildfrucht (3000 Milligramm pro 100 Gramm) folgen Hagebutten und Sanddorn. Grünkohl und rote Paprika bringen es immerhin noch auf etwa 100 Milligramm. Bei Orangen und Zitronen sieht es mit 50 Milligramm Vitamin C dagegen eher mager aus.

Acerolakirsche

Wie hießen die ägyptischen Könige?

Die heute gängige Bezeichnung „Pharao" wurde erst 950 v. Chr. offizieller Titel der ägyptischen Herrscher. Sie entwickelte sich seit dem 14. Jahrhundert v. Chr. aus „Par-o", einem Sammelbegriff für Königspalast, Hofstaat und König zusammen.

Ist Kaschmir die teuerste Schafswolle?

Nein, die edle Kaschmirwolle stammt von einer Ziegenrasse aus China und der Mongolei. Als ebenso exquisit gilt die Pashminawolle, eine Mischung aus Kaschmir und Seide.

Ist brauner Zucker wirklich gesünder als weißer?

Brauner Zucker wird meist genauso raffiniert wie weißer. Die Melasse, mit der er hinterher eingefärbt wird, enthält zwar Spuren von Mineralien, diese fallen aber nicht ins Gewicht. Nur Rohzucker enthält noch Vitamine und Mineralstoffe.

Brauner Zucker

Woher stammt die Kaffeebohne?

a) Ostafrika c) Südamerika
b) Südafrika d) Indonesien

a) Ostafrika
Mönche im äthiopischen Kaffa brühten schon im 4. Jahrhundert Kaffee aus den Bohnen. Erst im 18. Jahrhundert kamen diese nach Südamerika, wo sie aber schnell eines der Hauptagrarerzeugnisse wurden.

Enthalten Bleistifte Blei?

Das war einmal. Heute bestehen die Stifte aus einem Gemisch gemahlenen Grafits und Ton. Bis ins Mittelalter hat man tatsächlich noch mit Stiften aus legiertem Blei gezeichnet, was allerdings einigermaßen gesundheitsschädigend war.

Wie viele Sterne kann ein Hotel bekommen?

a) 5 c) 7
b) 6 d) es gibt keine Begrenzung

d) es gibt keine Begrenzung
Zumindest gibt es keine internationale Hotelklassifizierung, sondern nur einzelne Verbände, die meist bis zu fünf Sterne vergeben. Das bekannte Hotel Burj Al Arab in Dubai wird als Siebensternehotel geführt, um seine herausragende Stellung deutlich zu machen.

Gretna Green: Die Flucht an die schottische Grenze ermöglichte im 18. Jahrhundert Verliebten, deren Familien etwas gegen eine Eheschließung hatten, eine Trauung durch einen Schmied.

Stimmt das?

In der legendären Schmiede von Gretna Green wurden zur damaligen Zeit tatsächlich solche Ad-hoc-Trauungen durchgeführt, allerdings nicht durch einen Schmied, sondern einen alkoholsüchtigen Geistlichen namens Thomas Brown.

Wer hat den Molotowcocktail erfunden?

a) Finnen c) Spanier
b) Russen d) Molotow

a) Finnen
Den Begriff für die benzingefüllten und mit brennenden Stofffetzen versehenen Flaschen prägten die Finnen. Sie benutzten die Waffe im Kriegsjahr 1939/40 gegen den damaligen sowjetischen Außenminister Molotow (1890–1986).

Wie viel Alkohol enthält alkoholfreies Bier?

Diese Frage ist berechtigt, denn tatsächlich wird hier wie bei Fruchtsäften und anderen Softdrinks auch ein kleiner Rest an Alkohol geduldet. Nach deutschem Lebensmittelrecht dürfen alle Getränke mit weniger als 0,5 % Alkohol als alkoholfrei deklariert werden.

Tee oder Kaffee: Was macht wacher?

Beide Getränke enthalten pro Tasse etwa 50 Milligramm des Wachmachers Koffein. Doch in Teeblättern steckt auch Theanin, das die Wirkung von Koffein wieder dämpft.

Kaffee macht wach.

Five o'Clock Tea – Gibt es ihn wirklich?

Die berühmte Tea Time in Großbritannien gibt es zwar, allerdings beginnt sie schon ab halb vier und ist um fünf Uhr meist wieder vorbei. Besonders kultiviert wird im Übrigen der südwestenglische Cream Tea, zu dem süße Brötchen mit Erdbeermarmelade serviert werden.

Ist „C + M + B" ein Kürzel für die Namen der Heiligen Drei Könige?

Nein, der Segensspruch, der am 6. Januar von den Sternsingern über die Haustüren geschrieben wird, bedeutet „Christus mansionem benedicat" („Christus segne das Haus").

Wann wurde das Fax erfunden?

a) etwa 1840
b) 1865
c) 1925
d) etwa 1940

a) etwa 1840
Das erste Gerät entwickelte der schottische Uhrmacher Alexander Bain (1811–77) tatsächlich schon im 19. Jahrhundert. 1865 gab es die erste Faxverbindung zwischen Paris und Lyon.

Ist die größte Stadt der Welt wirklich Mexiko-City?

Zählt man nur die Städte und keine Ballungsräume, liegt Mexiko-City momentan nur auf dem zehnten Platz. Mumbai liegt mit 12,7 Millionen Einwohnern ganz vorne, gefolgt von Delhi, Karatschi, Moskau und Seoul.

Ist eine Berufung das Gleiche wie eine Revision?

Bei einer Revision wird nur das gerichtliche Verfahren in einem Prozess auf Fehler untersucht. In einem Berufungsverfahren dagegen wird der gesamte Prozess neu aufgerollt, es werden also Fakten noch einmal überprüft und Zeugen erneut befragt.

Diwan: Möbelstück oder Amtsstube?

Der Diwan bezeichnete im Persischen ursprünglich ein Archiv oder eine Amtsstube. Erst Anfang des 19. Jahrhunderts ging das Wort in Europa auf die Polsterbänke über, die im Orient zur Ausstattung eines Raumes gehörten.

Feuerzeug oder Zündholz – Was gab es zuerst?

Das Feuerzeug. Es wurde 1816 von Johann Wolfgang Döbereiner erfunden und ist dem ersten Zündholz damit um genau 16 Jahre voraus.

Welcher Ort ist am unhygienischsten?

a) die Toilette
b) die Computertastatur
c) der Kühlschrank
d) der Spüllappen

c) der Kühlschrank
Entgegen aller landläufigen Meinungen ist es weder die Toilette noch die Computertastatur. Das Rennen machte in wissenschaftlichen Studien die schmale Ablaufrinne an der Rückwand des Kühlschranks, allerdings dicht gefolgt von den mit Haushaltskeimen ebenfalls reichlich besiedelten Spüllappen und den Tastaturen.

Ist es Beamtenbeleidigung, wenn man einen Polizisten beschimpft?

Im Gegensatz zum österreichischen Strafrecht kennt das deutsche den Tatbestand der Beamtenbeleidigung nicht. Auch der Mundraub ist übrigens im Strafrecht seit 1976 nicht mehr zu finden.

Wer kennt das nicht: Mühsam sind die passenden Münzen zusammengesucht, da fallen sie prompt durch den Automaten. Die blank gerubbelten Stellen an diesem erinnern einen daran, dass Rubbeln angeblich helfen soll. **Stimmt das?**

In Wahrheit gibt es physikalisch keinen Zusammenhang. Dass der Trick erfolgreich zu sein scheint, liegt nur daran, dass man es nach dem Rubbeln immer wieder versucht. Die Erfolgsbilanz wäre ohne die gleiche.

Woher kommt der beste Kaviar?

„Er ist schwarz und kommt aus Russland", sagt ein verbreitetes Gerücht. Doch die edelste Qualität kommt aus dem iranischen Teil des Kaspischen Meeres, wo das Wasser besonders sauber und tief ist. Allgemein ist heller Kaviar wertvoller als dunkler.

Gibt es echte Pechvögel?

Die Auswertung von Versicherungsakten spricht dafür, dass es tatsächlich „Unfallpersönlichkeiten" gibt. Psychologen gehen dabei allerdings nicht vom reinen Pech aus, sondern von einer frühkindlichen Prägung, die zur Unachtsamkeit verleitet.

Aus welchem Material sind Geldscheine?

a) Papier
b) Baumwollgewebe
c) Kunststoffgewebe
d) Papier-Kunststoff-Gemisch

b) Baumwollgewebe
Dachten Sie an Papier? Für einige Länder stimmt das auch, allerdings nicht für Deutschland. Kunststoffgewebe wird häufig in tropischen Staaten verwendet.

Baumwolle

■ ■ ■

Seinen Beinamen „Barbarossa" („Rotbart") erhielt er in Italien, war aber zunächst alles andere als beliebt. Populär wurde er erst in Deutschland, nachdem seine grausamen Italienzüge zuvor hohe Verluste gebracht hatten. **Von welchem deutschen König ist hier die Rede?**

Kaiser Friedrich I. (1122–90).

■ ■ ■

Gibt es Urwälder auch in Europa?

Im Norden Skandinaviens gibt es sie noch. Auch der Białowieża-Nationalpark an der polnisch-russischen Grenze ist ein echter Urwald. Im Gegensatz zu den sogenannten Sekundärwäldern haben sie ihr perfektes biologisches Gleichgewicht erreicht.

■ ■ ■

Galt Arbeit früher als Schande?

Philosophen wie Platon (427–347 v. Chr.) und Aristoteles (384–322 v. Chr.) sprachen Handwerkern und Tagelöhnern tatsächlich menschliche Vollkommenheit ab, da diese keine Zeit für geistige Schöpfungen hätten. Bis ins 18. Jahrhundert galt Arbeit noch als notwendiges Übel, bis sie mit Erstarken des Bürgertums dann mit Leistung und Lebenssinn assoziiert wurde.

■ ■ ■

Aus welchem Land stammt die Antibabypille?

a) Mexiko
b) USA
c) England
d) Kanada

a) Mexiko
Die erste Pille wurde 1951 in einem kleinen Labor in Mexiko-City entwickelt.

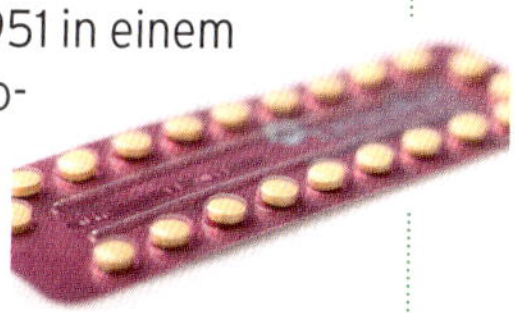

Pillenstreifen mit 21 Pillen

■ ■ ■

Kommen unsere Ziffern von den Arabern?

Tatsächlich hat Europa im 14. Jahrhundert die Ziffern 0 bis 9 von den Arabern übernommen. Sie ersetzten die römischen, die bei großen Summen lang und kompliziert wurden. Die Araber hatten sie wiederum im 10. Jahrhundert aus Indien importiert.

Stammen die Deutschen von den Germanen ab?

Nur zum Teil. In der Zeit von 2000–500 v. Chr. haben sich auf dem Gebiet des heutigen Deutschlands drei Sprach- und Kulturkreise herausgebildet: Germanen, Kelten und Illyrer.

Waren Knöpfe seit jeher Kleidungsverschlüsse?

Nicht nur heutzutage sind Knöpfe beliebter Zierrat auf Kleidungsstücken. Dies war sogar ihre ursprüngliche Bedeutung: Schon in der Antike waren Tuniken mit aufgenähten Knöpfen geschmückt. Ihre Funktion als Verschluss kam erst um 1300 dazu. Die größte Knopfmanie gab es übrigens in der Renaissance.

Muss Mord im Gegensatz zum Totschlag immer geplant sein?

Nein. Als Mord kann auch eine Tötung im Affekt klassifiziert werden, sie muss nur besonders grausam oder heimtückisch, beispielsweise aus Habgier oder Mordlust begangen worden sein.

Eva verführte Adam im Alten Testament mit …?

a) …einem Apfel
b) …einer Birne
c) …einer Frucht vom Baum der Erkenntnis
d) …einer Frucht aus dem Garten Eden

c) …einer Frucht vom Baum der Erkenntnis
Zu einem Apfel wurde das Obst aufgrund eines Übersetzungsfehlers.

Gehen Ehen am häufigsten im „verflixten siebten Jahr" auseinander?

Aberglaube hin oder her, wenn es kracht, dann meistens schon früher: Der statistische Mittelwert schwankt zwischen dem vierten und fünften Ehejahr.

Wofür steht die Abkürzung SOS?

a) Save our souls
b) Save our ship
c) Seek our support
d) keine Bedeutung

d) keine Bedeutung
Das Notsignal aus drei kurzen, drei langen und drei kurzen Tönen steht im Morsealphabet schlichtweg für die Buchstabenkombination SOS. Diese wurde 1909 auf der Internationalen Konferenz für drahtlose Telegrafie offiziell als Notruf festgelegt.

Wie lange dauerte der Hundertjährige Krieg?

a) 98 Jahre c) 114 Jahre
b) 100 Jahre d) 121 Jahre

c) 114 Jahre
Die Auseinandersetzung zwischen Frankreich und England begann 1339 mit dem Anspruch Eduards III. (1312–77) auf den französischen Thron und endete 1453 mit der Schlacht bei Castillon. England musste nicht nur seine Thronansprüche aufgeben, sondern verlor auch alle französischen Besitzungen mit Ausnahme von Calais.

■ ■ ■

Ein Kapitän darf auf hoher See Trauungen durchführen. **Stimmt das?**
Für eine Trauung auf dem Schiff gelten die Gesetze des Landes, unter dessen Flagge es fährt. Für die meisten Schiffsreisen bedeutet das: Ein Standesbeamter sollte für eine gültige Ehe schon an Bord sein.

■ ■ ■

Musste Friedrich der Große der Hinrichtung seines Freundes zusehen?

Der Enthauptung seines Helfers Hans Hermann v. Katte (1704–30) musste der preußische Kronprinz – entgegen dem Befehl seines Vaters – in Wirklichkeit nicht beiwohnen.

■ ■ ■

Der Turmbau von Babel: Wirklichkeit oder Legende?

Während der Verbannung der Juden nach Babylon (586–538 v. Chr.) wurde dort tatsächlich ein etwa 100 Meter hoher Turm fertiggestellt. Es war eine sogenannte Zikkurat, ein Stufenturm zu Ehren des babylonischen Stadtgottes Marduk.

■ ■ ■

In welchem Gebäude lagern die größten Geldreserven der Welt?

a) Fort Knox
b) Fort Duffield
c) U.S. Bullion Depository
d) Federal Reserve Bank of New York

d) Federal Reserve Bank of New York
Über 8000 Tonnen Gold lagern dort, wobei die europäischen Nationen ihr Gold seit dem Zweiten Weltkrieg weitgehend abgezogen haben. Bald könnte Fort Knox also wieder die Führungsrolle übernehmen.

Goldbarren

■ ■ ■

Ist Metaphysik eine dubiose Form der Physik?

Metaphysik ist eine seriöse Disziplin der Philosophie. Sie befasst sich mit Fragen, die den Menschen seit jeher beschäftigen: Gibt es so etwas wie einen Gott?, Hat der Mensch einen freien Willen? usw.

Ist ein niedriger Cholesterinspiegel gesund?

Er kann auch Anzeichen einer Krankheit wie z.B. Schilddrüsenüberfunktion sein. Wissenschaftliche Indizien für einen Zusammenhang zwischen Cholesterin und Herzproblemen gibt es vor allem bei Männern unter 50 Jahren. Bei Frauen scheint Cholesterin weniger problematisch zu sein.

Schrieben die Germanen in Runen?

Die Runen (got. Runa = Geheimnis) waren alles andere als eine normale Schrift. Sie wurden erst im 3. Jahrhundert erfunden und nur für religiöse Riten sowie Gedenk- und andere Inschriften verwendet.

Runenstein

„Cogito, ergo sum." Stammt diese Aussage von René Descartes?

„Ich zweifle, also bin ich, oder, was dasselbe ist, ich denke, also bin ich" lautet das vollständige Zitat und entstammt tatsächlich den Worten Descartes' (1596–1650). Auch wenn auf diesen Gedanken schon andere vor ihm kamen: „Wenn ich mich auch täusche, bin ich. Denn wer nicht ist, kann sich auch nicht täuschen", schrieb bereits der heilige Augustinus (354–430) in seinem Buch *Vom Gottesstaat.*

Ästhetik ist die Lehre ...?

a) ... vom Schönen
b) ... vom Hässlichen
c) ... vom Angenehmen
d) ... von der Wahrnehmung

d) ... von der Wahrnehmung
Auch die Lehre „vom sinnlichen Anschauen" genannt. Bewertungen wie schön oder hässlich haben demnach nichts mit dem Begriff zu tun. Ästhetisch ist alles, was unsere Sinne bewegt, wenn wir es betrachten.

Wer tötete den Riesen Goliath?

a) Jair
b) Elchanan
c) David
d) Jonatan

b) Elchanan
Im 2. Buch Samuel (21,19), einem Text, den Bibelforscher auf etwa 950 v. Chr. datieren, ist Elchanan der eigentliche Bezwinger Goliaths. Dagegen werden die Überlieferungen, in denen David den Riesen tötet, sehr viel jünger geschätzt.

Wurde Jesus in Bethlehem geboren?

Nein, Kirchenhistoriker gehen davon aus, dass Jesus im Haus seiner Eltern zur Welt kam. Alle Erzählungen über Bethlehem sind demnach erst später entstanden, da diese Stadt laut jüdischer Prophezeiung der Geburtsort des Messias sein sollte.

■ ■ ■

Bei der Spezialität aus dem Orient handelt es sich um eine zähe weiße Masse, die aus Eisschnee, erhitztem Honig, Zuckersirup und gerösteten Nüssen hergestellt wird. **Wie heißt die Besonderheit, die in Deutschland als Türkischer Honig verkauft wird?**

Weißer Nougat. Das Original enthält keinen Kakao und hat nichts mit der hierzulande Nougat genannten Nuss-Kakao-Masse zu tun.

■ ■ ■

Umberto Ecos Finsterling aus *Der Name der Rose* gab es wirklich. Doch war er auch so grausam, wie es die Legende will? Der überzeugte Inquisitor behandelte 930 Anklagen wegen Ketzerei, war jedoch sehr gewissenhaft in seinen Entscheidungen. **Um wen handelt es sich?**

Bernard Gui (um 1260–1331).

■ ■ ■

Hat Esoterik etwas mit übersinnlichen Phänomenen zu tun?

Esoterik (griech. esoteros = das Innere) stand in der Antike für Lehren, die nur einem eingeweihten Kreis zugänglich waren und an philosophischen Akademien unterrichtet wurden. Die Praxis der Esoterik wurde aber zeitgleich auf religiöse Kulte angewandt und deshalb auch als Bezeichnung für übersinnliche, nicht religiöse Anschauungen verwendet.

■ ■ ■

Woher kommen Tulpen?

a) Holland
b) Türkei
c) Zentralasien
d) Neuseeland

c) Zentralasien
Von dort kamen sie in die Türkei, wo sie auch ihren Namen (Tülbent = Turban) erhielten. In der Türkei gelten sie als Nationalblume und Sinnbild des Lebens.

Tulpenmeer

■ ■ ■

War Herodes zu Zeiten Jesu der König von Israel?

Nein. Herodes starb im Jahr 4 v. Chr. Übrigens: Den legendären Kindermord gab es nicht, auch wenn der König bei der Sicherung seiner Herrschaft nicht zimperlich war.

■ ■ ■

Wer ist eigentlich Manitu?

Entgegen vieler Vorstellungen ist Manitu nicht der oberste Gott der nordamerikanischen Indianer. Namentlich findet man ihn nur bei den kanadischen Algonkin, für die er eine abstrakte spirituelle Kraft verkörpert.

„Wer von Euch ohne Schuld ist, der werfe den ersten Stein." Rettete Jesus mit diesem Satz eine Ehebrecherin vor der Steinigung?

Diese Geschichte kommt in den ältesten Abschriften des Johannesevangeliums nicht vor und muss demnach später eingefügt worden sein.

Christus und die Ehebrecherin *von Lucas Cranach dem Älteren*

Können Päpste legitime Kinder haben?

Ja, ein Witwer mit Kindern kann jederzeit die Priesterlaufbahn einschlagen. Dass er es heutzutage noch bis zum Papst schafft, ist zwar unwahrscheinlich, im Laufe der Geschichte hat es den ein oder anderen aber gegeben, z.B. Pius IV. (reg. 1559–65).

Die Beatles und die Rolling Stones konnten sich nicht ausstehen. **Stimmt das?**

Die angebliche Feindschaft der beiden Bands war ein reiner Werbetrick des Stones-Managers Andrew Loog Oldham (*1944). Er wollte seine Band als wildes anarchisches Gegenstück zu den erfolgreichen Beatles produzieren.

Woher stammt der Dudelsack?

Auf die Britischen Inseln – und damit nach Schottland – wurde das Instrument wohl erst durch Caesars Legionäre gebracht. Die ursprüngliche Heimat wird momentan in Kleinasien vermutet.

Wie viele Evangelien gibt es?

a) streng genommen nur 3
b) 4
c) 6
d) mehr als 6

d) mehr als 6
Neben den vier kanonischen Evangelien nach Markus, Lukas, Matthäus und Johannes gibt es noch sogenannte „apokryphe" (geheime) Texte, die aber als mehr oder weniger unglaubwürdig angesehen werden.

Kommt Zynismus von den Kynikern?

Mit Zynismus hat die philosophische Strömung Kynikos des antiken Griechenlands wenig zu tun. Mit ihrem berühmtesten Vertreter Diogenes (404–323 v. Chr.) sind zahlreiche Anekdoten verbunden, die eher Gelassenheit und trockenen Humor ausstrahlen statt Zynismus.

Ist Eden wirklich das Paradies?

„Eden" ist ein altes sumerisches Wort für Wüste oder Steppe. Wenn im Alten Testament vom Paradies die Rede war, dann hieß es „der Garten in Eden". Erst Luther (1483–1546) schuf bei seiner Bibelübersetzung den „Garten Eden".

Verehrten die Kelten Götter?

Bis ins 3. Jahrhundert v. Chr. machten sich die Kelten noch über die Römer lustig, weil diese ihre Götter als Personen ansahen. Götter waren für sie zunächst mit bestimmten Orten verbunden. Flüsse wie die Marne (von „Matrona") tragen daher ihren Namen. Erst später tauchten personalisierte Götter wie Teutates auf.

Wer ist laut Sage der mächtigste griechische Gott?

Zeus

Auch wenn Zeus gemeinhin als mächtigste Gottheit dargestellt wird, ist er wie alle anderen ab und zu Opfer der Göttinnen, die heftige Leidenschaften verkörpern, wie z. B. Nemesis – der heilige Zorn.

Was trägt Atlas laut griechischer Sage auf seinen Schultern?

a) das Himmelsgewölbe
b) die Erdkugel
c) das Atlasgebirge
d) den Olymp

a) das Himmelsgewölbe
Entgegen vieler Darstellungen, die Atlas mit der Erdkugel auf den Schultern zeigen, muss der Titan zur Strafe das Himmelsgewölbe auf den Schultern tragen. Zum Atlasgebirge wird er verwandelt, nachdem er Perseus die Gastfreundschaft verweigert.

Hat das Eisbein gar nichts mit Eis zu tun?

Natürlich sollte die Berliner Spezialität heiß serviert werden, aber mit dem Eis hat sie doch etwas zu tun: Der Knochen, der in dem Fleischgericht steckt, diente in früherer Zeit der Herstellung von Schlittschuhen und war deshalb das „Eisbein".

Stammt die *Dreigroschenoper* von Bertolt Brecht?

Brechts Mitarbeiterin Elisabeth Hauptmann (1897–1973) übersetzte das englische Singspiel *The Beggar's Opera* von John Gay (1685–1732), auf das die *Dreigroschenoper* zurückgeht. Sie schuf vermutlich auch weite Teile der brechtschen Fassung.

Sind Cherubim Engel?

Im Alten Testament sind Cherubim ähnlich wie die geflügelten, menschenköpfigen Stiere vor babylonischen und assyrischen Palästen dargestellt. Engel dagegen treten erst seit dem 4. Jahrhundert mit Flügeln auf.

Wohnten die Inuit traditionell in Iglus?

Iglus bauten sie nur, wenn sie während der Jagd auf dem Eis übernachten mussten. Ansonsten lebten sie auch früher meist in Zelten oder Hütten.

Hat Logik etwas mit gesundem Menschenverstand zu tun?

Logik ist völlig unabhängig von den Inhalten einer Aussage. Sie sucht viel eher nach Gesetzen, die bei richtiger Anwendung zwangsläufig zu wahren Aussagen führen: „Für alle A trifft B zu. C ist ein A. Also trifft C auch für B zu."

Wie viele Menschen fielen der spanischen Inquisition zum Opfer?

a) etwa 2000
b) etwa 5000
c) etwa 25000
d) Hunderttausende

a) etwa 2000
Tatsächlich sollen bei den spanischen Autodafés nicht mehr als 2000 Menschen verbrannt worden sein, etwa zwei Prozent der Angeklagten.

Autodafé auf der Plaza Mayor in Madrid

Ist Jupiter Zeus?

Auch wenn sich die Göttermythen häufig überschnitten, unterschieden die Römer doch sehr genau zwischen der literarischen und politischen Rolle ihrer Figuren: Jupiter hatte im formalistischen römischen Staatskult wenig mit dem griechischen Schürzenjäger Zeus zu tun.

Gab es jemals eine Pinkelsteuer?

Das erlaubte sich nicht einmal der im Geldeintreiben so erfinderische römische Kaiser Vespasian (9–79), dem dieses Gerücht bis heute untergeschoben wird. Allerdings versteuerte er den Verkauf des Urins aus öffentlichen Toiletten an die Walker und Gerber, die die Harnsäure für ihre Stoffe brauchten.

Eines Tages wird es passieren: Die Sonne erlischt. Sie wird sich zu einem gewaltigen, rot glühenden Ball aufblähen und irgendwann in sich zusammenfallen. Das bedeutet natürlich auch das Ende allen Lebens auf der Erde. **Stimmt das?**

Ja, das stimmt. Wissenschaftler erwarten das Ende der Sonne in etwa sechs Milliarden Jahren.

Kann man eine Fata Morgana nur in der Wüste sehen?

Die Trugbilder, die in der Wüste durch das Aufeinandertreffen von kühlen Luftschichten und heißen Sandflächen entstehen, gibt es auch auf dem Meer. Wenn über kaltem Wasser eine sehr heiße Luftschicht liegt, können darin beispielsweise weit entfernte Schiffe gespiegelt werden. Legenden, wie die vom „Fliegenden Holländer", beruhen wahrscheinlich auf diesem Phänomen.

Ist die Erde eine Kugel?
An den Polen unterschiedlich abgeflacht und am Äquator stark ausgebeult: Die Erde gleicht in Wahrheit keinem perfekt runden Ball. Schuld daran ist die Erdrotation, die aus ihr ein – wissenschaftlich gesprochen – „abgeplattetes Rotationsellipsoid" macht.

Gibt es Blumen in der Antarktis?
Auf einigen Inseln gibt es tatsächlich Blumen: die vom Menschen eingeschleppte Vogelmiere, eine bestimmte Nelkenart und außerdem blühendes Gras. Algen, Flechten und Moose machen jedoch den Großteil der etwa 1000 Pflanzenarten aus.

Sind die Niagarafälle tatsächlich die höchsten Wasserfälle der Welt?
Sie sehen zwar beeindruckend aus, gehören aber mit ihren 52 Metern Fallhöhe definitiv zu den kleineren Wasserfällen. Der längste ist mit 979 Metern der Angelfall in Venezuela, gefolgt von den Yosemitefällen in den USA mit 739 Metern.

Wie heißt das salzhaltigste Gewässer der Erde?
a) Totes Meer
b) Assalsee
c) Kaspisches Meer
d) Rotes Meer

b) Assalsee
Der See im afrikanischen Djibouti liegt 173 Meter unter dem Meeresspiegel und enthält fast 35 % Salz. Das Tote Meer und die Kara-Bogas-Bucht im Kaspischen Meer kommen auf etwa 30 %.

Was ist das größte Gebirge der Welt?
a) der Himalaja
b) der Tian Shan
c) der Mauna Kea
d) der Mittelozeanische Rücken

d) der Mittelozeanische Rücken
Er verläuft an der Nahtstelle zwischen der Nordamerikanischen und der Eurasischen Erdplatte und ist 65.000 Kilometer lang. Seine bekannteste Spitze von den wenigen größeren, die aus dem Meer ragen, ist Island.

Gibt es Nilpferde am Nil?
Was logisch klingt, trifft leider nicht mehr zu. Vor etwa 200 Jahren wurden die Tiere, die von den Ägyptern auch Flussschweine genannt wurden, dort ausgerottet. Sie gehen übrigens bis zu fünf Minuten am Grund von Flüssen spazieren, ehe sie wieder an der Wasseroberfläche auftauchen.

Nilpferd

Der älteste Baum der Welt ist …?
a) … der Mammutbaum
b) … die Grannenkiefer
c) … die Sumpfzypresse
d) … die Windbuche

b) … die Grannenkiefer
Die Grannenkiefer „Methuselah" in Kalifornien ist mit 4770 Jahren der älteste noch lebende Baum der Welt. Der älteste Riesenmammut dagegen brachte es „nur" auf 3500 Jahre.

Wie heißt die Hauptstadt von Israel?

Auch wenn Jerusalem 1980 offiziell zur Hauptstadt erklärt wurde und damit Tel Aviv ablöste, bleibt die Frage nach der Hauptstadt weiterhin eine hochpolitische Angelegenheit: Nur wenige Länder erkennen sie an, da auch die Palästinenser Anspruch auf Jerusalem erheben.

■ ■ ■

Wie glatt ist Eis?

Ein Blick in die Gefriertruhe zeigt: die Eiskrusten darin sind kein bisschen glatt. Rutschig wird es auf dem Eis erst, wenn die Oberfläche antaut und einen hauchdünnen Wasserfilm bildet.

■ ■ ■

Welche Länder gehören zu Skandinavien?

a) Norwegen und Schweden
b) Schweden und Finnland
c) Norwegen und Dänemark
d) Norwegen und Island

a) Norwegen und Schweden
Ursprünglich war mit Skandinavien nur die Halbinsel gemeint, auf der Norwegen und Schweden liegen. Kulturell wird aber auch Dänemark zu Skandinavien gezählt.

■ ■ ■

Wie fruchtbar sind eigentlich Regenwälder?

Die Böden von Regenwäldern sind oft extrem nährstoffarm! Da sich ihre Pflanzen aber oft über Millionen von Jahren an die Gegebenheiten anpassen konnten, herrscht dort meist üppiger Dschungel.

Sieht man vom Mond aus die chinesische Mauer?

Vom Mond aus ist sie definitiv nicht zu sehen. Von der Raumstation ISS aus, deren Entfernung zur Erde weniger als zehn Prozent der Distanz zum Mond beträgt, soll man sie bei extrem gutem Wetter allerdings erspähen können.

■ ■ ■

Wie heißt die Südspitze Südafrikas?

a) Kap der Guten Hoffnung
b) Kap Agulhas
c) Kap Hoorn
d) Kap Komorin

b) Kap Agulhas
Die markantere Marke für Seefahrer bleibt aber das bekanntere Kap der Guten Hoffnung.

Kap Agulhas

■ ■ ■

Waren Burschenschaften schon immer konservativ?

Anfang des 19. Jahrhunderts waren sie das noch nicht. Die Studenten, die 1814 als Freiwillige gegen Napoleon gefochten haben, wünschten sich eine weitere Befreiung von den alten Eliten, der provinziellen Enge des politisch zersplitterten Deutschland und vom Nationalismus der Kleinstaaten.

■ ■ ■

Waren Ackerbau und Viehzucht ein großer Fortschritt der Menschheit?

Landwirtschaft entwickelte sich dort, wo ungünstige Lebensbedingungen für Jäger und Sammler herrschten, und ist demnach mehr aus der Not heraus geboren. Im Vorderen Orient, wo die erste Landwirtschaft betrieben wurde, war die Nahrung durch gravierende Klimaverschiebungen schlichtweg knapp geworden.

■ ■ ■

Wie viele Pole gibt es?

a) einen Nord- und einen Südpol
b) zwei Nordpole und einen Südpol
c) einen Nordpol und zwei Südpole
d) zwei Nord- und zwei Südpole

d) zwei Nord- und zwei Südpole
Die geografischen sind die Endpunkte der Erdachse, während die magnetischen Pole die Endpunkte des stabförmigen Erdmagnetfelds sind.

■ ■ ■

Was waren Druiden nicht?

a) Zauberer
b) Wahrsager
c) Barden
d) Priester

a) Zauberer
Druiden stellten bei den Kelten eine hohe Autorität dar und fungierten auch oft noch als Richter bei politischen Konflikten. Zaubern konnten sie allerdings nicht.

Sind Taschentücher schon immer zum Schnäuzen da?

Keineswegs. Sie kamen erstmals im 15. Jahrhundert in Italien in Mode und dienten zunächst nur zum eleganten und bedeutungsvollen Schwenken. Die Sitte, in die ursprünglich sehr kostbaren und mit Stickereien besetzten Tüchlein zu schnäuzen, kam erst Mitte des 18. Jahrhunderts auf.

Maria Theresa von Spanien mit Taschentuch

■ ■ ■

Wie lang dauert ein Flug zum Mars?

a) 6 bis 9 Monate
b) 10 bis 12 Monate
c) etwa 1 1/2 Jahre
d) etwa 2 Jahre

a) 6 bis 9 Monate
Die Voraussetzung dafür ist allerdings, dass der Abstand zwischen Erde und Mars (er kann zwischen 55 und 100 Millionen Kilometer betragen) günstig ist. Der nächste denkbare Termin ist 2020.

B

F

G

S

U

Bildnachweis

dpa Picture-Alliance, Frankfurt: 116, 173, 183, 184, 219, 249, 260, 263, 276, 289, 290, 291, 295, 296, 362, 372, 381, 385, 396, 402, 413, 418, 420, 421, 425, 437, 441, 442, 445, 451, 452, 472 u., 505, 507, 511, 518, 520, 522, 529 o., 541, 542, 544, 557 o., 561, 563, 572, 581, 583 u., 585, 588, 590, 614, 620, 621, 632, 642

fotolia.com: Andreas Meyer 6 o.; Klaus Eppele 7; tom 8 o.; Protosom 8 u.; Trevor Slauenwhite 9; Sebastian Kaulitzki 11, 15 o., 33; psdesign1 14, 87, 414; Andreas Wechsel 18; Marek Cech 21 u.; Tomo Jesenicnik 25; ExQuisine 37; wladi 42 o.; Ericos 49; Peter Franzmann 51; Gina Sanders 52, 95, 176, 375, 408, 424; puje 54; Michael Kempf 56, 553; Nidor 59; volff 62; imageteam 82, 104, 202; Teamarbeit 86; Franz Pfluegl 90; Anne Katrin Figge 91; LobsteR 92; fotogestoeber 93; Stauke 97; Athanasia Nomikou 99; drubig-photo 102; photo-dave 105; Roman Levin 109; Thomas Hohler 110; Basti Friedrich 111; fotofuchs 112; Frank Eckgold 113; Ruediger Rau 114; raven 115; Sven Bähren 118; P.C. 119; klimONA 144; mhp 147; Symbian Foundation 149; Vanessa 153; maconga 167; Lotfi Mattou 159; amiganer 159 o.; olly 159 u.; nesta9 160; Dark Vectorangel 161; virtua73 162; babimu 165; JJAVA 166 o.; Nmedia 167; julien tromeur 169; Thomas Reimer 170; farbkombinat 174; Gabriele Rohde 177; Abe Mossop 178 o.; Marcus Lorenz 179; Lev Dolgalsjov 180; shirtchef 185; Fabian Dieterich 187; Daniel Hohlfeld 189; chris74 189; scusi 191; Zoe 192; lightcatcherfoto 197; Aamon 199; Beboy 201; adamgolabek 268; zentilia 274; Omid Mahdawi 341; farbkombinat 342; Henner Damke 344; DeVIce 345, 495; cristimatei 352; Supermurmel 353; Somi 354; Nici Heuke 355; Mia 356; FCS Photography 359; broker 365; ReSeandra 369; danilie 370; Arid Ocean 371; Artalis 378; Tjefferson 379; lantapix 380; Jürgen Priewe 382; chri2010 384; Afroview 386; muehle 389; Stylshed 390; Harald Bolten 391; Ingrid Walter 395; Fredy Thürig 400; Alphacandy 403; Li-Bro 404; cpauschert 406; sunset man 410; skyf 411; Tyler Olson 412; Sebastian Kaulitzki 415; arsdigital.de 416; Ujac 422; Ideenkoch 423; Esther Hildebrandt 426; K.-U. Häßler 427; Roman Dekan 435; Christian Jung 443; yellowj 447; shen meng 454; Stephan Karg 476; Do Tuan Hung 480; Michael00001 534; zatletic 535; Anyka 536; Bizroug 545; Marco Desscouleurs 548; Anselm Baumgart 549; originalpunkt 552 o.; Henner Damke 552 u.; Jan Schuler 554 o.; Howard Sandler 554 u.; lagom 556 o.; Markus Mainka 576 u.; Urbanhearts 607 o.; Sandra Thiele 611; Blickfang 612; Oleksandr Moroz 630; Artsem Martysiuk 634; ITALIA12 643 o.; biker3 644; Mariano Pozo Ruiz 645 u.; parazit 646; q-snap 647 o.;

objectsforall 647 u.; fordprefect77 649 o.; Hennie Kissling 650; Pierre-Yves Babelon 651 u.; MarieC 652; Michael Chamberlin 653; Tomasz Trojanowski 654; photographer2222 655; Helder Almeida 656; shoot4u 657 u.; MP2 657 o.; Tobias Machhaus 658; Shariff Che'Lah 660; Light Impression 664 u.; Helmut Niklas 665; Maria.P. 667 u.; fotobeam 671; liliya kulianionak 673; DPix Center 674; Hugo Carlone 675; Twilight Art_Pictures 676, Okea 677; katzensteiner 678 l.; Hannes Eichinger 678 r.; Zorro12 679 o., Sven Bahren 679 u.; picsfive 680; typomaniac 681; Andrei Nekrassov 682; Martina 683; Eric Isselée 687

Gruppo Editoriale Fabbri, Mailand: 10, 67, 71, 75, 78, 100, 132, 134 u., 186 o., 203, 248, 256, 261, 275, 284, 323, 457, 458, 462, 508, 510, 512, 524, 526 o., 529 u., 530, 568, 574, 584, 589, 594 o., 598, 600, 601, 602, 607 u., 659, 668

istockphoto.com: DNY59 85, klenger 94, Akhilesh 254, Dougall_Photography 367, TommL 417, milosluz 556 u., mehmetakgul 557 u., Ary6 615, JoseIgnacioSoto 618, njgphoto 685

Lidman Production, Stockholm: 12, 39, 45 u., 65, 68, 69, 70, 72, 73, 74, 79, 80, 124, 138, 141, 145, 208, 210, 237, 250, 264, 273, 293, 300, 358, 468 o., 477 o., 483, 516, 528, 550, 566, 579, 583 o., 593 o., 664 o.; 666, 672

Sonstige:
Lizenz cc-by-sa: Fir0002/Flagstaffotos 6 u., 16, 63; Mahdouch 17; Stan Shebs 19; Clipper 22; MatthiasKabel 24; Andreas Trepte 26; Ben Tubby 28; BXXXD 32; BS Thurner Hof 34; Pollinator 35; Tomia 42 u.; ChrisStubbs 43; Eric Rolph 44; Tigerente 46; Luca Galuzzi – www.galuzzi.it 47, 350; wf125 48; Acdx 58; M. Klüber Fotografie 60; Diliff 64, 314, 532; Eric Chan 81; Ford company 83; Kowloonese 88; Stefan Silies 98; cflm 108; Andreas Praefcke 121; Marcin Floryan 126; Teslaton 128; Stahlkocher 129, 130; Matanya 133; Enigma_Verkehrshaus_Luzern 136 o.; Ikar.us 142, 616; Matti Blume 151; Dreftymac 152; Larry Ewing, Simon Budig, Anja Gerwinski 154; Tkgd2007 155; GageSkidmore 157; doodle.de 164; Google Inc. 166 u.; Aconcagua 171; Airbus/EADS 175; EvaK 182; Pölkkyposkisolisti 193; Joi Ito 194; Mario Roberto Duran Ortiz 198; Liné1 220; Gérard Ducher 222; TUBS 223; Operarius 224; Bibi Saint-Pol 225, 269, 292; Sir James 226; George R. King 231; Axel Brocke 232; Martin St-Amant 247; RuED 251; JesterWr 252; Wiggum 265; Blunt. 271; Taxiarchos228 272; Tohma 278; Yves Picq http://veton.picq.fr 281; LPLT 286; Schaack, Lothar 287; Pixman 288; Stadt Eisenach 297; Thomas Robbin 301; European Central Bank 303; Daniel Ullrich, Threedots 304; Michael Sander 306; South Africa The Good News/www.sagoodnews.co.za 307; Mylius 309; SPD-Schleswig-Holstein 312; Lienhard Schulz 316; Stadtbibliothek Duisburg 317; Bill Ingalls 318; by apes_abroad 319; Kucharek 320; Pressestelle Stadt Memmingen 321; Arnaud 25 322; Andrzej Barabasz 324; Wikimedia Commons 325; World Economic Forum 326; Dietrich Bartel 327; Jwnabd 328; MEDEF 332; Arne List 339; Koyos + Ssolbergj 348; Cradel 357; Thomas Steiner 360; Botaurus stellaris 361; Spedona 373 u.; Armin Kübelbeck 376; Herbye 383; Innomann 387; Maximilian Dörrbecker 388; Kriki 393; Rivi 398; Begw 407; Arnoldius 409; MarkusHagenlocher 419; Rosenzweig 432; Snoop 436; Hutschi 444; Werner Groß 447; NickGorton 449; Nephron 450; Ronald Feldman Fine Arts 456 o.; Jens Rusch 459; Raimond Spekking 463; Softeis 468 u., 499; Benh LIEU SONG 469, 474; Christian Mehlführer 470; Jean-Christophe BENOIST 471; Rufus46 472 o.; Konrad Kurzacz 482; Hauke Vogt 489; Fotodienst Nord 490; Aaron Logan 493; Netopyr 497; Garth T 500; Violetriga 503; H.-P.Haack 515; Ygrek 519; Amrei-Marie 521; Gunawan Kartapranata 533 u.; Veton PICQ 543; Marc Ryckaert 551; Eric Gaba 565; Wolfram Huke 570; Manfred Werner 571; www.rijksmuseum.nl 573; shakko 576 o.; Dovywiarda 586; Jürgen Schuschke 587; Kreepin Deth 592; Majvdl 594 u.; PJOrsi 597 o.; RaySys 597 u.; Craig Oneal 603; christopher simon 604 u.; Manfred Werner 604 o.; Lofor 613; Alberto Fernandez Fernandez 625; Rovdyr 628; Times 629; Allan warren 631, 638; pinguino k 633; Piktor08 635; Siebbi 636; Anna S. 641; Andreas Tille 645 o.; Ronald C. Yochum Jr. 651 o.; Stefan Kraft 663 u.; erstellt vermittels demis.nl 688
www.zuguttenberg.de 336